Minidicionário Prático

Língua Portuguesa
a A – z Z

Editor: **Raul Maia**
Supervisão Editorial: **Ana Claudia Vargas**
Produção Editorial: **Departamento Editorial DCL**
Revisão: **Bruna Baldini de Miranda**
Catia Pietro da Silva
Guilherme Laurito Summa
Lia Márcia Ando
Nelson José de Camargo
Capa: **Clayton Barros Torres**
Composição: **Casa Editorial Maluhy & Co.**
Produção Gráfica: **Roze Pedroso**

Dados Internacionais de Catalogação na Publicação (CIP)
(Câmara Brasileira do Livro, SP, Brasil)

Minidicionário prático: língua portuguesa: A/Z.
– São Paulo: DCL, 2008.

ISBN 85-368-0204-9 (antigo)
ISBN 978-85-368-0204-6 (novo)

1. Português – Dicionários.

06-6856   CDD-469.3

Índice para catálogo sistemático
1. Dicionários: Português   469.3
2. Português: Dicionários   469.3

4ª reimpressão – 2009

Todos os direitos desta publicação reservados à

© DCL – Difusão Cultural do Livro Ltda.
Rua Manoel Pinto de Carvalho, 80 – Bairro do Limão
CEP: 02712-120 – São Paulo/SP
DIFUSÃO
CULTURAL www.editoradcl.com.br
DO LIVRO dcl@editoradcl.com.br

Abreviaturas Usadas Neste Dicionário

A
abs. = absoluto
adj. = adjetivo
adj.2gên. = adjetivo de dois gêneros
adj.2gên. e 2n. = adjetivo de dois gêneros e dois números
Adm. = Administração
adv. = advérbio
Aeron. = Aeronáutica
Ag = prata (*argentum*)
Agr. = Agricultura
Agron. = Agronomia
AM = Amazonas [Estado do]
Anat. = Anatomia
ant. = antigo, antiquado
antôn. = antônimo(s)
Arit. = Aritmética
Arquit. = Arquitetura
Astron. = Astronomia
Astronáut. = Astronáutica
Astrol. = Astrologia
art. = artigo
art.def. = artigo definido
aum. = aumentativo
Av. = aviação, aviador, avião

B
BA = Bahia [Estado da]
Biol. = Biologia
Bot. = Botânica
bras. = brasileiro ou brasileirismo

C
Chul. = chulo
Cir. = Cirurgia
Com. = Comércio; comercial
comb. = combinação
conj. = conjunção
Constr. = Construção
contr. = contração

D
def. = definido
dem. = demonstrativo
dim. = diminutivo
dim.irreg. = diminutivo irregular

E
Ecol. = Ecologia
Econ. = Economia
elem. = elemento
Eng. = Engenharia
Eng.Eletr. = Engenharia Elétrica
Equiv. = Equivalente
Espir. = Espiritismo

F
fam. = familiar
Farm. = Farmácia, Farmacologia
fem. = feminino
fig. = figura, figurado
Filos. = Filosofia
Fís. = Física
Folc. = Folclore

G
gal. = galicismo
Geol. = Geologia
Geom. = Geometria
ger. = geralmente
gír. = gíria

H
Histol. = Histologia

I
Ictiol. = Ictiologia
inf. = infantil; infinitivo
Inform. = Informática
ingl. = inglês
interj. = interjeição
intr. = intransitivo

J
jur. = jurídico

L
loc.adv. = locução adverbial
loc.subst. = locução substantiva
Lóg. = Lógica

M
Mat. = Matemática
Mec. = Mecânica
Med. = Medicina
Metal. = Metalurgia
Miner. = Mineralogia
Mús. = Música

N
Náut. = Náutica
num. = numeral

O
Ornit. = Ornitologia

P
Paleont. = Paleontologia
Pat. = Patologia
pej. = pejorativo
p.ext. = por extensão
pl. = plural
Poét. = Poética
Polít. = Política
Pop. = popular(es)
pref. = prefixo
prep. = preposição
pres.ind. = presente do indicativo

pron. = pronome(s); pronominal
pron.dem. = pronome demonstrativo
pron.indef. = pronome indefinido

Q
Quím. = Química

R
Reg. = regional; regular
Relig. = Religião
Ret. = Retórica
RS = Rio Grande do Sul [Estado do]

S
s.2gên. = substantivo de dois gêneros
s.f. = substantivo feminino
s.f.2n = substantivo feminino de dois números
s.f. e m. = substantivo feminino e masculino
s.f.pl. = substantivo feminino plural
sinôn. = sinônimo(s)
s.m. = substantivo masculino.
s.m.2n. = substantivo masculino de dois números
s.m. e f. = substantivo masculino e feminino
s.m.pl. = substantivo masculino plural
Sociol. = Sociologia
suf. = sufixo
sup.abs.sint. = superlativo absoluto sintético

T
Tip. = Tipografia

V
v. = verbo, verbal
var. = variante(s)
v.intr. = verbo intransitivo
v.pron. = verbo pronominal
v.t.d. = verbo transitivo direto
v.t.d. e i. = verbo transitivo direto e indireto
v.t.i. = verbo transitivo indireto
vulg. = vulgar

Z
Zool. = Zoologia

a A

a *s.m.* Primeira vogal e primeira letra do alfabeto português; *art. def.*, fem. de o; *v.pron.pes.* da 3ª pes. do sing., fem., caso oblíquo; *prep.* indica várias relações; ainda como *pref.* latino e grego indica privação.

à contr. da prep. *a* com o art. ou pron. *a*.

a.ba *s.f.* Saliência; rebordo; sopé; margem. *Fig.* Proteção; abrigo. (Antôn.: *cimo*.)

a.bá *s.m.* Manto comumente usado pelos árabes do deserto.

a.ba.ca.te *s.m.* Fruto comestível produzido pelo abacateiro.

a.ba.ca.tei.ro *s.m.* Árvore da família das lauráceas, comum na América tropical.

a.ba.ca.xi *s.m.* Fruto comestível da família das bromeliáceas. *Fig.* Tarefa difícil ou aborrecida.

a.ba.ci.al *adj.2gên.* Relativo a abade, abadessa ou abadia.

á.ba.co *s.m.* Quadro em que, na antiguidade, se inscreviam algarismos para ensinar cálculos; parte superior do capitel de uma coluna clássica sobre a qual se assenta a arquitrave.

a.ba.de *s.m.* Primeiro prelado em ordem monástica; pároco. *Fig.* Pessoa de vida regalada.

a.ba.des.sa *s.f.* Forma fem. de *abade*.

a.ba.di.a *s.f.* Convento administrado por abade ou abadessa.

a.ba.e.tê *s.m.* Homem de valor; homem bom, verdadeiro.

a.ba.fa.do *adj.* Mal ventilado; sufocado; dissimulado. *Fig.* Aflito; oprimido de trabalho.

a.ba.far *v.t.d.* Sufocar; amortecer o som; ocultar; apagar o fogo; asfixiar. *Fig.* Reprimir; furtar. (Antôn.: *desabafar, arejar*.)

a.bai.a.na.do *adj.* Com feições ou maneirismo de baiano.

a.bai.xar *v.t.d.* Pôr abaixo ou mais baixo; atenuar; inclinar; humilhar; enfraquecer; deprimir. (Antôn.: *elevar, exaltar*.)

a.bai.xo *adv.* Na parte inferior; embaixo.

a.bai.xo-as.si.na.do *s.m.* Qualquer escrito com assinatura coletiva.

a.ba.jur *s.m.* Utensílio para diminuir a luz da lâmpada.

a.ba.la.da *s.f.* Fuga precipitada; corrida.

a.ba.lar *v.t.d.* Sacudir; abalar; comover; enternecer. *Fig.* Inquietar, desassossegar; *v.intr.* estremecer.

a.ba.li.za.do *adj.* Competente; distinto.

a.ba.li.zar *v.t.d.* Marcar com balizas; *v.t.d.* e *i.* assinalar; determinar; *v.pron.* distinguir-se.

a.ba.lo *s.m.* Tremor; sacudidura; comoção. *BA.* Certa rede de pesca.

a.bal.ro.ar *v.t.d.* Ir de encontro a; chocar violentamente.

a.ba.nar *v.t.d.* Agitar o ar com abano; *v.pron.* ventilar-se com abano; *v.intr.* tremer.

a.ban.car *v.intr.* e *pron.* Sentar-se; instalar-se.

a.ban.do.nar *v.t.d.* Largar; desistir; retirar-se de. (Antôn.: *amparar*.)

a.ban.do.no *s.m.* Desamparo total; renúncia; desprezo.

a.ba.no *s.m.* Leque.

a.bar.car *v.t.d.* Abranger; monopolizar.

a.bar.ro.ta.do *adj.* Cheio de barrotes; cheio ao máximo; atestado; superlotado.

a.bar.ro.tar *v.t.d.* Encher de barrotes; encher em excesso; atestar.

a.bas.ta.do *adj.* Opulento; farto; rico.

a.bas.tar.da.do *adj.* Corrupto; depravado.

a.bas.te.cer *v.t.d.* Abastar; prover do necessário; fornecer; *v.pron.* prover.

a.bas.te.ci.do *adj.* Farto, bem provido.

a.ba.te.dou.ro *s.m.* Lugar onde se abatem reses.

a.ba.ter *v.t.d.* Abaixar; pôr abaixo; matar; derrubar; enfraquecer; humilhar; *v.intr.* cair; emagrecer; *v.t.i.* diminuir; descontar; *v.pron.* prostrar-se. *Fig.* Desanimar. (Antôn.: *elevar, erguer*.)

a.ba.ti.do *adj.* Enfraquecido; prostrado; humilhado.

a.ba.ti.men.to *s.m.* Fraqueza; depressão moral ou física; desconto; matança de reses.

a.bau.la.do *adj.* Diz-se do que tem a forma arredondada; convexo; arqueado.

ab.di.car *v.t.d.* Renunciar às mais elevadas funções; desistir de; abrir mão de.

ab.du.ção *s.f.* Movimento que afasta um membro do plano médio que se supõe dividir o corpo humano em duas partes iguais; rapto.

a.be.ce.dá.rio *s.m.* Alfabeto.

a.be.lha *s.f.* Inseto produtor do mel e de cera; – -mestra: a única fêmea fecundada do enxame, chamada rainha. *Fig.* Pessoa astuciosa e ladina.

a.be.lhu.do *s.m.* Metediço; curioso; intrometido.

a.ben.ço.ar *v.t.d.* Dar bênção a; fazer feliz. (Antôn.: *amaldiçoar, repelir*.)

a.ber.ra.ção *s.f.* Ato de aberrar; desvio do normal; anomalia; monstro.

a.ber.ran.te *adj.2gên.* Desviado das normas; anômalo; anormal.

a.ber.ta *s.f.* Abertura; fenda; buraco; intervalo. *Fig.* Oportunidade.

a.ber.to *adj.* Descerrado; posto em evidência.

a.ber.tu.ra *s.f.* Ato de abrir; fenda; orifício; franqueza; inauguração.

a.bes.pi.nhar *v.pron.* Irritar-se; exasperar-se.

a.be.to *s.m.* Variedade de pinheiro europeu.

a.bi.car *v.intr.* Aportar; ancorar.

a.bis.coi.tar *v.t.d.* Dar aspecto de biscoito a; conseguir; ganhar; lucrar; receber; abichar.

a.bis.ma.do *adj.* Espantado; assombrado.

a.bis.mo *s.m.* Precipício; voragem. *Fig.* Mistério; imensidade.

a.bis.sal *adj.2gên.* Relativo a abismo; referente à fauna das grandes profundidades marinhas; assombroso.

ab.je.ção *s.f.* Baixeza; humilhação; aviltamento.

ab.je.to *adj.* Ignóbil; desprezível; baixo.

ab.ju.rar *v.t.d.* Renunciar a.

a.blu.ir *v.t.d.* Purificar lavando; tirar manchas de.

ab.ne.ga.ção *s.f.* Renúncia; desprendimento; dedicação extrema.

a.bó.ba.da *s.f.* Teto arqueado.

a.bó.bo.ra *s.f.* Planta cucurbitácea comestível. *Fig.* Covarde; fraco.

a.bo.ca.nhar *v.t.d.* Morder; apoderar-se por meios ardilosos. *Fig.* Difamar.

a.bo.li.ção *s.f.* Ato de abolir; supressão; extinção.

a.bo.li.ci.o.nis.mo *s.m.* Doutrina da abolição da escravatura.

a.bo.lir *v.t.d.* Extinguir; revogar.

a.bo.mi.nar *v.t.d.* Aborrecer; execrar; detestar; odiar. (Antôn.: *estimar*.)

a.bo.mi.ná.vel *adj.* Detestável; que se deve abominar.

a.bo.nar *v.t.d.* Declarar bom, garantir.

a.bo.no *s.m.* Fiança; adiantamento de dinheiro; garantia.

a.bor.dar *v.t.d.* Aproximar-se de (alguém); tratar de assunto.

a.bo.rí.gi.ne *adj.2gên.* Originário do país onde vive; indígena.

a.bor.re.cer *v.t.d.* Sentir horror por; *v.intr.* causar aversão; *v.pron.* entediar-se. (Antôn.: *agradar, estimar*.)

a.bor.re.ci.men.to *s.m.* Ato de aborrecer; entediar.

a.bor.tar *v.intr.* Ação de expulsar o feto antes da gestação completada; ter mau sucesso; *v.t.d.* malograr.

a.bor.to *s.m.* Ato de abortar; produção defeituosa ou precoce; coisa invulgar; monstro.

a.bo.to.a.du.ra *s.f.* Conjunto de botões removíveis para vestuário.

a.bo.to.ar *v.t.d.* Pôr os botões nas casas para fechar (veste).

a.bra.ça.dei.ra *s.f.* Peça de ferro para reforçar, juntar ou segurar paredes.

a.bra.çar *v.t.d.* Cingir com os braços; circundar.

a.bra.ço *s.m.* Ato de abraçar; sinal de afeto.

a.bran.dar *v.t.d.* Tornar brando; suavizar; acalmar.

a.bran.ger *v.t.d.* Alcançar; cingir; abarcar; compreender; *v.t.i.* ser suficiente.

a.bra.são *s.f.* Raspagem dos ossos; desgaste da orla marítima pela ação das vagas.

a.bra.sar *v.t.d.* Fazer em brasa; incendiar. *Fig.* Entusiasmar.

a.bra.si.vo *adj.* e *s.m.* Esmeril; polidor.

a.breu.gra.fi.a *s.f.* Método de radiografia do cientista brasileiro Manuel de Abreu.

a.bre.vi.ar *v.t.d.* Encurtar; resumir; antecipar. (Antôn.: *estender, alongar*.)

a.bre.vi.a.tu.ra *s.f.* Representação de palavras usando apenas algumas letras.

a.bri.gar *v.t.d.* Resguardar; proteger; dar abrigo.

a.bri.go *s.m.* Agasalho; local coberto; asilo.

a.bril *s.m.* Quarto mês do ano gregoriano. *Fig.* juventude.

a.bri.lhan.tar *v.t.d.* Tornar brilhante; realçar.

ab.ro.gar *v.t.d.* Anular; revogar.

ab.rup.to *adj.* Em grande declive. *Fig.* Repentino; inesperado; rude.

abs.ces.so *s.m.* Formação purulenta em cavidade natural ou acidental no organismo.

abs.cis.sa *s.f.* Uma das coordenadas geométricas que determinam um ponto no plano.

ab.si.de *s.f.* Recinto do altar-mor, nas igrejas.

ab.sin.to *s.m.* Certa planta aromática e amarga; bebida feita com essa planta.

ab.so.lu.tis.mo *s.m.* Sistema de governo cujo chefe tem poder absoluto.

ab.so.lu.tis.ta *s.2gên.* Adepto do absolutismo.

ab.so.lu.to *adj.* Independente; soberano; incondicional; incontestável; único; cabal.

ab.sol.ver *v.t.d.* Inocentar.

ab.sor.to *adj.* Concentrado; extasiado.

ab.sor.ven.te *adj.2gên.* Que absorve; atraente; *s.m.* qualquer substância que tem a propriedade de absorver.

ab.sor.ver *v.t.d.* Sorver, aspirar, embeber; *v.pron.* aplicar-se; concentrar-se.

ABSTÊMIO — ACELERAR

abs.tê.mio *adj.* Que não toma bebidas alcoólicas; sóbrio.
abs.ter *v.t.d.* Privar; desviar; *v.pron.* conter-se; não intervir. (Antôn.: *participar*.)
abs.ti.nên.cia *s.f.* Jejum; privação voluntária.
abs.tra.ção *s.f.* Alheamento do espírito; separação; devaneio.
abs.tra.ir *v.t.d.* Separar; *v.pron.* alhear-se.
abs.tra.to *adj.* Distraído, absorto; *s.m.* o que não tem base material e só é considerado no campo das ideias.
ab.sur.do *adj.* Oposto ao bom senso; *s.m.* insensatez.
a.bun.dân.cia *s.f.* Fartura; cópia; opulência.
a.bun.dan.te *adj.2gên.* Farto; copioso; opulento.
a.bun.dar *v.intr.* e *v.t.i.* Existir em grande quantidade; afluir; concordar. (Antôn.: *faltar*.)
a.bu.sa.do *adj.* Expressão nordestina designativa de aborrecido, enfadonho.
a.bu.sar *v.t.d.* e *i.* Fazer mau uso; enganar; exorbitar; causar dano; insultar; aborrecer.
a.bu.si.vo *adj.* Feito com abuso; em que há abuso.
a.bu.tre *s.m.* Ave de rapina. *Fig.* Indivíduo cruel, sem escrúpulos, usurário.
a.c. Abreviatura de *ao(s) cuidado(s) de*.
a.C. Abreviatura de *antes de Cristo*.
a.ca *s.f.* Mau cheiro; inhaca.
a.ca.bar *v.t.d.* Terminar; completar; *v.intr.* cessar; morrer; *v.pron.* ter fim. (Antôn.: *começar, principiar*.)
a.ca.bru.nhar *v.t.d.* Oprimir; entristecer; humilhar; *v.pron.* abater-se. (Antôn.: *alegrar, consolar*.)
a.cá.cia *s.f.* Árvore ornamental, da família das leguminosas.
a.ca.ci.a.no *adj. Bras.* Sentencioso; ridículo.
a.ça.cu *s.m. Bot.* Árvore de grande porte da Amazônia cuja seiva é venenosa.
a.ca.de.mi.a *s.f.* Estabelecimento onde se ministra instrução; escola superior; universidade; congresso de sábios, literatos etc.
a.ca.dê.mi.co *adj.* Pertencente a academia; *s.m.* estudante de universidade.
a.ça.frão *s.m.* Planta globulosa da família das Iridáceas.
a.ça.í *s.m.* Fruto de palmeira amazonense de que se faz refresco.
a.cai.pi.ra.do *adj.* Feito caipira; acanhado.
a.ca.ju *s.m.* Nome de várias madeiras semelhantes ao mogno, família das Meliáceas; antiga designação do caju.
a.ca.lan.to *s.m.* Acalento; embalo; ação de acalentar.
a.ca.len.tar *v.t.d.* Embalar; lisonjear; animar; aquecer no regaço ou nos braços.
a.ca.mar *v.t.d.* Deitar no solo ou em outra superfície; dispor em camadas; *v.intr.* adoecer, cair de cama.
a.cam.pa.men.to *s.m.* Lugar onde se alojam tropas.
a.cam.par *v.pron.* Instalar(-se); assentar.
a.ca.nha.do *adj.* Tímido; encolhido; mesquinho.
a.can.to.ar *v.t.d.* Colocar num canto; *v.pron.* fugir da convivência; ocultar-se.
a.ção *s.f.* Tudo o que se faz ou se pode fazer; força; atividade; argumento de um drama etc.; direito de pedir em juízo; título representativo de parte do capital de uma empresa ou companhia. *Bras.* Lutar; praticar um ato generoso.
a.ca.po.ei.ra.do *adj. Bras.* Cujos hábitos são de capoeira; acafajestado.
a.ca.po.ei.rar-se *v.pron. Bras.* Adquirir maneiras de capoeira; valentão, acafajestar-se.
a.ca.ra.jé *s.m. Bras.* Iguaria da cozinha afro-baiana, de feijão cozido, frito com azeite de dendê.
a.ca.re.a.ção *s.f.* Ato de acarear.
a.ca.re.ar *v.t.d.* Pôr cara a cara; reunir num mesmo ponto os réus com as testemunhas, ou estas entre si; comparar.
a.ca.ri.ci.ar *v.t.d.* Fazer carícias em; afagar.
á.ca.ro *s.m.* Nome vulgar dos acarinos.
a.car.re.tar *v.t.d.* Causar; ocasionar; transportar em carreta; conduzir; carrear.
a.ca.sa.la.men.to *s.m.* Emparelhamento; ação de acasalar.
a.ca.sa.lar *v.t.d.* Reunir macho e fêmea para fins de procriação; emparelhar.
a.ca.so *s.m.* Casualidade; sorte; destino.
a.cas.ta.nha.do *adj.* Cor de castanha.
a.ca.ta.do *adj.* Respeitado; olhado com admiração.
a.ca.tar *v.t.d.* Respeitar; honrar.
a.cau.te.la.do *adj.* Prudente; precavido; previdente.
a.cau.te.lar *v.t.d.* Precaver; prevenir; vigiar; *v.pron.* ser cauteloso, resguardar-se.
a.ce.dên.cia *s.f.* Aceitação.
a.ce.der *v.t.i.* e *v.intr.* Aquiescer; anuir; concordar.
a.ce.fa.li.a *s.f.* Ausência de cabeça. *Med.* Ausência congênita de cabeça.
a.cei.ta.ção *s.f.* Aprovação; consentimento.
a.cei.tar *v.t.d.* Concordar; receber; aprovar.
a.cei.tá.vel *adj.2gên.* Conveniente; que se pode aceitar.
a.cei.to *adj.* Recebido; admitido.
a.ce.le.ra.ção *s.f.* Ação de acelerar.
a.ce.le.ra.dor *adj.* O que acelera; *s.m.* pedal que imprime movimento ao automóvel.
a.ce.le.rar *v.t.d.* Imprimir maior velocidade; *v.pron.* precipitar-se. (Antôn.: *retardar*.)

ACENDER — ACOMPANHAR

a.cen.der *v.t.d.* Deitar fogo em; fazer arder. *Fig.* Entusiasmar; *v.pron.* inflamar-se. (Antôn.: *apagar, extinguir.*)

a.ce.no *s.m.* Gesto ou sinal que se faz para chamar atenção; convite.

a.cen.to *s.m.* Tom de voz; sílaba forte; sinal gráfico de acentuação; sotaque.

a.cen.tu.a.ção *s.f.* Ação de acentuar (na escrita e na fala).

a.cen.tu.a.do *adj.* Marcante; relevante; que tem acentos ortográficos.

a.cen.tu.ar *v.t.d.* Pôr acento em; dar relevo a; salientar.

a.cep.ção *s.f.* Significação; interpretação.

a.ce.ra.do *adj.* Cortante.

a.cer.bo *adj.* Que tem sabor amargo; árduo; severo; cruel.

a.cer.ca *adv.* Perto; próximo; – **de**: a respeito de; quanto a.

a.cer.car *v.t.d. (pron.)* Aproximar-se; abeirar-se.

a.cer.tar *v.t.d.* Endireitar; descobrir; *v.intr.* dar no alvo.

a.cer.vo *s.m.* Conjunto de obras de um museu, biblioteca etc.

a.ce.so *adj.* Excitado; inflamado.

a.ces.sí.vel *adj.* Tratável; que se pode alcançar.

a.ces.so *s.m.* Entrada; ingresso. *Med.* Ataque; manifestação patológica de curta duração.

a.ces.só.rio *adj.* Que não é essencial; secundário; *s.m.* peça suplementar.

a.ce.tá.bu.lo *s.m.* Concavidade em formato de taça; vaso antigo onde era guardado o vinagre; planta em formato de vaso. *Med.* Cavidade do osso ilíaco onde se articula a cabeça do fêmur.

a.ce.ta.to *s.m.* Sal proveniente da combinação do ácido acético.

a.ce.ti.le.no *s.m.* Gás formado pela ação da água sobre o carbonato de cálcio.

a.ce.ti.na.do *adj.* Macio e lustroso como o cetim.

a.ce.ti.nar *v.t.d.* Tornar como o cetim; amaciar.

a.ce.to.na *s.f.* Líquido incolor, de cheiro etéreo, volátil, inflamável; usado como solvente.

a.cha *s.f.* Pedaço de lenha para combustível.

a.chá.de.go *s.m.* Recompensa que se dá a quem restituir coisa achada.

a.cha.do *s.m.* Pechincha; invenção.

a.cha.nar *v.t.d.* Tornar plano. *Fig.* Apaziguar.

a.cha.que *s.m.* Doença pouco grande; mal-estar; vício.

a.char *v.t.d.* Encontrar por acaso ou intenção; supor; *v.pron.* sentir-se. (Antôn.: *perder.*)

a.cha.ta.do *adj.* Chato. *Fig.* Humilhado.

a.cha.tar *v.t.d.* Tornar chato; abater; derrotar com argumentos; vencer; humilhar.

a.cha.vas.ca.do *adj.* Grosseiro; rude.

a.che.gar *v.t.d.* Pôr junto a; unir.

a.ci.ca.te *s.m.* Espora. *Fig.* Estímulo.

a.ci.den.tal *adj.2gên.* Casual; imprevisto.

a.ci.den.tar *v.t.d.* Produzir acidente em; tornar irregular; variar; modificar.

a.ci.den.te *s.m.* Coisa sobrevinda inesperadamente; desigualdade em terreno.

a.ci.dez *s.f.* Propriedade do que é ácido.

á.ci.do *s.m.* Substância que, combinada com uma base, forma os sais; *adj.* azedo.

a.ci.ma *adv.* Em lugar mais elevado; anteriormente; vir; emergir.

a.cin.te *s.m.* Ação propositada para ferir ou magoar; provocação.

a.ci.o.nar *v.t.d. e intr.* Acompanhar com gestos (o discurso); demandar em juízo.

a.ci.o.nis.ta *s.2gên.* Pessoa que é dona de ações de uma companhia; acionário.

a.cir.ra.do *adj.* Obstinado; irritado; açulado (o cão).

a.cir.rar *v.t.d.* Irritar; estimular; incitar; açular (cães). (Antôn.: *abrandar, acalmar.*)

a.cla.ma.ção *s.f.* Clamor de aplauso ou triunfo; ato de aclamar.

a.cla.mar *v.t.d.* Aplaudir com brados; proclamar; eleger por aclamação. (Antôn.: *vaiar.*)

a.cli.mar *v.t.d.* Acostumar a novo clima.

a.cli.ve *s.m.* Ladeira; *adj.2gên.* íngreme.

a.ço *s.m.* Liga de ferro com carbono; resistência.

a.co.ber.tar *v.t.d.* Encobrir; dissimular; envolver com coberta. (Antôn.: *descobrir.*)

a.co.co.rar-se *v.pron.* Pôr-se de cócoras.

a.ço.dar *v.t.d.* Apressar; instigar; incitar.

a.co.gu.lar *v.t.d.* Encher até transbordar.

a.çoi.tar *v.t.d.* Punir com açoite; bater; disciplinar; afligir.

a.çoi.te *s.m.* Látego; chicote.

a.co.lá *adv.* Naquele lugar; além. (Antôn.: *cá, aqui.*)

a.col.cho.ar *v.t.d.* Chamaçar ou forrar como o colchão.

a.co.lhe.dor *adj.* Que acolhe; hospitaleiro.

a.co.lher *v.t.d.* Agasalhar; receber; hospedar; admitir; levar em consideração; *v.pron.* abrigar-se.

a.co.lhi.da *s.f.* Acolhimento; recepção; agasalho; abrigo.

a.co.lhi.men.to *s.m.* Recepção; hospedagem.

a.co.me.ter *v.t.d.* Assaltar; atacar; investir; provocar; *v.intr.* encetar briga; *v.pron.* atacar-se.

a.co.mo.dar *v.t.d.* Dispor com ordem; hospedar; arrumar; ir a; adequar; *v.pron.* adaptar-se. (Antôn.: *desacomodar.*)

a.com.pa.nha.men.to *s.m.* Ação de acompanhar; parte da música que acompanha vozes ou instrumentos.

a.com.pa.nhar *v.t.d.* Ir em companhia de; seguir; escoltar. *Mús.* Tocar, acompanhando os demais. (Antôn.: *desacompanhar.*)

ACONCHEGAR — ADERENTE

a.con.che.gar *v.t.d.* (*pron.*) Aconchegar-se; agasalhar; aproximar. (Antôn.: *afastar, distanciar.*)

a.con.di.cio.na.men.to *s.m.* Ação de acondicionar; acomodação.

a.con.di.cio.nar *v.t.d.* Pôr em certa condição; arranjar bem; resguardar; *v.t.d.* e *i.* acomodar; adaptar.

a.con.se.lhar *v.t.d.* Dar conselho a; *v.pron.* pedir conselho. (Antôn.: *desaconselhar.*)

a.con.te.cer *v.intr.* Suceder inesperadamente; sobrevir.

a.con.te.ci.men.to *s.m.* Que acontece inesperadamente; acaso; ocorrência.

a.cór.dão *s.m.* Jur. Sentença.

a.cor.dar *v.t.d.* Tirar do sono; despertar; *v.t.i.* concordar; *v.intr.* sair do sono; *v.pron.* estar de acordo. (Antôn.: *adormecer, discordar.*)

a.cor.de *adj.2gên.* Harmônico; concorde; *s.m.* harmonia produzida pela união de sons. (Antôn.: *discordante, discrepante.*)

a.cor.de.ão *s.m.* Instrumento musical portátil com fole e teclas. Bras. Sanfona, harmônica.

a.cor.do *s.m.* Entendimento; combinação.

a.cor.ren.tar *v.t.d.* Prender com corrente; amarrar. (Antôn.: *libertar, soltar.*)

a.cos.sar *v.t.d.* Perseguir; correr no encalço de; incomodar; castigar.

a.cos.tu.mar *v.t.d.* Adquirir hábito; afazer; *v.pron.* habituar-se. (Antôn.: *desacostumar.*)

a.co.to.ve.lar *v.t.d.* Tocar com o cotovelo; empurrar.

a.çou.guei.ro *s.m.* Dono ou empregado de açougue.

a.cre *adj.2gên.* Azedo; forte; de cheiro muito ativo; *s.m.* medida agrária de vários países.

a.cre.di.tar *v.t.d.* Dar crédito; crer; abonar; *v.pron.* adquirir crédito. (Antôn.: *desacreditar.*)

a.cres.cen.tar *v.t.d.* Adicionar; adir; agregar. (Antôn.: *diminuir, tirar.*)

a.cres.cer *v.intr.* Ajuntar-se; sobrevir; aumentar. (Antôn.: *afastar-se, diminuir.*)

a.crés.ci.mo *s.m.* Acrescimento; aumento; paroxismo febril.

a.cri.mô.nia *s.f.* Amargor; azedume.

a.cro.ba.ci.a *s.f.* Arte de acrobacia. Av. Manobra de avião diferente do voo normal.

a.cro.ba.ta *s.m.* Dançarino de corda.

a.cro.fo.bi.a *s.f.* Medo de lugares altos.

a.cró.po.le *s.f.* Cidadela na parte mais elevada das cidades gregas.

a.crós.ti.co *s.m.* Composição pórtica em que as letras iniciais de cada verso formam um nome.

ac.tí.nia *s.f.* Designação científica da anêmona-do-mar.

a.cu.ar *v.intr.* Recuar; retroceder; deter-se com medo. (Antôn.: *avançar.*)

a.çú.car *s.m.* Substância doce que se extrai especialmente da cana-de-açúcar e da beterraba. Fig. Doçura; suavidade.

a.çu.ca.rar *v.t.d.* Adoçar com açúcar. Fig. Tornar meigo; suavizar. (Antôn.: *amargar.*)

a.çu.de *s.m.* Barragem feita no rio destinada a prender água; reservatório.

a.cu.dir *v.t.d.* Ir em auxílio de; vir à lembrança; ocorrer; obedecer.

a.cu.i.da.de *s.f.* Agudeza; perspicácia.

a.cú.leo *s.m.* Espinho; ferrão; ponta; *adj.* em ponta. Fig. Estímulo.

a.cul.tu.ra.ção *s.f.* Interpenetração de culturas.

a.cu.mu.lar *v.t.d.* Ajuntar; amontoar; aumentar. (Antôn.: *dispersar, dissipar.*)

a.cú.mu.lo *s.m.* Acumulação; grande quantidade; sobrecarga.

a.cu.pun.tu.ra *s.f.* Med. Técnica chinesa de tratamento de doenças ou de anestesiação por meio de agulhas.

a.cu.rar *v.t.d.* Aprimorar; aperfeiçoar.

a.cu.sa.ção *s.f.* Ação de acusar; advogado da parte acusadora.

a.cu.sar *v.t.d.* Denunciar; culpar; declarar culpado; tornar-se saliente; indicar; *v.pron.* confessar-se culpado. (Antôn.: *defender, desculpar.*)

a.cu.sa.ti.vo *s.m.* Declinação que indica principalmente o complemento direto (no latim, grego etc.); *adj.* que se refere à acusação.

a.cús.ti.ca *s.f.* Ramo da Física que estuda o som e seus fenômenos; propagação do som em um lugar.

a.da.ga *s.f.* Espada curta e larga.

a.dá.gio *s.m.* Provérbio; rifão; máxima.

a.dap.ta.ção *s.f.* Ação de adaptar ou adaptar-se; acomodação; conformação.

a.dap.tar *v.t.d.* e *i.* (*pron.*) Adequar-se; ajustar--se; acomodar; *v.pron.* acomodar-se; ajustar-se. (Antôn.: *desacomodar, deslocar.*)

a.de.ga *s.f.* Lugar subterrâneo onde se costuma guardar vinhos e outros mantimentos.

a.de.jar *v.intr.* Esvoaçar; pairar.

a.de.mais *adv.* Além disso; demais.

a.den.do *s.m.* Aquilo que se acrescenta à obra escrita; apêndice.

a.den.sar *v.t.d.* Tornar ou tornar-se denso.

a.den.trar *v.t.d.* Entrar; penetrar.

a.den.tro *adv.* Para dentro; na parte interior.

a.dep.to *s.m.* Seguidor de doutrina, partido etc.

a.de.qua.do *adj.* Apropriado; próprio; conveniente.

a.de.quar *v.t.d.* e *i.* Acomodar; adaptar; *v.pron.* acomodar-se. (Antôn.: *inadequar.*)

a.de.re.ço *s.m.* Adorno; enfeite.

a.de.ren.te *adj.* e *s.2gên.* Que adere.

a.de.rir *v.intr.* Estar ou ficar intimamente colado; *v.t.i.* aplicar; *v.pron.* juntar-se; unir-se. (Antôn.: *separar, divergir.*)

a.der.nar *v.intr.* Inclinar-se para o lado (navio); embarcar-se.

a.de.são *s.f.* Aprovação; união.

a.de.si.vo *adj.* Que adere; *s.m.* qualquer material ou objeto que cola.

a.des.tra.men.to *s.m.* Treino; educação.

a.des.trar *v.t.d.* Ensinar; exercitar; tornar destro, perito.

a.deus *interj.* Deus te acompanhe; *s.m.* despedida.

a.di.an.ta.do *adj.* Avançado. *Fig.* Atrevido.

a.di.an.tar *v.t.d.* Antecipar; *v.intr.* progredir; *v.pron.* avançar. (Antôn.: *atrasar.*)

a.di.an.te *adv.* Na frente; para diante; mais baixo; antes.

a.di.ar *v.t.d.* Transferir; protelar; delongar. (Antôn.: *inadiar.*)

a.di.ção *s.f.* Operação primeira do cálculo aritmético; aumento; soma.

a.di.cio.nar *v.t.d.* Acrescentar a; aumentar. (Antôn.: *subtrair.*)

a.di.do *s.m.* Funcionário auxiliar de outro.

a.di.po.so *adj.* Gorduroso.

a.dir *v.t.d.* Receber herança; juntar.

a.di.ti.vo *adj.* Adicional; acréscimo.

a.di.vi.nha.ção *s.f.* Ação de adivinhar.

a.di.vi.nhar *v.t.d.* Profetizar o futuro por ação de sortilégios; conjeturar; pressentir.

a.di.vi.nho ou **a.di.vi.nha.dor** *s.m.* O que pretende predizer o futuro; feiticeiro.

ad.ja.cen.te *adj.2gên.* Adjunto; confinante. *Geom.* Referente aos ângulos que têm o mesmo vértice e um lado comum.

ad.je.ti.vo *s.m.* Palavra adjunta ao substantivo que o qualifica sem alterar-lhe a essência.

ad.ju.di.car *v.t.d.* Entregar por sentença judicial.

ad.jun.to *adj.* e *s.m.* Agregado; associado; auxiliar.

ad.mi.nis.tra.ção *s.f.* Direção; governo; gerência de negócios; ato de administrar.

ad.mi.nis.trar *v.t.d.* Dirigir; gerir; reger; aplicar; superintender.

ad.mi.ra.ção *s.f.* Ato de admirar; espanto.

ad.mi.rar *v.t.d.* Olhar com espanto ou enlevo; *v.pron.* sentir admiração. (Antôn.: *desprezar.*)

ad.mi.rá.vel *adj.2gên.* Digno de admiração; excelente.

ad.mis.sí.vel *adj.2gên.* Que se pode admitir; receptível.

ad.mi.tir *v.t.d.* Aceitar; hospedar; concordar; tolerar; permitir. (Antôn.: *eliminar, rejeitar.*)

ad.mo.es.ta.ção *s.f.* Advertência; repreensão; exortação; lembrete.

a.do.ção *s.f.* Ato ou efeito de adotar.

a.do.çar *v.t.d.* Açucarar; suavizar. *Fig.* Atenuar; abrandar. (Antôn.: *azedar, irritar.*)

a.do.e.cer *v.intr.* Ficar doente; enfermar. (Antôn.: *sarar.*)

a.do.en.ta.do *adj.* Maldisposto; um pouco doente.

a.doi.da.do *adj.* Um tanto doido; desatinado; estouvado.

a.do.les.cên.cia *s.f.* Idade entre 12 e 18 anos.

a.do.les.cen.te *s.2gên.* e *adj.* Que ou de quem está na adolescência.

a.do.ra.ção *s.f.* Culto a Deus; veneração.

a.do.rar *v.t.d.* Prestar culto à divindade; ter excessivo amor. (Antôn.: *detestar, odiar.*)

a.do.rá.vel *adj.2gên.* Encantador; estimável.

a.dor.nar *v.t.d.* Ornar; enfeitar; *v.pron.* embelezar-se. (Antôn.: *desadornar.*)

a.dor.no *s.m.* Enfeite.

a.do.ti.vo *adj.* Que se adotou; diz-se do filho de outrem que se tomou como próprio.

ad.qui.rir *v.t.d.* Tomar posse; obter; comprar. (Antôn.: *dispor, perder, vender.*)

a.dre.de *adv.* De propósito.

a.dre.na.li.na *s.f.* Hormônio segregado pela cápsula suprarrenal.

a.dri.ça *s.f.* Cabo de içar velas ou bandeiras.

a.dro *s.m.* Pátio de igreja.

ad.ro.gar *v.t.d.* Adotar (pessoa maior de idade).

ads.cri.to *adj.* Subordinado; anotado.

ads.trin.gir *v.t.d.* Apertar; cerrar; ressecar; constranger.

a.du.a.na *s.f.* Alfândega.

a.du.a.nei.ro *s.m.* Funcionário da alfândega.

a.du.bar *v.t.d.* Fertilizar. *Fig.* Temperar.

a.du.bo *s.m.* Fertilizante; estrume. *Fig.* Tempero.

a.du.lar *v.t.d.* Bajular; louvar de forma servil; lisonjear.

a.dúl.te.ra *s.f.* Mulher que incorre no adultério.

a.dul.te.ra.ção *s.f.* Falsificação; alteração.

a.dul.te.rar *v.t.d.* Corromper; falsificar; alterar; imitar fraudulentamente.

a.dul.té.rio *s.m.* Infidelidade conjugal.

a.dul.to *adj.* e *s.m.* Que ou aquele que chegou ao estado viril ou de pleno vigor.

a.dun.co *adj.* Recurvado; curvo.

a.du.ren.te *adj.2gên.* Que queima; cáustico.

a.du.zir *v.t.d.* Trazer; expor.

ad.ven.tí.cio *adj.* e *s.m.* Estrangeiro; eventual.

ad.ven.to *s.m.* Vinda; chegada.

ad.vér.bio *s.m.* Palavra invariável que modifica verbo, adjetivo e o próprio advérbio.

ad.ver.sá.rio *adj.* Antagonista; *s.m.* competidor, rival.

ad.ver.si.da.de *s.f.* Má sorte; infortúnio; desventura.

ad.ver.so *adj.* Contrário; oposto; hostil; inditoso.

ad.ver.tên.cia *s.f.* Repreensão feita com brandura; aviso; admoestação; prefácio.

ad.ver.tir *v.t.d.* Fazer ver ou notar; avisar; repreender com brandura; *v.t.i.* admoestar.

ad.vir *v.t.i.* e *intr.* Suceder; sobrevir.

ad.vo.ga.do *s.m.* Quem é formado em Ciências Jurídicas.

ad.vo.gar *v.t.d.* Defender; interceder; *v.intr.* exercer profissão de advogado.

a.e.do *s.m.* Trovador.

a.é.reo *adj.* Pertencente ao ar. *Fig.* Imaginário; fútil; vão.

a.e.ró.bi.ca *s.f.* Série de exercícios físicos ritmados e rápidos.

a.e.ró.bio *s.m.* Que não pode viver sem o oxigênio do ar.

a.e.ro.di.nâ.mi.ca *s.f.* Seção da Física que se preocupa com as leis do movimento dos fluidos elásticos e da pressão do ar exterior.

a.e.ro.es.pa.ço *s.m.* A atmosfera da Terra e o espaço além dela considerados como um todo.

a.e.ro.li.to *s.m.* Meteorito.

a.e.ro.mo.ça *s.f.* Funcionária para prestar serviços aos passageiros nos aviões.

a.e.ro.mo.de.lo *s.m.* Avião em miniatura.

a.e.ro.nau.ta *s.m.* Navegador aéreo.

a.e.ro.náu.ti.ca *s.f.* Aviação comercial ou militar; ciência da navegação aérea.

a.e.ro.na.ve *s.f.* Denominação comum dos aparelhos que servem à navegação no ar.

a.e.ro.por.to *s.m.* Terreno de pouso e partida de aviões, com instalações para desembarque e embarque de passageiros e todas as comodidades inerentes.

a.e.rós.ta.to *s.m.* Balão cheio de ar ou gás que se sustenta no ar.

a.fã *s.m.* Esforço; ânsia.

a.fa.bi.li.da.de *s.f.* Cortesia; delicadeza.

a.fa.di.go.so *adj.* Cansativo; extenuante.

a.fa.gar *v.t.d.* Acariciar; amimar.

a.fa.go *s.m.* Carícia; carinho, meiguice; mimo; bom agasalho.

a.fa.ma.do *adj.* Célebre; notório; ilustre.

a.fa.nar *v.t.d. Fig.* Trabalhar penosamente; *v.pron.* trabalhar com afã. *Bras. Gír.* Roubar.

a.fas.ta.do *adj.* Distante; desviado; remoto.

a.fas.ta.men.to *s.m.* Distância; ausência; apartamento.

a.fas.tar *v.t.d.* Pôr distante; expulsar; *v.pron.* distanciar-se. (Antôn.: *aproximar*.)

a.fá.vel *adj.2gên.* Benigno; brando; meigo.

a.fa.ze.res *s.m.pl.* Ocupações; negócios.

a.fei.ção *s.f.* Afeto; benquerença; amor; simpatia.

a.fei.ço.ar *v.t.d.* Dar feição a; modelar; *v.pron.* tomar afeição, amizade por.

a.fei.to *adj.* Acostumado; habituado; contente em; *s.m.* afeto.

a.fe.mi.na.do *adj.* O mesmo que *efeminado*.

a.fe.ri.do *s.m.* Calha de moinho.

a.fe.rir *v.t.d.* Avaliar mediante medidas de capacidade; *v.t.i.* comparar.

a.fer.rar *v.t.d.* Sujeitar com ferro; prender; *v.pron.* agarrar-se com firmeza.

a.fer.ro.ar *v.t.d.* Picar; provocar.

a.fer.ven.tar *v.t.d.* Sujeitar a uma ligeira fervura. *Fig.* Impacientar; azucrinar.

a.fe.ta.ção *s.f.* Ato ou efeito de afetar; sofisticação; vaidade; fingimento.

a.fe.tar *v.t.d.* Fingir; abalar; ostentar.

a.fe.ti.vo *adj.* Afeiçoado, apaixonado.

a.fe.to *s.m.* Amor; amizade; paixão; simpatia; *adj.* pendente; incumbido; afeiçoado.

a.fe.tu.o.so *adj.* Que tem afeto; afável; carinhoso; amigo.

a.fi.a.do *adj.* Com superfície bem cortante; aguçado.

a.fi.an.çar *v.t.d.* Prestar fiança a favor de; abonar; assegurar. (Antôn.: *desabonar*.)

a.fi.ar *v.t.d.* Amolar; dar fio ou gume a. (Antôn.: *cegar; embotar* [instrumento cortante].)

a.fi.ci.o.na.do *s.m.* Amador; entusiasta.

a.fi.gu.rar *v.t.d.* Dar figura a; representar; parecer.

a.fi.la.do *adj.* Delgado e agudo; delicado; açulado (o cão) para que file.

a.fi.lar *v.t.d.* Adelgaçar; afiar; aferir (pesos e medidas); açular (cães).

a.fi.lha.do *s.m.* A pessoa em relação a seus padrinhos. *Fig.* Protegido.

a.fi.li.ar *v.t.d. (pron.)* Inscrever(-se); associar(-se).

a.fim *adj.2gên.* Que tem afinidade; semelhante.

a.fi.na.do *adj.* Concorde; bem soante. (Antôn.: *desafinado*.)

a.fi.nal *adv.* Por fim; finalmente.

a.fi.nar *v.t.d.* Fazer fino; apurar (metais); harmonizar; ajustar. (Antôn.: *desafinar*.)

a.fin.car *v.t.d.* Gravar; fincar.

a.fi.ni.da.de *s.f.* Qualidade; parentesco; semelhança; simpatia por.

a.fir.ma.ção *s.f.* Ato de afirmar; declaração; asserção.

a.fir.mar *v.t.d.* e *i.* Declarar com segurança; certificar; assegurar. (Antôn.: *negar*.)

a.fir.ma.ti.va *s.f.* Declaração; afirmação.

a.fi.ve.lar *v.t.d.* Segurar com fivela; prender.

a.fi.xar *v.t.d.* Ostentar em lugar público; tornar fixo; segurar.

a.fi.xo *s.m.* Designação gramatical de prefixos e sufixos.

a.fli.ção *s.f.* Agonia, angústia.

a.fli.gir *v.t.d.* Causar aflição; angustiar.

a.fli.to *adj.* Angustiado; oprimido.

a.flo.rar *v.t.d.* Nivelar; *v.intr.* assomar; aparecer.
a.flu.ên.cia *s.f.* Corrente abundante; abundância.
a.flu.en.te *s.m.* Rio que deságua em outro; *adj.2gên.* que aflui.
a.flu.ir *v.t.d.* Correr parar; convergir.
a.flu.xo *s.m.* Ação de afluir; que surge de golpe.
a.fo.ba.ção *s.f.* Pressa; precipitação.
a.fo.ba.do *adj.* Apressado; cheio de ocupações.
a.fo.ga.di.lho *s.m.* Pressa; precipitação.
a.fo.ga.do *adj.* Que se afogou; que se asfixiou por imersão.
a.fo.ga.dor *adj.* Que afoga; *s.m.* o que afoga.
a.fo.gar *v.t.d.* Asfixiar; sufocar; reprimir; *v.intr.* morrer dentro de água por asfixia.
a.fo.gue.a.do *adj.* Excessivamente corado; incendiado; abrasado; afrontado; ardente.
a.fo.gue.ar *v.t.d.* Submeter à ação do fogo; corar; *v.pron.* enrubescer; entusiasmar-se.
a.foi.to *adj.* Destemido. *Fig.* Que age com precipitação.
a.fô.ni.co *adj.* Que perdeu a voz.
a.fo.ra *adv.* Exceto; além de; à exceção de; salvo; para fora; adiante.
a.fo.ris.mo *s.m.* Ditado moral lacônico e sentencioso; provérbio.
a.for.tu.na.do *adj.* Feliz; venturoso; abastado.
a.for.tu.nar *v.t.d.* Dar fortuna a; tornar ditoso.
a.fres.co *s.m.* Pintura com cores diluídas em água e cal.
á.fri.ca *s.f. Fig.* Proeza audaciosa; façanha.
a.fri.ca.no *adj.* Da África; *s.m.* nascido ou morador na África.
a.fro.di.sí.a.co *s.m.* Excitante sexual; *adj.* que desperta o apetite sexual.
a.fron.ta *s.f.* Ofensa; violência; assalto.
a.fron.tar *v.t.d.* Encarar de frente; fatigar; *v.t.i.* acarretar; *v.pron.* encontrar-se cara a cara.
a.frou.xar *v.t.d.* Tornar frouxo; despertar. (Antôn.: *apertar, esticar, acelerar*.)
af.ta *s.f. Med.* Vesícula ulcerada que surge geralmente na mucosa da boca.
a.fu.gen.tar *v.t.d.* Fazer fugir; repelir; expulsar.
a.fun.da.men.to *s.m.* Submersão; depressão; ação de afundar.
a.fun.dar *v.t.d.* Meter no fundo; *v.pron.* submergir. (Antôn.: *boiar, emergir*.)
a.fu.ni.la.do *adj.* Com o formato de funil; estreito.
a.gá *s.m.* Nome da letra *H*.
a.ga.char *v.pron.* Abaixar-se; humilhar-se.
á.ga.mo *adj.* Que não tem sexo; *s.m.* o que não tem sexo.
a.gar.ra.do *adj.* Preso; ter profundo afeto por alguém e ser dele inseparável.
a.gar.rar *v.t.d.* Segurar; prender; *v.pron.* segurar-se. (Antôn.: *largar, soltar*.)

a.ga.sa.lhar *v.t.d.* Abrigar; aquecer; hospedar. (Antôn.: *desagasalhar*.)
a.ga.sa.lho *s.m.* Abrigo; bom acolhimento; hospedagem; proteção; roupa que aquece.
a.gas.tar *v.t.d. (pron.)* Irritar(-se); aborrecer(-se).
a.ga.ve *s.f.* Planta das Américas, da família das Amarilidáceas.
a.gên.cia *s.f.* Escritório comercial; sucursal de repartição pública ou entidades bancárias ou comerciais; profissão de agente.
a.gen.ci.ar *v.t.d.* Negociar; *v.t.d.* e *i.* fazer por encontrar; procurar.
a.gen.da *s.f.* Livro pequeno em que se anotam diariamente as obrigações a realizar.
a.gen.te *s.m.* Tudo o que atua. *Quím.* Substância que reage sobre outra; *adj.* e *s.2gên.* que ou pessoa que atua, age.
á.gil *adj.* Desenvolto.
a.gi.li.da.de *s.f.* Desembaraço; ligeireza.
a.gi.li.zar *v.t.d.* Tornar ágil.
á.gio *s.m.* Lucro sobre a diferença de valor da moeda; juro de empréstimo de dinheiro.
a.gi.o.ta *adj.* e *s.2gên.* Diz-se de, ou pessoa que pratica a agiotagem; interesseiro.
a.gi.o.ta.gem *s.f.* Especulação em matéria de lucros sobre empréstimos ou mercadorias.
a.gir *v.intr.* Atuar; proceder.
a.gi.ta.ção *s.f.* Alvoroço; comoção.
a.gi.ta.dor *adj.* e *s.m.* Que, ou o que agita; *s.m.* promotor de desordens.
a.gi.tar *v.t.d.* Abalar; sacudir; *v.pron.* inquietar-se; preocupar-se. (Antôn.: *acalmar, pacificar*.)
a.gi.to *s.m.* O mesmo que animação, alegria.
a.glo.me.ra.do *adj.* Que se aglomerou; *s.m.* aglomeração. *Const.* Argamassa de pedra britada e cimento. *Geol.* Massa de rochas oriunda do agrupamento de pedaços de outras rochas. *Bot.* Grupo de órgãos que constituem um todo compacto.
a.glo.me.rar *v.t.d.* Amontoar; acumular; *v.pron.* amontoar-se. (Antôn.: *desagregar*.)
a.glu.ti.na.ção *s.f.* Aderência; consolidação; reunião; justaposição.
a.glu.ti.nan.te *adj.2gên.* Que adere como grude.
a.glu.ti.nar *v.t.d.* Unir com glúten ou com cola; grudar; consolidar.
ag.nos.ti.cis.mo *s.m. Filos.* Teoria que afirma a impossibilidade de conhecer a natureza última das coisas.
a.go.gô *s.m.* Instrumento africano constante de duas campânulas de ferro.
a.go.ni.a *s.f. Med.* Derradeira fase da enfermidade que precede a morte; angústia.
a.go.ni.ar *v.t.d. (pron.)* Causar agonia; amargurar(-se); tornar(-se) aflito.
a.go.ni.zan.te *adj.2gên.* Que está na agonia; *s.2gên.* moribundo.

a.go.ra *adv.* Nesta hora.

a.gou.rar *v.t.d.* Pressagiar; pressentir; desejar má sorte.

a.gou.ro *s.m.* Presságio, vaticínio; profecia; prognóstico.

a.gra.ci.ar *v.t.d.* Conceder graça ou mercê a; dotar; honrar; perdoar.

a.gra.dar *v.t.i.* Aprazer; deleitar; provocar boa impressão. (Antôn.: *desagradar*.)

a.gra.dá.vel *adj.* Aprazível; ameno; tratável.

a.gra.de.cer *v.t.d.* e *i.* Demonstrar gratidão a alguém.

a.gra.de.ci.men.to *s.m.* Reconhecimento; ação de agradecer.

a.gra.do *s.m.* Prazer; satisfação; delicadeza. *Reg.* Carinho; mimo.

á.gra.fo *adj.* Que não está escrito; que não possui escrita (povos, línguas).

a.grá.rio *adj.* Referente à agricultura ou aos campos.

a.gra.van.te *adj.2gên.* Que agrava; *adj.* e *s.f. Jur.* Aquele que interpõe agravo em juízo; *s.2gên.* quem interpõe agravo.

a.gra.var *v.t.d.* Sobrecarregar; oprimir; tornar mais pesado; tornar pior; *v.t.i.* interpor recurso (judicial). (Antôn.: *desagravar*.)

a.gre.dir *v.t.d.* Bater em; atacar; provocar.

a.gre.ga.do *s.m.* Conglomerado; conjunto; *adj.* adjunto. *Bras.* Trabalhador sem recursos a quem é concedido direito de morada em terra alheia mediante certas condições.

a.gre.gar *v.t.d.* Ajuntar; aglomerar, associar; *v.pron.* reunir-se. (Antôn.: *desagregar, dividir*.)

a.gre.mi.a.ção *s.f.* Associação; ajuntamento em grêmio; reunião em assembleia.

a.gres.são *s.f.* Ataque; provocação; hostilidade.

a.gres.si.vo *adj.* Ofensivo; que denota agressão.

a.gres.sor *s.m.* Atacante; acometedor; *adj.* que agride.

a.gres.te *adj.2gên.* Campestre; bravio; rústico; áspero, desabrido, silvestre.

a.gri.ão *s.m.* Planta comestível e aquática das Crucíferas; tumor rijo no curvilhão das cavalgaduras.

a.grí.co.la *adj.2gên.* Referente à agricultura; *s.m.* agricultor; colono.

a.gri.cul.tor *s.m.* Lavrador; cultivador.

a.gri.cul.tu.ra *s.f.* Arte de cultivar a terra.

a.gri.do.ce *adj.2gên.* O que é azedo e doce a um só tempo. *Fig.* Atitude dúbia.

a.gro.no.mi.a *s.f.* Ciência que trata dos problemas da agricultura.

a.grô.no.mo *s.m.* Diplomado em Agronomia.

a.gro.pe.cu.á.ria *s.f.* Arte teórica e prática da agricultura e da pecuária.

a.gro.tó.xi.co *s.m.* Substância que combate pragas.

a.gru.par *v.t.d.* Ajuntar em grupo; *v.pron.* formar grupo. (Antôn.: *dividir*.)

a.gru.ra *s.f.* Sabor agro; aspereza; amargura; dissabor; sofrimento.

á.gua *s.f.* Líquido composto de oxigênio e hidrogênio, a parte líquida do globo – **viva**: designação vulgar das medusas marítimas.

a.gua.cei.ro *s.m.* Chuva inesperada e forte, de curta duração.

á.gua-de-co.lô.nia *s.f.* Perfume com essências aromáticas.

a.gua.do *adj.* Que apresenta grande teor de água.

a.gua.pé *s.m.* Nome vulgar de várias plantas aquáticas; *s.f.* vinho fraco.

a.guar *v.t.d.* Regar; misturar com água; *v.intr.* apanhar aguamento (o animal); *v.pron.* encher-se de água.

a.guar.dar *v.t.d.* Esperar; vigiar; estar prevenido.

a.guar.den.te *s.f.* Bebida alcoólica; cachaça.

a.gu.ça.do *adj.* Que se aguçou; afiado com gume.

a.gu.çar *v.t.d.* Afiar; amolar; estimular; excitar; tornar agudo. (Antôn.: *embotar*.)

a.gu.de.za *s.f.* Propriedade do que é agudo; perspicácia; sutileza; finura.

a.gu.do *adj.* Afiado; pontudo; intenso; sutil; sagaz; *s.m.* nota musical aguda.

a.guen.tar *v.t.d.* Sustentar; aturar; suportar; manter; *v.pron.* resistir.

a.guer.ri.do *adj.* Afeito à guerra; valente.

á.guia *s.f.* Grande ave predadora; insígnia de brasão ou bandeira, constelação do setentrião. *Fig.* Aquele que denota grande sagacidade. *Bras.* Indivíduo esperto.

a.gui.lhão *s.m.* Ferrão; bico de ferro; estímulo.

a.gu.lha *s.f.* Pequeno instrumento de aço, aguçado numa das pontas e com orifício na outra, para coser; ponteiro de relógio. *Cir.* Instrumento para injeção. *Bras.* Denominação de vários peixes do gênero *Strongylura*; ponto alcantilado de uma montanha; **– de marear**: bússola.

a.gu.lha.da *s.f.* Picada com agulha.

a.gu.lhei.ro *s.m.* Estojo para guardar agulhas; empregado que nas estradas de ferro faz o serviço das agulhas.

ah! ah! ah! *interj.* Expressão onomatopaica da gargalhada.

ah *interj.* Expressão de dor, admiração etc.

a.í *adv.* Nesse lugar, a esse respeito; *interj.* expressão de aplauso.

ai *s.m.* Gemido; *interj.* expressão de dor, angústia, surpresa etc.

ai.a *s.f.* Camareira, preceptora.

ai.dé.ti.co *s.m.* e *adj.* Portador de Aids.

ai-je.sus *s.m.* O predileto; *interj.* expressão de grande aflição, dor, espanto etc.

AINDA — ALCATEIA

a.in.da *adv.* Até agora; além de; que; posto que; embora; até.

ai.o *s.m.* Camareiro; pajem.

ai.pim *s.m.* Mandioca doce ou macacheira.

ai.po *s.m.* Planta que se usa como tempero.

ai.ro.so *adj.* Esbelto; elegante.

a.jar.di.na.do *adj.* Que tem o aspecto de jardim.

a.jar.di.nar *v.t.d.* Transformar em jardim; formar jardim.

a.jei.tar *v.t.d.* Dispor com jeito; adaptar; acomodar.

a.jo.e.lhar-se *v.pron.* Pôr-se de joelhos. *Fig.* humilhar-se.

a.jou.jo *s.m.* Corda ou cordão para emparelhar animais.

a.ju.da *s.f.* Amparo; socorro; – **de custo**: importância extra paga por determinados serviços.

a.ju.dan.te *adj.2gên.* Que ajuda; *s.2gên.* pessoa que ajuda; auxiliar.

a.ju.dar *v.t.d.* Auxiliar; socorrer; *v.pron.* valer-se; *v.t.i.* prestar auxílio. (Antôn.: *atrapalhar*.)

a.ju.i.za.do *adj.* Judicioso; sensato; atinado.

a.jun.tar *v.t.d.* Acumular; reunir; *v.intr.* enriquecer; *v.pron.* juntar-se. (Antôn.: *dissipar, apartar*.)

a.jus.tar *v.t.d.* Unir bem; adaptar; convencionar; liquidar contas. (Antôn.: *desajustar*.)

a.jus.te *s.m.* Pacto; liquidação de contas.

a.la *s.f.* Fila; franco; parte lateral de um edifício. (Dim.: *aleta*.)

a.la.bar.da *s.f.* Arma antiga que terminava em ponte atravessada na parte superior por um crescente afilado.

a.la.bas.tro *s.m.* Espécie de mármore muito branco e translúcido; vaso de perfume, entre os gregos.

á.la.cre *adj.2gên.* Jovial, alegre.

a.la.do *adj.* Provido de asas.

a.la.ga.do *adj.* Cheio de água; encharcado; molhado.

a.la.gar *v.t.d.* Encher de água; inundar; invadir.

a.la.go.a.no *adj.* Que é natural do estado de Alagoas.

a.la.mar *s.m.* Cordão entrelaçado para abotoar.

a.lam.bi.que *s.m.* Aparelho que se usa para destilar.

a.lam.bra.do *adj.* Rodeado por uma cerca de arame; *s.m.* a própria cerca.

a.la.me.da *s.f.* Via orlada de árvores; rua arborizada.

á.la.mo *s.m.* Variedade de choupo, da família das Salicináceas.

a.lar *v.t.d.* Içar; dar asas a; elevar-se; *v.pron.* desferir voo; *adj.* em formato de asa.

a.la.ran.ja.do *adj.* Semelhante à laranja na cor ou na configuração.

a.lar.de *s.m.* Ostentação; mostra; jactância; aparato.

a.lar.de.ar *v.t.d.* Fazer alarde de; ostentar; *v.intr.* blazonar; jactar.

a.lar.gar *v.t.d.* Dilatar; afrouxar; aumentar; *v.pron.* estender-se. (Antôn.: *estreitar, cingir*.)

a.la.ri.do *s.m.* Gritaria; algazarra.

a.lar.ma *s.m.* Ver **alarme**.

a.lar.man.te *adj.2gên.* Assustador; perturbador.

a.lar.mar *v.t.d.* Assustar; sobressaltar. (Antôn.: *aquietar*.)

a.lar.me *s.m.* Sinal usado para avisar de algum perigo.

a.las.trar *v.t.d.* Estender; espalhar; encher.

a.la.ú.de *s.m.* Antigo instrumento de cordas.

a.la.van.ca *s.f.* Barra que se usa para levantar pesos. *Fig.* Força moral; meio de ação.

a.la.van.car *v.t.d.* Estimular, acumular.

a.la.zão *adj.* Que tem cor de canela; *s.m.* o cavalo com aquela cor. (Pl.: *alazões* ou *alazães*.)

al.ba.nês *adj.2gên.* Da Albânia.

al.ba.troz *s.m. Ornit.* Grande ave marinha, palmípede, de asas compridas.

al.ber.gue *s.m.* Hospedaria; estalagem; abrigo; – **noturno**: abrigo de mendigos.

al.bi.nis.mo *s.m.* Falta ou diminuição da matéria corante da pele, dos olhos ou do cabelo.

al.bi.no *s.m.* Pessoa que apresenta albinismo.

al.bor.noz *s.m.* Manto com capuz.

al.bu.gem *s.f.* Névoa nos olhos.

ál.bum *s.m.* Livro de lembranças; livro para retratos ou versos.

al.cá.cer *s.m.* Castelo; fortaleza.

al.ca.cho.fra *s.f.* Planta comestível da família das Compostas.

al.ça.da *s.f.* Jurisdição; direito.

al.ça.do *adj.* Elevado.

al.ca.gue.tar *v.t.d.* Deletar ou denunciar (alguém).

al.ca.li.ni.da.de *s.f.* Estado de uma substância que apresenta propriedades dos álcalis.

al.ca.li.no *adj.* Referente a álcali; *s.m.* substância alcalina.

al.ca.loi.de *s.m.* Substância orgânica de propriedades alcalinas.

al.can.ça.do *adj.* Conseguido; apanhado. *Fig.* Cheio de dívidas.

al.can.çar *v.t.d.* Chegar a; conseguir; abranger; *v.intr.* conseguir o que deseja.

al.can.ce *s.m.* Distância atingível; importância.

al.can.ti.la.do *adj.* Escarpado; íngreme.

al.ça.pão *s.m.* Porta ou tampa que comunica um pavimento com outro inferior; armadilha.

al.çar *v.t.d.* Erguer. *Tip.* Separar folhas impressas já secas em cadernos; *v.pron.* notabilizar-se. *Bras.* Fugir para o mato, tornar-se bravio o gado. (Antôn.: *baixar*.)

al.ca.tei.a *s.f.* Bando de lobos; quadrilha de malfeitores; **estar de** –: estar de ataláia.

al.ca.ti.fa *s.f.* Tapete.

al.ca.tra *s.f.* Região onde acaba o fio do lombo do boi ou da vaca; o mesmo que *alcatre*.

al.ca.trão *s.m.* Resíduo da destilação dos pinheiros ou da hulha.

al.ca.traz *s.m.* Qualificativo de várias espécies de aves pelicaniformes. *Pop.* Aquele que conserta ossos deslocados.

al.ce *s.m.* Veado de grande porte da Europa; ação de alçar o cavalo com as rédeas.

al.coi.ce *s.m.* Prostíbulo.

ál.co.ol *s.m.* Elemento resultante da destilação de substâncias fermentadas.

al.co.ó.li.co *adj.* Que contém álcool; referente ao álcool; *s.m.* alcoólatra; ébrio.

al.co.o.lis.mo *s.m.* Dependência do álcool; enfermidade resultante do abuso do álcool.

al.co.o.li.zar *v.t.d.* e *pron.* Embebedar(-se).

al.co.rão *s.m.* Livro sagrado dos muçulmanos.

al.co.va *s.f.* Pequeno dormitório interno; esconderijo.

al.co.vi.tei.ro *s.m.* Mensageiro de amores ilícitos; corretor de prostitutas.

al.cu.nha *s.f.* Apelido.

al.de.ão *s.m.* Homem que vive em aldeia; rústico; grosseiro; de pouca cultura.

al.dei.a *s.f.* Pequeno povoado de gente de pouca cultura; povoação de índios.

a.le.a.tó.rio *adj.* Que depende da sorte ou do acaso.

a.le.crim *s.m.* Arbusto odorífero.

a.le.ga.ção *s.f.* Argumento; citação; exposição de razões; explicação.

a.le.gar *v.t.d.* Citar; justificar; apresentar como prova.

a.le.go.ri.a *s.f.* Representação de um objeto para dar ideia de outro; alusão; figura.

a.le.gó.ri.co *adj.* Que diz respeito à alegoria.

a.le.grar *v.t.d.* Dar alegria; *v.pron.* regozijar-se. (Antôn.: *entristecer*.)

a.le.gre *adj.2gên.* Que sente alegria; ligeiramente excitado pelo álcool; diz-se da cor vistosa.

a.le.gri.a *s.f.* Júbilo; prazer; festa.

a.lei.a *s.f.* Fileira de árvores; alameda.

a.lei.ja.do *adj.* Portador de defeito físico nato ou acidental; *s.m.* indivíduo aleijado.

a.lei.jar *v.t.d.* Deformar; mutilar; *v.pron.* tornar-se aleijado.

a.lei.tar *v.t.d.* Amamentar.

a.lei.ve *s.m.* Calúnia, fraude.

a.le.lui.a *s.f.* Cântico de regozijo. *Relig.* O Sábado da Ressurreição. *Bras.* Aipim alado em época de fecundação.

a.lém *adv.* Naquele lugar; do outro lado; lá longe; afora; *s.m.* o outro mundo.

a.le.mão *adj.* Oriundo da Alemanha; *s.m.* natural ou residente na Alemanha; a língua alemã.

a.lém-mar *adv.* Ultramar; *s.m.* as terras que ficam além do mar.

a.len.ta.do *adj.* Robusto; animado.

a.len.tar *v.t.d.* Animar; dar alento; *v.pron.* excitar-se.

a.len.to *s.m.* Hábito; respiração; bafo; vida; vigor; entusiasmo.

a.ler.gi.a *s.f. Med.* Hiperestesia proveniente de certas substâncias e agentes físicos.

a.lér.gi.co *adj.* Que diz respeito à alergia; *s.m.* indivíduo que sofre de alergia.

a.ler.ta *adv.* Atentamente; *s.m.* sinal para que se fique em guarda; *interj.* atenção; sentido.

a.ler.tar *v.t.d.* Tornar alerta; *v.pron.* pôr-se alerta.

a.le.xan.dri.no *adj.* e *s.m.* Diz-se do, ou o verso composto de doze sílabas; nascido em Alexandria.

al.fa *s.m.* Primeira letra do alfabeto grego. *Fig.* Princípio. *Astron.* Principal estrela de uma constelação.

al.fa.be.ti.zar *v.t.d.* Ensinar a ler e escrever.

al.fa.be.to *s.m.* A série de letras de um idioma; abecedário.

al.fa.fa *s.f.* Planta leguminosa usada como forragem.

al.fai.a *s.f.* Ornamento caseiro, parâmetros.

al.fai.a.te *s.m.* Indivíduo que faz roupas de homem ou mulher; ave dos Fringílidas.

al.fân.de.ga *s.f.* Repartição do governo, onde as mercadorias são despachadas.

al.far.rá.bio *s.m.* Livro velho.

al.fa.ze.ma *s.f.* Planta olorante, muito empregada no fabrico de perfumes.

al.fe.res *s.m.2n.* Antigo posto militar.

al.fi.ne.te *s.m.* Pequena haste de metal, pontiaguda numa extremidade e provida de reborbo na outra, que serve para prender peças do vestuário.

al.for.je *s.m.* Sacola de dois bolsos; picuá. (Var.: *Alforge*.)

al.for.ri.a *s.f.* Liberdade concedida ao escravo.

al.ga *s.f.* Planta aquática desprovida de raízes, folhas ou caule.

al.ga.ra.vi.a *s.f.* Linguagem confusa; vozerio.

al.ga.ris.mos *s.m.pl.* Sinais representativos dos números.

al.ga.zar.ra *s.f.* Gritaria; barulheiro.

ál.ge.bra *s.f.* Seção da Matemática que representa as grandezas por letras; parte que generaliza os problemas da aritmética.

al.gé.bri.co *adj.* Referente à Álgebra.

al.ge.ma *s.f.* Instrumento de sujeição dos pulsos; cadeia. *Fig.* Opressão.

al.gi.bei.ra *s.f.* Bolso; bolsinha presa à cintura.

ál.gi.do *adv.* Muito frio.

ALGO — ALOPATIA

al.go *pron. indef.* Alguma coisa; *adv.* um tanto; *s.m.* o que é rico.
al.go.dão *s.m.* Conjunto de pelos brancos que envolvem as sementes do algodoeiro; tecido fabricado com esses pelos.
al.go.do.al *s.m.* Terreno plantado de algodoeiros.
al.go.do.ei.ro *s.m.* Nome de várias plantas do gênero *Gossypium* que produzem o algodão.
al.goz *s.m.* Indivíduo cruel.
al.guém *pron. indef.* Alguma pessoa. *Fig.* Pessoa muito considerada.
al.gui.dar *s.m.* Bacia para usos domésticos.
al.gum *pron. indef.* Qualquer; um entre muitos.
al.gu.res *adv.* Em algum lugar. (Antôn.: *nenhures*.)
al.lhe.ar *v.t.d.* Ceder; *v.pron.* extasiar-se.
al.lhei.o *adj.* Pertencente a outrem; distraído; *s.m.* o que pertence a outrem.
al.lho *s.m.* Planta cujo bulbo é usado como tempero culinário.
al.lhu.res *adv.* Em algum lugar que não aqui.
a.li *adv.* Naquele lugar; então.
a.li.a.do *s.m.* Indivíduo que contraiu aliança; *adj.* coligado.
a.li.ar *v.t.d.* Unir; combinar; ligar-se.
a.li.ás *adv.* De outra maneira.
á.li.bi *s.m.* Prova da presença de alguém em outro lugar em vez daquele em que se pretende que estivesse.
a.li.ca.te *s.m.* Pequeno instrumento terminado em ponta.
a.li.cer.ce *s.m.* Fundamento.
a.li.ci.a.dor *s.m.* O que alicia; o que engana com falsas promessas; sedutor.
a.li.ci.ar *v.t.d.* Atrair; subornar; enganar com falsas promessas; *v.t.d.* e *i.* seduzir.
a.li.e.na.ção *s.f.* Loucura; cessão de bens.
a.li.e.nar *v.t.d.* Transferir; alucinar; *v.t.d.* e *i.* desviar. (Antôn.: *conservar, manter*.)
a.li.e.ní.ge.na *adj.2gên.* e *s.2gên.* Estrangeiro; que pertence a outros mundos.
a.li.e.nis.ta *adj.2gên.* e *s.2gên.* Médico ou especialista em doenças mentais.
a.li.jar *v.t.d.* Aliviar carregamento; *v.t.d.* e *i.* arremessar.
a.li.má.ria *s.f.* Bruto; pessoa estúpida.
a.li.men.ta.ção *s.f.* Ato de alimentar; manutenção.
a.li.men.tar *v.t.d.* Sustentar; nutrir.
a.li.men.tí.cio *adj.* Que nutre; próprio para nutrir.
a.li.men.to *s.m.* Comida; sustento; tudo que nutre ou alimenta.
a.lí.ne.a *s.f.* Nova linha iniciando parágrafo.
a.li.nha.do *adj.* Colocado em linha reta. *Fig.* Elegante.
a.li.nhar *v.t.d.* Dispor em linha reta; *v.pron.* formar-se em linha reta. (Antôn.: *desalinhar*.)

a.lí.quo.ta *s.f.* Percentual com que determinado produto incide sobre o valor da coisa tributada.
a.li.sar *v.t.d.* Tornar liso, plano; igualar. *Bras.* poupar o castigo.
a.lí.sio *adj.* e *s.m.* Referente ao vento regular entre os trópicos.
a.lis.ta.men.to *s.m.* Recrutamento para as forças armadas.
a.lis.tar *v.t.d.* Arrolar; recrutar; *v.pron.* inscrever-se no serviço militar.
a.li.te.ra.ção *s.f.* Repetição das mesmas letras ou sílabas numa frase ou verso.
a.li.vi.ar *v.t.d.* Atenuar; tornar menos pesado. (Antôn.: *agravar*.)
a.lí.vio *s.m.* Desopressão; cessação da dor; sossego.
al.jô.far *s.m.* Pérola miúda; orvalho.
al.ma *s.f.* Parte do ser humano considerada imaterial; espírito; ânimo; espectro; entusiasmo.
al.ma.ço *adj.* Tipo de papel pautado ou sem pauta usado para requerimentos.
al.ma.na.que *s.m.* Calendário; livro que contém informações diversas.
al.me.jar *v.t.d.* Desejar ardentemente; ansiar.
al.mi.ran.te *s.m.* Oficial superior da armada; navio onde segue o almirante.
al.mís.car *s.m.* Substância aromática que se extrai do almiscareiro.
al.mis.ca.ra.do *adj.* Perfumado com almíscar.
al.mo.çar *v.intr.* Tomar o almoço; *v.t.d.* comer no almoço.
al.mo.ço *s.m.* Primeira refeição substancial.
al.mo.cre.ve *adj.* e *s.m.* Condutor de bestas de carga.
al.mo.fa.da *s.f.* Saco estofado para encosto ou assento; travesseiro.
al.mo.fa.di.nha *s.f.* Dim. de *almofada*; *s.m.* indivíduo efeminado; pelintra.
al.môn.de.ga *s.f.* Bolinho de carne moída.
al.mo.xa.ri.fa.do *s.m.* Depósito de materiais.
a.lô *interj.* Expressão com que se chama a atenção de outrem ou se saúda.
a.lo.car *v.t.d.* Destinar (verba, recurso etc.) a um fim ou entidade.
a.lo.gi.a *s.f.* Absurdo; disparate.
a.ló.gi.co *adj.* Evidente; certo; sem oferecer contestação.
a.lo.ja.men.to *s.m.* Ação de alojar; acomodação; acampamento.
a.lo.jar *v.t.d.* Recolher; acomodar; hospedar.
a.lon.ga.do *adj.* Distante; afastado; prolongado.
a.lon.ga.men.to *s.m.* Ação de alongar; prolongamento.
a.lon.gar *v.t.d.* Fazer longo; demorar; *v.t.i.* distanciar; *v.pron.* afastar-se. (Antôn.: *encolher*.)
a.lo.pa.ti.a *s.f.* Sistema de combate às enfermidades por meios contrários a elas.

a.lo.pe.ci.a *s.f.* Queda total ou parcial dos cabelos.

al.par.ga.ta *s.f.* Sandália, ou calçado de pano. (Sinôn.: *alparcata, alpercata, apragata, pracata, pragata, paragata, loré.*)

al.pen.dre *s.m.* Parte saliente na entrada de um edifício, varanda.

al.pi.nis.mo *s.m.* Gosto ou prática de ascensões aos Alpes ou a montanhas.

al.pi.nis.ta *s.2gên.* Excursionista dos Alpes ou outras montanhas.

al.pis.te *s.m.* Gramínea cujos grãos servem de alimento aos pássaros de gaiola; alpista.

al.que.bra.do *adj.* Fraco, curvado por doença ou por velhice.

al.que.brar *v.t.d.* Curvar pela espinha; causar fraqueza a; derrear; tender-se.

al.quei.re *s.m.* Antiga medida de capacidade equivalente a 13,8 litros; medida agrária de dimensão variável segundo as regiões brasileiras.

al.qui.mi.a *s.f.* Química da Idade Média que procurava descobrir a pedra filosofal, a qual transformaria os metais em ouro.

al.ta *s.f.* Elevação de preço; aumento; licença para sair do hospital; a fina flor da sociedade; *adj. fem.* de alto.

al.tar *s.m.* Mesa sagrada onde é celebrada a missa; culto.

al.te.ar *v.t.d.* Tornar mais alto; crescer.

al.te.ra.do *adj.* Modificado; perturbado; revoltado.

al.te.rar *v.t.d.* Mudar; falsificar; *v.pron.* encolerizar-se. (Antôn.: *desalterar.*)

al.te.rá.vel *adj.2gên.* Que pode sofrer modificação.

al.ter.na.ção *s.f.* Alternativa; revezamento.

al.ter.nân.cia *s.f.* Sucessão de dois ou mais acontecimentos obedecendo a uma ordem constante.

al.ter.nar *v.t.d.* Revezar; fazer que suceda repetida e regularmente; *v.pron.* suceder alternadamente.

al.ter.na.ti.va *s.f.* Opção entre duas ou mais coisas.

al.ti.pla.no *s.m.* Planalto.

al.tís.si.mo *s.m. Relig.* O Todo-Poderoso; Deus.

al.tis.so.nan.te *adj.2gên.* Retumbante; pomposo.

al.ti.tu.de *s.f.* Elevação acima do nível do mar.

al.ti.vo *adj.* Orgulhoso; arrogante.

al.to[1] *adj.* Elevado; importante; *s.m.* o mesmo que altura.

al.to[2] *interj.* Para dar ordem de parada; *s.m.* ação de parar; suspensão da marcha.

al.to-fa.lan.te *s.m.* Ampliador do som nos aparelhos de rádio.

al.to-mar *s.m.* Parte do mar afastada da costa; mar alto.

al.to-re.le.vo *s.m.* Escultura em plano de fundo, do qual se destacam as figuras.

al.tru.ís.mo *s.m.* Abnegação; amor ao próximo; filantropia.

al.tu.ra *s.f.* Distância considerada de baixo para cima; elevação.

a.lu.ci.na.ção *s.f.* Delírio; ilusão.

a.lu.ci.na.do *adj.* Louco; furioso.

a.lu.ci.nar *v.t.d.* Privar da razão, desvairar.

a.lu.de *s.m.* Avalanche.

a.lu.dir *v.t.i.* Referir-se; mencionar.

a.lu.gar *v.t.d.* Dar ou tomar de locação; assalariar.

a.lu.guel *s.m.* Locação; preço dessa locação.

a.lu.ir *v.t.d.* Abalar; derrubar.

a.lum.brar *v.t.d.* Alumiar; deslumbrar.

a.lu.mí.nio *s.m.* Metal branco e leve usado para a confecção de variados objetos.

a.lu.no *s.m.* Discípulo; estudante; educando.

a.lu.são *s.f.* Referência indireta a alguém ou a alguma coisa.

a.lu.si.vo *adj.* Referente de modo direto a alguém ou a alguma coisa.

a.lu.vi.ão *s.2gên.* Depósito de areia, terra e outros trazidos pela enxurrada; inundação.

al.va *s.f.* Antemanhã; primeiro clarão do amanhecer; aurora.

al.va.rá *s.m. Jur.* Documento oficial que concede atos e direitos.

al.ve.dri.o *s.m.* Arbítrio, eleição.

al.ve.jan.te *adj.2gên.* Branquejante.

al.ve.jar *v.t.d.* Tornar branco; clarear.

al.ve.na.ri.a *s.f.* Ofício de pedreiro.

ál.veo *s.m.* Feito de rio.

al.vé.o.lo *s.m.* Célula do favo de mel; a cavidade dental; **– pulmonar**: porção pulmonar onde terminam as ramificações dos brônquios.

al.vi.trar *v.t.d.* Julgar, sugerir.

al.vi.tre *s.m.* Proposta.

al.vo *s.m.* Ponto de mira; *adj.* muito branco.

al.vor *s.m.* Brancura; madrugada; aurora.

al.vo.ra.da *s.f.* Crepúsculo matinal; canto das aves ao raiar do sol; toque matinal nos quartéis. *Fig.* juventude.

al.vo.re.cer *v.intr.* Amanhecer. *Fig.* aparecer. (Antôn.: *anoitecer.*)

al.vo.ro.çar *v.t.d.* Pôr em alvoroço; agitar; inquietar.

al.vo.ro.ço *s.m.* Agitação; sobressalto.

a.ma *s.f.* Aia; patroa; babá.

a.ma.bi.li.da.de *s.f.* Qualidade de amável; gentileza; delicadeza.

a.ma.ci.ar *v.t.d.* Abrandar; amolecer.

a.ma.da *s.f.* A criatura que é dona do nosso amor; namorada.

a.ma de lei.te *s.f.* Mulher que amamenta criança alheia.

a.ma.do.ris.mo *s.m.* Condição do que não é profissional.

a.ma.du.re.cer *v.t.i.* e *intr.* Tornar ou tornar-se maduro.

AMADURECIDO — AMIGAR-SE

a.ma.du.re.ci.do *adj.* Que já está maduro.
â.ma.go *s.m.* Cerne; íntimo.
a.mal.di.ço.a.do *adj.* e *s.m.* Maldito.
a.mal.di.ço.ar *v.t.d.* Proferir sentença de maldição. (Antôn.: *abençoar*.)
a.mál.ga.ma *s.2gên.* Liga de mercúrio com outro metal.
a.ma.men.tar *v.t.d.* Dar de mamar; aleitar.
a.man.ce.bar-se *v.pron.* Amasiar-se; juntar-se com alguém.
a.ma.nhã *adv.* No dia seguinte àquele em que se está; *s.m.* o dia seguinte. *Fig.* o futuro.
a.ma.nhar *v.t.d.* Preparar.
a.ma.nhe.cer *v.t.d.* Romper o dia; *v.t.i.* achar-se de manhã em algum lugar; *s.m.* o romper do dia.
a.man.sar *v.t.d.* Domesticar; tornar manso; acalmar. (Antôn.: *enraivecer*.)
a.man.te *adj.2gên.* Que ama; *s.2gên.* que mantém relações amorosas ilícitas.
a.mar *v.t.d.* Ter amor a; gostar excessivamente de; *v.intr.* estar enamorado. (Antôn.: *odiar*.)
a.ma.re.li.nha *s.f.* Variedade de manga baiana. *Bras.* jogo infantil.
a.ma.re.lo *adj.* Da cor do ouro; pálido; *s.m.* a cor amarela; que sofre de amarelão.
a.mar.fa.nhar *v.t.d.* Amarrotar; amassar.
a.mar.gar *v.t.d.* Padecer desgostos; *v.pron.* causar amargura a si próprio.
a.mar.gor *s.m.* Sabor amargo; amargura; angústia.
a.mar.gu.ra *s.f.* Angústia; dor; azedume.
a.ma.ro *adj.* Amargo.
a.mar.ra *s.f. Náut.* Cabo que prende a embarcação à âncora. *Fig.* Proteção; apoio.
a.mar.rar *v.t.d.* Segurar com amarras. *Bras.* apostar nas corridas de cavalos; atar fortemente; impedir. (Antôn.: *desamarrar, soltar*.)
a.mar.ro.ta.do *adj.* Amassado; contundido.
a.mar.ro.tar *v.t.d.* Enrugar. *Pop.* Quebrar a cara a alguém. (Antôn.: *desamarrotar*.)
a.ma.si.ar-se *v.pron.* Amancebar-se.
a.mas.sar *v.t.d.* Fazer em massa; misturar; *v.pron.* ligar-se; converter-se em massa.
a.má.vel *adj.2gên.* Afável; digno de ser amado.
a.ma.zo.na *s.f.* Mulher aguerrida de ânimo varonil; mulher que monta a cavalo.
a.ma.zo.nen.se *adj.2gên.* Que se refere ao estado do Amazonas; *s.2gên.* natural desse estado.
âm.bar *s.m.* Matéria sólida de cheiro almiscarado.
am.bi.ção *s.f.* Anseio por glória, poder etc.
am.bi.ci.o.nar *v.t.d.* Ter ambição de cobiçar; apetecer; desejar incontidamente.
am.bi.ci.o.so *adj.* Que tem ambição.
am.bi.des.tro *adj.* e *s.m.* Quem usa as duas mãos com a mesma facilidade.
am.bi.en.tar *v.t.d. (pron.)* Adaptar(-se) a um ambiente.
am.bi.en.te *s.m.* Meio; sociedade; recinto, espaço em que se vive.
am.bi.gui.da.de *s.f.* Qualidade de ambíguo.
am.bí.guo *adj.* Que tem mais de um sentido; dúbio.
âm.bi.to *s.m.* Área; limite; campo de atividade.
am.bi.va.len.te *adj.2gên.* Que tem dois valores ou aspectos; *s.f.* diretiva dupla no modo de querer ou de sentir.
am.bos *num.* Um e outro.
am.bu.lân.cia *s.f.* Serviço de transporte pelos hospitais.
am.bu.lan.te *adj.2gên.* Errante; que não tem lugar fixo; *s.2gên.* vendedor que exerce seu comércio em lugares públicos.
am.bu.la.tó.rio *adj.* Que se move de um lado para outro; *s.m.* espécie de enfermaria onde se fazem curativos e pequenas cirurgias.
a.me.a.ça *s.f.* Palavra ou gesto de castigo.
a.me.a.ça.dor *adj.* Assustador; temível.
a.me.a.çar *v.t.d.* Dirigir ameaças a; *v.intr.* fazer ameaças; *v.t.d.* e *i.* prometer para mal.
a.me.a.lhar *v.intr.* Acumular; ser parco; juntar no mealheiro pouco a pouco; economizar.
a.me.ba *s.f.* Protozoário que se move por pseudópodes e causa a amebíase.
a.me.dron.ta.do *adj.* Com medo; assustado.
a.me.dron.tar *v.t.d.* Infundir medo; atemorizar; *v.pron.* atemorizar-se. (Antôn.: *encorajar*.)
a.mei.xa *s.f.* Fruto produzido pela ameixeira.
a.mei.xei.ra *s.f.* Pé de ameixa.
a.mên.doa *s.f.* Fruto produzido pela amendoeira.
a.men.do.ei.ra *s.f.* Pé de amêndoa.
a.me.ni.da.de *s.f.* Qualidade do que é ameno; suavidade; deleite; graça; encanto.
a.me.ni.zar *v.t.d.* Tornar ameno; abrandar.
a.me.no *adj.* Agradável; suave; afável; doce.
a.mer.ce.ar *v.pron.* Apiedar-se; condoer-se.
a.mes.qui.nhar *v.t.d.* Humilhar.
a.mes.tra.do *adj.* Exercitado; destro; perito.
a.mes.trar *v.t.d.* Adestrar; exercitar; instruir; *v.pron.* instruir-se.
a.me.tis.ta *s.f.* Variedade de quartzo, de tom roxo; pedra semipreciosa.
a.mi.an.to *s.m.* Substância incombustível formada de silicato de cal e magnésia.
a.mí.da.la *s.f. Anat.* Tecido linfoide situado aos lados da garganta; o mesmo que *amígdala*.
a.mi.do *s.m.* Fécula em pó extraída dos vegetais; polvilho.
a.mi.ga *s.f.* Fem. de *amigo*; mulher que vive maritalmente com um homem sem ser com ele casada.
a.mi.ga.do *adj.* Amancebado; que vive amasiado.
a.mi.gar-se *v.pron.* Tomar amizade; amancebar-se; casar-se sem registro legal.

a.mi.gá.vel *adj.2gên.* Feito por condescendência ou amizade; afável; cordial.

a.mi.go *s.m.* Aquele que se liga ao outrem por laços de amizade; companheiro; *adj.* aliado.

a.mi.go-da-on.ça *s.m.* Amigo infiel; falso; raidor.

a.mis.to.so *adj.* Amigável. *Bras.* partida de futebol, fora do campeonato oficial.

a.mi.ú.de *adv.* Repetidamente; frequentemente.

a.mi.za.de *s.f.* Afeição desinteressada; afeto.

am.né.sia *s.f.* Diminuição ou perda da memória.

âm.nio *s.m.* Membrana da bolsa que guarda o feto dos animais vertebrados superiores.

a.mo *s.m.* Senhor, dono; patrão; dono da casa.

a.mo.fi.nar *v.t.d.* Trazer amofinação a; afligir; *v.pron.* agastar-se. (Antôn.: *alegrar.*)

a.moi.tar *v.intr.* Esconder.

a.mo.jar *v.t.d.* Ordenhar.

a.mo.la.ção *s.f.* Importunação; aborrecimento.

a.mo.la.dor *adj.* Importuno; *s.m.* pessoa ou instrumento que amola.

a.mo.lar *v.t.d.* Afiar no rebolo. *Fig.* Aborrecer; enfadar; enganar; amolgar; molestar.

a.mo.le.cer *v.t.d.* Tornar mole. *Fig.* entenecer; *v.pron.* comover-se. (Antôn.: *endurecer.*)

a.mo.le.ci.do *adj.* Abrandado; frouxo; enternecido.

a.mo.ní.a.co *s.m.* Gás incolor, de cheiro penetrante, muito solúvel em água.

a.mon.to.a.do *s.m.* Amontoamento; ajuntamento.

a.mon.to.ar *v.t.d.* Reunir em montão; juntar; *v.intr.* multiplicar-se. (Antôn.: *espalhar.*)

a.mor *s.m.* Afeto a pessoas ou coisas; paixão; exaltação efetiva; cupido.

a.mo.ra *s.f.* Fruto produzido pela amoreira.

a.mo.ral *adj.2gên.* Que não tem senso moral.

a.mor.da.çar *v.t.d.* Pôr mordaça em.

a.mo.rei.ra *s.f.* Árvore da amora.

a.mor.fo *adj.* Sem forma; disforme; que não apresenta estrutura cristalina.

a.mo.ro.so *adj.* Que tem amor; afetuoso; aprazível.

a.mor-pró.prio *s.m.* Respeito de si mesmo; orgulho; admiração ou orgulho de si mesmo.

a.mor.te.ce.dor *adj.* Que amortece o som; *s.m.* aquilo que amortece.

a.mor.te.cer *v.t.d.* Enfraquecer; diminuir; *v.pron.* diminuir gradativamente de intensidade. (Antôn.: *avivar.*)

a.mor.te.ci.do *adj.* Entorpecido; desmaiado.

a.mor.ti.za.ção *s.f.* Ação de amortizar.

a.mor.ti.zar *v.t.d.* Reduzir obrigações pagando em parcelas.

a.mos.tra *s.f.* Ação de amostrar; mostra; demonstração; exemplar; modelo.

a.mo.ti.nar *v.t.d.* Causar motim; provocar rebelião; *v.pron.* sublevar-se; amotinar-se. (Antôn.: *pacificar.*)

am.pa.rar *v.t.d.* Sustentar; dar apoio a; proteger. (Antôn.: *desamparar.*)

am.pa.ro *s.m.* Ação de ajudar; escora; defesa.

am.ple.xo *s.m.* Abraço.

am.pli.a.ção *s.f.* Aumento; dilatação.

am.pli.ar *v.t.d.* Aumentar; dilatar; estender. (Antôn.: *diminuir, reduzir.*)

am.pli.dão *s.f.* Propriedade do que é amplo; grandeza; o espaço sideral; céu.

am.pli.fi.car *v.t.d.* Fazer amplo; tornar maior; acrescentar. (Antôn.: *reduzir.*)

am.pli.tu.de *s.f.* Extensão em largura e comprimento; extensão; amplidão.

am.plo *adj.* Grande; vasto; espaçoso.

am.po.la *s.f.* Bolha, pequeno tubo de vidro, sem abertura, para conter medicamentos.

am.pu.lhe.ta *s.f.* Relógio de areia.

am.pu.ta.ção *s.f.* Operação pela qual se corta um membro ou parte dele. *Fig.* restrição; corte.

am.pu.tar *v.t.d.* Fazer amputação em. *Fig.* restringir; limitar.

a.mu.le.to *s.m.* Objeto a que a superstição atribui grandes virtudes.

a.mu.o *s.m.* Mau humor; arrufo.

a.mu.ra.da *s.f.* *Náut.* Projeção do costado da embarcação; bordo.

a.na.bo.li.zan.te *s.m.* Produto artificial usado para aumentar a massa muscular.

a.na.co.re.ta *s.m.* Religioso ou penitente que vive solitário. *Fig.* pessoa que evita o convívio social.

a.na.crô.ni.co *adj.* Que é oposto à cronologia; antiquado desatualizado.

a.na.e.ró.bio *adj.* Que só pode viver fora do oxigênio ou do ar.

a.na.gra.ma *s.m.* Palavra ou frase feita com letras transpostas de outra. (Ex.: Rufar – furar.)

a.ná.gua *s.f.* Saia usada sob o vestido; o mesmo que *nágua.*

a.nais *s.m.pl.* História ou narrativa feita a cada ano; publicação periódica; história.

a.nal *adj.2gên.* Que se refere ao ânus; sedal; anual; *s.m.* cerimônia religiosa, celebrada diariamente, durante um ano.

a.nal.fa.be.tis.mo *s.m.* Ausência de instrução; ignorância dos primeiros rudimentos da leitura e da escrita.

a.nal.fa.be.to *adj.* e *s.m.* Que ou o que não sabe ler nem escrever.

a.nal.gé.si.co *adj.* Referente à analgesia; *s.m.* substância que suprime a dor.

a.na.li.sar *v.t.d.* Fazer análise de.

a.ná.li.se *s.f.* Decomposição de um todo em suas partes integrantes; pesquisa.

a.na.lis.ta *adj.2gên.* Referente a quem faz análises; *s.2gên.* pessoa que conhece álgebra profundamente.

ANALÍTICO — ANGÉLICO

a.na.lí.ti.co *adj.* Que procede por meio da análise.
a.na.lo.gi.a *s.f.* Semelhança entre coisas de natureza diferente; investigação superior da razão de semelhança.
a.ná.lo.go *adj.* Semelhante em certo aspecto; que exerce a mesma função, sendo de origem e estrutura diferente.
a.na.nás *s.m.* Abacaxi.
a.não *s.m.* Homem de estatura menor do que a regular; *adj.* enfezado; pequeno.
a.nar.qui.a *s.f.* Negação do princípio da autoridade política; desordem.
a.nár.qui.co *adj.* Em que há anarquia; desordenado; confuso.
a.nar.quis.mo *s.m.* Teoria política que considera nocivo o governo.
a.nar.quis.ta *adj.2gên.* Referente à pessoa que adota o anarquismo; *s.2gên.* aquele que aprecia a anarquia.
a.ná.te.ma *s.m.* Excomunhão; maldição.
a.na.to.mi.a *s.f.* Ramo da Medicina que trata da dissecação; estudo da estrutura dos seres organizados. *Fig.* exame minucioso.
an.ca *s.f.* Cada um dos quartos traseiros do animal; quadril; nádega; garupa; popa do navio.
an.ces.tral *adj.2gên.* Que se refere aos antecessores, aos antepassados.
an.ci.ão *s.m.* Muito velho, venerável em razão da idade avançada.
an.ci.nho *s.m.* Instrumento provido de dentes para juntar palhas; engaço.
ân.co.ra *s.f.* Instrumento de ferro que segura as embarcações por um cabo a que está presa.
an.co.ra.dou.ro *s.m.* Local onde a embarcação lança âncora.
an.co.ra.gem *s.f.* Ação de ancorar; direitos pagos para ancorar.
an.co.rar *v.t.d.* Segurar; fundear; estribar-se. (Antôn.: *desancorar*.)
an.da.ço *s.m.* Pequena epidemia; diarreia.
an.da.do *adj.* Caminhado; decorrido; passado.
an.dai.me *s.m.* Estrado de madeira onde trabalham os pedreiros, numa construção.
an.dan.te *adj.2gên.* Que anda; errante; vagabundo; *s.m.* viajante. *Mús.* Movimento musical moderado e gracioso.
an.dar *v.t.d.* Caminhar; passar (o tempo); prosseguir; *s.m.* modo de caminhar; pavimento de edifício. (Antôn.: *parar*.)
an.da.ri.lho *s.m.* Pessoa que anda excessivamente; o que leva notícias ou cartas.
an.de.jo *adj.* Que anda muito.
an.dor *s.m.* Padiola sobre a qual se conduzem imagens de santos em procissões.
an.do.ri.nha *s.f.* Pássaro migratório.
an.dra.jo *s.m.* Roupa esfarrapada; trapos.
an.dro.fo.bi.a *s.f.* Aversão ou horror ao sexo masculino.
an.dró.gi.no *adj.* Hermafrodita; que reune os dois sexos.
an.droi.de *s.m.* Robô de feição humana; títere.
an.drô.me.da *s.f.* Constelação boreal; planta das Ericáceas.
a.ne.do.ta *s.f.* Versão jocosa de um acontecimento.
a.ne.dó.ti.co *adj.* Da natureza de anedota ou que encerra anedota.
a.nel *s.m.* Aro de metal usado nos dedos como ornamento; circunferência.
a.ne.la.do *adj.* Cuja forma é de anel; encaracolado.
a.ne.lar *v.t.d.* Dar forma de anel a; encaracolar; desejar ardentemente; *adj.* anular.
a.ne.lí.deo *adj.* e *s.m.* Verme de corpo anelado, mole e alongado.
a.ne.lo *s.m.* Desejo ardente; ânsia.
a.ne.mi.a *s.f.* Diminuição sensível de hemoglobina no sangue.
a.nê.mi.co *adj.* Que padece de anemia; referente à anemia.
a.nes.te.si.a *s.f. Med.* Processo que leva à diminuição da sensibilidade ou ausência total.
a.nes.te.si.ar *v.t.d.* Provocar a insensibilidade ministrando um anestésico.
a.nes.té.si.co *adj.* Insensibilizante; *s.m.* medicamento que suprime ou amortece a sensibilidade.
a.neu.ris.ma *s.m. Med.* Tumor causado pela dilatação das paredes de uma artéria.
a.neu.ris.má.ti.co *adj.* Referente a aneurisma; *adj.* e *s.m.* referente ao que apresenta aneurisma.
a.ne.xa.ção *s.f.* Ação de anexar; agregação de um elemento a outro.
a.ne.xar *v.t.d.* Incorporar; reunir; unir; juntar. (Antôn.: *desunir, desanexar*.)
a.ne.xim *s.m.* Provérbio popular.
a.ne.xo *adj.* Incorporado; unido; *s.m.* dependência.
an.fí.bio *adj.* Diz-se do animal ou vegetal que vive quer na terra, quer na água. *Fig.* Diz-se do avião que pousa na terra e na água; *s.m.* espécime dos *anfíbios*.
an.fi.bo.lo.gi.a *s.f.* Duplo sentido apresentado por uma construção (de frase) defeituosa.
an.fi.te.a.tro *s.m.* Recinto semicircular, com degraus, para apresentação de espetáculos.
an.fi.tri.ão *s.m.* O dono da casa.
ân.fo.ra *s.f.* Vaso antigo de asas simétricas, usado pelos gregos e romanos para servir o vinho.
an.frac.tu.o.so *adj.* Que apresenta saliências, depressões.
an.ga.ri.ar *v.t.d.* Conseguir fundos; agenciar; aliciar.
an.gé.li.co *adj.* Característico de anjo; gracioso; gentil.

an.gi.o.lo.gi.a s.f. Estudo dos vasos do aparelho circulatório.
an.gi.os.per.ma s.m. Bot. Espécime das angiospermas, plantas de ovário fechado.
an.gli.cis.mo s.m. Palavras ou expressões inglesas introduzidas em outra língua.
an.glo adj. Que provém da Inglaterra; s.m. o que é da Inglaterra.
an.glo-sa.xão s.m. Indivíduo pertencente ao povo resultante da fusão de anglo com saxão; adj. relativo aos anglo-saxões.
an.go.rá adj.2gên. Diz-se de certos animais de pelo fino e comprido; s.2gên. gatos, cabras, coelhos etc. que têm essas características.
an.gra s.f. Pequena baía ou enseada.
an.gu s.m. Bras. Massa de fubá, com água e sal, cozida ao fogo. Pop. confusão.
an.gu.la.do adj. Provido de ângulos; anguloso.
an.gu.lar adj.2gên. Anguloso; em formato de ângulo; **pedra –**: pedra fundamental.
ân.gu.lo s.m. Geom. Parte de plano situada em duas retas que se encontram em um canto.
an.gu.lo.so adj. Que tem ângulos; provido de saliências pontudas; que tem esquina.
an.gús.tia s.f. Aflição; aperto; agonia; ansiedade; desgosto.
an.gus.ti.a.do adj. Aflito; oprimido; acabrunhado.
an.gus.to adj. Estreito, apertado.
an.nhan.gue.ra s.m. Espírito mau. Fig. Destemido.
a.ní.dri.co adj. Quím. Que não contém água.
a.nil s.m. Substância vegetal de cor azul; a cor azul; índigo; adj.2gên. senil.
a.ni.lhar v.t.d. Guarnecer de anilhos.
a.ni.lho s.m. Pequena argola de metal.
a.ni.ma.ção s.f. Ato ou efeito de animar; vivacidade.
a.ni.ma.dor adj. Que dá ânimo, estimulante; promissor; s.m. aquele que anima para os expectadores um programa de rádio ou televisão.
a.ni.mal s.m. Ser organizado, com sensibilidade e movimento; adj.2gên. próprio de irracional; carnal; material. Fig. indivíduo bruto e ignorante.
a.ni.ma.les.co adj. Que diz respeito aos animais.
a.ni.mar v.t.d. Dar ânimo ou animação a; entusiasmar. (Antôn.: desanimar.)
a.ní.mi.co adj. Próprio da alma; psicológico.
a.ni.mis.mo s.m. Teoria segundo a qual a alma é a origem de todos os fenômenos vitais.
â.ni.mo s.m. Coragem; valor; espírito; interj. coragem.
a.ni.mo.si.da.de s.f. Malquerença persistente; inimizade; hostilidade.
a.ni.nhar v.t.d. Colocar no ninho; abrigar; v.intr. fazer ninho; v.pron. recolher-se em ninho.
a.ni.qui.lar v.t.d. Reduzir a nada; v.pron. abater-se.

a.nis.ti.a s.f. Perdão geral; perdão coletivo de crimes políticos.
a.nis.ti.ar v.t.d. Dar anistia a; perdoar.
a.ni.ver.sa.ri.an.te s.2gên. Pessoa que comemora a data de seu nascimento.
an.jo s.m. Ente espiritual que, segundo a religião católica, habita o céu. Fig. pessoa bondosa. Pop. amor.
a.no s.m. Período de tempo em que a Terra completa uma volta ao redor do Sol; espaço de doze meses.
a.nó.di.no adj. Med. que suaviza as dores; paliativo.
a.noi.te.cer v.intr. Fazer-se noite; escurecer. (Antôn.: amanhecer.)
a.no-luz s.m. Unidade de distância equivalente ao percurso da luz em um ano.
a.no.ma.li.a s.f. Desvio do normal; irregularidade, aberração.
a.nô.ma.lo adj. Anormal; irregular; contrário às regras.
a.nô.ni.mo adj. Sem nome de autor; sem fama; obscuro.
a.no.re.xi.a s.f. Diminuição ou falta de apetite.
a.nor.mal adj.2gên. Sem norma; irregular; s.2gên. tipo que se desvia do normal.
a.no.ta.ção s.f. Apontamento; nota; ato de anotar.
a.no.tar v.t.d. Apor notas; esclarecer com comentários.

an.sei.o s.m. Desejo ardente; aspiração.
ân.sia s.f. Aflição; desejo ardente. (Pl.: ânsias.)
an.si.ar v.t.d. Causar ânsia a; oprimir; desejar sofregamente; v.t.i. almejar.
ân.sias s.f.pl. Náuseas.
an.si.e.da.de s.f. Aflição; incerteza; angústia.
an.ta s.f. Mamífero brasileiro da família dos Tapirídeos; a pele desse animal.
an.ta.gô.ni.co adj. Contrário; oposto.
an.ta.go.nis.ta s.2gên. Adversário; opositor.
an.ta.nho adv. Outrora; antigamente.
an.tár.ti.co adj. Do polo sul; que está oposto ao Ártico.
an.te prep. Antes; diante de; perante.
an.te.bra.ço s.m. Parte do membro superior do homem entre o cotovelo e o pulso.
an.te.câ.ma.ra s.f. Sala de espera.
an.te.ce.den.te adj.2gên. Que antecede. s.m. Gram. termo ou oração a que se refere o pronome relativo.
an.te.ce.der v.t.i. Preceder; v.t.d. estar ou ficar antes. (Antôn.: suceder.)
an.te.ces.sor s.m. O que vem antes. (Pl.: antecessores.)
an.te.ci.pa.ção s.f. Ação ou resultado de antecipar.

an.te.ci.par *v.t.d.* Fazer chegar antes do tempo; *v.t.i.* comunicar com antecipação; *v.intr.* fazer ou dizer algo antes do tempo oportuno. (Antôn.: procrastinar.)

an.te.ló.quio *s.m.* Prefácio; prólogo.

an.te.ma.nhã *adv.* Pouco antes do amanhecer.

an.te.mão *adv.* Previamente.

an.te.na *s.f. Zool.* Apêndice móvel da cabeça de insetos diversos e de crustáceos. *Eng. Elet.* condutor elétrico usado na telegrafia sem fios.

an.te.na.do *adj. Zool.* Que possui antenas.

an.te.on.tem *adv.* Véspera de ontem.

an.te.pa.ro *s.m.* Defesa.

an.te.pas.sa.do *adj.* Que passou antes; *s.m.* ascendente.

an.te.pas.to *s.m.* Iguarias que precedem as refeições e se destinam a estimular o apetite; aperitivo.

an.te.pe.núl.ti.mo *adj.* Que vem antes do penúltimo.

an.te.por *v.t.d. e i.* Pôr antes; preferir.

an.te.po.si.ção *s.f.* Precedência; colocação anterior.

an.te.pro.je.to *s.m.* Esboço de projeto; preliminares de um plano.

an.te.ri.or *adj.2gên.* Que vem antes.

an.tes *adv.* Em tempo anterior; anteriormente; pelo contrário; de preferência.

an.tes.sa.la *s.f.* Sala de espera.

an.te.ver *v.t.d.* Ver com antecedência; prever.

an.te.vés.pe.ra *s.f.* Dia que antecede a véspera.

an.ti.á.ci.do *adj.* Que age contra a acidez gástrica; *s.m.* substância que impede a acidez gástrica.

an.ti.a.é.reo *adj.* Que defende contra os ataques aéreos.

an.ti.bi.ó.ti.co *adj.* Que gera a morte; destruidor de vida. *s.m. Med.* Substância extraída de seres vivos capaz de evitar o crescimento de microrganismos.

an.ti.cle.ri.cal *adj.2gên.* Que é contra o clero.

an.ti.con.cep.cio.nal *adj.2gên.* Que se destina a evitar a concepção.

an.ti.cons.ti.tu.cio.nal *adj.2gên.* Oposto à constituição política de um país.

an.ti.cor.po *s.m. Med.* Denominação da substância do sangue que reage contra as substâncias estranhas que invadiram o organismo; antígeno.

an.ti.cris.to *s.m.* Símbolo das forças que negam a divindade de Cristo.

an.ti.de.mo.crá.ti.co *adj.* Que é contrário à democracia.

an.tí.do.to *s.m.* Contraveneno.

an.ti.es.té.ti.co *adj.* Contrário à estética; destituído de beleza e de bom gosto.

an.ti.fe.bril *adj.* Que se destina a combater a febre.

an.ti.fo.na *s.m.* Versículo antes de um salmo.

an.ti.go *adj.* Que existiu no passado; velho.

an.ti.gui.da.de *s.f.* O tempo do passado; histórico; obras de eras pretéritas.

an.ti-hi.gi.ê.ni.co *adj.* Que é contra a higiene.

an.tí.lo.pe *s.m.* Certo ruminante de forma esbelta e muito veloz, comum na África.

an.ti.mo.nar.quis.ta *adj.2gên. e s.2gên.* Adepto do antimonarquismo.

an.ti.no.mia *s.f.* Contradição; oposição.

an.ti.o.fi.di.co *s.m. e adj.* Que combate o veneno das cobras.

an.ti.pa.ti.a *s.f.* Aversão instintiva; repulsa.

an.ti.pá.ti.co *adj.* Odioso; adverso.

an.ti.pi.ré.ti.co *adj. e s.m.* Febrífugo.

an.ti.qua.do *adj.* Tornado antigo; que caiu em desuso; obsoleto; fora de moda.

an.ti.quá.rio *s.m.* Colecionador de antiguidades; comerciante de objetos antigos.

an.tir.rá.bi.co *adj.* (Medicamento) contra raiva.

an.tis.sép.ti.co *adj. e s.m.* Agente capaz de destruir os micróbios; desinfetante.

an.tis.so.ci.al *adj.2gên.* Adverso à sociedade.

an.ti.tér.mi.co *adj. e s.m.* Que, ou remédio que faz baixar a febre.

an.tí.te.se *s.f.* Oposição de pensamentos ou palavras.

an.ti.tó.xi.co *s.m.* Antídoto que anula os efeitos de um veneno; *adj.* inimigo dos tóxicos.

an.to.lo.gi.a *s.f.* Tratado das flores; coletânea de trechos literários.

an.tô.ni.mo *adj.* Qualificativo dos termos de significação oposta; *s.m.* palavra antônima.

an.to.zo.á.rio *adj.* Referente ao animal cujo aspecto se assemelha ao de uma flor; *s.m.* espécime dos antozoários.

an.tra.ci.to *s.m.* Carvão fóssil de combustão difícil, mas de grande poder calorífero.

an.tro *s.m.* Caverna; abismo; local de vício. *Med.* Cavidade; seio.

an.tro.po.cen.tris.mo *s.m.* Doutrina que considera o homem como o centro do universo.

an.tro.po.fa.gi.a *s.f.* Estado do que se alimenta de carne humana.

an.tro.pó.fa.go *adj.* Que come carne humana.

an.tro.po.ge.o.gra.fi.a *s.f.* Geografia humana.

an.tro.poi.de *adj.* Que tem forma humana.

an.tro.po.lo.gi.a *s.f.* História natural do homem; estudo das raças humanas.

an.tro.pó.lo.go *s.m.* Que se dedica à antropologia.

a.nu.al *adj.2gên.* Que tem a duração de um ano; que acontece uma vez por ano.

a.nu.á.rio *s.m.* Publicação anual.

a.nu.ên.cia *s.f.* Ação de anuir; consentimento; aprovação; aplauso.

a.nu.ê.nio *s.m.* Termo jurídico para designar o período de um ano.

a.nu.i.da.de *s.f.* Importância que se paga anualmente.

a.nu.ir *v.t.i.* Assentir; condescender; concordar.

a.nu.la.ção *s.f.* Invalidação; destruição; eliminação.

a.nu.lar *v.t.d.* Tornar nulo; invalidar; *adj.2gên.* em que se usa pôr anel (dedo). (Antôn.: *manter, confirmar.*)

a.nun.ci.ar *v.t.d.* Noticiar; publicar; predizer.

a.nún.cio *s.m.* Aviso público a respeito de um fato; notícia; propaganda.

a.nu.ro *adj.* Que não tem cauda; *s.m.* gênero de anfíbios sem cauda.

â.nus *s.m. Anat.* Terminal do intestino por onde são expelidas as fezes.

a.nu.vi.ar *v.t.d.* Nublar.

an.ver.so *s.m.* Face anterior de qualquer coisa.

an.zol *s.m.* Pequeno gancho, de ponta terminada em flecha, próprio para pescar. *Fig.* Ardil; engano.

ao Comb. da prep. *a* com o art. def. masc. *o*.

a.on.de *adv.* Para onde; ao lugar onde, ou em que; para que lugar.

a.or.ta *s.f.* Artéria grande que sai do ventrículo esquerdo do coração.

a.pa.dri.nhar *v.t.d.* Ser padrinho de; proteger; defender; patrocinar; favorecer.

a.pa.ga.do *adj.* Que se apagou (o fogo); sem brilho. *Fig.* Sumido; ignorado.

a.pa.ga.dor *adj.* e *s.m.* Que ou aquele que apaga.

a.pa.gar *v.t.d.* Extinguir (o fogo); destruir; obscurecer.

a.pai.xo.nar *v.t.d.* Despertar paixão em; exaltar; consternar; *v.pron.* enamorar-se.

a.pa.la.vrar *v.t.d.* Dar palavra a alguém sobre ajuste, pacto etc.; combinar; *v.pron.* obrigar-se por palavra.

a.pa.ler.ma.do *adj.* Um tanto palerma; adoidado; apatetado.

a.pal.par *v.t.d.* Examinar pelo tato; passar a mão.

a.pa.ná.gio *s.m.* Característica; atributo.

a.pa.nha.do *adj.* Que se apanhou; *s.m.* resumo; sinopse.

a.pa.nhar *v.t.d.* Colher; recolher; obter; levar pancada; levantar do chão; alcançar; arregaçar.

a.pa.ni.gua.do *adj.* e *s.m.* Protegido; favorito.

a.pa.ra *s.f.* Fragmento ou sobra de objeto desbastado ou aparado.

a.pa.ra.do *s.m. Bras.* Ponto em que uma serra termina subitamente.

a.pa.ra.dor *adj.* e *s.m.* Que apara; *s.m.* espécie de bufete.

a.pa.rar *v.t.d.* Segurar; receber; alisar; aceitar.

a.pa.ra.to *s.m.* Ostentação fausto; pompa.

a.pa.re.cer *v.intr.* Fazer-se ver; surgir; chegar; apresentar-se. (Antôn.: *desaparecer.*)

a.pa.re.ci.do *s.m.* Que ou quem apareceu.

a.pa.re.ci.men.to *s.m.* Ação de aparecer.

a.pa.re.lha.do *adj.* Preparado; provido; enfeitado.

a.pa.re.lha.gem *s.f.* Conjunto de aparelhos para determinado fim.

a.pa.re.lhar *v.t.d.* Preparar; desbastar; guarnecer.

a.pa.re.lho *s.m.* Instrumento; conjunto de órgãos do corpo.

a.pa.rên.cia *s.f.* Aspecto exterior; fingimento; mostra enganosa; disfarce.

a.pa.ren.ta.do *adj.* Que tem parentesco.

a.pa.ren.tar *v.t.d.* Mostrar exteriormente; fingir; estabelecer parentesco entre.

a.pa.ren.te *adj.* Que não tem realidade palpável; ilusório; visível.

a.pa.ri.ção *s.f.* Aparecimento súbito; fantasma; visão alucinatória.

a.par.ta.do *adj.* Afastado; separado; remoto; distante.

a.par.tar *v.t.d.* Separar; desviar; deter; escolher. (Antôn.: *aproximar, juntar.*)

a.par.te *s.m.* Interrupção feita a um orador, em meio a seu discurso; réplica.

a.par.ti.dá.rio *adj.* Que não é partidário.

a.par.va.lha.do *adj.* Embasbacado; atrapalhado; idiota; tolo.

a.pas.si.var *v.t.d.* Tornar passivo; inerte.

a.pa.ti.a *s.f.* Indiferença; insensibilidade; desânimo; inatividade.

a.pá.ti.co *adj.* Indiferente.

a.pa.vo.ran.te *adj.2gên.* Que mete medo; aterrador; assustador; terrível.

a.pa.vo.rar *v.t.d.* Causar pavor a; *v.pron.* atemorizar-se. (Antôn.: *tranquilizar.*)

a.pa.zi.gua.men.to *s.m.* Pacificação; quietação.

a.pa.zi.guar *v.t.d.* Acalmar. (Antôn.: *amotinar.*)

a.pe.ar *v.t.d.* Desmontar; fazer descer.

a.pe.deu.ta *adj.* e *s.2gên.* Sem instrução; ignorante.

a.pe.dre.jar *v.t.d.* Atirar pedras em. *Fig.* perseguir.

a.pe.gar *v.t.d.* Criar afeição a; *v.pron.* afeiçoar-se. (Antôn.: *deixar, largar.*)

a.pe.go *s.m.* Constância; afeto.

a.pe.lar *v.t.d.* Recorrer para instância superior; chamar em auxílio.

a.pe.la.ti.vo *s.m. Gram.* Denominação que abrange todos os indivíduos de uma classe.

a.pe.li.do *s.m.* Sobrenome de família; cognome.

a.pe.nas *adv.* Unicamente; *conj.* logo que.

a.pên.di.ce *s.m.* Parte anexa a uma obra; acessório. *Anat.* parte acessória de um órgão.

a.pen.di.ci.te *s.f.* Inflamação no apêndice intestinal.

a.pen.so *adj.* Junto; anexo.

a.pe.que.na.do *adj.* Um pouco pequeno.

a.per.ce.ber *v.t.d.* Perceber; distinguir. (Antôn.: *desaperceber.*)

a.per.fei.ço.a.men.to *s.m.* Ação ou resultado de aperfeiçoar.
a.per.fei.ço.ar *v.t.d.* Melhorar; esmerar; completar.
a.pe.ri.ti.vo *adj.* e *s.m.* O que abre o apetite.
a.pe.ros *s.m.pl.* Arreios.
a.per.re.ar *v.t.d.* Humilhar; irritar; atormentar; apertar.
a.per.ta.do *adj.* Que aperta ou comprime fortemente; muito estreito. *Fig.* sem dinheiro.
a.per.tar *v.t.d.* Estreitar; restringir; afligir. (Antôn.: *alargar, ampliar.*)
a.per.to *s.m.* Pressão; situação difícil; aflição; urgência.
a.pe.te.cer *v.t.d.* Desejar; ter apetite de.
a.pe.ti.te *s.m.* Desejo de comer; ambição; sensualidade.
a.pe.ti.to.so *adj.* Gostoso; saboroso; delicioso.
a.pe.tre.cho *s.m.* Objeto necessário à execução de alguma coisa; petrecho; utensílio.
a.pi.á.rio *s.m.* Lugar onde se criam abelhas.
á.pi.ce *s.m.* Vértice.
a.pi.cul.tu.ra *s.f.* Criação ou técnica da criação de abelhas.
a.pi.e.dar-se *v.pron.* Condoer; comover-se. (Antôn.: *desapiedar-se.*)
a.pi.men.ta.do *adj.* Temperado com pimenta; malicioso.
a.pi.men.tar *v.t.d.* Adicionar pimenta a. *Fig.* tornar malicioso.
a.pi.nhar *v.t.d.* Amontoar; dar forma de pinha a; *v.pron.* unir-se apertadamente.
a.pi.tar *v.intr.* Fazer soar o apito. *Fig.* escapar.
a.pi.to *s.m.* Pequeno instrumento que emite som agudo, quando nele se sopra.
a.pla.car *v.t.d.* Abrandar; sossegar.
a.plai.nar *v.t.d.* Alisar com a plaina; desbastar saliências. *Fig.* facilitar.
a.plas.tar *v.t.d.* Desfraldar; fatigar.
a.plau.dir *v.t.d.* Bater palmas a; elogiar.
a.plau.so *s.m.* Demonstração de agrado; louvor; aprovação.
a.pli.ca.ção *s.f.* Adaptação; destino; assiduidade.
a.pli.ca.do *adj.* Estudioso; atento.
a.pli.car *v.t.d.* Pôr em prática; empregar; *v.pron.* dedicar-se.
ap.nei.a *s.f. Med.* Cessação momentânea da respiração.
a.po.ca.lip.se *s.m.* O livro das revelações de João Evangelista. *Fig.* linguagem de difícil compreensão.
a.pó.co.pe *s.f. Gram.* Supressão de fonema ou sílaba no fim de um vocábulo.
a.pó.cri.fo *adj.* Sem autenticidade (obra, fato) ou cuja autenticidade é duvidosa.
a.po.de.rar *v.pron.* Apossar-se; assenhorar-se.

a.po.do *s.m.* Zombaria, gracejo.
a.po.dre.cer *v.t.d.* Corromper; estragar; tornar podre.
a.po.dre.ci.men.to *s.m.* Putrefação.
a.pó.fi.se *s.f.* Parte saliente de osso ou órgão.
a.po.geu *s.m.* O ponto de eclíptica de um astro mais afastado da Terra. *Fig.* mais alto grau.
a.poi.a.do *s.m.* Que dá ou recebeu apoio; *interj.* exclamação de aprovação.
a.poi.ar *v.t.d.* Emprestar apoio; patrocinar; *v.t.d.* e *i.* firmar; encostar. (Antôn.: *desapoiar.*)
a.poi.o *s.m.* Base; sustentação; aplauso.
a.pó.li.ce *s.f.* Documento mercantil impondo obrigações; documento de seguro contra fogo, furto etc.
a.po.lí.neo *adj.* Que se refere a Apolo; beleza máscula.
a.po.lí.ti.co *adj.* Alheio à política; não político.
a.po.lo.gi.a *s.f.* Elogio.
a.pó.lo.go *s.m.* Fábula de conceituação moral em que figuram animais fazendo uso da palavra.
a.pon.ta.dor *s.m.* Pessoa ou coisa que faz pontas de instrumentos.
a.pon.ta.men.to *s.m.* Anotação; nota.
a.pon.tar *v.t.d.* Aguçar; indicar; assinalar; registrar.
a.po.ple.xi.a *s.f.* Afecção cerebral seguida de paralisação de movimentos; **– fulminante**: aquela que mata instantaneamente.
a.po.quen.tar *v.t.d.* Afligir.
a.por *v.t.d.* Pôr junto; aplicar.
a.por.ri.nhar *v.t.d. Pop.* apoquentar.
a.por.tar *v.t.d.* e *i.* Levar ao porto (ou a algum lugar).
a.por.tu.gue.sa.do *adj.* Cujo aspecto ou ares são de português.
a.pós *prep.* Atrás de; *adv.* depois.
a.po.sen.ta.do.ri.a *s.f.* Ato de aposentar.
a.po.sen.tar *v.t.d.* Dar aposentadoria a.
a.po.sen.to *s.m.* Moradia; quarto.
a.pos.sar *v.t.d.* e *i.* Dar posse a; *v.pron.* tomar posse.
a.pos.ta *s.f.* Ajuste ante opiniões divergentes, segundo o qual o que perde deve pagar algo antecipadamente determinado.
a.pos.tar *v.t.d.* Ajustar algo em defesa de uma opinião; arriscar; fazer aposta.
a.pos.ta.si.a *s.f.* Renúncia.
a.pos.te.ma *s.m.* Abscesso.
a.pos.ti.la *s.f.* Comentário; publicação para uso de alunos.
a.pos.to *adj.* Que se após; sobreposto; adjunto.
a.pos.to.lar *v.t.d.* Pregar como apóstolo; *adj.2gên.* edificante.
a.pós.to.lo *s.m.* Cada um dos doze discípulos de Jesus Cristo; propagador de ideias.
a.pós.tro.fe *s.f. Ret.* Interrupção oratória para evocar coisas reais ou ilusórias.

a.pós.tro.fo s.m. Sinal diacrítico em forma de vírgula (') para indicar supressão de letra(s).

a.po.te.o.se s.f. Final deslumbrante de espetáculo teatral; exaltação.

a.po.te.ó.ti.co adj. Referente à apoteose; muito elogioso.

a.pou.car v.t.d. Reduzir-se a pouco; diminuir.

a.pra.zí.vel adj.2gên. Que causa prazer; atrativo; agradável.

a.pre.çar v.t.d. Avaliar; fazer o preço de.

a.pre.ci.a.ção s.f. Estimação do valor de uma coisa; manifestação de apreço.

a.pre.ci.ar v.t.d. Avaliar; fazer apreço das qualidades morais de uma pessoa.

a.pre.ço s.m. Estima.

a.pre.en.der v.t.d. Tomar; compreender; fazer apreensão.

a.pre.en.são s.f. Confisco; preocupação.

a.pre.en.si.vo adj. Que apreende; preocupado; receoso.

a.pre.go.ar v.t.d. Anunciar por meio de pregão; proclamar; v.pron. gabar-se.

a.pren.der v.t.d. Conhecer; ficar sabendo; estudar; v.intr. instruir-se.

a.pren.diz s.m. Aquele que aprende ofício ou arte; principiante.

a.pren.di.za.do s.m. Ação de aprender; aprendizagem.

a.pre.sen.ta.ção s.f. Ato de apresentar; porte pessoal.

a.pre.sen.tar v.t.d. Mostrar; expor; exibir.

a.pre.sen.tá.vel adj.2gên. Digno de ser apresentado.

a.pres.sar v.t.d. Dar pressa a; acelerar; precipitar.

a.pres.tar v.t.d. Apontar; preparar.

a.pri.mo.ra.do adj. Realizado com primor; bem vestido. Fig. notável.

a.pri.mo.rar v.t.d. Fazer algo com primor; aperfeiçoar.

a.pri.si.o.nar v.t.d. Capturar; prender. (Antôn.: liberar.)

a.pro.ba.ti.vo adj. Que aprova ou é próprio para aprovar.

a.pro.fun.da.men.to s.m. Investigação cuidadosa; ação de aprofundar.

a.pro.fun.dar v.t.d. Profundar.

a.pron.tar v.t.d. Tornar pronto; preparar.

a.pro.po.si.ta.do adj. Adequado.

a.pro.pri.a.ção s.f. Adaptação; ato de apossar-se.

a.pro.pri.a.do adj. Próprio; conveniente; adequado.

a.pro.va.ção s.f. Ato de aprovar; opinião favorável; apoio.

a.pro.va.do adj. Admitido, habilitado. (Antôn.: reprovado.)

a.pro.var v.t.d. Consentir em; autorizar; julgar apto ou habilitado. (Antôn.: reprovar.)

a.pro.vei.tar v.t.d. Tirar proveito de; lucrar; v.pron. valer-se.

a.pro.xi.mar v.t.d. Pôr perto de; achegar.

a.pru.mar v.t.d. Pôr a prumo; endireitar. (Antôn.: arquear.)

a.pru.mo s.m. Posição vertical; altivez; alinho.

áp.te.ro adj. Desprovido de asas.

ap.ti.dão s.f. Capacidade.

ap.to adj. Capaz.

a.pu.nha.lar v.t.d. Ferir ou matar com punhal; magoar muito.

a.pu.po s.m. Vaia; arruaça.

a.pu.ra.ção s.f. Ato de tornar puro; averiguação; contagem; escolha.

a.pu.rar v.t.d. Tornar puro; averiguar; v.pron. aperfeiçoar-se.

a.pu.ro s.m. Correção no trajar; esmero; aperto.

a.qua.re.la s.f. Tinta dissolvida em água.

a.quá.rio s.m. Depósito de água onde se criam peixes; um dos signos do Zodíaco.

a.qua.ris.ta s.2gên. Aquele que se dedica à criação de peixes em aquário.

a.quar.te.lar v.t.d. Alojar em quartéis; v.pron. alojar-se; hospedar-se.

a.quá.ti.co adj. Pertencente à água; que vive na água.

a.que.bran.tar v.t.d. e pron. Quebrantar (abater; enfraquecer).

a.que.ce.dor adj. Que aquece; s.m. aparelho para aquecer.

a.que.cer v.t.d. Tornar quente; encolerizar. (Antôn.: esfriar.)

a.que.ci.men.to s.m. Ato ou efeito de aquecer.

a.que.du.to s.m. Galeria condutora de água de um local para outro.

à.que.le Contr. da prep. a com o pron. dem. aquele.

a.quém prep. e adv. Que está do lado de cá; abaixo.

a.qui adv. Neste lugar; nesta ocasião; nisto.

a.qui.cul.tu.ra s.f. Tratamento dos rios, lagos e esteiras para a criação de animais ou plantas aquáticas.

a.qui.es.cên.cia s.f. Consentimento; anuência.

a.qui.es.cer v.intr. Consentir; anuir.

a.qui.lo pron. dem. Aquela coisa.

a.qui.nho.ar v.t.d. Dar quinhão, partilha, lote.

a.qui.rir v.t.d. var. Adquirir.

a.qui.si.ção s.f. Obtenção.

a.quo.so adj. Que contém ou que é da natureza da água.

ar s.m. Mistura gasosa que forma a atmosfera; vento; aspecto.

á.ra.be s.2gên. Pessoa oriunda da Arábia (Ásia); adj.2gên. que diz respeito ou pertence à Arábia; s.m. o idioma dos árabes.

a.ra.bes.co *s.m.* Ornato de estilo árabe; rabisco.
a.rá.bi.co *adj.* Referente à Arábia ou a seus habitantes; *s.m.* idioma árabe.
a.rac.ní.deo *s.m.* Espécime dos aracnídeos, artrópodes desprovidos de antenas, com quatro pares de patas.
a.ra.do *s.m.* Instrumento com que se lavra a terra.
a.ra.gem *s.f.* Vento suave; brisa.
a.ra.me *s.m.* Liga de cobre e zinco ou de outros metais. *Gír.* dinheiro.
a.ran.de.la *s.f.* Peça do castiçal onde se fixa a vela.
a.ra.ne.í.deos *s.m.* Grupo de aracnídeos, comumente denominados aranhas.
a.ra.nha *s.f.* Animal articulado, provido de oito patas. *Fig.* pessoa vagarosa.
a.ran.zel *s.m.* Lengalenga; confusão.
a.ra.pu.ca *s.f.* Armadilha própria para caçar pássaros; cilada; engodo. *Fig.* qualquer estabelecimento de má fama.
a.rar *v.t.d.* Lavrar; sulcar a terra.
a.ra.ra *s.f.* Ave da família dos psitácidas; peça para pendurar roupas.
a.rau.to *s.m.* Pregoeiro; mensageiro.
a.rá.vel *adj.2gên.* Suscetível de se arar; próprio para arar.
a.ra.xá *s.m.* Planalto.
ar.bi.tra.gem *s.f.* Ação de arbitrar; sentença de juiz.
ar.bi.trar *v.t.d.* Decidir; sentenciar.
ar.bi.tra.ri.e.da.de *s.f.* Injustiça; iniquidade.
ar.bi.trá.rio *adj.* O que depende do capricho; injusto.
ar.bí.trio *s.m.* Resolução voluntária; opinião.
ár.bi.tro *s.m.* O que dirige questões por acordo entre litigantes; juiz. *Fig.* modelo.
ar.bó.reo *adj.* Relativo às árvores.
ar.bo.rí.co.la *adj.* Que vive nas árvores.
ar.bo.ri.za.ção *s.f.* Ação de arborizar.
ar.bo.ri.zar *v.t.d.* Plantar árvores.
ar.bus.to *s.m.* Vegetal lenhoso de menor tamanho que a árvore.
ar.ca *s.f.* Caixa de grandes dimensões; cofre, tórax.
ar.ca.bou.ço *s.m.* Esqueleto; madeiramento auxiliar na construção de um edifício.
ar.ca.buz *s.m.* Antiga arma de fogo, semelhante ao bacamarte.
ar.ca.da *s.f.* Série de arcos.
ar.cá.dia *s.f.* Antiga agremiação literária romana.
ar.ca.dis.mo *s.m.* Estilo e influência literária das arcádias.
ar.cai.co *adj.* Muito antigo. (Antôn.: *moderno*.)
ar.ca.ís.mo *s.m.* Palavra ou expressão arcaica.
ar.can.jo *s.m.* Espírito celeste, superior aos anjos em hierarquia.
ar.ca.no *s.m.* Mistério; *adj.* misterioso; oculto.
ar.car *v.t.i.* Curvar; assumir a responsabilidade.
ar.ce.bis.po *s.m.* Prelado superior aos bispos.
ar.cho.te *s.m.* Facho; tocha.
ar.ci.pres.te *s.m.* Chefe de presbíteros, com grau inferior a bispo.
ar.co *s.m.* Seção de uma curva; arma de arremessar flechas.
ar.co-í.ris *s.m.* Arco luminoso atmosférico que se apresenta nas nuvens em tempo chuvoso; denominado também arco-de-celeste; arco-da-chuva, arco-da-velha.
ár.de.go *adj.* Ardente.
ar.dên.cia *s.f.* Que provoca ardor; queimação.
ar.den.te *adj.2gên.* Que arde; intenso; enérgico.
ar.der *v.intr.* Extinguir-se em chama; abrasar; queimar.
ar.dil *s.m.* Cilada; astúcia.
ar.di.lo.so *adj.* Astucioso; esperto; manhoso; sagaz.
ar.dor *s.m.* Calor; veemência; paixão.
ar.do.ro.so *adj.* Cheio de ardor; veemente.
ar.dó.sia *s.f.* Rocha metamórfica, granulada e separável em lâminas.
ár.duo *adj.* Difícil; custoso.
á.rea *s.f.* Medida de uma superfície; lugar aberto no interior de um edifício.
a.re.a.do *adj.* Esfregado com areia.
a.re.al *s.m.* Lugar coberto de areia; praia.
a.re.ar *v.t.d.* Limpar ou polir esfregando areia; *v.intr.* apatetar; desnortear.
a.rei.a *s.f.* Pedra pulverizada que se acumula nas praias e nos rios. *Pop.* falta de juízo.
a.re.jar *v.t.d.* Expor ao ar; espairecer.
a.re.na *s.f.* Círculo dos teatros onde combatiam os gladiadores; campo de discussão; anfiteatro.
a.ren.ga *s.f.* Discurso prolixo e fastidioso.
a.re.ní.co.la *adj.2gên.* Que vive na areia ou em solo arenoso.
a.re.ni.to *s.m.* Rochas silicosas; grés.
a.re.no.so *adj.* Coberto de areia.
a.ren.que *s.m.* Peixe marinho da família dos Clupeídeos.
a.ré.o.la *s.f.* Círculo pigmentado à volta do bico do seio; círculo que rodeia a Lua; *var.* auréola.
a.res.ta *s.f.* Interseção de dois planos; quina.
a.res.to *s.m. Jur.* Decisão do Tribunal que fica servindo de modelo.
ar.fan.te *adj.2gên.* Que arfa; palpitante.
ar.far *v.intr.* Ofegar; respirar com dificuldade.
ar.ga.mas.sa *s.f.* Reboque de areia, água, cal ou cimento.
ar.ga.naz *s.m.* Rato dos esgotos. *Fig.* indivíduo muito alto.
ar.gen.ta.ria *s.f.* Guarnição, talheres ou baixelas de prata.
ar.gen.tá.rio *s.m.* Indivíduo muito rico.
ar.gên.teo *adj.* Feito de prata ou tendo dela a cor brilhante.

ar.gen.ti.no *adj.* Argênteo; de timbre fino como o da prata (referindo-se à voz); relativo à Argentina; *s.m.* habitante da Argentina.

ar.gi.la *s.f.* Substância terrosa em que entram a alumina e a sílica; barro.

ar.gi.lo.so *adj.* Da natureza da argila.

ar.go *s.m.* Constelação austral.

ar.go.la *s.f.* Anel metálico; qualquer coisa de forma circular e vazia no meio.

ar.go.lão *s.m.* Anel largo e pesado, com pecha ou com iniciais do nome do possuidor.

ar.go.li.nha *s.f.* Pequena argola.

ar.gú.cia *s.f.* Qualidade de arguto; sutileza.

ar.gui.ção *s.f.* Ato de arguir; alegação; teste oral.

ar.guir *v.intr.* Repreender; acusar; *v.pron.* convencer-se (de erro ou engano).

ar.gu.men.ta.ção *s.f.* Ação de argumentar.

ar.gu.men.tar *v.t.d.* Arrazoar; *v.intr.* – raciocinar.

ar.gu.men.to *s.m.* Raciocínio; assunto; sumário; razão.

ar.gu.to *adj.* Esperto; sutil.

a.ri.dez *s.f.* Esterilidade; secura; insensibilidade.

á.ri.do *adj.* Seco; estéril por ser seco. *Fig.* cansativo.

a.rí.e.te *s.m.* Antiga máquina de guerra; máquina para elevar água. *Poét.* Nome dado ao carneiro, pelos poetas.

-ário sufixo que indica a ideia de propriedade; ofício, cargo, coleção etc.

ar.ri.ra.nha *s.f.* Mamífero do Brasil, da família dos Mustelídeos.

a.ris.co *adj.* Cheio de areia; esquivo; fugidio; *s.m.* boi rebelde.

a.ris.to.cra.ci.a *s.f.* Governo de nobres; classe social superior.

a.ris.to.cra.ta *adj.* e *s.2gên.* Nobre.

a.ris.to.crá.ti.co *adj.* Nobre; distinto.

a.rit.mé.ti.ca *s.f.* Ramo da Matemática que estuda os números.

a.rit.mé.ti.co *s.m.* Pessoa que tem grandes conhecimentos de aritmética; *adj.* concernente à aritmética.

ar.le.quim *s.m.* Palhaço da antiga comédia italiana; farsante.

ar.ma *s.f.* Instrumento de ataque e de defesa. *Fig.* recurso; garras.

ar.ma.ção *s.f.* Madeiramento de construção; estrutura de sustentação; golpe.

ar.ma.da *s.f.* Marinha de guerra.

ar.ma.di.lha *s.f.* Artifício para apanhar caça; cilada.

ar.ma.do *adj.* Munido de armas; indivíduo precavido.

ar.ma.du.ra *s.f.* Antiga vestimenta dos guerreiros.

ar.ma.men.to *s.m.* Aprestos de guerra; conjunto ou depósito de armas.

ar.mar *v.t.d.* Prover de armas; fortalecer. (Antôn.: *desarmar.*)

ar.ma.ri.nho *s.m.* Loja de aviamentos de costura.

ar.má.rio *s.m.* Móvel com prateleiras para guardar objetos domésticos.

ar.ma.zém *s.m.* Depósito de mercadorias; venda.

ar.ma.ze.nar *v.t.d.* Pôr em armazém; depositar.

ar.mê.nio *adj.* Referente à Armênia (Ásia); *s.m.* o natural da Armênia; o idioma dos armênios.

ar.men.to *s.m.* Rebanho de gado.

ar.mi.nho *s.m.* Pequeno mamífero branco das regiões polares.

ar.mis.tí.cio *s.m.* Trégua breve.

a.ro *s.m.* Pequeno círculo de metal ou madeira; anel.

a.ro.ma *s.m.* Cheiro agradável; fragrância.

a.ro.má.ti.co *adj.* Que proporciona cheiro agradável.

a.ro.ma.ti.zar *v.t.d.* e *pron.* Tornar aromático, perfumar.

ar.pão *s.m.* Fisga grande para apanhar peixes.

ar.péu *s.m.* Gancho de ferro usado na abordagem.

ar.po.ar *v.t.d.* Ferrar com o arpão em; arpear; fisgar. *Fig.* seduzir.

ar.que.ar *v.t.d.* Dar formato de arco; *v.pron.* dobrar-se; encurvar-se.

ar.quei.ro *s.m.* Aquele que luta com arco; goleiro.

ar.que.jar *v.intr.* Ofegar; respirar com dificuldade; arquear.

ar.qué.ti.po *s.m.* Modelo; padrão; exemplo.

ar.qui.ban.ca.da *s.f.* Assentos em várias ordens, subindo em plano elevado, construídos em estádios, teatros etc.

ar.qui.di.o.ce.se *s.f.* Diocese controlada por arcebispo; arcebispado.

ar.qui-i.ni.mi.go *adj.* e *s.m.* Inimigo maior.

ar.qui.pé.la.go *s.m.* Agrupamento de ilhas próximas entre si.

ar.quir.ri.val *s.m.* Grande rival, antigo rival.

ar.qui.te.tar *v.t.d.* Construir; idealizar. *Fig.* maquinar.

ar.qui.te.to *s.m.* Aquele que exerce a arte da arquitetura.

ar.qui.te.tô.ni.co *adj.* Relacionado com a arquitetura.

ar.qui.te.tu.ra *s.f.* Técnica de edificar; disposição de um edifício.

ar.qui.tra.ve *s.f.* Trave principal que se assenta sobre os capitéis diretamente nas colunas.

ar.qui.va.men.to *s.m.* Ação ou resultado de arquivar.

ar.qui.var *v.t.d.* Recolher ao arquivo; registrar.

ar.qui.vis.ta *s.2gên.* Pessoa de arquivo.

ar.qui.vo *s.m.* Móvel onde se recolhem documentos.

ar.ra.bal.de *s.m.* Subúrbio; cercanias de uma povoação; arredor.

ar.ra.bi.que *s.m.* Cosmético para pintar o rosto; exagero; ridículo.
ar.rai.al *s.m.* Povoado; festa campestre.
ar.rai.a-mi.ú.da *s.f. Pop.* A parte mais inferior da plebe; a ralé.
ar.rai.gar *v.t.d.* Firmar pela raiz; fixar moradia.
ar.rais *s.m.2n.* Mestre ou capitão de navio.
ar.ran.ca.da¹ *s.f.* Saída impetuosa; momento inesperado.
ar.ran.ca.da² *adj.* Extraído; tirado violentamente.
ar.ran.car *v.t.d.* Puxar com força; tirar.
ar.ran.ca-ra.bo *s.m. Gír.* Briga; discussão.
ar.ra.nha-céu *s.m.* Edifício muito alto.
ar.ra.nhão *s.m.* Ferimento superficial da pele.
ar.ra.nhar *v.t.d.* Ferir levemente com a unha ou ponta de qualquer instrumento. *Pop.* ter vagos conhecimentos de alguma coisa.
ar.ran.ja.do *adj.* Arrumado. *Fig.* que está em boa situação financeira.
ar.ran.jar *v.t.d.* Dispor; consertar; conseguir. (Antôn.: *desarranjar.*)
ar.ran.jo *s.m.* Arrumação; boa ordem. *Pop.* conchavo.
ar.ran.que *s.m.* Movimento de partida; dispositivo que põe o motor em movimento.
ar.ra.sa.do *adj.* Posto raso; desmantelado.
ar.ra.sar *v.t.d.* Tornar raso; destruir; deprimir.
ar.ras.tão *s.m.* Empuxão violento para arrastar; rede de pesca.
ar.ras.ta-pé *s.m. Pop.* Dança; baile popular e reles.
ar.ras.tar *v.t.d.* Conduzir de rastos; mover com dificuldade; puxar; levar à força.
ar.ra.zo.ar *v.t.d.* Fazer defesa alegando razões; censurar; discorrer.
ar.re! *interj.* Designativa de ira; enfado; cólera.
ar.re.a.ção *s.f.* Sangria da seringueira por meio de entalhes.
ar.re.ar *v.t.d.* Pôr arreios; ornar; mobiliar.
ar.re.ba.nhar *v.t.d.* Reunir em rebanho; recolher.
ar.re.ba.ta.dor *adj. e s.m.* Que ou quem arrebata.
ar.re.ba.ta.men.to *s.m.* Ação de arrebatar.
ar.re.ba.tar *v.t.d.* Tirar com violência; raptar; arrancar; ficar absorto.
ar.re.ben.ta.ção *s.f.* Ação de rebentar.
ar.re.ben.ta.do *adj.* Quebrado em pedaços.
ar.re.ben.tar *v.t.d.* Quebrar com violência; *v.intr.* morrer de fadiga.
ar.re.bi.ta.do *adj.* Com ponta revirada. *Fig.* esperto.
ar.re.bi.tar *v.t.d.* Voltar (a ponta ou a aba) para cima.
ar.re.bol *s.m.* Vermelhão que precede o alvorecer ou entardecer; o cair da noite.
ar.re.ca.da.ção *s.f.* Local onde se arrecada; cobrança.
ar.re.ca.dar *v.t.d.* Cobrar; receber; guardar.

ar.re.dar *v.t.d.* Afastar. (Antôn.: *aproximar, ficar.*)
ar.re.di.o *adj.* Esquivo.
ar.re.don.dar *v.t.d.* Tornar redondo; completar.
ar.re.dor *adv.* Ao redor; em volta; *s.m.* redondeza.
ar.re.fe.cer *v.intr.* Tornar frio; desanimar. (Antôn.: *esquentar.*)
ar.re.fe.ci.men.to *s.m.* Ato de arrefecer; resfriamento.
ar.re.ga.çar *v.t.d.* Suspender; puxar. (Antôn.: *desarregaçar.*)
ar.re.ga.la.do *adj.* Demasiadamente aberto.
ar.re.ga.lar *v.t.d.* Abrir muito, especialmente os olhos.
ar.re.ga.nha.do *adj.* Arregaçado; que ri de tudo.
ar.re.ga.nhar *v.t.d.* Mostrar os dentes contraindo os lábios em expressão de cólera ou risco; abrir-se enrugando; abrir muito.
ar.re.gi.men.tar *v.t.d.* Enfileirar; reunir.
ar.re.glar *v.t.d.* Ajustar; combinar; pôr em ordem.
ar.rei.o *s.m.* Conjunto das peças com que se preparam os animais de sela ou de carga; adorno; enfeite.
ar.re.li.a *s.f.* Zanga.
ar.re.ma.tar *v.t.d.* Dar remate a; comprar em leilão.
ar.re.ma.te *s.m.* Ato de arrematar.
ar.re.me.do *s.m.* Imitação ridícula ou grosseira.
ar.re.mes.sa.do *adj.* Lançado.
ar.re.mes.sar *v.t.d.* Atirar ao longe, com violência; expulsar.
ar.re.me.ter *v.t.i.* Investir; acometer; *v.intr.* avançar com ímpeto.
ar.re.me.ti.da *s.f.* Investida; conflito.
ar.ren.dar *v.t.d.* Dar ou tomar de renda ou usufruto de; obrigar o cavalo à rédea.
ar.ren.da.tá.rio *s.m.* Aquele que toma um imóvel de arrendamento; rendeiro.
ar.re.ne.gar *v.t.d. e i.* Renegar; amaldiçoar; odiar.
ar.re.pa.nhar *v.t.d.* Fazer dobras ou rugas em; recolher.
ar.re.pe.lar *v.t.d.* Buscar, arrancar (pelos, penas etc.). *Fig.* lastimar-se.
ar.re.pen.der-se *v.pron.* Ter pesar do que se fez; mudar de opinião; retratar-se.
ar.re.pen.di.do *adj.* Que se arrependeu de haver praticado qualquer ação.
ar.re.pen.di.men.to *s.m.* Remorso por algo que se praticou ou imaginou; contrição.
ar.re.pi.a.do *adj.* Eriçado; ouriçado; assustado.
ar.re.pi.ar *v.t.d.* Eriçar o cabelo; causar arrepios em; *v.pron.* sentir arrepios.
ar.re.pi.o *s.m.* Calafrio; **ao –:** contra a maré.
ar.res.tar *v.t.d.* Proceder ou impetrar arresto em.
ar.res.to *s.m.* Apreensão judicial de bens ou objetos; embargo; confisco.
ar.ri.ar *v.t.d.* Abaixar; desanimar. (Antôn.: *levantar.*)

ar.ri.ba *s.f.* O mesmo que riba; *adv.* acima; avante.
ar.ri.ba.ção *s.f.* Ato de arribar.
ar.ri.el *s.m.* Aro de metal precioso usado no nariz e na orelha.
ar.ri.mo *s.m.* Amparo.
ar.ri.os.ca *s.f.* Cilada.
ar.ris.ca.do *adj.* Perigoso; audacioso.
ar.ris.car *v.t.d.* Aventurar; ousar.
ar.rit.mi.a *s.f.* Falta de ritmo. *Med.* variação no ritmo normal das contrações cardíacas.
ar.ri.vis.ta *s.2gên.* Pessoa que quer vencer a qualquer custo; inescrupuloso.
ar.ri.zo.tô.ni.co *adj. Gram.* Formas verbais em que o acento tônico não está na raiz.
ar.ro.ba *s.f.* Medida antiga de capacidade, hoje equivalente a 15 quilos; sinal gráfico (@) usado em Informática.
ar.ro.char *v.t.d.* Apertar com força, por meio de arrocho. *Fig.* criar dificuldades.
ar.ro.cho *s.m.* Pau usado para apertar cordas em fardos, cargas etc. *Fig.* dificuldade; aperto.
ar.ro.gân.cia *s.f.* Orgulho; soberba.
ar.ro.gan.te *adj.* Soberbo. (Antôn.: *humilde.*)
ar.ro.gar *v.t.d.* Tomar como próprio; *v.pron.* atribuir-se.
ar.roi.o *s.m.* Curso de água menor que riacho.
ar.ro.ja.do *adj.* Ousado.
ar.ro.jar *v.t.d.* Lançar para longe; *v.pron.* atrever-se.
ar.ro.lar *v.t.d.* Inventariar por meio de rol; listar; enrolar.
ar.rom.bar *v.t.d.* Fazer rombo em; romper; abrir à força.
ar.ro.tar *v.t.d.* Expelir pela boca ar do estômago; *v.intr.* dar arrotos. *Fig.* vangloriar-se.
ar.ro.te.ar *v.t.d.* Cultivar.
ar.ro.to *s.m.* Erupção ruidosa de gases do estômago pela boca.
ar.rou.bo *v.t.d.* Êxtase.
ar.roz *s.m.* Planta gramínea de largo uso alimentar.
ar.ro.zal *s.m.* Plantação de arroz.
ar.roz-do.ce *s.m.* Arroz cozido em leite, adoçado e polvilhado com canela.
ar.ru.a.ça *s.f.* Tumulto de rua; motim.
ar.ru.a.cei.ro *adj.* e *s.m.* Que ou o que se entrega a arruaças.
ar.ru.e.la *s.f.* Rodela de aço, por onde se mete o parafuso, que evita o desgaste da peça a ser aparafusada.
ar.ru.fo *s.m.* Zanga passageira; amuo.
ar.ru.i.nar *v.t.d.* Provocar ruína em; destruir; *v.pron.* ficar sem recursos.
ar.ru.ma.ção *s.f.* Ação de arrumar. (Antôn.: *desordem.*)
ar.ru.mar *v.t.d.* Pôr em ordem; consertar; obter. (Antôn.: *desarrumar.*)
ar.se.nal *s.m.* Estabelecimento em que se constroem navios; depósitos de material de guerra; de armas.
ar.sê.nio *s.m.* Corpo químico; metaloide, cujo peso atômico é 74,93; arsênico.
ar.te *s.f.* Regras exigidas para a execução aprimorada de qualquer obra; prática de ideias; habilidade. *Bras.* traquinada, peraltice.
ar.te.fa.to *s.m.* Todo produto industrial.
ar.tei.ro *adj.* Manhoso; astuto; ardiloso; travesso; que revela arte ou sagacidade.
ar.te.lho *s.m.* Articulação da perna com o pé.
ar.té.ria *s.f.* Vaso que leva sangue do coração ao corpo.
ar.te.ri.al *adj.2gên.* Referente às artérias.
ar.te.ri.os.cle.ro.se *s.f.* Endurecimento das artérias.
ar.te.sa.na.to *s.m.* Obra de artesão.
ar.te.são *s.m.* Pessoa que exerce uma arte.
ar.te.si.a.no *adj.* Denominação dada aos poços em que a água jorra como repuxo.
ár.ti.co *adj.* Relativo ao norte; boreal.
ar.ti.cu.la.ção *s.f.* Ação ou efeito de articular; modo de junção de partes ósseas.
ar.ti.cu.la.do *adj.* Que possui articulações.
ar.ti.cu.lis.ta *s.2gên.* Autor de artigos de jornal, revista etc.
ar.ti.fi.ce *s.2gên.* Pessoa que professa uma arte; artista; artesão.
ar.ti.fi.ci.al *adj.* Falso; postiço.
ar.ti.fi.cio *s.m.* Produto de arte; habilidade.
ar.ti.go *s.m.* Vocábulo que antecede o substantivo e serve para limitar sua extensão; escrito de jornal; parte de um código ou lei.
ar.ti.lha.ri.a *s.f.* Conjunto de peças que compõem o arsenal de artilharia.
ar.ti.lhei.ro *s.m.* Soldado de artilharia; jogador bom na marcação de gols no jogo de futebol.
ar.ti.ma.nha *s.f.* Artifício; embuste; astúcia; trapaça.
ar.tis.ta *s.2gên.* Que exerce alguma das belas-artes; pessoa que revela sentimento artístico. *adj.2gên. Fam.* Astucioso; engenhoso.
ar.tís.ti.co *adj.* Que diz respeito às artes.
ar.tri.te *s.f.* Processo inflamatório nas articulações.
ar.tró.po.de *s.m.* Divisão do reino animal que abrange os invertebrados que possuem apêndices articulados pares.
ar.tro.se *s.f.* Processo não inflamatório, degenerativo, de uma articulação.
ar.vo.ar *v.t.d.* Estontear.
ar.vo.rar *v.t.d.* Pôr a prumo.
ár.vo.re *s.f.* Planta lenhosa permanente que, de um só tronco principal, cresce e se divide em ramos; – da vida: parte interna e ramificada do cerebelo.
ar.vo.re.do *s.m.* Conglomerado de árvores.

ás *s.m.* Carta de jogar; pessoa exímia em qualquer atividade, especialmente em aviação.

a.sa *s.f.* Cada um dos membros das aves guarnecidos de penas; apêndice membranoso de alguns insetos; grande barbatana peitoral de alguns peixes; apêndice em formato de arco, de diversos utensílios.

a.sa.-ne.gra *s.2gên.* Pessoa que prejudica ou dá azar.

as.ca.rí.deos *s.m.pl. Zool.* Família de onematoides que se alojam nos intestinos.

as.cen.dên.cia *s.f.* Ato de sobrepor-se; subida; origem.

as.cen.der *v.intr.* e *v.t.i.* Elevar-se; subir. (Antôn.: *descer*.)

as.cen.são *s.f.* Ato de subir; efeméride da Igreja comemorativa da ascensão de Cristo.

as.cen.so.ris.ta *s.2gên.* Pessoa que maneja um elevador.

as.ce.ta *s.2gên.* Pessoa que se entrega a práticas de meditação e de mortificação.

as.cé.ti.co *adj.* Contemplativo; místico.

as.co *s.m.* Nojo; aversão.

as.cór.bi.co *adj. Quím.* Referente à vitamina C.

a.se.lha *s.f.* Presilha.

as.fal.tar *v.t.d.* Revestir de asfalto.

as.fal.to *s.m.* Betume residual da destilação do petróleo.

as.fi.xi.a *s.f. Med.* Distúrbio causado pela insuficiência de oxigênio nos pulmões; sufocação.

as.fi.xi.ar *v.t.d.* Causar asfixia a; *v.intr.* e *v.pron.* cair em estado de asfixia.

a.si.á.ti.co *adj.* Que se refere à Ásia. *Fig.* luxo excessivo; apático.

a.si.lo *s.m.* Lugar onde se recolhem desvalidos; abrigo.

as.ma *s.f. Med.* Doença dos brônquios, que se caracteriza pela dificuldade de respirar, com acessos de sufocação.

as.má.ti.co *adj.* Referente à asma; *s.m.* doente atacado de asma.

as.nei.ra *s.f.* Tolice incomensurável.

as.no *s.m.* Burro; pessoa estúpida e ignorante.

as.pa *s.f.* Aparelho de tortura em forma de xis (X); chifre; sinal com que se abre e se fecha uma citação.

as.par.go *s.m. var.* Espargo.

as.pec.to *s.m.* Presença; aparências; semblante; *var.* aspeto.

as.pe.re.za *s.f.* Qualidade do que é áspero: rudeza.

as.per.gir *v.t.d.* Borrifar; respingar.

ás.pe.ro *adj.* Rugoso; grosseiro. (Sup. abs. sint.: *aspérrimo*.)

as.per.são *s.f.* Ato de aspergir; borrifo.

as.per.só.rio *s.m.* Instrumento para aspergir.

as.pi.ra.ção *s.f.* Ação de aspirar, fazendo o vácuo; inalação; absorção; inspiração. *Fig.* anelo; desejo; sonho.

as.pi.ran.te *adj.* Que aspira; *s.m.* graduação militar, ou burocrática.

as.pi.rar *v.t.d.* Inspirar o ar. *Gram.* Pronunciar com aspiração; *v.t.i.* ter pretensão a desejar. (Antôn.: *expirar*.)

as.pi.ri.na *s.f.* Analgésico.

as.que.ro.so *adj.* Nojento; que causa asco.

as.sa.car *v.t.d.* e *i.* Imputar caluniosamente.

as.sa.do *adj.* Que se assou; *s.m.* pedaço de carne assada. *Fig.* pessoa irada.

as.sa.du.ra *s.f.* Ação ou efeito de assar; queimadura.

as.sa.la.ri.a.do *s.m.* Aquele que ajustou serviço por salário.

as.sal.tan.te *adj.2gên.* e *s.2gên.* Assaltante.

as.sal.tar *v.t.d.* Acometer de surpresa; investir; atacar.

as.sal.to *s.m.* Ataque; investida.

as.sa.nhar *v.t.d.* Encher de sanha; excitar; *v.pron.* enfurecer-se.

as.sar *v.t.d.* Submeter à ação do fogo; queimar; inflamar.

as.sas.si.nar *v.t.d.* Matar traiçoeiramente e de modo premeditado. *Fig.* tocar mal uma composição musical; falar mal um idioma.

as.sas.si.na.to *adj.* e *s.m.* Ato de assassinar, destruição da vida com crueldade.

as.saz *adv.* Bastante.

as.se.a.do *adj.* Limpo.

as.se.ar *v.t.d.* Limpar; *v.pron.* limpar-se; vestir-se bem.

as.se.cla *s.2gên.* Adepto.

as.se.di.ar *v.t.d.* Pôr assédio ou cerco.

as.sé.dio *s.m.* Cerco a um reduto; insistência.

as.se.gu.rar *v.t.d.* Tornar seguro; garantir; *v.t.d.* e *i.* afirmar com segurança ou certeza; *v.pron.* afirmar-se.

as.sei.o *s.m.* Limpeza; esmero no vestir.

as.sem.blei.a *s.f.* Reunião de pessoas num mesmo local; congresso.

as.se.me.lhar *v.t.d.* Tornar semelhante ou parecido; *v.t.d.* e *i.* comparar.

as.se.nho.re.ar-se *v.pron.* Fazer-se senhor; apossar-se.

as.sen.ta.do *adj.* Sentado; colocado sobre uma base. *Fig.* firme; tranquilo.

as.sen.tar *v.t.d.* e *i.* Pôr sobre o assento; *v.t.d.* aplicar; registrar; *v.t.i.* resolver; decidir.

as.sen.te *adj.* Decidido.

as.sen.ti.men.to *s.m.* Anuência; acordo.

as.sen.tir *v.t.d.* Aprovar; concordar; *v.t.i.* consentir; anuir. (Antôn.: *negar, discordar*.)

as.sen.to *s.m.* Local em que se senta; nádegas.

ASSEPSIA — ATADURA

as.sep.si.a s.f. Desinfecção.
as.sép.ti.co adj. Referente à assepsia; livre de infecção.
as.ser.ção s.f. Afirmação.
as.ses.sor s.m. Assistente.
as.ses.so.rar v.t.d. Servir de assessor; assistir.
as.ses.so.ri.a s.f. Função de assessor.
as.ses.tar v.t.d. Fazer pontaria.
as.se.ve.rar v.t.d. e i. Afirmar; assegurar; garantir.
as.se.xu.a.do adj. Que não tem sexo; assexo; assexual.
as.sí.duo adj. Frequente; pontual.
as.si.lá.bi.co adj. Gram. Que não forma sílaba.
as.si.me.tria s.f. Falta de simetria.
as.si.mi.lar v.t.d. Tornar semelhante; incorporar.
as.si.na.do adj. Que recebeu assinatura.
as.si.na.la.do adj. Marcado com sinal. Fig. distinto.
as.si.na.lar v.t.d. Marcar com sinal; distinguir.
as.si.nan.te s.2gên. Pessoa que assina; subscritor.
as.si.nar v.t.d. Firmar o que com nome ou sinal.
as.si.na.tu.ra s.f. Ação de assinar; nome escrito.
as.sín.de.to s.m. Falta de conjunções coordenativas entre frases.
as.sí.rio adj. Pertencente ou relativo à antiga Assíria (Ásia).
as.sis.tên.cia s.f. Ato de assistir; ajuda.
as.sis.ten.te adj.2gên. Que assiste; ouvinte; s.2gên. auxiliar de professor, médico etc.
as.sis.tir v.t.i. Estar presente; v.t.d. e i. socorrer; prestar assistência; v.intr. residir.
as.so.a.lho s.m. Soalho.
as.so.ar v.t.d. Limpar o nariz de mucosidades.
as.so.bi.ar v.intr. Emitir assobios.
as.so.bi.o s.m. Pequeno instrumento para assobiar; som agudo produzido pelo ar comprimido entre os lábios; apito.
as.so.ci.a.ção s.f. Ato de associar; agremiação.
as.so.ci.ar v.t.d. Juntar; reunir. (Antôn.: desassociar.)
as.so.lar v.t.d. Devastar.
as.so.mar v.intr. Atingir o cume; surgir ao alto.
as.som.bra.ção s.f. Bras. Pavor causado por algo desconhecido; fantasma.
as.som.brar v.t.d. Tornar sombrio; assustar; maravilhar.
as.som.bro s.m. Admiração espaventosa; terror.
as.som.bro.so adj. Espantoso; que causa assombro; admiração.
as.so.mo s.m. Aparecimento; indício, acesso ou cólera.
as.so.nan.te adj.2gên. Em que existe assonância.
as.so.pra.de.la s.f. Ação de soprar; sopro.
as.so.pra.do adj. Que se insuflou de ar por meio de sopro.

as.so.re.a.men.to s.m. Acúmulo de areias ou de terras trazidas pelas enchentes, às vezes por construções em rios, lagos etc.
as.so.re.ar v.t.d. Encher (barras, rios etc.) com areia.
as.su.a.da s.f. Arruaça.
as.su.mir v.t.d. Entrar no exercício de.
as.sun.tar v.t.d. Prestar atenção a; pensar; espreitar.
as.sun.to s.m. Matéria de que se trata; argumento; tema.
as.sus.ta.do adj. Amedrontado.
as.sus.ta.dor adj. Que infunde medo.
as.sus.tar v.t.d. Meter susto a; amedrontar; atemorizar. (Antôn.: desassustar.)
as.te.ni.a s.f. Fraqueza orgânica; debilidade.
as.te.rís.co s.m. Sinal ortográfico em formato de estrela (*).
as.te.roi.de s.m. Planeta pequeno; adj.2gên. cuja forma é de estrela.
as.tig.ma.tis.mo s.m. Med. Anomalia da visão por irregularidade na curva do cristalino.
as.tral adj. Que tem relação com os astros; sideral.
as.tro s.m. Corpo celeste. Fig. figura eminente; ator que alcançou fama.
as.tro.fi.si.ca s.f. Estudo da constituição físico-química dos astros.
as.tro.lá.bio s.m. Instrumento para medir a altura dos astros acima do horizonte.
as.tro.lo.gi.a s.f. Arte de prever o futuro pela consulta aos astros.
as.tró.lo.go s.m. Aquele que se dedica à Astrologia.
as.tro.náu.ti.ca s.f. Ciência da navegação espacial.
as.tro.no.mi.a s.f. Ciência que trata da constituição e do movimento dos astros.
as.tro.nô.mi.co adj. Referente à Astronomia; enorme.
as.trô.no.mo s.m. Aquele que se dedica à Astronomia.
as.tú.cia s.f. Esperteza para enganar.
a.ta s.f. Registro de sessões de corporações. Bras. fruta-do-conde, pinha.
a.ta.ba.lho.ar v.t.d. Fazer ou dizer algo desordenadamente.
a.ta.ba.que s.m. Tambor comprido, aberto de um lado e recoberto com couro do lado oposto, que se percute com as mãos.
a.ta.ca.dis.ta s.m. Negociante que vende por grande quantidade; adj.2gên. relativo ao comércio por atacado.
a.ta.ca.do adj. Vítima de ataque; por –: em grande quantidade.
a.ta.can.te adj.2gên. Que ataca; agressor; s.2gên. pessoa que ataca.
a.ta.car v.t.d. Assaltar; agredir. (Antôn.: defender.)
a.ta.du.ra s.f. Ação de atar; ligadura.

ATAFULHAR — ATOMIZAR

a.ta.fu.lhar v.t.d. Encher em demasia; abarrotar.
a.ta.lai.a s.f. e m. Vigia; sentinela; s.f. torre de vigia.
a.ta.lhar v.t.d. Impedir de desenvolver-se; cortar; interromper.
a.ta.lho s.m. Caminho desviado da estrada que encurta distância; estorvo.
a.ta.man.car v.t.d. Consertar às pressas.
a.ta.que s.m. Assalto; acusação.
a.tar v.t.d. Apertar com nó; prender. (Antôn.: desatar.)
a.ta.ran.ta.do adj. Aturdido.
a.ta.ran.tar v.t.d. (pron.) Atrapalhar(-se); perturbar(-se); aturdir.
a.ta.re.fa.do adj. Ocupado.
a.ta.re.far v.t.d. Dar tarefa a; encher de trabalho.
a.tar.ra.ca.do adj. Muito apertado; Fig. indivíduo baixo e gordo.
a.tar.ra.car v.t.d. Ação de preparar a ferradura; prender.
a.tas.ca.dei.ro s.m. Lamaçal.
a.tas.sa.lhar v.t.d. Retalhar; morder. Fig. caluniar.
a.ta.ú.de s.m. Caixão fúnebre.
a.ta.vi.ar v.t.d. Enfeitar.
a.ta.za.nar v.t.d. Pop. Importunar.
a.té prep. Indica limitação no tempo, no espaço e nas ações; adv. ainda.
a.te.ar v.t.d. Soprar; fazer lavrar (o fogo); excitar. (Antôn.: apagar.)
a.tei.a s.f. Forma feminina de ateu.
a.te.ís.mo s.m. Ausência da crença em Deus.
a.te.ís.ta s.2gên. Que segue o ateísmo.
a.te.li.ê s.m. Oficina de trabalho, geralmente artístico.
a.te.mo.ri.zar v.t.d. Provocar temor a; apavorar. (Antôn.: tranquilizar.)
a.ten.ção s.f. Ação de fixar o espírito em algo; cuidado; **em – a**: por consideração a.
a.ten.ci.o.so adj. Cuidadoso.
a.ten.der v.t.i. Tomar em consideração; prestar atenção a; v.intr. estar atento.
a.te.neu s.m. Escola; liceu.
a.te.ni.en.se adj.2gên. Que diz respeito ou que pertence a Atenas.
a.ten.ta.do s.m. Afronta às leis ou à moral; delito. Pop. arteiro.
a.ten.tar v.t.d. Considerar; irritar. (Antôn.: desatentar.)
a.ten.to adj. Que atende; cuidadoso.
a.te.nu.an.te adj.2gên. Que atenua.
a.te.nu.ar v.t.d. Suavizar; fazer tênue; tornar menos grave. (Antôn.: agravar.)
a.ter v.pron. Apoiar-se; limitar-se.
a.ter.ra.dor adj. Que infunde terror; apavorante.
a.ter.rar v.t.d. Aterrorizar; encher de terra.
a.ter.ris.sa.gem s.f. Gal. O ato de pousar o avião à terra; aterragem.

a.ter.ris.sar v.intr. Pousar o avião; aterrar.
a.ter.ro s.m. Ato de aterrar (pôr terra para efeito de nivelação).
a.ter.ro.ri.zar v.t.d. Encher de terror; assustar.
a.ter-se v.pron. Conformar-se; encostar-se.
a.tes.ta.do adj. Abarrotado; s.m. declaração escrita.
a.tes.tar v.t.d. Comprovar como testemunha; certificar; v.t.d. e i. provar; demonstrar.
a.teu s.m. Aquele que não crê em Deus; ímpio.
a.ti.çar v.t.d. Avivar; atear fogo; instigar.
a.ti.do adj. Preso; ligado.
a.ti.la.do adj. Esperto; ajuizado; correto.
a.ti.la.men.to s.m. Pontualidade; juízo; esmero.
a.ti.lho s.m. Barbante.
á.ti.mo s.m. Instante; momento.
a.ti.na.do adj. Ajuizado.
a.tin.gir v.t.d. Tocar; alcançar.
a.tí.pi.co adj. Que não segue a regra normal.
a.ti.ra.dei.ra s.f. Estilingue.
a.ti.ra.do adj. Ousado.
a.ti.rar v.t.d. Arremessar; v.intr. dar tiros; v.pron. lançar-se.
a.ti.tu.de s.f. Postura do corpo; posição; maneira.
a.ti.va s.f. Parte essencial exercida na realização de um ato; voz ativa dos verbos.
a.ti.var v.t.d. Dar atividade a; pôr em movimento.
a.ti.vi.da.de s.f. Conjunto de tarefas; função; aplicação.
a.ti.vis.mo s.m. Militância política.
a.ti.vo adj. Que exerce ação.
a.tlân.ti.co adj. Referente ao Atlas ou ao Atlântico; s.m. o oceano Atlântico.
a.tlas s.m.2gên. Coletânea de cartas geográficas; livro de mapas; s.m. Anat. a primeira vértebra que sustenta a cabeça.
a.tlé.ti.co adj. Próprio de atleta; vigoroso.
a.tle.tis.mo s.m. Prática de esportes atléticos.
at.mos.fe.ra s.f. Massa de ar que envolve a Terra.
at.mos.fé.ri.co adj. Que diz respeito à atmosfera.
a.to s.m. Ação; solenidade; divisão de uma peça teatral.
à-to.a adj.2gên. e 2n. Sem importância.
a.to.char v.t.d. Segurar; fincar; encher à força.
a.tol s.m. Ilha de coral.
a.to.lar v.t.d. e i. Afundar em atoleiro; enlamear; v.pron. meter-se em dificuldades.
a.to.lei.mar v.t.d. Tornar tolo.
a.to.lei.ro s.m. Pântano; lamaçal; tremedal; lodaçal.
a.to.mi.ci.da.de s.f. Fís. e Quím. Número de átomos de uma molécula.
a.tô.mi.co adj. Que se origina de um átomo; relativo às ações ocorridas no núcleo de um átomo.
a.to.mi.zar v.t.d. Reduzir a átomos.

á.to.mo *s.m. Fís.* Fração mínima da matéria, outrora considerada indivisível.
a.to.ni.a *s.f.* Fraqueza.
a.tô.ni.to *adj.* Estupefato.
á.to.no *adj.* Sem acento tônico.
a.tor *s.m.* Agente do ato; o que representa em teatro, cinema ou TV.
a.tor.do.a.do *adj.* Aturdido; estonteado.
a.tor.do.a.men.to *s.m.* Perturbação dos sentidos.
a.tor.do.ar *v.t.d.* Confundir; afligir.
a.tor.men.ta.do *adj.* Aflito; atribulado.
a.tor.men.tar *v.t.d.* Torturar; afligir; maltratar.
a.tra.ca.ção *s.f.* Ato de atracar.
a.tra.ca.dor *s.m.* Aquele que atraca.
a.tra.ção *s.f. Fís.* Força que atrai os corpos; simpatia.
a.tra.car *v.t.d.* Amarrar a embarcação à terra; *v.pron.* lutar; engalfinhar-se. (Antôn.: *desatracar*.)
a.tra.en.te *adj.2gên.* Que atrai; agradável.
a.trai.ço.a.do *adj.* Que foi alvo de traição; traído.
a.trai.ço.ar *v.t.d.* Fazer traição a; enganar; trair.
a.tra.ir *v.t.d.* Chamar para si; induzir. (Antôn.: *repelir*.)
a.tra.pa.lha.do *adj.* Confuso; desajeitado.
a.tra.pa.lhar *v.t.d.* Perturbar; confundir.
a.trás *adv.* Detrás, na parte posterior; anteriormente.
a.tra.sar *v.t.d.* Pôr atrás; *v.pron.* demorar-se. (Antôn.: *adiantar, progredir*.)
a.tra.so *s.m.* Retardamento; decadência.
a.tra.ti.vo *adj.* Que tem poder de atrair; *s.m.* encantos; graças.
a.tra.van.car *v.t.d.* Obstruir com travanca; embaraçar. (Antôn.: *desatravancar*.)
a.tra.vés *adv.* De lado a lado; **– de**: por entre; transversalmente.
a.tra.ves.sa.do *adj.* Transpassado; cruzado; mal-humorado.
a.tra.ves.sa.dor *s.m.* Aquele que atravessa.
a.tra.ves.sar *v.t.d.* Passar através de; trespassar.
a.trei.to *adj.* Sujeito.
a.tre.lar *v.t.d.* Prender com trela; engatar; *v.pron.* acostar-se a alguém.
a.tre.ver-se *v.pron.* Ter ousadia de.
a.tre.vi.do *adj.* Ousado.
a.tre.vi.men.to *s.m.* Ousadia.
a.tri.bu.i.ção *s.f.* O ato de atribuir; privilégio, competência; o plural, *atribuições*, indica: funções; poderes.
a.tri.bu.ir *v.t.d.* Conferir; imputar; *v.pron.* arrogar-se.
a.tri.bu.la.do *adj.* Aflito.
a.tri.bu.lar *v.t.d.* Inquietar; angustiar; *v.pron.* afligir-se.
a.tri.bu.to *s.m.* Próprio ou peculiar de alguém ou algo. *Gram.* Qualidade que compete ao sujeito; predicado.
á.trio *s.m.* Pátio; vestíbulo; que dá entrada a edifício; adro de templo; saguão.
a.tri.to *s.m.* Fricção entre dois corpos.
a.triz *s.f.* Mulher que representa em teatros, cinema ou TV. *Fig.* mulher que sabe fingir.
a.tro *adj.* De cor negra *Fig.* que produz tristeza, sombrio.
a.tro.ar *v.t.d.* Atordoar.
a.tro.ci.da.de *s.f.* Qualidade de atroz; crueldade.
a.tro.fi.a *s.f.* Emagrecimento gradual.
a.tro.fi.a.do *adj.* Que padece de atrofia; debilitado.
a.tro.fi.ar *v.t.d.* Produzir atrofia em; suster o desenvolvimento de; debilitar; *v.pron.* enfraquecer-se.
a.tro.pe.lar *v.t.d.* Calcar aos pés; empurrar.
a.tro.pe.lo *s.m.* Precipitação; derrubada.
a.troz *adj.* Cruel.
a.tu.a.ção *s.f.* Ato de atuar.
a.tu.al *adj.2gên.* Que existe no momento presente; da época.
a.tu.a.li.da.de *s.f.* Época presente; qualidade de atual.
a.tu.a.li.zar *v.t.d.* Tornar atual; modernizar.
a.tu.an.te *adj.2gên.* Que atua.
a.tu.ar *v.t.d.* Dar atividade a; pôr em ação; *v.intr.* agir.
a.tu.far *v.t.d.* Inchar; encher.
a.tu.lhar *v.t.d.* Entulhar.
a.tum *s.m.* Peixe da família dos Tumídeos.
a.tu.rar *v.t.d.* Suportar.
a.tur.di.do *adj.* Atônito.
a.tur.dir *v.t.d.* Atordoar; surpreender.
au.dá.cia *s.f.* Impulso para atos difíceis; ousadia.
au.da.ci.o.so *adj.* Que tem audácia; ousado.
au.daz *adj.2gên.* Que tem audácia.
au.di.bi.li.da.de *s.f.* Propriedade do que é audível.
au.di.ção *s.f.* Faculdade ou ação de ouvir; concerto musical.
au.di.ên.cia *s.f.* Atenção dispensada a quem fala; sessão designada pelos tribunais para a realização de atos processuais.
áu.dio *adj.* Relativo ao som.
au.di.ti.vo *adj.* Que pertence ao ouvido.
au.di.tor *s.m.* Aquele que ouve.
au.di.tó.rio *s.m.* Conjunto de ouvintes que assistem a um discurso ou sessão.
au.dí.vel *adj.2gên.* Que pode ser ouvido.
au.fe.rir *v.t.d.* Lucrar; obter; *v.t.d.* e *i.* receber; colher.
au.ge *s.m.* O mais alto grau; o apogeu.
au.gu.rar *v.t.d.* Desejar.
au.gus.to *adj.* Solene; grandioso; respeitável.
áu.li.co *adj.* Relativo à corte; *s.m.* palaciano.

au.men.tar *v.t.d.* Tornar maior; *v.intr.* crescer, progredir; *v.t.d.* e *i.* adicionar. (Antôn.: *diminuir, reduzir.*)

au.men.ta.ti.vo *adj.* Que aumenta; *s.m.* vocábulo de significação engrandecida em relação àquele de que provém.

au.men.to *s.m.* Acréscimo. *Fig.* progresso.

au.ra *s.f.* Vento suave.

áu.reo *adj.* Da cor do ouro; brilhante; valioso.

au.ré.o.la *s.f.* Coroa luminosa.

au.rí.cu.la *s.f.* Pavilhão do ouvido; orelha; cavidade superior do coração.

au.rí.fe.ro *adj.* Que contém ou produz ouro.

au.ri.ful.gen.te *adj.* Que brilha como ouro.

au.ro.ra *s.f.* Claridade que precede o nascer do sol. *Fig.* a juventude.

au.sên.cia *s.f.* Não presença; falta; carência.

au.sen.tar-se *v.pron.* Retirar-se por algum tempo.

au.sen.te *adj.2gên.* Que não está presente; *s.2gên. Fig.* pessoa distraída.

aus.pí.cio *s.m.* Presságio; **sob os –s de**: sob o patrocínio de.

aus.pi.ci.o.so *adj.* Promissor; animador.

aus.te.ri.da.de *s.f.* Que é austero; rigor; integridade de caráter.

aus.te.ro *adj.* Severo; sério.

aus.tral *adj.2gên.* Que fica ao sul.

aus.tra.li.a.no *adj.* Relativo à Austrália; *s.m.* oriundo da Austrália.

aus.trí.a.co *adj.* Que diz respeito ou que pertence à Áustria; *s.m.* oriundo da Áustria.

au.tar.qui.a *s.f.* Poder absoluto.

au.tên.ti.ca *s.f.* Certidão ou carta que faz fé; verdadeira.

au.ten.ti.car *v.t.d.* Outorgar; reconhecer como verídico.

au.ten.ti.ci.da.de *s.f.* Qualidade do que é autêntico.

au.tên.ti.co *adj.* Digno de fé; legítimo.

au.tis.mo *s.m. Med.* Perturbação mental que leva ao alheamento do mundo exterior.

au.to *s.m.* Solenidade; relato escrito de qualquer fato; drama ou comédia antiga; abreviação de automóvel.

au.to.a.ten.di.men.to *s.m.* Expressão para designar a automatização em que a própria pessoa procede a uma série de operações antes feitas por outra.

au.to.bi.o.gra.fi.a *s.f.* Vida de um indivíduo narrada por ele mesmo.

au.to.cla.ve *s.f.* Instrumento de desinfecção por meio de vapor a alta pressão.

au.to.con.fi.an.ça *s.f.* Confiança em si mesmo.

au.to.con.tro.le *s.m.* Controle ou domínio de si próprio; equilíbrio.

au.to.cra.ta *adj.2gên.* e *s.2gên.* Referentes a ou governante que exerce governo absoluto e independente.

au.to.crí.ti.ca *s.f.* Críticas feitas por uma pessoa de si mesma ou de seus trabalhos.

au.tóc.to.ne *adj.2gên.* Nativo; indígena.

au.to de fé *s.m.* Cerimônia realizada na época da Inquisição em que eram aplicadas as penas aos penitenciados.

au.to.de.fe.sa *s.f. Jur.* Defesa realizada pelo próprio titular.

au.to.di.da.ta *adj.2gên.* e *s.2gên.* Pessoa que se instruiu por si mesma.

au.to.dro.mo *s.m.* Pista para corridas de automóvel.

au.to.ga.mi.a *s.f.* Autofecundação. *Bot.* Fecundação de uma planta pelo seu próprio pólen.

au.to.ges.tão *s.f.* Gestão de uma empresa feita pelos próprios funcionários.

au.to.gi.ro *s.m.* Avião provido de uma hélice horizontal, que lhe permite subir ou baixar verticalmente.

au.to.gra.far *v.t.d.* Apor autógrafo.

au.tó.gra.fo *s.m.* Escrito pelo próprio autor; assinatura autêntica de próprio punho.

au.to.i.ma.gem *s.f.* Imagem que a pessoa faz de si própria.

au.to.má.ti.co *adj.* De ou próprio de autômato; involuntário.

au.to.ma.tis.mo *s.m.* Ausência de vontade própria; movimento maquinal.

au.tô.ma.to *s.m.* Figura que reproduz os movimentos humanos.

au.to.mo.bi.lis.mo *s.m.* Esporte praticado por meio de automóveis.

au.to.mo.bi.lis.ta *s.2gên.* Pessoa que pratica o automobilismo.

au.to.mó.vel *adj.2gên.* Que se move por si; *s.m.* veículo que se move mecanicamente por meio de motor a explosão.

au.to.no.mia *s.f.* Independência.

au.tô.no.mo *adj.* Independente; livre.

au.to-ô.ni.bus *s.m.2n.* Ônibus.

au.to-or.ga.ni.zá.vel *adj.* Qualidade daquilo que é fácil de organizar.

au.tóp.sia *s.f.* Exame de si mesmo. *Med.* Exame cadavérico das diferentes partes corporais; necrópsia.

au.tor *s.m.* Agente; inventor; fundador; escritor de obra literária ou científica.

au.to.ri.a *s.f.* Lavra; qualidade de autor; **chamar à –**: invocar responsabilidade.

au.to.ri.da.de *s.f.* Direito de se fazer obedecer; prestígio.

au.to.ri.tá.rio *adj.* Que tem o poder de dominar.

au.to.ri.ta.ris.mo *s.m.* Propriedade de autoritário.

AUTORIZAÇÃO — AVISTAR

au.to.ri.za.ção *s.f.* Permissão.
au.to.ri.zar *v.t.d.* Dar autorização. (Antôn.: *proibir.*)
au.tor.re.tra.to *s.m.* Retrato de uma pessoa feito por ela própria.
au.tos.su.fi.ci.en.te *adj.2gên.* Que se basta a si mesmo.
au.tos.su.ges.tão *s.f.* Ação ou resultado de sugestionar-se.
au.tu.ar *v.t.d.* Reduzir a auto; processar.
au.xi.li.ar[1] *v.t.d.* Prestar auxílio a; socorrer; *v.pron.* ajudar-se mutuamente.
au.xi.li.ar[2] *adj.2gên.* Que ajuda; *s.2gên.* ajudante.
au.xí.lio *s.m.* Ajuda; socorro.
a.va.ca.lhar *v.t.d.* Desmoralizar; deprimir; humilhar.
a.val *s.m.* Garantia; aprovação.
a.va.lan.cha *s.f.* Massa enorme que se desloca das montanhas; avalanche.
a.va.li.a.ção *s.f.* Apreciação; cálculo.
a.va.li.ar *v.t.d. e i.* Determinar ou estimar; *v.t.i.* ajuizar; apreciar.
a.va.li.zar *v.t.d.* Ser fiador; abonar.
a.van.ça.do *adj.* Que segue na frente; ousado; progressista.
a.van.çar *v.t.d.* Andar para a frente; progredir, exceder. (Antôn.: *recuar.*)
a.van.ço *s.m.* Impulso para a frente; adiantamento. *Fig.* progresso.
a.van.ta.ja.do *adj.* Que leva vantagem; encorpado; superior.
a.van.ta.jar *v.t.d. e i.* Exceder; superar; *v.pron.* levar vantagem sobre.
a.van.te *adv.* Adiante; por diante; *interj.* para a frente!
a.va.ren.to *s.m. e adv.* Que tem avareza.
a.va.re.za *s.f.* Apego demasiado ao dinheiro.
a.va.ri.ar *v.t.d.* Produzir avaria em; danificar; estragar.
a.va.ro *s.m. e adj.* O mesmo que *avarento*.
a.vas.sa.la.dor *adj.* Que avassala.
a.vas.sa.lar *v.t.d.* Dominar; subjugar; *v.pron.* tornar-se vassalo.
a.ve *s.f.* Vertebrado com o corpo coberto de penas, com os membros anteriores transformados em asas; *interj.* salve!
a.vei.a *s.f.* Cereal nutritivo.
a.ve.lã *s.f.* Fruto produzido pela aveleira.
a.ve.lar *v.intr.* Endurecer como a avelã; enrugar.
a.ve.lei.ra *s.f.* Arbusto da família das Betuláceas que produz avelã.
a.ve.ló.rios *s.m.pl.* Contas de vidro; miçangas. *Fig.* ninharias.
a.ve.lu.da.do *adj.* Com a aparência ou a maciez do veludo.
a.ve.lu.dar *v.t.d.* Dar aspecto ou maciez de veludo.

a.ve-ma.ri.a *s.f.* Oração católica em louvor à Virgem Maria.
a.ven.ca *s.f.* Denominação de diversas plantas criptogâmicas.
a.ven.ça *s.f.* Acordo.
a.ve.ni.da *s.f.* Principal via de acesso, ger. mais larga que a rua.
a.ven.tal *s.m.* Peça de pano usada para resguardar a roupa do corpo.
a.ven.tar *v.t.* Expor ou agitar ao vento; *v.t.d.* enunciar; sugerir.
a.ven.tu.ra *s.f.* Acontecimento imprevisto.
a.ven.tu.rar *v.t.d.* Arriscar; tentar.
a.ven.tu.rei.ro *s.m.* Que aprecia aventuras; vagabundo.
a.ver.bar *v.t.d.* Notar ou declarar à margem de um livro ou documento; *v.t.d.* anotar.
a.ve.ri.gua.ção *s.m.* Ação de averiguar.
a.ve.ri.guar *v.t.d.* Investigar; examinar; *v.t.i.* indagar.
a.ver.me.lha.do *adj.* Um pouco vermelho.
a.ver.me.lhar *v.t.d. e pron.* Tornar vermelho; adquirir a cor vermelha.
a.ver.são *s.f.* Antipatia.
a.ves.sas *s.f.pl.* Coisas contrárias; **às –**: do avesso, em sentido oposto.
a.ves.so *s.m.* Lado oposto de algo; *adj.* contrário.
a.ves.truz *s.2gên.* Grande ave corredora da África e da Arábia, muito forte e voraz.
a.ve.zar *v.t.d. e i.* Acostumar.
a.vi.a.ção *s.f.* Navegação aérea.
a.vi.a.dor *s.m.* Que avia; piloto de avião.
a.vi.a.men.to *s.m.* Miudezas necessárias à feitura de roupas; o aparelhamento e materiais para ofícios mecânicos; preparo.
a.vi.ão *s.m.* Aparelho de navegação aérea mais pesado do que o ar; aeroplano. *Bras.* Microtraficante de tóxicos.
a.vi.ar *v.t.d.* Despachar; preparar.
a.vi.á.rio *s.m.* Viveiro de aves; *adj.* referente a aves.
a.ví.co.la *adj.2gên.* Referente a aves; *s.2gên.* avicultor.
a.vi.cul.tor *s.m.* Aquele que cria aves.
a.vi.cul.tu.ra *s.f.* Criação de aves.
a.vi.dez *s.f.* Ambição de querer tudo para si; cobiça.
á.vi.do *adj.* Que deseja ardentemente; voraz.
a.vil.tan.te *adj.2gên.* Desonroso; desprezível.
a.vil.tar *v.t.d.* Tornar vil, mesquinho, humilhar; *v.pron.* rebaixar-se. (Antôn.: *nobilitar.*)
a.vin.do *adj.* Que veio às boas; harmonizado.
a.vi.os *s.m.pl.* Apetrechos.
a.vir *v.t.d.* Combinar; conciliar. (Antôn.: *desavir.*)
a.vi.sa.do *adj.* Cauteloso.
a.vi.sar *v.t.d. e i.* Dar aviso a; prevenir.
a.vi.so *s.m.* Comunicação; notícia; advertência.
a.vis.tar *v.t.d.* Ver ao longe; enxergar.

a.vi.ta.mi.no.se *s.f. Med.* Estado doentio devido à falta de vitaminas.
a.vi.var *v.t.d.* Despertar; animar. (Antôn.: *amortecer; apagar.*)
a.vi.zi.nhar *v.t.d.* Acercar; aproximar; *v.t.i.* aproximar.
a.vó *s.f.* A mãe do pai ou da mãe.
a.vo *s.m. Mat.* Fração de unidade, quando dividida em mais de dez partes iguais.
a.vô *s.m.* O pai do pai ou da mãe.
a.vo.a.do *adj.* Tonto.
a.vo.car *v.t.d.* e i. Atrair; chamar; fazer voltar.
a.vo.lu.mar *v.t.d.* Aumentar de volume; encher; crescer.
a.vós *s.m.pl.* Antepassados.
a.vul.so *adj.* Separado à força; solto.
a.vul.tar *v.intr.* Fazer sobressair pelo tamanho; realçar; *v.t.d.* aumentar.
a.xi.al *adj.2gên.* Que tem forma ou serve de eixo.
a.xi.la *s.f.* Cavidade sob a junção do braço e do ombro; sovaco.
a.xi.o.ma *s.m.* Proposição evidente; provérbio; sentença; máxima.
a.xô.nio *s.m. Anat.* Prolongamento da célula neuronial.
a.za.lé.a *s.f.* Planta ericácea de folhas e flores decorativas.
a.zar *s.m.* Sorte contrária; infortúnio; *v.t.d.* acomodar; ajeitar; dispor.
a.za.ra.do *adj.* Sem sorte.
a.za.rar *v.t.d.* Dar azar ou má ventura a.
a.za.ren.to *adj.* Cheio de azar; azarado.
a.ze.dar *v.t.d.* Tornar azedo. (Antôn.: *adoçar.*)
a.ze.do *adj.* Que tem sabor acre. *Fig.* irritado.
a.ze.du.me *s.m.* Sabor ácido. *Fig.* irritação.
a.zei.te *s.m.* Óleo extraído da azeitona.
a.zei.tei.ro *s.m.* Indivíduo que fabrica ou vende azeite; azeiteira. *Bras.* namorador.
a.zei.to.na *s.f.* Fruto da oliveira.
a.zei.to.nei.ra *s.f.* Prato ou vasilha para servir azeitonas; oliveira.
a.zê.mo.la *s.f.* Besta de carga; estúpido.
a.ze.nha *s.f.* Moinho tocado pela água.
a.zi.a *adj.* Azedume do estômago provocado por excesso de ácido clorídrico.
a.zi.a.go *adj.* Azarento; infeliz.
a.zi.mu.te *s.m.* Arco horizontal entre o círculo vertical que passa por certo ponto e o meridiano do lugar.
a.zo *s.m.* Ocasião; pretexto.
a.zor.ra.gue *s.m.* Açoite; castigo.
a.zu.cri.nar *v.t.* e *intr.* Molestar; importunar.
a.zul *adj.2gên.* Da cor do céu sem nuvens; **– ferrete**: de cor carregada.
a.zu.la.do *adj.* Um tanto azul.
a.zu.lar *v.t.d.* Dar cor azul a. *v.intr. Bras.* fugir desabaladamente; sumir.
a.zu.le.jar *v.t.d.* Pôr, guarnecer de azulejos.
a.zu.le.jo *s.m.* Ladrilho de cerâmica colorida para guarnecer e revestir paredes.

b B

b *s.m.* Segunda letra do alfabeto português e a primeira das consoantes.
ba.ba *s.f.* Saliva.
ba.bá *s.f.* Ama de leite; bá.
ba.ba.çu *s.m.* Variedade de palmeira, de semente oleaginosa.
ba.ba.do *s.m.* Tecido franzido; tira preguedada de vestidos etc. *Gír.* fofoca.
ba.ba.lo.ri.xá *s.m. Bras.* Sacerdote do ritual fetichista afro-brasileiro; *babaloxá*.
ba.bar *v.t.d.* Molhar com baba. *Fam.* estar enamorado
ba.bel *s.f.* Confusão.
ba.bé.li.co *adj.* Referente a babel; confuso.
Ba.bi.lô.nia *s.f.* Babel; confusão.
ba.bu.gem *s.f.* Baba espumante; espuma que se forma à flôr da água.
ba.ca.lhau *s.m.* Peixe dos mares do norte.
ba.ca.lho.a.da *s.f.* Grande quantidade de bacalhau; comida feita com bacalhau.
ba.ca.mar.te *s.m.* Arma de fogo de cano curto e largo. *Bras.* sujeito inútil.
ba.ca.nal *s.f.* Festividade dedicada a Baco, deus do vinho; orgia.
ba.can.te *s.f.* Sacerdotisa de Baco. *Fig.* mulher corrupta.
ba.ca.rá *s.m.* Jogo de cartas.
ba.cha.rel *s.m.* Aquele que tem o primeiro grau de formatura em faculdade; licenciado.
ba.cha.re.la.do *s.m.* O grau de bacharel; bacharelato.
ba.ci.a *s.f.* Vaso redondo e largo próprio para lavagens. *Anat.* Cavidade óssea da parte inferior do esqueleto do tronco.
ba.ci.al *adj.2gên.* Que diz respeito à bacia ou bacio.
ba.ci.lo *adj.2gên.* Bactéria em forma de bastonete.
ba.ço *s.m.* Víscera alojada no hipocôndrio esquerdo; *adj.* brilho.
bac.té.ria *s.f.* Microrganismo unicelular; micróbio.
bac.te.ri.ci.da *adj.2gên. Med.* Que destrói as bactérias.
ba.da.la.da *s.f.* Som emitido pelo sino.
ba.da.lar *v.t.d.* Fazer soar; *v.intr.* tocar o sino.
ba.da.lo *s.m.* Haste de metal terminada em bola e pendurada no interior do sino.
ba.de.jo *s.m.* Denominação dada a vários peixes da família dos Serrânidas.
ba.der.na *s.f.* Bando de rapazes; orgia.
ba.du.la.que *s.m.* Guisado de fígado e bofes; objeto miúdo, de pouco valor.
ba.fe.jar *v.t.d.* Soprar levemente; favorecer; inspirar.
ba.fe.jo *s.m.* Sopro leve; alento. *Fig.* auxílio.
ba.fi.o *s.m.* Cheiro desagradável resultante da umidade e falta de renovação do ar; bolor.
ba.fo *s.m.* Ar exalado pelos pulmões, fôlego; hálito.
ba.fo.rar *v.t.d.* Soprar.
ba.ga *s.f.* Fruto carnudo de várias plantas.
ba.ga.cei.ra *s.f. Bras.* Aguardente do bagaço da uva; lugar onde se junta o bagaço.
ba.ga.gei.ro *adj.* Pessoa que carrega bagagem.
ba.ga.gem *s.f.* Objetos que os viajantes levam consigo, em malas.
ba.ga.na *s.f.* Toco de cigarro ou de charuto.
ba.ga.te.la *s.f.* Ninharia.
ba.go *s.m.* Grão miúdo de chumbo; fruto ou grão semelhante à uva; testículo.
ba.gre *s.m.* Denominação de várias espécies de peixes de pele nua.
ba.gu.lho *s.m.* Semente da uva e de outros frutos. *Gír.* coisa sem valor.
ba.gun.ça *s.f.* Máquina destinada a remover aterros. *Gír.* desordem.
ba.gun.cei.ro *s.m.* Que gosta de fazer bagunça.
ba.í.a *s.f.* Golfo de pequenas dimensões e entrada estreita.
bai.a.cu *s.m. Bras.* Peixe plectógnato. *Fig.* pessoa baixa e gorda.
bai.a.na *s.f.* Mulher que nasce na Bahia.
bai.a.na.da *s.f.* Fanfarronada; expressão característica de baianos.
bai.a.no *adj.* Indivíduo que nasce na Bahia.
bai.ão *s.m. Bras.* Dança e canto nordestino executados por viola e outros instrumentos.
bai.la.do *s.m.* Qualquer tipo de dança.
bai.lar *v.intr.* Dançar.
bai.la.ri.no *s.m.* Dançarino.
bai.le *s.m.* Dança; reunião de pessoas para dançar.
ba.i.nha *s.f.* Estojo da arma branca; dobra cosida na orla do vestido.

bai.o.ne.ta s.f. Lâmina de ataque adaptada ao cano da espingarda.
bair.ris.mo s.m. Propriedade ou ato de bairrista.
bair.ris.ta adj.2gên. e s.2gên. Aquele que zela pelos interesses do bairro; referente ao indivíduo que só considera como pátria seu estado natal.
bair.ro s.m. Cada uma das partes em que se divide uma cidade.
bai.xa s.f. Depressão de terreno; redução de preço; retirada de serviço.
bai.xa.da s.f. Planície situada entre montanhas.
bai.xa-mar s.f. Vazante da maré.
bai.xi.nho adv. Em voz sussurrante; adj. pessoa muito baixa.
bai.xis.ta adj.2gên. e s.2gên. Bolsista que joga na baixa. Mús. pessoa que toca baixo ou contrabaixo.
bai.xo-re.le.vo s.m. Obra em que os motivos ficam pouco salientes.
bai.xo-ven.tre s.m. Anat. Parte inferior do ventre.
ba.ju.lar v.t. e intr. Lisonjear; adular.
ba.la s.f. Projétil de arma de fogo; caramelo.
ba.lai.o s.m. Cesto baixo, sem asas.
ba.lan.ça s.f. Aparelho com que se determina o peso das coisas. Fig. equilíbrio; símbolo da justiça.
ba.lan.çar v.t.d. Equilibrar; v.pron. dar balanço ao corpo.
ba.lan.ce.a.do adj. Que não tem o juízo muito certo; adoidado; ginga.
ba.lan.ce.ar v.t.d., v.intr. e pron. Balançar.
ba.lan.ço s.m. Movimento oscilatório; verificação ou resumo de contas comerciais; brinquedo para balançar-se.
ba.lan.gan.dã s.m. Bras. Ornamentos que as baianas usam em dias de festas.
ba.lão s.m. Globo de papel colorido que se solta nos ares; globo de vidro, empregado em experiências químicas.
ba.lão.zi.nho s.m. Dim. de balão; plantas da família das Sapindáceas.
ba.la.ús.tre s.m. Pequeno pilar que sustenta com outros um corrimão.
bal.bu.ci.an.te s.m. Que balbucia; gago.
bal.bu.ci.ar v.t.d. Articular as palavras de maneira imperfeita; sussurrar; segredar.
bal.búr.dia s.f. Desordem; confusão.
bal.câ.ni.co adj. Que diz respeito à península dos Bálcãs.
bal.cão s.m. Varanda saliente ou sacada com peitoril; mesa que serve para atender o público ou apresentar mercadorias.
bal.de s.m. Vaso empregado em usos domésticos.
bal.de.ar v.t.d. Fazer baldeação de; transferir; trafegar.
bal.di.o adj. Inútil, sem proveito.
ba.lei.a s.f. Animal marinho, muito volumoso. Pop. mulher gorda.

ba.le.la s.f. Boato.
ba.li.do s.m. Grito próprio da ovelha.
ba.lir v.intr. Balar; soltar balidos.
ba.lís.ti.ca s.f. Ciência que se ocupa dos projéteis.
ba.li.za s.f. Marco que determina um limite.
bal.ne.á.rio s.m. Casa onde se tomam banhos.
ba.lo.fo adj. Fofo; muito gordo.
ba.lo.nis.mo s.m. Prática de ascensões com balões.
bal.sa s.f. Jangada para travessia de rios ou braços de mar.
bál.sa.mo s.m. Substância aromática vegetal. Fig. alívio.
bam.bi.no s.m. Rapaz; criança.
bam.bo adj. Frouxo.
bam.bo.le.ar v.intr. Gingar o corpo.
bam.bo.lei.o s.m. Meneio sinuoso do corpo no andar.
bam.bu s.m. Planta da família das Gramíneas, dos países quentes; vara de bambu.
ba.nal adj.2gên. Corriqueiro.
ba.na.li.da.de s.f. Coisa sem importância; futilidade.
ba.na.li.zar v.t.d. Tornar banal; vulgarizar.
ba.na.na s.f. Fruto comestível produzido pela bananeira.
ban.ca s.f. Mesa; carteira; junta examinadora.
ban.ca.da s.f. Ordem de bancos; representação política.
ban.car v.t.d. Simular; v.intr. dirigir a banca de jogo.
ban.cá.rio adj. Relativo a bancos; s.m. funcionário de banco.
ban.car.ro.ta s.f. Falência comercial; ruína.
ban.co s.m. Móvel usado para se sentar ou executar trabalhos mecânicos; estabelecimento comercial de crédito.
ban.da s.f. Lado; conjunto musical.
ban.da.gem s.f. Ligadura.
ban.de.ar v.t.d. e pron. Congregar; juntar em bando.
ban.dei.ra s.f. Pano retangular distintivo de nação, partido ou agremiação; estandarte.
ban.dei.ran.te s.m. Indivíduo pertencente a uma bandeira; adj. e s.2gên. oriundo de São Paulo; paulista.
ban.dei.ri.nha s.f. Pequena bandeira; s.m. juiz de linha de jogos de futebol.
ban.de.ja s.f. Tabuleiro, para inúmeros fins.
ban.di.do s.m. Salteador.
ban.di.tis.mo s.m. Vida de malfeitor; ação de bandido; criminalidade.
ban.do s.m. Gente de um partido ou facção; quadrilha.
ban.do.lei.ra s.f. Correia a tiracolo para prender a espingarda ou outro utensílio.
ban.do.lei.ro s.m. Bandido.

ban.do.lim s.m. Instrumento de corda, provido de caixa abaulada.
ban.gue.la s.2gên. Pessoas a quem faltam alguns ou todos os dentes da frente.
ba.nha s.f. Gordura dos animais, notadamente a do porco; pomada.
ba.nha.do s.m. Brejo coberto de vegetação; pântano.
ba.nhar v.t.d. Dar banho; regar; v.pron. tomar banho.
ba.nhei.ra s.f. Bacia de forma alongada para banhos.
ba.nhis.ta s.2gên. Frequentador de estações balneárias ou praias.
ba.nho s.m. Imersão em água para limpeza; líquido em que alguém se banha.
ba.ni.do adj. Expulso da pátria; exilado.
ba.nir v.t.d. Expulsar da pátria ou de qualquer grêmio ou coletividade; abolir.
ban.jo s.m. Instrumento de música, cuja caixa de ressonância é provida de uma pele como a do tambor.
ban.quei.ro s.m. O que realiza operações bancárias; proprietário de casa bancária.
ban.que.ta s.f. Pequeno banco.
ban.que.te s.m. Refeição farta e abundante, em geral cerimoniosa e festiva.
ban.tu s.m. Raça de negros escravos denominados de angolas, moçambiques etc.
ban.zé s.m. Expressão popular que significa algazarra.
ba.o.bá s.m. Árvore de porte avantajado, considerada a mais larga do mundo.
ba.que s.m. Ruído de coisa que cai; desastre súbito.
ba.que.ar v.intr. Cair de repente; retroceder; v.pron. arruinar-se.
bar s.m. Lugar onde se vendem bebidas.
ba.ra.ta s.f. Inseto de hábitos domésticos.
ba.ra.te.ar v.t.d. Fazer mais barato; v.intr. tornar-se de mais fácil aquisição.
ba.ra.tei.ro s.m. Que vende ou compra barato.
ba.ra.to adj. Preço razoável ou abaixo do custo; adv. por pouco preço.
bar.ba s.f. Pelo que nasce na parte lateral e inferior do rosto dos homens.
bar.ba.cã s.f. Mureta existente antes da muralha, como primeira linha de defesa.
bar.ba.da s.f. Beiço inferior do cavalo.
bar.ba.do adj. Provido de barba.
bar.ban.te s.m. Fio para amarrar.
bar.ba.ri.da.de s.f. Absurdo.
bar.bá.rie s.f. Estado de condição de bárbaro; crueldade.
bár.ba.ro adj. Rude; grosseiro; o plural significa: os invasores do Império Romano.
bar.ba.ta.na s.f. Membrana com que o peixe nada.
bar.be.ar v.t.d. Fazer a barba.
bar.be.a.ri.a s.f. Loja ou ofício de barbeiro.
bar.bei.ra.gem s.f. Imperícia.
bar.bei.ro s.m. Que tem por profissão fazer barbas e cortar os cabelos. Med. hemíptero transmissor da moléstia de Chagas.
bar.bu.do adj. Que tem barba é espessa ou que a tem por fazer.
bar.ca s.f. Embarcação para cargas.
bar.co s.m. Qualquer embarcação.
bar.do s.m. Poeta entre os gálios e os celtas.
bar.ga.nha s.f. Pop. Troca de alguma coisa por outra; negócio, berganha.
ba.ro.me.tri.a s.f. Fís. Medida da pressão atmosférica.
ba.rô.me.tro s.m. Instrumento para medir a pressão atmosférica.
bar.ra s.f. Porção de metal; dobradura da extremidade dos vestidos.
bar.ra.ca s.f. Tenda de campo; cobertura provisória nas feiras; habitação pobre.
bar.ra.cão s.m. Grande barraca.
bar.ra.co s.m. Pequena habitação de madeira, recoberta de palha ou zinco.
bar.ra.gem s.f. Barreira para impedir qualquer avanço, especialmente um curso de água.
bar.ran.co s.m. Escavação causada pelas enxurradas. Fig. obstáculo.
bar.rar v.t.d. Cobrir com barro; impedir; eliminar.
bar.rei.ra s.f. Limite; empecilho.
bar.ri.ca s.f. Pipa; tonel; barril.
bar.ri.ca.da s.f. Trincheira improvisada com barris e mais coisas.
bar.ri.ga s.f. Ventre; abdômem dos animais e dos homens. Fig. gravidez.
bar.ri.ga-ver.de s.2gên. Natural do estado de Santa Catarina.
bar.ri.gu.do adj. Que tem barriga volumosa; pançudo.
bar.ril s.m. Pequena barrica.
bar.ro.co[1] s.m. Pérola de formato desigual.
bar.ro.co[2] s.m. Arquit. Estilo arquitetônico esmerado do Renascimento; estilo característico da literatura e das belas-artes no mesmo período; adj. exagerado.
ba.ru.lhei.ra s.f. Ruído; gritaria.
ba.ru.lho s.m. Tropel de gente; tumulto: ruído.
ba.sal adj.2gên. O mesmo que *metabolismo*.
ba.sal.to s.m. Pedra escura composta essencialmente de labradoria e piroxênio.
bas.co adj. e s.m. Vasconço; da região dos bascos (França).
ba.se s.f. Tudo que serve de fundamento ou apoio; parte inferior de qualquer construção.
ba.se.a.do adj. Firmado sobre a base segura; s.m. cigarro de maconha.

ba.se.ar *v.t.d.* Servir de base a; fundamentar.
bá.si.co *adj.* Que serve de base; essencial; indispensável.
ba.sí.li.ca *s.f.* Templo mais importante.
bas.ta *s.f.* Cordel com que se atravessam os colchões ou almofadas para segurar o enchimento; *interj.* chega!
bas.tão *s.m.* Bordão; bengala.
bas.tar *v.intr.* e *v.t.i.* Ser suficiente; *v.pron.* ser suficiente.
bas.tar.do *adj.* Nascido fora do matrimônio; *s.m.* filho ilegítimo.
bas.ti.ão *s.m.* Trincheira que serve de anteparo a um forte; baluarte.
bas.ti.dor *s.m.* Caixilho de madeira que segura o estofo para bordar. *Fig.* coisas íntimas.
bas.to *adj.* Cerrado, espesso; denso.
ba.ta *s.f.* Tipo de roupão abotoado na frente, de decote à bainha.
ba.ta.lha *s.f.* Combate; cavalo de –: argumento essencial.
ba.ta.lhão *s.m.* Corpo de infantaria. *Fam.* grande multidão.
ba.ta.lhar *v.intr.* Entrar em batalha; combate; luta; *v.t.i.* discutir; teimar.
ba.ta.ta *s.f.* Tubérculo farináceo. *Fig.* na –: sem possibilidade de erro.
ba.te-bo.ca *s.m.* Discussão.
ba.te-bo.la *s.m.* Futebol jogado por simples divertimento.
ba.te.dei.ra *s.f.* Aparelho, manual ou elétrico, para bater misturas, massas, ovos etc.
ba.te.dor *s.m.* O que bate.
ba.te-es.ta.cas *s.m.2n.* Instrumento para fincar estacas.
ba.tei.a *s.f.* Gamela de madeira para lavagem do cascalho diamantífero ou das auríferas.
ba.tel *s.m.* Canoa.
ba.ten.te *s.m.* O limiar da porta. *Gír.* trabalho duro ou ganha-pão.
ba.ter *v.t.d.* Dar golpes em. *Fig.* derrotar; – palmas: aplaudir; – asa: fugir; *v.intr.* soar; *v.pron.* brigar; combater.
ba.te.ri.a *s.f.* Obra de defesa; fração de corpo de artilharia. *Mús.* conjunto dos instrumentos de percussão.
ba.ti.da *s.f.* Ação de bater. *Bras.* aperitivo feito com aguardente, limão ou outras frutas e açúcar.
ba.ti.na *s.f.* Veste sacerdotal e de certos estudantes de universidades.
ba.tis.mo *s.m.* O primeiro dos sacramentos da Igreja cristã pelo qual se dá um nome à criança; a ação de nomear um indivíduo ou objeto.
ba.tis.té.rio *s.m.* Lugar onde está a pia batismal nas igrejas.
ba.ti.za.do *s.m.* Batismo.
ba.ti.zar *v.t.d.* Administrar o batismo; dar o nome.
ba.to.me.tri.a *s.f.* Sistema pelo qual se medem as profundidades do oceano.
ba.trá.quio *s.m.* Animal anfíbio.
ba.tu.car *v.intr.* Martelar; acompanhar o ritmo da música batendo com as mãos.
ba.tu.que *s.m.* Danças afro-brasileiras acompanhadas de instrumentos de percussão.
ba.tu.ta *s.f.* Vareta usada para reger orquestra; pessoa entendida.
ba.ú *s.m.* Caixa de folha ou madeira com tampa convexa.
bau.xi.ta *s.f.* Principal minério de alumínio, misturado com limonita, sílica, argila etc.
ba.zar *s.m.* Empório; loja.
ba.zó.fia *s.f.* Fanfarrice.
bê-á-bá *s.m.* Abecedário; rudimentos de qualquer ciência.
be.a.ta *s.f.* Mulher muito devota.
be.a.ti.fi.ca.ção *s.f.* Ação de incluir pessoa virtuosa, já falecida, no rol dos santos.
be.a.ti.fi.car *v.t.d.* Fazer feliz; declarar (a Igreja) bem-aventurada.
be.a.ti.tu.de *s.f.* Bem-aventurança; felicidade eterna.
be.a.to *adj.* Beatificado; demasiadamente devoto, *s.m.* o que foi beatificado.
bê.ba.do *adj.* e *s.m. var.* Bêbedo, embriagado, que ingeriu bebida alcoólica em demasia.
be.bê *s.m.* Criancinha nova.
bê.be.do *adj.* Perturbado por bebidas alcoólicas ou substâncias narcóticas; *s.m.* embriagado.
be.ber *v.t.d.* Engolir; absorver líquidos; *v.intr.* embriagar-se.
be.be.ra.gem *s.f.* Bebida desagradável.
be.be.ri.car *v.t.d.* Beber em goles pequenos.
be.ber.rão *adj.* e *s.m.* Que bebe muito frequentemente.
be.bes *s.m.pl.* Aquilo que se bebe.
be.bi.da *s.f.* Qualquer líquido bebível.
be.bí.vel *adj.2gên.* Que se serve para se beber; potável.
be.ca *s.f.* Longa veste preta usada por formandos ou juízes.
be.ça *Elem.* usado na loc. adv. à beça. *Bras.* em grande quantidade.
be.ca.pe *s.m.* Cópia de segurança, que permite o resgate de informações importantes.
be.co *s.m.* Rua estreita e curta; – sem saída: embaraço de onde não se pode sair.
be.del *s.m.* Funcionário subalterno dos estabelecimentos universitários.
be.de.lho *s.m.* Ferrolho de porta; meter o –: intrometer-se em assuntos alheios.
be.du.í.no *s.m.* Árabe do deserto.
bei.ço *s.m.* Lábio.

bei.ço.la *s.f.* Pancada violenta com a mão aberta sobre os beiços.

bei.çu.do *s.m.* Indivíduo que tem beiços carnudos e salientes.

bei.ja-flor *s.m.* Ave da família dos Troquílidas, também denominada colibri.

bei.jo *s.m. Ver* ósculo.

bei.jo.car *v.t.d.* Dar beijocas em.

bei.jo.im Bálsamo extraído de uma árvore das Índias Orientais; benjoim.

bei.jo.quei.ro *adj.* Que gosta de beijocar; carinhoso.

bei.ju *s.m.* Bolo feito com massa de mandioca ou de tapioca.

bei.ra *s.f.* Margem; borda.

bei.ra.da *s.f.* Beira.

bei.ra-mar *s.f.* O litoral; a praia.

be.la *s.f.* Mulher extremamente bonita.

be.las-ar.tes *s.f.pl.* As artes que têm por objetivo representar o belo; artes plásticas.

be.le.za *s.f.* Tudo que encanta; formosura.

bel.ga *adj.2gén.* De, ou referente à Bélgica.

be.li.che *s.m.* Câmara de dormir do navio.

bé.li.co *adj.* Que diz respeito à guerra.

be.li.co.so Guerreiro valente; inclinado à guerra.

be.li.ge.rân.cia *s.f.* Propriedade de beligerante.

be.lis.cão *s.m.* Aperto da pele feito com a ponta dos dedos.

be.lis.car *v.t.d.* Dar beliscão; morder uma mínima porção.

be.lo *adj.* Formoso; lindo; *s.m.* o que enleva o espírito.

bel-pra.zer *s.m.* Vontade própria.

bel.tra.no *s.m.* Pessoa indeterminada.

bel.ze.bu *s.m.* Diabo.

bem *s.m.* Aquilo que é conforme à moral; virtude; felicidade; o plural, *bens*, significa: propriedades.

bem-a.ca.ba.do *adj.* Feito com esmero ou perfeição.

bem-a.for.tu.na.do *adj.* Venturoso; feliz.

bem-a.pes.so.a.do *adj.* De boa aparência.

bem-a.ven.tu.ra.do *adj.* Feliz.

bem-a.ven.tu.ran.ça *s.f.* Felicidade suprema; a glória.

bem-a.vi.sa.do *adj.* Que procede com acerto; prudente.

bem-do.ta.do *adj.* Cheio de dotes; aptidão.

bem-es.tar *s.m.* Condição de quem se sente bem; conforto; comodidade; satisfação.

bem-fa.zer *v.t.d.* Fazer bem a. (Antôn.: *mal-fazer*.)

bem-me-quer *s.m. Bot.* Planta da família das Compostas.

bem-pos.to *adj.* Corretamente trajado; elegante no modo de andar.

bem-que.rer[1] *v.t.d.* Querer bem; *v.pron.* estimar-se mutuamente.

bem-que.rer[2] *s.m.* Amizade; afetuosidade.

bem-te-vi *s.m.* Nome de várias aves brasileiras da família dos Tiranídeos.

bem-vin.do *adj.* Bem recebido.

bên.ção *s.f.* Ação de abençoar; graça divina.

ben.di.to *adj.* Que merece bênção; abençoado.

ben.di.zer *v.t.d.* Abençoar; dizer bem de. (Antôn.: *maldizer*.)

be.ne.fi.cên.cia *s.f.* Virtude de fazer o bem; caridade.

be.ne.fi.cen.te *adj.2gén.* Amigo de fazer o bem; caridoso.

be.ne.fi.ci.a.do *s.m.* Indivíduo que recebeu benefício. *Bras.* animal castrado.

be.ne.fi.ci.ar *v.t.d.* Favorecer; melhorar.

be.ne.fi.cio *s.m.* Serviço ou favor que se faz sem interesse; melhoria.

be.né.fi.co *adj.* Que faz bem.

be.ne.mé.ri.to *adj.* Benemerente; ilustre; distinto.

be.ne.vo.lên.cia *s.f.* Propriedade de benévolo; boa vontade.

be.ne.vo.len.te *adj.* Que faz o bem; bondoso.

ben.fa.ze.jo *adj.* Benéfico; que faz caridade.

ben.fei.tor *s.m.* Aquele que pratica o bem.

ben.fei.to.ri.a *s.f.* Melhoramento.

ben.ga.la *s.f.* Bastão para apoio das mãos.

ben.ga.lês *adj.* Referente a Bengala; *s.m.* natural de Bengala.

be.nig.no *adj.* Suave; favorável.

ben.ja.mim *s.m.* Filho dileto; o caçula; suporte para lâmpada elétrica.

ben.jo.im *s.m.* O mesmo que *beijoim*.

ben.quis.tar *v.t.d.* Tornar benquisto; *v.pron.* tornar-se estimado.

ben.to *adj.* Bendito.

ben.ze.dei.ra *s.f.* Rezadeira; mulher que dizia curar com preces; feiticeira.

ben.ze.du.ra *s.f.* Benzer com rezas.

ben.ze.no *s.m. Quím.* Hidrocarboneto líquido, volátil, incolor, tóxico.

ben.zer *v.t.d.* Deitar bênção a; fazer o sinal-da-cruz sobre; abençoar.

be.ó.cio *adj.* Ignorante; relativo à Beócia, antiga província grega.

be.que *s.m.* Extremidade superior da proa de uma embarcação. *Fig.* zagueiro (futebol).

ber.ço *s.m.* Leito de criança; lugar onde alguém nasceu.

be.re.ba *s.f.* Erupção cutânea; ferida. *Var.* pereba.

be.rim.bau *s.m.* Instrumento de ferro, semelhante a uma ferradura, no centro do qual há uma lingueta de aço ou de ferro.

be.rin.je.la *s.f.* Planta solanácea; fruto comestível dessa planta.

ber.lin.da *s.f.* Pequeno carro de quatro rodas; **estar na –**: estar em evidência.

ber.ne *s.m.* Larva de certa mosca que penetra na pele dos animais e do homem.

ber.ran.te *adj.2gên.* Que berra; de cor excessivamente viva; *s.m.* revólver; buzina de chifre dos vaqueiros.

ber.rar *v.t.d.* Gritar.

ber.rei.ro *s.m.* Gritaria; choro ruidoso.

ber.ro *s.m.* Explosão de voz muito forte dos animais e dos homens.

ber.ru.ga *s.f. Ver* verruga.

bes.ta¹ *s.f.* Arma antiga que disparava flechas.

bes.ta² *s.f.* Animal de carga. *Fig.* indivíduo estúpido; tolo

bes.tei.ra *s.f.* Asneira.

bes.ti.al *adj.2gên.* Sanguinário; estúpido.

bes.ti.a.li.da.de *s.f.* Qualidade de bestial; estupidez.

bes.ti.fi.car *v.t.d.* Reduzir ao estado de besta; estarrecer.

bes.tun.to *s.m.* Cabeça de pouco alcance, estúpida.

be.sun.tar *v.t.d. e i.* Untar; sujar.

be.ta *s.f.* Segunda letra do alfabeto grego.

be.ter.ra.ba *s.f.* Planta quenopodiácea, de cuja raiz se extrai açúcar.

be.to.nei.ra *s.f.* Máquina em que se prepara o concreto.

be.tu.me *s.m.* Massa para fixar vidros e para tapar buracos na madeira.

be.xi.ga *s.f.* Reservatório membranoso que recebe a urina produzida pelo rim.

be.xi.guen.to *s.m.* Aquele que apresenta no rosto sinais de bexiga.

bi Prefixo que indica dois, duas vezes; símbolo do bismuto.

bi.be.lô *s.m.* Pequeno objeto para enfeitar ambientes.

Bí.blia *s.f.* Os livros sagrados do Antigo e do Novo Testamento.

bí.bli.co *adj.* Que diz respeito ou que pertence à Bíblia.

bi.bli.ó.fi.lo *adj.* Amador ou colecionador de livros.

bi.bli.o.gra.fi.a *s.f.* Descrição dos livros consultados para determinado trabalho.

bi.bli.o.te.ca *s.f.* Coleção de livros dispostos em ordem para consulta; local onde se consultam livros.

bi.bli.o.te.cá.rio *s.m.* Aquele que administra uma biblioteca.

bi.bli.o.te.co.no.mi.a *s.f.* Área da ciência que reúne conhecimentos relativos à organização de bibliotecas.

bi.bo.ca *s.f.* Casebre.

bi.ca *s.f.* Tubo por onde corre água, pequeno canal; fonte.

bi.ca.da *s.f.* Pancada com o bico; gole.

bi.car *v.t.d.* Picar com o bico.

bi.car.bo.na.to *s.m. Quím.* Sal resultante da substituição incompleta do hidrogênio do ácido carbônico por um metal.

bi.ceps *s.m.* Denominação dos músculos (como os dos braços) que têm dois ligamentos na parte superior.

bi.cha *s.f.* Nome comum dos vermes e répteis de forma alongada; indivíduo homossexual.

bi.cha.do *adj.* Cheio de bichos.

bi.cha.no *s.m.* Expressão familiar designativa de gato novo.

bi.cha.ra.da *s.f.* Grande quantidade de bichos.

bi.chei.ro *s.m. e adj.* Banqueiro do jogo do bicho.

bi.cho *s.m.* Nome comum dos animais terrestres. *Fig.* jogo do bicho.

bi.cho-da-se.da *s.m.* Nome da lagarta e da borboleta da *Bombyx*, produtora da seda vegetal.

bi.cho-das-fru.tas *s.m. Bras.* Nome dado às larvas das moscas dos gêneros *Anastrepha*, *Caratites* e *Lonchaea*.

bi.cho-de-pau *s.m.* O mesmo que *mané-negro*.

bi.cho-de-pé *s.m.* Pulga das zonas quentes da África e da América, cuja fêmea se introduz sob a pele dos homens e dos animais, aí depositando seus ovos e causando graves infecções.

bi.cho de se.te ca.be.ças *s.m. Bras.* Algo muito difícil.

bi.cho do ma.to *s.m.* Indivíduo tímido e desconfiado, que prefere a solidão.

bi.cho-pa.pão *s.m.* Ente imaginário que assusta crianças.

bi.cho-pre.gui.ça *s.m. Zool.* Denominação genérica de todos os mamíferos xenartros da família dos Caradipoídeos.

bi.ci.cle.ta *s.f.* Veículo com duas rodas situadas no mesmo plano, movido a pedal.

bi.co¹ *s.m. Pop.* A boca do homem; extremidade córnea da boca das aves e de alguns outros animais.

bi.co² *interj.* Corresponde a "cale-se!" "psiu!"

bi.co.lor *adj.* Que apresenta duas cores.

bi.con.ve.xo *adj.* Convexo dos dois lados.

bi.co.ta *s.f.* Beijo acompanhado de estalo.

bi.cu.do *adj.* Pontiagudo; zangado.

bi.dê *s.m.* Louça sanitária própria para a lavagem das partes inferiores do corpo.

bi.duo *s.m.* Espaço de dois dias consecutivos.

bi.e.la *s.f.* Peça destinada a comunicar ou transformar o movimento em uma máquina.

bi.e.nal *adj.2gên.* Que dura dois anos; feito de dois em dois anos.

bi.ê.nio *s.m.* O espaço compreendido entre dois anos seguidos.

bi.far *v.t. e intr.* Tirar disfarçadamente; furtar.

bi.fe *s.m.* Fatia de carne frita ou assada.

bi.for.me *adj.2gên.* Que possui duas formas. *Fig.* que pensa de dois modos. *Gram.* referente ao adjetivo que apresenta uma forma para cada gênero.

bi.fur.car *v.t.d.* Separar em dois ramos; *v.pron.* dividir-se em duas partes.

bi.ga *s.f.* Carro romano puxado por dois cavalos.

bi.ga.mi.a *s.f.* Estado de quem contraiu novo matrimônio estando ainda válido o primeiro.

bi.ga.mo *adj.* e *s.m.* Aquele que tem dois cônjuges ao mesmo tempo.

bi.go.de *s.m.* Porção de barba sobre o lábio superior.

bi.gor.na *s.f.* Peça de ferro sobre a qual se moldam metais; diz-se também *incude*. *Anat.* pequeno osso do ouvido.

bi.gor.ri.lha *s.2gên.* Homem vil.

bi.ju.te.ri.a *s.f.* Objeto delicado, que serve para adorno feminino.

bi.la.bi.al *adj.2 gên. Gram.* Consoante pronunciada com os lábios.

bi.la.te.ral *adj.* Que tem relação com lados opostos; que tem dois lados.

bi.le *s.f.* Bílis.

bi.lhão *s.m.* Grandeza correspondente a mil milhões.

bi.lhar *s.m.* Jogo de bolas de marfim que se impulsionam com tacos de madeira; a mesa deste jogo ou a sala a ele destinada.

bi.lhe.te *s.m.* Carta ligeira e curta; senha que autoriza a entrada em espetáculos, reuniões, estradas de ferro etc.; aviso.

bi.lhe.tei.ra *s.f.* Vendedora de ingressos nas casas de espetáculos.

bi.lín.gue *adj.2gên.* Escrito ou falado em duas línguas.

bi.lis *s.f.2n* Líquido esverdeado segregado pelo fígado; fel; diz-se também *bile*.

bil.ro *s.m.* Fuso com que se fazem rendas. *Fig.* manequim.

bil.tre *s.m.* Indivíduo desprezível, vil.

bi.mes.tral *adj.* Que tem duração de dois meses.

bi.mes.tre *s.m.* Espaço de dois meses; *adj.* que tem a duração de dois meses.

bi.mo.tor *adj.* e *s.m.* Referente a ou ao veículo provido de dois motores.

bi.ná.rio *adj. Mús.* Compasso de dois tempos.

bin.go *s.m.* Jogo análogo ao da tômbola.

bi.nô.mio *s.m. Mat.* Expressão algébrica constituída por dois termos.

bi.o.de.gra.dá.vel *adj.2gên. Quím.* Substância suscetível de decomposição por microrganismos.

bi.o.di.ver.si.da.de *s.f. Ecol.* Diversidade de seres vivos num determinado ambiente.

bi.o.gê.ne.se *s.f.* Hipótese sobre a origem da vida.

bi.o.ge.o.grá.fi.co *adj.* Referente à biogeografia.

bi.o.gra.fi.a *s.f.* Descrição detalhada da vida de uma pessoa.

bi.ó.gra.fo *s.m.* Indivíduo que se dedica a escrever biografias.

bi.o.lo.gi.a *s.f.* Ciência que se ocupa dos seres vivos e de suas relações.

bi.ó.lo.go *s.m.* Biologista.

bi.om.bo *s.m.* Divisão móvel, formada por caixilhos, unidos por dobradiças, usada para separar cômodos, desmontável.

bi.o.me.tri.a *s.f.* Ciência que estuda a mensuração dos seres vivos.

bi.ô.ni.ca *s.f.* Imitação dos sistemas biológicos no projeto e construção de sistemas mecânicos.

bi.ô.ni.co *adj.* Relativo à biônica.

bi.op.se *s.f.* O mesmo que *biopsia*; retirada de fragmentos de tecido vivo para exames.

bi.o.quí.mi.ca *s.f.* Ramo da Química que trata das reações químicas nos organismos vivos.

bi.os.fe.ra *s.f.* Parte da Terra em que pode existir vida.

bi.o.té.rio *s.m.* Lugar onde se conservam animais vivos destinados a experiências.

bi.ó.ti.po *s.m. Biol.* Conjunto de seres geneticamente iguais.

bi.ó.xi.do *s.m. Quím.* Nome de óxido que contém dois átomos de oxigênio por molécula.

bi.par.ti.ção *s.f.* Separação em duas partes.

bi.par.tir *v.t.d.* Partir pelo meio; *v.pron.* bifurcar-se.

bí.pe.de *adj.* Que tem dois pés; *s.m.* que anda sobre dois pés.

bi.po.lar *adj.2gên.* Que apresenta dois polos.

bi.ra *s.f.* Buraco no solo para o jogo do pião.

bir.ma.nês *adj.* Referente à Birmânia (hoje Mianmár); *s.m.* idioma lá corrente.

bi.ros.ca *s.f.* Botequim.

bir.ra *s.f.* Teimosia.

bir.re.me *s.f.* Galera provida de duas ordens de remos.

bi.ru.ta *s.f.* Saco cônico, adaptado a um mastro, que indica a direção do vento nos aeroportos. *Fig.* indivíduo desequilibrado; maluco.

bis *s.m.* Repetição; *adv.* duas vezes; *interj.* outra vez!

bi.sar *v.t.d.* Pedir a repetição de alguma coisa, gritando bis; repetir.

bi.sa.vó *s.f.* Mãe do avô ou da avó.

bi.sa.vô *s.m.* Pai do avô ou da avó.

bis.bi.lho.tar *v.intr.* Intrigar; *v.t.d.* investigar curiosamente.

bis.bi.lho.tei.ro *s.m.* Mexeriqueiro; curioso.

bis.ca *s.f.* Pessoa de mau caráter.

bis.ca.te *s.m.* Trabalho de pouco valor; diz-se também *gancho* ou *bico*.

bis.coi.to *s.m.* Massa de farinha ou fécula, ovos e às vezes açúcar, bem cozida ao forno; bolacha. *Fam.* sopapo.

bi.ses.drú.xu.lo *adj. Gram.* Forma vocabular que recebe o acento tônico na sílaba anterior à antepenúltima.

bis.na.ga *s.f.* Tubo de chumbo ou plástico para acondicionamento de óleos, tintas, pastas dentifrícias etc.

bis.ne.to *s.m.* Filho de neto ou neta.

bi.so.nho *adj.* Inexperiente; principiante.

bis.pa.do *s.m.* Área sob a jurisdição de um bispo; diocese; dignidade de bispo.

bis.po *s.m.* Prelado que governa diocese. *Fam.* peça do jogo de xadrez.

bis.po.te *s.m.* Urinol.

bis.se.triz *s.f. Geom.* Reta que parte do vértice de um ângulo dividindo-o ao meio.

bis.sex.to *adj.* Diz-se do ano em que o mês de fevereiro tem vinte e nove dias.

bis.se.xu.al *adj.* O mesmo que *hermafrodita*; que tem os dois sexos juntos.

bis.tre *s.m.* Mistura de fuligem e goma, usada em pintura.

bis.tu.ri *s.m.* Pequeno instrumento cirúrgico para incisões.

bi.tá.cu.la *s.f.* Baixa fixa à popa do navio e que encerra a bússola. *Pop.* nariz.

bi.to.la *s.f.* Medida reguladora; modelo; padrão.

bi.to.la.do *adj.* De visão estreita.

bi.val.ve *adj.* Provido de duas conchas.

bi.zar.ri.a *s.f.* Galhardia; gentileza; brio.

bi.zar.ri.ce *s.f.* Bravata.

bi.zar.ro *s.m.* Nobre; esquisito.

blas.fe.mar *v.t.d.* Ultrajar com blasfêmia; insultar.

blas.fê.mia *s.f.* Ultraje dirigido contra pessoas ou coisas respeitáveis.

blas.fe.mo *s.m.* Aquele que diz blasfêmias; ímpio.

bla.so.nar *v.t.d.* Mostrar com alarde; *intr.* gabar-se.

bla.te.rar *v.intr.* Soltar a voz (camelo); vociferar.

ble.far *v.intr.* Iludir no jogo dando a entender que tem boas cartas.

ble.fe *s.m.* Logro; fraude.

ble.fis.ta *s.2gên.* Pessoa afeita a ludibriar.

blin.da.do *adj.* Protegido por chapas de aço.

blin.dar *v.t.d.* Proteger com chapas de aço ou outro material à prova de balas.

blo.co *s.m.* Quantidade volumosa e sólida de substância pesada.

blo.quei.o *s.m.* Cerco ou interrupção do desenvolvimento de algo.

blu.sa *s.f.* Vestuário usado sobre a camisa; peça do vestuário feminino.

bo.a *s.f.* Gênero de ofídios a que pertence a jiboia; *adj.* fem. de *bom*.

bo.a-fé *s.f.* Crença de estar agindo certo; sinceridade; pureza de intenção.

bo.as-vin.das *s.f.pl.* Felicitações pela chegada de alguém.

bo.a.to *s.m.* Notícia posta a correr, mas não confirmada.

bo.ba.lhão *s.m.* Sujeito apatetado.

bo.be.ar *v.intr.* Agir como bobo.

bo.bi.na *s.f.* Linha ou fio metálico que se enrola num carretel ou tubo cilíndrico.

bo.bo *s.m.* Indivíduo que vivia nos palácios reais para divertir os nobres; tolo.

bo.bo.ca *s.f.* Parvo.

bo.ca *s.f.* Cavidade natural pela qual se ingerem os alimentos; - -aberta: aquele que se admira de tudo.

bo.ca-a-bo.ca *adj.* Respiração que faz parte das técnicas de primeiros socorros; informação transmitida verbalmente.

bo.ca-de-lo.bo *s.f.* Bueiro.

bo.ca.do *s.m.* Porção de alimento que se leva à boca de cada vez; pedaço.

bo.cai.na *s.f.* Depressão de serra.

bo.çal *adj.2gên.* e *s.2gên.* Inculto, estúpido, rude.

bo.cal *s.m.* Boca de vaso, fiasco etc. Parte do instrumento de sopro que se leva à boca.

bo.car.ra *s.f.* Boca demasiadamente grande ou aberta.

bo.ce.jar *v.intr.* Dar bocejos; enfastiar-se.

bo.ce.jo *s.m.* Ato de abrir involuntariamente a boca, com aspiração e depois expiração demorada do ar.

bo.ce.ta *s.f.* Caixinha cilíndrica ou oval; caixa de rapé.

bo.che.cha *s.f.* A parte gorda do rosto.

bo.che.cho *s.m.* Porção de líquido com ação medicamentosa, ou sem ela, que se agita na boca com as bochechas.

bó.cio *s.m.* Aumento de volume da glândula tireoide; papeira; papo.

bo.có *adj.* Expressão popular que significa pateta; tolo.

bo.da *s.f.* Celebração de casamento.

bo.de *s.m.* Macho da cabra. *Bras.* Mulato; - expiatório: aquele que paga por culpas alheias.

bo.de.ga *s.f.* Taberna.

bo.de.guei.ro *s.m.* Proprietário de bodega; taverneiro. *Fig.* que se suja ao comer.

bo.do.que *s.m.* Arco para arremeçar pedras ao longo.

bo.ê.mia *s.f.* Vida fácil; vadiagem.

bo.ê.mio *s.m.* Vadio.

bo.fe *s.m. Pop.* Mulher ou homem sem atrativos; pulmão.

bo.fe.ta.da *s.f.* Pancada com a mão espalmada no rosto.

boi *s.m.* Quadrúpede ruminante; **pé-de- –**: perseverante.

boi.a *s.f.* Corpo flutuante para indicar perigo. *Pop.* refeição.

boi.a.da *s.f.* Manada de bois.

boi.a.dei.ro *s.m.* O que conduz o gado.

boi.ar *v.intr.* Flutuar; sobrenadar. *Fig.* hesitar; almoçar ou jantar.

boi-bum.bá *s.m.* Festa semelhante ao carnaval que ocorre em fins de junho.

boi.co.tar *v.t.d.* Fazer oposição aos negócios de outrem.

boi.na *s.f.* Gorro redondo e chato, sem pala.

boi.ta.tá *s.m. Pop.* Fogo fátuo; entidade protetora dos campos dos incêndios.

bo.jo *s.m.* Alargamento em forma convexa; saliência.

bo.la *s.f.* Qualquer corpo esférico. *Fig.* a cabeça; **dar –**: dar confiança para namoro.

bo.la.cha *s.f.* Bolo de farinha com ou sem açúcar. *Pop.* bofetada.

bo.la.da *s.f.* Golpe com bola; monte de dinheiro no jogo.

bo.lar *v.t.d.* Acertar com bola no alvo; imaginar alguma coisa.

bol.do *s.m.* Planta da família das Monimiáceas, cujas folhas são usadas contra doenças do fígado.

bo.le.a.dei.ras *s.f.pl.* Instrumento para laçar animais.

bo.le.ar *v.t.d.* Dar efeito redondo a; aprimorar.

bo.lei.a *s.f.* Assento do cocheiro; assento de cabine do motorista.

bo.le.tim *s.m.* Pequena resenha periódica oficial; registro de currículo escolar.

bo.lha *s.f.* Empola na pele, cheia de linfa; borbulha.

bo.li.che *s.m.* Casa de jogo; jogo em que se atira uma bola em direção a uns pinos, com intuito de derrubá-los.

bo.lo *s.m.* Massa de farinha e mais ingredientes. *Fig.* aglomeração; **dar o –**: não comparecer ao encontro marcado.

bo.lor *s.m.* Mofo.

bol.sa *s.f.* Carteira de pano, couro etc. usada pelas mulheres; sala que é ponto de reunião de comerciantes e corretores; o edifício onde há tais salas; **– de estudos**: pensão gratuita para estudantes ou artistas.

bol.sis.ta *adj.* Aquele que joga nos fundos públicos, estudante que recebe bolsa de estudos.

bol.so *s.m.* Saquinho em certas partes do vestuário que serve para carregar objetos; algibeira.

bom *adj.* Benigno; clemente; de boa qualidade; útil.

bom.ba *s.f.* Petardo contendo substâncias explosivas; máquina para elevar líquidos; doce com recheio de creme.

bom.ba.chas *s.f.pl.* Calças largas presas por baixo dos joelhos, usadas pelos gaúchos.

bom.bar.de.ar *v.t.d.* Arremessar bombas ou projéteis de artilharia.

bom.bás.ti.co *adj.* Estrondoso.

bom.be.a.dor *adj.* e *s.m.* Aquele que bombeia; condutor de bombas em navio-tanque; examinador que comumente reprova nos exames.

bom.be.ar *v.t.d.* Bombardear; reprovar em exames; sugar líquido por meio de bomba.

bom.bei.ro *s.m.* Aquele que lida com bombas de incêndio.

bom.bi.lha *s.f.* Canudo para tomar mate; bomba.

bom-bo.ca.do *s.m.* Iguaria de ovos, açúcar e leite de coco.

bom.bor.do *s.m.* Lado esquerdo do navio, olhando-se da popa à proa. (Antôn.: *estibordo, boreste.*)

bom-mo.cis.mo *s.m.* Comportamento ambíguo ou hipócrita de alguém que é mau caráter, corrupto, mas que aparenta cordialidade, boa-fé.

bom-tom *s.m.* Maneiras educadas; etiqueta.

bo.na.chão *adj.* Dotado de bondade natural; simples.

bo.nan.ça *s.f.* Bom tempo para navegar. *Fig.* calma; tranquilidade; paz.

bon.da.de *s.f.* Qualidade do que é bom.

bon.de *s.m. Bras.* Antigo veículo de transporte coletivo movido a electricidade e que corre sobre trilhos. *Gír.* mau negócio.

bon.do.so *adj.* Cheio de bondade.

bo.né *s.m.* Cobertura para cabeça, redonda e com pala. *Pop.* **botar o – em**: trair, referindo-se à mulher em relação ao marido.

bo.ne.ca *s.f.* Brinquedo que imita criancinha, para brinquedo de meninas. *Fig.* mulher muito enfeitada ou graciosa por natureza.

bo.ne.co *s.m.* Figura imitando pessoas, que se destina a brinquedo de crianças.

bo.ni.fi.ca.ção *s.f.* Abono; gratificação; desconto.

bo.ni.fi.car *v.t.d.* Gratificar; premiar, beneficiar.

bo.ni.to *adj.* Lindo; formoso; *interj.* indica crítica ou perplexidade.

bo.no.mi.a *s.f.* Bondade natural, condescendência.

bô.nus *s.m.* Prêmio concedido, sob condição, por certas entidades a seus associados; desconto.

bon.zo *s.m.* Sacerdote budista. *Bras.* hipócrita.

bo.quei.rão *s.m.* Grande boca à entrada de rio ou canal.

bo.que.jar *v.intr.* Bocejar; falar mal de alguém.

bo.qui.nha *s.f.* Forma diminutiva de boca; beijo. *Ictiol.* Refeição leve; petisco.

bor.bo.le.ta *s.f.* Nome de lepidópteros diurnos. *Fig.* pessoa volúvel.

bor.bo.tão *s.m.* Forro; jato impetuoso de líquido ou gás.

bor.bu.lha *s.f.* Bolha de líquido.

bor.bu.lhan.te *adj.2gên.* Que borbulha.
bor.bu.lhar *v.t.i.* Sair em borbulhas, em grande quantidade e impetuosamente; *v.intr.* fazer germinar; proferir.
bor.da *s.f.* Extremidade; orla.
bor.da.do *s.m.* Obra de bordadura; lavor que se faz na roupa.
bor.dão *s.m.* O tom mais baixo de certos instrumentos; as cordas mais grossas deles; cajado.
bor.dar *v.t.d.* Fazer bordado em. *Fig.* esmerar (o estilo).
bor.de.jar *v.intr.* Dirigir-se (a embarcação) para um ou outro bordo, conforme o vento.
bor.del *s.m.* Prostíbulo.
bor.de.rô *s.m.* Nota em que se discriminam mercadorias ou valores.
bor.do *s.m.* Lado; costado do navio. *Fig.* navio; rumo.
bor.do.a.da *s.f.* Pancada com bordão; paulada.
bo.re.al *adj.* Do lado do norte; setentrional.
bor.go.nhês *adj.* Referente a Borgonha (França); *s.m.* oriundo de Borgonha.
bor.nal *s.m.* Saco para transportar provisões, ferramentas etc.
bor.nei.ra *s.f.* Pedra negra e dura usada para fazer mós de moinho.
bor.ra *s.f.* Sedimento de líquido.
bor.ra.cha *s.f.* Goma elástica; pedacinho de goma elástica que serve para tirar os traços de lápis ou tinta de escrever.
bor.ra.chei.ro *s.m.* Indivíduo cujo ofício é extrair o leite da mangabeira; indivíduo que repara pneus de automóveis.
bor.ra.da *s.f.* Entornamento de borra; imundície; ação imoral; besteira; tolice.
bor.ra.dor *s.m.2 Com.* Livro comercial para registro diário das operações.
bor.ra.lhei.ra *s.f.* Lugar onde fica a borralha da cozinha ou do forno.
bor.ra.lho *s.m.* Conjunto de brasas acesas e cobertas de cinza.
bor.rar *v.t.d.* Sujar. *Gír.* sujar com excremento.
bor.ras.ca *s.f.* Temporal com vento e chuva. *Fig.* contrariedade súbita.
bor.ri.fa.dor *s.m.* Aquele que borrifa; regador.
bor.ri.fo *s.m.* Gotas miúdas de orvalho ou de chuva muito fina.
bos.que *s.m.* Mata pequena.
bos.que.jo *s.m.* Esboço.
bos.quí.ma.no *s.m.* Indivíduo dos bosquímanos, povo da África do Sul.
bos.sa *s.f.* Inchação provocada por contusão; aptidão; queda.
bos.ta *s.f. Chul.* – Dejeto do gado e de outros animais; fezes; excremento.
bos.te.la *s.f.* Ferida pequena com crosta.

bo.ta *s.f.* Tipo de calçado de cano alto. *Reg.* obstáculo; obra imperfeita.
bo.ta-fo.ra *s.m.* Despedida aos que se ausentam.
bo.tâ.ni.ca *s.f.* Ramo da Ciência que trata dos vegetais.
bo.tâ.ni.co *adj.* Referente à Botânica; *s.m.* cientista versado em Botânica.
bo.tão *s.m.* Peça arredondada que entra nas casas dos vestuários. *Fig.* o que ainda não está de todo desenvolvido.
bo.te *s.m.* Canoa; salto do animal sobre a presa.
bo.te.co *s.m.* Pequeno botequim; quiosque que se arma nas feiras.
bo.te.quim *s.m.* Casa onde se servem bebidas; bar.
bo.ti.ca *s.f.* Farmácia.
bo.ti.cá.rio *s.m.* Farmacêutico; dono de botica.
bo.ti.ja *s.f.* Vasilha de barro, de boca estreita e pequena asa.
bo.ti.na *s.f.* Pequena bota usada outrora pelas mulheres e crianças; calçado masculino de cano baixo.
bo.to *s.m. Zool.* Cetáceo da família dos Delfinídeos, *Sotalia Brasiliensis*. *Gír.* pessoa ou coisa muito grande.
bo.tu.lis.mo *s.m.* Envenenamento causado pela ingestão de alimentos estragados; o mesmo que *alantíase*.
bo.vi.no *adj.* Relativo ao boi.
bo.xe *s.m.* Luta de murros ou socos; pugilato.
bo.xe.a.dor *s.m.* Jogador de boxe; pugilista.
bra.bo *adj.* Feroz; briguento.
bra.ça.da *s.f.* O que os braços podem conter; movimentos que o nadador faz com os braços.
bra.ça.dei.ra *s.f.* Círculo de couro para enfiar o braço (nos escudos); suporte no interior dos carros para descanso dos braços.
bra.çal *adj.2gên.* Relativo aos braços; que é realizado com os braços.
bra.ce.le.te *s.m.* Aro usado pelas senhoras no braço, junto ao pulso; pulseira.
bra.ço *s.m.* Parte do corpo humano que começa no ombro e termina na mão. *Fig.* autoridade; força, sustentáculo.
bra.ço de fer.ro *s.m.* Indivíduo que se impõe pela energia de seu caráter; duelo entre duas pessoas, em que cada uma tenta vergar o braço à outra.
bra.dar *v.t.d.* Falar em alta voz; *v.intr.* rugir; exclamar.
bra.do *s.m.* Clamor; grito forte.
bra.gas *s.f.pl.* Calças curtas; calções.
bra.gui.lha *s.f.* Abertura dianteira das calças, calções etc.
brâ.ma.ne *s.m.* Sacerdote da religião de Brahma; membro de casta hindu.
bra.mi.do *s.m.* Rugido de feras; grito ou som forte.

bra.mir *v.intr.* Emitir bramidos; soltar gritos de cólera; rugir; *v.t.d.* proferir em altos brados.
bran.co *adj.* Da cor da neve; alvo. *Fig.* pálido; assustado; *s.m.* a cor branca; homem da raça branca; **em** –: não escrito.
bran.cu.ra *s.f.* Propriedade do que é branco.
bran.dir *v.t.d.* Vibrar; agitar com a mão.
bran.do *adj.* Suave; doce; manso; tranquilo; sereno.
bran.que.ar *v.t.d.* Fazer branco ou mais branco; pintar com substância branca; *v.intr.* tornar-se branco; clarear. *Fig.* purificar-se.
brân.quia *s.f.* Órgão respiratório de peixes e outros animais aquáticos.
bra.sa *s.f.* Carvão incandescente; afogueamento.
bra.são *s.m.* Insígnia de nobreza; escudo de armas. *Fig.* honra; glória.
bra.sei.ro *s.m.* Vaso com brasas; fogareiro.
bra.sil *s.m.* Planta leguminosa que dá o pau-brasil; relativo ou pertencente à brasa.
bra.si.lei.ris.mo *s.m.* Sentimento de patriotismo pelo Brasil. *Gram.* termos e frases característicos do português falado no Brasil.
bra.si.lei.ro *adj.* Que se refere ao Brasil; *s.m.* natural do Brasil.
bra.si.li.a.nis.mo *s.m.* Estudo de ou especialização em temas brasileiros, feitos especialmente por estrangeiros.
bra.si.li.co *adj.* Que diz respeito a coisas indígenas do Brasil.
bra.si.li.da.de *s.f.* Sentimento patriótico pelo Brasil.
bra.si.li.en.se *adj.* Referente às coisas do Brasil.
bra.si.lo.gra.fi.a *s.f.* Ramo da Ciência que se ocupa do Brasil.
bra.va.ta *s.f.* Fanfarronada.
bra.ve.za *s.f.* Ferocidade; impetuosidade.
bra.vi.o *adj.* Selvagem; rude; assanhado.
bra.vo *adj.* Intrépido; valente; valoroso; furioso; *interj.* designativa de aplauso.
bra.vu.ra *s.f.* Qualidade do que é bravo; valentia.
bre.ca *s.f. Ant.* Sanha; furor.
bre.ca.da *s.f.* Ato de brecar.
bre.car *v.t.d.* Aplicar os freios a; usar o breque; reprimir.
bre.cha *s.f.* Greta ou ruptura de alguma coisa; espaço vazio. *Fig.* dano.
bre.ga *adj.* Antiquado, superado, ridículo.
bre.jei.ri.ce *s.f.* Ação de brejeiro.
bre.jei.ro *s.m.* e *adj.* Vagabundo; malicioso; *adj.* relativo a brejo.
bre.jo *s.m.* Terreno baixo e alagadiço; pântano.
bre.nho.so *adj.* Coberto de brenhas.
bre.que *s.m.* Freio.
bre.tão *adj.* Da Bretanha; *s.m.* o oriundo da Bretanha.

breu *s.m.* Substância análoga ao pez negro, que se obtém pela destilação da hulha; **escuro como** –: muito escuro.
bre.ve *adj.2gên.* Que tem pouca duração; rápido; conciso; *adv.* em pouco tempo; *s.f.* figura musical.
bre.vi.á.rio *s.m.* Livro de orações; livro predileto; ler pelo mesmo –: participar das mesmas ideias.
bre.vi.da.de *s.f.* Pouca duração.
bri.da *s.f.* Rédea.
brid.ge *s.m.* Jogo de baralho.
bri.ga.da *s.f.* Corpo militar integrado por dois regimentos.
bri.ga.dei.ro *s.m.* Comandante de uma brigada; doce de leite condensado e chocolate.
bri.gão *adj.* e *s.m.* Que ou o que gosta de brigas.
bri.gar *v.intr.* Lutar; discordar; *v.t.i.* contender.
bri.gue *s.m.* Navio a vela, de dois mastros.
bri.guen.to *adj.* Que gosta de brigar.
bri.lhan.te *adj.* Que brilha; *s.m.* diamante lapidado.
bri.lhan.ti.na *s.f.* Gel.
bri.lhan.tis.mo *s.m.* Esplendor; magnificência.
bri.lhar *v.intr.* Luzir.
bri.lha.tu.ra *s.f.* Ato brilhante.
bri.lho *s.m.* Luz viva; esplendor; lustre. *Fig.* vivacidade; notabilidade.
brim *s.m.* Pano de linho cru.
brin.ca.dei.ra *s.f.* Ato de brincar; divertimento.
brin.ca.lhão *s.m.* Folgazão; zombeteiro; galhofeiro.
brin.car *v.t.d.* Enfeitar; *v.intr.* divertir-se como criança; folgar; *v.t.i.* gracejar.
brin.co *s.m.* Pingente para as orelhas; coisa muito asseada.
brin.dar *v.t.d.* Beber à saúde de alguém; presentear.
brin.de *s.m.* Saudação dirigida a alguém no ato de beber; dádiva.
brin.que.do *s.m.* Divertimento de criança.
bri.o *s.m.* Orgulho; sentimento da própria dignidade; amor-próprio.
bri.o.che *s.m.* Pãozinho feito com farinha, manteiga e ovos.
bri.sa *s.f.* Vento brando.
bri.tar *v.t.d.* Quebrar lascando; romper; inutilizar.
bro.a *s.f.* Pão arredondado feito de fubá, cará etc.
bro.ca *s.f.* O mesmo que *pua*; lagartas que atacam as plantas.
bro.ca.do *s.m.* Tecido de seda com bordados em ouro ou prata.
bro.ca.gem *s.f.* Roçada.
bro.cha *s.f.* Prego curto de cabeça chata.
bro.chu.ra *s.f.* O mesmo que *livro brochado*.
bró.dio *s.m.* Refeição farta e alegre.
bron.co *adj.* Rude; grosseiro; estúpido.
bron.co.pneu.mo.ni.a *s.f. Med.* Processo inflamatório dos bronquíolos e alvéolos pulmonares.

bron.que.ar v.intr. Pop. Repreender com severidade.

brôn.quios s.m.pl. Anat. Ramificação da traqueia-artéria.

bron.qui.te s.f. Med. Inflamação dos brônquios.

bron.to.té.rio s.m. Paleont. Gênero de mamíferos ungulados, fósseis de oceano do Oligoceno e Mioceno da América do Norte e Europa, com cabeça semelhante à do rinoceronte e com as dimensões do elefante.

bron.ze s.m. Liga de cobre, estanho e zinco. Fig. sino.

bron.ze.a.dor s.m. Indivíduo que bronzeia; substância própria para bronzear.

bro.quel s.m. Escudo antigo, pequeno e redondo.

bro.tar v.t.d. Produzir; criar; v.intr. desabrochar, nascer. Fig. aparecer; surgir.

bro.ti.nho s.m. Gír. Adolescente; mocinha entre os catorze e dezoito anos.

bro.to s.m. Gomo; rebento; brotinho.

bro.to.e.ja s.f. Erupção cutânea acompanhada de coceiras.

bro.xa s.f. Pincel grosseiro e volumoso para caiação ou pintura comum.

bro.xan.te s.m. Pintor que prepara as tintas e executa pinturas de menor importância. Pop. enfadonho, maçante.

bro.xar v.t.d. Pintar com broxa. v.intr. Gír. Ficar sexualmente impotente.

bru.a.ca s.f. Mala de couro cru, para transporte sobre cavalgadura; bolsa de couro.

bru.ços s.m.pl. Empregado na loc. adv. **de –**: com o rosto e o ventre voltados para baixo.

bru.ma s.f. Cerração; neblina.

bru.mo.so adj. Encoberto.

bru.nir v.t.d. Polir; lustrar.

brus.co adj. Repentino; imprevisto; áspero.

bru.tal adj. Violento; grosseiro; selvagem.

bru.ta.li.da.de s.f. Ação brutal; violência; selvageria.

bru.ta.mon.tes s.m.2n. Homem forte, muito estúpido.

bru.to adj. Rude; grosseiro; **peso –**: peso total.

bru.xa s.f. Feiticeira.

bru.xa.ri.a s.f. Feitiçaria.

bru.xo s.m. Indivíduo dado à prática de bruxaria; feiticeiro; mago.

bu.bão s.m. Pat. Íngua.

bu.bô.ni.ca s.f. A peste cujas características são os bubões.

bu.cal adj.2gên. Relativo à bola; oral.

bu.ca.nei.ro s.m. Antigo pirata das Antilhas. Bras. caçador de bois selvagens.

bu.cha s.f. Pedaço de pano, papel ou outra matéria para apertar a carga das armas de fogo. Bot. Planta trepadeira cujo fruto é usado como esponja.

bu.cha.da s.f. Entranha dos animais.

bu.cho s.m. Estômago dos quadrúpedes. Pop. Estômago do homem. Bras. AM Prostituta; planta medicinal.

bu.ço s.m. Penugem que recobre o lábio superior.

bu.có.li.co adj. Campestre; pastoril. Fig. simples; inocente; gracioso; puro.

bu.co.lis.mo s.m. Caráter de poesia ou prosa que exalta as belezas da vida campestre.

bu.dis.mo s.m. Doutrina religiosa e social introduzida por Buda, na Índia.

bu.dis.ta s.2gên. Sectário do budismo.

bu.ei.ro s.m. Canal ou buraco para esgoto de água.

bú.fa.lo s.m. Variedade de boi selvagem.

bu.fão s.m. Fanfarrão. Ant. Bobo.

bu.far v.intr. Expelir o ar pela boca com força.

bu.fê s.m. Aparador; empresa que promove festas, organizando local com comidas e bebidas.

bu.gi.gan.ga s.f. Coisa de pouco valor; ninharia.

bu.gi.o s.m. Macaco do gênero Alonatta. Bras. Engenhoca açucareira.

bu.gre s.m. Índio selvagem ou manso. Fig. grosseiro.

bu.jão s.m. Bucha com que se tapam buracos; vaso bojudo para gás.

bu.la s.f. Explicação impressa que acompanha medicamento.

bul.bo s.m. O mesmo que bolbo; **– raquidiano**: seção do eixo cérebro-espinhal situada entre a medula espinhal e o cérebro.

bul.cão s.m. Nuvem muito densa e negra.

bul.do.gue s.m. Raça de cão inglês de grande cabeça arredondada.

bu.le s.m. Recipiente para servir chá ou café.

bu.le.var s.m. Avenida arborizada.

bu.lha s.f. Confusão de vozes; gritaria.

bu.lí.cio s.m. Murmúrio.

bu.li.mi.a s.f. Pat. Apetite insaciável. Pop. fome voraz.

bu.lir v.t.i. Mover levemente; mexer; tocar; intr. mover-se.

bum.ba-meu-boi s.m. Bras. Folc. Bailado popular cômico-dramático, com personagens humanas, animais e fantásticos, cujas peripécias giram em torno da morte e ressurreição do boi.

bu.me.ran.gue s.m. Arma de arremesso usada pelos indígenas da Austrália.

bun.da s.f. Chul. Nádegas.

bu.quê s.m. Punhado de flores em ramalhete.

bu.ra.co s.m. Abertura; orifício; casebre; **tapar –**: esconder defeito.

bur.bu.ri.nho *s.m.* Ruído confuso de vozes; tumulto.

bur.go *s.m.* Povoação importante, porém inferior a uma cidade; aldeia; subúrbio de cidades; vila.

bur.guês *adj.* Que se refere a burgo: sem valor; *s.m.* ricaço.

bur.gue.si.a *s.f.* Classe social que derrotou o feudalismo na Revolução Francesa de 1789, constituída a princípio por mercadores dos burgos medievais, e depois por industriais, comerciantes e possuidores de bens de produção.

bu.ril *s.m.* Instrumento de aço para gravar ou lavrar pedra.

bu.ri.la.dor *adj. e s.m.* Que ou quem burila.

bu.ri.lar *v.t.d.* Lavar com buril; apurar; esmerar.

bu.ri.ti *s.m.* Espécie de palmeira brasileira.

bur.la.dor *adj. e s.m.* Que ou quem burila.

bur.lar *v.t.d.* Enganar; defraudar.

bur.les.co *adj.* Grotesco; cômico; zombeteiro; caricato; ridículo.

bu.ro.cra.ci.a *s.f.* Funcionários públicos que compõem a classe principalmente das secretarias de Estado.

bu.ro.cra.ta *s.m.* Empregado público.

bu.ro.crá.ti.co *adj.* Referente à burocracia.

bur.rão *s.m.* Asnão.

bur.ri.ce *s.f.* Asneira; estupidez.

bur.ro *s.m.* Jumento; asno; *adj.* ignorante.

bus.ca *s.f.* Ato de buscar; investigação.

bus.ca-pé *s.m.* Peça pirotécnica que corre pelo chão e termina num estampido.

bus.car *v.t.d.* Procurar descobrir; investigar; recorrer a.

bús.so.la *s.f.* Quadrante, cuja agulha magnética está sempre voltada para o norte; agulha de marear. *Fig.* tudo que serve de orientação.

bus.to *s.m.* Parte superior do corpo humano, a partir da cintura.

bu.tim *s.m.* Despojo do inimigo vencido; roubo.

bu.ti.que *s.f.* Loja pequena onde se vendem artigos de vestuário e bijuterias.

bu.ti.rá.ceo *adj.* Que tem as propriedades da manteiga.

bu.zi.na *s.f.* Trombeta de chifre ou metal retorcido.

bu.zi.nar *v.intr.* Tocar buzina; soprar violentamente imitando o som da buzina; encolerizar-se; *v.t.i.* atordoar alguém repetindo muitas vezes a mesma coisa.

bú.zio *s.m.* Buzina; trombeta.

c C

c *s.m.* Terceira letra e segunda consoante do alfabeto português. *Mús.* Sinal indicativo do compasso quaternário; o dó na antiga notação musical. Usa-se como símbolo de cem na numeração romana.

cá *adv.* Aqui; neste lugar; entre nós.

ca.a.tin.ga *s.f. Bras.* Catinga; floresta composta de árvores de pequeno porte que durante a seca ficam completamente sem folhas.

ca.ba.ça *s.f.* Fruto de uma planta cucurbitácea.

ca.bal *adj.2gên.* Levado a cabo; completo; rigoroso.

ca.ba.la *s.f.* Ciência oculta; esoterismo.

ca.ba.na *s.f.* Casa rústica, coberta de palha ou sapé.

ca.ba.ré *s.m.* Estabelecimento público onde se bebe e se dança.

ca.be.ça *s.f.* A parte superior do corpo humano e mais anterior nos outros animais; inteligência; título de um capítulo; **–chata**: apelido dado aos nordestinos brasileiros.

ca.be.ça.da *s.f.* Batida com a cabeça; disparate; asneira; erro.

ca.be.ça.lho *s.m.* Rosto de qualquer publicação; título de livro; seção superior da primeira página do jornal.

ca.be.ção *s.m.* Gola ampla e caída sobre os ombros, de certas peças do vestuário.

ca.be.cei.ra *s.f.* Parte da cama onde se deita a cabeça; nascente de rio.

ca.be.ço *s.m.* Cume elevado e arredondado de um monte.

ca.be.çu.do *adj.* Que ou o que tem a cabeça grande. *Fig.* Teimoso; obstinado.

ca.be.dal *s.m.* Conjunto de posses ou bens intelectuais e morais de alguém.

ca.be.lei.ra *s.f.* Cabelo natural crescido ou postiço; cauda; *s.m.* indivíduo que usa longos cabelos.

ca.be.lei.rei.ro *s.m.* Aquele que tem o ofício de cortar cabelo.

ca.be.lo *s.m.* O pelo que nasce na cabeça.

ca.be.lu.do *adj.* Que tem muito cabelo. *Bras.* Coisa complicada; obsceno.

ca.ber *v.t.i.* Poder ser contido; ter lugar.

ca.bi.de *s.m.* Braço de madeira ou metal fixo na parede, para pendurar chapéus, roupas etc.

ca.bis.bai.xo *adj.* De cabeça baixa, abatido.

ca.bí.vel *adj.2gên.* Que tem cabimento.

ca.bo *s.m.* Extremidade por onde se segura um objeto; cauda; fim.

ca.bo.cla *s.f.* Forma fem. de *caboclo*; erva das compostas, cujas flores são muito bonitas.

ca.bo.cla.da *s.f.* Grupo de caboclos; traição.

ca.bo.clo *s.m. Bras.* O mesmo que *indígena*; mestiço de branco com índio; o homem do sertão; caipira.

ca.bo.ta.gem *s.f.* Navegação costeira.

ca.bo.ti.no *adj.* e *s.m.* Quem se autopromove; charlatão.

ca.bra *s.f.* Fêmea do bode; mulher de gênio irascível; *s.m.* mestiço de mulato e negra.

ca.bra-ce.ga *s.f.* Jogo infantil, em que uma das crianças, de olhos vendados, procura apanhar as outras, que lhe fogem.

ca.brei.ro *s.m.* Pastor de cabras; *adj.* diligente; vivo.

ca.bres.to *s.m.* Aveia com que se conduz as cavalgaduras; freio do prepúcio.

ca.bril *s.m.* Curral de cabras.

ca.bri.o.lé *s.m.* Carruagem de duas rodas, tirada por um cavalo; tipo de carroceria de automóvel conversível, de dois ou três lugares.

ca.bri.to *s.m.* Filhote de cabra; bode novo; criança travessa; indivíduo mestiço de branco com negro.

ca.bro.cha *s.2gên.* Qualquer mestiço; escuro.

ca.bu.lo.so *adj.* Que dá azar; que aborrece.

ca.bu.ré *s.m.* Mestiço de índio e negro.

ca.ça *s.f.* De caçar; a presa desse exercício; perseguição; investigação; avião usado para derrubar os aviões do inimigo.

ca.ça-ní.quel *s.m.* Nome comum de certos aparelhos destinados a jogos de azar.

ca.ção *s.m.* Tubarão; peixe elasmobrânquio da família dos Esqualídeos.

ca.çar *v.t.d.* Perseguir animais ou aves para os capturar ou matar; alcançar.

ca.ca.re.cos *s.m.pl.* Trastes e coisas velhas de uso.

ca.ca.re.jar *v.intr.* A voz da galinha e de algumas outras aves; tagarelar.

ca.ça.ro.la *s.f.* Panela de metal com cabo, tampa e bordas altas.

ca.ce.te *s.m.* Bordão; porrete; pau. *Fig.* Indivíduo impertinente.

ca.cha.ça s.f. Bras. Aguardente de cana, obtida da destilação da garapa.

ca.cha.cei.ra s.f. Local onde se guarda a cachaça tirada das caldeiras de açúcar. Fig. Embriaguez; mulher que se entrega ao vício da cachaça.

ca.cha.cei.ro adj. Beberrão.

ca.cha.lo.te s.f. Grande cetáceo, de cujo intestino se extrai o âmbar cinzento.

ca.chão s.m. Borbotão; cachoeira rumorosa.

ca.chê s.m. Pagamento feito a quem se apesenta em espetáculos públicos ou anúncios.

ca.che.col s.m. Manta comprida e fina para agasalhar o pescoço.

ca.chim.bo s.m. Fornilho com um tubozinho comprido, por onde se aspira a fumaça do tabaco incandescente.

ca.cho s.m. Conjunto de flores ou frutos dispostos em eixo comum; anel de cabelo enrolado.

ca.cho.ei.ra s.f. Queda d'água em cachões; catarata.

ca.chor.ra s.f. Cadela de pouca idade. Fig. Mulher má e dissoluta.

ca.chor.ra.da s.f. Porção de cachorros.

ca.chor.rão s.m. Cachorro de grande porte. Fig. Grande patife.

ca.chor.ro s.m. Cão.

ca.ci.fe s.m. Bras. Porção de dinheiro que, no jogo, corresponde à entrada dos parceiros.

ca.cim.ba s.f. Nevoeiro denso; cova; poço.

ca.ci.que s.m. Chefe entre os índios americanos. Fig. Chefe político.

ca.co s.m. Pedaço de louça partida; coisa útil. Fig. Pessoa enfermiça e velha.

ca.ço.a.da s.f. Zombaria.

ca.ço.ar v.t.d. e i. e v.intr. Zombar.

ca.co.e.te adj. Mau hábito; trejeito.

ca.có.fa.to s.m. Cacofonia; vício de linguagem.

ca.co.fo.ni.a s.f. Gram. Encontro ou repetição de sons que desagrada ao ouvido; cacófato.

cac.to s.m. Planta de caule esférico, folhas espessas e cheias de espinhos.

ca.çu.la s.m. O mais moço dos filhos; o último dos irmãos.

ca.da adj. e pron. indef. Termo que indica que os indivíduos que constituem um grupo devem ser considerados separadamente.

ca.da.fal.so s.m. Tablado público em que se executam os condenados.

ca.dar.ço s.m. Fita estreita; cordão.

ca.das.tro s.m. Registro.

ca.dá.ver s.m. Corpo sem vida; defunto; morto.

ca.da.vé.ri.co adj. Cujo aspecto é de cadáver.

ca.dê Bras. Expressão popular, corruptela de que é de?, e que significa onde está?.

ca.de.a.do s.m. Fechadura portátil, usada em corrente ou aparelho especial.

ca.dei.a s.f. Corrente de elos metálicos; prisão. Fig. Cativeiro; série.

ca.dei.ra s.f. Assento com encosto. Fig. Matéria de curso. Fig. Quadris.

ca.de.la s.f. A fêmea do cão.

ca.dên.cia s.f. Sucessão harmoniosa de sons e acentos; ritmo.

ca.den.ci.a.do adj. Que tem cadência; compassado; ritmado.

ca.den.ci.ar v.t.d. Dar cadência a; pres. ind. cadencio, cadencias etc.; agenciar.

ca.den.te adj.2gên. Que vai caindo; harmonioso.

ca.der.ne.ta s.f. Caderninho de apontamentos.

ca.der.no s.m. Porção de folhas de papel cosidas em forma de livro.

ca.de.te s.m. Aluno de escola militar superior; filho segundo.

ca.du.car v.intr. Envelhecer; perder o valor.

ca.du.co adj. Que ameaça cair; que perdeu forças; indivíduo que perdeu o juízo.

ca.fa.jes.ta.da s.f. Ato de cafajeste.

ca.fa.jes.te s.m. Bras. Homem de ínfima condição.

ca.far.na.um s.m. Lugar de desordem ou tumulto.

ca.fé s.m. Fruto do cafeeiro; infusão do fruto depois de torrado e moído.

ca.fe.ei.ro s.m. A planta produtora do café; adj. referente ao café.

ca.fe.í.na s.f. Alcaloide que se extrai do café que é tônico e estimulante.

ca.fe.tão s.m. Gír. Que vive à custa de prostitutas, explorando-as; alcoviteiro.

ca.fe.zi.nho s.m. Expressão popular indicativa do café servido em xícaras.

cá.fi.la s.f. Caravana; camelos transportando mercadorias. Fig. Bando; malta; súcia.

ca.fo.na adj.2gên. De mau gosto; brega.

cáf.ten s.m. Que vive à custa de meretrizes; cafetão.

caf.ti.na s.f. Mulher que explora o comércio de meretrício, cafetina.

ca.fu.a s.f. Antro; esconderijo.

ca.fun.dó s.m. Lugar afastado e desconhecido.

ca.fu.né s.m. Carícia na cabeça.

ca.fun.gar v.t.d. Catar; procurar cuidadosamente.

ca.fu.zo adj. e s.m. Mestiço de negro e índio.

cá.ga.do s.m. Tipo de tartaruga de água doce. Fig. Pessoa muito lerda.

ca.gal.ga.du.ra s.f. Animal de cavalgar. Fig. Pessoa estúpida.

cai.a.pó s.m. Tribo indígena que habitava Goiás, São Paulo e Minas Gerais; bailado folclórico com dançarinos mascarados.

cai.ar v.t.d. Pintar com água de cal. Fig. Disfarçar.

cãi.bra s.f. Med. Contração espasmódica e dolorosa dos músculos.

cai.bro s.m. Peça de madeira com que se sustenta o ripamento dos telhados.

cai.ça.ra s.f. Cerca feita de varas; estacada das tabas indígenas; caipira habitante do litoral paulista.
ca.i.da s.f. Queda. Fig. Decadência; ruína.
ca.í.do adj. Que caiu; vencido. Fig. Melancólico; abatido. Pop. Apaixonado.
cai.ei.ra s.f. Forno onde é calcinada a pedra calcária.
cai.pi.ra s.m. Bras. Homem que vive no campo.
cai.po.ra s.2gên. Ente fantástico que percorre as estradas e traz má sorte; adj.2gên. azarado.
cai.po.ris.mo s.m. Azar contínuo; má sorte.
ca.ir v.t.i. e v.intr. Ir ao chão; decair; – **das nuvens**: ter grande surpresa, normalmente desagradável. (Antôn.: erguer-se, levantar-se.)
cais s.m. Parte de um porto onde desembarcam ou embarcam passageiros e cargas.
cai.ti.tu s.m. Mamífero da família dos Taiaçuídeos, também conhecido por porco-do-mato e queixada. Var.: caetetu.
cai.xa s.f. Arca; cofre; s.m. aquele que tem a seu cargo o recebimento, pagamento e guarda dos dinheiros; livro em que se registram entradas e saídas de dinheiro.
cai.xão s.m. Grande caixa; móvel de madeira com tampa abaulada em que se conduz o defunto à sepultura; esquife.
cai.xei.ro s.m. Operário que fabrica caixas; balconista.
cai.xi.lho s.m. Moldura de painéis, retratos, vidros etc.
cai.xo.te s.m. Caixa de madeira para transportar ou guardar mercadorias.
ca.já s.m. Fruto produzido pela cajazeira.
ca.ja.do s.m. Bastão.
ca.ju s.m. Fruto do cajueiro. Fig. Anos de existência.
cal s.f. Óxido de cálcio que se obtém pela calcinação de pedras calcárias.
ca.la.bou.ço s.m. Prisão subterrânea.
ca.la.brês adj. Da Calábria ou a ela relativo; s.m. habitante da Calábria.
ca.la.cei.ro adj. e s.m. Vadio; indolente.
ca.la.da s.f. Silêncio absoluto.
ca.la.do adj. Silencioso; s.m. a profundidade de uma embarcação. (Antôn.: loquaz, falador.)
ca.la.fe.tar v.t.d. Tapar com estopa alcatroada fendas ou juntas.
ca.la.fri.o s.m. Contração rápida da pele causada pelo frio.
ca.la.mi.da.de s.f. Catástrofe.
ca.la.mi.to.so adj. Desgraçado; trágico.
ca.lan.dra s.f. Máquina para lustrar papel.
ca.lan.go s.m. Tipo de lagarto escuro de cauda comprida.
ca.lão s.m. Linguagem chula; jargão; gíria.
ca.lar v.intr. Não falar; ocultar; rachar.

cal.ça s.f. Peça do vestuário para cobrir as pernas. Mais usado no plural.
cal.ça.da s.f. Caminho ou rua revestida de pedras.
cal.ça.do adj. Que se calçou; s.m. peça do vestuário para os pés; tudo o que se calça.
cal.ça.dou.ro s.m. Sítio onde se calca; eira para debulha de cereais.
cal.ça.men.to s.m. Pavimentação.
cal.ca.nhar s.m. A parte ínfero-posterior do pé, ou a parte do calçado que lhe corresponde.
cal.ca.nhar-de-a.qui.les s.m. Ponto vulnerável.
cal.ção s.m. Calça curta que vai até o joelho. Fig. Cavaleiro.
cal.car v.t.d. Pisar com os pés; esmagar; meditar.
cal.çar v.t.d. Meter o calçado nos pés, pernas etc.; vestir meias, calções, luvas; dar calçado a alguém; empedrar ruas, pontes etc.; v.t.i. ajustar perfeitamente. (Antôn.: descalçar.)
cal.ças s.f.pl. Ver calça.
cal.ce.tar v.t.d. Empedrar, calçar (vias públicas).
cal.ci.nar v.t.d. Reduzir a cinzas ou carvão.
cál.cio s.m. Elemento metálico, branco e amarelo que se extrai da cal.
cal.ço s.m. Tudo que, colocado embaixo de um objeto, serve para firmar, nivelar ou elevar.
cal.ço.la s.f. Expressão brasileira para designar as calças das mulheres.
cal.cu.lar v.t.d. Fazer cálculo; avaliar. Fig. Prever; imaginar.
cál.cu.lo s.m. Operação com números ou símbolos; concreção que se forma em alguns reservatórios músculos-membranosos, como a vesícula, a bexiga etc.
cal.da s.f. Água ou suco de frutas engrossado com açúcar através de fervura.
cal.de.ar v.t.d. Submeter à têmpera; ligar.
cal.dei.ra s.f. Recipiente grande de metal para aquecer água, produzir vapor etc.
cal.dei.ra.da s.f. Conteúdo de uma caldeira.
cal.do s.m. A água nutriente em que se cozinhou carne ou outra substância alimentar.
ca.le.fa.ção s.f. Aquecimento em recintos fechados.
ca.le.ja.do adj. Cheio de calos. Fig. Hábil; endurecido.
ca.le.jar v.t.d. Produzir calos em; endurecer; v.t.d. tornar-se insensível.
ca.len.dá.rio s.m. Folhinha em que se indicam os dias, meses do ano, festas religiosas etc.; almanaque.
ca.lha s.f. Rego para facilitar o curso de qualquer coisa; trilho.
ca.lha.ma.ço s.m. Livro volumoso e velho.
ca.lham.be.que s.m. Carruagem; carro velho.
ca.lhar v.int. Entrar ou caber (em calha); v.t.d. ser oportuno.
ca.lhau s.m. Fragmento de rocha; pedra solta.

ca.lhe.ta *s.f.* Enseada estreita; angra.
ca.lhor.da *adj.2gên.* e *s.2gên.* Pessoa desprezível, canalha.
ca.li.bra.dor *adj.* Que calibra; *s.m.* aparelho com que se faz a calibragem.
ca.li.bra.gem *s.f.* Ato de calibrar. *Agr.* Ação de separar os grãos de trigo por meio de peneira ou tararas.
ca.li.brar *v.t.d.* Dar calibre convenientemente; dar capacidade.
ca.li.bre *s.m.* Diâmetro interior de tubo; tamanho.
ca.li.ça *s.f.* Entulho.
cá.li.ce *s.m.* Taça de vidro em que são servidas as bebidas; vaso em que se consagra o vinho na missa. *Bot.* Invólucro externo da flor.
cá.li.do *adj.* Quente; efusivo.
ca.li.dos.có.pio *s.m.* Tubo cilíndrico com pequenos fragmentos de vidro colorido que se refletem em pequenos espelhos, produzindo imagens coloridas variadas. Var.: *caleidoscópio*.
ca.li.fa *s.m.* Chefe dos muçulmanos.
ca.li.fa.do *s.f.* Cargo de jurisdição de califa.
ca.li.for.ni.a.no *adj.* Que diz respeito à Califórnia (estado dos Estados Unidos).
ca.li.gra.fi.a *s.f.* Arte de traçar com perfeição as letras.
ca.li.grá.fi.co *adj.* Referente à caligrafia.
ca.lim *s.m.* Liga de chumbo e estanho, feita na China.
ca.lis.ta *s.2gên.* Pedicuro.
cal.ma *s.f.* Calor atmosférico; tranquilidade.
cal.man.te *adj.2gên.* Que acalma; *s.m.* medicamento que alivia as dores; sedativo.
cal.ma.ri.a *s.f.* Cessação do vento. *Fig.* Tranquilidade.
ca.lo *s.m.* Endurecimento córneo da pele.
ca.lom.bo *adj. Bras.* Sinônimo de inchaço; qualquer líquido coagulado.
ca.lor *s.m.* Qualidade ou estado de quente. *Fís.* Forma de energia que se transfere de um sistema para outro em virtude de uma diferença de temperatura. *Fig.* Animação; entusiasmo.
ca.lo.rão *s.m. Bras.* Calor excessivo.
ca.lo.ren.to *adj.* Que tem calor.
ca.lo.ri.a *s.f.* Unidade com que se mede a quantidade absoluta do calor.
ca.lo.ri.co *s.m.* Princípio de calor.
ca.lo.rí.fi.co *adj.* Referente ao calor; que desenvolve energia sob a forma de calor.
ca.lo.ri.me.tri.a *s.f.* Ramo da Física que trata da avaliação da quantidade de calor e de parâmetros que registram o comportamento dos corpos, sob ação do calor.
ca.lo.ro.so *adj.* Cheio de calor; enérgico.
ca.lo.si.da.de *s.f.* Dureza; calo desenvolvido.

ca.lo.ta *s.f.* Parte de superfície esférica interceptada por um plano; peça que protege as extremidades dos eixos dos automóveis.
ca.lo.te *s.m.* Expressão popular designativa de dívida contraída e não paga.
ca.lo.tei.ro *s.m.* Indivíduo que compra e não paga.
ca.lou.ro *s.m.* Estudante novato. *Fig.* Indivíduo inexperiente.
ca.lun.du *s.m.* Mau humor.
ca.lun.ga *s.2gên.* Boneco pequeno.
ca.lú.nia *s.f.* Ato de caluniar; má-fé; malícia.
ca.lu.ni.a.dor *adj.* e *s.m.* Que ou quem calunia.
ca.lu.ni.ar *v.t.d.* Difamar.
cal.va *s.f.* Parte da cabeça que não tem cabelo; qualquer falha.
cal.vá.rio *s.m.* Monte onde Jesus foi crucificado. *Fig.* Sofrimentos.
cal.ví.cie *s.f.* Estado de calvo.
cal.vo *adj.* Quem não tem cabelo na cabeça ou em parte dela.
ca.ma *s.f.* Móvel que serve para dormir ou descansar.
ca.ma.da *s.f.* Qualquer matéria estendida uniformemente sobre uma superfície. *Dig.* Classe.
ca.ma.feu *s.m.* Pedra preciosa disposta em duas camadas de gradação diversa, numa das quais se esculpe figura em relevo.
ca.ma.le.ão *s.m.* Lagarto que muda de cor de acordo com o ambiente em que está.
câ.ma.ra *s.f.* Compartimento de uma habitação; dormitório; cada uma das casas do Congresso.
ca.ma.ra.da *s.2gên.* Companheiro; soldado; indivíduos que exercem a mesma profissão; *adj.2gên.* amigo.
ca.ma.ra.da.gem *s.f.* Amizade; convívio de camaradas.
câ.ma.ra-de-ar *s.f.* Conduto redondo de borracha que se coloca em volta de rodas, bolas etc., cheio de ar.
ca.ma.ran.chão *s.m.* Construção ligeira de rípas, revestida de plantas trepadeiras.
ca.ma.rão *s.m.* Crustáceo decápode.
ca.ma.ra.ta *s.f.* Série de leitos num mesmo cômodo.
ca.ma.rei.ro *s.m.* Criado incumbido de arrumar os quartos de hotel.
ca.ma.rim *s.m.* Pequeno compartimento no qual os artistas de teatro se vestem e se caracterizam.
ca.ma.ro.te *s.m.* Compartimento dos navios para alojamento; compartimento donde se assiste a espetáculos teatrais.
cam.ba.da *s.f.* Porção de coisas enfiadas e penduradas. *Fig.* Cáfila; súcia.
cam.ba.do *adj.* Torto para um lado; cambaio.
cam.bai.o *adj.* De pernas tortas.

cam.bal *s.m.* Resguardo em torno da mó do moinho.

cam.ba.la.cho *s.m.* Conchavo; tramoia.

cam.ba.le.an.te *adj.2gên.* Que anda com pouca firmeza; que cambaleia.

cam.ba.le.ar *v.intr.* Caminhar sem segurança.

cam.ba.lho.ta *s.f.* Volta do corpo sobre as costas firmando a cabeça no chão.

cam.ba.pé *s.m.* Rasteira; armadilha.

cam.bar *v.intr.* Entortar as pernas ao caminhar; *v.t.i.* inclinar-se.

cam.be.ta *adj.2gên.* e *s.2gên.* O mesmo que *cambaio* (torto; manco).

cam.be.ú.va *adj.2gên.* Gado cujos chifres são torcidos ou voltados para a testa.

cam.bi.al *adj.2gên.* Que diz respeito ao câmbio; *s.f.* letra de câmbio sacada numa praça sobre outra.

cam.bi.an.te *adj.2gên.* Cor indistinta; visado.

cam.bi.ar *v.t.d.* e i. Trocar (moedas); *v.intr.* mudar de cor. *Fig.* Mudar de opinião.

câm.bio *s.m.* Troca de moedas, letras etc.; alavanca de mudança de marcha nos automóveis.

cam.bis.ta *s.2gên.* Pessoa que tem casa de câmbio ou realiza negócios cambiais; indivíduo que vende entradas para espetáculos, com ágio, fora das casas de diversões.

cam.bi.to *s.m.* Perna fina.

cam.bo.ja.no *adj.* Pertencente ao Camboja (Indochina); *s.m.* o oriundo do Camboja.

cam.brai.a *s.f.* Tecido finíssimo de algodão ou de linho.

cam.bu.í *s.m.* Árvore das Mirtáceas.

ca.me.lão *s.m.* Tecido de pele de cabra ou de lã impermeável.

ca.mé.lia *s.f.* Arbusto ornamental da família das Teáceas.

ca.me.lô *adj.2gên.* e *s.m.* Vendedor de miudezas em ruas ou praças.

ca.me.lo *s.m.* Ruminante com duas corcovas no dorso. *Fig.* Indivíduo tolo.

ca.mi.nha.da *s.f.* Ação de caminhar; passeio.

ca.mi.nhão *s.m.* Veículo grande de carga, motorizado.

ca.mi.nhar *v.intr.* Percorrer andando; *v.t.i.* encaminhar-se; dirigir-se; ir. (Antôn.: *retornar.*)

ca.mi.nho *s.m.* O espaço que se percorre andando; passagem; estrada; direção.

ca.mi.sa *s.f.* Peça do vestuário que se usa por cima da pele.

ca.mi.são *s.m.* Camisa comprida.

ca.mi.sa.ri.a *s.f.* Fábrica de camisas ou loja onde elas são vendidas.

ca.mi.se.ta *s.f.* Camisa de malha usada junto ao corpo.

ca.mi.si.nha *s.f.* Pequena camisa; preservativo para uso sexual.

ca.mi.so.la *s.f.* Camisa comprida de dormir (geralmente usada por mulheres).

ca.mo.mi.la *s.f. Bot.* Planta olorosa da família das Compostas; flor dessa planta.

ca.mo.ni.a.na *s.f.* Obra completa de Camões, notável poeta português; *adj.* referente a escritos sobre Camões.

ca.mo.ra *s.f.* Grupo de facínoras; contenda; rixa.

cam.pa *s.f.* Pedra de sepulcro; pequeno sino.

cam.pa.i.nha *s.f.* Sineta. *Fig.* Pessoa novidadeira, que tudo propala.

cam.pal *adj.2gên.* Que pertence ao campo de batalha ou ao acampamento militar.

cam.pa.na *s.f.* Sino; campainha.

cam.pa.ná.rio *s.m.* Torre de igreja onde estão os sinos; aldeia.

cam.pa.nha *s.f.* Campo de grande extensão; conjunto de operações militares. *Fig.* Movimento dirigido em prol de alguma coisa.

cam.pa.nu.do *adj.* Bombástico; empolado.

cam.pâ.nu.la *s.f.* Pequeno vaso em forma de sino; flor das Campanuláceas.

cam.par *v.t.d.* e *intr.* Acampar.

cam.pe.a.ção *s.f.* Ato de campear, isto é, de sair a cavalo pelo campo para tratar ou procurar o gado que se tresmalhou.

cam.pe.ão *s.m.* O vencedor de provas ou certames.

cam.pe.ar *v.t.d.* Ostentar; fazer alarde.

cam.pei.ro *adj.* Que faz trabalhos no campo; que tem hábitos campestres; *s.m.* homem da lavoura; vaqueiro.

cam.pe.si.no *adj.* O mesmo que *campestre*.

cam.pes.tre *adj.* Relativo ao campo; rural; rústico.

cam.pi.na *s.f.* Campo vasto desprovido de vegetação.

cam.pi.nei.ro *adj.* Pertencente a Campinas (SP); *s.m.* o oriundo de Campinas.

cam.po *s.m.* Terreno extenso e plano; matéria; motivo; zona rural; – santo: cemitério.

cam.po.nês *adj.* Característico do campo; *s.m.* homem do campo; aldeão.

ca.mu.fla.gem *s.f.* Disfarce.

ca.mu.flar *v.t.d.* Dissimular; ocultar sob aparências falsas.

ca.mun.don.go *s.m.* Ratinho doméstico.

ca.mur.ça *s.f. Zool.* Espécie de cabra montês; a pele desse animal preparada para fazer bolsas, luvas etc.

ca.na *s.f.* Planta gramínea. *Pop.* Cadeia; polícia.

ca.na-de-a.çú.car *s.f.* Planta de que se extrai o açúcar.

ca.na.den.se *s.f.* Do Canadá ou a ele relativo; *s.2gên.* habitante do Canadá.

ca.nal *s.m.* Escavação ou rego por onde corre água; cavidade estreita do organismo que serve para dar passagem aos líquidos e gases ou para alojar certos órgãos. *Fig.* Via; modo.
ca.na.le.te *s.m.* Canal pequeno.
ca.na.lha *adj.* Biltre; infame; velhaco; *s.f.* gente vil.
ca.na.lhi.ce *s.f.* Ato ou maneira de agir de canalha; baixeza.
ca.na.li.za.ção *s.f.* Ação ou resultado de canalizar; série de canos ou canais.
ca.na.li.zar *v.t.d.* Pôr canos em; abrir canais; encaminhar por meio de canais.
ca.na.pé *s.m.* Espécie de cadeira comprida com respaldo e braços; aperitivo servido em uma pequena fatia de pão sobre o qual se colocam iguarias variadas.
ca.ná.rio *s.m.* Pequena ave dos conirrostros, em geral amarela e cujo canto é belíssimo.
ca.nas.tra *s.f.* Cesta larga e de pouca altura; variedade de jogo de cartas.
ca.nas.trão *s.m.* Canastra grande. *Gír.* Mau ator.
ca.na.vi.al *s.m.* Plantação de cana-de-açúcar.
can.cã *s.m.* Dança de movimentos rápidos; ave brasileira da família dos Anatídeos.
can.ção *s.f.* Composição poética para ser cantada.
can.ce.la *s.f.* Pequena porta feita de ripas, de pouca altura.
can.ce.la.men.to *s.m.* Anulação.
can.ce.lar *v.t.d.* Riscar; inutilizar; eliminar.
cân.cer *s.m.* Designação genérica dos tumores malignos; cancro. *Astron.* Constelação zodiacal.
can.ce.rí.ge.no *adj. Med.* Que pode provocar incidência do câncer.
can.ce.ro.lo.gi.a *s.f.* Ramo da Medicina que estuda o câncer e todos os tumores malignos; oncologia.
can.ce.ro.so *adj.* Que tem a natureza de câncer; *s.m.* indivíduo que sofre de câncer.
can.cha *s.f.* Lugar apropriado para corridas de cavalo; campo de futebol.
can.ci.o.nei.ro *s.m.* Coletânea de canções e outras poesias.
can.ço.ne.tis.ta *s.2gên.* Indivíduo que compõe cançonetas.
can.cro *s.m.* O mesmo que *câncer*; úlcera venérea; – **duro**: lesão inicial da sífilis; – **mole**: doença venérea.
can.dan.go *s.m.* Alcunha dada aos portugueses pelos africanos.
can.de.ei.ro *s.m.* Aparelho com alimentação de essência para fins de iluminação.
can.dei.a *s.f.* Vila de sebo ou de cera; lamparina.
can.de.la.bro *s.m.* Grande candeeiro com inúmeros castiçais; lustre.
can.de.lá.ria *s.f.* A data da purificação da Virgem.
can.den.te *adj.* Ardente.

can.di.da.to *s.m.* Indivíduo que aspira a emprego ou a qualquer dignidade.
can.di.da.tu.ra *s.f.* Proposta para candidato.
can.di.dez *s.f.* Candura; brancura; pureza.
cân.di.do *adj.* Alvo. *Fig.* Puro; sincero.
can.dom.blé *s.m.* Festa do culto afro-brasileiro; macumba.
can.don.ga *s.f.* Falso carinho; intriga. *Bras.* Paixão.
can.du.ra *s.f.* Simplicidade; inocência.
ca.ne.ca *s.f.* Pequena vasilha cilíndrica provida de asas, para conter líquidos.
ca.ne.la *s.f.* Casca de uma planta usada como especiaria; parte da perna abaixo dos joelhos.
ca.ne.lei.ra *s.f.* Árvore que produz a canela; peça para proteção das canelas.
ca.ne.lu.ra *s.f.* Sulco aberto, como mera cana, em colunas ou outras partes da construção.
ca.ne.ta *s.f.* Pequeno tubo onde se encaixa a ponta para escrita a tinta.
cân.fo.ra *s.f.* Substância aromática extraída da canforeira.
can.fo.ra.do *adj.* Feito com cânfora.
can.ga *s.f.* Jugo de bois; opressão.
can.ga.cei.ro *s.m. Bras.* Antigo bandoleiro do sertão; salteador.
can.ga.ço *s.m.* Estilo de vida dos bandoleiros nordestinos.
can.ga.lho *s.m.* Pau de canga. *Fam.* Pessoa ou coisa inútil ou velha.
can.gam.bá *s.m.* Nome comum a vários mamíferos do gênero *Conepatus*.
can.go.te *s.m.* Deturpação do vocábulo cogote; nuca.
can.gui.nhas *s.m.2n.* Indivíduo fraco.
ca.nha *s.m.* A mão esquerda; **às –s**: às avessas.
ca.nha.da *s.f.* Baixada entre colinas ou coxilhas.
câ.nha.mo *s.m.* Planta morácea de fibras resistentes.
ca.nhão *s.m.* Peça de artilharia; extremidade superior do cano da bota. *Fig.* Mulher feia e desengonçada.
ca.nhe.nho *s.m.* Caderneta de notas ou lembranças.
ca.nhes.tro *adj. Pop.* Desajeitado, inábil.
ca.nho *adj.* O mesmo que *canhoto*.
ca.nho.na.ço *s.m.* Tiro de canhão.
ca.nho.na.da *s.f.* Tiros contínuos de peça de artilharia, de canhões.
ca.nho.nei.ro *s.m.* Que possui artilharia.
ca.nho.ta *s.f.* Expressão popular que designa a mão esquerda.
ca.nho.to *adj.* Que usa a mão esquerda em vez da direita. *Fig.* Inábil; *s.m.* indivíduo canhoto. *Pop.* Parte não destacável de um documento (cheque, recibo etc.).

ca.ni.bal *s.m.* Selvagem de hábitos antropofágicos. *Fig.* Homem feroz.
ca.ni.ba.lis.mo *s.m.* Antropofagia; ato de um animal alimentar-se de outro da mesma espécie.
ca.ni.cie *s.f.* Aparecimento de cóis. *Fig.* Velhice.
ca.ni.ço *s.m.* Cana delgada; canavial; tipo de jangada. *Pop.* Pessoa muito magra.
ca.ní.cu.la *s.f.* Parte do verão, ou do dia, em que faz mais calor; calor atmosférico.
ca.ní.deos *s.m.pl.* Família de mamíferos carnívoros, à qual pertencem o cão e o lobo.
ca.nil *s.m.* Lugar onde os cães são abrigados.
ca.nin.dé *s.m.* Ave do Brasil da família dos Psitacídeos.
ca.ni.nha *s.f.* Pequena cana. *Pop.* Pinga.
ca.ni.no *s.m.* Dente que se acha entre os incisos e os molares; *adj.* relativo a cão.
ca.ni.ve.te *s.m.* Pequena lâmina que se move e se fecha sobre o cabo.
can.ja *s.f.* Caldo de galinha com arroz. *Pop.* Coisa fácil de fazer.
can.je.rê *s.m. Bras.* Reunião religiosa dos negros escravos, para prática de feitiçaria.
can.ji.ca *s.f.* Papa de milho verde ralado e cozido no leite; tipo de tabaco em pó.
can.ji.qui.nha *s.f. Bras.* Tênia da carne de porco.
ca.no *s.m.* Tubo para condução de gases ou de líquidos.
ca.no.a *s.f.* Embarcação construída com um tronco de árvore; qualquer pequena embarcação.
ca.no.a.gem *s.f.* Ação de navegar em canoa.
ca.no.ei.ro *s.m.* Condutor de uma canoa.
ca.no.en.se *adj.2gên.* Referente a Canoas (RS); *s.m.2gên.* nascido ou morador em Canoas.
câ.non *s.m.* Norma; regra. *Relig.* Lista de santos reconhecidos pela Igreja. *Mús.* Composição musical, cujo tema era limitado por outras vozes. (Pl.: *cânones*.)
câ.no.ne *s.m.* Cânon.
ca.nô.ni.co *adj.* Relativo a cânones; regular; ortodoxo.
ca.no.ni.za.ção *s.f.* Ato de canonizar.
ca.no.ni.zar *v.t.d.* Incluir entre os santos. *Fig.* Lisonjear; consagrar.
ca.no.ro *adj.* De canto harmonioso; sonoro.
can.sa.ço *s.m.* Fadiga.
can.sa.do *adj.* Indivíduo que está fatigado; exausto de tanto trabalhar; preocupado.
can.sar *v.t.d.* Produzir cansaço, fadiga a; afligir; *v.intr.* estar cansado; *v.pron.* sentir ou sentir-se exausto; aborrecer-se. (Antôn.: *descansar*.)
can.sa.ti.vo *adj.* Que cansa, que fatiga; aborrecido.
can.sei.ra *s.f.* Cansaço; esforço empregado para obter qualquer coisa.
can.ta.da *s.f.* Ação de seduzir por palavras ou sistema hábil.

can.ta.dor *s.m.* Cantor popular; seresteiro; *adj.* que canta.
can.tão *s.m.* Divisão territorial de vários países.
can.tar *v.t.d.* Expressar por meio de canto; recitar. *Pop.* Seduzir.
can.ta.ri.a *s.f.* Pedra lavrada, para construções.
can.ta.ro.lar *v.t.d. e v.intr.* Cantar à meia voz; trautear.
can.tei.ro *s.m.* Operário que trabalha em pedra de cantaria; parte do jardim destinado a flores.
cân.ti.co *s.m.* Canto em louvor da divindade; salmo; hino.
can.ti.ga *s.f.* Poesia cantada.
can.til *s.m.* Ferramenta de carpinteiro; ferramenta de canteiro; recipiente para transportar líquidos.
can.ti.le.na *s.f.* Cantiga suave.
can.ti.na *s.f.* Lugar destinado à venda de bebidas, comidas.
can.to *s.m.* Lugar retirado; sons musicais emitidos pela voz; poema lírico.
can.to.nei.ra *s.f.* Peça do mobiliário adaptada ao canto de uma sala.
can.tor *s.m.* Indivíduo que canta profissionalmente; poeta.
can.to.ra *s.f.* Forma fem. de *cantor*.
can.to.ri.a *s.f.* Ato de cantar; música vocal. *Pej.* Canto desafinado.
ca.nu.do *s.m.* Cano cilíndrico um tanto alongado. *Fam.* Negócio frustrado; engano; diploma de colégio.
câ.nu.la *s.f.* Tubo de vidro ou metal que se introduz em um orifício ou órgão.
cão *s.m.* Mamífero carnívoro domesticado. *Pop.* Canalha.
-ção *suf.* Elemento de composição que forma os substantivos verbais indicativos de ação.
ca.o.lho *adj.* Torto de um olho; zarolho; que não tem um olho.
ca.os *s.m.2n.* Desordem completa; balbúrdia.
ca.ó.ti.co *adj.* Em que existe caos; confuso; desordenado.
ca.pa *s.f.* Veste para proteger as demais roupas de quem a usa; cobertura; envoltório. *Fig.* Traje; aparência, proteção; **preço de –**: valor de venda de um livro.
ca.pa.ce.te *s.m.* Armadura para proteção da cabeça; **– de gelo**: a quantidade de gelo que se coloca na cabeça do doente de certas enfermidades.
ca.pa.chis.mo *s.m.* O mesmo que *servilismo*.
ca.pa.cho *s.m.* Tapete de grossas fibras que se põe às portas. *Fig.* Homem servil.
ca.pa.ci.da.de *s.f.* Aptidão, valor ou talento possuído por alguém; volume interior de um corpo vazio.
ca.pa.ci.tar *v.t.d.* Tornar capaz; persuadir.
ca.pa.ci.tor *s.m. Fís.* Condensador.

ca.pa.dó.cio *adj.* e *s.m.* Indivíduo acanalhado; trapaceiro. Oriundo da Capadócia.

ca.pan.ga *s.f. Bras.* Bolsa pequena que os viajantes usam a tiracolo; *s.m. Bras.* Valentão que defende quem lhe paga.

ca.pão *s.m. Bras.* Bosque isolado.

ca.par *v.t.d.* Extrair os órgãos genitais; castrar.

ca.pa.taz *s.m.* Administrador; chefe de grupo de trabalhadores.

ca.paz *adj.* Que tem capacidade; apto.

cap.ci.o.so *adj.* Astucioso para iludir; ardiloso; insidioso.

ca.pe.a.do *adj.* Oculto; dissimulado.

ca.pe.ar *v.t.d.* Revestir de capa; iludir; disfarçar.

ca.pe.la *s.f.* Altar particular no corpo de algum templo; pequena igreja; pálpebras.

ca.pe.la.ni.a *s.f.* Dignidade e benefícios de capelão.

ca.pe.lão *s.m.* Clérigo que faz os serviços divinos de algum templo; padre que dá assistência em quartéis, hospitais etc. *Bras.* Macaco velho e astuto.

ca.pen.ga *s.m. Bras.* Coxo; manco.

ca.pen.gar *v.intr.* Mancar; andar puxando uma perna.

ca.pe.ta *s.m. Bras.* Diabo. *Fig.* Menino traquinas.

ca.pe.ti.nha *s.f.* Tipo de gramínea que medra na sombra das matas.

ca.pi.au *s.m.* Nome dado ao homem do campo de Minas Gerais; matuto.

ca.pi.lar *adj.* Relativo a cabelo; fino como um fio de cabelo; *s.m.* vaso capilar.

ca.pi.la.ri.da.de *s.f.* Propriedade de capilar. *Fís.* Elevação ou depressão de um líquido em um tubo capilar.

ca.pim *s.m. Bot.* Nome comum dado a várias plantas gramíneas. *Gír.* Dinheiro.

ca.pi.na.dei.ra *s.f.* Instrumento agrícola com que se capina.

ca.pi.nar *v.t.d.* e *v.intr.* Arrancar ervas más de um campo; carpir. *Gír.* Retirar-se.

ca.pin.zal *s.m.* Terreno onde há abundância de capim.

ca.pi.on.go *adj.* Triste.

ca.pis.car *v.t.d.* Perceber; compreender.

ca.pis.ta *s.2gên.* Indivíduo que faz desenhos de capas de livros, revistas etc.

ca.pi.tal *adj.* Essencial; fundamental; *s.f.* cidade principal de uma povoação; *s.m.* fundo de dinheiro de uma empresa.

ca.pi.ta.lis.mo *s.m.* Regime social que tem como base o capital privado.

ca.pi.ta.lis.ta *s.2gên.* Pessoa muito rica ou que vive de rendimentos.

ca.pi.ta.li.zar *v.t.d.* Converter em capital; poupar; acumular.

ca.pi.tâ.nia *adj.* e *s.f.* Nau em que vai o comandante de uma esquadra.

ca.pi.ta.ni.a *s.f.* Qualidade ou ato de capitão; comando militar; circunscrição territorial.

ca.pi.tão *s.m.* Chefe militar; comandante; chefe; caudilho.

ca.pi.tel *s.m. Arquit.* Remate de coluna.

ca.pi.tó.lio *s.m.* Templo dedicado a Júpiter na antiga Roma. *Fig.* Glória; esplendor.

ca.pi.to.so *adj.* Que sobe à cobiça; embebida.

ca.pi.tu.lar *v.t.d.* Dividir em capítulos; classificar; *v.intr.* render-se; *adj.* que se refere a capítulo ou cabido.

ca.pí.tu.lo *s.m.* Cada uma das divisões de um livro; artigo de contrato ou acusação. *Bot.* Tipo de inflorescência.

ca.pi.va.ra *s.f.* O maior dos roedores.

ca.pi.xa.ba *s.m.* Natural do estado do Espírito Santo; planta euforbiácea.

ca.pô *adj.* Tampa ou cobertura que protege o motor dos veículos.

ca.po.ei.ra[1] *s.f.* Gaiola para criar capões e outras aves domésticas; mato fino que se roça.

ca.po.ei.ra[2] *s.m.* Jogo acrobático constituído por movimentos; capoeirista.

ca.po.ei.ra.gem *s.f.* Jogo de ataque e defesa de movimentos ligeiros e típicos.

ca.po.na *s.f.* Ampla capa feminina.

ca.po.ta *s.f.* Toucado de senhora para proteger a cabeça; cobertura de veículo.

ca.po.tar *v.intr.* Virar sobre si mesmo um automóvel ou outro veículo.

ca.po.te *s.m.* Veste semelhante ao casaco.

ca.pri.char *v.t.i.* e *intr.* Pôr, ter capacidade; fazer timbre; aprimorar.

ca.pri.cho *s.m.* Fantasia injustificada e volúvel. *Mús.* Composição engenhosa, mas extravagante. *Fig.* Brio; esmero.

ca.pri.cho.so *adj.* Que caprichа; teimoso.

ca.prí.deo *s.m.pl. Zool.* Ordem de animais à qual pertencem o bode e a cabra.

ca.pri.no *adj.* Referente ou análogo à cabra ou ao bode.

cáp.su.la *s.f.* Invólucro de sementes e medicamentos.

cap.ta.ção *s.f.* Ato de captar, de atrair por meios capciosos.

cap.tar *v.t.d.* Atrair por insinuação; apreender; desviar (águas).

cap.tor *s.m.* Indivíduo que captura ou prende.

cap.tu.ra *s.f.* Ação de capturar; prisão; arresto.

cap.tu.rar *v.t.d.* Prender; tomar; apreender; arrestar.

ca.pu.chi.nho *adj.* e *s.m.* Relativo a ou frade franciscano.

ca.pu.lho *s.m. Bot.* Invólucro da flor; cápsula que envolve o algodão.
ca.puz *s.m.* Cobertura para a cabeça.
ca.que.ar *v.intr. Gír. de teatro* Inserir fala de improviso nas peças teatrais.
ca.qué.ti.co *adj.* e *s.m. Pat.* O que sofre de caquexia.
ca.que.xi.a *s.f. Pat.* Estado de desnutrição profunda.
cá.qui *adj.2gén.* Cor semelhante à do barro; *s.m.* brim que apresenta essa cor.
ca.qui *s.m.* Fruto do caquizeiro.
ca.ra *s.f.* Rosto; fisionomia; o lado da moeda onde está a efígie; *s.m. Gír.* Indivíduo.
ca.ra.bi.na *s.f.* Arma curta de fogo; espingarda estriada.
ca.ra.bi.nei.ro *s.m.* Soldado armado de carabina; fabricante de carabinas.
ca.ra.ca.rá *s.m.* Nome comum de diversas aves do grupo dos Falconídeos.
ca.ra.ca.xá *s.m.* Chocalho de criança; reco-reco.
ca.ra.col *s.m.* Molusco terrestre de concha espiral.
ca.rac.te.res *s.m.pl.* Sinais que identificam tipos de impressão.
ca.rac.te.rís.ti.ca *s.f.* O que caracteriza. Var.: *caraterística*.
ca.rac.te.rís.ti.co *adj.* Que caracteriza; que distingue; *s.m.* distintivo. Var.: *caraterístico*.
ca.rac.te.ri.za.ção *s.f.* Ato ou resultado de caracterizar. Var.: *caraterização*.
ca.rac.te.ri.za.do *adj.* Marcado por caráter distintivo; qualificado. Var.: *caraterizado*.
ca.rac.te.ri.zar *v.t.d.* Imprimir caráter, marca etc. Var.: *caraterizar*.
ca.ra.cu *adj.2gén. Bras.* Raça bovina de pelo curto; *s.m.* medula dos ossos.
ca.ra-de-pau *adj.2gên.* e *s.2gên.* Referente à pessoa de rosto sem expressão. *Gír.* Indivíduo metediço e cínico.
ca.ra.du.ra *s.m. Bras.* Aquele que não tem vergonha.
ca.ra.í.ba *s.m.* Grupo indígena das Guianas e das Antilhas.
ca.ra.man.chão *s.m.* Armação para plantas trepadeiras; caramanchel.
ca.ram.bo.la *s.f.* A bola vermelha do bilhar; fruto do caramboleiro.
ca.ram.bo.lei.ro *s.m. Bot.* Árvore ornamental de pequeno porte.
ca.ra.min.guás *s.m.* Mobília pobre; dinheiro miúdo.
ca.ra.mi.nho.la *s.f.* Mentira; intriga.
ca.ra.mu.jo *s.m.* Molusco provido de casca quase redonda. *Bot.* Variedade de couve. *Bras.* Indivíduo sisudo e pouco expansivo.
ca.ra.mu.nha *s.f.* Choradeira de criança.

ca.ra.mu.ru *s.m. Bras.* Qualificativo dado pelos aborígines aos primeiros europeus, devido às armas de fogo que traziam; peixe de água salgada do grupo dos murenídeos.
ca.ran.go *s.m.* Piolho, chato. *Gír.* Automóvel.
ca.ran.gue.jei.ra *s.f. Bras.* Variedade de aranha de porte descomunal e peluda.
ca.ran.gue.jo *s.m.* Marisco crustáceo. *Pop.* Vagaroso; lento.
ca.rão *s.m.* Cara grande.
ca.ra.pa.ça *s.f.* Envoltório que protege o tronco dos cágados e tartarugas.
ca.ra.pa.ru *s.m.* Planta da família das Marantáceas.
ca.ra.pe.tão *s.m.* Mentira grande.
ca.ra.pi.nha *s.f.* Cabelo crespo; pixaim.
ca.ra.pu.ça *s.f.* Barrete de forma cônica.
ca.rá.ter *s.m.* Conjunto de variações psicológicas de cada indivíduo.
ca.ra.va.na *s.f.* Mercadores ou viajantes que atravessam o deserto juntos. *P. ext.* Grupo de pessoas que passeiam ou viajam juntas.
ca.ra.ve.la *s.f.* Embarcação pequena armada de velas latinas.
ca.ra.xa *s.f.* Planta do grupo das Gramíneas.
car.bo.i.dra.to *s.m.* Substância com composição semelhante à do açúcar.
car.bo.na.to *s.m.* Sal resultante da combinação de anidrido carbônico com uma base.
car.bo.ne.to *s.m.* Combinação do carbono com bases metálicas.
car.bo.ní.fe.ro *adj.* Que produz carvão.
car.bo.ni.zar *v.t.d.* Reduzir(-se) a carvão.
car.bo.no *s.m.* Metaloide que ocorre na natureza, cristalizado (diamante) ou amorfo (carvão); papel próprio para cópias de escritas ou desenhos.
car.bún.cu.lo *s.m. Med.* Doença infecciosa que ataca o homem e os animais.
car.bu.ra.ção *s.f.* Operação em que algo é submetido à ação do carbono.
car.bu.ra.dor *s.m.* Aparelho destinado a provocar a carburação de certos corpos.
car.ca.ça *s.f.* Esqueleto. *Fig.* Mulher velha e feia.
car.cás *s.m.* Porta-flechas, aljava.
car.ce.ra.gem *s.f.* Ação de encarcerar.
car.ce.rá.rio *adj.* Referente ao cárcere.
cár.ce.re *s.m.* Prisão, cadeia.
car.ci.no.lo.gi.a *s.f.* Estudo dos crustáceos e também do câncer.
car.ci.no.ma *s.m. Pat.* Câncer ou tumor maligno.
car.ci.no.se *s.f.* Disseminação do câncer pelo corpo.
car.co.ma *s.f.* Caruncho.
car.co.mer *v.t.d.* Arruinar.
car.da *s.f.* Aparelho para cardar; sujeira que fica grudada no pelo dos animais.
car.da.dor *s.m.* Indivíduo cujo ofício é cardar.

car.dá.pio *s.m. Bras.* Minuta das iguarias de uma refeição.
car.dar *v.t.d.* Pentear com carda; desenredar. *Gír.* Roubar; furtar.
car.de.al *s.m.* Membro do Sacro Colégio; *adj.* cardinal; fundamental.
car.dí.a.co *adj. Med.* Referente ao coração; *s.m.* indivíduo que padece do coração.
car.di.nal *adj.* Cardeal; principal. *Gram.* Numeral que designa quantidade absoluta.
car.di.o.gra.fi.a *s.f. Med.* Registro gráfico das batidas cardíacas; ramo da anatomia que trata do coração.
car.di.o.gra.ma *s.m. Med.* Curva que se obtém pela aplicação do cardiógrafo.
car.di.o.lo.gi.a *s.f. Med.* Parte da Medicina que versa sobre as afecções do coração e seus vasos.
car.di.o.lo.gis.ta *s.2gên.* Médico que trata das enfermidades cardíacas.
car.di.o.pa.tia *s.f. Med.* Nome comum às afecções do coração.
car.do *s.f.* Falta; privação.
car.du.me *s.m.* Designação coletiva de peixes.
ca.re.ca *adj.2gên.* Que não tem cabelos na cabeça; calvo.
ca.re.cer *v.t.i.* Necessitar.
ca.rên.cia *s.f.* Necessidade.
ca.ren.te *adj.2gên.* Necessitado.
ca.res.ti.a *s.f.* Preço superior ao real valor.
ca.re.ta *s.f.* Máscara; trejeito de rosto.
ca.re.tei.ro *adj.* e *s.m.* Aquele que faz caretas.
car.ga *s.f.* Tudo que se pode transportar; acúmulo de eletricidade; **voltar à** –: insistir.
car.ga-d'á.gua *s.f.* Chuva forte.
car.go *s.m.* Função ou emprego; responsabilidade.
car.guei.ro *adj.* Que, aquilo ou aquele que transporta carga.
ca.ri.a.do *adj.* Que apresenta cárie (o dente; osso).
ca.ri.ar *v.intr.* Destruir pela cárie; *v.pron.* perverter-se.
ca.ri.ca.to *adj.* Ridículo; *s.m.* artista dramático do gênero satírico.
ca.ri.ca.tu.ra *s.f.* Retrato ridículo ou cômico de pessoa ou fato.
ca.ri.ca.tu.ris.ta *s.2gên.* O que faz caricaturas.
ca.rí.cia *s.f.* Afago; carinho.
ca.ri.da.de *s.f.* Benevolência.
ca.ri.do.so *adj.* Bondoso.
cá.rie *s.f. Med.* Ulceração nos dentes.
ca.rim.ba.do *adj.* Marcado com carimbo.
ca.rim.bar *v.t.d.* Pôr carimbo; selar.
ca.rim.bo *s.m.* Marca que se põe sobre alguma coisa.
ca.ri.nho *s.m.* Mimo; carícia.
ca.ri.nho.so *adj.* Que faz carícias; meigo.

ca.ri.o.ca *adj.* e *s.2gên.* Natural da cidade do Rio de Janeiro.
ca.ri.o.pse *s.f.* Fruto seco indeiscente que apresenta apenas uma semente.
ca.ris.ma *s.m.* Dom do céu.
ca.ris.má.ti.co *adj.* Referente a carisma.
ca.ri.ta.ti.vo *adj.* Caridoso.
car.le.quim *s.m.* Máquina para levantar objetos pesados.
car.me *s.m.* Canto.
car.me.li.ta *s.2gên.* Religioso da ordem de N. S. do Carmo; *Carmelitano*.
car.me.sim *adj.* Que tem a cor do carmim.
car.mim *s.m.* Cor vermelha muito viva.
car.na.ção *s.f.* A cor da carne.
car.na.du.ra *s.f.* Parte carnosa do corpo.
car.nal *adj.* Referente à carne; sensual.
car.na.ú.ba *s.f.* Palmeira também conhecida por *carnaíba* (Bahia) e *carandá* (Mato Grosso).
car.na.val *s.m.* Três dias de folia que antecedem a quaresma.
car.na.va.les.co *adj.* Relativo ao ou próprio do carnaval; grotesco.
car.ne *s.f.* Tecido muscular do homem e dos animais. *Fig.* O corpo; lascívia.
car.ne.gão *s.m.* Quantidade purulenta e endurecida de certos tumores e furúnculos.
car.nei.ro *s.m. Zool.* Quadrúpede macho lanígero.
car.ni.ça *s.f.* Carne podre de animal que atrai os urubus.
car.ni.cei.ro *adj.* Que se alimenta de carne; sanguinário.
car.ni.fi.ci.na *s.f.* Chacina.
car.ní.vo.ro *adj.* Que se alimenta de carne.
car.no.so *adj.* Diz-se da parte interior, suculenta, do fruto.
car.nu.do *adj.* Provido de muita carne; gordo.
ca.ro *adj.* Que tem um alto preço; querido; *adv.* por alto preço.
ca.ro.á.vel *adj.2gên.* Carinhoso; afável.
ca.ro.chi.nha *s.f.* Dim. de *carocha*; **contos da** –: historietas sempre fantasiosas.
ca.ro.ço *s.m.* Calombo. *Fig.* Dinheiro.
ca.ro.la *adj.* Indivíduo beato; *s.m.* homem com coroa à vista.
ca.ro.lo *s.m.* Espiga de milho debulhada.
ca.ro.na *s.f.* Peça de areio; *s.m.* indivíduo que viaja de graça.
ca.ró.ti.da *s.m. Anat.* Cada uma das duas grandes artérias que conduzem o sangue ao cérebro.
car.pa *s.f.* Ato de carpir a cana-de-açúcar e os cafeeiros; peixe fluvial.
car.pi.dei.ra *s.f.* Instrumento agrícola para capina.
car.pin.ta.ri.a *s.f.* Profissão de carpinteiro; estabelecimento de carpinteiro.

car.pin.tei.ro *s.m.* Artesão que trabalha em obras de madeira.
car.pir *v.t.d.* e *intr.* Lamentar; limpar uma roça.
car.po *s.m.* Punho; pulso.
car.pui.lha *s.f.* Ruga.
car.ra.da *s.f.* O que o carro transporta de uma vez.
car.ran.ça *adj.2gên.* e *s.2gên.* Pessoa apegada ao passado.
car.ran.ca *s.f.* Rosto sombrio, carregado; cara feia.
car.ran.cu.do *adj.* De cara fechada.
car.rão *s.m.* Grande carro.
car.ra.pa.to *s.m. Zool.* Aracnídeo que se fixa à pele de alguns animais e homens e vive como parasito.
car.ra.pi.cho *s.m.* Jeito de atar o cabelo no alto da cabeça.
car.ras.co *s.m.* Algoz.
car.ras.pa.na *s.f.* Bebedeira; repreensão.
car.re.ar *v.t.d.* Arrastar; acarretar.
car.re.ga.do *adj.* Diz-se do céu, quando cheio de nuvens densas que prenunciam tempestade; pesado.
car.re.gar *v.t.d.* Pôr carga em; transportar; *v.t.i.* avançar; *v.t.d.* e *i.* atribuir; agravar; *v.intr.* e *pron.* escurecer-se.
car.rei.ra *s.f.* Caminho de carro; corrida. *Fig.* Modo de vida.
car.rei.ris.mo *s.m.* Modo de agir ou tendência de quem lança mão de qualquer expediente para ter êxito.
car.rei.ro *s.m.* Guia de carros de bois; caminho estreito.
car.re.ta *s.f.* Pequeno carro de duas rodas; carroça.
car.re.tão *s.m.* Carreteiro.
car.re.tei.ro *s.m.* O que guia carreta; *adj.* barco destinado à carga e descarga de navios.
car.re.tel *s.m.* Cilindro onde se enrola arame, linha etc.
car.re.ti.lha *s.f.* Pequena roldana.
car.re.to *s.m.* Ato de carretar; transporte.
car.ri.ça.da *s.f.* Porção de barcos, barris etc. perfeitamente amarrados para serem conduzidos com facilidade.
car.ril *s.m.* Sulco aberto pelas rodas de carro.
car.ri.lhão *s.m.* Conjunto de sinos afinados com que se toca música.
car.ri.nho *s.m.* Pequeno carro.
car.ro *s.m.* Veículo de rodas para transportar pessoas ou carga; automóvel.
car.ro.ça *s.f.* Carro grosseiro para cargas.
car.ro.ce.ri.a *s.f.* A parte superior do veículo onde vão os passageiros ou a carga.
car.ro.ci.nha *s.f.* Pequena carroça. *Bras.* Veículo para apanhar cães abandonados nas ruas.
car.ro-for.te *s.m.* Veículo blindado para transporte de dinheiro e valores.

car.ros.sel *s.m.* Espécie de rodízio, com pequenos veículos ou cavalos de madeira suspensos à roda, para divertimento de crianças.
car.ru.a.gem *s.f.* Carro de caixas, sobre molas, usado para transporte de pessoas.
car.ta *s.f.* Epístola; missiva; cada uma das peças do baralho.
car.ta.da *s.f.* Jogada; lance.
car.tão *s.m.* Papel muito grosso; cartolina.
car.ta.pá.cio *s.m.* Livro grande e antigo.
car.taz *s.m.* Papel de grande tamanho para anúncio público.
car.tei.ra *s.f.* Pequena bolsa para guardar dinheiro, documentos etc.
car.tei.ro *s.m.* Entregador de cartas do correio nos domicílios.
car.tel *s.m.* Carta de desafio.
car.te.la *s.f.* Superfície lisa de um monumento, destinada a alguma inscrição.
cár.ter *s.f. Mec.* Qualquer peça que cobre e protege algum mecanismo.
car.ti.la.gem *s.f.* Tecido elástico que envolve as articulações.
car.ti.lha *s.f.* Livro para aprender a ler.
car.to.gra.fi.a *s.f.* Arte de desenhar cartas geográficas.
car.to.la *s.f.* Chapéu de copa alta; *s.m.* indivíduo notável e influente.
car.to.li.na *s.f.* Papel grosso, mais fino que o papelão, geralmente acetinado.
car.to.man.ci.a *s.f.* Arte de adivinhar por meio de cartas de jogar.
car.to.man.te *s.2gên.* Pessoa que pratica a cartomancia.
car.to.na.do *adj.* Com capa de papelão (livro).
car.to.na.gem *s.f.* Fabrico ou oficina de artefatos de cartão.
car.to.rá.rio *s.m.* Encarregado de cartório; relativo a cartório.
car.tó.rio *s.m.* Escritório de tabelião.
car.tu.cho *s.m.* Canudo de papel ou de outra substância; arma de fogo.
car.tum *s.m.* Desenho caricatural, satírico ou humorístico.
car.tu.nis.ta *s.2gên.* Pessoa que faz cartuns.
ca.run.char *v.intr.* Desfazer-se em pó; apodrecer.
ca.run.cho *s.m.* Inseto que rói a madeira e os cereais.
car.va.lho *s.m.* Árvore de grande porte e de madeira muito rija.
car.vão *s.m.* Substância originada da combustão de vegetais, minerais e animais.
car.vo.a.ri.a *s.f.* Lugar onde se fabrica ou vende carvão.
car.vo.ei.ro *s.m.* O que faz, vende ou acarreta carvão; *adj.* árvore das rubiáceas.

cãs *s.f.pl.* Cabelos brancos.
ca.sa *s.f.* Construção para moradia; estabelecimento; **– de saúde:** hospital.
ca.sa.ca *s.f.* Peça de vestuário, curto na frente e com abas atrás; **virar a –:** mudar de opinião.
ca.sa.co *s.m.* Peça de vestuário abotoado na frente, de mangas e que cobre o tronco.
ca.sa.do *adj.* Unido por matrimônio; *s.m.pl.* os cônjuges.
ca.sa.dou.ro *adj.* Em idade de casar-se.
ca.sa-gran.de *s.f.* Casa de proprietário de fazenda ou engenho.
ca.sal *s.m.* Pequena vila; marido e mulher.
ca.sa.ma.ta *s.f.* Casa ou subterrâneo absoluto.
ca.sa.men.tei.ro *adj.* Que arranja casamentos.
ca.sa.men.to *s.m.* Matrimônio; união solene entre duas pessoas.
ca.sa-mes.tra *s.f.* Primeira baliza constituinte do arcabouço do navio.
ca.são *s.m.* Grande casa.
ca.sar *v.t.d.* Unir pelo vínculo conjugal; *v.pron.* contrair matrimônio.
ca.sa.rão *s.m.* Grande casa.
ca.sa.ri.o *s.m.* Conjunto, série de casas.
cas.ca *s.f.* Tegumento exterior de vários vegetais. *Fig.* Aspecto exterior.
cas.ca-gros.sa *s.2gên. Fam.* Pessoa rude, ignorante, mal-educada.
cas.ca.lho *s.m.* Fragmentos ou lascas de pedra; areia grossa.
cas.cão *s.m.* Casca grossa endurecida.
cas.ca.ta *s.f.* Pequena cachoeira.
cas.ca.vel *s.f.* Guizo. *Bras.* Cobra muito venenosa que possui um chocalho na cauda; mulher de má língua.
cas.co *s.m.* Casca; unha de cavalo, boi etc.
cas.cu.da *s.f.* Espécie de formiga e de uma barata.
cas.cu.do¹ *adj.* Cuja casca é grossa; de pele rija; *s.m.* certo peixe fluvial.
cas.cu.do² *s.m.* Golpe na cabeça com o nó dos dedos.
ca.se.a.ção *s.f.* Conversão do leite em queijo.
ca.se.ar *v.t.d.* e *v.intr.* Abrir casa para botões.
ca.se.bre *s.m.* Casa pequena e muito pobre.
ca.sei.ro *adj.* De ou usado em casa; que gosta de ficar em casa. *Fig.* Singelo.
ca.ser.na *s.f.* Habitação de soldado em quartel.
ca.si.mi.ra *s.f.* Pano de lã para vestuário.
ca.si.nho.la *s.f.* Casa pequena e miserável.
cas.mur.ro *adj.* Triste.
ca.so *s.m.* Fato. *Bras.* Aventura amorosa.
ca.só.rio *s.m. Pop.* Casamento.
cas.pa *s.f.* Escamas tênues que se criam no couro cabeludo.
cas.que.te *s.m.* Espécie de boné sem aba.
cas.qui.lha *s.f.* Casquinha.

cas.qui.lha.da *s.f.* Reunião de casquilhos.
cas.qui.lho *adj.* Aquele que se traja com apuro.
cas.qui.nha *s.f.* Pequena casca.
cas.sa.ção *s.f.* Ação de cassar; anulação; invalidade.
cas.sar *v.t.d.* Anular.
cas.se.te *s.m.* Caixa ou estojo preparado com fitas magnéticas, filmes etc.; *adj.* preparado com cassete (fita).
cas.se.te.te *s.m.* Cacete curto, de madeira ou borracha, usado por policiais.
cas.si.no *s.m.* Jogo de cartas; salão ou edifício onde se fazem jogos de azar.
cas.si.te.ri.ta *s.f. Miner.* Bióxido natural de estanho.
cas.ta *s.f.* Linhagem.
cas.ta.nha *s.f.* Fruto do castanheiro.
cas.ta.nhei.ra *s.f.* Vendedora de castanhas assadas.
cas.ta.nhe.ta *s.f.* Estalo produzido pelas pontas dos dedos médio e polegar.
cas.ta.nho *s.m.* Madeira do castanheiro; *adj.* da cor da castanha.
cas.ta.nho.las *s.f.pl.* Pequeno instrumento, constituído de duas peças de madeira ligadas por um cordel uma à outra e aos dedos, os quais as percutem de acordo com o ritmo desejado pelo tocador.
cas.tão *s.m.* Remate superior de guarda-chuva, bengala etc.
cas.te.lão *s.m.* Governador de castelo.
cas.te.lha.no *s.m.* A língua espanhola. *Bras.* Natural da Argentina ou do Uruguai.
cas.te.lo *s.m.* Solar senhorial fortificado.
cas.ti.çal *s.m.* Suporte para vela.
cas.ti.ço *adj.* Puro.
cas.ti.da.de *s.f.* Abstinência dos prazeres sexuais; *ant.* virtude.
cas.ti.ga.do *adj.* Que sofreu castigo.
cas.ti.gar *v.t.d.* Dar castigo a; *v.pron.* fazer penitência.
cas.ti.go *s.m.* Punição.
cas.to *adj.* Que se abstém dos prazeres sexuais.
cas.tor *s.m.* Mamífero roedor.
cas.tra.ção *s.f.* Ação de castrar.
cas.tra.do *adj.* e *s.m.* Que ou que está incapacitado para reprodução por ter sofrido castração.
cas.trar *v.t.d.* Praticar a ablação dos órgãos sexuais.
ca.su.al *adj.2gên.* Que sucedeu por acaso.
ca.su.a.li.da.de *s.f.* Propriedade do que é casual; acaso.
ca.su.ís.mo *s.m.* Acatação integral às doutrinas ou princípios.
ca.su.ís.ta *s.m.* Aquele que justifica a moral por meio de casos.
ca.su.ís.ti.ca *s.f.* Regra da razão aplicada para solucionar casos de consciência.

ca.su.la *s.f.* Vestimenta sacerdotal, sobre a alva e a estola.
ca.su.lo *s.m.* Invólucro formado pelo bicho-da-seda.
ca.ta *s.f.* Busca; separação dos grãos negros e pouco desenvolvidos do café.
ca.ta.ce.go *adj.* Cuja visão é deficiente; de visão fraca.
ca.ta.clis.mo *s.m.* Catástrofe.
ca.ta.cum.ba *s.f.* Tumba.
ca.ta.dei.ra *s.f.* Mulher encarregada de catar café.
ca.ta.dor *adj.* Que cata; *s.m.* indivíduo que cata.
ca.ta.du.ra *s.f.* Catarata.
ca.ta.du.ra *s.f.* Aspecto do rosto; semblante.
ca.ta.fal.co *s.m.* Estrado em que se coloca o caixão funerário.
ca.ta.lão *adj.* Referente à Catalunha (Espanha); *s.2gên.* nascido na Catalunha.
ca.ta.la.se *s.f. Quím.* Fermento solúvel, existente em certos tecidos animais e vegetais e que se caracteriza pela faculdade de decompor a água oxigenada, simultaneamente se destruindo.
ca.ta.li.sar *v.t.d.* Modificar a velocidade de uma reação química.
ca.tá.li.se *s.f. Quím.* Influência que alguns corpos parecem exercer nas reações somente com sua presença.
ca.ta.lo.gar *v.t.d.* Inscrever em catálogo; classificar.
ca.tá.lo.go *s.m.* Lista descritiva.
ca.ta.na *s.f.* Espada curva e curta; alfanje.
ca.tan.du.va *s.f.* Mato rasteiro e áspero em terreno árido; árvore leguminosa.
ca.tão *s.m. Fig.* indivíduo austero.
ca.ta.plas.ma *s.f.* Papa medicamentosa para aliviar as dores causadas por inflamação.
ca.ta.po.ras *s.f.pl.* Erupção da pele caracterizada por pequenas borbulhas; varicela ou bexiga-doída.
ca.ta.pul.ta *s.f.* Antiga máquina bélica que arremessava projéteis.
ca.tar *v.t.d.* Pesquisar; buscar.
ca.ta.ra.ta *s.f.* Catadupa; cachoeira. *Med.* Película que vai-se formando no cristalino e que prejudica a visão.
ca.tar.ro *s.m.* Secreção das mucosas inflamadas.
ca.tar.se *s.f.* Purificação.
ca.tás.tro.fe *s.f.* Desgraça.
ca.tas.tró.fi.co *adj.* Da natureza de catástrofe.
ca.ta.tau *s.m.* Castigo; indivíduo de pequena estatura.
ca.ta.to.ni.a *s.f. Med.* Quadro clínico em que ocorrem sintomas mentais seguidos de alterações do tono muscular, tendentes a fixar determinadas atitudes.
ca.ta.ven.to *s.m.* Pequena flâmula destinada a indicar a direção do vento.

ca.te.cis.mo *s.m.* Livro de ensinamento religioso com perguntas e respostas.
ca.te.cú.me.no *s.m.* Pessoa que se prepara para receber o batismo.
cá.te.dra *s.f.* Cadeira pontifícia; cargo catedrático.
ca.te.dral *s.f.* Igreja principal.
ca.te.drá.ti.co *adj.* Professores de escolas superiores.
ca.te.go.ri.a *s.f.* Classe; série.
ca.te.gó.ri.co *adj.* Relativo à categoria.
ca.te.go.ri.za.do *adj.* De alta categoria.
ca.te.go.ri.zar *v.t.d.* Classificar em categorias.
ca.te.gu.te *s.m.* Fio de origem animal usado em suturas.
ca.te.que.se *s.f.* Ensino metódico de assuntos religiosos.
ca.te.qué.ti.co *adj.* Referente a catequese.
ca.te.qui.za.ção *s.f.* Ação de catequizar.
ca.te.qui.zar *v.t.d.* Instruir pela catequese.
ca.ter.va *s.f.* Multidão.
ca.te.ter *s.m.* Espécie de sonda.
ca.te.to *s.m.* Cada lado do ângulo reto num triângulo retângulo.
ca.ti.li.ná.ria *s.f.* Acusação violenta; descompostura.
ca.tim.bó *s.m.* Feitiçaria.
ca.tin.ga *s.f.* Floresta de árvores raquíticas e de espinheiros; *caatinga*; mau cheiro.
ca.tin.guei.ra *s.f.* Planta leguminosa, característica das catingas; raça de formiga.
ca.ti.ta *adj.2gên.* Vestido com esmero; elegância.
ca.ti.var *v.t.d.* Tornar cativo; atrair a simpatia de; *v.t.i.* prender; *v.pron.* tornar-se cativo.
ca.ti.vei.ro *s.m.* O lugar de cativos.
ca.ti.vo *adj.* Privado de liberdade; prisioneiro. *Fig.* Seduzido.
ca.to.li.cis.mo *s.m.* Comunhão ou religião católica.
ca.tó.li.co *adj.* Referente ou conforme a doutrina da Igreja, que vê no Papa o chefe universal, geral; *s.m.* membro da religião católica.
ca.to.li.za.ção *s.f.* Ação de catolizar.
ca.to.nis.mo *s.m.* Austeridade.
ca.tra.ca *s.f.* Borboleta.
ca.tra.fi.ar *v.t.d.* Encerrar; prender.
ca.trai.a *s.f.* Embarcação pequena de um só tripulante. *Fig.* Prostituta.
ca.tre *s.m.* Caminha dobrável.
ca.tur.ra *adj.2gên.* e *s.2gên.* Pessoa teimosa, sempre disposta a discutir.
ca.tur.rar *v.intr.* Teimar.
cau.ção *s.f.* Garantia; depósito.
cau.cá.sio *adj.* Referente ao Cáucaso; *s.m.* nascido no Cáucaso.
cau.cho *s.m.* Árvore cujo látex dá uma borracha de qualidade inferior.
cau.ci.o.nar *v.t.d.* Garantir com caução; afiançar.

cau.ci.o.ná.rio *adj.* Referente a caução.
cau.da *s.f.* Rabo dos animais.
cau.dal *s.m.* Cachoeira; *adj.2gên.* referente à cauda.
cau.da.lo.so *adj.* Caudal.
cau.di.lho *s.m.* Cabo de guerra; líder.
cau.im *s.m.* Bebida fermentada feita pelos índios com caju e milho mastigado, e guardada num recipiente chamado cauaba.
cau.le *s.m.* Nome genérico da haste dos vegetais.
cau.lim *s.m.* Substância argilosa com que se fabrica a porcelana; diz-se também *caulino*.
cau.sa *s.f.* Origem; razão.
cau.sa.dor *adj.* e *s.m.* Que o o que é causa de alguma coisa; que produz; autor.
cau.sal *adj.2gên.* Que aponta a causa de; *s.f.* razão; motivo.
cau.sa.li.da.de *s.f.* Relação de causa e efeito.
cau.sar *v.t.d.* Ser causa de.
cau.sí.di.co *s.m.* Advogado.
cáus.ti.ca *s.f. Fís.* Curva formada pelo cruzamento dos raios luminosos e caloríficos refletidos ou refratados por uma superfície curva.
cáus.ti.co *adj.* Que queima; que cauteriza.
cau.te.la *s.f.* Precaução.
cau.té.rio *s.f.* Agente utilizado para cauterizar partes vivas do organismo.
cau.te.ri.za.ção *s.f.* Ação ou efeito de cauterizar.
cau.te.ri.zar *v.t.d.* Aplicar cautério ou cáustico. *Fig.* Destruir; extirpar; corrigir.
cau.to *adj.* Prudente.
ca.va *s.f.* Corte no vestuário para ajuste das mangas. *Anat.* Veia –: cada uma das veias que trazem o sangue de todas as partes do corpo ao coração.
ca.va.co *s.m.* Ato de cavar.
ca.va.dei.ra *s.f.* Ferramenta usada para cavar terra.
ca.va.do *adj.* Que se cavou; *s.m.* buraco; cova.
ca.va.dor *adj.* Que cava. *Fig.* Trabalhador; esforçado.
ca.va.lão *s.m.* Cavalo forte e grande. *Fig.* Pessoa alta e vigorosa.
ca.va.lar *adj.2gên.* Relativo a cavalo; *adj.* muito grande; brutal.
ca.va.la.ri.a *s.f.* Grande número de cavalos; tropa de soldados a cavalo.
ca.va.la.ri.ça *s.f.* Cocheira.
ca.va.la.ri.ço *s.m.* Empregado de cavalariça.
ca.va.lei.ra *s.f.* Mulher montada em cavalo; amazona.
ca.va.lei.ro *s.m.* Homem montado. *Fig.* Homem destemido, nobre.
ca.val.ga.da *s.f.* Excursão de pessoas a cavalo; cavalgata.
ca.val.gar *v.intr.* Montar; conduzir cavalo estando montado nele. (Antôn.: *apear.*)

ca.va.lhei.res.co *adj.* Cavalheiroso; distinto; brioso.
ca.va.lhei.ris.mo *s.m.* Ação própria de cavalheiro; nobreza.
ca.va.lhei.ro *s.m.* Pessoa de sentimentos elevados e educação esmerada.
ca.va.lo *s.m.* Quadrúpede doméstico herbívoro; diz-se de homem de más maneiras; pedra de jogo de xadrez.
ca.va.nha.que *s.m.* Barba terminada em ponta.
ca.van.ti.na *s.f. Mús.* Pequena ária de ópera.
ca.va.que.ar *v.t.i.* e *intr.* Conversar intimamente.
ca.va.qui.nho *s.m.* Pequena viola provida de quatro cordas; dar o – por: gostar muito de.
ca.var *v.t.d.* Abrir a terra com enxada.
ca.vei.ra *s.f.* Cabeça descarnada.
ca.ver.na *s.f.* Lugar côncavo, profundo, em rochedo ou na terra; gruta.
ca.ver.no.so *adj.* Onde há cavernas; cavo. *Fig.* Rouco e profundo (som).
ca.vi.ar *s.m.* Iguaria preparada com ovas salgadas do esturjão.
ca.vi.da.de *s.f.* Parte côncava de um corpo sólido; cova.
ca.vi.la.ção *s.f.* Razão falsa e enganosa; astúcia.
ca.vi.la.dor *adj.* e *s.m.* Que ou quem cavila; enganador.
ca.vi.lar *v.t.i.* Enganar com sofismas; caçoar.
ca.vi.lha *s.f.* Peça de metal ou madeira para juntar chapas, madeiras etc.
ca.vo *adj.* Cavernoso (voz, som).
ca.vou.car *v.t.d.* Fazer escavações.
ca.vou.co *s.m.* Cava.
ca.vu.car *v.intr.* Trabalhar com afã; fazer pela vida.
ca.xam.bu *s.m.* Dança negra acompanhada de batidas de tambor.
ca.xi.as *s.2gên.* Indivíduo escrupuloso em demasia com os seus encargos.
ca.xin.gar *v.intr.* Coxear.
ca.xin.gue.lê *s.m.* Pequeno roedor; *serelepe* (SP); *caxixe* (estado do Rio).
ca.xi.xi *s.m. Bras.* O mesmo que *chuchu.*
ca.xum.ba *s.f.* Processo inflamatório das parótidas, com inchação do rosto.
cd *s.m.* Disco a *laser* com gravação de áudio ou áudio-visual.
ce.ar *v.t.d.* Tomar refeição à hora da ceia.
ce.bo.la *s.f.* Planta bolbosa alimentar constituída por várias cascas.
ce.bo.lão *s.m.* Grande relógio de prata.
ce.bo.li.nha *s.f.* Pequena cebola ótima para conserva.
cê-ce.di.lha *s.m.* A letra *c* provida do sinal gráfico (,) que lhe dá o som de *ss* antes de *a, o* e *u*.
ce.co *s.m.* A parte inicial do intestino grosso.
ce.den.te *adj.2gên.* e *s.2gên.* Que ou quem cede.

ce.der *v.t.d. e i.* Desistir; emprestar.
ce.di.ço *adj.* Sabido de todos; muito velho; corriqueiro.
ce.di.lha *s.f.* Sinal gráfico (,) sotoposto à letra *c* para dar-lhe o som de *ss* inicial.
ce.do *adv.* Período da manhã.
ce.dro *s.m.* Árvore de grande porte, de madeira rija, aromática e resinosa.
cé.du.la *s.f.* Papel que representa a moeda.
ce.fa.lei.a *s.f. Med.* Dor de cabeça.
ce.fa.ló.po.de *adj.* Que apresenta os pés na cabeça.
ce.gar *v.t.d.* Tornar cego. *Fig.* Fazer perder a razão.
ce.go *adj.* Privado da vista. *Fig.* Alucinado; *s.m.* indivíduo que não vê. *Fig.* Ignorante.
ce.go.nha *s.f.* Ave europeia dos ciconiformes.
ce.guei.ra *s.f.* Falta da vista; *Fig.* total ignorância.
cei.a *s.f.* Refeição da noite.
cei.far *v.t.d.* Segar; cortar.
cei.fei.ro *s.m.* Trabalhador do campo que ceifa; *adj.* referente à ceifa.
ce.la *s.f.* Quarto de convento ou de penitenciária.
ce.le.bra.ção *s.f.* Ação de celebrar.
ce.le.bran.te *adj.2gên.* Que celebra; *s.m.* sacerdote que celebra missa.
ce.le.brar *v.t.d.* Comemorar solenemente.
cé.le.bre *adj.* Renomado.
ce.le.bri.da.de *s.f.* Pessoa ou coisa célebre.
ce.le.bri.zar *v.t.d.* Tornar célebre; *v.pron.* notabilizar-se.
ce.lei.ro *s.m.* Depósito de provisões.
ce.len.te.ra.dos *s.m.pl.* Animais cujo corpo é em formato de saco, com um orifício que é boca e ânus simultaneamente.
ce.le.ra.do *adj.* Criminoso; *s.m.* facínora.
cé.le.re *adj.* Muito veloz.
ce.les.te *adj.2gên.* Que está no céu ou dele procede; divino.
ce.les.ti.al *adj.2gên.* Celeste.
ce.leu.ma *s.f.* Barulho.
ce.lhas *s.f.pl.* Cílios.
ce.li.a.co *adj.* Referente ao abdome.
ce.li.ba.tá.rio *s.m.* Aquele que não se casa.
ce.li.ba.to *s.m.* Estado da pessoa que se mantém solteira.
ce.lo.fa.ne *s.m.* Folhas finas e transparentes.
cel.so *adj.* Elevado; sublime.
cel.ta *s.m.* Povo de raça indogermânica; o idioma celta.
cé.lu.la *s.f.* Dim. de *cela*. *Biol.* Unidade fundamental dos seres vivos.
ce.lu.lar *adj.2gên.* Provido de células; *s.m.* telefone celular.
ce.lu.li.te *s.f. Pat.* Inflamação no tecido celular.
ce.lu.loi.de *s.m.* Substância sólida e translúcida, resultante de mistura de cânfora e algodão-pólvora.
ce.lu.lo.se *s.f.* Hidrato de carbono que constitui a parede das células vegetais.
cem *num.* Dez dezenas; um cento.
ce.men.ta.ção *s.f. Metal.* Operação que tem por fim modificar as propriedades de um metal.
ce.mi.té.rio *s.m.* Terreno em que se enterram ou depositam os mortos.
ce.na *s.f.* Palco; parte do ato em peça de teatro.
ce.ná.cu.lo *s.m.* Sala em que se comia a ceia.
ce.ná.rio *s.m.* Decoração do teatro.
ce.na.ris.ta *s.2gên.* Indivíduo que adapta enredos ou livros para cinema ou teatro.
ce.nho *s.m.* Rosto carrancudo; ar severo.
cê.ni.co *adj.* Referente à cena; teatral.
ce.nó.bio *s.m.* O mesmo que *convento*.
ce.nó.gra.fo *s.m.* Indivíduo especialista em cenografia.
ce.no.tá.fio *s.m.* Monumento fúnebre simbólico (sem o corpo), erguido em memória de alguém.
ce.nou.ra *s.f. Bot.* Planta hortense, de raiz comestível.
cen.so *s.m.* Alistamento integral de uma população.
cen.sor *s.m.* Crítico.
cen.su.ra *s.f.* Emprego de censo; crítica; corporação que se incumbe do exame oficial de obras ou escritos.
cen.su.rar *v.t.d.* Exercer a censura; criticar.
cen.su.rá.vel *adj.* Que é digno de censura.
cen.tau.ro *s.m.* Monstro mitológico, metade homem, metade cavalo; nome de uma constelação austral.
cen.ta.vo *s.m.* Moeda que vale a centésima parte da unidade monetária de alguns países.
cen.tei.o *s.m.* Cereal da família das Gramíneas.
cen.te.lha *s.f.* Faísca. *Fig.* Inspiração.
cen.te.na *s.f.* Unidade numérica constituída de cem unidades.
cen.te.ná.rio *adj.* Que se refere a cem ou que contém cem; *s.m.* homem que tem cem ou mais de cem anos; espaço de cem anos.
cen.te.si.mal *adj.2gên.* Relativo a centésimo.
cen.té.si.mo *num.* A centésima parte. Ordinal e fracionário correspondente a cem.
cen.tí.gra.do *adj.* De cem graus; dividido em cem graus.
cen.ti.gra.ma *s.m.* A centésima parte do grama.
cen.tí.me.tro *s.m.* A centésima parte do metro.
cen.to *num.* Grupo de cem unidades; centena.
cen.to.pei.a *s.f.* Animal miriápode.
cen.tral *adj.2gên.* Que se acha no centro; principal.
cen.tra.li.za.do *adj.* Concentrado; reunido em um centro.
cen.tra.li.zar *v.t.d.* Tornar central.

cen.trar *v.t.d.* Determinar um centro em.
cen.tri.fu.ga *s.f.* Instrumento que propicia movimentos rotatórios a determinados objetos.
cen.trí.fu.go *adj.* Que se afasta do centro.
cen.tri.pe.to *adj.* Que se orienta para o centro.
cen.tro *s.m.* Meio de qualquer espaço; lugar de reuniões.
cen.tu.pli.car *v.t.d.* Aumentar cem vezes.
cên.tu.plo *num.* Multiplicativo de cem; *adj.* cem vezes maior.
cen.tú.ria *s.f.* Unidade político-administrativa da antiga Roma; centenário. Var. ceticismo.
cen.tu.ri.ão *s.m.* Aquele que chefiava uma centúria romana.
ce.pa *s.f.* Tronco de videira; tronco de linhagem ou família.
ce.po *s.m.* Toro de madeira.
cep.ti.cis.mo *s.m.* Doutrina filosófica baseada na dúvida sistemática e na renúncia a qualquer certeza. Var. ceticismo.
cép.ti.co *s.m.* ou *adj.* Que duvida de tudo; descrente. Var.: cético.
ce.ra *s.f.* Substância amarelada com que as abelhas fazem os favos; **fazer –:** negligenciar.
ce.râ.mi.ca *s.f.* Arte de fabricar louça de barro cozido.
ce.râ.mi.co *adj.* Referente à cerâmica.
ce.ra.mis.ta *adj.* e s.2gên. Aquele que se ocupa de cerâmica.
cér.be.ro *s.m.* Cão mitológico de três cabeças que guardava a porta do inferno.
cer.ca *s.f.* Muro ou sebe com que se circunda e fecha um terreno; *adv.* perto; próximo.
cer.ca.do *s.m.* Terreno limitado por cerca; rodeado.
cer.ca.du.ra *s.f.* Guarnição da orla de qualquer coisa.
cer.ca.ni.a *s.f.* Proximidade; vizinhança.
cer.car *v.t.d.* Defender com muro ou cerca; aproximar-se; *v.t.i.* rodear.
cer.ce *adv.* Rente; pela raiz.
cer.ce.a.dor *adj.* e *s.m.* Referente a ou quem cerceia.
cer.ce.ar *v.t.d.* Cortar em roda; aparar; restringir.
cer.co *s.m.* Ato de cercar; círculo; bloqueio.
cer.da *s.f.* Pelo espesso e resistente nas cavidades naturais dos mamíferos.
cer.do *s.m.* Porco; suíno.
ce.re.al *adj.2gên.* Referente ao pão; referente a cereais; *s.m.* fruto das searas.
ce.re.be.lo *s.m. Anat.* Porção póstero-inferior do encéfalo.
ce.re.bral *adj.2gên.* Que diz respeito ao ou pertence ao cérebro.
ce.re.bri.no *adj.* Cerebral.
cé.re.bro *s.m.* A parte anterior do encéfalo. *Fig.* Inteligência.
ce.re.ja *s.f.* Fruto em formato de bagas vermelhas.
ce.re.jei.ra *s.f.* Árvore da família das Rosáceas que produz a cereja; madeira dessa árvore.
ce.rí.fe.ro *adj.* Que produz cera.
ce.ri.mô.nia *s.f.* Expressão exterior e regular de um culto; formalidade.
ce.ri.mo.ni.al *adj.2gên.* Relativo a cerimônia; *s.m.* as práticas seguidas em certas solenidades.
ce.ri.mo.ni.o.so *adj.* Que faz demasiadas cerimônias.
cer.ne *s.m.* A porção interna e mais dura do lenho das árvores. *Fig.* Indivíduo velho que resiste à morte.
ce.roi.de *adj.2gên.* Cuja aparência ou a consistência é de cera.
ce.rol *s.m.* Mistura de sebo, pez e cera, para encerar a linha.
ce.rou.las *s.f.pl.* Cuecas.
cer.ra.ção *s.f.* Nevoeiro denso.
cer.ra.dão *s.m.* Vasto cerrado.
cer.ra.do *s.m.* Cerca; ajuntamento denso de árvores.
cer.rar *v.t.d.* Fechar; apertar; *v.pron.* cobrir-se de nuvens (o céu). (Antôn.: *descerrar; abrir.*)
cer.ro *s.m.* Pequena colina.
cer.ta *s.f.* Certeza; *loc.adv.* na certa; seguramente.
cer.ta.me *s.m.* Combate; discussão.
cer.tei.ro *adj.* Que acerta bem.
cer.te.za *s.f.* Adesão firme do entendimento à verdade; convicção.
cer.ti.dão *s.f.* Documento em que se certifica algo.
cer.ti.fi.ca.do *s.m.* Certidão; documento de garantia.
cer.ti.fi.car *v.t.d.* Asseverar; afirmar a certeza.
cer.to *adj.* Que não admite dúvida; que é verdadeiro; *s.m.* coisa certa; *adv.* certamente.
ce.ru.me *s.m. Med.* Secreção cérea que se forma no conduto do ouvido.
cer.ve.ja *s.f.* Bebida fermentada, feita de cevada e lúpulo.
cer.ve.ja.da *s.f.* Reunião em que se bebe muita cerveja. *Fam.* Copo de cerveja.
cer.ve.ja.ri.a *s.f.* Estabelecimento onde se fabrica ou vende cerveja.
cer.ve.je.i.ro *s.m.* Aquele que fabrica ou vende cerveja.
cer.vi.cal *adj.* Relativo à cerviz.
cer.ví.deo *adj.* Referente aos cervídeos; *s.m.* classe de ruminantes que abrange o cervo.
cer.viz *s.f. Anat.* Nuca.
cer.vo *s.m.* Veado.
cer.zi.dei.ra *s.f.* Mulher que faz cerzidos.
cer.zir *v.t.d.* Fazer remendos invisíveis em tecido; unir; *v.t.d.* e *i.* compor; intercalar.
ce.sa.ri.a.no *adj. Med.* Operação que consiste em abrir o ventre materno para extração do feto.

CESSÃO — CHARCO

ces.são *s.f.* Cedência.
ces.sar *v.t.d.* Fazer parar; *v.t.i.* desistir; *v.intr.* acabar. (Antôn.: *continuar*.)
ces.si.o.ná.rio *s.m.* Aquele a quem é concedida cessão.
ces.ta *s.f.* Cesto grande, de vime.
ces.to *s.m.* Cesta pequena.
ce.su.ra *s.f.* Incisão de lanceta; cicatriz da incisão.
ce.tá.ceos *s.m.pl. Zool.* Mamíferos marinhos com forma de peixe (baleia, cachalote, golfinho etc.).
ce.tim *s.m.* Tecido de seda lustroso e macio.
ce.tras *s.f.pl.* Traços entrelaçados feitos à pena e acrescentados à assinatura; firma; sinal representativo da abreviatura de *et cetera*.
ce.tro *s.m.* Bastão distintivo da autoridade real.
céu *s.m.* Espaço sem limites em que se movem os sistemas planetários; atmosfera.
ce.va *s.f.* Ato de cevar; matéria que nutre o fogo.
ce.va.da *s.f.* Grão cereal farináceo.
ce.va.do *adj.* Engordado com a ceva; *s.m.* porco que se cevou. *Fig.* Homem gordo.
ce.var *v.t.d.* Tornar gordo; nutrir.
chã *s.f.* Terreno plano; planície.
chá *s.m.* Arbusto teáceo de cujas folhas se faz uma infusão.
cha.cal *s.m.* Quadrúpede de gênero do cão e do lobo, feroz e covarde.
chá.ca.ra *s.f.* Pequeno sítio.
cha.ci.na *s.f.* Matança.
cha.ci.nar *v.t.d.* Matar.
cha.co.a.lhar *v.t.d.* Sacudir; balançar.
cha.co.ta *s.f.* Zombaria.
cha.cri.nha *s.f.* Pequena chácara.
cha.fa.riz *s.m.* Fonte que tem várias bicas.
cha.fur.dar *v.t.i.* Revolver-se; enlamear-se (em chafurda); perverter-se.
cha.ga *s.f.* Ferida ulcerada com pus; úlcera.
cha.gar *v.t.d.* Produzir chagas em; ferir; *v.pron.* ulcerar-se.
cha.la.ça *s.f.* Gracejo.
cha.la.ce.ar *v.intr.* e *v.t.i.* Dizer chalaças; pilheriar; troçar.
cha.lé *s.m.* Pequena casa de madeira que imita o estilo suíço.
cha.lei.ra[1] *s.f.* Recipiente de metal para aquecer água; *adj.2gên.* e *s.2gên.* adulador servil; lisonjeador.
cha.lei.ra[2] *s.f.* Tábua, na embarcação baleeira, de onde o arpoador arremessa o arpão.
chal.rar *v.intr.* Tagarelar.
cha.lu.pa *s.f.* Embarcação de um só mastro.
cha.ma *s.f.* Labareda; luz. *Fig.* Ardor; paixão.
cha.ma.da *s.f.* Toque de reunir. *Pop.* Admoestação.
cha.ma.do *adj.* Que alguém chamou; convidado, convocado; *s.m.* chamamento.

cha.mar *v.t.d.* Falar em alta voz o nome de alguém; *v.t.i.* escolher; *v.pron.* ter nome.
cha.ma.riz *s.m.* Coisa que chama.
cham.bre *s.m.* Roupão comprido.
cha.me.go *s.m. Bras.* Namoro; intimidade; xodó.
cha.me.jar *v.intr.* Lançar chamas; arder; flamejar.
cha.mi.né *s.f.* Tubo que expele o ar e os produtos da combustão.
cham.pa.nha *s.m.* Vinho espumante de Champagne (França), ou de tipo análogo.
cha.mus.ca.do *adj.* Queimado levemente.
cha.mus.car *v.t.d.* Queimar de leve. *v.pron. Pop.* Esgueirar-se.
chan.ce.la *s.f.* Selo; rubrica; carimbo.
chan.ce.la.ri.a *s.f.* Repartição oficial onde são chancelados os documentos.
chan.ce.ler *s.m.* Ministro das Relações Exteriores de um país.
chan.cha.da *s.f.* Espetáculo burlesco, destinado a fazer rir.
chan.fa.lho *s.m.* Espada velha e sem corte.
chan.fra.du.ra *s.f.* Recorte oblíquo na extremidade de um objeto.
chan.frar *v.t.d.* Cortar em ângulo ou de esguelha; entalhar; aplainar as arestas.
chan.fro *s.m.* Chanfradura.
chan.ta.gem *s.f.* Ação de extorquir dinheiro ou favores sob ameaças de revelações escandalosas.
chan.ta.gis.ta *adj.2gên.* e *s.2gên.* Referente a ou pessoa que faz uso de chantagens.
cha.nu.ra *s.f.* Planície.
chão *adj.* Plano; *s.m.* solo; terreno; piso.
cha.pa *s.f.* Folha metálica; lugar plano. *Pop.* Dinheiro; **de –:** em cheio.
cha.pa.da *s.f.* Planalto.
cha.pa.dão *s.m.* Planura muito extensa.
cha.par *v.t.d.* Guarnecer com chapa; chapear; *v.t.i.* enfeitar.
cha.pe.lão *s.m.* Grande chapéu.
cha.pe.lei.ro *s.m.* Vendedor ou fabricante de chapéus.
cha.péu *s.m.* Cobertura com copa e abas para a cabeça.
cha.pim *s.m.* Antigo calçado feminino. *Fig.* Sapatinho elegante.
cha.pi.nhar *v.t.d.* Agitar a água com os pés ou com as mãos.
cha.ra.da *s.f.* Adivinhação de uma palavra com o auxílio do significado de cada uma de suas sílabas.
cha.ran.ga *s.f.* Pequena banda de música constituída por instrumentos de sopro; o mesmo que *charamela*.
cha.rão *s.m.* Verniz de laca.
char.co *s.m.* Água parada e infecta; brejo; pântano.

char.ge *s.f.* Desenho, de natureza caricatural, satírica ou humorística, em que se representa pessoa, fato ou ideia corrente.
char.lar *v.intr.* Conversar à toa; tagarelar.
char.la.ta.nis.mo *s.m.* Trapaça.
char.la.tão *s.m.* Explorador da boa-fé do público.
char.me *s.m.* Atração; simpatia; sedução.
char.ne.ca *s.f.* Terreno árido e inculto em que só medram plantas rasteiras.
cha.ro.la *s.f.* Andor de procissão.
char.que *s.m.* Nome dado no Brasil à carne de vaca salgada e em mantas.
char.que.a.da *s.f.* Lugar onde se charqueia a carne.
char.re.te *s.f.* Carro leve, de duas rodas, puxado por cavalo.
char.ru.a *s.f.* Grande arado de ferro. *Fig.* O campo.
cha.ru.ta.ri.a *s.f.* Estabelecimento onde são vendidos charutos, cigarros etc.
cha.ru.to *s.m.* Rolo de tabaco para fumar.
chas.co *s.m.* Dito satírico.
chas.quei.ro *adj.* Referente ao galope largo e incômodo da montaria.
chas.si *s.m.* Quadro de aço que serve de base à carroçaria dos automóveis.
cha.ta *s.f.* Grande barca larga de fundo chato e calado pequeno.
cha.te.ar *v.t.d.* Importunar.
cha.ti.ce *s.f.* Chateza.
cha.to *s.m.* Nome vulgar dado a um piolho parasita da região pubiana. *Gír.* Indivíduo importuno e maçador. *Fig.* Igual; liso; plano.
chau.vi.nis.mo *s.m.* Sentimento patriótico exaltado.
cha.vão *s.m.* Chave grande; ideia ou expressão muito repetida.
cha.ve *s.f.* Instrumento usado para abrir e fechar fechaduras, para apertar ou desapertar parafusos, ou para retesar mola de relógios; *s.f.pl.* (*Mat.*) sinais gráficos ({ }) que encerram um grupo de números.
cha.vei.ro *s.m.* Indivíduo encarregado de guardar as chaves.
cha.ve.lho *s.m.* Chifre; corno; antena; tentáculo.
chá.ve.na *s.f.* Xícara apropriada para tomar chá.
che.ca.pe *s.m.* Exame minucioso.
che.car *v.t.* e *intr.* Testar; conferir.
che.fão *s.m.* Régulo de aldeia; manda-chuva.
che.fa.tu.ra *s.f.* Chefia.
che.fe *s.m.* O cabeça; o que dirige ou comanda.
che.fe.te *s.m.* Chefe sem autoridade ou competência.
che.fi.a *s.f.* Cargo de chefe; departamento onde o chefe exerce suas funções.
che.fi.ar *v.t.d.* Dirigir como chefe; tomar a liderança.
che.ga.da *s.f.* Ação de chegar; vinda.

che.ga.do *adj.* Que chegou; ligado por parentesco.
che.gar *v.intr.* Aproximar; fazer vir para perto; vir; bastar; *v.t.d.* e *i.* levar à padreação; *v.pron.* avizinhar-se.
chei.a *s.f.* Enchente de rio. *Fig.* Invasão; fase da Lua.
chei.o *adj.* Que não pode conter mais; que tem grande quantidade.
chei.rar *v.t.d.* Inalar cheiro. *Fig.* Dar indícios de alguma coisa.
chei.ro *s.m.* Olfato; impressão que se produz no olfato. *Fig.* Indício; rastro.
chei.ro.so *adj.* Que exala de si bom cheiro; perfumado.
che.que *s.m.* Ordem ou mandado, para ser pago à vista, ao portador ou à sua ordem.
chi.a.dei.ra *s.f.* Som estridente e contínuo.
chi.a.do *s.m.* Ato ou efeito de chiar; chiada.
chi.ar *v.intr.* Piar monotonamente.
chi.ban.te.ar *v.intr.* Ostentar valentias; fanfarronar.
chi.ba.ta *s.f.* Varinha flexível para fustigar.
chi.ba.ta.da *s.f.* Golpe de chibata.
chi.ca.na *s.f.* Trapaça.
chi.co *s.m.* Dim. fam. de *Francisco*. *Chul.* Denominação dada à menstruação.
chi.có.ria *s.f.* Planta comestível da família das Compostas.
chi.co.te *s.m.* Corda trançada ou correia de couro, presa a um cabo de madeira.
chi.fra.da *s.f.* Golpe de chifre.
chi.frar *v.t.d.* Golpear com os chifres.
chi.fre *s.m.* Corno; chavelho.
chi.fru.do *adj.* Provido de chifres. *Pop.* Corno.
chi.le.nas *s.f.pl.* Grandes esporas.
chi.le.no *adj.* Referente ou pertencente ao Chile; raça de gado bovino; *s.m.* nascido no Chile.
chi.li.que *s.m. Pop.* Perda de sentidos; desmaio.
chil.rão *s.m.* Rede usada para pescar camarões.
chil.rar *v.intr.* Gorgear.
chil.re.a.da *s.f.* Trinar de muitas aves.
chil.rei.o *adj.* e *s.m.* Que chilra; gorjeio.
chi.mar.rão *s.m.* Mate feito sem açúcar.
chim.pan.zé *s.m.* Macaco grande desprovido de cauda. Var.: *chipanzé*.
chin.cha *s.f.* Pequena rede de arrastão.
chin.chi.la *s.f.* Mamífero roedor de pelo fino e luzidio. *Fig.* Homem de má figura.
chi.ne.la *s.f.* Calçado sem salto, para uso caseiro.
chi.ne.lo *s.m.* O mesmo que *chinela*.
chi.nês *adj.* Que diz respeito ou que pertence à China; *s.m.* nascido na China; idioma falado na China.
chin.frim *s.m. Pop.* Algazarra; *adj.* coisa sem valor; reles.
chi.nó *s.m.* Cabeleira postiça.
chi.o *s.m.* Som agudo; guincho.

chi.que *adj.2gên.* Elegante no vestir.
chi.quei.ro *s.m.* Lugar onde se recolhem os porcos. *Fig.* Lugar imundo.
chis.pa *s.f.* Faísca. *Fig.* Gênio; saber.
chis.par *v.intr.* Lançar fagulhas, chispas; correr muito.
chis.te *s.m.* Gracejo.
chi.ta *s.f.* Pano de algodão estampado, de qualidade inferior.
chi.tão *s.m.* Chita com estampas grandes.
cho.ca *s.f.* Pau usado no jogo da bola; a bola desse jogo.
cho.ça *s.f.* Casebre coberto de palha; casa humilde; choupana.
cho.ca.dei.ra *s.f.* Aparelho no qual se põem ovos para chocar.
cho.ca.lha.da *s.f.* Rumor de vários chocalhos.
cho.ca.lhar *v.t.d.* Fazer soar chocalho. *Fig.* Divulgar. *Fig.* Rir às gargalhadas; tagarelar.
cho.ca.lho *s.m.* Campainha cilíndrica que se ata ao pescoço do gado; brinquedo que agitado produz ruído para entreter criancinhas. *Fig.* Sujeito falador e mexeriqueiro.
cho.car[1] *v.t.i.* Dar choque; ir de encontro a; *v.pron.* ter choque com alguém ou alguma coisa; esbarrar-se.
cho.car[2] *v.t.d.* Incubar; cobrir e aquecer os ovos (diz-se das aves), para lhes desenvolver o germe. *Fig.* Ofender. *Reg.* Infundir medo.
cho.car.ri.ce *s.f.* Gracejo atrevido; chalaça.
cho.cho *adj.* Aquilo que não tem miolo nem grão; seco. *Fig.* Fútil; insípido; sem utilidade.
cho.co *s.m.* Incubação, tempo em que ela dura; *adj.* pobre; estragado.
cho.co.la.te *s.m.* Massa de cacau com açúcar e aromatizada com essência.
cho.có.la.tra *s.2gên.* Viciado em chocolate.
cho.fer *s.m.* Motorista (aport. do francês *chauffeur*).
cho.fre *s.m.* Choque subitâneo; *loc.adv.* de –: repentinamente.
chol.dra *s.f. Pop.* Coisa imprestável; canalha.
cho.pe *s.m.* Cerveja fresca de barril.
cho.que *s.m.* Embate de dois corpos sólidos.
cho.ra.dei.ra *s.f.* Carpideira; lamentação com choro; pedido insistente; lamúria.
cho.ra.do *adj.* Tocado ou cantado em tom plangente.
cho.ra.min.gar *v.intr.* Chorar amiúde e pelo mais leve motivo; *v.t.d.* contar, narrar com voz lamentosa.
cho.rão[1] *s.m.* O que vive sempre a chorar; choramingar.
cho.rão[2] *s.m.* Nome de plantas cujos ramos pendem como os do salgueiro.

cho.rar *v.intr.* Derramar lágrimas; *v.t.d.* arrepender-se de; *v.t.i.* verter lágrimas; penalizar-se.
cho.ro *s.m.* Pranto; música popular executada por conjunto instrumental em que entram o violão, a flauta, o cavaquinho etc.
cho.ro.na *adj.* e *s.f.* Referente à mulher que chora amiúde e por qualquer motivo.
cho.ro.so *adj.* Que chora ou chorou; que excita o choro. *Fig.* Sentido; ofendido.
chor.ri.lho *s.m.* Série, conjunto ou sucessão de coisas ou pessoas semelhantes.
chor.ro *s.m.* O mesmo que *jorro*; jato grosso e impetuoso.
cho.ru.me *s.m.* Banha. *Fig.* Cópia; riqueza.
cho.ru.me.la *s.f.* Coisa sem valor; ninharia.
chou.pa *s.f.* Árvore que se assemelha ao choupo, porém, de copa mais espessa.
chou.pa.na *s.f.* Casebre tosco de madeira com teto de ramos; choça; casa pobre.
chou.po *s.m.* Grande árvore da família das Salicáceas, também denominada *álamo*.
chou.ri.ço *s.m.* Enchido de carne ou massa, seco em estufa ou ao fumo; saco cilíndrico com areia.
chou.to *s.m.* Trote miúdo e incômodo.
cho.ve-não-mo.lha *s.m. Bras.* Aquilo que não vai para diante nem para trás.
cho.ver *v.intr.* Cair chuva. *Fig.* Correr em abundância.
cho.vi.do *adj.* Que cai ou caiu do alto e em abundância como a chuva do céu; regado pela chuva.
chu.cha *s.f.* Ato de chuchar; chupeta.
chu.char *v.t.d.* Chupar; mamar; receber.
chu.chu *s.m.* Fruto de planta da família das Cucurbitáceas; *pra* –: em abundância.
chu.chur.re.ar *v.t.d.* e *intr.* Beber aos goles, fazendo ruído.
chu.cro *adj.* Expressão sulina indicativa de animal de sela, ainda não domesticado. *Fig.* Diz-se do indivíduo pouco prático em um ramo qualquer de atividade.
chu.cru.te *s.m.* Repolho cortado em tiras e fermentado.
chu.é *adj.2gên.* Insignificante; mal vestido.
chu.la *s.f.* Modalidade de dança e música popular.
chu.lé *s.m. Pop.* Mau cheiro do suor dos pés.
chu.le.ar *v.t.d.* Coser a orla de um tecido, para não desfiar.
chu.lo *adj.* Grosseiro; ordinário.
chu.ma.ço *s.m.* Pasta de algodão em rama ou qualquer outra substância macia, para estofar interiormente um móvel ou uma peça do vestuário.
chum.ba.do *adj.* Soldado com chumbo. *Fig.* Embriagado; apaixonado.
chum.bar *v.t.d.* Soldar com chumbo; embriagar; *v.pron.* ficar apaixonado.

chum.bi.nho *s.m.* Dim. de *chumbo*.

chum.bo *s.m.* Metal branco e cinzento, muito pesado, de símbolo Pb. *Fig.* Aquilo que pesa muito.

chu.pão *s.m.* Sorvedura com os lábios, aplicada na epiderme; **papel –**: mata-borrão.

chu.par *v.t.d.* Sugar. *Fig.* Apanhar; lucrar.

chu.pe.ta *s.f.* Tubo com que se extrai o vinho das pipas; mamilo de borracha para entreter as crianças.

chu.pim *s.m.* Ave cuja fêmea depõe os ovos em ninhos alheios; homem que vive à custa de outrem.

chu.pi.tar *v.t.d.* Chupar aos poucos; bebericar.

chur.ras.co *s.m.* Pedaço de carne mal assada sobre brasas.

chur.ri.ão *s.m.* Carro de bois; qualquer veículo muito pesado.

chur.ro *adj.* Sujidade da pele.

chus.ma *s.f.* Tripulação; multidão de gente.

chu.ta.dor *s.m. Bras.* Aquele que chuta.

chu.tar *v.t.d.* Dar pontapé na bola (falando de futebol).

chu.te *s.m.* Pontapé que se dá na bola; pontapé em qualquer coisa.

chu.tei.ra *s.f.* Botina usada para jogar futebol.

chu.va *s.f.* A água que cai das nuvens.

chu.va.da *s.f.* Chuvaceiro.

chu.va.ra.da *s.f.* Chuva abundante.

chu.vei.ra.da *s.f.* Banho de chuveiro, em geral rápido.

chu.vei.ro *s.m.* Chuva forte e rápida; aparelho de crivo para banho.

chu.vi.nha *s.f.* Chuva miúda e ligeira.

chu.vis.car *v.intr.* Cair chuvisco.

chu.vis.co *s.m.* Chuva miúda; garoa.

chu.vo.so *adj.* Em que cai muita chuva; que traz ou ameaça chuva.

ci.a.na.to *s.m. Quím.* Sal que resulta da combinação do ácido ciânico com uma base.

ci.a.ní.dri.co *adj. Quím.* Nome do ácido que resulta da combinação de hidrogênio, carbono e azoto, mais conhecido por ácido prússico.

ci.a.no.fer.ro *s.m. Quím.* Combinação do ferro e o cianogênio.

ci.a.no.se *s.f.* Coloração azulada da pele, causada pela oxigenação insuficiente do sangue.

ci.a.nu.re.to *s.m. Quím.* Cianeto.

ci.ar[1] *v.t.d.* Zelar; ter ciúmes de.

ci.ar[2] *v.intr.* Remar para trás de um lado e para diante de outro, fazendo assim a embarcação dar voltas.

ci.á.ti.ca *adj.* e *s.m. Med.* Diz-se de ou da aguda no nervo maior da coxa.

ci.be.res.pa.ço *s.m.* Espaço cibernético, isto é, o espaço em que se movimentam, surgem e desaparecem imagens, ícones, mensagens no monitor de um computador.

ci.ber.por.no.gra.fi.a *s.f.* Utilização das redes de comunicação informatizadas para a transmissão de imagens e mensagens pornográficas.

ci.bó.rio *s.m.* Vaso para guardar hóstia.

ci.ca.triz *s.f.* Sinal deixado por uma ferida, depois de curada. *Fig.* Impressão permanente de uma dor ou injúria.

ci.ca.tri.za.ção *s.f.* Ação de cicatrizar.

ci.ca.tri.zar *v.t.d.* Fazer cessar a ferida ou chaga; *v.intr.* e *pron.* dissipar-se a dor moral.

ci.ce.ro.ne *s.m.* Guia turístico; intérprete.

ci.ci.o *s.m.* Murmúrio.

cí.cla.me *s.m.* Família das primuláceas que abrange várias plantas, notáveis pela beleza de suas flores; a cor azul típica dessas flores.

cí.cli.co *adj. Med.* Referente a qualquer processo que oscila alternativamente entre dois polos; *s.m.* poema épico da antiga Grécia.

ci.clis.mo *s.m.* Arte ou esporte de andar de bicicleta.

ci.clis.ta *s.2gên.* Pessoa que anda de bicicleta.

ci.clo *s.m.* Conjunto de fenômenos que se sucedem numa certa ordem. *Sociol.* Situações culturais e sociais ligadas, que se repetem.

ci.clo.ne *s.m.* Turbilhão de ar que forma remoinho.

ci.clô.ni.co *adj.* Referente a ciclone.

ci.clo.pe *s.m.* Gigante mitológico com um só olho na testa.

ci.cló.pi.co *adj.* Pertencente aos ciclopes.

ci.clós.to.mos *s.m.pl.* Gênero de peixes que abrange a lampreia.

ci.cu.ta *s.f.* Planta venenosa da família das Umbelíferas, tornada célebre por motivo do sacrifício do filósofo Sócrates.

ci.da.da.ni.a *s.f.* Dignidade ou direito de cidadão.

ci.da.dão *s.m.* Habitante de cidade; o que goza dos privilégios políticos e civis.

ci.da.de *s.f.* Povoação importante superior a das vilas.

ci.da.de.la *s.f.* Fortaleza construída na parte alta de uma cidade.

ci.dra *s.f.* Fruto da cidreira; vinho feito de maçã.

ci.drei.ra *s.f.* Árvore da família das Rutáceas.

ci.ên.cia *s.f.* Conjunto de conhecimentos sistematizados relativamente a determinada matéria.

ci.en.te *adj.2gên.* Que tem ciência ou que possui conhecimento de alguma coisa; *s.m.* assinatura que acompanha um documento, declarado que se tomou o seu conteúdo.

ci.en.ti.fi.cis.mo *s.m.* Tese filosófica que considera como definitivos os conhecimentos científicos.

ci.en.tí.fi.co *adj.* Pertinente à Ciência; que a revela.

CIENTISTA — CINQUENTONA

ci.en.tis.ta *s.2gên.* Pessoa que se dedica a uma ciência.
ci.fo.se *s.f.* Criatura anômala da espinha dorsal.
ci.fra *s.f.* Zero; número; escrita enigmática.
ci.fra.do *adj.* Escrito em caracteres secretos.
ci.frão *s.m.* Sinal ($) usado para indicar a unidade monetária em vários países.
ci.frar *v.t.d.* Escrever em cifras; *v.pron.* resumir-se.
ci.ga.na *s.f.* Fem. de *cigano*.
ci.ga.no *s.m.* Indivíduo de uma raça errante. *Fig.* Vendedor ambulante de quinquilharias.
ci.gar.ra *s.f.* Inseto que canta, no verão, por meio de um órgão da parte inferior do abdome.
ci.gar.rei.ra *s.f.* Operária das fábricas de cigarro; caixa para guardar cigarros.
ci.gar.ri.lha *s.f.* Pequeno tubo cheio de substância medicinal para aspirar.
ci.gar.ro *s.m.* Porção de tabaco que se enrola em papel ou palha.
ci.la.da *s.f.* Emboscada; traição; armadilha.
ci.li.a.do *adj.* Que tem cílios.
ci.lí.cio *s.m.* Cinto ou cordão grosseiro usado como penitência; martírio; tortura.
ci.lin.dra.da *s.f.* Força interior de um cilindro motor.
ci.lin.dri.co *adj.* Cujo formato é de cilindro.
ci.lin.dro *s.m.* Sólido geométrico por um retângulo que se move no espaço em torno de um dos lados, descrevendo um círculo de 360 graus; rolo comprido de diâmetro uniforme.
cí.lio *s.m.* Cada um dos pelos das pálpebras; pestana.
ci.ma *s.f.* A parte mais alta de qualquer coisa; cume; cimo.
ci.ma.lha *s.f.* A parte da parede em que se assenta a beira do telhado.
cím.ba.lo *s.m.* Antigo instrumento de cordas; instrumento composto de duas calotas de metal.
cim.bro *s.m.* Indivíduo dos cimbros; bárbaros que invadiram a Europa no século II a.C.; *adj.* referente aos cimbros.
ci.mei.ro *adj.* Que se situa no alto; sobranceiro.
ci.men.tar *v.t.d.* Unir com cimento. *Fig.* Firmar.
ci.men.to *s.m.* Massa feita de cal e outra matéria sólida para ligar pedras. *Fig.* Alicerce; fundamento.
ci.mé.rio *adj.* Horrendo.
ci.mi.tar.ra *s.f.* Espada curva e larga.
ci.mo *s.m.* A parte mais alta de qualquer coisa.
ci.mó.gra.fo *s.m. Med.* Instrumento com que se calculam as pulsações da pessoa febricitante; aparelho empregado em fonética.
ci.na.mo.mo *s.m.* Planta também chamada de jasmim, da família das Meliáceas.
cin.ca.da *s.f.* Engano.
cin.cer.ro *s.m.* Sineta que se coloca no pescoço dos animais que servem de guia aos outros.
cin.cha *s.f.* Cinta de ouro que passa sob o ventre da besta para fixar a sela; diz-se também *chincha*.
cin.char *v.t.d.* Apertar a cincha a; prender (um animal) por um laço amarrado à cincha. *Fig.* Lutar penosamente para conseguir alguma coisa.
cin.co *num.* Número cardinal; quatro mais um.
cin.dir *v.t.d.* Cortar; separar.
ci.ne *s.m.* Estabelecimento onde são exibidas fitas cinematográficas.
ci.ne.as.ta *s.m.* Técnico de cinema; também denominado *cinegrafista*.
ci.ne.gé.ti.ca *s.f.* Arte de caçar com cães.
ci.ne.ma *s.m.* Arte cinematográfica; sala ou casa de espetáculo que projeta fitas cinematográficas.
ci.ne.má.ti.ca *s.f.* Ramo da mecânica que estuda o movimento, desprezando as causas que o produzem.
ci.ne.ma.to.gra.fi.a *s.f.* A série de processos para obter a fixação e projeção de imagens animadas.
ci.ne.ma.to.grá.fi.co *adj.* Que diz respeito ou que pertence à cinematografia.
ci.ne.ma.tó.gra.fo *s.m.* Aparelho cronofotográfico que possibilita a projeção de cenas animadas.
ci.ne.ra.ma *s.m.* Processo de projeção cinematográfica dando ilusão de relevo.
ci.ne.rar *v.t.d.* Converter em cinza; calcinar; incinerar.
ci.ne.rá.rio *adj.* Referente a cinzas. *Fig.* Fúnebre.
ci.né.reo *adj.* Cinzento.
ci.ne.si.a *s.f. Med.* Ramo da Ciência que trata do movimento relacionado com a educação, higiene e o tratamento de doenças, empregando ginástica médica.
ci.né.ti.ca *s.f.* Ciência cujo objetivo é a extensão das forças consideradas nos movimentos variados por elas produzidos.
cin.gel *s.m.* Junta de bois.
cin.gir *v.t.d.* Envolver à roda com cinto, cinta, faixa etc.: ligar; cercar; adornar; *v.t.d.* e *i.* apertar; coroar; *v.pron.* rodear-se com coisa que cinge. *Fig.* Seguir estritamente; limitar-se.
cín.gu.lo *s.m.* Cordão com que o sacerdote aperta a alva na cintura.
cí.ni.co *adj.* Referente a uma antiga seita filosófica grega, que desprezava as conveniências sociais. *Fig.* Imprudente; despudorado; sórdido; *s.m.* indivíduo despudorado.
ci.nis.mo *s.m.* Doutrina dos filósofos cínicos. *Fig.* Falta de pudor.
ci.no.gra.fi.a *s.f.* Tratado descritivo do cão.
cin.quen.ta *num.* Cinco vezes dez; medida de superfície, com 50 braças de cada lado.
cin.quen.tão *adj.* e *s.m.* Referente ao sujeito que parece ter cinquenta anos de idade, ou pouco mais.
cin.quen.to.na *adj.* e *s.f.* Fem. de *cinquentão*.

cin.ta *s.f.* Faixa, cinto para apertar a cintura.
cin.tar *v.t.d.* Colocar cinta em.
cin.ti.la.ção *s.f.* Brilho faiscante; efeito de cintilar.
cin.ti.lan.te *adj.2gên.* Que cintila; deslumbrante.
cin.ti.lar *v.intr.* Faiscar; brilhar com trepidação; *v.t.d.* difundir luminosidade; irradiar.
cin.to *s.m.* Cinta de couro que se fecha com duas chapas de metal; cós.
cin.tu.ra *s.f.* A parte mais delgada do tronco; o meio do corpo.
cin.tu.ra.do *adj.* Ajustado na cintura; que tem cintura.
cin.tu.rão *s.m.* Cinto largo e reforçado de couro, no qual se prendem armas, em que se traz dinheiro etc.; grande cinto.
cin.za *s.f.* Resíduo pulverulento de corpo combustível. *Fig.* Luto; *adj.2gên.* cinzento.
cin.zei.ro *s.m.* Monte de cinza; objeto de metal ou louça onde se deita a cinza do cigarro ou do charuto.
cin.zel *s.m.* Instrumento cortante usado por escultores e gravadores.
cin.ze.la.du.ra *s.f.* Ação ou resultado de cinzelar.
cin.ze.lar *v.t.d.* Lavrar com cinzel; esculpir; apurar.
cin.zen.to *adj.* Cuja cor é análoga à da cinza.
ci.o *s.m.* Apetite sexual dos animais em certos períodos; calor, alvoroço, vício.
ci.o.so *adj.* Cuidadoso; ciumento.
ci.pei.ro *adj.* Diz-se do empregado que participa da CIPA – Comissão Interna de Prevenção de Acidentes – e que goza de algumas prerrogativas trabalhistas.
ci.pó *s.m.* Todas as plantas sarmentosas ou trepadeiras que pendem dos árvores ou nelas se trançam.
ci.po.al *s.m.* Floresta onde abunda cipó. *Fig.* Dificuldade.
ci.pres.te *s.m.* Várias árvores da família das Pináceas. *Fig.* Luto; dor; morte.
ci.pri.ní.deo *adj.* Referente aos ciprínidas; *s.m.* família de peixes à qual pertence a carpa.
ci.pri.no.cul.tu.ra *s.f.* Criação de carpas.
ci.pri.o.ta *adj.2gên.* Referente a Chipre, ilha do Mediterrâneo oriental; *s.2gên.* nascido em Chipre.
ci.ran.da *s.f.* Dança popular, com trovas.
ci.ran.dar *v.t.d.* Passar pela ciranda; andar de um lado para outro lado.
cir.cen.se *adj.2gên.* Referente ao circo; *s.m.pl.* jogos ou espetáculos de circo.
cir.co *s.m.* Recinto circular, que se destina à representação de espetáculos.
cir.cui.to *s.m.* Área circular; série ininterrupta de condutores elétricos.
cir.cu.la.ção *s.f.* Ato de circular.

cir.cu.lar[1] *adj.2gên.* Que tem formato de círculo. *Fig.* Que deve circular ou passar de mão em mão; aviso, ofício etc. que se envia a várias pessoas.
cir.cu.lar[2] *v.t.d.* Guarnecer à roda; pôr círculo ou cercadura; pôr em circulação; dar curso a. *Fig.* Ter curso, passar de mão em mão; propagar-se.
cír.cu.lo *s.m.* O espaço limitado numa circunferência; giro.
cir.cum-ad.ja.cen.te *adj.2gên.* Que se situa em volta.
cir.cum.po.lar *adj.2gên.* Que está próximo ou em torno do polo.
cir.cu.na.ve.ga.ção *s.f.* Ação de circunavegar.
cir.cu.na.ve.gar *v.t.d.* Navegar rodeando; *v.intr.* navegar em torno de uma ilha, de um continente ou do globo.
cir.cun.cen.tro *s.m.* Qualidade dada ao centro da circunferência circunscrita a um triângulo.
cir.cun.ci.dar *v.t.d.* Fazer circuncisão em.
cir.cun.ci.são *s.f.* Ato de cortar o prepúcio.
cir.cun.dan.te *adj.2gên.* Que circunda.
cir.cun.dar *v.t.d.* Cercar; cingir; rodear; andar em volta de.
cir.cun.fe.rên.cia *s.f.* Curva plana, fechada, cujos pontos são todos equidistantes do centro; linha que cerca qualquer área.
cir.cun.fle.xo *adj.* Qualificativo do acento gráfico (^) que sinaliza timbre fechado.
cir.cun.flu.en.te *adj.2gên.* Que corre ou cinge em torno (fluidos e líquidos).
cir.cun.flu.ir *v.t.d.* Correr em torno de (líquido ou ar); fluir; correr.
cir.cun.gi.rar *v.t.d.* Girar em torno de; percorrer lendo.
cir.cun.ja.cen.te *adj.2gên.* Que está nos arredores de.
cir.cun.lo.cu.ção *s.f.* Rodeio de palavras; perífrase.
cir.cuns.cre.ver *v.t.d.* Traçar linha em volta de; abranger; *v.pron.* cingir-se.
cir.cuns.cri.ção *s.f.* Ação ou efeito de circunscrever; divisão territorial.
cir.cuns.cri.to *adj.* Limitado; localizado.
cir.cuns.pec.to *adj.* Prudente; circunspeto.
cir.cuns.tân.cia *s.f.* Particularidade que acompanha um fato; situação.
cir.cuns.tan.ci.al *adj. Gram.* Que indica a circunstância em que se ting; complemento de tempo, de modo, de lugar etc.
cir.cuns.tan.ci.ar *v.t.d.* Referir todas as circunstâncias; enumerar.
cir.cuns.tan.te *s.2gên.* Pessoa que está presente.
cir.cun.va.gar *v.t.d.* Andar em volta de.
cir.cun.vi.zi.nhan.ça *s.f.* Arredores.
cir.cun.vo.lu.ção *s.f.* Movimento ao redor de um centro; saliência ondulante.

ci.re.neu *s.m.* Ajudante, sobretudo em trabalho penoso.
ci.rí.li.co *adj.* Alfabeto eslavo empregado na Rússia, na Bulgária e em outros países eslavos.
cí.rio *s.m.* Vela grande de cera.
cí.rio-do-nor.te *s.m.* Planta decorativa da família das Onagráceas.
ci.ri.o.lo.gi.a *s.f.* Uso exclusivo de expressões próprias.
cir.rí.pe.de *s.m.* Crustáceo com pés em forma de apêndices denominados cirros, da ordem dos cirrípedes.
cir.ro *s.m.* Nuvem com aspecto de filamento. *Med.* Tumor canceroso.
cir.ro.se *s.f. Med.* Doença hepática caracterizada por granulação de cor ruiva.
ci.rur.gi.a *s.f.* Parte da Medicina que se ocupa das operações.
ci.rur.gi.ão *s.m.* Médico especialista e que pratica a cirurgia.
ci.rúr.gi.co *adj.* Que diz respeito ou que pertence à cirurgia.
ci.sal.pi.no *adj.* Que está aquém dos Alpes (cordilheira ocidental da Europa).
ci.são *s.f.* Divergência.
cis.bor.so *s.m.* Estibordo.
cis.ca.da *s.f.* Porção de cisco; ciscalhada.
cis.car *v.t.d.* Limpar do cisco; revolver o alimento; brigar, conflituar. *Pop.* Fugir; esconder-se.
cis.co *s.m.* Pó fino de carvão; lixo; fragmentos.
cis.ma *s.m.* Dissidência de religião ou doutrina; devaneio; desconfiança; capricho.
cis.mar *v.intr.* Absorver-se em pensamentos. *Bras.* Desconfiar.
cis.má.ti.co *adj.* Que está apreensivo.
cis.ne *s.m.* Ave palmípede aquática de longo pescoço e de penas alvas. *Fig.* Poeta ou músico notável.
cis.pla.ti.no *adj.* Que está aquém do Prata.
cis.si.pa.ri.da.de *s.f.* Forma de geração ou multiplicação advinda da divisão do organismo em duas partes.
cis.su.ra *s.f.* Fenda, fissura.
cis.ter.na *s.f.* Poço; cacimba.
cis.ti.co *adj.* Referente à vesícula ou à bexiga.
cis.ti.te *s.f. Pat.* Inflamação na bexiga.
cis.to *s.m.* Tumor em formato de bexiga, que contém secreção que não se pode escoar.
cis.toi.de *adj.2gên.* Cujo formato ou a aparência é de bexiga.
cis.to.li.to *s.f. Med.* Pedra ou cálculo na bexiga.
cis.tos.co.pi.a *s.f. Med.* Exame interior da bexiga.
ci.ta *s.2gên.* Pessoa nascida em Citia.
ci.ta.ção *s.f.* Ato ou resultado de citar.
ci.ta.di.no *adj.* Referente ou que diz respeito à cidade; *s.m.* o que mora em cidade.
ci.tar *v.t.d.* Chamar a juízo; mencionar como autoridade ou exemplo; fazer referência a.
ci.ta.ra *s.f.* Instrumento de cordas parecido com a lira.
ci.tas *s.m.pl.* Antigos povos nômades do norte europeu e asiático.
ci.tá.vel *adj.2gên.* Suscetível de ser citado.
ci.te.ri.or *adj.2gên.* Que se acha aquém de algum limite.
ci.ti.gra.do *adj.* Que caminha depressa.
ci.to.gê.ne.se *s.f. Bot.* Formação das células.
ci.to.lo.gi.a *s.f.* Parte da Biologia que trata da célula em geral.
ci.to.ló.gi.co *adj.* Que diz respeito à Citologia.
ci.to.plas.ma *s.m.* Parte da célula distinta do núcleo, formada principalmente de protoplasma, que é a substância ativa.
ci.tra.to *s.m. Quím.* Combinação do ácido cítrico com uma base.
ci.tri.co *adj.* Relativo a plantas do gênero *Citrus*, como a laranja, a cidra, o limão etc.
ci.tri.no *adj.* Da cor do limão; *s.m.* fruto cítrico.
ci.tro.ne.la *s.f.* Denominação dada pela Ciência à erva-cidreira.
ci.u.ma.ri.a *s.f.* Grande ciúme.
ci.ú.me *s.m.* Zelo; rivalidade; inveja.
ci.u.men.to *adj.* e *s.m.* Que ou quem sente ciúmes; zeloso; invejoso.
cí.vel *adj.* Que se refere ao Direito Civil; *s.m.* jurisdição dos tribunais cíveis.
ci.vi.co *adj.* Referente aos cidadãos como membros do Estado; patriótico.
ci.vil *adj.* Que se refere às relações dos cidadãos entre si; social; *s.m.* paisano; não militar.
ci.vi.li.da.de *s.f.* Conjunto de formalidades dentro das normas de boa educação; cortesia.
ci.vi.lis.mo *s.m.* Ramo ou rumo de partido que obriga à prática do governo pelos civis.
ci.vi.lis.ta *adj.2gên.* Referente ao Direito Civil; *s.2gên.* tratadista de Direito Civil; indivíduo que é estudado nessa matéria.
ci.vi.li.za.ção *s.f.* Progresso nos costumes e nas leis.
ci.vi.li.za.do *adj.* Que se encontra em estado de civilização; cortês; bem-educado.
ci.vi.li.zar *v.t.d.* Fazer cível; introduzir o progresso, a instrução; *v.pron.* adquirir costumes civilizados.
ci.vis.mo *s.m.* Devoção pelo interesse público; patriotismo.
clã *s.m.* Organização social mais primitiva; partido.
cla.mar *v.t.d.* Dizer aos gritos; implorar; *v.t.i.* vociferar; *v.t.d.* e *i.* suplicar.
cla.mor *s.m.* Ato de clamar; gritaria; brado de queixa.
cla.mo.ro.so *adj.* Em que há clamor.
clan.des.ti.ni.da.de *s.f.* Característica de clandestino.

clan.des.ti.no *adj.* Feito às ocultas. *s.m. Pop.* Pessoa que viaja sem passagem e documentos.
clan.gor *s.m.* Som de trombeta.
clan.go.ro.so *adj.* Que possui som de trombeta.
clâ.ni.co *adj.* Referente a um clã: chefe clânico, por exemplo.
cla.que *s.f.* Galicismo designativo de pessoas combinadas para aplaudir ou patear nos teatros; chapéu alto provido de molas.
cla.ra *s.f.* A parte albuminosa do ovo que encerra a gema.
cla.ra.bói.a *s.f.* Vidraça no alto de um edifício.
cla.rão *s.m.* Intensa claridade; brilho ligeiro e súbito.
cla.re.ar *v.t.d.* Aclarear; *v.intr.* tornar-se lúcido ou inteligível; (Antôn.: *escurecer*).
cla.rei.ra *s.f.* Terreno sem árvores em mata fechada ou bosque.
cla.re.za *s.f.* Estado do que é claro e inteligível; transparência; limpidez. *Fig.* Bom timbre.
cla.ri.da.de *s.f.* Propriedade do que é claro.
cla.ri.fi.car *v.t.d.* Tornar claro; purificar; *v.pron.* tornar-se puro; arrepender-se.
cla.rim *s.m.* Trombeta de som claro e agudo; indivíduo que toca clarim.
cla.ri.ne.ta *s.f.* Instrumento de palheta e chaves, como as da flauta; clarinete.
cla.ri.vi.den.te *adj.* Que vê com muita clareza.
cla.ro *adj.* Iluminado pelos raios do sol; que reflete luz clara; transparente; sonoro, (o som). *Fig.* Evidente; *s.m.* a parte em branco ou mais clara de algo; *interj.* certamente.
cla.ro-es.cu.ro *s.m.* Distribuição bem combinada dos claros e escuros em uma pintura.
clas.se *s.f.* Categoria social; grupo; alunos de uma aula. *Sociol.* –s sociais: grandes grupos humanos que se diferenciam entre si pelo lugar que ocupam em um sistema de produção social.
clas.si.cis.mo *s.m.* Literatura clássica; sistema dos que admiram os clássicos.
clás.si.co *adj.* Que serve de modelo; usado nas aulas. *Fig.* Habitual; *s.m.* autor de obra consagrada pelo tempo.
clas.si.fi.ca.ção *s.f.* Distribuição por classes.
clas.si.fi.car *v.t.d.* Distribuir por classe; pôr em ordem.
clau.di.car *v.intr.* Coxear. *Fig.* Fraquejar; errar.
claus.tro *s.m.* Convento.
claus.tro.fo.bi.a *s.f.* Situação psicopatológica que se caracteriza pelo pavor de passar ou estar em recintos fechados.
cláu.su.la *s.f.* Condição que faz parte de um contrato; artigo.
clau.su.ra *s.f.* Recinto fechado; retiro.
clau.su.rar *v.t.d.* Fechar em clausura; *v.pron.* viver afastado do convívio social.

cla.va *s.f.* Cacete.
cla.ve *s.f. Mús.* Sinal no pentagrama que determina a posição das notas e lhes dá o tom.
cla.ví.cu.la *s.f.* Dim. de *clave. Anat.* Osso duplo que une as espáduas à parte superior do esterno.
cla.vi.cu.lá.rio *s.m.* Pessoa encarregada de guardar a chave; chaveiro.
cla.vi.na *s.f.* Carabina.
cle.mên.cia *s.f.* Bondade.
cle.men.te *adj.2gên.* Benigno; compassivo.
clep.si.dra *s.f.* Antigo relógio de água.
clep.to.ma.ni.a *s.f. Med.* Impulso maníaco de roubar objetos de pouco valor e utilidade.
clep.to.ma.ní.a.co *s.m.* O que padece de cleptomania.
cle.ri.cal *adj.2gên.* Referente ou que pertence ao clero.
cle.ri.ca.lis.mo *s.m.* Sistema dos que apoiam incondicionalmente o clero.
clé.ri.go *s.m.* Indivíduo que pertence ao clero; padre.
cle.ro *s.m.* A classe dos sacerdotes e ministros cristãos.
cle.ro.man.ci.a *s.f.* Arte de saber o futuro, por intermédio de informações.
cli.car *v.intr.* Fotografar. *Inf.* Pressionar a tecla do *mouse*.
cli.chê *s.m.* Placa metálica em que se reproduz, em relevo, imagem destinada a impressão. *Fig.* O mesmo que *lugar-comum*.
cli.che.ri.a *s.f.* Oficina onde se fabricam clichês.
cli.en.te *s.2gên.* Constituinte (em relação ao seu advogado ou procurador); enfermo, doente (em relação ao seu médico); freguês.
cli.en.te.la *s.f.* Número de clientes de um advogado, médico etc.
cli.ma *s.m.* Conjunto de condições meteorológicas peculiares a certa região; ambiente; meio.
cli.ma.té.rio *s.m. Med.* A menopausa.
cli.má.ti.co *adj.* Relativo a clima.
clí.max *s.m.* Auge do desenvolvimento de um fenômeno (biológico, psicológico ou social).
clí.ni.ca *s.f.* Medicina.
cli.ni.car *v.intr.* Praticar a Medicina; exercer a clínica.
clí.ni.co *s.m.* Médico.
clí.per *s.m.* Embarcação provida de três a cinco mastros, todos ostentando velas latinas.
cli.que *interj.* Forma onomatopaica indicativa de estalo seco.
clis.ter *s.m.* Lavagem intestinal.
cli.te.lo *s.m.* Região mais grossa do corpo das minhocas.
cli.tó.ris *s.m.2n. Anat.* Protuberância carnuda e eréctil na parte superior da vulva.

cli.va.gem *s.f.* Em cristais, propriedade de se dividir em certos planos.

clo.a.ca *s.f.* Fossa ou conduto que recebe desperdícios.

clo.nar *v.t.d.* Reproduzir (em laboratório), criar clones.

clo.ne *s.m.* Ser vivo originado de outro, com mesma imagem e código genético.

clo.ra.to *s.m. Quím.* Sal resultante da combinação do ácido clórico com uma base.

clo.re.to *s.m.* Combinação de cloro com corpo simples; – **de sódio**: sal de cozinha.

clo.ro.fi.la *s.f.* Substância que dá aos vegetais a sua cor verde.

clo.ro.fór.mio *s.m.* Líquido incolor, aromático, empregado na anestesia operatória.

clo.ro.se *s.f. Pat.* Anemia peculiar à mulher.

clu.be *s.m.* Grêmio; lugar de reuniões políticas, literárias ou recreativas.

clu.bis.ta *s.2gên.* O que faz parte de um clube ou que o frequenta.

co Símbolo químico do *cobalto*.

co.a.bi.tar *v.t.d.* Morar em conjunto; *v.t.i.* viver maritalmente por ação do casamento.

co.a.ção¹ *s.f.* Ato de coar.

co.a.ção² *s.f.* Ação de coagir; constrangimento; sujeição.

co.a.da *s.f.* Filtrada.

co.ad.ju.tor *adj. e s.m.* (Indivíduo) que coadjuva.

co.ad.ju.var *v.t.d. e i.* Auxiliar; cooperar.

co.ad.qui.rir *v.t.d.* Adquirir em sociedade com outrem.

co.a.du.na.ção *s.f.* Ajuntamento em um só todo.

co.a.du.nar *v.t.d. e i.* Associar; adaptar.

co.a.du.ra *s.f.* Filtragem.

co.a.gir *v.t.d. e t.* Forçar; constranger.

co.a.gu.la.ção *s.f.* Condensação de um líquido.

co.a.gu.la.dor *adj.* Que causa coagulação.

co.a.gu.lar *v.t.d.* Converter o corpo líquido em sólido; *v.pron.* converter-se em sólido.

co.á.gu.lo *s.m.* Resultado de coagular; coagulação.

co.a.la *s.m. Zool.* Marsupial arbóreo, da família dos Falangerídeos, que vive na Austrália. Também chamado *urso-de-bolso*.

co.a.les.cer *v.t.d.* Aglutinar; ligar; soldar; aderir.

co.a.lha.da *s.f.* Leite coalhado.

co.a.lha.du.ra *s.f.* Resultado de coagular; coagulação.

co.a.lhar *v.t.d.* Coagular; *v.intr.* e *v.pron.* coagular-se; solidificar-se.

co.a.lho *s.m.* Resultado de coalhar.

co.a.li.zão *s.f.* Aliança de partidos políticos para um fim comum; pacto entre nações.

co.ar *v.t.d.* Passar um líquido pelo coador; filtrar; destilar.

co.arc.tar *v.t.d.* Restringir; reduzir; limitar.

co.a.tar *v.t.d.* Constranger.

co.a.ti.vo *adj.* Referente à coação; que obriga física e moralmente.

co.au.tor *s.m.* Colaborador.

co.au.to.ri.a *s.f.* Qualidade de coautor.

co.a.xar *v.intr.* Emitir, a rã, a sua voz.

co.bai.a *s.f.* Pequeno mamífero muito usado nas experiências de laboratório.

co.bal.to *s.m. Quím.* Metal de cor arroxeada, cujo símbolo é Co.

co.ber.ta *s.f.* Peça de cobrir; espécie de colcha. *Fig.* Proteção.

co.ber.to *adj.* Que se cobriu; protegido.

co.ber.tor *s.m.* Pano de lã grossa que se põe por cima do lençol. *Pop.* Pulgueiro.

co.ber.tu.ra *s.f.* Tudo o que cobre; garantia; série de reportagens acompanhando o andamento de determinado acontecimento.

co.bi.ça *s.f.* Ansiedade de possuir; ambição.

co.bi.çar *v.t.d.* Desejar com veemência; ambicionar.

co.bi.ço.so *adj.* Que cobiça.

co.bra *s.f.* Réptil escamoso, de terra ou aquático, de que existem inúmeras espécies; serpente. *Fig.* Pessoa de caráter malévolo e traiçoeiro.

co.bra.dor *adj. e s.m.* Que ou aquele que cobra ou faz cobranças; recebedor.

co.bran.ça *s.f.* Reclamação de dinheiro devido.

co.brar *v.t.d.* Fazer cobrança de.

co.bre *s.m.* Metal de tom avermelhado, cujo símbolo químico é Cu. *Pop.* Dinheiro.

co.bri.ção *s.f.* Ação ou efeito de cobrir.

co.bri.men.to *s.m.* Ação de cobrir; tudo que cobre.

co.brir *v.t.d.* Esconder; ocultar; proteger; garantir. (Antôn.: *descobrir*.)

co.bro¹ *s.m.* Termo; final.

co.bro² *s.m.* Cada uma das voltas dadas pela amarra no convés, ao se arremessar a âncora em lugar fundo.

co.ca¹ *s.f.* Arbusto eritroxiláceo de propriedades anestésicas.

co.ca² *s.f.* Ação de cocar.

co.ca.da *s.f.* Doce de coco; pancada com a cabeça.

co.ca.í.na *s.f.* Alcaloide extraído das folhas da coca e utilizado como anestésico.

co.ca.i.nô.ma.no *s.m.* Indivíduo inclinado ao uso da cocaína.

co.car *s.m.* Adorno feito de penas que certos indígenas usavam à cabeça.

co.çar *v.t.d.* Passar as unhas ou coisa áspera sobre a pele onde se sente comichão; esfregar.

coc.ção *s.f.* Ação ou efeito de cozer.

cóc.cix *s.m. Anat.* Osso terminal da coluna vertebral.

có.ce.gas *s.f.pl.* Fricção em alguma parte do corpo que produz o riso involuntário.

co.cei.ra *s.f.* Sensação na pele provocada por picadas de mosquitos etc. e mesmo, às vezes, sem elas; comichão.
co.che *s.m.* Antiga carruagem de quatro rodas.
co.chei.ra *s.f.* Lugar destinado à habitação de cavalos.
co.chei.ro *s.m.* O que guia cavalos de uma carruagem.
co.chi.char *v.intr.* e *v.t.i.* Falar baixinho; *v.t.d.* dizer baixinho, em segredo.
co.chi.cho *s.m.* Fala em voz baixa; velho chapéu.
co.chi.lar *v.intr.* Dormir ligeiramente. *Fig.* Descuidar-se.
co.cho *s.m.* Tabuleiro em que se conduz a cal amassada.
co.cho.ni.lha *s.f. Entom.* Gênero de insetos hemípteros, de que é extraída uma substância tintoral vermelha; essa substância; cochinila.
co.ci.en.te *s.m.* Quociente.
có.clea *s.f.* Parte anterior do ouvido interno; caracol.
co.co[1] *s.m.* Bactéria; medida para cereais usada no Japão.
co.co[2] *s.m.* Fruto do coqueiro.
co.có *s.m.* Modalidade de penteado feminino.
co.cô *s.m.* Excremento, na linguagem infantil.
có.co.ras *s.f.pl.* De –: agachado.
co.co.ri.car *v.intr.* Cantar (o galo).
co.co.ro.có *s.m.* Onomatopeia da voz do galo. Var.: *cocoricó*.
co.co.ro.te *s.m.* Golpe na cabeça com o nó dos dedos; croque.
co.cri.a.dor *s.m.* Aquele que cria com outro.
co.cu.ru.to *s.m.* O ponto mais alto de uma coisa; o alto da cabeça.
co.da *s.f. Mús.* Certo número de compassos adicionados a um trecho musical.
cô.dea *s.f.* Parte exterior dura; casca.
co.de.í.na *s.f.* Alcaloide extraído do ópio.
co.de.ú.do *adj.* Provido de grossa códea.
co.de.ve.dor *s.m.* Indivíduo que é devedor em conjunto com outrem.
có.dex *s.m.* Apostila; o plural, *códex*, significa: obras de autores antigos. Var.: *códice*.
có.di.ce *s.m.* Volume manuscrito antigo; obra de autor clássico. Var.: *códex*.
co.di.ci.lo *s.m. Jur.* Memorando de última vontade pelo qual alguém faz disposições especiais sobre seu enterro, dá esmolas, lega móveis etc., e nomeia ou substitui testamenteiro.
co.di.fi.ca.ção *s.f.* Ação de codificar.
co.di.fi.car *v.t.d.* Reunir em código; coligir.
có.di.go *s.m.* Conjunto de regras e preceitos; lei.
co.di.re.tor *s.m.* Indivíduo que dirige juntamente com outrem.

co.do.na.tá.rio *s.m.* Indivíduo que é donatário juntamente com outrem.
co.dor.na *s.f.* Ave pertencente à família dos Tinamídeos.
co.e.fi.ci.en.te *s.m.* Número indicativo de vezes em que ele entra como parcela numa quantidade algébrica.
co.e.lho *s.m.* Quadrúpede bravio ou doméstico; roedor muito prolífero.
co.en.tro *s.m. Bot.* Planta hortense, olorosa, da família das Umbelíferas, de propriedade medicinal e condimentar.
co.er.ção *s.f.* Repressão.
co.er.ci.ti.vi.da.de *s.f.* Propriedade decoercitivo.
co.er.ci.ti.vo *adj.* Que pode exercer coerção; que obriga.
co.er.cí.vel *adj.2gên.* Que se pode coagir.
co.er.ci.vo *adj.* Que tem o direito ou poder de coerção.
co.e.rên.cia *s.f.* Conexão e harmonia entre ideias ou atitudes.
co.e.ren.te *adj.2gên.* Lógico.
co.e.são *s.f. Quím.* Ligação das moléculas entre si.
co.e.si.vo *adj.* Que liga.
co.e.so *adj.* Unido; harmonioso.
co.e.tâ.neo *adj.* Contemporâneo.
co.e.ter.no *adj.* Que existe com outro desde sempre.
co.e.vo *adj.* e *s.m.* Da mesma época; contemporâneo.
co.e.xis.tên.cia *s.f.* Existência simultânea.
co.e.xis.ten.te *adj.2gên.* Que existe ao mesmo tempo.
co.e.xis.tir *v.intr.* Existir ao mesmo tempo.
co.fi.ar *v.t.d.* Alisar com a mão, afagar (barba, cabelo).
co.fre *s.m.* Arca de guardar dinheiro ou coisas valiosas.
co.gi.tar *v.t.d.* Meditar; pensar; considerar.
cog.na.ção *s.f.* Parentesco por consanguinidade (por linha feminina).
cog.na.to *adj.* Diz-se de palavras que têm raiz comum.
cog.ni.ção *s.f.* Aquisição de conhecimento filosófico.
cog.ni.ti.vo *adj.* Relativo ao conhecimento filosófico.
cog.no.me *s.m.* Apelido.
cog.nos.ci.ti.vo *adj.* Que tem a faculdade de conhecer.
cog.nos.ci.vel *adj.2gên.* Que se pode conhecer.
co.go.te *s.m. Pop.* Nuca.
co.gu.lo *s.m.*
co.gu.me.lo *s.m.* Fungo vegetal comestível, destituído de clorofila.
co.i.bi.ção *s.f.* Impedimento.

co.i.bir *v.t.d.* Reprimir; *v.pron.* abster-se; privar-se. (Antôn.: *permitir.*)
coi.ce *s.m.* Arremetida para trás com as patas. *Fig.* Brutalidade.
coi.fa *s.f.* Rede de torçal para o penteado feminino.
co.in.ci.dên.cia *s.f.* Identificação de duas coisas.
co.in.ci.den.te *adj.2gên.* Que coincide.
co.in.ci.dir *v.t.i.* Acontecer ao mesmo tempo; ajustar-se exatamente; *v.intr.* concordar; combinar.
coi.ó *adj.* e *s.m. Bras.* Diz-se do apaixonado ridículo; tolo.
coi.o.te *s.m.* Lobo da América do Norte.
coi.sa *s.f.* Tudo o que existe; qualquer objeto ou assunto; matéria; – feita: feitiço.
coi.sa.da *s.f.* Aglomerado de coisas diversas e pouco valiosas.
coi.sar *v.t.d.* e *intr.* Pensar.
coi.ta.do *s.f.* Cheio de coisas; digno de pena; *interj.* pobre –: infeliz.
coi.to *s.m.* Cópula carnal.
co.la¹ *s.f.* Substância glutinosa com que se faz aderir madeira, papel etc.
co.la² *s.f.* Cópia feita às escondidas, nos exames escritos.
co.la.bo.ra.ção *s.f.* Ação de colaborar; auxílio; ajuda.
co.la.bo.rar *v.t.i.* Trabalhar em conjunto com outrem; dar colaboração; ajudar.
co.la.ção *s.f.* Concessão de título ou grau.
co.la.ço *adj.* e *s.m.* Diz-se de ou irmão de leite.
co.la.da *s.f.* Garganta ou passagem entre montanhas.
co.la.do *adj.* Grudado.
co.la.gem *s.f.* Ação de colar.
co.lap.so *s.m.* Prostração súbita.
co.lar¹ *s.m.* Ornato do pescoço.
co.lar² *v.t.d.* Unir; pregar com cola; grudar; *v.t.i.* aplicar; aconchegar; *v.t.d.* e *intr.* copiar ocultamente nos exames escritos.
co.la.ri.nho *s.m.* Peça fixa ou ajustável à camisa masculina, em que se insere a gravata.
co.la.te.ral *adj.* Que se situa ao lado.
co.la-tu.do *s.m.* Tipo de cola extremamente adesiva.
col.cha *s.f.* Cobertura de cama.
col.chão *s.m.* Espécie de saco cheio de lã, crina, penas ou, modernamente, de molas, que se estende sobre o estrado.
col.chei.a *s.f. Mús.* Figura com valor equivalente à metade da semínima.
col.che.te *s.m.* Ganchinho de prender vestidos; sinal gráfico empregado para encerrar palavra ou palavras que não participam de uma citação; parêntese.
col.cho.ne.te *s.m.* Pequeno colchão portátil.
col.dre *s.m.* Estojo no arção da sela para meter as armas.
co.le.ar *v.intr.* Mover o colo; arrastar-se em ziguezague.
co.le.ção *s.f.* Ajuntamento de coisas coligidas; conjunto de obras literárias sobre o mesmo assunto ou do mesmo autor; compilação.
co.le.ci.o.na.dor *s.m.* O que coleciona.
co.le.ci.o.nar *v.t.d.* Reunir em coleção; coligir.
co.le.ga *s.2gên.* Companheiro de colégio, corporação, do mesmo cargo, profissão.
co.le.gi.al *adj.2gên.* Referente a colégio; *s.2gên.* aluno de colégio.
co.lé.gio *s.m.* Estabelecimento destinado ao ensino; junta.
co.le.guis.mo *s.m.* Confraternização e união entre os estudantes.
co.lei.o *s.m.* Ação de colear; movimento sinuoso.
co.lei.ra¹ *s.f.* Tipos de colar para prender o pescoço dos animais.
co.lei.ra² *s.f.* e m. Tipo de carrapato; indivíduo velhaco; caloteiro.
co.len.do *adj.* Respeitável.
co.lên.qui.ma *s.m. Bot.* Espécie de tecido vegetal que apresenta células providas de membranas celulósicas muito grossas, notadamente nos ângulos.
co.le.óp.te.ro *adj.* Referente aos insetos que têm as asas superiores encobrindo as inferiores. Ex.: o besouro.
có.le.ra¹ *s.f.* Ira; furor.
có.le.ra² *s.f.* e m. Doença muito grave caracterizada pelo frio intenso que regela o corpo e por evacuações excessivas de bílis alterada.
co.lé.ri.co *adj.* Irado; Doente de cólera.
co.les.te.rol *s.m. Quím.* Substância que se encontra nos tecidos e nas gorduras e é tida como responsável pela arteriosclerose.
co.le.ta *s.f.* A parte da missa que precede a epístola, em que se lia largo se pedia esmola.
co.le.tâ.nea *s.f.* Extratos selecionados de diversas obras.
co.le.tâ.neo *adj.* Compilado de vários escritores ou livros.
co.le.tar *v.t.d.* Exigir impostos, contribuições; arrecadá-las.
co.le.te *s.m.* Peça do vestuário, sem mangas nem abas, que se usa por cima da camisa.
co.le.ti.vi.da.de *s.f.* Sociedade; conjunto.
co.le.ti.vis.mo *s.m.* Sistema socioeconômico que preconiza que os meios de produção se tornem comuns a todos os membros da sociedade.
co.le.ti.vis.ta *adj.2gên.* Referente ao coletivismo; *s.m.* adepto do coletivismo.

co.le.ti.vo *adj.* Que compreende muitas coisas ou pessoas. *Gram.* Que no número singular (o substantivo) exprime a reunião de muitos indivíduos da mesma espécie.

co.le.tor *s.m.* Arrecadador de coletas; *adj.* diz-se de quem colige, compila.

co.le.to.ria *s.f.* Repartição onde se pagam impostos.

col.ga.du.ra *s.f.* Estofo bonito, que se prende nas paredes ou janelas, para as cobrir e enfeitar.

co.lhe.dei.ra *s.f.* Pequena pá em que os pintores juntam as tintas quando as moem.

co.lhe.dor *adj.* e *s.m.* Que ou quem colhe.

co.lhei.ta *s.f.* Arrecadação dos produtos da terra; a produção agrícola de um ano.

co.lher¹ *s.f.* Instrumento constituído por um cabo e por uma parte côncava.

co.lher² *v.t.d.* Apanhar; recolher; conseguir; ganhar; *v.t.d.* e *i.* inferir; *v.pron.* ser aplicável.

co.lhe.ra.da *s.f.* O que se tira com a colher de uma vez. *Fam.* Intrometer-se.

co.lhe.rei.ro *s.m.* O que fabrica ou vende colheres.

co.lhi.men.to *s.m.* Ação de colher.

co.li.bri *s.m.* Beija-flor.

có.li.ca *s.f.* Dor aguda de órgãos com sede na cavidade abdominal. *Fig.* Medo.

co.li.dir *v.t.d.* e *i.* Fazer ir de encontro; *v.intr.* e *v.t.i* chocar. *v.pron.* Fig. Contradizer-se.

co.li.ga.ção *s.f.* Pacto de várias pessoas, de várias facções políticas para um fim comum; confederação.

co.li.gar *v.t.d.* Atar; ligar; *v.pron.* aliar-se; aproximar-se.

co.li.gir *v.t.d.* Juntar em coleção; colecionar.

co.li.mar *v.t.d.* Ter em vista.

co.li.mi.tar *v.t.d.* Limitar a.

co.li.na *s.f.* Elevação de terreno; pequeno monte.

co.li.no.so *adj.* Referente a área cheia de colinas.

co.li.quar *v.t.d.* Dissolver.

co.li.rio *s.m.* Nome comum aos remédios para a cura de inflamações na conjuntiva ocular.

co.li.são *s.f.* Ação de colidir; choque entre dois corpos. *Fig.* Contrariedade.

co.li.seu *s.m.* O principal e maior anfiteatro da antiga Roma; circo.

co.li.te *s.f. Méd.* Processo inflamatório do cólon.

col.me.ei.ro *s.m.* Indivíduo que cuida de colmeias ou que com elas negocia.

col.mei.a *s.f.* Cortiço ou construção própria para criar abelhas; enxame. Var.: *colmeia*.

col.mi.lho *s.m.* O dente canino, principalmente dos animais; presa.

col.mo *s.m.* Caule de gramíneas e juncos.

co.lo *s.m.* Pescoço; **ao –**: nos braços.

co.lo.ca.ção *s.f.* Ordem na disposição de coisas; emprego; situação.

co.lo.car *v.t.d.* Pôr em certo lugar. (Antôn.: *deslocar*.)

co.lo.fão *s.m.* Dizeres finais de manuscritos ou obra impressa, indicando lugar e data.

co.loi.dal *adj.2gên.* Referente aos coloides.

co.loi.de *s.m.* Estado de certas substâncias que, em meio a certos solventes, conservam uma consistência semelhante à da cola.

co.lom.bi.a.no *adj.* Referente a Cristóvão Colombo, descobridor da América, ou à sua época; relativo à Colômbia; *s.m.* o habitante da Colômbia.

có.lon *s.m.* Região do intestino grosso situada entre o ceco e o reto; colo.

co.lô.nia *s.f.* Grupo de pessoas estabelecidas em país estranho ou em qualquer possessão territorial de sua própria nação.

co.lo.ni.al *adj.2gên.* Que diz respeito a colônia ou colonos.

co.lo.ni.za.ção *s.f.* Ato ou resultado de colonizar.

co.lo.ni.za.do *adj.* Habitado por colonos.

co.lo.ni.za.dor *adj.* e *s.m.* Que mandou ou levou colonos; o que coloniza.

co.lo.ni.zar *v.t.d.* Povoar de colonos.

co.lo.no *s.m.* Habitante de uma colônia; agricultor livre de terra alheia.

co.lo.qui.al *adj.2gên.* Referente a colóquio.

co.ló.quio *s.m.* Diálogo.

co.lo.ra.ção *s.f.* Ação de colorar; efeito que as cores produzem.

co.lo.ran.te *adj.2gên.* Que colora; tintorial.

co.lo.rau *s.m.* Pó vermelho, preparado com pimentão.

co.lo.ri.do *adj.* Pintado a cores; *s.m.* cor.

co.lo.rir *v.t.d.* Pintar com cores convenientes; enfeitar; disfarçar; *v.pron.* tingir-se.

co.lo.ris.ta *s.2gên.* Aquele que pinta empregando tintas de cores vivas. *Fig.* Escritor de imaginação fértil.

co.lo.ri.zar *v.t.d.* Colorir.

co.los.sal *adj.2gên.* Gigantesco; enorme.

co.los.so *s.m.* Estátua gigantesca. *Fig.* Pessoa agigantada; objeto enorme.

co.los.tro *s.m. Méd.* Primeiro leite segregado pelas glândulas mamárias após o parto.

col.pi.te *s.f. Pat.* Inflamação da vagina.

co.lu.brí.deo *s.m.* Relativo ou pertencente aos Colubrídeos, em regra geral não venenosas.

co.lum.bá.rio *s.m.* Pombal.

co.lum.bi.cul.tu.ra *s.f.* Criação de pombos.

co.lum.bi.no *adj.* Relativo a pombo. *Fig.* Inocente.

co.lu.na *s.f.* Pilar cilíndrico usado em arquitetura; divisão da página de jornal. *Fig.* Sustentáculo; **– vertebral**: a espinha dorsal.

co.lu.nar *v.t.d.* Dar feitio de coluna a.

co.lu.na.ta *s.f.* Série de colunas.

co.lu.nis.ta s.2gên. Cronista ou crítico de jornal, que tem a seu cargo e responsabilidade em uma determinada seção que assina.

com prep. Indica diversas relações: companhia, modo; ligação etc.

co.ma s.f. Cabeceira; juba. Med. Morbidez semelhante à do sono, em que desaparecem as atividades cerebrais superiores.

co.ma.dre s.f. A madrinha (com relação aos pais do indivíduo batizado ou crismado); a mãe (em relação aos padrinhos); urinol.

co.man.da s.f. Talão onde se marcam os pedidos feitos por fregueses (em bares, restaurantes) para controle de consumo.

co.man.dan.te adj.2gên. Que comanda; s.m. chefe de batalhão.

co.man.dar v.t.d. Capitanear; ter o comando.

co.man.dis.ta s.f. Sociedade comercial em que há sócios que entram somente com capital, sem tomar parte na gerência dos negócios.

co.man.do s.m. Ato de comandar; mando.

co.mar.ca s.f. Bras. Divisão judicial de um estado; região.

com.ba.li.do adj. Abatido; falto de forças.

com.ba.lir v.t.d. Abalar; perder as forças; o vigor; v.pron. deteriorar-se.

com.ba.te s.m. Ato de combater. Fig. Disputa, peleja.

com.ba.ten.te adj.2gên. Quem combate; s.m. guerreiro que combate, peleja.

com.ba.ter v.t.d. Atacar, lutar contra. Fig. Atacar com razões; v.pron. entrar em conflito.

com.ba.ti.vi.da.de s.f. Propriedade de combativo.

com.ba.ti.vo adj. Que se dá ao combate; não foge à luta.

com.bi.na.ção s.f. Disposição de coisas em certa ordem; acordo; vestuário íntimo feminino.

com.bi.na.do adj. Disposto em ordem metódica; ajustado; s.m. pacto.

com.bi.nar v.t.d. Fazer combinações; ligar; v.pron. harmonizar-se.

com.bi.na.tó.rio adj.2gên. Suscetível de combinar.

com.boi.o s.m. Reunião de carros de transporte que seguem juntos e com mesmo destino.

com.bor.ço s.m. Pessoa amasiada com referência ao outro amante ou marido, da mulher com a qual se amasiou. Fam. Combora.

com.bu.ren.te adj. Que queima.

com.bus.tão s.f. Ação de queimar ou de ser queimado; força comburente.

com.bus.tí.vel adj. Que arde; s.m. material para queimar.

com.bus.tor s.m. Bras. Poste de iluminação pública.

co.me.çar v.t.d. Dar princípio; v.intr. ter começo.

co.me.ço s.m. Princípio; início.

co.mé.dia s.f. Peça para teatro em que são pintados os costumes e os ridículos da sociedade. Fig. Dissimulação.

co.me.di.an.te s.2gên. Ator ou atriz de comédia.

co.me.di.do adj. Moderado; modesto.

co.me.di.men.to s.m. Proporção; moderação.

co.me.di.ó.gra.fo adj. Aquele que escreve comédias.

co.me.dir v.t.d. Conter.

co.me.dis.ta s.2gên. Comediógrafo.

co.me.dor adj. Comilão; s.m. indivíduo que come muito.

co.me.dou.ro s.m. Caixinha ou gaiola em que se deitam alimentos para os pássaros; adj. que serve para ser comido.

co.me.mo.ra.ção s.f. Festividade.

co.me.mo.rar v.t.d. Lembrar; solenizar, recordando.

co.me.mo.ra.ti.vo adj. Que recorda algum acontecimento notável.

co.men.da s.f. Distinção honorífica correspondente ao 3º grau militar; insígnia dessa distinção.

co.men.da.tá.rio adj. Que gera benefício de comenda; s.m. pessoa que dirige uma comenda. (Fem.: comendatária.)

co.me.nos s.m.2n. Instante; momento; ocasião; neste –: na mesma ocasião.

co.men.sal s.m. Aquele que come com outros.

co.men.su.rá.vel adj.2gên. Que se pode medir.

co.men.ta.dor adj. e s.m. Autor de comentários; crítico.

co.men.tar v.t.d. Fazer comentário. Fig. Censurar; analisar.

co.men.tá.rio s.m. Narração; história breve e singela; análise.

co.men.ta.ris.ta s.2gên. Indivíduo que faz comentários.

co.mer v.t.d. Tragar; engolir; meter no estômago. Fig. Gastar; acreditar com facilidade; v.intr. nutrir-se; alimentar-se; v.pron. angustiar-se.

co.mer.ci.al adj.2gên. Referente ou que pertence ao comércio.

co.mer.ci.a.li.za.ção s.f. Ato de comercializar.

co.mer.ci.a.li.zar v.t.d. Tornar comerciável.

co.mer.ci.an.te adj.2gên. e s.2gên. Que ou pessoa que se dedica ao comércio; negociante.

co.mer.ci.ar v.t.i. Fazer comércio; v.intr. negociar.

co.mer.ci.á.rio s.m. O que trabalha no comércio.

co.mér.cio s.m. Negócio. Fig. Trato com alguém.

co.mes-e-be.bes loc.subst. Comida e bebida.

co.mes.tí.vel adj.2gên. Próprio para se comer; s.m. o que se come.

co.me.ter v.t.i. Praticar; v.pron. expor-se.

co.me.ti.da s.f. Investida; ataque; arremetida.

co.me.ti.men.to *s.m.* Ação de cometer; empreendimento.
co.me.zai.na *s.f.* Refeição abundante; patuscada.
co.me.zi.nho *adj.* Bom para comer. *Fig.* Simples; fácil de entender.
co.mi.chão *s.f.* O mesmo que *prurido*.
co.mi.ci.da.de *s.f.* Propriedade do que é cômico.
co.mí.cio *s.m.* O local onde se realizava assembleia; reunião pública de cidadãos para discutir assuntos de interesse público.
cô.mi.co *adj.* Que diz respeito à comédia; engraçado; *s.m.* comediante.
co.mi.da *s.f.* O comer; alimento; refeição; o que serve para comer; ato de comer.
co.mi.go *pron.* A meu respeito; na minha companhia.
co.mi.lan.ça *s.f.* Ação de comilão; negócio fácil e vantajoso. *Fig.* Roubalheira.
co.mi.lão *adj.* e *s.m.* Grande comedor; glutão.
co.mi.lo.na *s.f.* Grande comedora; glutona.
co.mi.nar *v.t.d.* e *i.* Ameaçar (com pena); impor.
co.mi.nho *s.m.* Planta da família das Umbelíferas.
co.mi.se.ra.ção *s.f.* Piedade; compaixão.
co.mi.se.rar *v.t.d.* Despertar a comiseração de; *v.pron.* condoer-se.
co.mis.são *s.f.* Ação de cometer ou incumbir; direito que se paga ao comissário pelo seu trabalho; junta de indivíduos encarregados de examinar algum negócio ou realizar alguma coisa.
co.mis.sá.rio *s.m.* Pessoa a quem se incumbe um negócio ou se delega autoridade.
co.mis.si.o.nar *v.t.d.* e *i.* Encarregar de comissões; confiar.
co.mis.su.ra *s.f.* Sutura; junção; fenda.
co.mi.tê *s.m.* Comissão.
co.mi.ten.te *adj.2gên.* e *s.2gên.* Que encarrega de comissão; constituinte.
co.mi.ti.va *s.f.* Conjunto de pessoas que acompanham alguém.
co.mo *conj.* Da mesma maneira que; quando; porque; *adv.* de que forma.
co.mo.ção *s.f.* Abalo súbito.
cô.mo.da *s.f.* Peça do mobiliário.
co.mo.da.to *s.m.* Empréstimo de coisa a ser devolvida em ocasião convencionada.
co.mo.di.da.de *s.f.* Bem-estar; conforto.
co.mo.dis.mo *s.m.* Sistema, propriedade ou natureza do comodista.
co.mo.dis.ta *adj.2gên.* e *s.2gên.* Que(m) só atende à sua própria comodidade; egoísta.
cô.mo.do *adj.* Que tem ou dá comodidade. *Fig.* Fácil; *s.m.* vantagem.
co.mo.do.ro *s.m.* Graduação na marinha de guerra inglesa e americana, intermediária entre o capitão-de-mar-e-guerra e contra-almirante.
cô.mo.ro *s.m.* Elevação pequena de terreno.
co.mo.ve.dor *adj.* Comovente.
co.mo.ven.te *adj.* Que inspira comoção.
co.mo.ver *v.t.d.* Abalar no sentido físico e moral; *v.t.i.* impelir; *v.intr.* produzir comoção; *v.pron.* condoer-se.
co.mo.vi.do *adj.* Abalado; eternecido.
com.pac.tar *v.t.d.* Tornar compacto; comprimir.
com.pac.to *adj.* Condensado; sólido.
com.pa.de.cer *v.t.d.* Ter compaixão de alguém. *Fig.* Suportar; *v.pron.* harmonizar-se.
com.pa.de.ci.do *adj.* Que sente compaixão.
com.pa.dre *s.m.* O que serve de padrinho no batismo ou na crisma em relação ao pais de quem recebeu o sacramento.
com.pa.dri.o *s.m.* Proteção exagerada e descabida.
com.pai.xão *s.m.* Dó; piedade.
com.pa.nhei.ra *s.f.* Mulher que acompanha. *Pop.* Esposa.
com.pa.nhei.ro *s.m.* O que acompanha; colega; camarada. *Pop.* Esposo.
com.pa.nhi.a *s.f.* Ação de acompanhar; aquele que acompanha; sociedade comercial.
com.pa.ra.ção *s.f.* Ação ou resultado de comparar; analogia; confronto.
com.pa.ra.do *adj.* Confrontado; que comparou.
com.pa.rar *v.t.d.* Estabelecer a semelhança ou a dissemelhança entre; confrontar; *v.pron.* pôr-se em confronto.
com.pa.ra.ti.vo *adj.* Próprio para comparar; que faz uso de comparação.
com.pa.rá.vel *adj.2gên.* Suscetível de ser comparado; análogo.
com.pa.re.cer *v.intr.* e *v.t.i.* Aparecer; ir; vir.
com.pa.re.ci.men.to *s.m.* Ação de comparecer.
com.par.sa *s.2gên.* Figurante; coadjuvante. *Fig.* Sócio; parceiro.
com.par.te *adj.2gên.* e *s.2gên.* Cúmplice; participante.
com.par.ti.lhar *v.t.d.* Ter ou tornar parte em; participar em.
com.par.ti.men.to *s.m.* Divisão de peça separada de outra ou um limite divisório; cômodo; gaveta.
com.par.tir *v.t.d.* Dividir em compartimentos; compartilhar.
com.pas.sa.do *adj.* Regulado por compasso.
com.pas.sar *v.t.d.* Medir a compasso; cadenciar; moderar.
com.pas.si.vi.da.de *s.f.* Propriedade de compassivo.
com.pas.si.vo *adj.* Que revela compaixão.
com.pas.so *s.m.* Instrumento constituído por duas pernas ou varetas iguais, as quais se movem em torno de um eixo e que serve para traçar círculos e medir distâncias. *Fig.* Medida; ordem.

com.pa.ti.bi.li.da.de *s.f.* Qualidade de compatível.

com.pa.tí.vel *adj.2gên.* Que pode coexistir ou ser exercido no mesmo tempo; conciliável.

com.pe.lir *v.t.d.* Obrigar.

com.pen.di.ar *v.t.d.* Resumir.

com.pên.dio *s.m.* Resumo; sumário.

com.pen.di.o.so *adj.* Resumido.

com.pe.ne.trar *v.t.d.* Fazer penetrar bem; *v.pron.* convencer-se.

com.pen.sa.ção *s.f.* Ato ou resultado de compensar.

com.pen.sa.do *s.m.* Peça formada por três ou mais folhas de madeira, unidas por cola.

com.pen.sa.dor *adj.* Que compensa; *s.m.* pessoa que compensa.

com.pen.sar *v.t.d.* Ressarcir; remunerar; recompensar o trabalho; *v.t.i.* tirar compensação.

com.pen.sa.tó.rio *adj.* Que envolve compensação.

com.pen.sá.vel *adj.2gên.* Passível de ser compensado.

com.pe.tên.cia *s.f.* Capacidade para julgar ou para executar; aptidão.

com.pe.ten.te *adj.2gên.* Que possui competência; idôneo.

com.pe.ti.dor *adj. e s.m.* Referente ao que compete; concorrente.

com.pe.tir *v.t.i.* Pretender alguma coisa ao mesmo tempo que outrem; ser das atribuições de alguém; *v.pron.* rivalizar-se.

com.pi.la.ção *s.f.* Ação de compilar; o resultado dessa ação.

com.pi.lar *v.t.d.* Reunir textos.

com.pi.la.tó.rio *adj.* Referente a compilação.

com.pla.cên.cia *s.f.* Ação ou vontade de comprazer; prazer.

com.pla.cen.te *adj.2gên.* Que revela complacência.

com.plei.ção *s.f.* Constituição física de alguém; organização; caráter.

com.ple.men.tar¹ *adj.2gên.* Que diz respeito a complemento; que o constitui.

com.ple.men.tar² *v.t.d.* Completar.

com.ple.men.to *s.m.* O que complementa.

com.ple.tar *v.t.d.* Tornar completo; acabar; concluir. (Antôn.: *incompletar*.)

com.ple.ti.vo *adj. e s.m.* (O) que completa; abrangente.

com.ple.to *adj.* Inteiro; concluído; *s.m.* aquilo que está perfeito.

com.ple.xi.da.de *s.f.* Qualidade do que é complexo.

com.ple.xo *adj.* Que apresenta muitos elementos complicados; *s.m.* conjunto de coisas e fatos que tem algum nexo.

com.pli.ca.ção *s.f.* Dificuldade; complexidade.

com.pli.ca.do *adj.* Cheio de complicações.

com.pli.car *v.t.d.* Atar; dificultar. *Fig.* Produzir complicação; *v.t.i.* implicar; *v.pron.* atrapalhar-se. (Antôn.: *simplificar*.)

com.plô *s.m.* Conluio contra instituição ou pessoas.

com.po.nen.te *adj.2gên. e s.m.* Que ou aquilo que entra na composição de alguma coisa.

com.por *v.t.d.* Produzir; consertar; inventar.

com.por.ta *s.f.* Tapume que sustém as águas do dique, fosso ou açude.

com.por.ta.men.to *s.m.* Maneira de proceder.

com.por.tar *v.t.d.* Suportar; admitir; *v.pron.* portar-se.

com.por.tá.vel *adj.2gên.* Suscetível de comportar; suportável.

com.po.si.ção *s.f.* Preparação; produção literária ou científica; arte de escrever música.

com.po.si.tor *s.m.* Autor de obra de engenho ou de peça musical.

com.po.si.to.ra *s.f.* Nome comum da máquina compositora.

com.pos.to *adj.* Formado por mais de um elemento; que se compôs; reconciliado.

com.pos.tu.ra *s.f.* Comedimento.

com.po.ta *s.f.* Doce em caldas.

com.po.tei.ra *s.f.* Vasilha para se guardar a compota.

com.pra *s.f.* Ação de comprar; o que se comprou.

com.pra.dor *s.m.* Aquele que compra.

com.prar *v.t.d.* Adquirir por dinheiro.

com.pra.zer *v.intr.* Ser agradável.

com.pra.zi.men.to *s.m.* Ato de comprazer.

com.pre.en.der *v.t.d.* Encerrar; entender; abranger.

com.pre.en.são *s.f.* Percepção.

com.pre.en.sí.vel *adj.2gên.* Propriedade do que é compreensível.

com.pre.en.si.vo *adj.* Da natureza da compreensão; que entende bem as coisas.

com.pres.sa *s.f.* Chumaço que se põe sobre o inchaço, sangria ou ferida, para a comprimir ou aliviar a dor.

com.pres.são *s.f.* Ação ou efeito de comprimir.

com.pres.sor *adj.* Que comprime; *s.m.* engenho pesado usado para comprimir e tornar sólido um terreno.

com.pri.do *adj.* Longo.

com.pri.men.to *s.m.* A extensão de qualquer objeto de um lado ao outro no sentido em que a distância é maior; tamanho.

com.pri.mi.do *adj.* Que se comprimiu; *s.m.* substância em formato de pastilha.

com.pri.mir *v.t.d.* Apertar.

com.pro.ba.tó.rio *adj.* Que comprova.

com.pro.me.ter *v.t.d.* Remeter a arbítrio; tornar responsável; *v.pron.* obrigar-se.

com.pro.me.ti.do *adj.* Que assumiu compromisso. *Fig.* Envolvido em alguma infração ou falta.
com.pro.mis.so *s.m.* Promessas mais ou menos solenes.
com.pro.va.ção *s.f.* O mesmo que *comprobação*; ato de comprovar.
com.pro.van.te *adj.2gên.* Que comprova; *s.m.* recibo para comprovar a realização de determinadas despesas.
com.pro.var *v.t.d.* Provar mediante documentos ou fatos; *v.pron.* receber confirmação.
com.pul.são *s.f.* Constrangimento.
com.pul.sar *v.t.d.* Manusear (livro, documento), lendo, consultando.
com.pul.si.vo *adj.* Que tem forças para compelir.
com.pul.só.ria *s.f.* Mandado judicial de uma instância superior para outra de grau inferior.
com.pul.só.rio *adj.* Que impõe; que compete.
com.pun.ção *s.f.* Pesar profundo; arrependimento.
com.pun.gir *v.t.d.* Mover à compulsão; arrepender-se.
com.pu.ta.dor *s.m.* Indivíduo que faz cálculos; máquina capaz de receber, armazenar e enviar dados.
com.pu.tar *v.t.d.* Calcular; orçar; avaliar.
côm.pu.to *s.m.* O mesmo que *cálculo*; contagem.
com.tis.mo *s.m.* O conjunto das ideias do filósofo Auguste Comte.
co.mum *adj.* De todos, muitos ou de alguns; geral; habitual; *s.m.* a maioria. (Antôn.: *distinto*, *raro*.)
co.mu.na *s.f.* A cidade medieval que obtinha de seu soberano carta de autonomia.
co.mun.gar *v.t.d.* Administrar comunhão; *v.pron.* receber a comunhão.
co.mu.nhão *s.f.* O ato de receber o sacramento em comum da Eucaristia; participação em comum de crenças ou ideias.
co.mu.ni.ca.ção *s.f.* Aviso; informação; ligação.
co.mu.ni.ca.do *s.m.* Aviso.
co.mu.ni.car *v.t.d.* Transmitir; ligar; *v.pron.* corresponder-se.
co.mu.ni.ca.ti.vo *adj.* Fácil de comunicar; expansivo.
co.mu.ni.da.de *s.f.* Sociedade de muitas pessoas em comum; corporação religiosa.
co.mu.nis.mo *s.m.* Doutrina socioeconômica que tende à supressão da luta de classes pela coletivização dos meios de produção.
co.mu.nís.si.mo *adj.* Superl. abs. sint. de *comum*.
co.mu.nis.ta *adj.2gên.* Referente ao comunismo; *s.2gên.* adepto do comunismo.
co.mu.ni.tá.rio *adj.* Refere-se à comunidade tomada sob o aspecto estrutural ou sob o aspecto específico de agrupamento.
co.mu.ta.ção *s.f.* Ação de comutar; troca.
co.mu.ta.dor *s.m.* Pequeno aparelho interruptor da corrente elétrica.
co.mu.tar *v.t.d.* e *i.* Trocar; substituir. *Jur.* Mudar pena.
co.mu.tá.vel *adj.2gên.* Que se pode comutar.
co.na.tu.ral *adj.2gên.* Conforme à natureza; apropriado.
con.ca.te.na.ção *s.f.* Ação ou resultado de concatenar.
con.ca.te.nar *v.t.d.* Encadear; relacionar.
con.ca.vi.da.de *s.f.* O ser côncavo; depressão de terreno.
côn.ca.vo *adj.* Cavado; –**convexo**: cavado de um lado e convexo de outro.
con.ce.ber *v.t.d.* Gerar; compreender; meditar; *v.intr.* ser fecundada.
con.ce.bí.vel *adj.2gên.* Suscetível de ser concebido.
con.ce.der *v.t.d.* e *i.* Outorgar; dar; *v.t.i.* anuir.
con.ce.di.do *adj.* Que se concedeu; permitido; outorgado; dado.
con.cei.to *s.m.* Ideia concebida pelo espírito; opinião.
con.cei.tu.a.do *adj.* Considerado; avaliado.
con.cei.tu.ar *v.t.d.* Formar conceito; avaliar pessoa ou coisa; *v.t.i.* ajuizar.
con.ce.lho *s.m.* Circunscrição administrativa; município.
con.cen.tra.ção *s.f.* Reunião num centro; meditação.
con.cen.tra.do *adj.* Pensativo.
con.cen.trar *v.t.d.* Centralizar; condensar; *v.pron.* absorver-se em meditação.
con.cên.tri.co *adj.* Que tem o mesmo centro.
con.cep.ção *s.f.* Geração; percepção.
con.cer.nir *v.t.i.* Referir-se; ser concernente.
con.cer.tar *v.t.d.* Dispor em boa ordem; adaptar. *Fig.* Concordar; *v.pron.* ajustar-se.
con.cer.to *s.m.* Ação de concertar; ajuste. *Mús.* Recital.
con.ces.são *s.f.* Ação de conceder; doação.
con.ces.si.o.ná.ria *s.f.* Empresa que comercializa veículos.
con.ces.si.o.ná.rio *adj.* e *s.m.* Que ou quem obteve concessão.
con.cha *s.f.* *Zool.* A casa dos mariscos.
con.cha.vo *s.m.* Conluio. *Bras.* Trabalho doméstico.
con.che.go *s.m.* Bem-estar doméstico; amparo.
con.ci.da.dão *s.m.* O cidadão em relação aos da mesma cidade; compatriota.
con.ci.li.á.bu.lo *s.m.* Assembleia secreta.
con.ci.li.a.ção *s.f.* Ação ou resultado de conciliar; reconciliar.
con.ci.li.a.dor *adj.* e *s.m.* Referente a quem concilia.

con.ci.li.ar *v.t.d.* Compor; consertar desavenças; fazer concordar; *v.t.i.* unir; *v.pron.* entrar em comum acordo.
con.cí.lio *s.m.* Assembleia de prelados.
con.ci.so *adj.* Em poucas palavras; sucinto.
con.ci.tar *v.t.d.* Estimular.
con.cla.ma.ção *s.f.* Ação ou resultado de conclamar.
con.cla.mar *v.t.d.* Bradar simultaneamente; gritar; *v.intr.* dar brados.
con.cla.ve *s.m.* Assembleia cardinalícia para eleições do Papa. *P. ext.* Reunião de assembleias etc.
con.clu.den.te *adj.2gên.* Convincente; persuasivo.
con.clu.í.do *adj.* Que se concluiu; que conclui.
con.clu.ir *v.t.d.* Terminar; *v.pron.* finar-se.
con.clu.são *s.f.* Ato de concluir; resultado.
con.clu.so *adj.* Processo terminado e entregue para despacho judicial.
con.co.mi.tan.te *adj.2gên.* Que acompanha; simultâneo.
con.cor.dân.cia *s.f.* Ato de concordar; harmonia; conformidade. *Gram.* Correspondência de flexão entre palavras.
con.cor.dar *v.t.d.* Pôr de acordo; ter a mesma opinião; conciliar; *v.pron.* ser conforme.
con.cor.da.ta *s.f.* Acordo entre falido e credores.
con.cor.de *adj.2gên.* Que está de acordo ou dá a mesma opinião.
con.cór.dia *s.f.* Paz; harmonia.
con.cor.rên.cia *s.f.* Ação de concorrer.
con.cor.ren.te *adj.* e *s.2gên.* Que ou quem concorre; rival.
con.cor.rer *v.t.i.* Juntar-se para uma ação comum; contribuir.
con.cre.ção *s.f.* Acumulação de partículas sólidas em meio líquido.
con.cre.ti.zar *v.t.d.* Tornar concreto.
con.cre.to *adj.* Que tem forma material.
con.cu.bi.na *s.f.* Mulher que vive amasiada. *Bot.* Espécie de tulipa.
con.cu.bi.na.to *s.m.* Vida de concubina.
con.cul.car *v.t.d.* Calcar com os pés; espezinhar.
con.cu.nha.do *s.m.* Diz-se de dois irmãos que se casaram com duas irmãs e vice-versa.
con.cu.pis.cên.cia *s.f.* Apetite sexual; grande desejo de bens ou gozo materiais.
con.cur.so *s.m.* Ação de concorrer.
cus.cus.são *s.f.* Choque violento.
con.da.do *s.m.* Dignidade de conde.
con.dão *s.m.* Dom; poder sobrenatural.
con.de *s.m.* Título de nobreza, entre marquês e visconde; **fruta do –**: pinha.
con.de.co.ra.ção *s.f.* Distinção honorífica; insígnia militar ou civil.
con.de.co.rar *v.t.d.* Conferir condecoração; *v.pron.* arrogar-se distinções.
con.de.na.ção *s.f.* Imposição de uma pena ou castigo. *Fig.* Reprovação.
con.de.na.do *s.m.* O que sofreu condenação; criminoso.
con.de.nar *v.t.d.* Pronunciar sentença contra; impor pena; declarar culpado. *Fig.* Reprovar. (Antôn.: *absorver*.)
con.den.sa.ção *s.f.* Aumento de densidade; mudança do estado gasoso para o líquido.
con.den.sa.dor *s.m.* e *adj.* O que condensa; máquina de vapor ou turbinas.
con.den.sar *v.t.d.* Fazer denso; engrossar; liquefazer (gás, vapor). *Fig.* Resumir; *v.pron.* tornar-se espesso. (Antôn.: *dilatar, diluir*.)
con.des.cen.der *v.t.i.* e *v.intr.* Concordar; ceder voluntariamente. (Antôn.: *discordar*.)
con.des.sa *s.f.* Esposa de conde; forma feminina de conde.
con.di.ção *s.f.* O que é necessário para que uma coisa exista; obrigação.
con.di.cen.te *adj.2gên.* Adequado.
con.di.ci.o.na.dor *adj.* e *s.m.* (O) que condiciona.
con.di.ci.o.nal *adj.2gên.* Que depende de condição. *Gram.* Que indica correspondência de condição; *s.m.* condição.
con.dig.no *adj.* Proporcional ao mérito; merecido; devido.
con.di.men.tar *v.t.d.* Temperar; pôr condimentos em.
con.di.men.to *s.m.* Tempero.
con.dis.cí.pu.lo *s.m.* Companheiro de estudos.
con.di.zen.te *adj.* Adequado; ajustado; harmônico.
con.do.er *v.t.d.* Despertar a compaixão; *v.pron.* apiedar-se.
con.do.í.do *adj.* Que se condói do mal alheio; penalizado.
con.do.lên.cia *s.f.* Compaixão pelo mal alheio; no plural significa: pêsames.
con.do.mí.nio *s.m.* Domínio simultâneo de mais de uma pessoa.
con.dô.mi.no *adj.* e *s.m.* Coproprietário.
con.dor *s.m.* Ave rapineira de grande porte muito comum na cordilheira dos Andes.
con.do.rei.ro *adj.* Expressão brasileira designada do estilo elevado (em literatura).
con.du.ção *s.f.* Ação ou resultado de conduzir; meio de transporte; veículo; carro.
con.du.cen.te *adj.2gên.* Que conduz (a um fim).
con.du.ta *s.f.* Ação de conduzir; leva.
con.du.to *s.m.* Via; estrada. *Anat.* Canal do organismo.
con.du.tor *s.m.* Indivíduo que conduz; aquele que dirige. *Fig.* Corpo capaz de transmitir calor, eletricidade, som.

con.du.zir *v.t.d.* Acompanhar guiando; *v.pron.* portar-se; *v.t.i.* ser útil.

co.ne *s.m.* Corpo sólido contido entre uma das folhas de uma superfície cônica geométrica.

co.nec.tar *v.t.d.* Estabelecer conexão. *Inf.* Entrar em rede.

cô.ne.go *s.m.* Sacerdote que faz parte de um cabido.

co.ne.xão *s.f.* Ligação.

co.ne.xo *adj.* Ligado.

con.fa.bu.la.ção *s.f.* Ato de confabular.

con.fa.bu.lar *v.t.* e *v.intr.* Conversar; trocar ideias a respeito de assunto secreto.

con.fec.ção *s.f.* Ação de confeccionar.

con.fec.ci.o.nar *v.t.d.* Preparar; executar confecções.

con.fe.de.ra.ção *s.m.* Associação de Estados para fim de despesa, comércio etc; liga.

con.fe.de.rar *v.t.d.* Fazer entrar em confecção; *v.pron.* fazer aliança; unir-se.

con.fei.tar *v.t.d.* Cobrir de açúcar com os confeitos. *Fig.* Adoçar para iludir; dissimular.

con.fei.ta.ri.a *s.f.* Estabelecimento onde são fabricados doces.

con.fei.tei.ro *s.m.* Aquele que vende ou faz doces.

con.fei.to *s.m.* Semente ou pequeno fruto recoberto de açúcar. *P. ext.* Qualquer bala recoberta de açúcar.

con.fe.rên.cia *s.f.* Ação de conferir.

con.fe.ren.te *adj.2gên.* Que confere; *s.m.* pessoa que tem voto em conferência.

con.fe.rir *v.t.d.* Comparar; confrontar; *v.t.i.* ministrar; tratar; conferenciar.

con.fes.sar *v.t.d.* Declarar o que se sabe; *v.t.i.* dizer os próprios pecados; *v.pron.* declarar-se.

con.fes.si.o.ná.rio *s.m.* Cadeia fechada onde o confessor ouve a confissão; tribunal de penitência.

con.fes.so *adj.* Diz-se daquele que confessou sua culpa; que se converteu à religião cristã.

con.fes.sor *s.m.* Sacerdote que ouve a confissão; indivíduo que se converteu à religião cristã.

con.fe.te *s.m.* Papel colorido cortado em rodelinhas usado nos folguedos carnavalescos. *Pop.* Elogio, amabilidade.

con.fi.a.do *adj.* Que se confiou. *Pop.* Insolente; atrevido.

con.fi.an.ça *s.f.* Firmeza de ânimo; intimidade entre amigos.

con.fi.an.te *adj.2gên.* Que confia; fácil de se confiar.

con.fi.ar *v.intr.* Ter confiança; fé; esperar.

con.fi.dên.cia *s.f.* Comunicação em segredo.

con.fi.den.te *s.2gên.* Pessoa a quem se confia um segredo.

con.fi.gu.rar *v.t.d.* Dar forma ou figura; representar.

con.fim *adj.* Que confina.

con.fi.nar *v.t.d.* Demarcar; encerrar; *v.t.i.* defrontar; limitar.

con.fir.ma.ção *s.f.* Verificação; ratificação.

con.fir.mar *v.t.d.* Afirmar em absoluto; comprovar. (Antôn.: *desmentir.*)

con.fis.ca.ção *s.f.* Ação de confiscar.

con.fis.car *v.t.d.* Adjudicar ao físico aos bens de alguém, por certos crimes.

con.fis.co *s.m.* O mesmo que *confiscação.*

con.fis.são *s.f.* Ação de confessar ou confessar-se; profissão de fé; o credo da missa. *Fig.* Desabafo.

con.fla.gra.ção *s.f.* Incêndio de grandes proporções. *Fig.* Revolução.

con.fla.grar *v.t.d.* Incendiar. *Fig.* Pôr em convulsão.

con.fli.to *s.m.* Choque entre pessoas; disputa; briga; antagonismo.

con.fli.tu.o.so *adj.* Que cria conflitos; irascível.

con.flu.ir *v.t.d.* Correr para o mesmo ponto.

con.for.ma.ção *s.f.* Conformidade.

con.for.mar *v.t.d.* Tornar uma coisa conforme com outra; harmonizar; *v.t.d.* e *i.* amoldar; *v.t.i.* estar conforme. (Antôn.: *desesperar.*)

con.for.me *adj.2gên.* Ajustado; igual; *adv.* em conformidade; *prep.* segundo; *conj.* como.

con.for.mi.da.de *s.f.* Resignação.

con.for.mis.mo *s.m.* Atitude sistemática de submissão à ordem vigente ou a qualquer situação.

con.for.tar *v.t.d.* Dar forças; revigorar. *Fig.* Consolar. (Antôn.: *debilitar, desesperar.*)

con.for.tá.vel *adj.2gên.* Cheio de conforto; cômodo.

con.for.to *s.m.* Consolo em hora angustiosa; bem-estar material.

con.fra.de *adj.2gên.* e *s.m.* Membro de confraria; camarada.

con.fran.ger *v.t.d.* Angustiar; deprimir.

con.fra.ri.a *s.f.* Associação religiosa.

con.fra.ter.ni.zar *v.t.d.* Unir como irmãos.

con.fron.tar *v.t.d.* Pôr em frente; *v.t.i.* defrontar.

con.fron.te *adj.2gên.* Confrontante.

con.fron.to *s.m.* Comparação; acareação; paralelo.

con.fun.dir *v.t.d.* Misturar; tomar uma coisa por outra; não distinguir; *v.pron.* tornar-se indistinto. (Antôn.: *discernir, esclarecer.*)

con.fu.são *s.f.* Desordem.

con.fu.so *adj.* Desordenado; perplexo; misturado.

con.fu.tar *v.t.d.* Impugnar.

con.ga.da *s.f.* Dança popular de caráter dramático representando a coroação de um rei conguês.

con.ge.la.do *adj.* Que se congelou.

con.ge.lar *v.t.d.* Fazer passar ao estado de gelo; tornar-se frio como gelo. *Fig.* Prender.

CONGEMINAR — CONSECUÇÃO

con.ge.mi.nar *v.t.d.* e *pron.* Multiplicar; redobrar; *v.t.i.* e *v.intr.* cismar; pensar.

con.gê.ne.re *adj.* Do mesmo gênero; semelhante.

con.gê.ni.to *adj.* Que existe desde o nascimento; nascido ao mesmo tempo.

con.gé.rie *s.f.* Montão.

con.ges.tão *s.f. Med.* Ajuntamento espontâneo de sangue em um órgão ou parte do corpo.

con.ges.ti.o.na.men.to *s.m.* Ação de congestionar. *Bras.* Acúmulo de veículos que dificulta o trânsito.

con.ges.ti.o.nar *v.t.d.* Causar congestão em; *v.pron.* acumular-se o sangue em um órgão.

con.glo.bar *v.t.d.* Dar forma de globo a; concentrar.

con.glo.me.ra.do *adj.* Que se conglomerou; *s.m.* rocha plástica, formada por pequenos cascalhos redondos.

con.glo.me.rar *v.t.d.* Enovelar; amontoar; *v.pron.* unir-se.

con.go *adj.2gên.* O mesmo que *conguês*.

con.go.nha *s.f.* Nome comum de plantas congêneres do mate, da família das Aquifoliáceas.

con.gra.ça.men.to *s.m.* Ação ou resultado de congraçar.

con.gra.çar *v.t.d.* Reconciliar; harmonizar.

con.gra.tu.la.ção *s.f.* Ato de congratular-se.

con.gra.tu.lar *v.t.d.* Felicitar; *v.pron.* dar-se os parabéns.

con.gre.ga.ção *s.f.* Reunião; assembleia; corporação religiosa.

con.gre.gar *v.t.d.* Reunir.

con.gres.sis.ta *adj.2gên.* Referente a congresso; *s.2gên.* participante de um congresso.

con.gres.so *s.m.* Assembleia; reunião.

con.gru.ên.cia *s.f.* Harmonia de uma coisa ou fato com o fim a que se propõe; coerência.

con.gru.en.te *adj.2gên.* Proporcionado; conveniente.

co.nha.que *s.m.* Aguardente fabricada em Cognac (França) ou qualquer bebida semelhante a ela.

co.nhe.ce.dor *adj.* e *s.m.* Que ou pessoa que conhece; versado; perito.

co.nhe.cer *v.t.d.* Perceber; ter conhecimento de pessoas ou coisa; ter relações com; *v.t.d.* e *i.* reconhecer, *v.pron.* distinguir-se.

co.nhe.ci.do *adj.* Que se conheceu; sabido (notícia ou fato); renomado; *s.m.* pessoa que se conhece.

co.nhe.ci.men.to *s.m.* Ação de conhecer; competência.

co.nhe.cí.vel *adj.2gên.* Que se pode conhecer.

cô.ni.co *adj.* Que apresenta o formato de cone; referente ao cone.

co.ni.ven.te *adj.2gên.* Cúmplice.

con.je.tu.ra *s.f.* Opinião ou ideia sem fundamento preciso; hipótese; suposição. Var.: *conjectura*.

con.je.tu.ral *adj.2gên.* Baseado em conjeturas; hipotético. Var.: *conjectural*.

con.je.tu.rar *v.t.d.* Julgar por indícios prováveis; supor; presumir. Var.: *conjecturar*.

con.ju.ga.ção *s.f.* Ato ou resultado de conjugar; união. *Gram.* Conjunto ordenado das flexões do verbo.

con.ju.gal *adj.2gên.* Referente ao matrimônio.

con.ju.gar *v.t.d.* Unir. *Gram.* Dizer ou escrever ordenadamente as flexões de um verbo.

côn.ju.ge *s.m.* Cada um dos esposos em relação ao outro.

con.ju.mi.nar *v.t.d.* e *pron.* Congeminar.

con.jun.ção *s.f.* Concurso de circunstâncias. *Gram.* Partícula gramatical que liga duas orações.

con.jun.ti.va *s.f. Anat.* Membrana mucosa que forra a parte externa do globo ocular.

con.jun.ti.vo *adj.* Que junta ou une; tecido que liga os órgãos e serve de sustentação a diversas estruturas do corpo.

con.jun.to *adj.* Próximo; unido.

con.jun.tu.ra *s.f.* Encontro de acontecimentos.

con.ju.rar *v.t.d.* Conspirar.

con.ju.ro *s.m.* Imprecações.

con.lu.i.ar *v.t.d.* Reunir em conluio; *v.pron.* fazer ou formar conluio.

con.lui.o *s.m.* Conspiração.

co.nos.co *pron.* De nós para nós; em nossa companhia; a nosso respeito.

co.no.ta.ção *s.f.* Relação de dependência que se nota entre coisas que se comparam.

co.no.ta.ti.vo *adj. Lóg.* Diz-se de nomes que designam, juntamente com o sujeito, um atributo.

con.quan.to *conj.* Por mais que; embora.

con.quis.ta *s.f.* Aquisição pela força; êxito amoroso.

con.quis.ta.dor *adj.* e *s.m.* Que ou que conquista. *Fig.* Namorador.

con.quis.tar *v.t.d.* Tomar pela força; conseguir. *Fig.* Obter pelo trabalho; namorar.

con.sa.gra.ção *s.f.* Dedicação ao serviço divino; aclamação.

con.sa.grar *v.t.d.* Tornar sagrado; aclamar.

con.san.guí.neo *adj.* e *s.m.* Que é do mesmo sangue; parente.

con.san.gui.ni.da.de *s.f.* Parentesco por parte do pai.

cons.ci.ên.cia *s.f.* Percepção íntima do que se passa em nós.

cons.ci.en.ci.o.so *adj.* Que tem consciência; escrupuloso; reto.

cons.ci.en.te *adj.2gên.* Que tem consciência; que sabe o que faz.

côns.cio *adj.* Ciente.

cons.cri.ção *s.f.* Alistamento para o serviço militar.

con.se.cu.ção *s.f.* Ação ou efeito de conseguir.

con.se.cu.ti.vo *adj.* Que se segue imediatamente.

con.se.guin.te *adj.2gên.* Que se segue; consequente; **por** –: *loc.conj.* por consequência; portanto.

con.se.guir *v.t.d.* Obter.

con.se.lhei.ro *adj.* Que aconselha.

con.se.lho *s.m.* Parecer ou opinião que se transmite; admoestação; órgão coletivo.

con.sen.so *s.m.* Consentimento; acordo.

con.sen.tâ.neo *adj.* Apropriado; conveniente.

con.sen.ti.men.to *s.m.* Ação de consentir; anuência.

con.sen.tir *v.t.d.* Permitir; *v.t.i.* dar consentimento; anuir. (Antôn.: *proibir*.)

con.se.quên.cia *s.f.* Conclusão; efeito.

con.se.quen.te *adj.2gên.* Que raciocina com lógica; coerente; resultante.

con.ser.ta.do *adj.* Reparado; corrigido.

con.ser.tar *v.t.d.* Emendar; reparar; corrigir; fazer conserto em.

con.ser.to *s.m.* Ação de consertar; resultado dessa ação.

con.ser.va *s.f.* Salmoura; molho ou calda em que se conservam substâncias alimentícias.

con.ser.va.dor *adj.* e *s.m.* Que ou quem conserva; *s.m.* pessoa incumbida da conservação de algo ou que se opõe às mudanças.

con.ser.va.do.ris.mo *s.m.* O mesmo que *conservantismo*.

con.ser.var *v.t.d.* Preservar; guardar; *v.pron.* resistir à idade.

con.ser.va.tó.rio *s.m.* Estabelecimento para ensino de belas-artes, especialmente música.

con.si.de.ra.ção *s.f.* Ação de considerar; respeito que se tem por alguém.

con.si.de.rar *v.t.d.* Examinar minuciosamente; ponderar; estimar; *v.t.i.* pensar; *v.pron.* reputar-se.

con.si.de.rá.vel *adj.2gên.* Respeitável.

con.sig.nar *v.t.d.* e *i.* Fazer consignação de. *Fig.* Declarar.

con.si.go *pron.* Em sua companhia; de si para si.

con.sis.tên.cia *s.f.* Propriedade de consistente; firmeza; estabilidade.

con.sis.ten.te *adj.2gên.* Que consiste, sólido; estável.

con.sis.tir *v.t.i.* Cifrar-se; resumir-se.

con.sis.tó.rio *s.m.* Assembleia de cardeais, presidida pelo papa.

con.so.a.da *s.f.* Refeição noturna em dia de jejum.

con.so.an.te *adj.* Que soa junto; *s.f.* elemento que só forma sílaba com adjução de vogal; *prep.* conforme.

con.so.ar *v.intr.* Soar simultaneamente; rimar.

con.so.ci.ar *v.t.d.* e *pron.* Ligar; unir.

con.so.lar *v.t.d.* Suavizar; confortar.

con.so.li.da.do *s.m.* Título de dívida pública que se consolidou.

con.so.li.dar *v.t.d.* Tornar sólido ou compacto; soldar. *Fig.* Tornar mais sólido; confirmar; *v.pron.* cicatrizar-se.

con.so.lo[1] *s.m.* Móvel para colocar vasos e objetos ornamentais; modilhão.

con.so.lo[2] *s.m.* Consolação; alívio; conforto.

con.so.nân.cia *s.f.* Conjunto harmônico de sons; rima; acordo.

con.so.nan.te *adj.2gên.* Que está em consonância.

con.sór.cio *s.m.* Matrimônio; comunhão de interesses.

con.sor.te *adj.2gên.* e *s.2gên.* Cônjuge.

cons.pí.cuo *adj.* Distinto.

cons.pi.ra.ção *s.f.* Ação de conspirar; pacto; trama secreta.

cons.pi.rar *v.t.d.* Tramar conjuração; fazer conluio.

cons.pur.car *v.t.d.* Sujar.

cons.tân.cia *s.f.* Tenacidade; firmeza.

cons.tan.te *adj.2gên.* Firme (falando de pessoas); persistente. *Fig.* Que não muda.

cons.tar *v.intr.* Consistir; *v.t.i.* chegar ao conhecimento.

cons.ta.tar *v.t.d.* Verificar.

cons.te.la.ção *s.f.* Grupo de estrelas que se acham nos mapas celestes sob a forma de figuras e resultam da ligação entre elas por linhas imaginárias.

cons.ter.na.ção *s.f.* Desânimo; angústia.

cons.ter.nar *v.t.d.* Causar consternação; abater o ânimo; *v.pron.* angustiar-se.

cons.ti.pa.ção *s.f.* Doença produzida por resfriamento; prisão de ventre.

cons.ti.par *v.t.d.* Produzir constipação; *v.pron.* resfriar-se.

cons.ti.tu.i.ção *s.f.* O que forma a substância de um corpo; lei fundamental de um Estado; estatuto.

cons.ti.tu.in.te *adj.2gên.* Que constitui; *s.2gên.* congresso.

cons.ti.tu.ir *v.t.d.* Pôr; instituir; *v.t.i.* colocar; *v.pron.* organizar-se.

cons.tran.ge.dor *adj.* Que constrange.

cons.tran.ger *v.t.d.* e *i.* Obrigar por força; violentar. (Antôn.: *libertar*.)

cons.tran.gi.men.to *s.m.* Coação; violência; acanhamento.

cons.trin.gir *v.t.d.* Apertar; *v.pron.* contrair-se.

cons.tru.ção *s.f.* Ação de construir; resultado dessa ação; estrutura.

cons.tru.ir *v.t.d.* Edificar. *Gram.* Coordenar as palavras da oração seguindo as regras da sintaxe. (Antôn.: *demolir, destruir*.)

cons.tru.ti.vo *adj.* Próprio para se construir.

cons.tru.to.ra s.f. Firma, empreiteira, que constrói casas, prédios, rodovias etc.
con.subs.tan.ci.a.ção s.f. União de dois corpos na mesma substância. *Fig.* Identificação.
con.subs.tan.ci.ar v.t.d. Consolidar; concretizar.
con.su.e.tu.di.ná.rio adj. Costumeiro.
côn.sul s.m. Agente cuja atribuição é a de proteger os interesses nacionais em terras estrangeiras.
con.su.la.do s.m. Cargo ou dignidade de cônsul; casa onde exerce as suas funções.
con.su.len.te adj.2gên. e s.2gên. Que(m) consulta.
con.sul.ta s.f. Ação de consultar.
con.sul.tar v.t.d. Pedir conselho, conferir; v.pron. meditar; refletir.
con.sul.ti.vo adj. Relativo a consulta; que emite parecer.
con.sul.tor adj. e s.m. (O) que dá consulta ou conselho.
con.sul.tó.rio s.m. Casa onde se dão consultas.
con.su.ma.ção s.f. Conclusão; fim.
con.su.ma.do adj. Que se consumou; acabado; exímio.
con.su.mar v.t.d. Completar; executar.
con.su.mi.ção s.f. Ato ou efeito de consumir.
con.su.mi.dor adj. Que consome; s.m. aquele que obtém para uso próprio.
con.su.mir v.t.d. Gastar; absorver; extinguir.
con.su.mis.mo s.m. Aquisição exagerada de bens para uso próprio.
con.su.mo s.m. Gasto.
con.ta s.f. Cálculo; apreço; responsabilidade. *Fig.* Exigir satisfações.
con.ta.bi.li.da.de s.f. Técnica de fazer contas burocráticas ou comerciais; cálculo.
con.ta.bi.lis.ta s.2gên. Pessoa versada em contabilidade.
con.ta.do adj. Calculado; dado por conta; narrado.
con.ta.do.ri.a s.f. Repartição onde é feita a contabilidade; pagadoria; tesouraria.
con.ta.gem s.f. Enumeração de objetos; ato de contar.
con.ta.gi.ar v.t.d. Receber por contágio; comunicar; v.t.d. comunicar o vírus contagioso a.
con.tá.gio s.m. Transmissão de doença por contato; contaminação.
con.ta.gi.o.so adj. Que se comunica por contágio.
con.ta.-go.tas s.m.2n. Instrumento para contar gotas de um líquido.
con.ta.mi.na.ção s.f. Ação ou resultado de contaminar; nódoa; infecção; contágio.
con.ta.mi.nar v.t.d. Contagiar; comunicar doença ou vírus. *Fig.* Corromper.
con.tar v.t.d. Calcular; v.t.d. e i. narrar; v.intr. fazer cálculos; v.t.i. ter esperanças; v.pron. ter-se na conta de.
con.ta.tar v.t.i. e intr. Entrar em contato com.

con.ta.to s.m. O mesmo que *contacto*; ação pela qual dois corpos se tocam; proximidade; ligação; toque.
con.tá.vel adj.2gên. Suscetível de se contar.
con.têi.ner s.m. Grande caixa para acondicionamento de carga.
con.tem.pla.ção s.f. Atenta consideração de objeto físico ou moral. *Fig.* Respeito.
con.tem.plar v.t.d. Examinar, observar embevecida e atentamente; considerar com amor. *Fig.* Meditar; v.pron. mirar-se desvanecido.
con.tem.pla.ti.vo adj. Referente a contemplação; que convida à meditação.
con.tem.po.ra.nei.da.de s.f. Propriedade de contemporâneo.
con.tem.po.râ.neo adj. e s.m. Indivíduo que é do tempo atual; da mesma época.
con.tem.po.ri.zar v.intr. Acomodar-se ao tempo, às circunstâncias; v.t.i. transigir.
con.ten.ção s.f. Ato de conter; porfia; **– de espírito**: grande aplicação.
con.ten.ci.o.so adj. Litigioso; controverso.
con.ten.da s.f. Briga; contenção.
con.ten.der v.t. e intr. Lutar; combater; discutir.
con.ten.ta.men.to s.m. Satisfação da alma; alegria; prazer.
con.ten.tar v.t.d. Causar contentamento a; v.pron. ficar satisfeito; alegrar-se.
con.ten.te adj.2gên. Cheio de contentamento; feliz; satisfeito.
con.ten.to s.m. Contentamento; loc.adv. satisfatoriamente.
con.ter v.t.d. Incluir; moderar; ter em si ou dentro de si; v.pron. dominar-se.
con.ter.râ.neo adj. e s.m. Da mesma terra que outro; compatriota; patrício.
con.tes.ta.ção s.f. Ato de contestar; debate; contradição.
con.tes.ta.dor adj. e s.m. Contestante.
con.tes.tar v.t.d. Negar; contradizer; v.intr. opor-se. (Antôn.: *admitir*.)
con.tes.te adj.2gên. Concorde em depoimento; comprovativo.
con.te.ú.do adj. Aquilo que se contém em alguma coisa.
con.tex.to s.m. Conexão das ideias de um escrito.
con.tex.tu.ra s.f. Ligação entre as partes de um todo.
con.ti.do adj. Encerrado; reprimido.
con.ti.go pron.pes. Em tua companhia; com a tua pessoa; dirigido a ti.
con.tí.guo adj. Próximo.
con.ti.nên.cia s.f. Moderação; cumprimento militar.
con.ti.nen.tal adj.2gên. Referente a continente; que está no continente.

con.ti.nen.te *adj.2gên.* Que contém alguma coisa; *s.m.* cada uma das cinco grandes divisões da Terra; *Novo –*: América.
con.tin.gên.cia *s.f.* Possibilidade.
con.tin.gen.te *adj.2gên.* Que pode ou não acontecer; *s.m.* agrupamento militar.
con.ti.nu.a.ção *s.f.* Ação de continuar; prosseguimento.
con.ti.nu.ar *v.t.d.* Prolongar; prosseguir coisa começada; *v.pron.* ser contínuo.
con.ti.nu.i.da.de *s.f.* Propriedade do que é contínuo.
con.ti.nu.ís.mo *s.m.* Manobra política que resulta em fazer continuar no poder as mesmas pessoas.
con.ti.nuo *adj.* Que dura, sem interrupção; *s.m.* servente de tribunal, repartição ou colégio.
con.tis.ta *s.2gên.* Autor ou autora de contos.
con.to *s.m.* Narração escrita ou falada; historieta; fábula.
con.tor.cer *v.t.d.* Torcer; *v.pron.* torcer-se.
con.tor.nar *v.t.d.* Andar em torno; fugir a.
con.tor.no *s.m.* Circuito; arredor; volta.
con.tra *prep.* Denota situação fronteira, oposição; hostilidade; Novo –:.
con.tra-ar.gu.men.tar *v.t.d.* Argumentar rebatendo os argumentos que outra pessoa apresenta.
con.tra-a.ta.car *v.t.d.* e *intr.* Atacar em revide.
con.tra.bai.xo *s.m.* Voz masculina mais grave que a do baixo; rabecão de três cordas ou quatro.
con.tra.ba.lan.çar *v.t.d.* Equilibrar; compensar.
con.tra.ban.de.ar *v.intr.* Fazer contrabando; *v.t.i.* introduzir clandestinamente.
con.tra.ban.do *s.m.* Introdução clandestina de qualquer mercadoria sujeita a taxas alfandegárias. *Fig.* Tudo que é feito às ocultas.
con.tra.ção *s.f.* Ato de contrair. *Gram.* Redução de duas vogais a uma só.
con.tra.ca.pa *s.f. Tip.* O lado de dentro da capa.
con.tra.ce.nar *v.intr.* Exprimir o ator as ideias ou sentimentos despertados nele pelas palavras de outro ator.
con.tra.cep.ti.vo *adj.* e *s.m.* (O) que evita a concepção de filhos; anticoncepcional.
con.tra.che.que *s.m.* Documento em que se declara a remuneração de um empregado; holerite.
con.tra.cor.ren.te *s.f.* Corrente contrária a outra.
con.trác.til *adj.2gên.* O mesmo que *contrátil*.
con.tra.dan.ça *s.f.* Quadrilha; frequente mudança de lugar.
con.tra.di.ção *s.f.* Incoerência entre palavras e ações; *loc.adv.* incontestavelmente.
con.tra.di.ta *s.f.* Alegação de uma das partes litigantes contra a outra; objeção.
con.tra.di.tó.rio *adj.* Que encerra contradição.
con.tra.di.zer *v.t.d.* Negar o que alguém diz; *v.t.i.* dizer o contrário do que antes dizia; *v.pron.* repugnar. (Antôn.: *aprovar, confirmar.*)
con.tra.en.te *adj.2gên.* e *s.2gên.* Que(m) assume responsabilidade por contrato.
con.tra.es.cri.tu.ra *s.f.* Revogação clandestina de cláusulas de uma escritura.
con.tra.fa.ção *s.f.* Falsificação.
con.tra.fai.xa *s.f.* Faixa dividida em duas, de esmalte diferente nos escudos.
con.tra.fé *s.f.* Cópia autêntica de intimação judicial para ser entregue ao intimado.
con.tra.fei.to *adj.* Falsificado. *Fig.* Constrangido.
con.tra.for.te *s.m.* Forro sobre a costura para reforçá-la.
con.tra.gol.pe *s.m.* Golpe em revide a outro.
con.tra.gos.to *s.m.* Antipatia; contra vontade.
con.tra.í.do *adj.* Encolhido; apertado; adquirido.
con.tra.in.di.car *v.t.d.* Indicar o contrário de; desaprovar.
con.tra.ir *v.t.d.* Fazer contrato; adquirir; encolher; *v.pron.* sofrer contração. (Antôn.: *dilatar.*)
con.tral.to *s.m.* Voz feminina ou infantil mais grave que a do soprano.
con.tra.luz *s.f.* Local oposto à luz; luz que incide num quadro em sentido oposto àquele em que foi pintado.
con.tra.mes.tre *s.m.* Imediato do mestre nas oficinas.
con.tra.o.fen.si.va *s.f.* Ofensiva em revide a outra.
con.tra.or.dem *s.f.* Ordem oposta a outra já dada.
con.tra.par.te *s.f. Mús.* Parte de composição musical em contraposição a outra.
con.tra.par.ti.da *s.f.* Equivalência correspondente; compensação.
con.tra.pas.so *s.m.* Meio passo para acertar cadência.
con.tra.pé *s.m.* O parceiro que joga logo em seguida antes do pé; esteio, apoio.
con.tra.pe.so *s.m.* Que compensa ou contrabalança algo.
con.tra.pon.to *s.m. Mús.* Técnica de combinar harmonicamente diferentes melodias.
con.tra.por *v.t.d.* e *i.* Pôr em frente; opor; comparar; *v.pron.* resistir.
con.tra.pro.du.cen.te *adj.* Que manifesta resultado contrário ao buscado.
con.tra.pro.pos.ta *s.f.* Proposta que substitui a antecedente não aprovada.
con.tra.pro.va *s.f.* Impugnação jurídica de um libelo.
con.tra.pu.nho *s.m. Náut.* Cabo, unido à ponta de vela grande e do traquete, para auxiliar a manobra.
con.tra.qui.lha *s.f.* Peça de madeira igual e oposta à quilha.

CONTRARIAR — CONVIDAR

con.tra.ri.ar *v.t.d.* Opor-se a alguém ou a alguma ação; resistir; *v.pron.* contradizer-se.

con.tra.ri.e.da.de *s.f.* Oposição; resistência; desgosto.

con.trá.rio *adj.* Oposto; adverso; que contraria; *s.m.* adversário.

con.tra.re.gra *s.m.* Funcionário de teatro, rádio e televisão que indica a entrada dos atores em cena, ou que está incumbido dos ruídos especiais.

con.tra.re.vo.lu.ção *s.f.* Revolução em revide a outra.

con.tras.sen.so *s.m.* Expressão ou ação que se opõe ao senso comum.

con.tras.tar *v.t.d.* Contender; opor-se; *v.t.i.* lutar; fazer contraste.

con.tras.te *s.m.* Oposição de coisas ou pessoas.

con.tra.tan.te *s.2gên.* Que contrata.

con.tra.tar *v.t.d.* Fazer contrato de; assalariar; *v.intr.* negociar.

con.tra.tem.po *s.m.* Estorvo; revés; ocorrência.

con.trá.til *adj.2gên.* Que se pode contrair; encolher.

con.tra.to *s.m.* Convenção ou acordo pelo qual uma ou mais pessoas se obrigam a algo; ajuste.

con.tra.tu.al *adj.2gên.* Constante de contrato.

con.tra.va.le *s.m.* Vale dado como troco em restaurante etc., quando o valor do tíquete-refeição ultrapassa a despesa.

con.tra.ven.ção *s.f.* Infração.

con.tra.ve.ne.no *s.m.* Antídoto.

con.tra.vir *v.t.d.* Infringir; contrapor.

con.tri.bu.i.ção *s.f.* Ato de contribuir; cota.

con.tri.bu.in.te *adj.* e *s.2gên.* Que, ou a pessoa que contribui, ou paga contribuição.

con.tri.ção *s.f.* Arrependimento por ter ofendido a Deus.

con.tris.tar *v.t.d.* Entristecer; penalizar; afligir.

con.tri.to *adj.* Que tem contrição; arrependido.

con.tro.lar *v.t.d.* Manter sob controle; ponderar.

con.tro.le *s.m.* Fiscalização financeira; verificação administrativa; ponderação.

con.tro.vér.sia *s.f.* Polêmica.

con.tro.ver.so *adj.* Sujeito à dúvida.

con.tro.ver.ter *v.t.d.* Questionar; discutir.

con.tu.bér.nio *s.m.* Convivência; familiaridade.

con.tu.do *conj.* Mas; porém; todavia.

con.tu.maz *adj.2gên.* Obstinado; teimoso.

con.tu.mé.lia *s.f.* Injúria.

con.tun.den.te *adj.2gên.* Que machuca; ofensivo.

con.tur.bar *v.t.d.* Perturbar; alterar; *v.pron.* afligir-se.

con.tu.são *s.f.* Lesão produzida por pancada. *Fig.* Ressentimento.

co.nú.bio *s.m.* Casamento.

con.va.les.cen.ça *s.f.* Ato de convalescer.

con.va.les.cer *v.intr.* Fortalecer; revigorar; ir aos poucos recuperando a saúde.

con.ven.ção *s.f.* Ajuste; costumes admitidos (na sociedade).

con.ven.cer *v.t.d.* Persuadir; *v.t.i.* fazer com que alguém admita culpa; *v.pron.* adquirir certeza.

con.ven.ci.do *adj.* Persuadido por fatos, razões etc. *Fam.* Orgulhoso.

con.ven.ci.o.nal *adj.2gên.* Referente a convenção ou que dela resulta; consagrado ou aprovado pelo uso, pela experiência.

con.ven.ci.o.nar *v.t.d.* Fazer convenção; *v.pron.* combinar-se.

con.ve.ni.ên.cia *s.f.* Propriedade do que é conveniente; tudo que convém.

con.ve.ni.en.te *adj.2gên.* Que convém; apto para emprego. (Antôn.: *inconveniente*.)

con.vê.nio *s.m.* Convenção; trato; ajuste.

con.ven.tí.cu.lo *s.m.* Reunião clandestina; sediciosa.

con.ven.ti.lho *s.m.* Bordel.

con.ven.to *s.m.* Lugar onde se recolhem os religiosos; mosteiro.

con.ver.gên.cia *s.f.* Ação de convergir.

con.ver.gir *v.t.i.* Tender para um mesmo ponto (linhas, raios etc.). *Fig.* Tender para um fim comum. (Antôn.: *divergir.*)

con.ver.sa *s.f.* Palestra; – **fiada**: proposta de pessoa que não tem intenção de cumprir o que diz.

con.ver.sa.ção *s.f.* Ação de conversar; conversa familiar.

con.ver.sa-fi.a.da *s.2gên. Bras.* Indivíduo que não tem intenção de cumprir o que promete. (Pl.: *conversas-fiadas.*)

con.ver.são *s.f.* Ação ou resultado de converter; transformação. *Mil.* Mudança de ideia ou opinião.

con.ver.sar *v.t.d.* Tratar com familiaridade honesta; *v.intr.* sondar o pensamento de.

con.ver.sí.vel *adj.2gên.* Suscetível de se converter; que é possível trocar por outros valores; veículo cuja capota é móvel.

con.ver.ter *v.t.d.* Volver; transformar; *v.pron.* abraçar outra religião, crença ou partido.

con.ver.ti.do *adj.* e *s.m.* Que ou quem se converteu.

con.vés *s.m.* A área da primeira coberta do navio.

con.ves.co.te *s.m.* Piquenique.

con.ve.xo *adj.* Que tem saliência curva.

con.vic.ção *s.f.* Resultado de convencer; certeza que se obteve por demonstração.

con.vic.to *adj.* Convencido.

con.vi.da.do *s.m.* Chamado; vindo por convite.

con.vi.dar *v.t.d.* e *t.* Rogar; pedir a presença de alguém a algum ato; *v.pron.* fazer-se recíproco convite.

con.vi.da.ti.vo *adj.* Atraente; agradável; provocador.

con.vin.cen.te *adj.2gên.* Que convence.

con.vir *v.t.d.* Concordar; *v.t.i.* coincidir; ser útil; *v.pron.* concentrar-se.

con.vi.te *s.m.* Ação de convidar. *Fam.* Convocação.

con.vi.va *adj.2gên.* e *s.2gên.* Pessoa que participa de banquete, almoço etc.

con.vi.vên.cia *s.f.* Ação ou resultado de conviver; intimidade; convívio.

con.vi.ver *v.t.i.* Viver juntamente; ter convivência.

con.ví.vio *s.m.* Convivência; intimidade.

con.vi.zi.nho *adj.* e *s.m.* Vizinho contíguo.

con.vo.car *v.t.d.* Chamar; reunir; construir; convidar.

con.vos.co *pron.* Em vossa companhia; de vós para vós.

con.vul.são *s.f.* Contração involuntária dos músculos; cataclismo; revolução.

con.vul.si.o.nar *v.t.d.* Pôr em convulsão; revolucionar.

co.o.nes.tar *v.t.d.* Dar aparência de honestidade a.

co.o.pe.ra.ção *s.f.* Esforço coletivo para finalidade comum.

co.o.pe.rar *v.t.i.* Trabalhar em conjunto; colaborar. (Antôn.: *atrapalhar*.)

co.o.pe.ra.ti.va *s.f.* Sociedade em que os associados são capitalistas e cujo intuito é beneficiar todos eles.

co.o.pe.ra.ti.vo *adj.* Que coopera.

co.op.tar *v.t.d.* Associar.

co.or.de.na.ção *s.f.* Ato ou resultado de coordenar; arrumação.

co.or.de.na.da *s.f.* Diretriz; orientação; informação.

co.or.de.na.dor *adj.* e *s.m.* Referente ao que coordena.

co.or.de.nar *v.t.d.* Pôr em ordem; organizar; *v.t.i.* associar ou reunir coordenando.

co.pa *s.f.* Vaso; parte superior das árvores; compartimento da casa em geral próximo à cozinha; o plural, *copas*, significa: um dos naipes das cartas de jogar.

co.par.ti.ci.pa.ção *s.f.* Ação de coparticipar.

co.par.ti.ci.par *v.t.i.* Participar conjuntamente com outrem.

co.pá.zio *s.m.* Copo grande.

co.pei.ra *s.f.* Lugar onde é guardada a louça de mesa; empregada doméstica incumbida de arrumar a copa e servir à mesa.

co.pei.ro *s.m.* Criado que cuida da copa; o que serve à mesa.

có.pia *s.f.* Coisa feita à imitação de outra; reprodução gráfica.

co.pi.ar *v.t.d.* Fazer cópia; reproduzir exatamente. *Fig.* Imitar; arremedar.

co.pi.des.que *s.m.* Redação adaptada, reescrita para publicar.

co.pi.o.so *adj.* Abundante.

co.pis.ta *s.2gên.* Aquele que copia. *Fig.* Plagiário.

co.pla *s.f.* Pequena composição política, para ser cantada.

co.po *s.m.* Recipiente para beber por ele e também para outras finalidades.

co.pro.du.ção *s.f.* Ação ou resultado de coproduzir.

co.pro.du.zir *v.t.d.* Produzir juntamente com outrem.

cop.ta *adj.2gên.* Referente à raça egípcia que mantém os caracteres dos antigos habitantes; *s.m.* o idioma corrente entre eles; *s.2gên.* cristão jacobita do Egito.

có.pu.la *s.f.* O contato sexual; coito.

co.pu.la.ti.vo *adj.* Que une.

co.que *s.m.* Piparote na cabeça; cozinheiro. Var.: *croque.*

co.quei.ro *s.m.* Denominação comum a várias espécies de palmeiras, produtoras de fruto comestível.

co.que.lu.che *s.f.* Tosse convulsa.

co.que.tel *s.m.* Bebida feita de uma mistura de vários ingredientes.

cor¹ *s.m.* Coração; vontade; **de –**: de memória.

cor² *s.f.* Impressão produzida no órgão visual pelos raios da luz decomposta; aparência.

co.ra.ção *s.m.* Órgão principal da circulação do sangue. *Fig.* Afeição; ternura; **não ter –**: ser insensível, cruel.

co.ra.ço.na.da *s.f.* Pressentimento; palpite.

co.ra.dou.ro *s.m.* Lugar onde se estende roupa para corar.

co.ra.gem¹ *s.f.* Ação ou resultado de corar.

co.ra.gem² *s.f.* Ânimo; intrepidez diante de perigos.

co.ra.jo.so *adj.* Cheio de coragem.

co.ral *s.m. Zool.* Pólipo marinho em formato de arbusto sem folhas, comumente vermelho; *s.f.* nome de várias serpentes de colorido vermelho, não venenosas.

co.ra.li.for.me *adj.2gên.* Que possui forma ou aparência de coral.

co.ra.lí.neo *adj.* Referente ao coral ou que a ele é semelhante.

co.ra.li.no *adj.* Vermelho.

co.ra.mi.na *s.f. Quím.* Certo estimulante cardíaco.

co.ran.te *adj.2gên.* Que tinge; que dá cor.

co.rão *s.m.* Alcorão.

co.rar *v.t.d.* Dar cor; colorir. *Fig.* Disfarçar; *v.pron.* envergonhar-se. (Antôn.: *empalidecer*.)

cor.cel *s.m.* Cavalo veloz.

cor.ço *s.m.* Veado novo.

cor.co.va *s.f.* Corcunda; giba do camelo. *Bras.* Pinote.

cor.co.va.do *adj.* Muito encurvado; corcunda.

cor.co.vo *s.m.* Salto de cavalo; pinote; corcoveio.

cor.cun.da *s.f.* Saliência arredondada na espinha dorsal; *adj.2gên. e s.2gên.* pessoa que apresenta esse defeito.

cor.da *s.f.* Cabo de fios vegetais torcidos; **estar com a – no pescoço**: achar-se em aperturas; **roer a –**: faltar a um compromisso.

cor.da.me *s.m.* Série de cordas; o plural, *cordames*, significa: os cabos de um navio.

cor.dão *s.m.* Corda fina; fio de metal; **– umbilical**: órgão filiforme que serve de união do feto à placenta.

cor.da.to *adj.* Sensato.

cor.dei.ro *s.m.* Cria de ovelha. *Fig.* Pessoa dócil e simples.

cor.del *s.m.* Barbante.

cor.de.lha *s.f.* Cesto delicado para flores, frutas etc.

cor.di.al *adj.* Referente ao coração; sincero; *s.m.* medicamento ou bebida reconfortante.

cor.di.a.li.da.de *s.f.* Afeto puro e sincero.

cor.di.lhei.ra *s.f.* Cadeia de montanhas.

cor.do.a.lha *s.f.* Cordame.

cor.do.vão *s.m.* Couro de cabra curtido para calçado.

cor.du.ra *s.f.* Sensatez.

co.re.o.gra.fi.a *s.f.* Arte de dançar.

co.re.to *s.m.* Pavilhão ao ar livre para bandas de música.

co.ri.á.ceo *adj.* De couro.

co.ri.feu *s.m.* Chefe de coro no teatro; mestre; cabeça.

co.ris.car *v.intr.* Relampejar; brilhar; fulgurar.

co.ris.co *s.m.* Faísca elétrica; raio.

co.ris.ta *adj.2gên. e s.2gên.* Diz-se de ou membro de coro.

co.ri.za *s.f.* Inflamação das mucosas do nariz; defluxo.

cor.ja *s.f.* Reunião de gente de má reputação.

cór.nea *s.f.* A membrana anterior transparente do olho.

cor.ne.ar *v.t.d.* Ser infiel ao esposo; ferir com os chifres.

cór.neo *adj.* Que diz respeito ou que se parece com um corno.

cór.ner *s.m.* Cada um dos cantos do campo; escanteio.

cor.ne.ta *s.f.* Instrumento musical de sopro; buzina.

cor.ne.tei.ro *s.m.* O que toca corneta num batalhão.

cor.ne.tim *s.m. Mús.* Instrumento musical de sopro; o que toca esse instrumento.

cor.ni.cho *s.m.* Corno pequeno; chifrinho; antena de inseto.

cor.ni.ja *s.f.* Ornato arquitetônico.

cor.no *s.m.* Chifre. *Fig.* Homem cuja mulher é infiel.

cor.nu.có.pia *s.f.* Corno mitológico; símbolo da abundância.

co.ro *s.m.* Canto executado por muitas vozes.

co.ro.a *s.f.* Adorno com que se cinge a cabeça; o poder real. *Fig.* Prêmio; distinção.

co.ro.a.ção *s.f.* Ação de coroar.

co.ro.ar *v.t.d.* Pôr coroa em; premiar; elevar a dignidade real; *v.pron.* cingir-se de coroa.

co.ro.ca *adj.2gên.* Velho caduco; *s.f.* mulher de aspecto desagradável.

co.ro.grá.fi.co *adj.* Pertencente ou que diz respeito à corografia.

co.roi.de *s.f. Anat.* Membranas dos olhos, entre a esclerótica e a retina.

co.ro.i.nha *s.m.* Menino que ajuda na missa nas igrejas.

co.ro.la *s.f. Bot.* Película envolvente interna das flores.

co.ro.lá.rio *s.m.* Proposição que se deduz de outra já demonstrada.

co.ro.ná.ria *s.f.* Artéria do coração.

co.ro.nel *s.m.* Comandante de regimento. *Pop.* Pessoa que paga despesas.

co.ro.nha *s.f.* Parte inferior da espingarda e outras armas de fogo.

cor.pan.zil *s.m.* Corpo grande e disforme.

cor.pe.te *s.m.* Peça do vestuário justo ao peito usado pelas mulheres.

cor.po *s.m.* Porção limitada de matéria; a figura humana; **– de delito**: fato material em que se baseia a prova de um crime.

cor.po.ra.ção *s.f.* Coletividade que está subordinada às mesmas regras ou estatutos.

cor.po.ral *adj.2gên.* Do corpo; corpóreo; material.

cor.po.ra.ti.vis.mo *s.m.* Sistema político e econômico que se funda no agrupamento das classes produtoras, sujeitando-as ao controle do Estado.

cor.po.ra.ti.vis.ta *adj.2gên.* Referente ao corporativismo; *s.2gên.* adepto do corporativismo.

cor.pó.reo *adj.* Referente ao corpo; material.

cor.pu.len.to *adj.* Provido de grande corpo; desenvolvido.

cor.pús.cu.lo *s.m.* Corpo infinitamente pequeno; átomo; molécula.

cor.re.a.me *s.m.* Conjunto de correias, especialmente do uniforme militar.

cor.re.ção *s.f.* Ação de corrigir; emenda (falando-se de escrito errado).

cor.re.ci.o.nal *adj.2gên.* Relativo a correção.

cor.re.dei.ra *s.f.* Trecho de rio onde a água corre velozmente.

cor.re.dor *adj.* Que corre bem; *s.m.* qualquer passagem estreita; galeria; o que corre ou faz correr; atleta participante de torneios desportivos.

cor.re.do.ra *s.f.* Grade pesada de madeira ou ferro que corria verticalmente entre dois frisos para aumentar os obstáculos na entrada de uma fortificação.

cor.re.ge.dor *s.m.* Magistrado a quem compete retificar os abusos e erros das autoridades judiciárias.

cor.re.ge.do.ri.a *s.f.* Função de corregedor.

cór.re.go *s.m.* Riacho.

cor.rei.a *s.f.* Tira, geralmente de couro.

cor.rei.o *s.m.* Repartição pública incumbida do serviço de correspondência; carteiro.

cor.re.la.ção *s.f.* Relação mútua entre pessoas ou coisas; analogia.

cor.re.li.gi.o.ná.rio *adj.* e *s.m.* Que professa as mesmas ideias religiosas ou políticas que outro ou outros.

cor.ren.te *adj.2gên.* Que corre; usual; conta que está aberta entre devedor e credor; *s.f.* curso d'água); *adv.* correntemente.

cor.ren.te.za *s.f.* Corrente impetuosa de rio.

cor.ren.ti.o *adj.* Que corre com facilidade; usual.

cor.ren.tis.ta *adj.2gên.* e *s.2gên.* Titular de conta-corrente bancária.

cor.rer *v.t.d.* Percorrer; *v.intr.* andar rapidamente; *v.pron.* passar; mover-se com rapidez; estar em uso; espalhar-se.

cor.re.ri.a *s.f.* Ação de correr para um e outro lado ruidosamente.

cor.res.pon.dên.cia *s.f.* Comércio recíproco; comunicação por escrito; o conjunto desses escritos; conformidade.

cor.res.pon.den.te *adj.2gên.* Que corresponde; adequado; *s.2gên.* pessoa que está em correspondência com alguém; repórter que envia notícias do estrangeiro para a sua redação.

cor.res.pon.der *v.t.i.* Ter congruência; escrever e responder; *v.pron.* comunicar-se.

cor.re.ta.gem *s.f.* Agência ou salário de corretor.

cor.re.ti.vo *adj.* Que corrige; *s.m.* o que se usa para corrigir; reprimenda.

cor.re.to *adj.* Corrigido; sem erros; digno, honesto.

cor.re.tor *s.m.* O que corrige; agente encarregado de compra e venda de ações, móveis etc.

cor.ri.da *s.f.* Carreira.

cor.ri.do *adj.* Percorrido; que correu.

cor.ri.gir *v.t.d.* Punir; tirar os erros; *v.pron.* emendar-se.

cor.ri.lho *s.m.* Reunião sediciosa; conventículo.

cor.ri.mão *s.m.* Peça de apoio que corre ao longo de uma escada.

cor.ri.o.la *s.f.* Arruaça.

cor.ri.quei.ro *adj.* Comum. *Fig.* Enfatuado.

cor.ro.bo.rar *v.t.d.* Fortalecer. *Fig.* Confirmar.

cor.ro.er *v.t.d.* Gastar lentamente; destruir; *v.pron.* viciar-se.

cor.rom.per *v.t.d.* Perverter física e moralmente; *v.pron.* apodrecer-se.

cor.ro.são *s.f.* Ato de corroer.

cor.ro.si.vo *adj.* Que corrói.

cor.ru.í.ra *s.f. Ornit.* Ave brasileira da família dos Trogloditídeos.

cor.rup.ção *s.f.* Ação de corromper. *Fig.* Depravação; suborno.

cor.ru.pi.o *s.m.* Rodopio; redemoinho.

cor.rup.te.la *s.f.* O mesmo que *corrupção*; modo indevido de escrever uma palavra.

cor.rup.to *adj.* Adulterado; pervertido; subornado.

cor.sá.rio *s.m.* Navio de corso; pirata que o comanda. *Fig.* Homem desumano e sanguinário; *adj.* referente a corso.

cor.so *adj.* Pirataria; desfile de carros.

cor.ta.dei.ra *s.f.* Instrumento usado pelo pasteleiro para cortar a massa de pastéis; carretilha.

cor.ta.do *adj.* Ilhado; aberto por corte. *Fig.* Maltratado; interrompido.

cor.ta.du.ra *s.f.* Golpe com instrumento cortante; incisão.

cor.tan.te *adj.2gên.* Que corta; cortador; afiado.

cor.ta-pa.pel *s.m.* Objeto em formato de faca, usado para cortar papel, envelopes etc.

cor.tar *v.t.d.* Abstrair com golpe de instrumento cortante parte de um corpo; interromper; *v.t.i.* renunciar; *v.pron.* afastar-se.

cor.ta-ven.to *s.m.* Moinho de vento.

cor.te¹ *s.m.* Talho com instrumento cortante; maneira de cortar.

cor.te² *s.f.* Residência real; pessoas que rodeiam o soberano; **fazer a –**: namorar.

cor.te.jar *v.t.d.* Requestar com galanteios; namorar.

cor.te.jo *s.m.* Cumprimento galante; acompanhamento.

cor.tês *adj.* Delicado; educado; civil.

cor.te.sã *s.f.* Amante de soberano; prostituta de luxo.

cor.te.são *s.m.* e *adj.* Frequentador de corte; adulador.

cor.te.si.a *s.f.* Delicadeza nas maneiras.

cór.tex *s.m.* Tecido exterior da casca das árvores; – **cerebral**: camada da superfície do cérebro.

cor.ti.ça *s.f.* Casca de várias árvores lenhosas, especialmente do sobreiro.

cor.ti.ço *s.m.* Casa de habitação coletiva.

cor.ti.na *s.f.* Resguardo de pano para janelas ou portas.

cor.ti.so.na *s.f. Quím.* Hormônio produzido pelas suprarrenais, ou artificialmente.

co.ru.ja *s.f.* Ave noturna de rapina. *Fig.* Velha muito feia.

co.rus.car *v.t.d.* Fulgurar.

cor.ve.ta *s.f.* Navio de guerra menor que a fragata.

CORVO — COXIM

cor.vo *s.m.* Ave carnívora europeia cujo representante, no Brasil, é a gralha; constelação austral.

cós *s.m.* Tira de pano que rodeia a cintura especialmente das calças.

cos.co.rão *s.m.* Massa feita de ovos e farinha, comumente embebida em milho ou polvilhada com açúcar; casca que cobre as feridas em fase de cicatrização.

co.se.dor *adj.* Que cose; *s.m.* tipo de bastidor usado pelos encadernadores para costurar os livros.

co.se.du.ra *s.f.* Ato ou resultado de coser.

co.ser *v.t.d.* Costurar. (Antôn.: *descoser*.)

cos.mé.ti.co *s.m.* Ingrediente para embelezar ou conservar a pele e os cabelos.

cós.mi.co *adj.* Do universo; *s.m.* o globo que representa o mundo.

cos.mo *s.m.* Universo considerado no seu conjunto organizado e harmônico.

cos.mo.go.ni.a *s.f.* Sistema hipotético sobre a constituição do universo.

cos.mo.gra.fi.a *s.f.* Astronomia descritiva.

cos.mo.lo.gi.a *s.f.* Ciência das leis gerais que regem o universo.

cos.mo.nau.ta *adj.2gên.* e *s.2gên.* Astronauta.

cos.mo.no.mi.a *s.f.* Conjunto das leis cósmicas.

cos.mo.po.li.ta *s.2gên.* O que se julga cidadão do mundo.

cos.mo.po.li.tis.mo *s.m.* Doutrina dos cosmopolitas; universalidade.

cos.mos *s.m.* Universo.

cos.se.can.te *s.f.* Secante do complemento de um ângulo.

cos.se.no *s.m.* Função trigonométrica; seno do complemento de um ângulo.

cos.ta *s.f.* O litoral, a borda do mar; o plural, *costas*, significa: parte posterior do tronco humano; costela.

cos.ta.do *s.m.* Costas.

cos.tão[1] *s.m.* Lombo.

cos.tão[2] *adj.* Costa sem abrigo e sem local para atracar navio.

cos.te.ar *v.t.d.* Navegar ou seguir junto à costa de.

cos.tei.ro *adj.* Relativo à costa; que navega junto à costa.

cos.te.la *s.f.* Cada um dos ossos que formam a caixa torácica. *Fam.* Esposa.

cos.te.le.ta *s.f.* Costela de certos animais; faixa de barba que cresce de cada lado do rosto.

cos.tu.mar *v.t.d.* Usar; ter por costume; *v.pron.* habituar-se.

cos.tu.me *s.m.* Prática usual; moda; o plural, *costumes*, significa: regras de viver.

cos.tu.ra *s.f.* Ligação de peças de tecido por meio de linha passada com agulha.

cos.tu.rei.ra *s.f.* Mulher que trabalha em costura.

co.ta *s.f.* Nota marginal; prestação.

co.ta.ção *s.f.* Ação ou efeito de cotar; conceito; apreço.

co.ta.do *adj.* Bem conceituado.

co.ta.-par.te *s.f.* Fração de uma soma comum que cada participante paga ou recebe.

co.tar *v.t.d.* Avaliar; classificar.

co.te.jar *v.t.d.* Comparar.

co.te.jo *s.m.* Confrontação.

co.ti.di.a.no *adj.* De todos os dias; *s.m.* o que se faz todos os dias.

co.ti.za.ção *s.f.* Ação de cotizar.

co.ti.zar *v.t.d.* Repartir por cabeça o que a cada um corresponde.

co.to *s.m.* Resto de vela; o plural, *cotos*, significa: nós dos dedos das mãos.

co.to.ni.cul.tu.ra *s.f.* Cultura de algodão.

co.to.ve.la.da *s.f.* Golpe ou cotução com o cotovelo.

co.to.ve.lo *s.m.* Protuberância exterior formada pela articulação do braço com o antebraço.

co.to.vi.a *s.f. Ornit.* Pequena ave do campo que se nutre de cereais.

co.tur.no *s.m.* Sapato de salto muito alto; calçado militar.

cou.de.la.ria *s.f.* Haras.

cou.ra.ça *s.f.* Armação para o peito. *Fig.* Proteção.

cou.ra.ça.do *s.f.* Revestido de couraça. *Fig.* Insensível; *s.m.* navio de guerra.

cou.ro *s.m.* Pele curtida de animais. *Fig.* Mulher muito feia; bola de futebol.

cou.sa *s.f.* O mesmo que *coisa*.

cou.ve *s.f. Bot.* Planta crucífera de que há várias espécies.

co.va *s.f.* Cavidade profunda na terra. *Fig.* Fim da existência.

co.var.dia *s.f.* Qualidade de covarde; medo.

co.va.to *s.m.* Profissão de coveiro; lugar do cemitério onde são abertas sepulturas.

co.vei.ro *s.m.* O que abre covas nos cemitérios.

co.vil *s.m.* Furna de feras, coelhos; refúgio de malfeitores. *Fig.* Bordel.

co.vo[1] *s.m.* Redil de pesca feito de esteiras.

co.vo[2] *adj.* Côncavo; fundo; *s.m.* cesto comprido de vime.

co.xa *s.f.* Parte da perna do joelho até o quadril.

co.xe.a.du.ra *s.f.* Ação de coxear.

co.xe.ar *v.intr.* Mancar.

co.xi.a *s.f.* Passagem estreita entre duas fileiras; espaço que cada cavalo ocupa na estrebaria; corredores que circundam o palco teatral.

co.xi.lha *s.f.* Conjunto de campos com pequenas elevações de altura variada, cobertas de vegetação própria para o pasto do gado.

co.xim *s.m.* Espécie de sofá sem costas; assento de sela.

co.xi.ni.lho *s.m.* Tecido de lã usado sobre os arreios, para conforto do cavaleiro.
co.xo *adj.* e *s.m.* Manco.
co.zer *v.t.d.* Cozinhar.
co.zi.do *adj.* Que se cozeu; *s.m.* iguaria preparada com carne cozida, legumes, ovos, batatas etc.
co.zi.men.to *s.m.* Ação de cozer; digestão no estômago.
co.zi.nhar *s.f.* Preparar a comida ao fogo da cozinha.
co.zi.nhei.ro *s.m.* Homem que cozinha.
cra.ca *s.f.* Marisco que se cria debaixo dos navios.
cra.chá *s.m.* Pequena placa de identificação dos funcionários de uma firma.
crâ.nio *s.m.* Caixa óssea que encerra a massa cerebral e constitui a parte superior e posterior da cabeça. *Fig.* Indivíduo de notável inteligência.
crá.pu.la *s.f.* Maneira de viver extravagante; gente devassa.
cra.que¹ *interj.* Voz onomatopaica indicativa de objeto que se quebra.
cra.que² *s.m.* Jogador de futebol que se notabilizou.
cra.se *s.f.* Contração ou fusão de duas vogais em uma só.
cras.so *adj.* Grosso; espesso; grosseiro.
cra.te.ra *s.f.* Boca de vulcão por onde sai a lava. *Fig.* Fonte de desgraças.
cra.va.gem *s.f.* Mal que ataca as gramíneas; morrão.
cra.var *v.t.d.* Fazer penetrar à força. *Fig.* Fixar.
cra.vei.ra *s.f.* Estalão para tomar a altura de recrutas.
cra.ve.jar *v.t.d.* e *t.d. e i.* Pregar; unir com cravos.
cra.ve.lha *s.f.* Peça para regular afinação das cordas de instrumentos musicais.
cra.ve.lho *s.m.* Peça de madeira para fechar portas.
cra.vis.ta *s.2gên.* Tocador de cravo; indivíduo que fabrica cravos.
cra.vo *s.m.* Flor de aroma agradável, produzida pelo craveiro; instrumento de música, predecessor do piano.
cre.che *s.f.* Estabelecimento em que as crianças são cuidadas durante o dia, enquanto as mães trabalham.
cre.den.ci.al *adj.2gên.* Que merece ou que dá crédito.
cre.den.ci.ar *v.t.d.* Dar credencial; habilitar.
cre.di.á.rio *s.m.* Sistema de vendas a crédito com pagamento em parcelas mensais.
cre.di.bi.li.da.de *s.f.* Qualidade de crível.
cre.di.tar *v.t.d.* Constituir um credor; garantir.
cré.di.to *s.m.* Influência, valia; boa reputação.
cre.do *s.m.* Crença religiosa; *interj.* voz que exprime espanto.

cre.dor *s.m.* Pessoa a quem se deve alguma coisa, que confiou a outro dinheiro, valores. *Fig.* Merecedor.
cre.du.li.da.de *s.f.* Propriedade de crédulo.
cré.du.lo *adj.* Que facilmente crê; *s.m.* indivíduo; ingênuo.
crei.om *s.m.* Lápis de grafita; desenho feito com esse lápis.
cre.ma.ção *s.f.* Prática de queimar cadáveres.
cre.ma.lhei.ra *s.f.* Trilho dentado para via férrea com aclive.
cre.mar *v.t.d.* Incinerar.
cre.me *s.m.* Nata do leite; doce de leite e ovos; licor denso.
cre.mo.na *s.f.* Ferrolho com travamento superior e inferior. (Var.: carmona.) Rabeca feita em Cremona, na Itália.
cren.ça *s.f.* Ação ou resultado de crer; fé. *Fig.* Os mistérios da religião.
cren.di.ce *s.f.* Crença popular sem fundamento; abusão.
cren.te *adj.2gên.* Que crê; *s.m.pl.* os fiéis.
cre.pe *s.m.* Tecido diáfano; fita ou pedaço de pano preto usado como sinal de luto.
cre.pi.ta.ção *s.f.* Ação ou resultado de crepitar.
cre.pi.tar *v.intr.* Estalar como chama que lança faíscas.
cre.pom *s.m.* Crepe espesso.
cre.pus.cu.lar *adj.2gên.* Referente ou que pertence ao crepúsculo.
cre.pús.cu.lo *s.m.* Luz fraca antes do nascer e depois do pôr-do-sol.
crer *v.t.d.* Acreditar; julgar; *v.pron.* dar crédito, fé a alguém ou a alguma coisa; *v.intr.* ter crença. (Antôn.: descrer.)
cres.cen.do *s.m. Mús.* Aumento gradativo dos sons, da voz e dos instrumentos.
cres.cen.te *adj.2gên.* Que cresce; *s.m.* coisa acrescentada; meia-lua.
cres.cer *v.intr.* Aumentar em altura e corpo em todas as dimensões, ou em número, quantidade; *v.pron.* dilatar-se; *v.t.d.* fazer que aumente. (Antôn.: decrescer, diminuir.)
cres.ci.do *adj.* Aumentado em volume, corpo, extensão, número etc.; desenvolvido.
cres.ci.men.to *s.m.* Ação ou resultado de crescer.
cres.po *adj.* Que apresenta superfície áspera; retorcido em anéis (o cabelo); *s.m.pl.* rugas.
cres.tar *v.t.d.* Queimar de leve; tostar.
cres.to.ma.tia *s.f.* Antologia; seleta.
cre.ti.nis.mo *s.m. Med.* Doença produzida pela ausência ou deficiência de glândula tireoide. *Fig.* Imbecilidade.
cre.ti.no *s.m.* Aquele que apresenta cretinismo. *Fig.* Tolo; néscio; imbecil.

cre.to.ne *s.m.* Fazenda com urdidura e trama de algodão.

cri.a *s.f.* Animal novo que ainda mama.

cri.a.ção *s.f.* Conjunto dos seres criados; educação; animais para alimentação do homem; invenção.

cri.a.da *s.f.* Empregada doméstica.

cri.a.da.gem *s.f.* Conjunto de criados que servem numa casa; a classe deles.

cri.a.do *adj.* Alimentado; *s.m.* homem quefoi ajustado para fazer serviços domésticos; **–mudo**: mesinha de cabeceira.

cri.a.dor *s.m.* O que cria, tirando pelo nada; autor; Deus; o que trata da criação de gado; *adj.* inventivo.

cri.a.dou.ro *adj.* Que pode se criar bem; *s.m.* viveiro de plantas.

cri.an.ça *s.f.* Ser humano que se principia a criar; menino; menina. *Fig.* Pessoa ingênua e de modos estouvados.

cri.an.ça.da *s.f.* Criancice; grupo de crianças.

cri.an.ci.ce *s.f.* Maneira, expressão ou ato característico de criança.

cri.ar *v.t.d.* Dar existência a; educar.

cri.a.ti.vo *adj.* Criador.

cri.a.tó.rio *s.m.* Fazenda exclusivamente de criação de gado.

cri.a.tu.ra *s.f.* Resultado de criar; todo o ser criado; indivíduo.

cri.cri *s.m.* Brinquedo de metal que imita o canto do grilo.

cri.me *s.m.* Toda violação grave da lei moral, civil ou religiosa; delito; *adj.2gên.* criminal.

cri.mi.nal *adj.2gên.* Referente ao crime; *s.m.* jurisdição ou tribunal criminal.

cri.mi.na.li.da.de *s.f.* Propriedade de criminoso; os crimes.

cri.mi.na.lis.ta *s.2gên.* Jurisconsulto especializado em assuntos criminais.

cri.mi.no.lo.gis.ta *s.2gên.* Pessoa dedicada à criminologia (filosofia do direito penal).

cri.mi.no.so *adj.* Culpável; *s.m.* indivíduo que praticou crime.

cri.na *s.f.* Pelos compridos do pescoço e da cauda do cavalo.

cri.o.pre.ser.va.ção *s.f.* Preservação de espécies animais ou vegetais em baixíssimas temperaturas, para fins de estudo.

cri.ou.lo *s.m. Bras.* A princípio qualquer negro nascido em terras da América.

crip.ta *s.f.* Caverna.

crip.to.gra.fi.a *s.f.* Arte de escrever de modo que somente a pessoa a quem se escreve consiga ler.

crip.to.gra.ma *s.m.* Escrito em caracteres indecifráveis.

cri.sá.li.da *s.f.* Estado do inseto lepidóptero antes de se converter em borboleta.

cri.sân.te.mo *s.m.* Proveniente do latim *chrysanthemum* – Planta da família das Compostas com belas variedades ornamentais, com folhas alternadas e flores coloridas em diversos matizes.

cri.se *s.f.* Mudança no curso de uma doença. *Fig.* Ataque de nervos; situação crítica.

cris.ma *s.2gên.* O sacramento da confirmação. *P. ext.* Mudança de nome.

cri.sol *s.m.* O mesmo que *cadinho*. *Fig.* Aquilo em que se apuram os sentimentos.

cris.pa.ção *s.f.* Ação ou resultado de crispar.

cris.par *v.t.d.* Encrespar; *v.pron.* contrair-se de modo espasmódico.

cris.ta *s.f.* Excrescência carnosa e recortada na cabeça dos galos e de certas aves. *Fig.* Penacho; pico; o plural, *cristas*, sgnfica: orgulho.

cris.tal *s.m.* Corpo sólido de forma regular poliédrica; vidro muito brilhante e transparente. *Fig.* Limpidez.

cris.ta.li.no *adj.* Transparente como o cristal; *s.m.* corpo lenticular que focaliza as imagens na retina.

cris.ta.li.zar *v.t.d.* Converter em cristal; *v.intr.* permanecer sem mudança; *v.pron.* tomar a forma de cristal.

cris.tan.da.de *s.f.* Propriedade do que é cristão.

cris.tão *adj.* Que professa a lei de Cristo; relativo ao cristianismo; *s.m.* seguidor do cristianismo; **– novo**: judeu convertido à fé cristã; **– velho**: cristão que descende de cristãos.

cris.ti.a.nis.mo *s.m.* Religião cristã; oscristãos.

cris.ti.a.ni.zar *v.t.d.* e *pron.* Converter ou converter-se ao cristianismo.

cris.to *s.m.* Imagem de Jesus crucificado; Redentor. *Gír.* Paciente.

cri.té.rio *s.m.* O que serve de norma para quem julgar; discernimento; raciocínio.

crí.ti.ca *s.f.* Arte de apreciar obras literárias, científicas ou artísticas; censura.

cri.ti.car *v.t.d.* Analisar com crítica; censurar; falar mal de.

cri.ti.cá.vel *adj.2gên.* Tudo que se pode ou deve criticar.

crí.ti.co *adj.* Que diz respeito à crítica; referente a crise; *s.m.* indivíduo que faz críticas.

cri.va.ção *s.f.* Ato ou resultado de crivar.

cri.var *v.t.d.* Passar por crivo; encher; *v.t.d.* e *i.* furar em vários pontos; *v.pron.* ficar cravado.

cri.vel *adj.2gên.* Suscetível de se crer.

cri.vo *s.m.* Acessório de cozinha, usado para coar.

cro.a.ta *adj.* e *s.2gên.* Que diz respeito à Croácia; habitante da Croácia.

cro.chê *s.m.* Obra de renda ou malha feita com uma agulha especial; *croché*.

cro.ci.tar *v.intr.* Corvejar.

cro.co.di.lo s.m. Zool. Réptil anfíbio de grande porte das zonas intertropicais. Fig. Indivíduo desleal e traidor.

cro.má.ti.ca s.f. Habilidade em mesclar as cores, combinando-as.

cro.má.ti.co adj. Referente às cores.

cro.ma.tis.mo s.m. Dispersão da luz.

cro.mo s.m. Quím. Crômio; desenho impresso a cores.

cro.mos.fe.ra s.f. Parte constituinte do Sol.

cro.mos.so.mo s.m. Filamento cromático do núcleo da célula dividido em alças na fase da divisão por mitose e que é formado por um rosário de grânulos.

cro.mo.te.ra.pia s.f. Tratamento de doenças por meio das cores.

crô.ni.ca s.f. Narrativa histórica segundo a ordem em que os fatos ocorrem.

crô.ni.co adj. Que persiste por longo tempo. Fig. Perseverante.

cro.ni.fi.car v.pron. Tornar(-se) crônico.

cro.nis.ta s.2gên. Escritor de crônicas.

cro.no.gra.fi.a s.f. Tratado de datas históricas.

cro.no.gra.ma s.m. Projeção, plano que estabelece as diversas etapas e prazos de um trabalho a ser executado.

cro.no.lo.gi.a s.f. O mesmo que cronografia.

cro.no.me.trar v.t.d. Registrar de forma exata, por meio de um cronômetro, o tempo que dura um fenômeno, um ato, uma prova desportiva etc.

cro.no.me.tris.ta s.2gên. O que fabrica ou vende cronômetros; pessoa que, por meio do cronômetro, registra o tempo exato que dura uma ação.

cro.nô.me.tro s.m. Instrumento que mede o tempo.

cro.que s.m. Cascudo; pancada. Var.: coque.

cro.que.te s.m. Bolinho de carne ou outro alimento passado em farinha de rosca e frito.

cro.qui s.m. Esboço de desenho ou pintura.

cros.ta s.f. Camada espessa e dura em volta de um corpo; casca.

cru adj. Não cozido.

cru.ci.al adj.2gên. Em forma de cruz; decisivo.

cru.ci.ar v.t.d. Afligir.

cru.ci.fi.ca.ção s.f. Suplício da cruz.

cru.ci.fi.car v.t.d. Pregar na cruz.

cru.ci.fi.xo s.m. Imagem de Cristo pregado na cruz.

cru.el adj.2gên. Desumano; impiedoso.

cruel.da.de s.f. Ação cruel; desumanidade.

cru.en.to adj. Sangrento.

cru.e.za s.f. A qualidade de ser cru; maldade.

cru.pe s.m. Angina aguda e sufocante; garrotilho.

crus.tá.ceo adj. Provido de crusta. s.m.pl. Zool. Família de animais cobertos de casca escamosa, flexível e dividida por juntas, como os caranguejos.

cruz s.f. Instrumento de suplício; tormento; aflição.

cru.za.da s.f. Expedição militar contra os hereges. Fig. Encruzilhada.

cru.za.dor s.m. Aquele que cruza.

cru.zar v.t.d. Pôr em forma de cruz; atravessar; misturar raças.

cru.zei.ro s.m. Cruz no adro das igrejas; viagem marítima de recreio; constelação austral.

cu s.m. Fundo da agulha do lado oposto ao bico. Chul. Ânus, nádegas.

cu.ba s.f. Tina; tonel.

cu.ba.no adj. Referente a Cuba; s.m. nascido em Cuba.

cu.bar v.t.d. Avaliar a capacidade ou o volume de; em medidas cúbicas.

cu.ba.tão s.m. Pequeno monte à beira de uma serra.

cú.bi.co adj. Referente a cubo.

cu.bi.cu.lar adj.2gên. Referente a cubículo.

cu.bí.cu.lo s.m. Quarto muito pequeno.

cú.bi.to s.m. Osso longo na parte interna do antebraço.

cu.bo s.m. Sólido de seis faces quadradas e iguais. Arit. Produto de três fatores iguais a esse número.

cu.ca[1] s.f. Ente imaginário com que se assustam crianças.

cu.ca[2] s.m. Cozinheiro.

cu.co s.m. Ave carnívora cuja fêmea põe ovos no ninho de outras; relógio que, ao dar as horas, imita o cantar do cuco.

cu.cur.bi.tá.ceas s.f.pl. Família de plantas herbáceas dicotiledôneas a que pertence a abóbora.

cu.e.ca s.f. Tipo de ceroula curta usada interiormente pelos homens.

cu.ei.ro s.m. Pano em que se envolve criança de colo.

cui.a s.f. Cabeça aberta ao meio. Gír. Cabeça.

cu.í.ca s.f. Instrumento feito com um barrilete, tendo uma pele estirada numa das bocas, em cujo centro se prende pequena vara, que se atrita com a palma da mão para vibrá-lo.

cui.da.do s.m. Atenção; adj. que se cuidou; interj. atenção!

cui.da.do.so adj. Cheio de cuidado.

cui.dar v.t.d. Crer; pensar; v.intr. refletir; v.t.i. pôr diligência e atenção; v.pron. ocupar-se.

cu.jo pron.rel. Do qual, da qual, dos quais, das quais, de quem; s.m. nome que se usa em substituição de outro que não se quer dizer.

cu.la.tra s.f. Parte inferior das armas.

cu.li.ci.da adj.2gên. e s.m. Que serve para exterminar mosquitos.

cu.li.ná.ria s.f. Habilidade ou arte de cozinhar.

cu.li.ná.rio adj. Referente a cozinha.

cul.mi.nan.te adj.2gên. Que culmina.

cul.mi.nar v.intr. Atingir ponto mais alto.

cu.lo.te s.m. Espécie de calça de montaria.

cul.pa *s.f.* Infração do dever.
cul.pa.bi.li.da.de *s.f.* Condição ou propriedade do que é culpável.
cul.pa.do *adj.* Acusado de culpa; *s.m.* aquele que incorreu numa falta.
cul.par *v.t.d.* Pôr, dar culpa; criminar; *v.t.i.* incriminar; *v.pron.* admitir-se culpado.
cul.po.so *adj.* Que incorreu em culpa; cheio de culpas.
cul.ti.var *v.t.d.* Fazer culto; lavrar. *Fig.* Promover; *v.pron.* adquirir conhecimentos.
cul.ti.vá.vel *adj.2gên.* Suscetível de ser cultivado.
cul.ti.vo *s.m.* Cultivação; plantio; cultura de plantas.
cul.to¹ *s.m.* Adoração religiosa.
cul.to² *adj.* Que tem cultura; instruído. *Fig.* Adepto.
cul.tor *s.m.* Aquele que se dedica ao enriquecimento cultural; estudioso.
cul.tu.ar *v.t.d.* Render culto.
cul.tu.ra *s.f.* Ato de cultivar. *Sociol.* Tudo que o grupo e o meio social produzem; estudo; elegância.
cul.tu.ral *adj.2gên.* Da cultura.
cum.bu.ca *s.f.* Vaso feito de cabaça usado para conter água.
cu.me *s.m.* Cimo. *Fig.* Apogeu.
cu.me.ei.ra *s.f.* Cume; a parte mais alta de um edifício.
cúm.pli.ce *s.2gên.* Pessoa que toma parte num delito ou crime; colaborador.
cum.pli.ci.da.de *s.f.* Estado de cúmplice.
cum.pri.dor *adj.* Que cumpre; *s.m.* indivíduo que cumpre.
cum.pri.men.tar *v.t.d.* Dirigir cumprimento a; saudar.
cum.pri.men.to *s.m.* Saudação; execução.
cum.prir *v.t.d.* Encher; satisfazer; desempenhar; realizar.
cu.mu.lar *v.t.d.* e *t.d.* e *i.* Amontoar; reunir; *v.pron.* encher-se.
cu.mu.la.ti.vo *adj.* Que pertence a mais de um; que cumula.
cú.mu.lo *s.m.* Junção de coisas sobrepostas; auge.
cu.nei.for.me *adj.2gên.* Em forma de cunha.
cu.nha *s.f.* Peça de ferro ou madeira para rachar lenha, fender pedras etc.; **à –**: muito cheio.
cu.nha.da *s.f.* Irmã da mulher ou do marido.
cu.nha.do *adj.* Que passou pelo processo de cunhagem; amoedado.
cu.nhal *s.m.* Esquina.
cu.nhar *v.t.d.* Marcar com o cunho (a moeda). *Fig.* Notabilizar.
cu.nho *s.m.* Instrumento com que se marca moeda, medalhas etc.; impressão deixada por ele. *Fig.* Forma e sentido que se dá à palavra novamente introduzida, ou em sentido nunca antes usado.

cu.ni.cul.tu.ra *s.f.* Criação de coelhos.
cu.pá *s.m.* Planta brasileira cuja raiz é alimentícia.
cu.pi.dez *s.m.* Ambição.
cu.pi.do *s.m.* O deus do amor, no paganismo; amor.
cu.pim *s.m.* Térmita; habitação desse inseto.
cu.pin.cha *s.2gên.* e *s.2gên.* Companheiro.
cu.pin.zei.ro *s.m.* Casa de cupins.
cu.pom *s.m.* Título de juro que faz parte da obrigação ou ação, e que se destaca na ocasião do pagamento; *cupão*.
cú.pu.la *s.f.* Zimbório; a parte côncava de um zimbório, ou superior de certos edifícios; abóbada.
cu.ra¹ *s.f.* Ação ou resultado de curar doenças. *Fig.* Emenda; melhora.
cu.ra² *s.m.* Pároco de aldeia.
cu.ra.do *adj.* Que retornou ao perfeito estado de saúde que se aliviou de uma enfermidade; restabelecido; referente ao queijo de Minas, duro.
cu.ra.dor *s.m.* Encarregado judicialmente de administrar bens ou interesses de outrem.
cu.ra.do.ri.a *s.f.* Função de organizar uma exposição, definindo seus critérios, objetivos, âmbito etc., desempenhadas por uma pessoa que reúne qualidades e conhecimentos e que tem também capacidade de obter recursos, patrocínios etc.
cu.ran.dei.ris.mo *s.m. Bras.* Conjunto das regras dos curandeiros.
cu.ran.dei.ro *s.m.* Aquele que procura curar sem título ou conhecimentos médicos; charlatão.
cu.rar *v.t.d.* Remediar; fazer sarar a doença; tratar; *v.pron.* corrigir-se; *v.intr.* exercer Medicina. (Antôn.: *descurar*.)
cu.ra.ti.vo *s.m.* Ação de curar; *adj.* que serve ou que é próprio para curar.
cu.rau *s.m.* Creme de milho verde e leite de vaca; comida feita de carne salgada e farinha de mandioca.
cu.rá.vel *adj.2gên.* Suscetível de se curar.
cu.re.ta *s.f.* Instrumento de raspagem.
cú.ria *s.f.* O conjunto de cardeais que ajudam o Papa no governo da Igreja.
cu.ri.al *adj.2gên.* Conveniente; sensato.
cu.ri.o.si.da.de *s.f.* Aflição de ver e saber o que se passa; o plural, *curiosidades*, significa: objetos que não são comuns.
cu.ri.o.so *adj.* Que tem curiosidade; interessante; *s.m.* amador.
cur.ra *s.f. Gír.* Violência sexual praticada contra pessoa por mais de um indivíduo.
cur.ral *s.m.* Lugar onde se recolhe o gado.
cur.rí.cu.lo *s.m.* Curso; carreira.
cur.sar *v.t.d.* Fazer o percurso de; seguir o programa de estudos de; *v.intr.* viajar.
cur.so *s.m.* Movimento de certa velocidade; direção de corrente; carreira; série de matérias que se estudam numa aula.

cur.sor s.m. Peça que desliza ao longo de outra em certos aparelhos; adj. que corre ao longo de.
cur.ta-me.tra.gem s.m. Filme de pouca duração.
cur.ti.men.to s.m. Ato ou efeito de curtir.
cur.tir v.t.d. Preparar (couros) para os tornar imputrescíveis; endurecer; suportar.
cur.to adj. De pouco comprimento; de breve duração.
cur.to-cir.cui.to s.m. Contato indevido de dois condutores num circuito elétrico.
cur.tu.me s.m. Estabelecimento onde se curtem couros; curtimento.
cu.ru.mi s.m. Menino; rapaz índio. Var.: curumim.
cu.ru.pi.ra s.m. Ente da mitologia brasileira, que tem os pés virados para trás e que vive nas matas.
cu.ru.ru s.m. Bras. Nome vulgar de vários batráquios; dança de roda, em São Paulo e Mato Grosso, cantada em desafio.
cur.va s.f. Linha arqueada; trajeto sinuoso; arco; volta.
cur.va.do adj. Arqueado; inclinado para diante (falando-se de pessoas). Fig. Submetido.
cur.var v.t.d. Fazer curvo; arquear; dobrar. Fig. Subjugar; v.intr. conformar-se; submeter-se; v.pron. tornar-se curvo. (Antôn.: endireitar.)
cur.ve.ta s.f. Pequena curva.
cur.vo adj. Arqueado, não reto.
cus.cuz s.m.2n. Tipo de bolo salgado feito de farinha de milho, cozido no vapor; morro isolado.
cus.pa.ra.da s.f. Grande porção de cuspo.
cus.pe s.m. O mesmo que cuspo.
cus.pi.dei.ra s.f. Vaso onde se lança o cuspo.
cus.pi.dor adj. e s.m. Indivíduo que cospe frequentemente; s.m. ver cuspideira.
cus.pir v.intr. e v.t.d. Expelir da boca; proferir injúrias.
cus.po s.m. Saliva e outros humores expelidos pela boca.
cus.ta s.f. Despesa.
cus.tar v.t.d. e intr. Ter o valor de; ser difícil.
cus.te.ar v.t.d. Fornecer o dinheiro para.
cus.tei.o s.m. Ação ou efeito de custear; gasto.
cus.to s.m. Preço de aquisição. Fig. Dificuldade.
cus.tó.dia s.f. Lugar onde se conserva alguém detido; proteção; guarda.
cus.to.so adj. De grande custo; árduo. (Antôn.: fácil.)
cu.tâ.neo adj. Da pele.
cu.te.lei.ro s.m. Pessoa que faz facas tesouras etc., ou aquele que as vende.
cu.te.lo s.m. Faca com lâmina em forma de semicírculo; o plural, cutelos, significa: velas de navio, pequenas e suplementares a outras.
cu.ti.a s.f. Pequeno mamífero roedor.
cu.ti.cu.la s.f. Epiderme; adj. pele que recobre a unha junto à carne.
cu.ti.la.da s.f. Ferimento de cutelo, alfanje etc.
cú.tis s.f. Pele.
cu.ti.sar v.t.d. Transformar (uma mucosa) em estado análogo ao da pele.
cu.tu.ca.da s.f. Ação de cutucar; cutucação.
cu.tu.cão s.m. Grande cutucada; facada.
cu.tu.car v.t.d. Dar levemente com o cotovelo em (com intuito de chamar atenção).
czar s.m. Títulos dos antigos imperadores da Rússia.
cza.ri.na s.f. Título que recebia a imperatriz da Rússia.

d D

d¹ *s.m.* Quarta letra do alfabeto português; sinal de 500 na numeração romana.
d² Símbolo químico do *deutério*.
da Contr. da prep. *de* com o art. *a*.
da.ção *s.f.* Ato de dar.
dác.ti.lo *s.m.* Pé de verso grego ou latino com uma sílaba longa seguida de duas breves.
da.da.ís.mo *s.m.* Corrente literária iniciada pelo poeta Tristan Tzara em 1916, cuja motivação é o apelo ao subconsciente.
da.da.is.ta *adj.2gên.* Relativo ao dadaísmo; *s.2gên.* partidário do dadaísmo.
dá.di.va *s.f.* Oferenda.
da.di.vo.so *adj.* Generoso.
da.do¹ *s.m.* Pequeno cubo para jogos, com faces numeradas de um a seis por meio de pontos. *Filos.* Proposição demonstrada.
da.do² *adj.* Cedido; doado.
da.guer.re.ó.ti.po *s.m.* Aparelho rudimentar de fotografia inventado por Daguerre; reprodução obtida por aquele aparelho.
da.í Junção da prep. *de* com o adv. *aí*.
da.lai-la.ma *s.m.* O Grande Lama, o principal chefe do budismo.
da.lém Junção da prep. *de* com o adv. *além*.
da.li Junção da prep. *de* com o adv. *ali*.
dal.tô.ni.co *adj.* e *s.m.* Que ou quem apresenta daltonismo.
dal.to.nis.mo *s.m.* Impossibilidade de diferenciar cores, principalmente o vermelho do verde.
da.ma *s.f.* Nome gracioso dado às senhoras em geral; peça do jogo de xadrez; uma das cartas do baralho.
da.mas.co *s.m.* Fruto produzido pelo damasqueiro.
da.mas.quei.ro *s.m.* Árvore da família das rosáceas, produtora do damasco.
da.na.ção *s.f.* Ação ou resultado de danar; desordem.
da.na.da *s.f.* Um dos nomes dados à cachaça.
da.na.do *adj.* Maldito; ímpio. *Bras.* Esperto; endiabrado.
da.nar *v.t.d.* Causar dano a.
dan.ça *s.f.* Passos dados ao compasso de música; baile.

dan.çan.te *adj.2gên.* Que dança; em que existe dança.
dan.çar *v.intr.* Bailar ao compasso de instrumentos; dar passos de dança.
dan.ça.ri.no *s.m.* Homem que faz da dança a sua profissão; homem que sabe dançar.
dân.di *s.m.* Janota.
da.ni.fi.ca.ção *s.f.* Ação ou resultado de danificar.
da.ni.fi.car *v.t.d.* Causar dano a; estragar.
da.ni.nho *adj.* Que ocasiona dano; nocivo.
da.no *s.m.* Estrago; prejuízo; perda.
da.no.so *adj.* Que causa dano.
dan.tes *adv.* Antigamente; outrora.
dan.tes.co *adj.* Relativo a Dante. *Fig.* Impressionante.
da.que.le Contr. da prep. *de* com o adj. ou pron. *aquele*.
da.qui Contr. da prep. *de* com o adv. ou pron. *aqui*.
da.qui.lo Contr. da prep. *de* com o pron. *aquilo*.
dar *v.t.d.* Doar; conceder.
dar.de.jar *v.t.d.* Atirar dardos contra; expelir; *v.intr.* cintilar.
dar.do *s.m.* Pequena lança. *Fig.* Dito que magoa.
da.tar *v.t.d.* Pôr a data em.
da.ti.lo.gra.far *v.t.d.* Escrever à máquina.
da.ti.lo.gra.fi.a *s.f.* Processo de escrever à máquina.
da.ti.ló.gra.fo *s.m.* Aquele que escreve à máquina.
da.ti.los.co.pi.a *s.f.* Sistema pelo qual se faz a identificação de uma pessoa pelas impressões digitais.
da.ti.los.có.pi.co *adj.* Referente à datiloscopia.
da.ti.vo *s.m. Gram.* Caso gramatical que manifesta a relação de complemento indireto.
DDR Sigla de Discagem Direta e Ramal.
de *prep.* Indica diversas relações: posse, lugar, origem, modo, tempo, situação, causa, instrumento, dimensão etc.
de.am.bu.lar *v.intr.* Passear; vaguear.
de.ão *s.m.* O primeiro entre os cônegos.
de.ba.cle *s.f.* Ruína financeira; derrota militar.
de.bai.xo *adv.* Na parte inferior; sob; inferiormente.
de.ban.da.da *s.f.* Ação ou resultado de debandar.

de.ban.dar v.t.d. Pôr em debandada; v.intr. e pron. dispersar-se. (Antôn.: aglomerar, ajuntar.)
de.ba.te s.m. Contenda.
de.ba.ter v.t.d. Disputar; discutir; v.intr. contender.
de.be.lar v.t.d. Vencer; destruir.
de.bên.tu.re s.f. Título de dívida emitido por pessoa jurídica, amortizável a longo prazo.
de.bi.car v.t.d. Picar com o bico. Fig. Escarnecer; zombar.
dé.bil adj.2gên. Fraco.
de.bi.li.da.de s.f. Propriedade de débil; falta de vigor.
de.bi.li.ta.ção s.f. Enfraquecimento; perda de forças.
de.bi.li.tar v.t.d. Enfraquecer; abater; v.pron. perder as forças. (Antôn.: revigorar.)
de.bi.tar v.t.d.e intr. Constituir-se devedor.
dé.bi.to s.m. O que se deve; dívida.
de.bla.te.rar v.intr., v.t.d. e i. Gritar; bradar.
de.bo.cha.do adj. Corrupto; devasso; caçoísta.
de.bo.char v.t.d. Lançar-se no deboche. v.t.d. e i. Bras. Caçoar; fazer pouco caso; v.pron. tornar-se extravagante.
de.bo.che s.m. Gal. Devassidão.
de.bre.ar v.t.d. e intr. Desembrear.
de.bru.çar v.t.d. Pôr de bruços; prostrar; v.pron. dobrar-se o peito.
de.brum s.m. Orla, bainha de roupa.
de.bu.lha.dor adj. Que debulha; s.m. indivíduo que debulha.
de.bu.lhar v.t.d. Separar o grão dos casulos da espiga; descascar. Fig. Derramar copiosas lágrimas.
de.bu.tar v.intr. Estrear-se; iniciar-se na vida social.
de.bu.xar v.t.d. Delinear; desenhar. Fig. Descrever com palavras; imaginar; v.pron. refletir-se.
de.bu.xo s.m. Desenho rápido dos contornos; esboço.
dé.ca.da s.f. Série de dez, dezena; espaço de dez dias ou dez anos.
de.ca.dên.cia s.f. Estado de coisa que decai; ruína; corrupção dos costumes.
de.ca.den.te adj.2gên. Que está em decadência.
de.ca.e.dro adj. Que tem dez faces; s.m. poliedro de dez faces.
de.cá.go.no s.m. Geom. Polígono que apresenta dez lados e dez ângulos.
de.ca.í.da s.f. Resultado de decair.
de.ca.ir v.t.d. Cair de algum lugar; ir em decadência; v.t.i. sofrer redução.
de.cal.car v.t.d. Reproduzir calcando sobre papel ou outro material; plagiar.
de.cá.lo.go s.m. Os dez preceitos ou mandamentos da lei dados por Deus a Moisés.
de.cal.que s.m. Ação de decalcar.
de.câ.me.tro s.m. Unidade de comprimento igual a dez metros.

de.cam.par v.intr. Levantar acampamento.
de.ca.na.do s.m. Cargo de deão; propriedade de decano.
de.ca.no s.m. Membro mais velho ou mais antigo de classe ou corporação.
de.can.ta.ção s.f. Análise pela qual se separam dois líquidos não miscíveis, ou um sólido de um líquido.
de.can.tar v.t.d. Transferir com cuidado um líquido dum vaso para outro; celebrar em contas.
de.ca.pi.ta.ção s.f. Ação de decapitar; degolação.
de.ca.pi.tar v.t.d. Cortar a cabeça de; degolar.
de.cá.po.de adj.2gên. Que tem dez pés.
de.cas.sé.gui adj.2gên. e s.2gên. Diz-se dos nisseis (ou sanseis), que vão ao Japão para trabalho temporário, para depois regressarem ao Brasil.
de.cas.sí.la.bo adj. Poét. Que é constituído por dez sílabas; s.m. verso formado por dez sílabas.
de.ce.nal adj.2gên. Que dura dez anos; que se realiza de dez em dez anos.
de.cên.cia s.f. Propriedade de decente; o que convém a cada qual.
de.cên.dio s.m. Espaço de dez dias seguidos.
de.cê.nio s.m. Espaço de dez anos.
de.cen.te adj.2gên. Decoroso; honesto.
de.ce.par v.t.d. Separar do todo; cortar; mutilar.
de.cep.ção s.f. Desilusão; desapontamento.
de.cep.ci.o.nar v.t.d. Causar decepção a.
de.cer.to adv. Com certeza, por certo.
de.ci.dir v.t.d. Sentenciar; resolver; v.pron. resolver-se.
de.cí.duo adj. Que cai; caduco.
de.ci.fra.dor adj. e s.m. Que ou quem decifra.
de.ci.frar v.t.d. Ler cifra, compreendendo-a; adivinhar.
dé.ci.ma s.f. A décima parte, o dízimo; estrofe de dez versos.
de.ci.mal adj.2gên. Mat. Que procede por potências de dez (crescente ou decrescente); algarismos de fração decimal, na aritmética; diz-se do sistema métrico cujas unidades apresentam relações decimais.
de.cí.me.tro s.m. A décima parte do metro.
de.ci.são s.f. Ação ou resultado de decidir; resolução; fim de disputa etc.
de.ci.si.vo adj. Que decide, sem hesitação; claro.
de.ci.só.rio adj. Que decide; decisivo.
de.cla.ma.ção s.f. O ato de declamar; discurso. Fig. Discurso pomposo e sem conteúdo.
de.cla.mar v.t.d. Pronunciar oração preparada; falar em público em tom declamatório.
de.cla.ra.ção s.f. Ação ou resultado de declarar; depoimento; confissão de amor.
de.cla.ra.do adj. Explicado; pronunciado; denunciado.

de.cla.rar *v.t.d.* Explicar; nomear; denunciar; *v.pron.* abrir-se com alguém.

de.cli.nar *v.t.d. Gram.* Enunciar as flexões de (nomes ou pronomes); diminuir; desistir.

de.cli.nio *s.m.* Declinação; decadência; próximo ao fim.

de.cli.ve *s.m.* Queda ou inclinação de terreno em ladeira pouco íngreme; descida; *adj.2gên.* inclinado.

de.co.la.gem *s.f.* Ação de decolar.

de.co.lar *v.intr.* Levantar voo (o aeroplano etc.)

de.co.mer *s.m.2n.* Comida.

de.com.po.nen.te *adj.2gên.* Que decompõe.

de.com.por *v.t.d. Quím.* Separar os elementos componentes de um corpo; examinar; deteriorar; *v.pron.* modificar-se sensivelmente.

de.com.po.si.to.res *s.m.pl.* Diz-se de certos fungos e bactérias que reciclam a matéria orgânica de organismos mortos.

de.co.ra.ção *s.f.* Ação de decorar; adorno.

de.co.rar[1] *v.t.d.* Adornar; enfeitar. *Fig.* Ilustrar; honrar.

de.co.rar[2] *v.t.d.* Aprender de memória; saber de cor.

de.co.ro *s.m.* Decência; honra.

de.cor.rên.cia *s.f.* Decurso; consequência; origem.

de.cor.rer *v.intr.* Correr partindo de um lugar dado, ou de uma data fixa; suceder; *v.t.i.* derivar.

de.co.tar *v.t.d.* Cortar os ramos supérfluos às árvores. *Fig.* Extirpar o que é mau, inútil; fazer o decote de um vestido; *v.pron.* trajar-se de forma que apareça parte do peito e dos ombros.

de.co.te *s.m.* Ação ou resultado de decotar corte no alto de um vestido.

de.cré.pi.to *adj.* Muito idoso; debilitado; caduco.

de.cre.pi.tu.de *s.f.* Condição de decrépito; caducidade. (Antôn.: *juventude*.)

de.cres.cen.te *adj.2gên.* Que decresce; minguante. (Antôn.: *crescente*.)

de.cres.cer *v.intr.* Tornar-se menor; diminuir.

de.cre.ta.do *adv.* Propositadamente; de forma determinada.

de.cre.tar *v.t.d.* Determinar por decreto; *v.t.i.* destinar.

de.cre.to *s.m.* Ordenação; estatuto; resolução com força de lei; vontade superior.

de.cre.to-lei *s.m.* Decreto expedido pelo chefe do Poder Executivo, com força de lei, substituindo anormalmente as funções do Poder Legislativo.

de.cú.bi.to *s.m.* Posição do corpo deitado.

de.cu.pli.car *v.t.d.* Multiplicar por dez; *v.t.d. e intr.* tornar dez vezes maior.

dé.cu.plo *num.* Que encerra dez vezes uma porção; que é dez vezes maior; *s.m.* dez tantos.

de.cur.so *s.m.* Sucessão do tempo; ação de decorrer; *adj.* que decorreu.

de.dal *s.m.* Pequeno instrumento oco para proteger o dedo que impele a agulha; pequena quantidade.

dé.da.lo *s.m.* Lugar de difícil saída; labirinto.

de.de.ti.zar *v.t.d.* Usar dedetê (DDT) ou outros inseticidas.

de.di.ca.ção *s.f.* Ação de dedicar.

de.di.ca.do *adj.* Consagrado; ofertado; *s.m.* pessoa profundamente afetuosa; aquele que se edifica por alguém.

de.di.car *v.t.d.e i.* Ofertar; consagrar; destinar; *v.pron.* consagrar-se.

de.di.ca.tó.ria *s.f.* Carta ou palavras escritas com que se dedica uma obra, um livro ou uma fotografia a alguém.

de.dig.nar-se *v.pron.* Considerar indigno de si; desdenhar.

de.di.lhar *v.t.d.* Tocar com os dedos as cordas de instrumento musical.

de.do *s.m.* Cada uma das partes móveis em que terminam as mãos e os pés do homem e de certos animais. *Fig.* Arte; habilidade.

de.du.ção *s.f.* Ação de um raciocínio; subtração.

de.du.ti.vo *adj.* Procedente por dedução.

de.du.zir *v.t.d.* Tirar de fatos, princípios, inferência, ilação etc.; descontar; *v.t.d. e i.* subtrair; tirar como conclusão.

de.fa.sa.gem *s.f.* Diferença de fase entre dois fenômenos periódicos; atraso.

de.fa.sar *v.t.d.* Colocar fora de fase; meter diferença de fase.

de.fe.car *v.t.d. Quím.* Proceder a defecação; *v.intr.* expulsar naturalmente os excrementos pelo ânus.

de.fe.ca.tó.rio *adj.* Que defeca ou ativa a defecação.

de.fec.ção *s.f.* Deserção; apostasia.

de.fec.ti.vel *adj.2gên.* Suscetível de enganar-se.

de.fec.ti.vo *adj.* Defeituoso; imperfeito. *Gram.* Diz-se dos substantivos a que falta número ou caso; diz-se verbos em que falta modo, tempo ou tempos, ou ainda variações pessoais.

de.fei.to *s.m.* Imperfeição física ou moral; falta; vício; anomalia.

de.fei.tu.o.so *adj.* Imperfeito.

de.fen.der *v.t.d.* Resistir com forças ou com razões; sustentar partido, opinião, ideia etc.; ajudar; *v.t.d. e i.* obrigar; *v.pron.* resistir a um ataque. (Antôn.: *atacar*.)

de.fen.sa *s.f.* O mesmo que *defesa*.

de.fen.si.va *s.f.* Posição de quem está se defendendo.

de.fen.sor *adj. e s.m.* Que ou aquele que defende.

de.fe.rên.cia *s.f.* Respeito; consideração.

de.fe.ren.te *adj.2gên.* Que cede.

de.fe.ri.do *adj.* Despachado favoravelmente; acolhido.

de.fe.ri.men.to *s.m.* Ação ou resultado de deferir.

DEFERIR — DELÍCIA

de.fe.rir *v.t.d.* Atender, despachar.
de.fe.sa *s.f.* Ação de defender ou defender-se; aquilo que é próprio para defender; réplica a uma acusação. *Fig.* Justificação.
de.fi.ci.ên.cia *s.f.* Defeito.
de.fi.ci.en.te *adj.2gên.* Que apresenta deficiência.
dé.fi.cit *s.m.* Excesso da despesa sobre a receita.
de.fi.ci.tá.rio *adj.* Em que existe déficit.
de.fi.nha.men.to *s.m.* Ação de definhar; emagrecimento; perda de forças. *Fig.* Decadência.
de.fi.nhar *v.intr.* Consumir-se pouco a pouco; enfraquecer. *Fig.* Ir em decadência.
de.fi.ni.ção *s.f.* Ato de definir.
de.fi.ni.do *adj.* Determinado; preciso. *Gram.* Qualificativo dos artigos que dão ao nome um sentido preciso.
de.fi.nir *v.t.d.* Expor em termos claros e precisos; explicar; decidir questão.
de.fi.ni.ti.vo *adj.* Decisivo.
de.fi.ní.vel *adj.2gên.* Suscetível de se definir.
de.fla.ção *s.f.* Ação de retirar de circulação o excesso de papel-moeda.
de.fla.gra.ção *s.f.* Combustão com chamas cintilantes.
de.fla.grar *v.t.d.* Arder lançando grande chama; estimular.
de.fle.xão *s.f.* Movimento de abandono de um traçado, para seguir outro; desvio dos luminosos.
de.flo.rar *v.t.d.* Tirar a flor; violar a virgindade; diz-se também *desflorar*.
de.flu.ir *v.t.i.* Derivar; decorrer.
de.flu.xo *s.m.* Coriza.
de.for.ma.ção *s.f.* Ação de deformar; alteração de forma.
de.for.mar *v.t.d.* Fazer perder a forma natural. *Fig.* Perverter; *v.pron.* alterar-se.
de.for.mi.da.de *s.f.* Defeito.
de.frau.dar *v.t.d.* Enganar.
de.fron.tar *v.t.d.* Pôr-se fronteiro a; encarar; *v.t.d. e i.*; confrontar.
de.fron.te *adv.* Em frente; face a face.
de.fu.ma.ção *s.f.* Ação de defumar.
de.fu.ma.dou.ro *s.m.* Perfume; substância usada para defumar.
de.fu.mar *v.t.d.* Expor; perfumar com o fumo de substâncias olorosas; *v.pron.* perfumar-se.
de.fun.to *adj.* Morto; *s.m.* cadáver.
de.ge.lar *v.t.d.* Descongelar.
de.ge.lo *s.m.* O derretimento do gelo.
de.ge.ne.ra.ção *s.f.* Ação ou resultado de degenerar. *Med.* Perda das qualidades primitivas.
de.ge.ne.rar *v.intr. e pron.* Perder mais ou menos o tipo e qualidades da sua geração. *Fig.* Corromper-se.
de.ge.ne.res.cên.cia *s.f.* Ateração dos caracteres de um corpo organizado.
de.glu.tir *v.t.d.* Engolir.
de.go.la *s.f.* Ato de degolar; decapitação. *Fig.* Corte.
de.go.lar *v.t.d.* Cortar o pescoço a; matar; decapitar. *Fig.* Destruir; extirpar.
de.gra.da.ção *s.f.* Ação ou resultado de degradar.
de.gra.dar *v.t.d.* Privar de graduação civil, militar ou eclesiástica. *Fig.* Alterar; perder; *v.pron.* aviltar-se; renunciar à pátria.
de.gra.dê *adj.* Diz-se de uma cor que vai diminuindo de tonalidade progressivamente.
de.grau *s.m.* Peça da escada onde se põe o pé para subir ou descer. *Fig.* Meio de subir a cargo.
de.gre.dar *v.t.d.* Impor pena de degredo a; exilar. (Antôn.: *repatriar*.)
de.gre.do *s.m.* Exílio.
de.grin.go.lar *v.intr.* Desmantelar-se; ruir; falir.
de.gus.ta.ção *s.f.* Ato de degustar.
de.gus.tar *v.t.d.* Apreciar pelo paladar o sabor de algo.
dei.da.de *s.f.* Divindade. *Fig.* Mulher de rara beleza.
dei.fi.car *v.t.d.* Divinizar.
de.is.cen.te *adj.2gên.* Que se abre; que se fende.
dei.ta.do *adj.* Com o corpo estendido ao comprido; acamado.
dei.tar *v.t.d.* Colocar horizontalmente; acamar.
dei.xar *v.t.d.* Soltar; abandonar; permitir; desistir. (Antôn.: *impedir, segurar*.)
de.je.to *s.m.* Excremento.
de.la Contr. da prep. *de* com o pron. *ela*.
de.la.ção *s.f.* Ação ou efeito de delatar; revelação.
de.la.tar *v.t.d.* Acusar; denunciar.
de.la.tor *s.m.* O que delata.
de.le Junção da prep. *de* com o pron. *ele*.
de.le.ga.ção *s.f.* Ação de delegar; comissão dada a delegado.
de.le.ga.ci.a *s.f.* Função de delegado; jurisdição ou repartição de delegado.
de.le.ga.do *s.m.* O que recebe a autorização de outrem para representá-lo; enviado; legado; *adj.* cometido pelo delegante.
de.le.gar *v.t.d.* Investir na faculdade de executar; dar o seu poder ou jurisdição a outrem.
de.lei.tar *v.t.d.* Causar deleite a; *v.pron.* deliciar-se. (Antôn.: *aborrecer*.)
de.lei.te *s.m.* Gozo íntimo e suave; delícia.
de.le.tar *v.t.d. Inform.* Apagar; jogar fora.
de.le.té.rio *adj.* Que destrói; corruptor; nocivo.
del.ga.do *adj.* Fino; magro.
de.li.be.ra.ção *s.f.* Ato de deliberar; resolução.
de.li.be.rar *v.t.d.* Decidir; *v.intr.* e *v.t.i.* consultar consigo ou com outros.
de.li.ca.de.za *s.f.* Suavidade de maneiras.
de.li.ca.do *adj.* Tênue; fino. *Fig.* Sutil; difícil. (Antôn.: *grosseiro, indelicado*.)
de.lí.cia *s.f.* Deleite. *Fig.* Delicadeza.

de.li.ci.ar *v.t.d.* Deleitar; causar delícia; *v.pron.* deleitar-se.
de.li.ci.o.so *adj.* Agradável; muito saboroso.
de.li.mi.ta.ção *s.f.* Ação de delimitar.
de.li.mi.tar *v.t.d.* Fixar os limites; restringir.
de.li.ne.a.ção *s.f.* Traçado, esboço, delineamento.
de.li.ne.ar *v.t.d.* Fazer os traços gerais; esboçar; projetar.
de.lin.quên.cia *s.f.* Ação de delinquir.
de.lin.quen.te *adj.2gên.* Que comete delito.
de.lin.quir *v.intr.* Cometer delito; crime.
de.lí.quio *s.m.* Desmaio.
de.lir *v.t.d. (pron.)* Apagar(-se); desvanecer(-se).
de.li.ran.te *adj.2gên.* Que delira; embriagado; cego de amor.
de.li.rar *v.intr.* Estar em delírio.
de.lí.rio *s.m.* Perturbação de espírito por efeito de febre.
de.li.to *s.m.* Transgressão do dever; infração da lei; culpa; crime.
de.li.ve.ry *s.m. Ing.* Sistema de entrega em domicílio.
de.lon.ga *s.f.* Demora.
del.ta *s.m.* Quarta letra do alfabeto grego.
de.ma.go.gi.a *s.f.* Dominação pelas facções populares; anarquia. *P. ext.* Exploração de credulidade popular.
de.ma.go.go *s.m.* Chefe, membro de uma facção popular; seguidor da demagogia. *P. ext.* Agitador; revolucionário.
de.mais *adv.* Em excesso; além do que; *adj.* demasiado.
de.man.da *s.f.* Ato de demanda; pleito.
de.man.dar *v.t.d.* Pedir por litígio; requerer; *v.intr.* perguntar.
de.mão *s.f.* Cada camada que se passa; retoque.
de.mar.ca.ção *s.f.* Ato de demarcar; marco; limite.
de.mar.car *v.t.d.* Determinar os limites; separar.
de.ma.si.a *s.f.* Excesso.
de.ma.si.a.do *adj.* Supérfluo; excessivo.
de.mên.cia *s.f.* Privação da razão; insensatez.
de.men.te *adj.2gên.* e *s.2gên.* Falto de juízo; louco.
de.mé.ri.to *s.m.* Falta de mérito; desmerecimento.
de.mis.são *s.f.* Ação de demitir; exoneração.
de.mi.tir *v.t.d.* Renunciar a; abdicar; despedir; *v.pron.* pedir demissão.
de.mo *s.m.* Satanás; diabo; indivíduo de gênio irascível.
de.mo.cra.ci.a *s.f.* Governo em que a soberania é exercida pelo povo.
de.mo.cra.ta *s.2gên.* Adepto da democracia ou sistema democrático.
de.mo.crá.ti.co *adj.* Referente ou pertencente à democracia.
de.mo.gra.fi.a *s.f.* Estatística da população.
de.mo.li.ção *s.f.* Destruição.
de.mo.lir *v.t.d.* Deitar abaixo; destruir.
de.mo.ní.a.co *adj.* Diabólico; satânico.
de.mô.nio *s.m.* Espírito maligno; diabo; satanás.
de.mons.tra.ção *s.f.* Ato de demonstrar; manifestação.
de.mons.trar *v.t.d.* Provar com evidência; mostrar.
de.mo.ra *s.f.* Ato de demorar; delonga.
de.mo.rar *v.t.d.* Deter; retardar; *v.t.i.* morar; ficar, *v.pron.* atrasar-se. (Antôn.: *abreviar, apressar.*)
de.mo.ver *v.t.d.* Apartar; demitir. *Fig.* Abalar.
den.dê *s.m.* O mesmo que *dendezeiro*; palmeira de origem africana, de cujo fruto se extrai um óleo usado como tempero.
de.ne.gar *v.t.d.* Recusar.
de.ne.gri.do *adj.* Enegrecido; maculado.
de.ne.grir *v.t.d.* Tornar negro; enegrecer; infamar; macular. (Antôn.: *exaltar.*)
den.go *s.m.* Dengue; afetação; birra.
den.gue¹ *s.m.* Melindres de mulher.
den.gue² *s.f.* Doença infecciosa aguda, caracterizada por dores no corpo, febre e erupção cutânea.
de.no.do *s.m.* Ousadia.
de.no.mi.na.ção *s.f.* Ação de denominar; nome; apelido.
de.no.mi.na.dor *adj.* e *s.m.* Que designa pelo nome.
de.no.mi.nar *v.t.d.* Dar nome a; apelidar; nomear; *v.pron.* chamar-se.
de.no.ta.ção *s.f.* Ato de denotar; indicação.
de.no.tar *v.t.d.* Designar; significar.
den.si.da.de *s.f.* Relação da massa pelo volume de um corpo; espessura.
den.sí.me.tro *s.m.* Aparelho com que se registra a densidade de um líquido.
den.so *adj.* Compacto; espesso. *Fig.* Obscuro; carregado.
den.ta.da *s.f.* Mordedura.
den.ta.du.ra *s.f.* Conjunto de dentes artificiais.
den.tal *adj.2gên.* Pertencente aos dentes; que se pronuncia tocando com a língua nos dentes (letra).
den.tá.rio *adj.* Referente aos dentes.
den.te *s.m.* Cada um dos órgãos que guarnecem os maxilares do homem e outros animais.
den.ti.ção *s.f.* Saída natural dos dentes.
den.tí.cu.lo *s.m.* Dente muito pequeno.
den.ti.na *s.f.* Marfim dos dentes.
den.tis.ta *s.2gên.* O que se dedica ao tratamento das doenças dentárias; odontologista.
den.tre *prep.* Do meio; no meio de; contr. da prep. *de* com a prep. *entre*.
den.tro *adv.* Na parte interior, ou no lado interior; por dentro.
den.tu.ço *s.m.* e *adj. Bras.* Que ou o que tem dentes grandes.
de.nu.dar *v.t.d.* e *pron.* Desnudar.

de.nún.cia *s.f.* Ato de denunciar; acusação secreta.

de.nun.ci.ar *v.t.d.* e *i.* Delatar; acusar em segredo; revelar; *v.pred.* declarar; *v.intr.* dar a conhecer; *v.pron.* chegar.

de.pa.rar *v.intr.* Achar casualmente; encontrar; *v.pron.* oferecer-se.

de.par.ta.men.to *s.m.* Repartição administrativa.

de.pau.pe.rar *v.t.d.* Empobrecer; desbletar; enfraquecer.

de.pe.nar *v.t.d.* Tirar as penas de. *Fig.* Arrancar dinheiro com astúcia.

de.pen.dên.cia *s.f.* Subordinação; extensão de uma casa.

de.pen.den.te *adj.2gên.* Que está sujeito a ou sob a responsabilidade de alguém.

de.pen.der *v.intr.* Estar na dependência; fazer parte.

de.pen.du.ra.do *adj.* Pendente.

de.pen.du.rar *v.t.d.* e *pron.* Pendurar; suspender. (Antôn.: *despendurar.*)

de.pe.ni.car *v.t.d.* Tirar aos poucos (comida); *v.intr.* debicar.

de.pi.lar *v.t.d.* Arrancar; perder o pelo ou o cabelo.

de.plo.rar *v.t.d.* Lamentar profundamente; lastimar com dó; *v.pron.* lamentar-se.

de.plo.rá.vel *adj.2gên.* Digno de ser deplorado; lastimável. *Fam.* Péssimo.

de.plu.mar *v.t.d.* (*pron.*) Depenar(-se).

de.po.en.te *adj.2gên.* e *s.2gên.* Que ou quem depõe em juízo como testemunha.

de.po.i.men.to *s.m.* Ação ou resultado de depor.

de.pois *adv.* Posteriormente; em tempo posterior; em seguida; além disso.

de.por *v.t.d.* Pôr de parte; *v.intr.* prestar declarações.

de.por.ta.ção *s.f.* Ação ou resultado de deportar; exílio.

de.por.tar *v.t.d.* Exilar. (Antôn.: *repatriar.*)

de.po.si.ção *s.f.* Ação ou resultado de depor; destituição. *Fig.* Depoimento.

de.po.si.tan.te *adj.2gên.* e *s.2gên.* Que deposita.

de.po.si.tar *v.t.d.* Pôr em depósito; dar; guardar; confiar; *v.pron.* assentar.

de.po.si.tá.rio *s.m.* A pessoa que guarda depósito. *Fig.* Confidente; *adj.* pertencente a depósito.

de.pó.si.to[1] *s.m.* Coisa entregue para guardar; fiança.

de.pó.si.to[2] *s.m.* Recipiente; armazém.

de.pra.va.ção *s.f.* Ação ou resultado de depravar; perversão.

de.pra.var *v.t.d.* Corromper física e moralmente; *v.pron.* corromper-se.

de.pre.car *v.t.d.* e *intr.* Suplicar.

de.pre.ci.a.ção *s.f.* Redução de preço ou de valor. *Fig.* Desprezo.

de.pre.ci.ar *v.t.d.* Causar depreciação; humilhar. (Antôn.: *valorizar.*)

de.pre.ci.a.ti.vo *adj.* Que encerra depreciação.

de.pre.da.ção *s.f.* Ação de depredar; saque; roubo.

de.pre.dar *v.t.d.* e *i.* Roubar; saquear; destruir.

de.pre.en.der *v.t.d.* Compreender; deduzir; inferir.

de.pres.sa *adv.* Quanto antes; com pressa; rapidamente.

de.pres.são *s.f.* Ação de deprimir; parte deprimida de um sólido; baixa de terreno. *Fig.* Enfraquecimento.

de.pres.si.vo *adj.* Deprimente.

de.pri.men.te *adj.2gên.* Que deprime; humilhante.

de.pri.mir *v.t.d.* Ocasionar depressão em; enfraquecer; humilhar; *v.pron.* abater-se.

de.pu.ra.ção *s.f.* Limpeza.

de.pu.rar *v.t.d.* Purificar; limpar.

de.pu.ta.do *s.m.* Membro de assembleia legislativa; enviado para tratar negócios de outrem.

de.pu.tar *v.t.d.* e *i.* Encarregar (alguém) de uma missão.

de.que *s.m. Arquit.* Terraço ou plataforma feita de tábuas.

de.ri.va.ção *s.f.* Ação ou resultado de derivar. *Gram.* Processo pelo qual outras palavras são formadas por meio de sufixos. *Fig.* Origem.

de.ri.var *v.t.d.* Desviar do curso; *v.intr.* e *i.* formar palavras, deduzindo-as de radicais; *v.t.i.* descender, correr. *Gram.* Provir. *Fig.* Proceder; *v.pron.* originar-se.

der.ma *s.m. Histol.* Tecido conjuntivo sobre o qual se apoia a epiderme, comunicando-a com a hipoderme.

der.ma.ti.te *s.f. Med.* Processo inflamatório da pele.

der.ma.to.lo.gi.a *s.f.* Ramo da Medicina que se ocupa do tratamento das enfermidades da pele.

der.ma.to.se *s.f. Med.* Nome comum às enfermidades da pele.

der.me *s.f.* O mesmo que *derma*.

der.ra.dei.ro *adj.* Último.

der.ra.mar *v.t.d.* Verter; correr por fora.

der.ra.me *s.m.* Efusão. *Med.* Acúmulo líquido em cavidade acidental ou natural.

der.re.ar *v.t.d.* Prostrar.

der.re.dor *adv.* Em redor; em volta; *loc.prep.* em torno de.

der.re.ter *v.t.d.* Liquefazer. *Fig.* Comover; *v.pron.* apaixonar-se.

der.re.ti.do *adj.* Liquefeito. *Fig.* Comovido; apaixonado.

der.ri.bar *v.t.d.* Lançar por terra.

der.ri.ça *s.f.* Contenda.

der.ri.ço *s.m.* Namoro.

der.ri.são *s.f.* Escárnio.
der.ri.só.rio *adj.* Aquilo em que há derrisão; motejador.
der.ro.ca.da *s.f.* Ruína.
der.ro.car *v.t.d.* Abater; demolir; humilhar.
der.ro.gar *v.t.d.* Abolir; anular; substituir (preceito legal).
der.ro.ta *s.f.* Ação ou efeito de derrotar.
der.ro.ta.do *adj.* Vencido. *Fig.* Desanimado.
der.ro.tar *v.t.d.* Desbaratar; vencer; *v.pron.* desencaminhar-se.
der.ro.tis.mo *s.m.* Pessimismo; negativismo.
der.ru.ba.da *s.f.* Ato de abater grandes árvores.
der.ru.bar *v.t.d.* Derribar; prostrar; arruinar.
der.ru.ir *v.t.d.* Arruinar.
der.vi.xe *s.m.* Religioso muçulmano.
de.sa.ba.do *adj.* De abas largas, direitas ou caídas; que desabou; *s.m.* ladeira.
de.sa.ba.far *v.t.d.* Desagasalhar. *Fig.* Aliviar; *v.pron.* desafogar-se. (Antôn.: *abafar*.)
de.sa.ba.la.do *adj.* Precipitado; desmedido.
de.sa.ba.men.to *s.m.* Ação de desabar; derrocada.
de.sa.bar *v.t.d.* Abater a aba do chapéu; *v.t.d. e i.* dar; *v.intr.* cair.
de.sa.bi.li.tar *v.t.d.* Fazer inábil ou desajeitado.
de.sa.bi.ta.do *adj.* Despovoado.
de.sa.bi.tar *v.t.d.* Tirar os habitantes de. (Antôn.: *povoar*.)
de.sa.bi.tu.ar *v.t.d. e i.* Desacostumar.
de.sa.bo.nar *v.t.d.* Desacreditar; *v.pron.* perder o crédito. (Antôn.: *ebonar*.)
de.sa.bo.to.ar *v.t.d.* Tirar os botões das casas. *Fig.* Desabrochar (Antôn.: *abotoar*.)
de.sa.bri.do *adj.* Áspero; grosseiro.
de.sa.bri.ga.do *adj.* Que não tem abrigo.
de.sa.bri.gar *v.t.d.* Tirar o abrigo a; desproteger. (Antôn.: *abrigar*.)
de.sa.brir *v.t.d. e i.* Cessar; abrir mão de; *v.pron.* irritar-se.
de.sa.bro.char *v.t.d.* Soltar broche ou colchete; *v.intr.* abrir a flor; brotar; *v.pron.* soltar-se.
de.sa.bu.sa.do *adj.* Atrevido; petulante; desrespeitoso.
de.sa.bu.sar *v.t.d.* Desafiar.
de.sa.cam.par *v.intr.* Levantar acampamento.
de.sa.ca.sa.lar *v.t.d.* Separar (os acasalados).
de.sa.ca.tar *v.t.d.* Desrespeitar; ofender; *v.t.d. e intr.* causar estupefação a. (Antôn.: *acatar*.)
de.sa.ca.tar *v.t.d.* Desabotoar; descarregar.
de.sa.ca.to *s.m.* Falta de acatamento; desrespeito.
de.sa.cer.bar *v.t.i.* Acalmar.
de.sa.cer.tar *v.t.d.* Errar.
de.sa.cer.to *s.m.* Erro.
de.sa.co.lher *v.t.d.* Receber mal; negar-se a acolher. (Antôn.: *acolher*.)

de.sa.co.mo.dar *v.t.d.* Tirar a acomodação de; inquietar.
de.sa.com.pa.nhar *v.t.d.* Deixar de acompanhar; desamparar. (Antôn.: *acompanhar*.)
de.sa.con.se.lhar *v.t.d.* Dissuadir do intento.
de.sa.cor.ço.ar *v.t.d. e intr.* Tirar a coragem; desalentar.
de.sa.cor.da.do *adj.* Desmaiado
de.sa.cor.dar *v.t.d.* Pôr em desacordo; *v.intr.* discordar; *v.t.i.* esquecer-se; *v.pron.* perder os sentidos. (Antôn.: *concordar*.)
de.sa.cor.do *s.m.* Falta de acordo; discrepância.
de.sa.cor.ren.tar *v.t.d.* Soltar da corrente; desprender. (Antôn.: *acorrentar*.)
de.sa.cre.di.ta.do *adj.* Que não tem crédito ou o perdeu; mal conceituado.
de.sa.cre.di.tar *v.t.d.* Tirar o crédito; depreciar. (Antôn.: *acreditar*.)
de.sa.fei.ção *s.f.* Falta, perda de afeição.
de.sa.fei.ço.ar *v.t.d. e i.* Tirar a afeição.
de.sa.fei.to *adj.* Desacostumado; desabituado.
de.sa.fe.to *adj.* Adverso; sem afeto. *s.m. Bras.* Adversário.
de.sa.fi.ar *v.t.d.* Provocar.
de.sa.fi.nar *v.t.d.* Fazer perder a afinação aos instrumentos, à voz; dissonar *v.pron.* irritar-se. (Antôn.: *afinar*.)
de.sa.fi.o *s.m.* Ação de desafiar.
de.sa.fi.ve.lar *v.t.d.* Desprender a fivela a.
de.sa.fo.gar *v.t.d.* Tirar o embaraço que afoga; desaperta.
de.sa.fo.go *s.m.* Alívio; desabafo.
de.sa.fo.ro *s.m.* Injúria.
de.sa.for.tu.na.do *adj.* Infeliz; sem sorte.
de.sa.fron.tar *v.t.d.* Satisfazer de afronta; desagravar.
de.sá.gio *s.m.* Queda ou perda de ágio; desvalorização.
de.sa.gra.dar *v.t.d.* Descontentar; não ser do gosto; *v.t.i.* não agradar; *v.pron.* aborrecer-se.
de.sa.gra.do *s.m.* Falta de afabilidade; desprazer.
de.sa.gra.var *v.t.d. e i.* Livrar de agravo; reparar. (Antôn.: *agravar, ofender*.)
de.sa.gra.vo *s.m.* Satisfação de agravo.
de.sa.gre.ga.ção *s.f.* Ação ou resultado de desagregar.
de.sa.gre.gar *v.t.d.* Separar; *v.t.i.* extirpar; *v.pron.* desunir-se.
de.sa.guar *v.t.d.* Vazar águas; desalagar; *v.pron.* escoar-se.
de.sai.re *s.m.* Falta de elegância ou decoro.
de.sa.jei.ta.do *adj.* Sem jeito; inábil.
de.sa.ju.i.za.do *adj.* e *s. m.* Sem juízo; amalucado.
de.sa.jus.tar *v.t.d.* Romper o ajuste, o acordo; desordenar. (Antôn.: *ajustar*.)

de.sa.jus.te s.m. Ação de desajustar; os efeitos desta ação.
de.sa.len.ta.dor adj. e s.m. Que ou quem desalenta; desanimador.
de.sa.len.tar v.t.d. Desanimar; esmorecer.
de.sa.li.nha.do adj. Falto de alinho; relaxado.
de.sa.li.nhar v.t.d. Tirar o alinho, a compostura; v.pron. desadornar-se.
de.sa.li.nho s.m. Falta de alinho; desleixo; desmazelo.
de.sal.ma.do adj. Sem alma; desumano.
de.sa.lo.jar v.t.d. Lançar fora do alojamento ou posto militar; v.intr. abandonar o posto; v.pron. abalar. (Antôn.: *alojar, abrigar.*)
de.sal.te.rar v.t.d. Aplacar; saciar; matar.
de.sa.mar.rar v.t.d. Desprender (o que estava amarrado); soltar; v.t.d. e i. desatracar; v.pron. soltar-se da amarração. *Fig.* Desterrar-se.
de.sa.mar.ro.tar v.t.d. Alisar (o que estava amarrotado). (Antôn.: *amarrotar.*)
de.sam.bi.en.tar v.t.d. Tirar do seu ambiente.
de.sa.mol.gar v.t.d. Alisar.
de.sa.mon.to.ar v.t.d. Desfazer o monte ou montão de.
de.sa.mor s.m. Falta de amor.
de.sa.mor.ti.za.ção s.f. Ação de desamortizar.
de.sa.mor.ti.zar v.t.d. Fazer entrar no direito comum os bens de mão-morta.
de.sam.pa.ra.do adj. Abandonado.
de.sam.pa.rar v.t.d. Tirar aquilo que sustém; abandonar. (Antôn.: *auxiliar.*)
de.sam.pa.ro s.m. Falta de abrigo; sem auxílio.
de.san.car v.t.d. Bater muito em.
de.san.da s.f. Descompostura; repreensão.
de.san.dar v.t.d. Fazer andar para trás; retroceder; v.intr. andar para trás. *Pop.* Estar com disenteria.
de.sa.ne.xa.ção s.f. Ação de desanexar.
de.sa.ne.xar v.t.d. Separar.
de.sa.ni.ma.do adj. Desalentado.
de.sa.ni.ma.dor adj. Desencorajador.
de.sa.ni.mar v.t.d. Tirar o ânimo; v.intr. perder a vontade; v.pron. fazer sair.
de.sâ.ni.mo s.m. Falta de ânimo; abatimento.
de.sa.nu.vi.ar v.t.d. Dissipar as nuvens de. *Fig.* Tranquilizar; alegrar.
de.san.xa.vi.do adj. Insípido; sem graça.
de.sa.pa.re.cer v.intr. Sumir-se; cessar; morrer.
de.sa.pa.re.ci.do adj. Oculto; perdido.
de.sa.pa.re.ci.men.to s.m. Ausência súbita; sumiço.
de.sa.pe.gar v.t.d. e i. e pron. Desaperfeiçoar; despreender.
de.sa.pe.go s.m. Falta de afeição; indiferença.
de.sa.per.ce.ber v.t.d. Desprover; desavisar; v.t.i. não prover; v.pron. descuidar-se.
de.sa.per.ce.bi.do adj. Desprovido.
de.sa.per.tar v.t.d. Afrouxar; soltar. *Pop.* Sair com êxito de situação embaraçosa.
de.sa.per.to s.m. Ação ou resultado de desapertar.
de.sa.pi.e.dar v.t.d. Tornar cruel; insensibilizar; v.pron. perder a piedade.
de.sa.pli.car v.t.d. e i. Retirar (o que estava aplicado).
de.sa.pon.ta.do adj. Inabilitado; vexado.
de.sa.pon.ta.men.to s.m. Decepção.
de.sa.pon.tar v.t.d. Causar desapontamento a.
de.sa.po.quen.tar v.t.d. Consolar; acalmar.
de.sa.pos.sar v.t.d. e i. Privar do domínio ou da posse.
de.sa.pre.ço s.m. Menosprezo; falta de consideração.
de.sa.pren.der v.t.d. Esquecer-se do que aprendeu.
de.sa.pro.pri.ar v.t.d. Expropriar, v.pron. privar-se do que é seu.
de.sa.pro.var v.t.d. Não aprovar.
de.sa.pu.ro s.m. Descuido.
de.sa.que.cer v.t.d. Fazer esfriar; diminuir o ritmo de.
de.sar.ma.men.to s.m. Ação de desarmar ou desarmar-se.
de.sar.mar v.t.d. Tirar as armas a alguém; privar dos meios de defesa v.pron. frustrar-se.
de.sar.mo.ni.a s.f. Falta de harmonia.
de.sar.rai.gar v.t.d. Arrancar pela raiz; erradicar; extirpar.
de.sar.ran.jar v.t.d. Pôr em desordem. *Fig.* Embaraçar; v.pron. desacomodar-se.
de.sar.ran.jo s.m. Desordem. *Fig.* Diarreia.
de.sar.ra.zo.ar v.intr. Agir ou falar sem razão; v.pron. sair dos limites do bom senso.
de.sar.re.ar v.t.d. Terrar os arreios a (a montaria).
de.sar.ro.char v.t.d. Soltar (o que se encontrava arrochado).
de.sar.ru.mar v.t.d. Desarranjar; pôr fora do lugar.
de.sar.ti.cu.lar v.t.d. Desunir; desencontrar; desarranjar.
de.sar.vo.rar v.intr. *Náut.* Tirar os mastros a.
de.sas.se.ar v.t.d. Sujar. (Antôn.: *limpar.*)
de.sas.sei.o s.m. Falta de asseio.
de.sas.si.sa.do adj. Desajuizado; desatinado.
de.sas.so.ci.ar v.t.d. Separar; desvincular.
de.sas.sos.se.go s.m. Inquietação.
de.sas.tra.do adj. Infeliz; que sofre desastre; desajeitado.
de.sas.tre s.m. Infortúnio; acidente.
de.sas.tro.so adj. Em que há desastre; o que tem mau resultado.
de.sa.tar v.t.d. Desamarrar; soltar; solucionar.
de.sa.tar.ra.xar v.t.d. Tirar a tarraxa; desparafusar.
de.sa.ta.vi.a.do adj. Desenfreado; singelo.
de.sa.ten.ção s.f. Falta de atenção; distração.

de.sa.ten.ci.o.so *adj.* Descortês; indelicado.
de.sa.ten.to *adj.* Distraído.
de.sa.ter.rar *v.t.d.* Desfazer o aterro; aplanar.
de.sa.ti.nar *v.t.d.* Fazer perder a razão; *v.pron.* fazer, dizer desatinos.
de.sa.ti.no *s.m.* Falta de tino; insânia; loucura.
de.sa.ti.var *v.t.d.* Tirar da atividade, do serviço.
de.sa.tra.car *v.t.d.* Desamarrar; desprender (embarcação).
de.sa.tra.van.car *v.t.d.* Desimpedir; retirar as travancas. (Antôn.: *obstruir, atravancar.*)
de.sa.tre.lar *v.t.d.* Soltar da trela.
de.sau.to.ri.zar *v.t.d.* Retirar a autoridade.
de.sa.ven.ça *s.f.* Discórdia; inimizade.
de.sa.ver.go.nha.do *adj.* e *s.m.* Que ou o que é falto de vergonha; atrevido.
de.sa.vin.do *adj.* Que está em desavença; discorde.
de.sa.vir *v.t.d.* Estabelecer desavença; discórdia.
de.sa.vi.sa.do *adj.* Indiscreto; imprudente.
des.ban.car *v.t.d.* Ganhar ao banqueiro todo o dinheiro da banca; exceder. *Fig.* Levar a palma.
des.ba.ra.tar *v.t.d.* Derrotar; destruir.
des.bas.tar *v.t.d.* Tornar menos basto. *Fig.* Aperfeiçoar.
des.bas.te *s.m.* Raspagem; corte.
des.bei.çar *v.t.d.* Cortar os beiços a; quebrar as bordas de.
des.blo.que.ar *v.t.d.* Cessar de bloquear.
des.blo.quei.o *s.m.* Ação de desbloquear.
des.bo.ca.do *adj.* Aquele que usa palavras obscenas.
des.bo.car *v.t.d.* Calejar a boca da besta; *v.pron.* desenfrear-se. *Fig.* Descomedir-se.
des.bo.ta.do *adj.* Referente a cor que já não apresenta a viveza primitiva; pálido.
des.bo.tar *v.t.d.* Fazer perder a viveza da cor; *v.pron.* deslustrar-se. (Antôn.: *corar.*)
des.bra.ga.do *adj.* e *s.m.* (Indivíduo) descomedido.
des.bra.va.dor *adj.* e *s.m.* Que ou quem desbrava.
des.bra.var *v.t.d.* Quebrar a braveza a; amansar; *v.pron.* abrandar-se.
des.bri.o *s.m.* Falta de brio.
des.ca.be.ça.do *adj.* Sem cabeça; desmiolado; maluco.
des.ca.be.la.do *adj.* Sem cabelo. *Fig.* Violento.
des.ca.be.lar *v.t.d.* Arrancar os cabelos de; depilar.
des.ca.bi.do *adj.* Impróprio; importuno.
des.ca.dei.rar *v.t.d.* Derrear com pancadas; desancar.
des.ca.la.bro *s.m.* Dano; ruína.
des.cal.çar *v.t.d.* Tirar o calçado; retirar o calço; *v.t.i.* privar de recursos; *v.pron.* livrar-se do calçado. *Fig.* Tirar aquilo que faz firme.
des.ca.li.bra.do *adj.* Que está fora de calibre conveniente.

des.cal.va.do *adj.* Escalvado.
des.ca.ma.ção *s.f.* Ação ou resultado de descamar.
des.ca.mar *v.t.d.* Tirar a escama de.
des.cam.bar *v.intr.* Cair para o lado; resvalar. *Fig.* Dizer inconveniências.
des.ca.mi.nho *s.m.* Extravio; desencaminhamento.
des.ca.mi.sa.do *adj.* Maltrapilho; sem camisa.
des.cam.pa.do *s.m.* Extensa planície; deserto.
des.can.sar *v.t.d.* Aliviar de fadiga ou aflição; repousar; dormir; tranquilizar; *v.t.i.* apoiar; *v.intr.* aquietar-se; *v.pron.* apoiar-se. (Antôn.: *fatigar.*)
des.can.so *s.m.* Repouso; sossego. (Antôn.: *fadiga.*)
des.ca.rac.te.ri.zar *v.t.d.* Tirar o carater a; fazer perder as características.
des.ca.ra.do *adj.* Desavergonhado.
des.ca.ra.men.to *s.m.* Atrevimento.
des.car.ga *s.f.* Ato de descarregar; explosão.
des.car.re.ga.men.to *s.m.* Ato de descarregar; coisa descarregada.
des.car.re.gar *v.t.d.* Tirar a carga de; despejar; desabafar; *v.pron.* livrar-se.
des.car.ri.lar *v.intr.* Sair dos trilhos. *Fig.* Portar-se mal. Var.: *descarrilhar.*
des.car.tar *v.t.d.* Livrar-se de importunos.
des.ca.sar *v.t.d.* Desmanchar o casamento de. *v.t.d.* e *i.* *Fig.* Separar de coisa ou pessoa habitual.
des.cas.car *v.t.d.* Tirar a casca a; *v.intr.* perder a casca.
des.ca.so *s.m.* Menosprezo.
des.ca.var *v.t.d.* O mesmo que *escavar* (fazer escavações).
des.cen.dên.cia *s.f.* Série de seres que procedem do mesmo tronco.
des.cen.den.te *adj.2gén.* Que descende; que procede; *s.2gén.* o que descende de outro em linha reta.
des.cen.der *v.t.i.* Proceder; originar.
des.cen.so *s.m.* Descida.
des.cen.tra.li.za.ção *s.f.* Ação ou resultado de descentralizar.
des.cen.tra.li.zar *v.t.d.* Afastar; desviar do centro.
des.cer *v.t.d.* Abaixar humilhar-se; percorrer de cima para baixo; *v.pron.* baixar; diminuir.
des.cer.rar *v.t.d.* Descobrir; abrir o que estava cerrado. (Antôn.: *cerrar, fechar.*)
des.ci.da *s.f.* Ação de descer; lugar por onde se desce; chão inclinado. *Fig.* Decadência.
des.clas.si.fi.car *v.t.d.* Desonrar; desconceituar. (Antôn.: *classificar, enaltecer, conceituar.*)
des.co.a.gu.lar *v.t.d.* Tornar líquido.
des.co.ber.ta *s.f.* Invenção; terra achada pela primeira vez.
des.co.ber.to *adj.* Não coberto; manifesto.
des.co.bri.men.to *s.m.* Ato de descobrir.

des.co.brir *v.t.d.* Destapar; avistar; inventar.
des.co.di.fi.car *v.t.d.* Decifrar.
des.co.lar *v.t.d.* Desgrudar.
des.co.lo.ra.ção *s.f.* Perda de cor.
des.co.me.dir *v.pron.* Praticar excessos; exceder-se.
des.com.pas.so *s.m.* Falta de ritmo, de compasso.
des.com.por *v.t.d.* Desarranjar; desordenar; despir.
des.com.pos.tu.ra *s.f.* Desalinho; desarranjo.
des.com.pro.mis.so *s.m.* Compromisso cessado.
des.co.mu.nal *adj.2gên.* Fora da boa razão, fora da ordem; que é fora do comum.
des.con.cer.ta.do *adj.* Descomposto; imoderado.
des.con.cer.tar *v.t.d.* Desfazer o concerto; *v.pron.* discrepar; desordenar-se; perturbar-se.
des.con.cer.to *s.m.* Ação ou resultado de desconcertar; confusão.
des.con.cha.vo *s.m.* Despropósito; disparate.
des.co.ne.xão *s.f.* Ausência de conexão.
des.co.ne.xo *adj.* A que falta conexão; desordenado.
des.con.fi.a.do *adj.* Que desconfia; cioso; amuado.
des.con.fi.an.ça *s.f.* Propriedade ou caráter de desconfiado; receio; suspeita; ciúme.
des.con.fi.ar *v.t.d.* Tirar a confiança de; duvidar; *v.intr.* mostrar desconfiança; *v.pron.* ter suspeita. (Antôn.: confiar, acreditar.)
des.con.for.me *adj.2gên.* Não conforme.
des.con.for.to *s.m.* Ausência de conforto.
des.con.ge.lar *v.t.d.* Derreter o gelo; *v.pron.* derreter-se. (Antôn.: congelar.)
des.con.ges.tio.nar *v.t.d.* Livrar de congestão; desobstruir.
des.co.nhe.cer *v.t.d.* Deixar de conhecer algo que se conhecia antes; *v.t.d.* e *i.* não admitir; *v.t. pred.* evitar reconhecer; *v.pron.* achar-se diferente.
des.co.nhe.ci.do *adj.* Não conhecido; *s.m.* pessoa estranha.
des.con.jun.tar *v.t.d.* Desarticular; desunir; luxar.
des.con.ju.rar *v.t.d.* Esconjurar; insultar.
des.con.ser.tar *v.t.d.* Desarranjar; desconjuntar.
des.con.si.de.rar *v.t.d.* Não dar consideração; *v.pron.* perder a estima ou respeito dos outros.
des.con.so.la.do *adj.* Afligido.
des.con.so.lar *v.t.d.* Causar tristeza a; entristecer. (Antôn.: consolar, confortar.)
des.con.so.lo *s.m.* Desgosto; desânimo.
des.cons.tru.ir *v.t.d.* Desorganizar.
des.con.tar *v.t.d.* e *i.* Tirar de uma conta ou quantidade; deduzir. *Fig.* Não fazer caso.
des.con.ten.ta.men.to *s.m.* Desgosto.
des.con.ten.tar *v.t.d.* Causar desgosto a alguém; contrariar; *v.pron.* estar desgostoso.

des.con.ten.te *adj.2gên.* Que não está contente; aborrecido.
des.con.ti.nuo *adj.* Não contínuo; interrupto.
des.con.tra.ir *v.t.d.* Acabar com a contração.
des.con.tro.lar *v.pron.* Perder o controle.
des.con.tro.le *s.m.* Ação de descontrolar ou descontrolar-se.
des.con.ver.sar *v.intr.* Mudar de assunto.
des.co.rar *v.t.d.* Fazer perder a cor; desbotar.
des.cor.tês *adj.* Indelicado.
des.cor.ti.nar *v.t.d.* Correr, abrir as cortinas. *Fig.* Mostrar.
des.co.ser *v.t.d.* Desfazer a costura de; rasgar; cortar. *Fig.* Descobrir. (Antôn.: coser, costurar.)
des.cré.di.to *s.m.* Falta de crédito; desonra.
des.cren.ça *s.f.* Incredulidade.
des.cren.te *adj.2gên.* Incrédulo; ateu; *s.m.* pessoa que não tem ou que perdeu a fé.
des.crer *v.t.d.* Não acreditar; *v.t.i.* não crer; duvidar.
des.cre.ver *v.t.d.* Fazer a descrição; *v.t.i.* contar detalhadamente.
des.cri.ção *s.f.* Particularização do objeto por suas características.
des.cri.mi.na.li.zar *v.t.d.* Tirar o caráter de crime atribuído a algum hábito ou procedimento.
des.cri.ti.vo *adj.* Que encerra descrição.
des.cru.zar *v.t.d.* Desfazer o encruzamento.
des.cui.dar *v.t.d.* Tratar sem cuidado; *v.pron.* distrair-se.
des.cui.dis.ta *s.2gên. Gír.* Gatuno que se aproveita do descuido da vítima.
des.cui.do *s.m.* Ausência de cuidado.
des.cul.pa *s.f.* Ação de desculpar ou de se desculpar; pretexto.
des.cul.par *v.t.d.* Absolver da culpa, perdoá-la; *v.pron.* justificar-se. (Antôn.: culpar, acusar.)
des.cum.prir *v.t.d.* Deixar de cumprir.
des.dar *v.t.d.* Desacatar, desfazer (nó, laço).
des.de *prep.* Principiando em; a contar de; desde já; *loc.adv.* desde este instante.
des.dém *s.m.* Desprezo não inspirado por considerações morais.
des.de.nhar *v.t.d.* Revelar ou sentir desdém por; desprezar; *v.t.i.* menosprezar; *v.pron.* não se dignar.
des.den.ta.do *adj.* Desprovido de dentes.
des.den.tar *v.t.d.* Tirar ou quebrar os dentes.
des.di.ta *s.f.* Infelicidade.
des.di.zer *v.t.d.* Retratar o dito; contradizer; *v.t.d.* não concordar; *v.pron.* discrepar.
des.do.bra.men.to *s.m.* Ação de desdobrar.
des.do.brar *v.t.d.* Estender o que estava dobrado; desenvolver; *v.pron.* desenvolver-se.
de.se.du.car *v.t.d.* Educar mal.
de.se.jar *v.t.d.* Cobiçar.

de.se.já.vel *adj.2gên.* Que merece ou é digno de desejo.

de.se.jo *s.m.* Manifestação clara de tendência para um objeto. *Psic.* Sentimento ligado a uma disposição do espírito (cólera, vaidade etc.).

de.se.le.gan.te *adj.2gên.* Que não tem elegância.

de.se.ma.ra.nhar *v.t.d.* Desenredar; decifrar.

de.sem.ba.çar *v.t.d.* Tirar a cor baça; renovar.

de.sem.bai.nhar *v.t.d.* Desfazer a bainha de uma costura.

de.sem.ba.lar *v.t.d.* Tirar da embalagem; desenfardar.

de.sem.ba.ra.çar *v.t.d.* Tirar o embaraço; separar; *v.pron.* desfazer-se.

de.sem.ba.ra.ço *s.m.* Ação de desembaraçar; agilidade.

de.sem.ba.ra.lhar *v.t.d.* Pôr ordem; desembaraçar.

de.sem.bar.car *v.t.d.* Retirar ou fazer sair de uma embarcação; *v.intr.* saltar em terra.

de.sem.bar.ga.dor *s.m.* Magistrado maior de Tribunal de Desembargo.

de.sem.bar.gar *v.t.d.* Levantar o embargo; despachar.

de.sem.bar.que *s.m.* Ação de desembarcar.

de.sem.bes.tar *v.t.d.* e *i.* Partir; correr desenfreadamente; *v.t.d.* proferir violentamente.

de.sem.bo.car *v.t.d.* Sair por embocadura de rio, estreito, canal, rua etc.; desaguar.

de.sem.bol.sar *v.t.d.* Tirar da bolsa; gastar.

de.sem.bol.so *s.m.* Dinheiro gasto.

de.sem.bru.lhar *v.t.d.* Desfazer o que estava embrulhado.

de.sem.bu.char *v.t.d.* Desimpedir; confessar o que se ocultava.

de.sem.bur.rar *v.t.d.* Desamuar.

de.sem.pa.car *v.t.d.* Deixar de empacar; desemperrar.

de.sem.pa.re.lhar *v.t.d.* Separar (o que está emparelhado).

de.sem.pa.tar *v.t.d.* Fazer cessar o empate de votos ou pontos; solucionar.

de.sem.pa.te *s.m.* Ato de desempatar; resolução.

de.sem.pe.nar *v.t.d.* Tirar o empeno; endireitar.

de.sem.pe.nhar *v.t.d.* Pagar a dívida; *v.pron.* cumprir as obrigações; esmerar-se.

de.sem.pe.no *s.m.* Ação ou efeito de desempenar.

de.sem.per.rar *v.t.d.* Fazer ceder da pertinácia; *v.pron.* ceder da obstinação.

de.sem.po.çar *v.t.d.* Tirar do poço ou poça.

de.sem.pos.sar *v.t.d.* e *i.* Privar da posse ou domínio; despojar.

de.sem.pre.ga.do *adj.* Que está sem emprego ou ocupação remunerada.

de.sem.pre.gar *v.t.d.* Demitir do emprego; *v.pron.* perder o emprego.

de.sem.pre.go *s.m.* Situação de desempregado.

de.sen.ca.be.çar *v.t.d.* e *i.* Dissuadir; fazer perder a cabeça.

de.sen.ca.de.ar *v.t.d.* Tirar as cadeias. *Fig.* Separar; *v.pron.* soltar-se com fúria; irar-se.

de.sen.ca.der.nar *v.t.d.* Desfazer a encadernação de (livro).

de.sen.cai.xar *v.t.d.* Desconjuntar; tirar do encaixe. *Fig.* Desviar.

de.sen.cai.xo.tar *v.t.d.* Tirar da caixa ou do caixote.

de.sen.ca.la.crar *v.t.d.* *(pron.)* Livrar(-se) de apuros, dívidas etc.

de.sen.ca.mi.nhar *v.t.d.* *(pron.)* Perverter(-se); extraviar(-se).

de.sen.can.tar *v.t.d.* Tirar ou quebrar o encanto de; causar decepção a.

de.sen.can.to *s.m.* O mesmo que *desencantamento*.

de.sen.ca.po.tar *v.t.d.* Tirar o capote; mostrar; revelar.

de.sen.ca.ra.co.lar *v.t.d.* Desenrolar os caracóis ou anéis de; desfazer.

de.sen.car.ce.rar *v.t.d.* Tirar do cárcere; libertar.

de.sen.car.dir *v.t.d.* Alvejar.

de.sen.car.go *s.m.* Alívio.

de.sen.car.nar *v.intr.* Deixar a carne; passar para o mundo espiritual.

de.sen.car.qui.lhar *v.t.d.* Desenrugar.

de.sen.car.re.gar *v.t.d.* e *intr.* Desobrigar de encargo; exonerar.

de.sen.cas.que.tar *v.t.d.* Tirar da cabeça (ideia, mania).

de.sen.ca.var *v.t.d.* Tirar o cabo do alvado; desencovar.

de.sen.ci.lhar *v.t.d.* Tirar os arreios de; desarrear.

de.sen.con.tra.do *adj.* Contrário; oposto; desconexo.

de.sen.con.trar *v.t.d.* Fazer com que pessoas ou coisas não se encontrem. *v.intr.* não condizer; *v.pron.* não se encontrar.

de.sen.con.tro *s.m.* Ato de desencontrar; oposição.

de.sen.co.ra.jar *v.t.d.* Tirar a coragem a; desanimar.

de.sen.cor.par *v.t.d.* Fazer diminuir o corpo, o volume a.

de.sen.cos.tar *v.t.d.* Tirar o encosto ou do encosto; *v.pron.* tirar-se do encosto. *Fig.* Deixar o amparo.

de.sen.cra.var *v.t.d.* Tirar; despregar.

de.sen.cres.par *v.t.d.* Alisar.

de.sen.di.vi.dar *v.t.d.* Pagar a dívida; desobrigar-se.

de.sen.fa.dar *v.t.d.* Distrair; tirar o enfado de.

de.sen.fa.do *s.m.* Passatempo; divertimento.

de.sen.fai.xar *v.t.d.* Tirar a faixa a.

de.sen.fer.ru.jar *v.t.d.* Remover a ferrugem de. *Fig.* Exercitar.
de.sen.for.mar *v.t.d.* Tirar da forma.
de.sen.fre.a.do *adj.* Que não tem freio; imoderado.
de.sen.gai.o.lar *v.t.d.* Soltar da gaiola. *Fig.* Libertar da prisão.
de.sen.ga.ja.do *adj. e s.m.* Que ou quem se desengajou (de compromisso ou posição política).
de.sen.ga.jar *v.intr.* Desobrigar de compromisso, de engajamento.
de.sen.ga.na.do *adj.* Desiludido.
de.sen.ga.nar *v.t.d.* Tirar do engano; *v.t.d. e i.* despersuadir; *v.pron.* desiludir-se. (Antôn.: *enganar, iludir.*)
de.sen.ga.no *s.m.* Ação ou efeito de desenganar(-se); desilusão.
de.sen.gar.ra.far *v.t.d.* Retirar das garrafas.
de.sen.gas.tar *v.t.d.* Tirar (pedra) do engaste.
de.sen.ga.tar *v.t.d. e pron.* Tirar do engate.
de.sen.ga.ti.lhar *v.t.d.* Desfechar; mudar.
de.sen.go.mar *v.t.d.* Tirar a goma de.
de.sen.gon.ça.do *adj.* Desconjuntado; desajeitado.
de.sen.gon.çar *v.t.d. (pron.)* Desconjuntar(-se).
de.sen.gor.du.rar *v.t.d.* Limpar as nódoas ou a gordura.
de.sen.gui.çar *v.t.d.* Livrar de enguiço.
de.se.nhar *v.t.d.* Reproduzir a forma dos objetos; *v.intr.* fazer desenhos; *v.pron.* reproduzir na mente.
de.se.nhis.ta *s.2gên.* Aquele que desenha.
de.se.nho *s.m.* Linguagem gráfica que expressa a cena de uma visão ou a ação de um plano; esboço.
de.sen.la.çar *v.t.d.* Desenredar; livrar; desprender.
de.sen.la.ce *s.m.* Desfecho; solução; epílogo.
de.sen.le.var *v.t.d.* Fazer sair do enlevo; desenganar.
de.sen.qua.drar *v.t.d.* Desemoldurar; desajustar.
de.sen.rai.zar *v.intr.* Arrancar pela raiz.
de.sen.ras.car *v.t.d.* Desemaranhar; desembaraçar.
de.sen.re.do *s.m.* Desembaraço; desenlace.
de.sen.sa.ri.lhar *v.t.d.* Separar o que está ensarilhado (armas).
de.sen.ta.lar *v.t.d.* Retirar as talas; *v.t.d. e i.* libertar; *v.pron.* desembaraçar-se.
de.sen.ten.di.do *adj.* Que não entende, ou finge não entender.
de.sen.ten.di.men.to *s.m.* Falta de entendimento; discórdia.
de.sen.ter.rar *v.t.d.* Tirar o que está enterrado; tirar da terra. (Antôn.: *enterrar, sepultar.*)
de.sen.to.ar *v.intr.* Sair do tom adequado; desatinar.

de.sen.to.car *v.t.d.* Tirar da toca; *v.pron.* sair da toca.
de.sen.tor.pe.cer *v.t.d.* Tirar o torpor de; reanimar.
de.sen.tra.nhar *v.t.d.* Tirar das entranhas. *Fig.* Arrancar do interior, da alma etc.
de.sen.tu.lhar *v.t.d.* Tirar os entulhos das ruínas, cavar etc.
de.sen.tu.pir *v.t.d.* Desimpedir; tirar o que está entupindo; *v.intr.* contar o que se sabe.
de.sen.ven.ci.lhar *v.t.d., v.t.d. e i., v.pron.* Desvencilhar.
de.sen.vol.to *adj.* Desembaraçado; traquinas.
de.sen.vol.tu.ra *s.f.* Desembaraço.
de.sen.vol.ver *v.t.d.* Estender. *Fig.* Facilitar a ação, o aperfeiçoamento; explicar; ampliar; *v.pron.* manifestar-se. (Antôn.: *atrasar, encurtar.*)
de.sen.vol.vi.do *adj.* Aumentado; instruído.
de.sen.vol.vi.men.to *s.m.* Modificação progressiva; progresso.
de.se.qui.li.bra.do *adj.* Falto de equilíbrio mental.
de.se.qui.lí.brio *s.m.* Falta de equilíbrio; insanidade mental.
de.ser.ção *s.f.* Ação ou resultado de desertar; abandono.
de.ser.dar *v.t.d.* Privar de bens.
de.ser.tar *v.t.d.* Abandonar; tornar deserto; *v.t.i.* afastar-se.
de.sér.ti.co *adj.* Que se parece com um deserto.
de.ser.to¹ *adj.* Não habitado; esquecido. *Jur.* Em que existe deserção.
de.ser.to² *s.m.* Lugar ermo, estéril, desabitado; solidão.
de.ser.tor *s.m.* Pessoa que deserta do serviço militar.
de.ses.pe.ra.do *adj.* Que perdeu a esperança; que se desespera.
de.ses.pe.ran.çar *v.t.d.* Tirar a esperança a; desanimar.
de.ses.pe.rar *v.t.d.* Tirar toda a esperança; deixar de esperar; *v.intr.* e *v.t.i.* perder a esperança de obter; *v.pron.* irar-se; impacientar-se excessivamente.
de.ses.pe.ro *s.m.* Estado de quem perdeu a esperança ou a paciência.
de.ses.ti.mar *v.t.d.* Menosprezar.
de.ses.ti.mu.lar *v.t.d.* Fazer perder o estímulo.
des.fa.ça.tez *s.f.* Imprudência.
des.fal.car *v.t.d.* Reduzir; tirar parte de; *v.t.d. e i.* roubar.
des.fa.le.cer *v.t.d.* Causar desfalecimento a; *v.pron.* perder as forças, perder a respiração.
des.fa.le.ci.men.to *s.m.* Desmaio; fraqueza.
des.fal.que *s.m.* Ato de desfalcar; redução.
des.fa.vo.rá.vel *adj.2gên.* Não favorável; adverso.

des.fa.zer *v.t.d.* Desmanchar o que se tinha feito. *Fig.* Anular; *v.t.i.* desprezar; *v.pron.* repelir.
des.fe.char *v.t.d.* Tirar o fecho de; soltar.
des.fe.cho *s.m.* Solução de enredo; conclusão.
des.fei.ta *s.f.* Insulto; desafôro.
des.fei.to *adj.* Desmanchado; dissolvido; anulado.
des.fe.rir *v.t.d.* Fazer vibrar; soltar; atirar; arremessar.
des.fi.a.do *adj.* Que se desfez em fios; *s.m.* o que se desfia.
des.fi.ar *v.t.d.* Desfazer (o tecido) em fios; *v.intr.* correr o fio; *v.t.d.* e *i.* contar.
des.fi.brar *v.t.d.* Desfiar; fazer perder a energia, a fibra.
des.fi.gu.ra.do *adj.* Alterado; transtornado.
des.fi.gu.rar *v.t.d.* Tirar as feições, mudá-las. *Fig.* Alterar; *v.pron.* desmaiar.
des.fi.la.dei.ro *s.m.* Passagem estreita entre montanhas
des.fi.lar *v.intr.* Passar em fila, uns após outros; apresentar modelos de vestidos.
des.fi.le *s.m.* Ação de desfilar.
des.flo.rar *v.t.d.* Tirar as flores de. *Fig.* Desvirginar.
des.flo.res.ta.men.to *s.m.* Derrubada de grande número de árvores.
des.flo.res.tar *v.t.d.* Derrubar grande número de árvores; desmatar.
des.fo.lhar *v.t.d.* Apanhar as folhas; *v.pron.* caírem as pétalas ou folhas de uma flor.
des.for.ra *s.f.* Ação de desforrar; desagravo.
des.for.rar *v.t.d.* Desafrontar; vingar; *v.pron.* desagravar-se.
des.fral.dar *v.t.d.* Soltar ao vento (velas); *v.pron.* agitar-se, tremular (a bandeira).
des.fru.tar *v.t.d.* Colher os frutos de; usufruir.
des.gar.ra.do *adj.* Que perdeu o rumo; extraviado.
des.gar.rar *v.intr.* Fazer perder, o caminho; *v.pron.* perder o rumo. *Fig.* Soltar um despropósito; perder-se.
des.gas.tar *v.t.d.* Destruir gradativamente, aos poucos; *v.pron.* gastar-se.
des.gas.te *s.m.* Ação de desgastar.
des.ge.lar *v.t.d.*, *intr.*, *tron.* Degelar.
des.gos.tar *v.t.d.* Causar desgosto; *v.pron.* magoar-se.
des.gos.to *s.m.* Dissabor; aborrecimento.
des.gos.to.so *adj.* Que desgosta; descontente.
des.go.ver.na.do *adj.* Sem governo; desnorteado.
des.go.ver.nar *v.t.d.* Governar ou dirigir mal; desviar do caminho; desnortear.
des.go.ver.no *s.m.* O mesmo que *desgovernação*; desperdício; dissipação.
des.gra.ça *s.f.* Falta de graça; infortúnio; má sorte.
des.gra.ça.do *adj.* Desventurado; infeliz; que causa desgraça.
des.gre.nha.do *adj.* Despenteado.

des.gre.nhar *v.t.d.* Despentear; descabelar.
des.guar.ne.cer *v.t.d.* Privar de guarnição; desprover.
des.gue.de.lhar *v.t.d.* Esguedelhar.
des.gui.ar *v.intr. Gír.* Ir embora; dar o fora.
de.si.de.ra.to *s.m.* O que se deseja; aspiração.
de.si.dia *s.f.* Negligência; preguiça.
de.si.dra.tar *v.t.d.* Extrair a água de uma substância.
de.sig.na.ção *s.f.* Ação de designar; indicação.
de.sig.nar *v.t.d.* Nomear para cargo, emprego; determinar.
de.síg.nio *s.m.* Intento.
de.si.gual *adj.2gên.* Não igual; diverso.
de.si.gual.da.de *s.f.* Diferença; irregularidade.
de.si.lu.di.do *adj.* Sem ilusão ou que a perdeu; sem esperanças; desenganado.
de.si.lu.dir *v.t.d.* Tirar a ilusão de; desesperançar; decepcionar; *v.pron.* desenganar-se.
de.si.lu.são *s.f.* Desengano; decepção.
de.sim.pe.dir *v.t.d.* Simplificar; desobstruir.
de.sin.çar *v.t.d.* e *i.* Limpar.
de.sin.cor.po.rar *v.t.d.* e *i.* Desagregar; desanexar. (Antôn.: *anexar, incorporar.*)
de.sin.cum.bir-se *v.pron.* Desobrigar de incumbência.
de.si.nên.cia *s.f. Gram.* Sufixo gramatical que exprime as categorias de gênero, caso, número e pessoa.
de.sin.fe.tan.te *adj.2gên.* Que tem a propriedade de desinfetar; *s.m.* substância desinfetante.
de.sin.fe.tar *v.t.d.* Livrar do que infeta, matar os micróbios.
de.si.ni.bir *v.t.d.* Tornar desembaraçado, extrovertido.
de.sin.qui.e.to *adj.* Muito inquieto.
de.sin.so.fri.do *adj.* Perturbado.
de.sin.te.grar *v.t.d.* Tirar a integração de; separar do todo.
de.sin.te.res.sa.do *adj.2gên.* Sem interesse.
de.sin.te.res.sar *v.t.d.* Tirar o interesse; *v.pron.* não fazer empenho em. (Antôn.: *interessar.*)
de.sin.te.res.se *s.m.* Ausência de interesse.
de.sin.to.xi.car *v.t.d.* Dissipar os efeitos de intoxicação.
de.sin.tu.mes.cer *v.t.d.* e *intr.* Desinchar.
de.sin.ves.tir *v.t.d.* e *i.* Privar do direito; destituir; *v.pron.* renunciar à autoridade.
de.sir.ma.nar *v.t.d.* Separar daquilo com que estava emparelhado; desavir.
de.sis.tên.cia *s.f.* Ação ou resultado de desistir.
de.sis.tir *v.t.i.* Cessar; abrir mão. *Intr. Pop.* Defecar. (Antôn.: *prosseguir, continuar.*)
des.je.jum *s.m.* A primeira refeição do dia.
des.jun.gir *v.t.d.* Desligar.

des.lan.char *v.intr.* Disparar (veículo); ter andamento.
des.la.va.do *adj.* Descarado; desbotado.
des.le.al *adj.2gên.* Infiel.
des.le.al.da.de *s.f.* Traição; infidelidade.
des.lei.xa.do *adj.* Descuidado; negligente.
des.lei.xo *s.m.* Falta de zelo.
des.li.gar *v.t.d.* Desfazer a ligação; desatar.
des.lin.dar *v.t.d.* Destrinçar; esclarecer; averiguar.
des.li.zar *v.t.d.* Escorregar levemente; resvalir; omitir.
des.li.ze *s.m.* O mesmo que *deslizamento*; desvio da boa conduta; falta; desonestidade.
des.lo.ca.men.to *s.m.* Ato ou efeito de deslocar(-se).
des.lo.car *v.t.d.* Fazer mudar de lugar; *v.pron.* desarticular(-se).
des.lum.bra.men.to *s.m.* Turvação da vista por luz demasiada ou repentina. *Fig.* Fascinação; encanto.
des.lum.bran.te *adj.2gên.* Que deslumbra. *Fig.* Que alucina o entendimento, a razão.
des.lum.brar *v.t.d.* Ofuscar a vista com luz muito forte; fascinar; assombrar.
des.mai.ar *v.t.d.*, *v.pron.* e *v.intr.* Perder os sentidos, a cor do rosto; desfalecer; *v.t.i.* desistir por desânimo. (Antôn.: *corar, enrubescer.*)
des.mai.o *s.m.* Perda dos sentidos; delírio.
des.ma.ma *s.f.* Ato de desmamar.
des.ma.mar *v.t.d.* Fazer perder o costume de mamar.
des.man.cha-pra.ze.res *s.2gên.* e *2n.* Pessoa que perturba, estorva prazer etc.
des.man.char *v.t.d.* Desfazer; tirar mancha. *Fig.* Desfazer coisa projetada; *v.pron.* desregrar-se.
des.man.dar *v.t.d.* Contramandar; *v.pron.* exorbitar.
des.man.do *s.m.* Desregramento; indisciplina.
des.man.te.la.do *adj.* Desarrumado; arruinado.
des.man.te.lar *v.t.d.* Derribar; arruinar; desmanchar.
des.mar.ca.do *adj.* Desmedido; enorme.
des.mar.car *v.t.d.* Remover as marcas de.
des.mas.ca.rar *v.t.d.* Descobrir, retirando a máscara; desmoralizar alguém revelando-lhe as intenções inconfessáveis.
des.ma.ta.men.to *s.m.* Ação ou resultado de desmatar.
des.ma.tar *v.t.d.* Desflorestar; derribar as matas.
des.ma.te.ri.a.li.zar *v.t.d.* Tornar imaterial; *v.pron.* perder a suposta forma material.
des.ma.ze.lo *s.m.* Desleixo.
des.me.di.do *adj.* Desmarcado; demasiado.
des.me.dir-se *v.pron.* O mesmo que *descomedir-se*.
des.mem.bra.men.to *s.m.* Ação de desmembrar.
des.mem.brar *v.t.d.* Cortar algum membro; *v.pron.* desagregar-se.
des.me.mo.ri.a.do *adj.* Que perdeu a memória; esquecido.
des.men.ti.do *s.m.* Negação; *adj.* que foi contraditado.
des.men.tir *v.t.d.* Negar; *v.pron.* faltar ao que se promete. (Antôn.: *asseverar, confirmar.*)
des.me.re.cer *v.t.d.* Não merecer; *v.t.i.* perder todo o merecimento. *Fig.* Ser menos merecedor. (Antôn.: *elogiar, merecer.*)
des.me.su.ra.do *adj.* Desmedido; imenso.
des.mi.li.ta.ri.zar *v.t.d.* Tirar o caráter militar de; desarmar.
des.mi.o.la.do *adj.* Falto de juízo.
des.mis.ti.fi.car *v.t.d.* Livrar ou tirar da mistificação.
des.mo.bi.li.zar *v.t.d.* Anular a mobilização de um exército.
des.mon.tar *v.t.d.* Descer da montaria; desmanchar. (Antôn.: *armar, montar.*)
des.mon.te *s.m.* Arrasamento de morro; ação de desmontar.
des.mo.ra.li.za.ção *s.f.* Ação de desmoralizar; imoralidade.
des.mo.ra.li.zar *v.t.d.* Tornar imoral; corromper.
des.mo.ro.na.men.to *s.m.* Desabamento.
des.mo.ti.va.do *adj.* Sem motivo; infundado.
des.mo.ti.var *v.t.d.* Tirar os motivos; tornar infundado.
des.mu.nhe.car *v.t.d.* Cortar a munheca de. *Gír.* Mostrar-se efeminado.
des.na.tu.ra.do *adj.* Desumano; cruel.
des.ne.ces.sá.rio *adj.* Supérfluo.
des.ní.vel *s.m.* Diferença de nível; desnivelamento.
des.ni.ve.lar *v.t.d.* Tirar do nivelamento.
des.nor.te.a.do *adj.* e *s.m.* Que ou quem está perdido do rumo; desorientado; tonto.
des.nor.te.ar *v.t.d.* Fazer perder o rumo; *v.intr.* e *pron.* desorientar-se.
des.nu.dar *v.t.d.* Despir; *v.pron.* despojar-se das roupas. (Antôn.: *vestir.*)
des.nu.tri.ção *s.f.* Carência ou ausência de nutrição.
des.nu.trir *v.t.d.* Não nutrir ou nutrir mal.
de.so.be.de.cer *v.t.i.* Não obedecer; *v.t.d.* infringir. (Antôn.: *obedecer.*)
de.so.be.di.ên.cia *s.f.* Ausência de obediência.
de.so.bri.gar *v.t.d.* Livrar de obrigação; *v.pron.* cumprir a obrigação.
de.sobs.tru.ção *s.f.* Ação ou resultado de tirar o que obstrui.
de.sobs.tru.ir *v.t.d.* Desimpedir.
de.so.cu.pa.do *adj.* e *s.m.* Que ou quem não está ocupado; ocioso.

DESOCUPAR — DESPONTAR

de.so.cu.par *v.t.d.* Não ocupar; despejar; isentar; *v.pron.* livrar-se.

de.so.do.ri.zar *v.t.d.* Dissipar o mau cheiro de.

de.so.la.ção *s.f.* Ruína; devastação; pesar.

de.so.la.do *adj.* Pesaroso; consternado; sozinho.

de.so.ne.rar *v.t.d.* Exonerar.

de.so.nes.tar *v.t.d.* e *pron.* Ofender a honestidade de; desonrar.

de.so.nes.ti.da.de *s.f.* Ausência de honestidade.

de.so.nes.to *adj.* e *s.m.* Que ou quem não revela honestidade.

de.son.ra *s.f.* Ausência de honra; falta de crédito.

de.son.rar *v.t.d.* Ultrajar a honra a alguém; violar; desvirginar; *v.pron.* praticar ação desonesta. (Antôn.: *honrar, nobilitar*.)

de.son.ro.so *adj.* Indecoroso.

de.so.pi.lar *v.t.d.* Desobstruir; aliviar.

de.sor.dei.ro *adj.* Que pratica desordem; *s.m.* arruaceiro.

de.sor.dem *s.f.* Falta de ordem; confusão.

de.sor.de.na.do *adj.* Sem ordem.

de.sor.de.nar *v.t.d.* Pôr em desordem.

de.sor.ga.ni.za.ção *s.f.* Ausência de organização. *Fig.* Desordem.

de.sor.ga.ni.zar *v.t.d.* Destruir a organização; desfazer a boa ordem; *v.pron.* desfazer-se a organização. (Antôn.: *organizar*.)

de.so.ri.en.ta.do *adj.* e *s.m.* Desnorteado; desvairado.

de.so.ri.en.tar *v.t.d.* Desviar do termo ou rumo. *Fig.* Desatinar; *v.pron.* atrapalhar-se.

de.sos.sa.do *adj.* Que não tem ossos.

de.sos.sar *v.t.d.* Tirar os ossos de.

de.so.va *s.f.* Ação de desovar; as ovas depositadas pelos peixes.

de.so.var *v.intr.* Depor o peixe os ovos ou as ovas. *Chul.* Dar à luz.

de.so.xi.dar *v.t.d.* Privar do oxigênio; tirar a ferrugem.

des.pa.cha.do *adj.* Expedido; desembaraçado.

des.pa.chan.te *s.2gên.* O que despacha mercadorias; indivíduo que cuida de desembaraçar papéis e documentos de outrem.

des.pa.char *v.t.d.* Dar despacho; expedir.

des.pa.cho *s.m.* Ato de despachar; nota de deferimento ou indeferimento lançada por autoridade. *Bras.* Feitiçaria.

des.pa.ra.fu.sar *v.t.d.* Desaparafusar; tirar os parafusos. (Antôn.: *aparafusar*.)

des.pau.té.rio *s.m.* Tolice; disparate; despropósito.

des.pe.da.ça.men.to *s.m.* Ação ou resultado de despedaçar.

des.pe.da.çar *v.t.d.* Pôr em pedaços: quebrar; *v.pron.* desmanchar-se.

des.pe.di.da *s.f.* Ação de despedir ou despedir-se. *Fig.* Fim; término.

des.pe.dir *v.t.d.* Demitir; *v.pron.* ir-se; *v.intr.* fazer despedida.

des.pe.gar *v.t.d.* Desapegar; desunir; descolar.

des.pei.tar *v.t.d.* Tratar com despeito; irritar; irar; *v.pron.* ressentir-se.

des.pei.to *s.m.* Ressentimento.

des.pe.jar *v.t.d.* Tirar o que enche; fazer sair. *Fig.* Concluir trabalhando com diligência; *v.pron.* despejar-se; *v.intr.* deixar a casa, o lugar.

des.pe.jo *s.m.* Ação de despejar. *Fig.* Denodo; ousadia.

des.pen.car *v.t.d.* Desprender do cacho ou da penca; *v.intr.* cair de muito alto; *v.pron.* cair de forma desastrada.

des.pen.der *v.t.d.* Fazer despesa de; gastar; dar.

des.pe.nha.dei.ro *s.m.* Precipício.

des.pe.nhar *v.t.d.* Lançar; precipitar (de grande altura).

des.pen.sa *s.f.* Lugar onde se guardam comestíveis.

des.pen.te.ar *v.t.d.* Desmanchar o penteado; *v.pron.* desmanchar o penteado a si próprio. (Antôn.: *pentear*.)

des.per.ce.bi.do *adj.* Desapercebido; não notado.

des.per.di.çar *v.t.d.* Gastar de forma supérflua. (Antôn.: *economizar, aproveitar*.)

des.per.dí.cio *s.m.* Ação ou resultado de desperdiçar; gasto supérfluo; o plural, *desperdícios*, significa: restos.

des.per.so.na.li.zar *v.t.d.* Alterar ou tirar a personalidade de; perder o caráter.

des.per.ta.dor *adj.* Que desperta; *s.m.* relógio com dispositivo para soar em hora determinada.

des.per.tar *v.t.d.* Acordar. *Fig.* Animar.

des.per.to *adj.* Acordado do sono.

des.pe.sa *s.f.* Ação de despender; custo.

des.pi.do *adj.* Nu. *Fig.* Isento; livre.

des.pig.men.ta.ção *s.f.* Falta de pigmentação.

des.pir *v.t.d.* Despojar; tirar do corpo a roupa. *Fig.* Largar aquilo que envolve; *v.pron.* desfazer-se.

des.pis.tar *v.t.d.* Desnortear; fazer perder a pista ou o rastro.

des.plan.te *s.m.* Posição de esgrima. *Fig.* Atrevimento.

des.plu.ga.do *adj.* Desligado eletricamente; sem contato com a tomada.

des.po.ja.men.to *s.m.* Ação ou resultado de despojar.

des.po.jar *v.t.d.* e *i.* Privar; *v.t.d.* furtar; *v.pron.* separar-se; despir.

des.po.jo *s.m.* O mesmo que *espólio*; presa; o plural, *despojos*, significa: restos.

des.pon.tar¹ *v.t.d.* Quebrar, cortar a ponta; *v.pron.* embotar-se na ponta. *Fig.* Perder a faculdade de ferir; *v.intr.* surgir.

des.pon.tar² *s.m.* Começo; aparecimento.

des.por.te *s.m.* Prática metódica de exercícios físicos, para desenvolvimento do corpo e educação do espírito; divertimento.

des.por.tis.mo *s.m.* Gosto ou prática do esporte.

des.por.tis.ta *adj.2gên.* Desportivo; *s.2gên.* pessoa que pratica desporte.

des.por.ti.vo *adj.* Referente a desporte.

des.por.to *s.m.* O mesmo que *desporte*.

des.po.sar *v.t.d.* Contrair matrimônio.

dés.po.ta *adj.* e *s.2gên.* Tirano; opressor.

des.pó.ti.co *adj.* Característico de déspota; cruel.

des.po.vo.a.do *adj.* Deserto; *s.m.* sítio desabitado.

des.po.vo.ar *v.t.d.* Fazer diminuir a povoação; *v.pron.* ficar deserto. (Antôn.: *povoar*.)

des.pra.zer *s.m.* Falta de prazer; desagrado; desgosto.

des.pre.ca.ver *v.t.d.* e *pron.* Descuidar.

des.pre.gar *v.t.d.* Desprender o que estava pregado; *v.pron.* desprender-se; *v.t.d.* e *i.* afastar.

des.pre.gui.çar *v.intr.* e *pron.* Espreguiçar.

des.pren.der *v.t.d.* Soltar; *v.pron.* soltar-se daquilo que prendia. *Fig.* Desligar-se.

des.pren.di.men.to *s.m.* Ação de desprender; independência.

des.pre.o.cu.pa.ção *s.f.* Falta de preocupação.

des.pre.o.cu.par *v.t.d.* Dissipar a preocupação de; *v.pron.* deixar de se preocupar.

des.pre.pa.ro *s.m.* Falta de preparo.

des.pre.ten.si.o.so *adj.* Franco; modesto. (Antôn.: *vaidoso, pretensioso*.)

des.pre.ve.ni.do *adj.* Não prevenido ou preparado. *Pop.* Sem dinheiro no bolso.

des.pre.zar *v.t.d.* Tratar com desprezo.

des.pre.zí.vel *adj.2gên.* Digno de desprezo; vil.

des.pre.zo *s.m.* Desdém.

des.pri.mor *s.m.* Falta de perfeição; deselegância.

des.pro.por.ção *s.f.* Desigualdade; falta de conformidade.

des.pro.por.ci.o.nal *adj.2gên.* Desigual.

des.pro.po.si.ta.do *adj.* Que sai do propósito; inoportuno; destemperado; arrebatado.

des.pro.pó.si.to *s.m.* Disparate; absurdo.

des.pro.te.ger *v.t.d.* Não proteger; desamparar. (Antôn.: *amparar, proteger*.)

des.pro.vei.to *s.m.* Desaproveitamento; prejuízo.

des.pro.vi.do *adj.* Falto de recursos; desprevenido.

des.pu.do.ra.do *adj.* e *s.m.* Sem pudor; desavergonhado.

des.qua.li.fi.ca.do *adj.* Que perdeu as qualidades; desclassificado; inábil.

des.qua.li.fi.car *v.t.d.* Fazer perder as boas qualidades; desclassificar.

des.qui.tar *v.t.d.* Separar os cônjuges.

des.qui.te *s.m.* Divórcio.

des.rai.gar *v.t.d.* e *i.* Desarraigar.

des.ra.mar *v.t.d.* Mondar; tirar os ramos a.

des.ra.ti.zar *v.t.d.* Exterminar os ratos que assolam determinado lugar.

des.re.gra.do *adj.* e *s.m.* Desordenado; irregular; libertino.

des.re.grar *v.t.d.* Afastar da regra ou ordem; desenfrear-se.

des.res.pei.tar *v.t.d.* Faltar ao respeito a; aborrecer.

des.res.pei.to *s.m.* Ausência de respeito; desacato.

des.se.ca.ção *s.f.* Ato de dessecar.

des.se.car *v.t.d.* Secar totalmente; *v.pron.* perder a sensibilidade.

des.se.den.tar *v.t.d.* Matar a sede a.

des.se.me.lhan.ça *s.f.* Falta de semelhança; diferença.

des.ser.vi.ço *s.m.* O mesmo que *mau serviço*.

des.ser.vir *v.t.d.* Não servir; prestar péssimo serviço a.

des.sos.se.go *s.m.* O mesmo que *desassossego*.

des.ta.ca.men.to *s.m.* Ato de destacar.

des.ta.car *v.t.d.* Tornar saliente. *Fig.* Separar; *v.t.i.* ir com o destacamento; *v.pron.* distinguir-se.

des.tam.pa.do *adj.* Sem tampa. *Fig.* Despropositado.

des.tam.par *v.t.d.* Remover o tampo ou a tampa a; *v.t.i.* despropositar; redundar.

des.tam.pa.tó.rio *s.m.* Despropósito.

des.ta.que *s.m.* Qualidade daquilo que sobressai.

des.tar.te *adv.* Assim (sendo); desta maneira.

des.te contr. da prep. *de* com o pron. dem. *este*.

des.te.mi.do *adj.* Intrépido; que não tem temor; que não é tímido.

des.te.mor *s.m.* Ausência de temor; denodo; arrojo; valentia.

des.tem.pe.ro *s.m.* Disparate; despropósito.

des.ter.rar *v.t.d.* Condenar a desterro; fazer cessar.

des.ter.ro *s.m.* Exílio; solidão; deportação.

des.ti.la.ção *s.f.* Ato de destilar; fábrica onde se destila.

des.ti.lar *v.t.d.* Extrair pela destilação o álcool ou os óleos essenciais das plantas ou substâncias animais. *Fig.* Insinuar; *v.intr.* cair gota a gota.

des.ti.la.ri.a *s.f.* Estabelecimento onde é feita a destilação.

des.ti.nar *v.t.d.* Ligar por leis impreteríveis; reservar; *v.pron.* tomar um destino.

des.ti.na.tá.rio *s.m.* Aquele a quem se envia alguma coisa.

des.tin.gir *v.t.d.* Desbotar.

des.ti.no *s.m.* Princípio idealista da predeterminação das coisas; sorte; rumo.

des.tin.to *adj.* Destingido.

des.ti.tu.í.do *adj.* Deposto; necessitado.

des.ti.tu.ir *v.t.d.* Depor; privar de; exonerar.

des.to.an.te *adj.* Discordante; que não condiz.

des.to.ar v.intr. Soar mal; desafinar.
des.tra s.f. A mão direita.
des.tram.be.lha.do adj. e s.m. Disparatado. Pop. Desordenado.
des.tram.be.lhar v.t. e v.intr. Adoidar.
des.tran.car v.t.d. Tirar a tranca a; abrir; desempedir.
des.tra.tar v.t.d. Tratar mal; insultar.
des.tra.var v.t.d. Tirar o travão ou as travas a; desligar.
des.trei.nar v.t.d. e pron. Fazer perder o treino; desabituar.
des.tre.za s.f. Agilidade de movimentos.
des.trin.char v.t.d. Explicar minuciosamente; desenredar.
des.tro adj. Ágil; habilidoso.
des.tro.car v.t.d. Desfazer troca.
des.tro.çar v.t.d. Pôr em debandada; derrotar; devastar.
des.tro.ço s.m. Derrota; o plural, *destroços*, significa: restos.
des.tro.nar v.t.d. Derribar do trono; humilhar. *Fig.* Apear de posição elevada.
des.tron.car v.t.d. Separar do tronco; desmembrar.
des.tru.i.ção s.f. Ruína; estrago total.
des.tru.ir v.t.d. Demolir; exterminar.
des.tru.tí.vel adj.2gên. Que pode ser destruído.
des.tru.ti.vo adj. Que tem a propriedade de destruir.
de.su.ma.ni.da.de s.f. Ausência de humanidade; maldade.
de.su.ma.no adj. Falta de humanidade; cruel.
de.su.ni.ão s.f. Ausência de união; discórdia.
de.su.nir v.t.d. Separar o que estava unido ou incorporado. *Fig.* Desfazer o acordo; v.pron. separar-se.
de.su.sa.do adj. Que não é usado; obsoleto.
de.su.so s.m. Falta de uso, costume; infrequência.
des.vai.ra.do adj. e s.m. Inconstante.
des.vai.rar v.t.d. Discrepar; discordar; alucinar; v.pron. desnortear-se.
des.va.ir-se v.pron. O mesmo que *esvair-se*; evaporar-se; perder sangue.
des.va.li.a s.f. Falta de valia.
des.va.li.do adj. Desprotegido; infeliz; s.m. infortunado.
des.va.lo.ri.za.ção s.f. Ação de desvalorizar.
des.va.lo.ri.zar v.t.d. Tirar ou reduzir o valor de; depreciar; v.pron. perder o valor.
des.va.ne.cer v.t.d. Dissipar; fazer perder; frustrar; v.pron. apagar-se.
des.van.ta.gem s.f. Perda; prejuízo.
des.van.ta.jo.so adj. Desfavorável; prejudicial.
des.vão s.m. Esconderijo.
des.va.ri.o s.m. Delírio.

des.ve.lar v.t.d. Não deixar dormir; tirar o véu a; v.pron. exceder-se em cuidados.
des.ven.ci.lhar v.t.d. Livrar do vencilho; v.t.d. e i. soltar.
des.ven.dar v.t.d. Tirar a venda dos olhos; mostrar; v.pron. revelar-se.
des.ven.tu.ra s.f. Infortúnio; infelicidade.
des.ven.tu.ro.so adj. Desgraçado.
des.vi.a.do adj. Apartado do caminho físico e moral. *Fig.* Frustrado.
des.vi.ar v.t.d. Mudar o rumo de; deslocar; evitar; v.pron. fugir de. (Antôn.: *aproximar*.)
des.vin.car v.t.d. Tirar os vincos a; desenraigar.
des.vin.cu.lar v.t.d. Soltar.
des.vi.o s.m. Mudança de direção; falta; culpa.
des.vir.gi.nar v.t.d. Tirar a virgindade; deflorar.
des.vi.ri.li.zar v.t.d. Tirar a virilidade a.
des.vir.tu.a.men.to s.m. Ação de desvirtuar.
des.vir.tu.ar v.t.d. Tirar a virtude, o crédito; interpretar de forma errônea.
de.ta.lhar v.t.d. Particularizar; expor minuciosamente. (Antôn.: *generalizar*.)
de.ta.lhe s.m. Particularidade.
de.tec.tar v.t.d. Revelar a existência do que está encoberto.
de.tec.tor s.m. Instrumento capaz de detectar ou tornar audíveis os fenômenos ondulatórios.
de.ten.ça s.f. Ação ou efeito de deter; demora.
de.ten.ção s.f. Ato de deter; prisão provisória.
de.ten.to s.m. Prisioneiro.
de.ten.tor s.m. O que detém; depositário.
de.ter v.t.d. Fazer parar; ter em prisão.
de.ter.gen.te s.m. *Med.* Medicamento que limpa, que purifica.
de.ter.gir v.t.d. Limpar, purificar; clarear com substância química.
de.te.ri.o.ra.ção s.f. Ação de deteriorar; depravação.
de.te.ri.o.rar v.t.d. Piorar; v.pron. estragar-se. *Fig.* Depravar-se. (Antôn.: *melhorar*.)
de.ter.mi.na.ção s.f. Firmeza de vontade; ordem superior.
de.ter.mi.na.do adj. Resolvido. *Fig.* Valoroso.
de.ter.mi.nar v.t.d. Limitar; sentenciar; resolver; v.t.i. induzir; v.pron. decidir-se.
de.tes.tar v.t.d. Odiar; v.pron. aborrecer-se de si mesmo. (Antôn.: *gostar, simpatizar*.)
de.tes.tá.vel adj.2gên. Digno de ser detestado; péssimo.
de.te.ti.ve s.m. Agente investigador de delitos. Var.: *detective*.
de.ti.do adj. Demorado; s.m. preso; detento.
de.to.na.ção s.f. Som produzido por explosão; trovão.
de.to.na.dor s.m. Dispositivo que causa a detonação da carga na peça de artilharia.

de.to.nar *v.intr.* Fazer explosão com estrépido.
de.tra.ção *s.f.* Maledicência.
de.tra.ir *v.t.d.* Tirar o crédito de; difamar; falar mal de.
de.trás *adv.* Na parte posterior; depois.
de.tra.tar *v.t.d.* Caluniar.
de.tra.tor *adj.* Que detrai; *s.m.* difamador.
de.tri.men.to *s.m.* Prejuízo; dano.
de.tri.to *s.m.* Resíduo de corpo desorganizado; restos.
de.tur.par *v.t.d.* Desfigurar; infamar.
deus *s.m.* Entidade abstrata que as religiões consideram superior à natureza. *Teol.* Ser infinito e perfeito, criador do universo; **ao – dará**: ao acaso.
deu.sa *s.f.* Divindade feminina do culto pagão. *Fig.* Mulher adorável.
de.va.gar *adj.* Lentamente.
de.va.ne.ar *v.t.d.* Desvairar; sonhar; *v.intr.* meditar, dizer puerilidades; *v.t.i.* cuidar.
de.va.nei.o *s.m.* Fantasia; sonho; divagação.
de.vas.sa *s.f.* Apuração de ato delituoso.
de.vas.sa.do *adj.* A respeito de que se levantou devassa.
de.vas.sar *v.t.d.* Descobrir. *Fig.* Corromper; alargar o que ajustava; *v.t.i.* tirar devassa; *v.pron.* relaxar-se.
de.vas.si.dão *s.f.* Corrupção moral; libertinagem.
de.vas.so *adj.* e *s.m.* (Indivíduo) libertino.
de.vas.ta.dor *adj.* e *s.m.* Que ou quem devassa.
de.vas.tar *v.t.d.* Assolar.
de.ve.dor *adj.* e *s.m.* Que ou quem deve dinheiro, favor, obrigação.
de.ver *v.t.d.* Ter obrigação de; ter dívidas ou compromisso.
de.ve.ras *adv.* A valer.
de.ver.bal *adj.* e *s.m.* Diz-se de, ou substantivo derivado de um verbo.
de.vi.do *adj.* Que se deve; *s.m.* o que é de direito; o justo.
de.vir *v.intr.* Vir a ser; suceder-se.
de.vo.ção *s.f.* Sentimento ou prática religiosa; dedicação.
de.vo.lu.ção *s.f.* Restituição.
de.vo.lu.to *adj.* Vago.
de.vol.ver *v.t.d.* Restituir.
de.vo.rar *v.t.d.* Engolir de uma só vez; consumir.
de.vo.ta.do *adj.* Dedicado em voto; afeiçoado.
de.vo.tar *v.t.d.* Oferecer em voto; dedicar; consagrar.
de.vo.to *adj.* Dedicado; beato; *s.m.* admirador.
de.ze.na *s.f.* Dez unidades; espaço de dez dias.
di.a *s.m.* O tempo decorrido entre o nascer e o pôr-do-sol; espaço de vinte e quatro horas; **– de anos**: aniversário; **– de são nunca**: dia que nunca há de vir; **de –**: enquanto há luz do sol; **hoje em –**: nos tempos que correm.

di.a.be.tes *s.2gên.* e *2n.* Perturbação do metabolismo dos açúcares em que interfere a hiperglicemia, com perda ou não de açúcar. (Var.: *diabete*.)
di.a.bi.nho *s.m.* Dim. de *diabo*; criança levada e irrequieta.
di.a.bo *s.m.* O espírito das trevas; satanás. *Fig.* Aquele que tem má índole ou mau gosto.
di.a.bó.li.co *adj.* Característico do diabo; infernal; mau.
di.a.bre.te *s.m.* Dim. de *diabo*; rapaz muito travesso.
di.a.bru.ra *s.f.* Ação do diabo ou de diabo. *Fig.* Traquinagem de criança.
di.a.cho *s.m.* Eufemismo para a palavra *diabo*.
di.á.co.no *s.m.* Clérigo com as segundas ordens sacras.
di.a.crí.ti.co *adj. Gram.* Sinal que altera o som da letra a que está adjunto: acentos, til, cedilha, apóstrofo etc.
di.a.de.ma *s.m.* Faixa que cinge a fronte; insígnia régia; coroa real.
di.á.fa.no *adj.* Transparente. *Fig.* Magro.
di.a.frag.ma *s.m. Anat.* Músculo que divide o abdome da caixa torácica.
di.ag.nos.ti.car *v.t.d.* Fazer o diagnóstico de uma enfermidade.
di.ag.nós.ti.co *s.m.* Determinação de uma enfermidade pelo exame dos sintomas.
di.a.go.nal *s.f.* Segmento de reta que une os vértices de ângulos não situados do mesmo lado; *adj.2gên.* oblíquo.
di.a.gra.ma *s.m.* Gráfico representativo de determinado fenômeno.
di.al *s.m.* Indicador de sintonia (rádio).
di.a.lé.ti.ca *s.f.* Arte de raciocinar; arte de discutir ou argumentar; lógica; filosofia que busca reconciliar teses e antíteses para chegar a sínteses.
di.a.le.to *s.m.* Linguagem particular diferente da língua geral da nação.
di.a.lo.gar *v.t.d.* Conversar ou escrever em forma de diálogo.
di.á.lo.go *s.m.* Conversação entre duas pessoas.
di.a.man.te *s.m.* Pedra preciosa de grande brilho e dureza.
di.a.man.tí.fe.ro *adj.* Que contém diamantes (falando-se de terreno).
di.a.man.ti.no *adj.* De ou semelhante a diamante.
di.â.me.tro *s.m.* Segmento de reta que une dois pontos de circunferência, passando pelo centro.
di.an.te *adv.* Em frente; defronte; **ir por –**: continuar.
di.an.tei.ra *s.f.* A parte anterior; vanguarda.
di.an.tei.ro *adj.* Que vai adiante.
di.a.pa.são *s.m.* Lâmina de metal com que se dá o som.

di.á.ria *s.f.* Ordenado ou renda de cada dia; preço correspondente a um dia de hospedagem nos hotéis e estabelecimentos similares.

di.á.rio *adj.* Que aconteceu ou que é feito todos os dias; cotidiano; *s.m.* livro particular em que são anotados os fatos de maior interesse do dia-a-dia.

di.a.ris.ta *s.2gên.* Redator de um jornal; pessoa que só recebe pelos dias em que trabalha.

di.ar.rei.a *s.f.* Fluxo do ventre; evacuação frequente.

di.a-san.to *s.m.* Nome popular dado ao furo da meia.

di.ás.po.ra *s.f.* Dispersão de povos devido a perseguição política ou religiosa.

di.a.tér.mi.co *adj.* Que (corpo) transmite facilmente o calor.

di.a.to.má.cea *s.f.* Alga unicelular que vive isolada ou em colônias, apresenta uma carapaça que constitui parte de sua membrana celular.

di.a.tri.be *s.f.* Crítica severa.

di.ção *s.f.* Palavra; frase. *Ret.* A forma de dizer as palavras. (Var.: *dicção*.)

di.caz *adj.* Mordaz; sarcástico.

dic.ção *s.f.* Maneira de pronunciar as palavras; articulação.

di.cho.te *s.m.* Dito irônico.

di.ci.o.ná.rio *s.m.* Coleção alfabética dos vocábulos de uma língua, dos termos empregados numa ciência ou arte, com sua significação; léxico; glossário.

di.ci.o.na.ris.ta *s.2gên.* Aquele que organiza um dicionário; autor ou autora de dicionário.

di.co.ti.le.dô.nea *s.f. Bot.* Planta que possui dois cotilédones.

di.co.to.mi.a *s.f.* Divisão em dois; bifurcação.

dic.té.rio *s.m.* Zombaria.

di.da.ta *adj.2gên.* e *s.2gên.* Pessoa que ensina.

di.dá.ti.ca *s.f.* A arte de ensinar.

di.dá.ti.co *adj.* Próprio do ensino ou das escolas.

di.e.dro *adj.* e *s.m.* Ângulo que tem ou é formado por duas faces planas.

di.e.ta *s.f.* Abstinência completa ou parcial de elementos.

di.e.té.ti.ca *s.f.* Parte da Medicina que trata de dieta.

di.fa.ma.dor *adj.* e *s.m.* Que ou quem difama.

di.fa.mar *v.t.d.* Desacreditar publicamente; caluniar; *v.t.i.* maldizer; *v.pron.* desacreditar-se.

di.fe.ren.ça *s.f.* Propriedade de quem ou do que é diferente; divergência; o plural, *diferenças*, significa: desavenças. (Antôn.: *analogia, semelhança*.)

di.fe.ren.ci.al *s.f. Mat.* Aumento infinitamente pequeno de uma quantidade variável; *s.m.* órgão que transmite às rodas traseiras velocidade diferente uma da outra; *adj.2gên.* – relativo a diferença.

di.fe.ren.ci.ar *v.t.d.* Avaliar ou achar a diferencial de; expor a diferença de uma quantidade; *v.pron.* distinguir-se.

di.fe.ren.te *adj.2gên.* Não igual; discorde.

di.fe.rir *v.t.d.* Adiar; demorar; *v.intr.* ser diferente.

di.fí.cil *adj.2gên.* Complexo; árduo; pouco provável.

di.fi.ci.li.mo *adj.* Superlativo de difícil; extremamente difícil.

di.fi.cul.da.de *s.f.* Propriedade do que é difícil.

di.fi.cul.tar *v.t.d.* Tornar difícil; pôr obstáculo; *v.pron.* tornar-se difícil. (Antôn.: *facilitar*.)

di.fi.cul.to.so *adj.* Custoso; trabalhoso.

di.fra.ção *s.f.* Desvio do feixe luminoso quando incide em meio opaco.

di.fra.tar *v.t.d.* Fazer difração de.

dif.te.ri.a *s.f.* Doença infecciosa caracterizada pela formação de falsas membranas na garganta e no nariz.

di.fun.dir *v.t.d.* Espalhar. *Fig.* Divulgar.

di.fu.são *s.f.* Derramamento de fluído; divulgação. *Fig.* Propagação.

di.fu.so *adj.* Espalhado; em que existe difusão.

di.ge.rir *v.t.d.* Fazer a digestão de.

di.ges.tão *s.f.* Elaboração dos elementos no estômago.

di.ges.ti.vo *adj.* Referente à digestão.

di.ges.to *adj.* Digerido.

di.ges.tor *adj.* Digestivo; *s.m.* vaso de cobre hermeticamente fechado.

di.ges.tó.rio *adj.* Que tem a virtude ou qualidade de digerir.

di.gi.ta.ção *s.f.* Ato ou efeito de digitar.

di.gi.tal *adj.2gên.* Relativo aos dedos.

di.gi.tar *v.intr.* Introduzir dados num computador por meio de teclado.

di.gi.ti.for.me *adj.2gên.* Em forma de dedo.

di.gi.to *s.m.* Qualquer dos algarismos arábicos de 0 a 9.

di.gla.di.ar *v.intr.* Bater-se à espada; *v.pron.* lutar.

dig.nar *v.pron.* Haver por bem; condescender.

dig.ni.da.de *s.f.* Cargo, decoro; nobreza.

dig.ni.fi.car *v.t.d.* Elevar; exaltar a dignidade de; honrar; *v.pron.* alcançar o mais elevado grau de dignidade.

dig.ni.tá.rio *s.m.* Homem que exerce um cargo elevado ou goza de um título preeminente.

dig.no *adj.* Que tem merecimento; decoroso.

di.gra.fo *s.m. Gram.* Grupo de duas letras que representa um único som ou articulação.

di.gres.são *s.f.* Desvio de rumo ou de assunto.

di.la.ção *s.f.* Demora; prorrogação.

di.la.ce.ra.ção *s.f.* Ato de dilacerar.

di.la.ce.rar *v.t.d.* Rasgar em pedaços; destroçar violentamente; afligir; *v.pron.* estraçalhar-se.

di.la.pi.dar v.t.d. Dissipar; roubar. (Antôn.: *economizar, poupar*.)
di.la.ta.ção s.f. O ato de dilatar ou de se dilatar. *Fig.* Aumento.
di.la.tar v.t.d. Delongar; aumentar as dimensões ou volume de; v.pron. demorar-se.
di.le.ção s.f. Afeição.
di.le.ma s.m. Situação embaraçosa, de difícil solução.
di.le.tan.te adj. e s.m. Que cultiva uma arte por simples prazer; amante de música.
di.le.to adj. Muito querido.
di.li.gên.cia s.f. Empenho; investigação oficial.
di.li.gen.ci.ar v.t.d. Providenciar; empenhar-se.
di.li.gen.te adj. Ativo; solícito; ligeiro.
di.lú.cu.lo s.m. Alvorada.
di.lu.i.ção s.f. Dissolução.
di.lu.ir v.t.d. Fazer diluição; v.pron. desfazer-se em líquido. (Antôn.: *concentrar*.)
di.lú.vio s.m. Inundação universal.
di.ma.nar v.t.i. e v.intr. Originar-se; provir; correr.
di.men.são s.f. Tamanho.
di.mi.nu.i.ção s.f. Ação ou resultado de diminuir. *Aritm.* Subtração.
di.mi.nu.ir v.t.d. Fazer menor; deprimir. *Aritm.* Subtrair uma quantidade de outra; v.t.i. sofrer diminuição; v.pron. desprover-se.
di.mi.nu.ti.vo adj. Que exprime diminuição ou pequenez. s.m. *Gram.* Palavra ou desinência diminutiva.
di.mi.nu.to adj. Minguado; escasso.
di.mor.fo adj. Que pode tomar duas formas diversas.
di.nâ.mi.ca s.f. Parte da Mecânica que estuda a relação entre as forças e os movimentos que elas produzem.
di.nâ.mi.co adj. Que diz respeito ao movimento e às forças. *Fig.* Ativo; vigoroso; empreendedor.
di.na.mis.mo s.m. Atividade; energia.
di.na.mi.tar v.t.d. Destruir empregando dinamite.
di.na.mi.te s.f. Explosivo composto de nitroglicerina e areia.
dí.na.mo s.m. Máquina dínamo-elétrica que transforma a energia mecânica em energia elétrica.
di.nas.ti.a s.f. Sequência de soberanos de uma mesma família.
di.nhei.ra.ma s.f. Muito dinheiro.
di.nhei.rão s.m. Grande quantidade de dinheiro.
di.nhei.ro s.m. Moeda ou papel usado como instrumento nas relações de compra e venda.
di.nos.sau.ro s.m. Animal pré-histórico.
di.no.té.rio s.m. Gênero de mamíferos proboscídeos, fósseis, da era terciária.
din.tel s.m. Verga superior da porta ou janela.
di.o.ce.se s.f. Circunscrição territorial sob administração de um bispo ou patriarca.

dí.o.do s.m. *Elétron.* Válvula que tem apenas um eletrodo negativo e um positivo.
di.o.ni.sí.a.co adj. Relativo ao deus do vinho, Dioniso; tumultuário.
di.plo.co.co s.m. Cocos que aparecem ligados de dois em dois.
di.plo.ma s.m. Carta patente que justifica habitação de alguém, ou ainda que confere um grau.
di.plo.ma.ci.a s.f. Ciência das relações entre os Estados. *Fig.* Habilidade; tato.
di.plo.ma.do adj. A quem se conferiu diploma ou título afirmativo de certas habilitações.
di.plo.ma.ta s.2gên. Empregado ou versado em diplomacia. *Fig.* Pessoa educada e hábil.
di.pló.po.de s.m. Subdivisão de animais miriápodes providos de dois pares de patas em cada segmento.
dip.noi.co adj. Qualificativo dos peixes que respiram simultaneamente por brônquios e pulmões.
dip.so.ma.ni.a s.f. *Pat.* Alcoolismo.
díp.te.ro s.m. Grupo de insetos providos de somente duas asas.
di.que s.m. Represa; açude. *Fig.* Obstáculo.
di.re.ção s.f. Ato de dirigir; superintendência; rumo. *Fig.* Conselho.
di.re.ci.o.nar v.t.d. Dar direção a; orientar; conduzir.
di.rei.ta s.f. A mão direita; o lado direito.
di.rei.to adj. Reto; justo; s.m. equidade; complexo de leis sociais.
di.re.ti.va s.f. Orientação.
di.re.to adj. Que vai em linha reta; evidente.
di.re.tor adj. e s.m. Que ou aquele que dirige.
di.re.to.ri.a s.f. Direção; o cargo de diretor.
di.re.tó.rio adj. Que dirige; s.m. comissão diretora.
di.re.triz s.f. Linha que regula o traçado de um caminho. *Fig.* Decisão para levar a bom termo um negócio ou empresa.
di.ri.gen.te adj.2gên. e s.2gên. Que ou quem dirige, administra; diretor.
di.ri.gir v.t.d. Encaminhar; guiar; administrar; v.pron. tomar uma direção.
di.ri.gí.vel adj.2gên. Suscetível de se dirigir; s.m. balão que se pode dirigir.
di.ri.mir v.t.d. Anular.
dis.cen.te adj.2gên. Pertinente aos alunos; que aprende.
dis.cer.ni.men.to s.m. Ação ou faculdade de discernir; critério.
dis.cer.nir v.t.d. Distinguir acertadamente; julgar com critério.
dis.cer.ní.vel adj. Que se pode discernir.
dis.ci.pli.na s.f. Ensino; ciência; ordem.
dis.ci.pli.nar[1] adj.2gên. Referente à disciplina.

dis.ci.pli.nar² *v.t.d.* Instruir nas regras e preceitos de alguma arte. *Fig.* Representar asperamente; corrigir; *v.pron.* açoitar-se com a disciplina.

dis.ci.pu.lo *s.m.* O que aprende com o professor.

dis.co¹ *s.m.* Prato chato e redondo.

dis.co² *s.m.* Plano aparente do Sol ou da Lua; chapa redonda de ebonite, em que se gravam sons e vozes para reprodução posterior.

dis.co.lo *adj. e s.m.* Desordeiro; insubordinado.

dis.cor.dân.cia *s.f.* Divergência; contradição.

dis.cor.dar *v.intr.* Não estar de acordo.

dis.cor.de *adj.* Discordante; discrepante; destoante.

dis.cór.dia *s.f.* Desarmonia; inimizade.

dis.cor.rer *v.t.d. e intr.* Expor; analisar. *Fig.* Discursar.

dis.co.te.ca *s.f.* Coleção de discos fonográficos; lugar em que se guardam discos.

dis.cre.pân.cia *s.f.* Diversidade de opinião; disparidade.

dis.cre.pan.te *adj.2gên.* Divergente.

dis.cre.par *v.t.i. e intr.* Discordar; ser diverso.

dis.cre.te.ar *v.t.i. e intr.* Conversar com discrição.

dis.cre.ti.vo *adj.* Que distingue; discrimina.

dis.cre.to *adj.* Que tem discrição; que sabe guardar segredo.

dis.cri.ção *s.f.* Discernimento; reserva.

dis.cri.ci.o.ná.rio *adj.* Que procede ou é feito por arbítrio ou capricho.

dis.cri.mi.nar *v.t.d.* Diferençar uma coisa de outra; separar; discernir.

dis.cur.sar *v.t.d.* Falar metodicamente; explicar; *v.intr.* falar em público; *v.t.i.* discorrer.

dis.cur.si.vo *adj.* Que discursa; dedutivo.

dis.cur.so *s.m.* Exposição; oratória.

dis.cus.são *s.f.* Disputa; polêmica.

dis.cu.tir *v.t.d.* Debater; averiguar; questionar; *v.intr.* fazer questão.

dis.cu.tí.vel *adj.2gên.* Sujeito à discussão.

di.sen.te.ri.a *s.f. Med.* Afecção caracterizada por processo inflamatório do cólon cujos sintomas principais são cólicas e evacuações constantes com sangue e muco.

di.ser.to *adj.* Que se exprime com facilidade.

dis.far.çar *v.t.d.* Encobrir; fingir; dissimular.

dis.far.ce *s.m.* Máscara; fingimento.

dis.for.me *adj.2gên.* Fora de proporções; monstruoso.

dis.fun.ção *s.f.* Perturbação de uma função orgânica.

dis.jun.ção *s.f.* Falta de ligação.

dis.jun.gir *v.t.d.* Separar.

dis.jun.to *adj.* Separado.

dis.jun.tor *s.m.* Interruptor automático para regular a corrente elétrica.

dis.la.te *s.m.* Disparate.

dis.le.xi.a *s.f. Med.* Incapacidade ou repugnância mental e patológica de ler e compreender a escrita.

dis.par *adj.2gên.* Desigual.

dis.pa.ra.da *s.f.* Corrida desenfreada.

dis.pa.rar *v.t.d.* Descarregar (o tiro); atirar; *v.intr.* fugir em corrida desabalada; desembestar; estourar a boiada; *v.t.i.* resultar; redundar.

dis.pa.ra.te *s.m.* Ação, dito despropositado, indiscreto; asneira.

dis.pa.ri.da.de *s.f.* Falta de semelhança.

dis.pên.dio *s.m.* Despesa. *Fig.* Dano; perda.

dis.pen.di.o.so *adj.* Que custa muito caro.

dis.pen.sa *s.f.* Isenção; dispensação; autorização; desobrigação.

dis.pen.sar *v.t.d.* Isentar; desobrigar; despender; dar; conceder; *v.t.d. e i.* conceder dispensa a; emprestar; *v.pron.* ser ordenado; determinado.

dis.pen.sá.rio *s.m.* Estabelecimento beneficente.

dis.pen.sa.tá.rio *s.m.* Aquele que concede dispensas.

dis.pen.sá.vel *adj.2gên.* Que se pode dispensar.

dis.pep.si.a *s.f.* Dificuldade em digerir.

dis.per.sar *v.t.d.* Causar dispersão; debandar; *v.pron.* espalhar-se. (Antôn.: *concentrar*.)

dis.per.si.vo *adj.* Que causa dispersão. *Fig.* Desatento.

dis.per.so *adj.* Derramado; desarrumado.

dis.pla.si.a *s.f. Pat.* Desenvolvimento anormal de órgão ou tecido.

dis.play *s.m.* Peça usada para exibir certos produtos; material promocional.

dis.pli.cên.cia *s.f.* Disposição para o tédio; descuido.

dis.pli.cen.te *adj.2gên.* Que causa displicência; negligente; *s.2gên.* pessoa desleixada.

disp.nei.a *s.f. Pat.* Dificuldade de respiração; falta de ar.

dis.po.ni.bi.li.da.de *s.f.* Qualidade ou estado daquilo que é disponível.

dis.po.ni.bi.li.zar *v.t.d.* Tornar disponível.

dis.po.ní.vel *adj.2gên.* De que se pode dispor; que está desembaraçado.

dis.por *v.t.d.* Pôr em ordem ou em certa forma; coordenar; preparar; *v.pron.* estar pronto.

dis.po.si.ção *s.f.* Distribuição metódica; aptidão.

dis.po.si.ti.vo *adj.* Que contém disposição; *s.m.* artigo de lei.

dis.pos.to *adj.* Ordenado; preparado; posto de certa maneira; *s.m.* aquilo que se determinou ou dispôs.

dis.pró.sio *s.m.* Substância terrosa de classificação atômica número 66, símbolo *Dy*.

dis.pu.ta *s.f.* Discussão; briga.

dis.pu.tar *v.t.d. e intr.* Questionar; altercar; brigar.

dis.que.te *s.m. Inform.* Pequeno disco magnético flexível, no qual se armazenam informações de computadores.

dis.qui.si.ção *s.f.* Investigação; pesquisa.

dis.rit.mi.a *s.f.* Perturbação do ritmo (cardíaco, cerebral etc.).

dis.sa.bor *s.m.* Falta de sabor; desgosto.

dis.se.ca.ção *s.f.* Retalhamento de órgão ou cadáver em função de estudo minucioso.

dis.se.car *v.t.d.* Abrir cadáveres para estudar anatomia, ou para determinar a causa de morte; analisar detalhadamente.

dis.se.mi.na.dor *adj.* e *s.m.* Referente ao que dissemina.

dis.se.mi.nar *v.t.d.* Semear; *v.pron.* propagar-se. (Antôn.: *aglomerar.*)

dis.sen.tir *v.t.i.* Estar em desacordo; divergir.

dis.ser.ta.ção *s.f.* Discurso sobre um ponto científico ou literário.

dis.ser.tar *v.t.d.* Discorrer; falar ou escrever sobre uma questão; *v.intr.* fazer dissertações.

dis.si.dên.cia *s.f.* Discordância.

dis.si.den.te *adj.2gên.* e *s.2gên.* Referente a quem discorda das idéias ou opiniões de outrem ou da opinião geral.

dis.sí.dio *s.m. Jur.* Divergência indivual ou coletiva entre empregados e empregadores submetida à Justiça do Trabalho.

dis.si.la.bo *adj.* O mesmo que *dissilábico*; *s.m.* vocábulo de duas sílabas.

dis.si.me.tri.a *s.f.* Assimetria.

dis.si.mi.lar *v.t.d.* Tornar dessemelhante (som); *v.pron.* modificar-se.

dis.si.mu.la.do *adj.* Encoberto; hipócrita.

dis.si.mu.lar *v.t.d.* Disfarçar; fingir; ocultar.

dis.si.pa.ção *s.f.* Dispersão; desperdício.

dis.si.par *v.t.d.* Dispersar; desfazer.

dis.so Contr. da prep. *de* com o pron. dem. *isso.*

dis.so.ci.ar *v.t.d.* Desfazer a sociedade; *v.t.i.* decompor quimicamente; *v.pron.* separar-se.

dis.so.lu.ção *s.f.* Ação ou resultado de dissolver ou de ser dissolvido *Fig.* Devassidão.

dis.so.lu.to *adj.* Devasso; desfeito.

dis.sol.ven.te *adj.2gên.* Que dissolve. *Fig.* Desorganizador.

dis.sol.ver *v.t.d.* Desfazer a agregação das partes de um sólido, torná-lo líquido; derreter. *Fig.* Anular; *v.pron.* tornar-se líquido.

dis.so.nân.cia *s.f. Mús.* Notas desentoadas ou em desarmonia. *Fig.* Incoerência.

dis.so.nan.te *adj.2gên.* Em que existe dissonância; desentoado. *Fig.* Mal ajustado.

dis.su.a.dir *v.t.d.* Tirar de um propósito; *v.pron.* despersuadir-se. (Antôn.: *aconselhar, persuadir.*)

dis.ta.na.si.a *s.f.* Morte lenta, aflita.

dis.tân.cia *s.f.* Espaço entre dois lugares ou pontos. *Fig.* Diferença.

dis.tan.ci.ar *v.t.d.* Colocar distante, afastar; *v.t.d.* e *i.* apartar; *v.pron.* arredar-se.

dis.tan.te *adj.2gên.* Apartado; longínquo.

dis.tar *v.t.d.* e *i.* Estar distante. *Fig.* Diferençar-se muito.

dis.ten.der *v.t.d.* Estender.

dis.ten.são *s.f.* Afrouxamento; torção forçada dos ligamentos de uma articulação.

dís.ti.co *s.m.* Grupo de dois versos, normalmente rimados; letreiro; rótulo.

dis.ti.lar *v.t.d.* Destilar.

dis.tin.ção *s.f.* Ação ou resultado de distinguir; maneira distinta; honra concedida a alguém.

dis.tin.guir *v.t.d.* Ver a diferença que existe entre coisas ou pessoas; *v.t.i.* discernir; *v.pron.* assinalar-se.

dis.tin.ti.vo *adj.* Que serve para distinguir; *s.m.* caráter; insígnia.

dis.tin.to *adj.* Diferente; ilustre.

dis.to Contr. da prep. *de* com o pron. dem. *isto.*

dis.tor.ção *s.f.* Defeito de reprodução, fenômeno observado nas lentes de aparelhos ópticos.

dis.tor.cer *v.t.d.* Deturpar.

dis.tra.ção *s.f.* Desatenção; recreio.

dis.tra.í.do *adj.* Entretido; descuidado.

dis.tra.ir *v.t.d.* Desviar o pensamento de uma idéia preponderante; entreter; *v.pron.* não prestar atenção.

dis.tra.tar *v.t.d.* Anular; rescindir.

dis.tri.bu.i.ção *s.f.* Repartição; entrega de correio no domicílio.

dis.tri.bu.ir *v.t.d.* Repartir; classificar; dispor; coordenar.

dis.tri.to *s.m.* Divisão territorial.

dis.túr.bio *s.m.* Perturbação; desordem.

di.ta *s.f.* Felicidade; boa sorte.

di.ta.do *s.m.* O que se dita para que outro escreva; provérbio.

di.ta.dor *s.m.* Aquele que exerce temporariamente poder absoluto; pessoa despótica.

di.ta.du.ra *s.f.* Governo de ditador; abuso de autoridade.

di.ta.me *s.m.* O que a razão e a consciência ditam; regra.

di.tar *v.t.d.* Pronunciar (o que outrem há de escrever); inspirar; impor.

di.to *s.m.* Frase conceituosa; sentença; *adj.* mencionado.

di.to-cu.jo *s.m.* Pessoa de quem não se quer mencionar.

di.ton.gar *v.t.d.* Transformar em ditongo.

di.ton.go *s.m. Gram.* Grupo vocálico que se pronuncia numa só sílaba.

di.to.so *adj.* Feliz.

diu *s.m.* Sigla de Dispositivo IntraUterino, contraceptivo feminino.
di.u.re.se *s.f.* Secreção da urina, natural ou provocada.
di.u.ré.ti.co *adj.* Que favorece a secreção urinária.
di.ur.no *adj.* De dia.
di.u.tur.no *adj.* Que dura muito tempo.
di.va *s.f.* Diz-se da mulher formosa ou da cantora de grandes predicados vocais; deusa.
di.vã *s.m.* Espécie de sofá, sem encosto.
di.va.ga.ção *s.f.* Ato de divagar.
di.va.gar *v.t.i. e intr.* Andar em diferentes sentidos; fantasiar.
di.ver.gên.cia *s.f.* Afastamento; desacordo.
di.ver.gen.te *adj.2gên.* Que diverge.
di.ver.gir *v.intr.* Desviar-se da direção reta; *v.t.i.* não concordar. (Antôn.: *convergir*.)
di.ver.são *s.f.* Mudança de direção; passatempo; recreio.
di.ver.si.da.de *s.f.* Variedade; diferença.
di.ver.si.fi.car *v.t.d.* Tornar diferente; fazer variar; divergir.
di.ver.so *adj.* Diferente; o plural, *diversos*, significa: vários, alguns.
di.ver.ti.cu.lo *s.m. Anat.* Apêndice oco existente em órgãos ocos (esôfago; intestino etc.).
di.ver.ti.do *adj.* Recreativo; engraçado; alegre.
di.ver.tir *v.t.d.* Desviar distrair; dissuadir; *v.pron.* recrear-se. (Antôn.: *aborrecer*.)
di.vi.da *s.f.* O que se deve; obrigação; dever.
di.vi.den.do *s.m.* Número que se divide.
di.vi.dir *v.t.d.* Separar por partes; repartir. *Fig.* Pôr em discórdia. (Antôn.: *multiplicar, reunir*.)
di.vi.na.ção *s.f.* Arte de adivinhar; palpite.
di.vin.da.de *s.f.* A essência divina; Deus.
di.vi.no *adj.* Que diz respeito a Deus; delicioso.
di.vi.sa *s.f.* Marco; emblema; frase simbólica.
di.vi.são *s.f.* Operação de dividir; distribuição por partes; discórdia.
di.vi.sar *v.t.d.* Distinguir (pela vista); enxergar; avistar.
di.vi.si.o.ná.rio *adj.* Relativo a uma divisão militar; moeda.
di.vi.sí.vel *adj.2gên.* Que pode ser dividido.
di.vi.sor *adj.* Que divide; *s.m.* número que divide outro chamado dividendo.
di.vi.só.ria *s.f.* Linha que divide ou separa; tapume ou biombo, que divide.
di.vor.ci.ar *v.t.d.* Promover ou realizar o divórcio; *v.pron.* separar-se judicialmente (cônjuges).
di.vór.cio *s.m.* Dissolução judicial do matrimônio. *Fig.* Separação.
di.vul.ga.ção *s.f.* Difusão; publicação.
di.vul.gar *v.t.d.* Tornar público; propagar.
di.zer *v.t.d.* Externar por palavras; afirmar; responder; *v.pron.* chamar-se; *s.m.* dito; estilo.
di.zi.mar *v.t.d.* Reduzir; destruir.
di.zi.mo *s.m.* A décima parte.
dj *s.m. Ingl.* Manipulador de disco; programador de som em danceterias.
DNA *s.m. Biol.* Constituinte de genes.
dó *s.m.* Compaixão; primeira nota da escala musical.
do Contr. da preposição *de* com o artigo *o*.
do.a.ção *s.f.* Ato de doar.
do.ar *v.t.d.* Dar. (Antôn.: *tirar, deserdar*.)
do.bar *v.t.d.* Enovelar (o fio da meada).
do.blez *s.f.* Falsidade.
do.bra *s.f.* Parte de um objeto que fica sobreposta a outra parte; vinco; prega.
do.bra.da *s.f.* Lugar alto de um monte e morro etc., de onde se começa a descer.
do.bra.di.ça *s.f.* Pequeno gonzo para portas e janelas.
do.bra.di.nha *s.f.* Parte do intestino do boi usada na alimentação.
do.bra.do *adj.* Duplicado; enrolado.
do.brar *v.t.d.* Duplicar; pôr em dobras.
do.bre *s.m.* O toque dos sinos a finados.
do.bro *s.m.* O duplo.
do.ca *s.f.* Parte de um posto onde navios atracam para carga e descarga.
do.ce *adj.* De sabor agradável ou açucarado; meigo; suave; afável; que não é salgado; *s.m.* aquilo que é doce.
do.cei.ra *s.f.* Mulher que faz doces; confeiteira.
do.cen.te *adj.2gên.* Que ensina; relativo a professores.
dó.cil *adj.2gên.* Que se amolda ao ensino; obediente; humilde.
do.cu.men.ta.ção *s.f.* Conjunto de documentos.
do.cu.men.tar *v.t.d.* Provar por documentos.
do.cu.men.tá.rio *adj.* Que diz respeito a documento.
do.cu.men.to *s.m.* Declaração escrita para servir de prova.
do.çu.ra *s.f.* Qualidade do que é doce. *Fig.* Ternura.
do.de.ca.e.dro *s.m. Geom.* Poliedro de doze faces.
do.en.ça *s.f.* Enfermidade.
do.en.te *adj.2gên.* Enfermo.
do.en.ti.o *adj.* Que fica doente facilmente.
do.er *v.intr.* Causar dor; estar dorido; *v.t.i.* causar, dó; *v.pron.* ressentir-se.
do.es.to *s.m.* Injúria.
dog.ma *s.m.* Ponto fundamental de doutrina, em religião ou filosofia.
dog.ma.tis.mo *s.m.* Filosofia dogmática; disposição de espírito para afirmar ou crer.
doi.di.ce *s.f.* Coisa de doido; disparate.
doi.di.va.nas *s.2gên.2n.* Indivíduo leviano.
doi.do *adj.* Louco. *Fig.* Muito contente; apaixonado.
do.í.do *adj.* Dorido; machucado.

dó.lar *s.m.* Moeda dos Estados Unidos da América do Norte e outros países.
do.len.te *adj.2gên.* Que exprime dor; lastimoso.
dól.mã *s.m.* Uniforme militar, com ou sem alamares.
do.lo *s.m.* Fraude; má-fé; astúcia; engano.
do.lo.ri.do *adj.* Dorido.
do.lo.ro.so *adj.* Que causa dor; amargurado.
dom *s.m.* Dádiva; dote natural.
do.ma.dor *s.m.* O que doma; domesticador.
do.mar *v.t.d.* Amansar; domesticar.
do.mes.ti.car *v.t.d.* Tornar doméstico; amansar.
do.més.ti.co *adj.* Manso; caseiro; *s.m.* criado familiar.
do.mi.cí.lio *s.m.* Residência.
do.mi.na.ção *s.f.* Exercício de poder; autoridade.
do.mi.na.dor *adj.* e *s.m.* Que ou o que domina.
do.mi.nar *v.t.d.* Exercer domínio; influenciar; *v.pron.* conter-se.
do.min.go *s.m.* Dia do Senhor; o primeiro dia da semana.
do.mi.ni.cal *adj.2gên.* Relativo ao domingo.
do.mí.nio *s.m.* Dominação; poder.
do.mi.nó *s.m.* Jogo.
do.na *s.f.* Título honorífico que precede o nome próprio das senhoras; proprietária.
do.nai.re *s.m.* Graça; elegância.
do.na.tá.rio *s.m.* O que recebeu doação.
do.na.ti.vo *s.m.* Dádiva; esmola.
don.de Equiv. da prep. *de* e do adv. *onde*; de que lugar; do que.
do.no *s.m.* Proprietário.
don.ze.la *s.f.* Mulher solteira, virgem.
do.par *v.t.d.* Ministrar substância excitante ou narcótica em.
dor *s.f.* Sofrimento físico; mágoa.
do.ra.van.te *adv.* Daqui em diante; para o futuro.
dor.mên.cia *s.f.* Insensibilidade; torpor.
dor.men.te *adj.2gên.* Que dorme; entorpecido.
dor.mi.nho.co *adj.* Que dorme muito.
dor.mir *v.intr.* Entregar-se ao sono; repousar; ser descuidado. (Antôn.: *acordar*.)
dor.mi.tar *v.intr.* Dormir levemente; cochilar.
dor.mi.tó.rio *s.m.* Grande salão cheio de camas, para repouso coletivo.
dor.na *s.f.* Vasilha grande de oduelas na qual se pesa a uva.
dor.sal *adj.2gên.* Relativo ao dorso.
dor.so *s.m.* As costas. *Fig.* Parte posterior.
do.sa.gem *s.f.* Operação de dosar.
do.sar *v.t.d.* Regular por doses.
do.se *s.f.* Porção de remédio que é tomada de uma vez.
dos.sel *s.m.* Armação com franjas que se sobrepõe ao altar etc. *Fig.* Cobertura vegetal.
dos.si.ê *s.m.* Coleção de documentos relacionados com certo assunto.
do.tar *v.t.d.* Dar dote. *Fig.* Ornar; prendar.
do.te *s.m.* Bens que leva a pessoa que se casa; o plural, *dotes*, significa: prendas naturais. *Fig.* Dom natural de espírito ou formosura.
dou.ra.do *adj.* Da cor do ouro.
dou.rar *v.t.d.* Revestir com uma camada de ouro; dar cor de ouro. *Fig.* Adornar.
dou.to *adj.* Instruído.
dou.tor *s.m.* O que colou grau numa universidade.
dou.to.ra.do *s.m.* O grau de doutor.
dou.to.rar *v.t.d.* Conferir o grau de doutor a.
dou.tri.na *s.f.* Conjunto de princípios de sistemas políticos, religiosos ou filosóficos.
dou.tri.nar *v.t.d.* Instruir; ensinar.
do.ze *num.* Dez mais dois; duodécimo; o número 12.
drac.ma *s.f.* Moeda da Grécia.
dra.co.ni.a.no *adj.* Muito rigoroso; severo.
dra.ga *s.f.* Máquina para limpar o fundo de rios e lagos.
dra.ga *s.f.* Ingrediente de farmácia, tinturaria etc. *Fig.* Coisa de pouco valor.
dra.ga.gem *s.f.* Operação de dragar.
dra.gão *s.m.* Monstro fabuloso. *Fig.* Pessoa de má índole.
dra.gar *v.t.d.* Limpar com a draga.
drá.gea *s.f.* Comprimido coberto de substância em geral doce.
dra.go.na *s.f.* Pala de franjas de ouro ou prata usada no ombro do uniforme militar.
dra.ma *s.m.* Composição de teatro em que se mesclam o trágico e o cômico. *Fig.* Catástrofe.
dra.ma.lhão *s.m.* Filme longo, cheio de lances patéticos, de pouco valor artístico.
dra.má.ti.co *adj.* Do drama; comovente.
dra.ma.ti.zar *v.t.d.* Dar forma dramática.
dra.ma.tur.gi.a *s.f.* Arte dramática ou de compor peças teatrais.
dra.ma.tur.go *s.m.* Autor de dramas.
dra.pe.jar *v.intr.* Agitar-se ao vento; falando-se de bandeira; ondear.
drás.ti.co *adj.* Enérgico (falando-se de um purgante); rigoroso.
dre.na.gem *s.f.* Escoamento de águas empoçadas, por meio de tubos ou valetas.
dre.nar *v.t.d.* Fazer a drenagem.
dri.blar *v.t.d.* Conduzir a bola no jogo com habilidade, enganando os adversários.
dri.ça *s.f.* Adriça.
dri.ve *s.m.* Ing. *Inform.* Peça do computador que aciona disquetes, ou o próprio disco rígido.
dro.ga *s.f.* Substância usada como ou em remédio; coisa sem valor.

dro.ga.ri.a *s.f.* Loja onde se vendem drogas, remédios.
dro.me.dá.rio *s.m.* Camelo de giba única.
dual *adj.2gên.* Relativo a dois; *s.m.* que designa duas pessoas ou coisas.
du.a.lis.mo *s.m. Filos.* Coexistência de dois princípios eternos necessários e opostos.
du.bi.e.da.de *s.f.* Incerteza; suspeita.
dú.bio *adj.* Duvidoso; vago.
du.bi.tá.vel *adj.2gên.* De que se pode dividir; duvidoso.
du.blar *v.t.d.* Substituir, num filme, a parte falada ou cantada por outra, na mesma língua ou em outra; fazer gestos acompanhando o som gravado.
du.ca.do *s.m.* Dignidade de duque; moeda de ouro ou prata.
du.cal *adj.2gên.* De ou relativo a duque.
du.cha *s.f.* Jorro de água.
dúc.til *adj.2gên.* Maleável; flexível. *Fig.* Dócil.
duc.ti.li.da.de *s.f.* Flexibilidade.
duc.to *s.m.* Canal.
du.e.lar *adj.2gên.* Relativo a duelo; *v.intr.* travar duelo; bater-se.
du.e.lo *s.m.* Combate entre dois homens.
du.en.de *s.m.* Espírito que se compraz em fazer travessuras.
du.e.to *s.m.* Composição musical para duas vozes ou dois instrumentos; canto de duas pessoas.
dul.çor *s.m.* Doçura.
du.na *s.f. Geol.* Tipo de depósito eólico de areia com forma de elevações.
dun.dum *s.m.* Bala de cápsula modificada, destinada a produzir ferimentos graves.
dun.ga *s.m.* Indivíduo corajoso; cabeça.
du.o *s.m.* Dueto.

du.o.de.no *s.m. Anat.* Parte do intestino delgado situada entre o estômago e o jejuno.
dú.plex *num.* e *adj.2gên.* e *2n.* Dúplice; que serve para dois fins.
du.pli.ca.ção *s.f.* Repetição; dobro.
du.pli.car *v.t.d.* Multiplicar por dois; fazer em duplicado; dobrar.
du.pli.ca.ta *s.f.* Cópia; título comercial.
du.pli.ce *adj.2gên.* Duplicado; duplo; falso.
du.pli.ci.da.de *s.f.* Qualidade daquele ou daquilo que é dúplice.
du.plo *num.* Dobrado; *s.m.* o dobro.
du.que *s.m.* Título honorífico imediatamente superior ao de marquês; carta de jogar.
du.ra.bi.li.da.de *s.f.* O que é durável.
du.ra.ção *s.f.* O tempo que uma coisa dura.
du.ra.dou.ro *adj.* Que dura muito tempo.
du.ra-má.ter *s.f. Anat.* A mais forte membrana que envolve o cérebro e a medula espinhal.
du.ra.me *s.m.* O cerne das árvores.
du.ran.te *prep.* Enquanto dura ou durou; no tempo de.
du.rão *s.m. Bras.* Homem forte e bravo.
du.rar *v.intr.* Ter duração; viver; ser duro.
du.rá.vel *adj.2gên.* Duradouro.
du.re.za *s.f.* Qualidade daquilo que é duro; insensibilidade.
du.ro *adj.* Difícil de quebrar ou desfazer; forte; penoso; *s.m.* moeda espanhola.
dú.vi.da *s.f.* Indecisão do entendimento ou da vontade; hesitação.
du.vi.dar *v.t.d.* e *intr.* Ter dúvida; desconfiar; hesitar em.
du.vi.do.so *adj.* Incerto; suspeito.
dú.zia *s.f.* Série de doze objetos da mesma natureza.

e E

e *s.m.* Quinta letra do alfabeto português; abreviatura de *este* ou *leste; conj.* mas; também.
é.ba.no *s.m.* Madeira negra e rija. *Fig.* Cor preta.
e.bo.la *s.m.* Vírus causador de moléstia mortal, incurável e altamente contagiosa.
é.brio *adj.* e *s.m.* Embriagado; bêbado; borracho.
e.bu.li.ção *v.t.* Passagem de uma substância do estado líquido para o gasoso, em alta temperatura. *Fig.* Exaltação.
e.búr.neo *adj.* De marfim.
e.clamp.si.a *s.f. Pat.* Abcesso conclusivo puerperal.
e.cle.si.ás.ti.co *adj.* Da Igreja ou do clero; *s.m.* sacerdote.
e.clé.ti.co *adj.* Formado a partir de diversos gêneros ou opiniões.
e.cle.tis.mo *s.m.* Sistema filosófico que procura reunir num todo o que parece haver de verdade em opiniões ou teorias heterogêneas.
e.clip.sar *v.t.d.* Interceptar a luz de; encobrir. *Fig.* Exceder.
e.clip.se *s.m.* Desaparecimento temporário do Sol ou da Lua, quando esses dois astros e a Terra alinham-se no mesmo plano e mesma direção.
e.clíp.ti.ca *s.f.* Órbita que o Sol parece percorrer em volta da Terra durante 365 dias; órbita que a Terra descreve em torno do Sol.
e.clo.dir *v.intr.* Rebentar.
é.clo.ga *s.f.* Poesia pastoril, geralmente dialogada.
e.clo.são *s.f.* Ato de brotar ou de desabrochar; aparecimento.
e.clu.sa *s.f.* Represa.
e.co *s.m.* Repetição do som.
e.co.ar *v.t.d.* Repetir; *v.intr.* fazer eco; tornar-se notável.
e.co.lo.gi.a *s.f.* Estudo do homem, do animal ou da planta em suas relações com o meio.
e.co.ló.gi.co *adj.* Relativo à Ecologia.
e.co.no.mi.a *s.f.* Boa ordem administrativa; – política: ciência que versa sobre a produção, distribuição e consumo das riquezas.
e.co.nô.mi.co *adj.* Concernente à economia.
e.co.no.mis.ta *s.2gên.* Pessoa que se ocupa em questões econômicas e sociais.
e.co.no.mi.zar *v.t.d.* Administrar com poupança; ajuntar dinheiro. (Antôn.: *desperdiçar*.)
e.cô.no.mo *adj.* e *s.m.* Administrador dos bens de uma casa; mordomo.
e.cos.sis.te.ma *s.m. Ecol.* Sistema que se forma pela inferência ou ação recíproca que ocorre entre os fatores físicos e químicos de determinado ambiente e organismos vivos nele existente.
e.cu.mê.ni.co *adj.* Universal; geral.
e.cu.me.nis.mo *s.m.* Movimento de unificação das igrejas cristãs.
e.cú.me.no *s.m.* Parte habitada e cultivada da terra.
ec.ze.ma *s.m.* Afecção cutânea.
e.daz *adj.2gên.* Voraz.
e.de.ma *s.m. Med.* Acúmulo de líquido originário do sangue em qualquer órgão.
é.den *s.m.* O paraíso terrestre. *Fig.* Lugar delicioso.
e.dê.ni.co *adj.* Paradisíaco.
e.di.ção *s.f.* Impressão e publicação de uma obra.
e.di.fi.can.te *adj.2gên.* Que edifica ou que exemplifica no sentido moral; instrutivo.
e.di.fi.car *v.t.d.* Construir.
e.di.fí.cio *s.m.* Construção destinada a ser habitada ou alojar oficinas, repartições etc.
e.dil *s.m.* Vereador.
e.di.tal *s.m.* Impresso afixado em lugares públicos, com notificação de decretos, posturas etc.
e.di.tar *v.t.d.* Fazer edição de; publicar.
e.di.to *s.m.* Ordem; decreto.
é.di.to *s.m.* Citação judicial feita por anúncio ou por edital.
e.di.tor *s.m.* O que imprime, edita livros etc.
e.di.to.ra *s.f.* Casa editora; oficina ou estabelecimento de editor.
e.di.to.ri.a *s.f.* Designação comum às seções que estão a cargo de um editor.
e.di.to.ri.al *adj.2gên.* Relativo a editor ou à redação; *s.m.* principal artigo num jornal; *s.f.* casa editora.
e.dre.dom *s.m.* Cobertura acolchoada para cama.
e.du.ca.ção *s.f.* Ação exercida pelas gerações adultas sobre as gerações jovens para adaptá-las à vida social; conhecimentos conseguidos pelo estudo; civilidade; cortesia.
e.du.ca.ci.o.nal *adj.2gên.* Relativo à educação.
e.du.ca.dor *s.m.* O que educa.

e.du.can.dá.rio *s.m.* Estabelecimento onde se educa.

e.du.car *v.t.d.* Dar educação; instruir.

e.du.ca.ti.vo *adj.* Que contribui para a educação; instrutivo.

e.dul.co.rar *v.t.d.* Adoçar; abrandar; suavizar.

e.fei.to *s.m.* Resultado; consequência.

e.fe.mé.ri.de *s.f.* Notícia diária; data histórica.

e.fê.me.ro *adj.* Que dura um dia; passageiro.

e.fe.mi.na.do *adj.* Amaricado.

e.fer.ves.cên.cia *s.f.* Ebulição. *Fig.* Agitação.

e.fer.ves.cen.te *adj.* Que começa a ferver, lançando pequenas bolhas.

e.fe.ti.var *v.t.d.* Tornar efetivo; levar a efeito.

e.fe.ti.vo *adj.* Positivo; em serviço ativo.

e.fe.tu.ar *v.t.d.* Realizar.

e.fi.cá.cia *s.f.* Qualidade do que é eficaz.

e.fi.caz *adj.2gên.* Que produz efeito; ativo e enérgico; que dá resultado.

e.fi.ci.ên.cia *s.f.* O poder de efetuar.

e.fi.ci.en.te *adj.2gên.* Que tem eficiência.

e.fí.gie *s.f.* Representação de pessoa; imagem.

e.flo.res.cên.cia *s.f. Bot.* Formação e surgimento da flor.

e.flú.vio *s.m.* Emanação sutil. *Fig.* Aroma.

e.fun.dir *v.t.d.* Derramar; expandir.

e.fu.são *s.f.* Ação ou efeito de efundir(-se); expansão.

e.fu.si.vo *adj.* Fervoroso.

é.gi.de *s.f.* Escudo; proteção.

e.gip.cio *adj.* Do Egito; *s.m.* natural ou habitante do Egito.

é.glo.ga *s.f.* Écloga.

e.go *s.m.* O eu de qualquer indivíduo.

e.go.cên.tri.co *adj.* Que faz do eu íntimo o centro do universo.

e.go.ís.mo *s.m.* Amor exclusivo de si próprio e dos seus interesses.

e.go.ís.ta *adj.* e *s.2gên.* Que trata só dos seus interesses.

e.gó.la.tra *s2gên.* Adorador do próprio eu.

e.gré.gio *adj.* Insigne.

e.gres.so *adj.* Que saiu; *adj.* e *s.m.* que deixou a comunidade religiosa.

é.gua *s.f.* A fêmea do cavalo.

ei.a *interj.* Ânimo!

ei.ra *s.f.* Terreno lajeado onde se limpam e secam cereais.

eis *adv.* Aqui está; *interj.* vede!

ei.to *s.m.* Roça onde trabalharam os escravos; sequência ou série de coisas.

ei.va *s.f.* Rachadura em vidro ou louça.

ei.var *v.t.d.* (*pron.*) Contaminar(-se).

ei.xo *s.m.* Peça que passa pelo centro de uma roda e a faz girar; linha reta que atravessa um globo pelo meio.

e.ja.cu.la.ção *s.f.* Ato de expelir; jato.

e.ja.cu.lar *v.t.d.* Emitir.

e.la *pron.pes.* fem. de terceira pessoa; **–s por –s**: uma coisa pela outra.

e.la.bo.ra.ção *s.f.* Preparação gradual de um trabalho.

e.la.bo.rar *v.t.d.* Preparar gradualmente; *v.pron.* formar-se.

e.las.ti.ci.da.de *s.f.* Propriedade dos corpos para voltar à forma primitiva depois de cessada a causa de sua modificação.

e.lás.ti.co *adj.* Que tem elasticidade; flexível; *s.m.* qualquer artefato de borracha.

el.do.ra.do *s.m.* País imaginário, lugar de grandes riquezas e delícias.

e.le *pron.pes.* masc. da terceira pessoa.

e.le.fan.te *s.m.* O maior dos mamíferos quadrúpedes conhecidos, da família dos proboscídeos.

e.le.fan.tí.a.se *s.f. Med.* Hipertrofia cutânea.

e.le.gân.cia *s.f.* Graça e distinção de maneiras. (Antôn.: *grosseria*.)

e.le.gan.te *adj.2gên.* Gracioso.

e.le.ger *v.t.d.* Escolher.

e.le.gi.a *s.f.* Pequeno poema sobre luto e tristeza.

e.le.gí.vel *adj.2gên.* Que pode ser eleito.

e.lei.ção *s.f.* Escolha por meio de votação.

e.lei.to *adj.* Escolhido.

e.lei.tor *s.m.* O que tem direito de eleger pelo voto.

e.lei.to.ra.do *s.m.* O conjunto de eleitores.

e.lei.to.rei.ro *adj.* Que visa apenas à conquista de votos.

e.le.men.tar *adj.* Simples.

e.le.men.to *s.m.* Nome que os antigos gregos davam à terra, à água, ao ar e ao fogo; matéria-prima.

e.len.co *s.m.* Catálogo; conjunto de artistas.

e.le.ti.vo *adj.* De eleição.

e.le.tri.ci.da.de *s.f.* Diz-se da energia elétrica.

e.le.tri.cis.ta *s.2gên.* Pessoa que trata de trabalhos relacionados com determinadas aplicações da eletricidade.

e.lé.tri.co *adj.* Que se refere à eletricidade, que a desenvolve ou procede dela; *s.m.* bonde.

e.le.tri.fi.car *v.t.d.* Aplicar a eletricidade como força motriz ou fonte de iluminação.

e.le.tri.zan.te *adj.2gên.* Que eletriza.

e.le.tri.zar *v.t.d.* Comunicar; desenvolver num corpo o fluido elétrico; *v.pron.* receber a eletricidade. *Fig.* Encher-se de entusiasmo.

e.le.tro.car.di.o.gra.ma *s.m.* Filme obtido pelo registro elétrico das contrações cardíacas.

e.le.tro.car.di.o.gra.ma *s.m.* Gráfico das oscilações elétricas resultantes da atividade do músculo cardíaco.

e.le.tro.cu.tar *v.t.d.* Matar empregando a eletricidade.

e.le.tro.di.nâ.mi.ca *s.f.* Estudo das ações das correntes elétricas.
e.le.tro.do *s.m. Fis.* Condutor metálico através do qual uma corrente elétrica entra num sistema ou sai dele.
e.le.tro.í.mã *s.m.* Aço ou ferro que se transforma em ímã sob ação de uma corrente elétrica contínua. Var.: *eletroíma*.
e.lé.tron *s.m.* Elemento material infinitamente pequeno, carregado de eletricidade negativa, que entra na constituição do átomo. Var.: *elétron*.
e.lé.tron *s.m. Fís.* A menor partícula de que se forma o átomo, dotado de carga elétrica negativa.
e.le.trô.ni.ca *s.f. Fís.* Ciência que estuda as características elétricas de materiais e suas aplicações.
e.le.tros.tá.ti.ca *s.f.* Parte da Física que estuda a eletricidade estática, suas causas e efeitos. Var.: *eletrostática*.
e.le.tro.téc.ni.ca *s.f.* Tratado das aplicações práticas da eletricidade.
e.le.va.ção *s.f.* Ato de elevar; exaltar, dignidade; aumento.
e.le.va.do *adj.* Levantado, exaltado; distinto.
e.le.va.dor *adj.* e *s.m.* Que eleva; aparelho que serve para levantar.
e.le.var *v.t.d.* Erguer; exaltar (honras etc.). *Fig.* Enlevar. *Mat.* Fazer subir; *v.pron.* levantar-se.
el.fo *s.m.* Gênio da mitologia escandinava.
e.li.ci.ar *v.t.d.* Expulsar.
e.li.dir *v.t.d.* Eliminar. *Gram.* Fazer a elisão de.
e.li.mi.nar *v.t.d.* Fazer sair do organismo; pôr fora; excluir.
e.li.mi.na.tó.rio *adj.* Que elimina.
e.lip.se *s.f. Gram.* Omissão de palavra que está subentendida. *Geom.* Linha formada pela seção oblíqua do cone reto.
e.líp.ti.co *adj. Geom.* Que é da natureza ou da forma da elipse.
e.li.são *s.f. Gram.* Supressão; eliminação.
e.li.te *s.f.* O que há de melhor num grupo ou substância; nata; flor.
e.li.xir *s.m.* Preparação farmacêutica.
el.mo *s.m.* Capacete com viseira.
e.lo *s.m.* Argola de corrente. *Fig.* Ligação.
e.lo.cu.ção *s.f.* Maneira de se exprimir, falando ou escrevendo; estilo.
e.lo.gi.ar *v.t.d.* Fazer elogio. (Antôn.: *depreciar*.)
e.lo.gi.o *s.m.* Louvor.
e.lo.quên.cia *s.f.* Arte de bem falar, convencendo e entusiasmando.
e.lo.quen.te *adj.2gên.* Que tem eloquência. *Fig.* Expressivo.
e.lu.ci.da.ção *s.f.* Esclarecimento; comentário.
e.lu.ci.dar *v.t.d.* Esclarecer; comentar.
e.lu.cu.bra.ção *s.f.* Lucubração.
e.lu.dir *v.t.d.* Evitar destramente.

em *prep.* Indica relação tempo, estado, lugar etc.
e.ma.gre.cer *v.intr.* Ficar magro.
e-mail *s.m. Ingl.* Endereço de correio eletrônico conectado à Internet, que funciona como caixa postal.
e.ma.na.ção *s.f.* Proveniência; origem.
e.ma.nar *v.intr.* Exalar; proceder.
e.man.ci.pa.ção *s.f.* Libertação; independência.
e.man.ci.par *v.t.d.* Libertar do poder paterno ou da tutela; tornar independente.
e.ma.ra.nhar *v.t.d.* Embaraçar.
e.mas.cu.lar *v.t.d.* Tirar a virilidade a; castrar.
em.ba.çar *v.t.d.* Empanar; tirar o brilho.
em.ba.ir *v.t.d.* Enganar; seduzir.
em.bai.xa.da *s.f.* Cargo de embaixador; residência ou local onde o embaixador exerce suas funções.
em.bai.xa.dor *s.m.* Núncio; ministro de mais alta graduação, enviado por um governo a outro para tratar de negócios políticos.
em.ba.la.gem *s.f.* Empacotamento.
em.ba.lar *v.t.d.* Balançar a criança para que adormeça; empacotar; *v.pron.* agitar-se.
em.bal.de *adv.* Em vão.
em.ba.lo *s.m.* Balanço.
em.bal.sa.mar *v.t.d.* Impedir a putrefação do cadáver com substâncias aromáticas, balsâmicas e preservativas; mumificar.
em.ba.ra.çar *v.t.d.* Pôr embaraço. *Fig.* Tomar perplexo; *v.pron.* enlear-se.
em.ba.ra.ço *s.m.* Impedimento. *Fig.* Tudo o que perturba o espírito.
em.ba.ra.ço.so *adj.* Que causa embaraço; difícil.
em.ba.ra.fus.tar *v.pron.* Entrar atropeladamente.
em.ba.ra.lhar *v.t.d.* Misturar; confundir; baralhar.
em.bar.ca.ção *s.f.* Ação de embarcar qualquer vaso náutico.
em.bar.car *v.t.d.* Pôr a bordo de barco.
em.bar.gar *v.t.d. Jur.* Opor direitos contra decisão considerada injusta; confiscar.
em.bar.go *s.m.* Impedimento. *Jur.* Suspensão de uma sentença ou despacho.
em.bar.que *s.m.* Ato de embarcar; entrada de pessoas a bordo.
em.ba.sa.men.to *s.m.* Base de uma construção.
em.ba.sar *v.t.d.* Lançar as bases de; fundamentar.
em.bas.ba.car *v.t.d.* Causar espanto; ficar boquiaberto.
em.bate *s.m.* Choque impetuoso; oposição; resistência.
em.ba.tu.car *v.intr.* Não poder falar; calar-se.
em.be.be.dar *v.t.d.* Embriagar; *v.pron.* embriagar-se.
em.be.ber *v.t.d.* Encharcar.
em.be.le.zar *v.t.d.* Fazer belo; *v.pron.* ficar enlevado. (Antôn.: *atear*.)
em.be.ve.cer *v.t.d.* Enlevar.

em.bi.car *v.t.d.* Tomar direção de; dar de bico, de frente.
em.bi.o.car *v.pron.* Encobrir o rosto (com véu, monta etc.); esconder-se.
em.bir.rar *v.t.d.* Treinar com vigor; implicar.
em.ble.ma *s.m.* Figura simbólica; alegoria; divisa; insígnia.
em.bo.ca.du.ra *s.f.* Foz de rio.
em.bo.car *v.t.d.* Chegar à boca; fazer entrar por lugar estreito.
em.bo.ço *s.m.* Reboco.
em.bo.lar *v.t.d.* Confundir.
em.bo.li.a *s.f. Pat.* Obstrução de vaso sanguíneo por partícula.
êm.bo.lo *s.m.* Disco ou cilindro que se move dentro de seringas, bombas e outros maquinismos.
em.bo.lo.rar *v.intr.* Criar bolor.
em.bol.sar *v.t.d.* Meter na bolsa ou no bolso; *v.pron.* pagar-se dívida. (Antôn.: *desembolsar*.)
em.bo.ne.car *v.t.d. (pron.)* Enfeitar(-se) muito, como boneca.
em.bo.ra *adv.* Em boa hora; *conj.* não obstante; ainda que; *interj.* não importa!
em.bor.car *v.t.d.* Virar com a boca para baixo; esvaziar.
em.bor.nal *s.m.* Pequeno saco para provisões.
em.bos.ca.da *s.f.* Tocaia.
em.bos.car *v.t.d.* Armar cilada.
em.bo.tar *v.t.d.* Tornar sem agudeza, sensibilidade ou energia.
em.bra.mar *v.intr.* Enredar; embaraçar.
em.bran.que.cer *v.t.d.* Tornar branco; *v.pron.* encanecer. (Antôn.: *enegrecer*.)
em.bre.cha.do *adj.* Introduzido.
em.bre.nhar *v.t.d.* Meter entre brenha; *v.pron.* internar-se no mato.
em.bre.tar *v.t.d.* Encurralar.
em.bri.a.ga.do *adj.* Bêbado. *Fig.* Extasiado.
em.bri.a.gar *v.t.d.* Turbar a razão com bebida alcoólica; extasiar-se.
em.bri.a.guez *s.f.* Bebedeira. *Fig.* Entusiasmo.
em.bri.ão *s.m. Zool.* Ser vivo na fase inicial de desenvolvimento. *Med.* O feto até o terceiro mês de vida. *Fig.* Princípio.
em.bro.mar *v.t.d. Bras.* Enganar; zombar.
em.bru.lha.da *s.f.* Mistura desordenada; confusão.
em.bru.lhar *v.t.d.* Empacotar.
em.bru.lho *s.m.* Pacote. *Fig.* Confusão.
em.brus.car *v.t.d.* Tornar brusco; escurecer.
em.bru.te.cer *v.t.d.* e *intr.* Tornar bruto; ficar estúpido.
em.bru.te.ci.men.to *s.m.* Efeito de embrutecer; estupidez.
em.bu.char *v.t.d.* Fartar; saciar.
em.bu.ço *s.m.* Disfarce.
em.bur.rar *v.t.d.* Embrutecer; *v.intr.* estacar obstinadamente.
em.bus.te *s.m.* Mentira artificiosa.
em.bus.tei.ro *s.m.* Trapaceiro.
em.bu.ti.do *adj.* Introduzido sob pressão; *s.m.* obra de marchetaria.
em.bu.tir *v.t.d.* Meter à força.
e.men.da *s.f.* Correção de falha.
e.men.dar *v.t.d.* Corrigir.
e.men.ta *s.f.* Apontamento; nota.
e.mer.gên.cia *s.f.* Ação de emergir; aparecimento. *Fig.* Acontecimento fortuito; circunstância crítica ou premente.
e.mer.gir *v.intr.* Sair de onde estava mergulhado; aparecer; vir à tona. (Antôn.: *imergir*.)
e.mé.ri.to *adj.* Aposentado; insigne; hábil.
e.mer.são *s.f.* Ato de sair de um líquido ou fluido.
e.mé.ti.co *adj.* e *s.m.* Que provoca vômito (medicamento).
e.mi.gra.ção *s.f.* Saída voluntária da pátria.
e.mi.grar *v.t.d.* Deixar um país para estabelecer-se em outro. (Antôn.: *imigrar*.)
e.mi.nên.cia *s.f.* Elevação de terreno; superioridade; tratamento dado aos cardeais.
e.mi.nen.te *adj.2gên.* Elevado, distinto.
e.mir *s.m.* Autoridade entre os beduínos.
e.mi.ra.do *s.m.* Dignidade de emir; território governado por um emir.
e.mis.são *s.f.* Ação de emitir ou expelir de si.
e.mis.sá.rio *adj.* e *s.m.* Mensageiro.
e.mis.so.ra *s.m.* Estação transmissora de programas de rádio e televisão.
e.mi.tir *v.t.d.* Lançar fora de si; exprimir.
e.mo.ção *s.f.* Comoção.
e.mo.ci.o.nal *adj.2gên.* Relativo à emoção.
e.mo.ci.o.nar *v.t.d.* Causar emoção; *v.pron.* ficar impressionado.
e.mol.du.rar *v.t.d.* Pôr dentro de moldura.
e.mo.li.en.te *adj.2gên.* e *s.m.* (Medicamento) que amolece ou abranda uma inflamação.
e.mo.lu.men.to *s.m.* Retribuição por serviço prestado; gratificação.
e.mo.ti.vo *adj.* Que tem ou revela emoção; comovente.
em.pa.car *v.intr.* Emperrar.
em.pa.char *v.t.d.* Encher em demasia; obstruir; impedir.
em.pa.co.tar *v.t.d.* Acondicionar em pacote; embalar.
em.pa.da *s.f.* Forminha de massa folhada com recheio de carne ou outras iguarias. *Pop.* Pessoa importuna; maçadora.
em.pá.fia *s.f.* Soberba.
em.pa.lhar *v.t.d.* Estofar com palha; acondicionar no meio da palha. *Fig.* Retardar com promessas falsas.

EMPALIDECER — ENCABEÇAR

em.pa.li.de.cer *v.t.d.* e *intr.* Tornar(-se) pálido.
em.pal.mar *v.t.d.* Esconder.
em.pa.na.do *adj.* Coberto com panos. *Fig.* Embaciado.
em.pa.nar *v.t.d.* Cobrir com pano; embaciar; passar (pince, carne etc.) na farinha e no ovo e depois fritar.
em.pan.tur.nar *v.t.d.* Encher de comida.
em.pa.par *v.t.d.* Ensopar. (Antôn.: *enxugar*.)
em.pa.pu.ça.do *adj.* Cheio de papos ou pregas; inchado.
em.pa.pu.çar *v.t.d.* Encher de pregas; *v.pron.* tornar inchado, papudo.
em.par.cei.rar *v.t.d.* e *i.* Juntar como parceiro; emparelhar.
em.pa.re.dar *v.t.d. (pron.)* Enclausurar(-se).
em.pa.re.lhar *v.t.d.* Pôr lado a lado.
em.pas.tar *v.t.d.* Reduzir em pasta; cobrir com pasta.
em.pa.tar *v.t.d.* Estourar.
em.pa.te *s.m.* Efeito de empatar; igualdade.
em.pa.ti.a *s.f.* Tendência a partilhar dos sentimentos de outrem.
em.pa.vo.nar *v.t.d.* Tornar vaidoso; ensoberbecer.
em.pe.cer *v.t.d.* e *intr.* Causar dano a; impedir.
em.pe.ci.lho *s.m.* Impedimento.
em.pe.ço.nhar *v.t.d.* Envenenar; perverter.
em.pe.dra.do *s.m.* Faixa de terreno revestido de pedra britada.
em.pe.drar *v.t.d.* Calçar (solo, rua) com pedras; *v.intr.* tornar duro como pedra.
em.pe.na *s.f.* Parede lateral ou cabeceira de uma casa.
em.pe.nar *v.t.d.* e *intr.* Torcer(-se), entortar(-se) por efeito de calor ou umidade.
em.pe.nhar *v.t.d.* Pôr em parelha ou a par; *v.intr.* condizer; *v.pron.* associar-se.
em.pe.nho *s.m.* Entrega de bens em penhor; meditação a favor de uma pretensão.
em.pe.no *s.m.* Ação ou efeito de empenar(-se).
em.per.rar *v.t.d.* Tornar perro; teimar.
em.per.ti.gar *v.t.d.* Pôr direito como uma vara; *v.pron.* endireitar-se.
em.pes.tar *v.t.d.* Infestar com peste; contaminar.
em.pil.char *v.t.d.* Cobrir de adornos.
em.pi.lhar *v.t.d.* Dispor em pilhas; acumular.
em.pi.na.do *adj.* Direito; erguido.
em.pí.reo *s.m. Mit.* Morada dos deuses; o céu.
em.pí.ri.co *adj.* Guiado pela experiência, não possuindo conhecimentos teóricos.
em.pi.ris.mo *s.m.* Conhecimento adquirido pela experiência, sem um princípio científico rigoroso.
em.pla.car *v.t.d.* Pôr placa ou chapa em; chegar a.
em.plas.tro *s.m.* Unguento que se espalha num pano para ser aplicado sobre a pele. *Pop.* Indivíduo inútil.

em.plu.mar *v.t.d.* Cobrir ou enfeitar com plumas; vangloriar.
em.po.bre.cer *v.t.d.* e *intr.* Reduzir à pobreza. (Antôn.: *enriquecer*.)
em.po.çar *v.t.d.* Meter em poço; formar poça ou atoleiro.
em.po.ei.rar *v.t.d.* Cobrir de poeira.
em.po.lar *v.t.d.* Causar empolas em; enfeitar exageradamente com palavras inúteis.
em.po.lei.rar *v.t.d.* Pôr no poleiro; colocar em lugar ou posição superior.
em.pol.gan.te *adj.2gên.* Que empolga.
em.pol.gar *v.t.d.* Segurar; comover.
em.por.ca.lhar *v.t.d.* Sujar. (Antôn.: *limpar*.)
em.pó.rio *s.m.* Mercearia.
em.pós *adv.* e *prep.* Após; atrás de.
em.pos.sar *v.t.d.* Dar ou tomar posse; *v.pron.* apoderar-se. (Antôn.: *desempossar*.)
em.pos.tar *v.t.d.* Impostar.
em.pre.en.de.dor *adj.* Ativo.
em.pre.en.der *v.t.d.* Pôr em execução.
em.pre.ga.do[1] *adj.* Ocupado; usado.
em.pre.ga.do[2] *s.m.* Funcionário; trabalhador.
em.pre.gar *v.t.d.* Ocupar pessoa ou coisa; gastar; dar emprego a; fazer uso de; *v.t.d.* e *i.* utilizar; *v.pron.* ocupar-se.
em.pre.go *s.m.* O ato de empregar ou ser empregado; ocupação.
em.prei.ta.da *s.f.* Empreendimento.
em.prei.tei.ro *s.m.* O que toma de empreitada.
em.pre.sa *s.f.* Coisa que se empreende; negócios.
em.pre.sá.rio *s.m.* O que dirige uma empresa.
em.pres.tar *v.t.d.* Conferir para uso temporário; *v.pron.* auxiliar-se mutuamente.
em.prés.ti.mo *s.m.* Ação de dar ou tomar emprestado algo.
em.pro.a.do *adj.* Orgulhoso.
em.pu.bes.cer *v.intr.* e *t.d.* Criar pelos.
em.pu.lhar *v.t.d.* Enganar.
em.pu.nha.du.ra *s.f.* O punho, ou os copos de uma espada.
em.pu.nhar *v.t.d.* Tomar com o punho; pagar.
em.pur.rão *s.m.* Impulso para afastar alguém.
em.pur.rar *v.t.d.* Afastar com violência.
em.pu.xar *v.t.d.* Empurrar.
e.mu.de.cer *v.t.d.* e *intr.* Fazer calar. (Antôn.: *falar*.)
e.mu.la.ção *s.f.* Estímulo; competição.
ê.mu.lo *s.m.* Rival.
e.mul.são *s.f.* Preparação feita com sementes oleaginosas.
en. fre.ar *v.t.d. (pron.)* Frear(-se).
e.nal.te.cer *v.t.d.* Elevar; engrandecer.
e.na.mo.rar *v.t.d.* Encantar; apaixonar; *v.pron.* elevar-se.
en.ca.be.çar *v.t.d.* Meter na cabeça; dirigir.

en.ca.bres.tar *v.t.d.* Pôr cabresto em; *Fig.* Dominar.
en.ca.bu.la.do *adj.* Vexado.
en.ca.bu.lar *v.t.d.* Envergonhar; acanhar.
en.ca.de.a.men.to *s.m.* Conexão de coisas em série.
en.ca.de.ar *v.t.d.* Ligar com cadeias; sujeitar; *v.pron.* formar série. (Antôn.: *desligar*.)
en.ca.der.na.ção *s.f.* Ação de coser as folhas em livro, sobrepondo-lhes uma capa.
en.ca.der.nar *v.t.d.* Fazer encadernação; *v.pron.* vestir roupa nova.
en.ca.fi.far *v.t.d. Bras.* Envergonhar; encabular.
en.ca.fu.ar *v.t.d.* Esconder.
en.cai.xar *v.t.d.* Pôr em caixa ou caixote; introduzir uma coisa dentro de outra.
en.cai.xe *s.m.* Cavidade destinada a uma peça saliente; união.
en.cai.xi.lhar *v.t.d.* Meter em caixilho; emoldurar.
en.cai.xo.tar *v.t.d.* Meter em caixote.
en.ca.la.crar *v.t.d.* Endividar.
en.cal.ço *s.m.* Ação de seguir de perto; rastro.
en.ca.lhar *v.t.d.* Fazer dar em seco uma embarcação; *v.intr.* ficar parado.
en.ca.lhe *s.m.* Ato de encalhar; obstáculo.
en.ca.lis.tar *v.t.d.* Dar má sorte a.
en.ca.lis.trar *v.t.d.* Envergonhar.
en.ca.mi.nhar *v.t.d.* Conduzir; *v.pron.* dirigir-se.
en.cam.par *v.t.d. Jur.* Rescindir um contrato de arrendamento.
en.ca.na.do *adj.* Conduzido por cano; canalizado.
en.ca.na.dor *s.m.* O que trabalha em encanamento.
en.ca.na.men.to *s.m.* Ação de encanar; cano.
en.ca.nar *v.t.d.* Meter em cano ou canal; canalizar. *Gír.* Pôr em prisão.
en.can.de.ar *v.t.d.* Deslumbrar; ofuscar.
en.can.ga.lhar *v.t.d.* Pôr cangalha em (animal de carga).
en.can.ta.dor *adj.* Que encanta; sedutor; *s.m.* o que faz encantamentos.
en.can.ta.men.to *s.m.* Ato de encantar; magia; sedução; **por –**: instantaneamente.
en.can.tar *v.t.d.* Seduzir pelo canto; dominar por arte mágica. (Antôn.: *desiludir*.)
en.can.to *s.m.* O mesmo que *encantamento*.
en.can.to.ar *v.t.d.* Pôr num canto; afastar do convívio.
en.ca.pa.do *adj.* Metido em capa.
en.ca.par *v.t.d.* Cobrir com capa; revestir.
en.ca.pe.lar *v.t.d.* Agitar, encrespar (ondas, mar).
en.ca.pe.tar-se *v.pron. Pop.* Fazer travessuras.
en.ca.po.ta.do *adj.* Embrulhado em capote; disfarçado.
en.ca.po.tar *v.t.d. (pron.)* Cobrir(-se) com capa ou capote; disfarçar(-se).
en.ca.pu.zar *v.t.d.* Cobrir com capuz.
en.ca.ra.co.lar *v.t.d.* Dar forma de caracol a; *v.intr.* enroscar-se.
en.ca.ran.gar *v.t.d.* Tolher por frio ou reumatismo.
en.ca.ra.pi.nhar *v.t.d.* Encrespar; encaracolar.
en.ca.ra.pi.tar *v.t.d. (pron.)* Pôr(-se) no alto.
en.ca.rar *v.t.d.* Olhar fito, de frente; *v.t.i.* pôr à vista; *v.pron.* fitar-se mutuamente.
en.car.ce.rar *v.t.d.* Aprisionar em cárcere.
en.car.di.do *adj.* Sujo.
en.car.dir *v.t.d.* Sujar.
en.ca.re.cer *v.t.d.* Tornar caro.
en.car.go *s.m.* Incumbência; obrigação; pensão; gravame; imposto; dever.
en.car.na.ção *s.f.* Ato de encarnar. *Espir.* Cada uma das passagens do espírito pela Terra, quando unido ao corpo.
en.car.na.do *adj.* Que encarnou; escarlate; *s.m.* a cor encarnada.
en.car.nar *v.t.d.* Dar cor de carne; *v.intr.* tomar corpo.
en.ca.ro.çar *v.intr. (pron.)* Encher(-se) de caroços.
en.car.qui.lha.do *adj.* Enrugado; ressequido.
en.car.qui.lhar *v.t.d. e pron.* Enrugar.
en.car.re.ga.do *adj.* e *s.m.* Que se encarregou de negócios; incumbido.
en.car.re.gar *v.t.d.* Impor a obrigação de fazer alguma coisa; *v.pron.* incumbir-se de fazer alguma coisa.
en.car.ri.lhar *v.t.d.* Pôr nos carris; pôr no bom caminho.
en.car.tar *v.t.d.* Dar diploma de, emprego a.
en.car.te *s.m.* Ação de encartar-se em um emprego.
en.cas.que.tar *v.t.d.* Convencer; meter na cabeça.
en.cas.to.ar *v.t.d.* Embustir.
en.ca.su.lar *v.t.d.* Meter dentro do casulo; *v.t.d.* e *i.* encerrar.
en.ca.va.car *v.intr.* Ficar zangado.
en.ca.va.lar *v.t.d.* Pôr sobre; amontoar.
en.ca.ver.nar *v.t.d.* Meter em caverna; esconder.
en.cé.fa.lo *s.m.* Grande antro nervoso no crânio e que compreende o cérebro, o cerebelo e a medula alongada.
en.ce.na.ção *s.f.* Ato ou efeito de pôr em cena. *Fig.* Fingimento.
en.ce.nar *v.t.d.* Pôr em cena; simular; fingir.
en.ce.ra.dei.ra *s.f.* Aparelho para encerar e polir soalhos.
en.ce.rar *v.t.d.* Cobrir com cera.
en.cer.ra.men.to *s.m.* Conclusão.
en.cer.rar *v.t.d.* Pôr em lugar seguro; concluir. (Antôn.: *abrir, começar*.)
en.ce.tar *v.t.d.* Principiar.
en.char.car *v.t.d.* Alargar; inundar; *v.pron.* molhar-se abundantemente.

en.chen.te *s.f.* Cheia; inundação. (Antôn.: *vazante*.)

en.cher *v.t.d.* Ocupar o que estava vazio; preencher; *v.intr.* tornar-se cheio gradualmente.

en.chi.men.to *s.m.* O que serve para encher; recheio.

en.chu.ma.çar *v.t.d.* Pôr chumaço em; estofar.

en.cí.cli.ca *s.f.* Carta pontifícia dirigida aos catálogos (clero e fiéis).

en.ci.clo.pé.dia *s.f.* Obra que aborda todos os ramos do conhecimento.

en.ci.lhar *v.t.d.* Apertar com cilha; arriar o animal. (Antôn.: *desencilhar*.)

en.ci.mar *v.t.d.* Colocar em cima de; elevar.

en.ci.u.mar-se *v.pron.* Tomar-se de ciúmes.

en.clau.su.rar *v.t.d. (pron.)* Meter(-se) em clausura.

en.cla.ve *s.m.* Terreno ou território encravado noturno, de nacionalidade estrangeira.

en.cla.vi.nhar *v.t.d.* Meter os dedos uns por entre os outros.

ên.cli.se *s.f. Gram.* Posição dos pronomes pessoais oblíquos posposta ao verbo.

en.co.ber.to *adj.* Escondido; disfarçado.

en.co.brir *v.t.d.* Esconder à vista; não dizer; *v.pron.* toldar-se. (Antôn.: *descobrir, revelar*.)

en.co.lei.rar *v.t.d.* Pôr coleira em; prender.

en.co.le.ri.zar *v.t.d.* Irar.

en.co.lher *v.t.d.* Encurtar; *v.pron.* fazer-se pequeno; mostrar-se tímido.

en.co.lhi.do *adj.* Que se encolheu; *s.m.* o que é tímido.

en.co.men.da *s.f.* Incumbência; ato de encomendar.

en.co.men.dar *v.t.d.* Mandar fazer; dizer orações fúnebres sobre; *v.pron.* confiar-se.

en.cô.mio *s.m.* Elogio.

en.con.char *v.t.d.* Abrigar; isolar.

en.con.trar *v.t.d.* Ir de encontro a; achar; *v.intr.* dar de cara.

en.con.tro *s.m.* Ato de encontrar.

en.co.ra.jar *v.t.d.* Dar coragem; animar.

en.cor.pa.do *adj.* Cheio de corpo; desenvolvido.

en.cor.par *v.t.d.* Dar mais corpo; *v.intr.* engrossar.

en.co.ru.jar-se *v.pron.* Ficar triste; esquivar-se.

en.cos.cor.rar *v.intr. e pron.* Tornar(-se) duro, ressequido.

en.cos.ta *s.f.* Ladeira; rampa; vertente.

en.cos.ta.do *adj.* Apoiado; *s.m.* agregado.

en.cos.tar *v.t.d. e i.* Apoiar; reclinar.

en.cos.to *s.m.* Coisa em que se encosta. *Fig.* Arrimo; proteção.

en.cou.ra.ça.do *adj.* Couraçado.

en.cra.var *v.t.d.* Fiscar.

en.cren.ca *s.f. Gír.* Difícil (uma situação); intriga; desordem.

en.cren.car *v.t.d.* Embaraçar; dificultar.

en.cres.par *v.t.d.* Tornar crespo; *v.pron.* agitar-se (o mar); arrepiar-se. (Antôn.: *alisar*.)

en.cru.ar *v.t.d. e intr.* Tornar(-se) duro; não desenvolver(-se).

en.cru.zi.lha.da *s.f.* Lugar onde se cruzam caminhos.

en.cu.bar *v.t.d.* Meter em cuba.

en.cur.ra.lar *v.t.d.* Conter dentro do curral; encerrar.

en.cur.tar *v.t.d.* Tornar curto ou mais curto; diminuir. (Antôn.: *alongar*.)

en.de.cha *s.f.* Poema ou canção fúnebre, triste.

en.de.mi.a *s.f.* Doença que existe em determinado lugar, que se manifesta constantemente.

en.dê.mi.co *adj.* Relativo à endemia; peculiar a um povo ou região.

en.de.mo.ni.nha.do *adj.* Possuído do demônio; endiabrado. *Fig.* Traquinas.

en.de.re.çar *v.t.d.* Pôr endereço em; enviar; *v.pron.* encaminhar-se.

en.deu.sa.do *adj.* Divinizado.

en.deu.sar *v.t.d.* Divinizar; *v.pron.* atribuir a si próprio qualidades divinas.

en.di.nhei.ra.do *adj.* Que tem muito dinheiro; rico.

en.di.vi.dar *v.t.d.* Fazer, contrair dívidas; penhorar; *v.pron.* contrair dívidas.

en.do.cár.dio *s.m. Anat.* Membrana lisa que reveste interiormente o coração.

en.dó.cri.no *adj.* Relativo às glândulas de secreção interna.

en.do.en.ças *s.f.pl.* Solenidades da Quinta-feira Santa.

en.dor.fi.nas *s.f.pl.* Substâncias bioquímicas produzidas pelo nosso próprio corpo, cuja ação é desencadeada pelo estresse.

en.dos.per.ma *s.m. Bot.* Tecido que envolve o embrião em muitas plantas; albume.

en.dos.sar *v.t.d.* Pôr endosso a. *Fig.* Apoiar; subscrever.

en.dos.so *s.m.* Decretação escrita no verso de um título de crédito, com a qual se endossa esse título.

en.do.ve.no.so *adj.* Do interior das veias.

en.du.ro *s.m.* Prova de motociclismo, realizada em terreno acidentado.

e.ne.á.go.no *adj. e s.m. Geom.* Polígono de nove lados.

e.ne.gre.cer *v.t.d.* Denegrir; escurecer. *Fig.* Desonrar. (Antôn.: *clarear*.)

ê.neo *adj.* De bronze.

e.ner.gi.a *s.f.* Vigor; firmeza.

e.nér.gi.co *adj.* Que tem energia; ativo; vigoroso.

e.ner.gú.me.no *s.m.* Endiabrado. *Fig.* Fanático.

e.ner.var *v.t.d.* Retirar à força física ou moral de; *v.pron.* irritar-se. (Antôn.: *fortificar*.)

e.né.si.mo *adj.* Que corresponde a um número muito grande, indefinido.
en.fa.do *s.m.* Mal-estar.
en.fa.do.nho *adj.* O mesmo que *fastidioso*.
en.fai.xar *v.t.d.* Envolver em faixas.
en.far.dar *v.t.d.* Fazer fardo de; empacotar.
en.fa.ro *s.m.* Enjoo; tédio.
en.far.tar *v.t.d.* Causar enfarte a; fartar; *v.pron.* enfadar-se.
en.far.te *s.m.* Ingurgitamento, inchação. *Med.* Necrose provocada por falta de circulação vascular; diz-se também *enfarto* e *infarto*.
ên.fa.se *s.f.* Maneira ostensiva de expressão.
en.fas.ti.ar *v.t.d.* Aborrecer.
en.fá.ti.co *adj.* Que tem ênfase.
en.fa.ti.zar *v.t.d.* Expressar com ênfase; realçar; frisar.
en.fa.tu.ar *v.t.d.* Tornar fático, arrogante.
en.fei.tar *v.t.d.* Adornar. *Fig.* Colorir ou disfarçar defeitos. (Antôn.: *desenfeitar*.)
en.fei.te *s.m.* Adorno.
en.fei.ti.çar *v.t.d.* Fazer feitiço a; encantar; seduzir.
en.fei.xar *v.t.d.* Reunir em feixe; juntar.
en.fer.ma.gem *s.f.* Função de enfermeira.
en.fer.ma.ri.a *s.f.* Sala de hospital onde se encontram as camas dos enfermos; sala onde são feitos curativos.
en.fer.mei.ro *s.m.* Homem que cuida dos doentes nos hospitais.
en.fer.mi.ço *adj.* Doentio.
en.fer.mi.da.de *s.f.* Doença. *Fig.* Qualquer vício ou mania.
en.fer.mo *adj.* e *s.m.* Doente.
en.fer.ru.jar *v.t.d.* e *i.* Fazer ferrugem; oxidar.
en.fes.tar *v.t.d.* Dobrar (pano) pelo meio, no sentido da largura.
en.fe.za.do *adj.* Raquítico. *Fig.* Aborrecido.
en.fe.zar *v.t.d.* Encher de fezes. *Fig.* Tornar impuro; amofinar; irritar.
en.fi.ar *v.t.d.* Passar o fio pelo buraco da agulha; transpassar; *v.t.i.* ficar pálido; *v.pron.* meter-se.
en.fi.lei.rar *v.t.d.* Dispor ou arrumar em fila; *v.pron.* pôr-se ou dispor-se em fileiras.
en.fim *adv.* Finalmente.
en.fi.se.ma *s.m. Pat.* Tumor devido à infiltração de ar ou formação de gás nos tecidos.
en.fo.car *v.t.d.* Focalizar.
en.fo.que *s.m.* Ação ou efeito de enfocar.
en.for.ca.men.to *s.m.* Ato de enforcar; estrangulamento.
en.for.car *v.t.d.* Suspender na forca; estrangular por meio de corda.
en.for.mar *v.t.d.* Dar forma a.
en.fra.que.cer *v.t.d.* Tornar fraco. (Antôn.: *fortalecer*.)
en.fren.tar *v.t.d.* Encarar.

en.fu.nar *v.t.d.* Envaidecer; *v.pron.* inflar-se.
en.fu.re.cer *v.t.d.* Enraivecer. *Fig.* Agitar muito; *v.t.i.* e *pron.* embravecer. (Antôn.: *acalmar*.)
en.fu.re.ci.do *adj.* Enraivecido; agitado. (Antôn.: *calmo, sereno*.)
en.fur.nar *v.t.d.* Meter em furna, esconder.
en.ga.ço *s.m.* Bagaço (de uva); haste ou pendúculo de fruto.
en.ga.da.nhar-se *v.pron.* Ter as mãos tolhidas de frio; embaraçar-se.
en.gai.o.lar *v.t.d.* Prender em gaiola; aprisionar.
en.ga.ja.do *adj.* Contratado; ajustado; alistado.
en.ga.jar *v.t.d.* Aliciar para serviço. (Antôn.: *desengajar*.)
en.gal.fi.nhar *v.t.d.* Embolar-se.
en.gam.be.lar *v.t.d.* Enganar com promessas que não serão pagas; engabelar.
en.ga.na.do *adj.* Que está em engano ou erro; iludido.
en.ga.nar *v.t.d.* Induzir em erro; pregar mentiras a; *v.pron.* deixar-se iludir.
en.gan.char *v.t.d.* Prender com gancho.
en.ga.no *s.m.* Ação de enganar; erro; ilusão.
en.gar.ra.far *v.t.d.* Acondicionar em garrafa. *Fig.* Cercar.
en.gas.gar *v.t.d.* Produzir engasgo a; *v.pron.* receber na garganta objetos que a obstruem.
en.gas.go *s.m.* Ação ou efeito de engasgar; obstáculo físico ou moral que impede a fala.
en.gas.tar *v.t.d.* Embutir.
en.gas.te *s.m.* Ação ou efeito de engastar.
en.ga.tar *v.t.d.* Prender com engate.
en.ga.te *s.m.* Gancho para ligar entre si os vagões de comboio etc.
en.ga.ti.lhar *v.t.d.* Armar o gatilho. *Fig.* Preparar. (Antôn.: *desengatilhar*.)
en.ga.ti.nhar *v.intr.* Andar de gatinhas.
en.ga.ve.tar *v.t.d.* Guardar em gaveta; *v.pron.* meter-se um veículo dentro numa colisão.
en.ga.zo.par *v.t.d.* Enganar.
en.gen.drar *v.t.d.* Inventar.
en.ge.nhar *v.t.d.* Inventar.
en.ge.nha.ri.a *s.f.* A arte das construções materiais.
en.ge.nhei.ro *s.m.* O que projeta trabalhos de engenharia.
en.ge.nho *s.m.* Capacidade inventiva; talento; máquina.
en.ge.nho.ca *s.f.* Coisa malfeita que não oferece duração; salsa.
en.ge.nho.so *adj.* Feito com arte; dotado de engenho.
en.ges.sar *v.t.d.* Cobrir de gesso.
en.glo.bar *v.t.d.* Reunir num todo; juntar.
en.go.do *s.m.* Adulação.
en.gol.far *v.t.d.* Entrar por uma coisa adentro.

en.go.lir *v.t.d.* Fazer passar da boca para o estômago; consumir. *Fig.* Receber sem protesto.

en.go.mar *v.t.d.* Meter em goma e passar a ferro quente.

en.gon.çar *v.t.d.* Pôr engonço em; segurar em engonços.

en.gon.ço *s.m.* Espécie de dobradiça; encaixe.

en.gor.dar *v.t.d.* Tornar gordo; *v.intr.* tornar-se gordo. *Fig.* Enriquecer. (Antôn.: *emagrecer*.)

en.gor.du.rar *v.t.d.* Sujar de gordura.

en.gra.ça.do *adj.* Espirituoso; cômico.

en.gra.çar *v.t.d. (pron.)* Simpatizar; agradar-se.

en.gra.da.do *s.m.* Armação de sarrafos em que se protegem objetos para viajar.

en.gra.dar *v.t.d.* Cercar com grades.

en.gran.de.cer *v.t.d.* Tornar grande; exaltar. (Antôn.: *apoucar*.)

en.gran.zar *v.t.d.* Enfiar (pérolas, contas) em fio.

en.gra.xar *v.t.d.* Lustrar com graxa. *Fig.* Lisonjear.

en.gra.xa.te *s.m.* Indivíduo que engraxa sapatos por profissão.

en.gre.na.gem *s.f.* Mecanismo.

en.gre.nar *v.t.d. e intr.* Entrosar; endentar.

en.gro.lar *v.t.d.* Pronunciar mal, sem entonação; fazer qualquer coisa mal.

en.gros.sar *v.t.d.* Tornar grosso; encorpar.

en.gui.a *s.f.* Peixe roliço de água doce.

en.gui.çar *v.t.d.* Fazer desmedrar; causar enguiço a; *v.intr.* parar por desarranjo (o engenho, o carro etc.).

en.gui.ço *s.m.* Coisa desmedrada, encrenca; empecilho.

en.gu.lhar *v.t.d.* Causar engulhos ou nojo a; *v.intr.* ter ânsias ou grande desejo.

en.gu.lho *s.m.* Náuseas; pessoa que provoca nojo.

e.nig.ma *s.m.* Preposição, coisa misteriosa; adivinha.

e.nig.má.ti.co *adj.* Que encerra enigma; ambíguo; obscuro.

en.jam.brar *v.pron.* Ficar envergonhado; confundir-se.

en.jei.ta.do *adj.* Recusado; *s.m.* o que foi abandonado pelos pais.

en.jei.tar *v.t.d.* Recusar; desprezar.

en.je.rir *v.pron.* Encolher-se de frio ou doença.

en.jo.a.do *adj.* Que é sujeito a enjoos, antipático.

en.jo.ar *v.t.d.* Produzir enjoo em; causar tédio a; *v.pron.* padecer vontade de vomitar.

en.jo.a.ti.vo *adj.* Que causa enjoo; repugnante.

en.jo.o *s.m.* Náusea; ânsia; vontade de vomitar; tédio.

en.la.çar *v.t.d.* Prender com laços; atar; *v.t.i.* ter conexão com; *v.pron.* ligar-se.

en.la.ce *s.m.* Ato de enlaçar; união; casamento.

en.la.me.ar *v.t.d.* Sujar de lama; manchar.

en.la.tar *v.t.d.* Pôr em lata.

en.le.ar *v.t.d.* Enlaçar; enredar; envolver; tornar confuso.

en.lei.o *s.m.* O mesmo que *enleamento*; dúvida.

en.le.var *v.t.d.* Arroubar; maravilhar.

en.le.vo *s.m.* Encanto; sedução; êxtase.

en.lou.que.cer *v.t.d.* Fazer perder o juízo; *v.pron.* ficar louco.

en.lu.a.ra.do *adj.* Banhado de luar.

en.lu.tar *v.t.d.* Cobrir de luto; *v.pron.* consternar-se.

e.no.bre.cer *v.t.d.* Dignificar.

e.no.jar *v.t.d.* Enojar; causar aborrecimento. *Fig.* Ofender; enfadar; *v.pron.* agastar-se.

e.nor.me *adj.* Excessivamente grande.

e.no.ve.lar *v.t.d.* Enrolar em novelos.

en.qua.drar *v.t.d.* Colocar em quadro; ajustar. *Gir.* Castigar.

en.quan.to *conj.* No tempo em que; ao passo que; *loc.adv.* por enquanto.

en.que.te *s.f.* Pesquisa.

en.ra.bi.cha.do *adj.* Em forma de rabicho. *Fam.* Apaixonado.

en.ra.bi.char *v.t.d.* Dar forma de rabicho. *Fig.* Enamorar.

en.ra.i.zar *v.t.d. e intr.* Arraigar; fixar.

en.ra.mar *v.t.d.* Cobrir ou atapetar de ramos.

en.ran.çar *v.t.d.* Tornar rançoso.

en.ras.ca.da *s.f.* Situação perigosa; dificuldade.

en.ras.car *v.t.d.* Pôr (alguém) em má situação ou dificuldades.

en.re.dar *v.t.d.* Prender na rede; emaranhar.

en.re.do *s.m.* Ação ou efeito de enredar; intrigar; trama.

en.ri.jar *v.t.d. e intr.* Enrijecer.

en.ri.jar *v.t.d.* Tornar rijo.

en.ri.je.cer *v.t.d.* Enrijar.

en.ri.que.cer *v.t.d.* Tornar rico. *Fig.* Encher; *v.pron.* adquirir riquezas. (Antôn.: *empobrecer*.)

en.ris.tar *v.t.d.* Pôr (lança) em riste; investir (contra alguém).

en.ro.di.lhar *v.t.d.* Enredar; embrulhar; *v.pron.* embaraçar-se.

en.ro.la.do *adj.* Envolvido em forma de rolo.

en.ro.la.men.to *s.m.* Ato de enrolar.

en.ro.lar *v.t.d. (pron.)* Dobrar(-se) em rolos; atrapalhar(-se).

en.ros.ca.do *adj.* Em forma de rosca; espiralado.

en.ros.car *v.t.d.* Dobrar em rosca; *v.t.i.* dar voltas em aspiral; *v.pron.* dobrar-se.

en.ro.xar *v.t.d.* Tornar roxo.

en.ru.bes.cer *v.t.d. e intr.* Tornar-se vermelho por qualquer coisa. *Fig.* Envergonhar-se.

en.ru.gar *v.t.d.* Fazer rugas; encrespar.

en.rus.tir *v.t.d. Gir.* Surripiar; esconder.

en.sa.bo.ar *v.t.d.* Lavar com sabão. *Fig.* Repreender.

en.sa.car v.t.d. Meter em saco; guardar.
en.sai.ar v.t.d. Experimentar; fazer ensaio; v.pron. exercitar-se.
en.sai.o s.m. Experiência; treinamento; dissertação sobre determinado assunto.
en.sam.blar v.t.d. Embutir.
en.san.cha s.f. Porção de tecido que se deixa a mais na costura; oportunidade.
en.san.de.cer v.t.d. e intr. Tornar(-se) demente.
en.san.guen.tar v.t.d. Encher de sangue.
en.sa.ri.lhar v.t.d. Enrolar em sarilho; enredar.
en.se.a.da s.f. Pequeno golfo; angra.
en.se.jo s.m. Ocasião própria; oportunidade.
en.si.lar v.t.d. Armazenar (cereais) em silos.
en.si.mes.ma.do adj. Introvertido.
en.si.na.men.to s.m. Ensino; doutrina; preceito.
en.si.nar v.t.d. Dar ensino; instruir.
en.si.no s.m. Lição; instrução; educação.
en.so.ber.be.cer v.t.d. Tornar soberbo.
en.so.la.ra.do adj. Cheio de sol; exposto ao sol.
en.so.pa.do adj. Encharcado; s.m. preparado culinário.
en.so.par v.t.d. Encharcar. (Antôn.: *enxugar*.)
en.ta.bu.ar v.t.d. Revestir de tábuas; assoalhar.
en.ta.bu.lar v.t.d. Preparar; dispor. Fig. Iniciar (conversa ou negócio); empreender.
en.ta.la.do adj. Comprometido; que está entre talas.
en.ta.lar v.t.d. Meter em talas; meter em lugar estreito. Fig. Comprometer.
en.ta.lhar v.t.d. Cinzelar em madeira; gravar; esculpir.
en.ta.lhe s.m. Corte ou entalhador em madeira, metal etc.; gravura.
en.tan.guir v.t.d. Encolher.
en.tan.to adv. Entretanto.
en.tão adv. Nesse ou naquele tempo.
en.tar.de.cer v.intr. Fazer-se tarde.
en.te s.m. Ser; coisa.
en.te.a.do s.m. Nome dado à pessoa em relação ao seu padrasto ou madrasta.
en.te.a.to s.m. Intervalo entre dois atos de peça teatral.
en.te.di.ar v.t.d. Causar tédio. Fig. Tornar aborrecido.
en.ten.der v.t.d. Penetrar o significado de; compreender; v.intr. ser versado; s.m. juízo.
en.ten.di.men.to s.m. Faculdade de entender; razão.
en.te.ne.bre.cer v.t.d. Tornar escuro.
en.te.ri.te s.f. Pat. Inflamação dos intestinos.
en.ter.ne.cer v.t.d. Tornar terno, meigo; comover.
en.ter.rar v.t.d. Meter debaixo da terra; sepultar; v.pron. concentrar-se.
en.ter.ro s.m. Enterramento.
en.te.sar v.t.d. Tornar teso; enrijar.

en.te.sou.rar v.t.d. Juntar, guardar (dinheiro, riqueza etc.).
en.tes.tar v.t.d. Defrontar com; confrontar.
en.ti.bi.ar v.t.d. Tornar tíbio ou morno.
en.ti.car v.t.i. Implicar.
en.ti.da.de s.f. A essência de uma coisa; individualidade.
en.to.a.ção s.f. Ação ou efeito de entoar; modulação da voz.
en.to.ar v.t.d. Dar o tom; cantar com afinação.
en.to.car v.t.d. Meter em toca, cova.
en.to.ja.do adj. Anojado; vaidoso.
en.to.jo s.m. Antojo; náusea que a mulher sente durante gravidez.
en.to.mo.lo.gi.a s.f. Zool. Tratado dos insetos.
en.to.na.ção s.f. Canto em que se aplica o tom, falando ou lendo; o mesmo que *entoação*.
en.to.no s.m. Orgulho.
en.tor.nar v.t.d. e intr. Emborcar ou inclinar despejando-se ou derramando o conteúdo.
en.tor.pe.cer v.t.d. Causar torpor a; enfraquecer. (Antôn.: *animar*, *excitar*.)
en.tor.se s.f. Pat. Torcedura violenta dos tendões de uma articulação.
en.tra.da s.f. Ato de entrar; lugar por onde se entra; bilhete de ingresso.
en.tra-e-sai s.m.2n. Bras. Movimento ininterrupto de entrada e saída de pessoas.
en.tra.jar v.t.d. Prover de traje.
en.tran.çar v.t.d. (pron.) Entreter(-se); entrelaçar(-se).
en.trân.cia s.f. Lugar de ordem de carreiras burocráticas, circunscrições judiciárias etc.
en.tra.nhar v.t.d. Introduzir nas entranhas; penetrar profundamente; arraigar.
en.tra.nhas s.f.pl. Intestino animal. Fig. A parte mais íntima; índole.
en.trar v.t.d. Penetrar-se de fora para o interior ou para dentro. Fig. Fazer parte. (Antôn.: *sair*.)
en.tra.ve s.m. Empecilho.
en.tre.a.ber.to adj. Aberto a meio.
en.tre.a.brir v.t.d. Abrir um pouco; v.intr. e pron. começar a abrir. (Antôn.: *entrecerrar*.)
en.tre.cho s.m. Enredo.
en.tre.cos.to s.m. Carne entre as costelas da rês.
en.tre.ga s.f. Ato de entregar; cessão. Fig. Traição.
en.tre.gar v.t.d. Pôr em poder de outro; dar; v.pron. render-se. (Antôn.: *receber*.)
en.tre.gue adj.2gên. Que se entregou.
en.tre.guer.ras s.m. Designação do período entre a Primeira e a Segunda Guerra Mundial.
en.tre.la.çar v.t.d. Entretecer; enlaçar.
en.tre.li.nha s.f. Espaço compreendido entre duas linhas. Fig. No plural, significa: sentido implícito.
en.tre.lu.zir v.intr. Começar a luzir.

en.tre.me.ar *v.t.d.* (*pron.*) Meter(-se) de primeiro; misturar(-se).
en.tre.mei.o *s.m.* Intervalo ou espaço entre duas coisas.
en.tre.men.tes *adv.* Entretanto; no entanto; enquanto.
en.tre.o.lhar-se *v.pron.* Olhar-se reciprocamente.
en.tre.por *v.t.d.* (*pron.*) Interpor(-se).
en.tre.pos.to *s.m.* Empório.
en.tres.sa.char *v.t.d. e i.* Entremear; misturar.
en.tres.sa.fra *s.f.* Espaço entre duas safras.
en.tres.so.la *s.f.* Peça do calçado, entre a sola e a palmilha.
en.tre.tan.to *adv.* Neste ou naquele intervalo de tempo; *conj.* todavia.
en.tre.te.la *s.f.* Peça que se põe entre o forro e a fazenda de vestuário para maior consistência.
en.tre.te.ni.men.to *s.m.* Distração; divertimento.
en.tre.ter *v.t.d.* Deter; distrair com divertimentos; ocupar.
en.tre.var *v.t.d.* Tornar paralítico; tolher (do movimentos articulatórios).
en.tre.ve.ro *s.m.* Confusão.
en.tre.vis.ta *s.f.* Encontro aprazado.
en.tre.vis.tar *v.t.d.* Ter entrevista com.
en.trin.chei.rar *v.t.d.* Fortificar com trincheira; defender.
en.tron.ca.men.to *s.m.* Estação de trem onde se cruzam ou se bifurcam linhas; ponto em que se cruzam caminhos.
en.tron.car *v.intr.* Fazer reunir; *intr. pron.* ligar-se a um tronco principal.
en.tro.ni.zar *v.t.d.* Pôr (imagem) em altar ou parede; exaltar.
en.tro.sar *v.t.d.* Encaixar os dentes de engrenagens; harmonizar.
en.tru.do *s.m.* Carnaval.
en.tu.lhar *v.t.d.* Pôr em tulha.
en.tu.lho *s.m.* Cacos de tijolo e telha de demolição.
en.tu.pi.do *adj.* Tapado; obstruído.
en.tu.pir *v.t.d.* Tapar, obstruir. (Antôn.: *desentupir*.)
en.tur.mar *v.intr. e pron.* Fazer ou formar turma.
en.tu.si.as.mar *v.t.d.* Comunicar entusiasmo; animar. (Antôn.: *desanimar*.)
en.tu.si.as.mo *s.m.* Exaltação; grande alegria. (Antôn.: *desânimo*.)
en.tu.si.ás.ti.co *adj.* Aquilo em que há entusiasmo.
e.nu.me.rar *v.t.d.* O mesmo que *numerar*, contar.
e.nun.ci.a.ção *s.f.* Declaração.
e.nun.ci.ar *v.t.d.* Propor.
en.vai.de.cer *v.t.d. e pron.* Tornar-se vaidoso.
en.va.re.tar *v.intr.* Ficar zangado; encabular.
en.ve.lhe.cer *v.t.d.* Tornar velho; *v.intr.* perder a frescura. (Antôn.: *remoçar*.)
en.ve.lhe.ci.men.to *s.m.* Ato de envelhecer.
en.ve.lo.pe *s.m.* Sobrecarta.
en.ve.ne.nar *v.t.d. e intr.* Tomar ou dar veneno. *Fig.* Perverter; *v.pron.* suicidar-se.
en.ve.re.dar *v.t.d. e intr.* Encaminhar-se; dirigir-se.
en.ver.ga.du.ra *s.f.* Envergamento; capacidade.
en.ver.gar *v.t.d.* Enrolar as velas nas vergas; curvar. (Antôn.: *endireitar*.)
en.ver.ni.zar *v.t.d.* Cobrir de verniz; lustrar.
en.vi.a.do *adj.* Mandado; *s.m.* mensageiro.
en.vi.ar *v.t.d.* Remeter; mandar. (Antôn.: *receber*.)
en.vi.dar *v.t.d.* Empregar com empenho.
en.vi.e.sar *v.t.d.* (*pron.*) Pôr(-se) de viés.
en.vi.le.cer *v.t.d.* Tornar vil.
en.vol.to *adj.* Envolvido.
en.vol.tó.rio *s.m.* O que envolve.
en.vol.ven.te *adj.* Que envolve.
en.vol.ver *v.t.d.* Compreender; conter; confundir; *v.pron.* cobrir-se.
en.xa.da *s.f.* Instrumento que serve para cavar ou carpir a terra.
en.xa.dre.zar *v.t.d.* Dividir em quadrados.
en.xa.dris.ta *s.2gên.* Jogador de xadrez.
en.xa.guar *v.t.d.* Lavar ligeiramente.
en.xa.me *s.m.* Conjunto das abelhas de uma colmeia.
en.xa.que.ca *s.f.* Cefaleia acompanhada de perturbações visuais e digestivas.
en.xár.cia *s.f.* Conjunto de cabos que seguram o mastro.
en.xer.ga *s.f.* Cama rústica.
en.xer.gar *v.t.d.* Entrever; pressentir.
en.xe.ri.do *adj. e s.m. Bras.* Intrometido.
en.xe.rir *v.t.d. e i.* Inserir; *v.pron.* intrometer-se.
en.xer.tar *v.t.d.* Fazer enxerto em; inserir.
en.xer.to *s.m.* Introdução de uma parte viva de uma planta noutra planta, para se desenvolver como na de que saiu.
en.xó *s.f.* Instrumento de carpinteiro para desbastar madeira.
en.xo.fre *s.m.* Metaloide sólido, amarelo e combustível.
en.xo.tar *v.t.d.* Expulsar.
en.xo.val *s.m.* Guarnição de roupas de recém-nascido ou de pessoa que se casa.
en.xo.va.lhar *v.t.d.* Enlamear; insultar.
en.xo.vi.a *s.f.* Cárcere térreo ou subterrâneo, escuro, úmido e sujo.
en.xugar *v.t.d.* Secar; *v.pron.* ficar enxuto.
en.xur.ra.da *s.f.* Torrente das chuvas. *Fig.* Abundância.
en.xur.ro *s.m.* Enxurrada. *Fig.* Escória.
en.xu.to *adj.* Seco; magro.
en.zi.ma *s.f.* Fermento solúvel que se forma e atua no organismo animal.
e.ó.li.co *adj.* Relativo a vento.
é.o.lo *s.m. Mit.* O deus dos ventos; vento forte.

EPICENO — ERUCTAR

e.pi.ce.no *adj. Gram.* Substantivo que tem apenas um gênero para ambos os sexos.
e.pi.cen.tro *s.m.* Ponto da superfície do globo mais próximo ao centro de um abalo sísmico.
é.pi.co *adj.* Da epopeia; heroico.
e.pi.de.mi.a *s.f.* Doença que surge num lugar e ataca simultaneamente muitas pessoas.
e.pi.dê.mi.co *adj.* Referente a epidemia.
e.pi.der.me *s.f. Anat.* Camada superficial da pele.
e.pi.fa.ni.a *s.f.* Aparição ou manifestação divina.
e.pi.glo.te *s.f.* Válvula destinada a tapar a glote no momento da deglutição.
e.pí.gra.fe *s.f.* O mesmo que *inscrição*.
e.pi.gra.ma *s.m.* Sátira.
e.pi.lep.si.a *s.f.* Moléstia nervosa caracterizada por ataques súbitos e rápidos.
e.pí.lo.go *s.m.* Fecho.
e.pi.ní.cio *s.m.* Poema ou canto que celebra uma vitória.
e.pis.co.pal *adj.2gên.* Relativo a bispo.
e.pi.só.di.co *adj.* Relativo a episódio.
e.pi.só.dio *s.m.* Ação incipiente, ligado à ação principal.
e.pís.to.la *s.f.* O mesmo que *carta*.
e.pi.tá.fio *s.m.* Inscrição tumular; poesia fúnebre.
e.pi.ta.lâ.mio *s.m.* Poema ou canto nupcial.
e.pi.té.lio *s.m. Anat.* Tecido que reveste a pele e as mucosas.
e.pí.te.to *s.m.* Apelido.
e.pí.to.me *s.m.* Compêndio.
é.po.ca *s.f.* Era; período.
e.po.pei.a *s.f.* Poema grandioso versando sobre tema heroico.
e.qua.ção *s.f.* Igualdade entre objetos que se dependem entre si.
e.qua.ci.o.nar *v.t.d.* Colocar em equação.
e.qua.dor *s.m.* Círculo máximo da esfera terrestre, equidistante dos polos e perpendicular ao eixo da Terra.
e.qua.to.ri.al *adj.2gên.* Do Equador.
e.ques.tre *adj.* Relativo a cavalaria ou cavaleiro.
e.qui.da.de *s.f.* Sentimento de justiça; imparcialidade.
e.quí.deo *adj.* Relativo ou semelhante ao cavalo.
e.qui.dis.tan.te *adj.2gên.* Que dista igualmente.
e.qui.lá.te.ro *adj.* Que tem os lados iguais entre si.
e.qui.li.bra.do *adj.* Que está em equilíbrio; ponderado.
e.qui.li.brar *v.t.d.* Pôr em equilíbrio; *v.pron.* manter-se.
e.qui.lí.brio *s.m.* Estado de um corpo sustido por forças opostas e iguais; igualdade. *Fig.* Justa medida.
e.qui.li.bris.ta *s.2gên.* Pessoa que se mantém em equilíbrio em situações difíceis.
e.qui.mo.se *s.f. Pat.* Mancha na pele em consequência de contusão etc.
e.qui.no *adj.* De ou relativo a cavalo; cavalar.
e.qui.nó.cio *s.m.* Fase do ano em que os dias são iguais às noites, isto é, quando o Sol corta o Equador.
e.qui.pa.men.to *s.m.* Utensílios necessários a uma operação.
e.qui.par *v.t.d.* Guarnecer o navio com o pessoal necessário para manobrar.
e.qui.pa.rar *v.t.d.* Igualar em condição; *v.t.i.* pôr em paralelo.
e.qui.pe *s.f.* Conjunto de pessoas unidas com um mesmo objetivo.
e.qui.ta.ção *s.f.* Arte ou exercício de cavalgar.
e.qui.va.len.te *adj.2gên.* Do mesmo valor; *s.m.* compensação completa.
e.qui.va.ler *v.t.d.* Ser do mesmo valor.
e.qui.vo.ca.do *adj.* Enganado.
e.qui.vo.car *v.t.d.* Confundir uma coisa com outra; *v.t.i.* e *pron.* enganar-se.
e.quí.vo.co *adj.* Engano.
e.quó.reo *adj. Poét.* Do ou relativo ao mar.
e.ra *s.f.* Época. *Fig.* Idade.
e.rá.rio *s.m.* Tesouro público.
e.re.ção *s.f.* Ato ou efeito de erguer.
e.re.mi.ta *s.m.* Aquele que vive na solidão; o mesmo que *ermitão*.
e.re.mi.té.rio *s.m.* Lugar onde vivem os eremitas.
é.reo *adj.* De bronze.
e.ré.til *adj.2gên.* Que é suscetível de ereção.
e.re.to *adj.* Erguido.
er.gás.tu.lo *s.m.* Cárcere.
er.guer *v.t.d.* Levantar. *Fig.* Fazer subir; animar; *v.pron.* elevar-se. (Antôn.: *descer*.)
e.ri.çar *v.t.d.* Arrepiar; encrespar.
e.ri.gir *v.t.d.* Levantar.
er.mi.da *s.f.* Capela em lugar solitário; pequena igreja.
er.mi.tão *s.m.* O que trata de uma ermida.
er.mo *s.m.* Lugar desabitado; deserto; *adj.* solitário.
e.ro.dir *v.t.d.* Provocar erosão em.
e.ro.são *s.f.* Ação de substância que corrói.
e.ró.ti.co *adj.* Referente ao amor; sensual.
e.ro.tis.mo *s.m.* Amor lúbrico.
er.ra.dicar *v.t.d.* Extirpar.
er.ra.di.o *adj.* Que erra.
er.ra.do *adj.* Que tem erro.
er.ran.te *adj.* Que vagueia; que comete erro.
er.rar *v.t.d.* Percorrer; não acertar; *v.pron.* enganar-se. (Antôn.: *acertar, fixar-se*.)
er.ra.ta *s.f.* Relação de erros e devidas correções, num livro.
er.ro *s.m.* Caminho intrincado; engano.
er.rô.neo *adj.* Que encerra erro; falso.
e.ruc.tar *v.t.d.* e *intr.* Arrotar.

ERUDIÇÃO — ESCAPO

e.ru.di.ção *s.f.* Instrução vasta e multiforme; qualidade de erudito.

e.ru.di.to *s.m.* e *adj.* Culto.

e.rup.ção *s.f.* Explosão; jato de matérias vulcânicas; expansão de manchas e borbulhas na pele.

er.va *s.f.* Planta vivaz, de caule tenro que seca depois de frutificação; o plural, *ervas*, significa: hortaliça.

er.van.ço *s.m.* Grão-de-bico.

er.vi.lha *s.f.* Planta papilionácea; vagem e semente de ervilha.

es.ba.fo.rir *v.pron.* Ficar ofegante pelo cansaço ou pela pressa.

es.ba.ga.çar *v.t.d.* Fazer em bagaços ou cacos.

es.ban.da.lhar *v.t.d.* Fazer em pedaços; arrebentar.

es.ban.ja.dor *adj. s.m.* Que, ou o que esbanja.

es.ban.jar *v.t.d.* Gastar em demasia.

es.bar.ran.ca.do *adj.* Cheio de barrancos.

es.bar.rar *v.t.d.* Arremessar; topar. *Fig.* Chocar-se.

es.ba.ter *v.t.d.* Graduar os contrastes de cor em pintura; *v.pron.* desmaiar.

es.bel.to *adj.* Bonito.

es.bo.çar *v.t.d.* Desenhar ligeiramente.

es.bo.ço *s.m.* Primeiro delineamento de um desenho; resumo.

es.bo.de.gar *v.t.d.* Estragar; *v.pron.* cansar-se.

es.bo.far *v.t.d.* Causar grande fadiga.

es.bór.nia *s.f.* Bebedeira.

es.bo.ro.ar *v.t.d.* Reduzir a pó; desmoronar.

es.bor.ra.char *v.t.d.* Esmagar; rebentar.

es.bra.ce.jar *v.intr.* Agitar muito os braços.

es.bra.se.ar *v.t.d.* Pôr em brasa.

es.bra.ve.jar *v.intr.* Gritar irado contra alguém; urrar.

es.bre.gue *s.m. Pop.* Questão; descompostura; conflito.

es.bu.ga.lhar *v.t.d.* Arregalar os olhos.

es.bu.lhar *v.t.d.* Privar; despagar.

es.bu.ra.car *v.t.d.* Fazer buracos; *v.pron.* encher-se de buracos.

es.ca.be.lo *s.m.* Pequeno estrado para descanso dos pés.

es.ca.bi.char *v.t.d.* Escaminar com paciência.

es.ca.bi.o.se *s.f. Pat.* Sarna.

es.ca.bre.ar *v.t.d.* Irritar.

es.ca.bro.so *adj.* Difícil; rude.

es.ca.bu.jar *v.intr.* Debater-se com mãos e pés.

es.ca.char *v.t.d.* Debochar.

es.ca.da *s.f.* Série de degraus para subir ou descer.

es.ca.da.ri.a *s.f.* Série de escadas em lanços separados por patamares.

es.ca.fan.dro *s.m.* Aparelho impermeável que reveste o mergulhador para trabalhar dentro da água.

es.ca.fe.der-se *v.pron. Pop.* Fugir apressadamente.

es.ca.la *s.f.* Escada; em mapas e plantas, a indicação das proporções de um plano. *Mús.* Série de notas dispostas na ordem natural.

es.ca.la.da *s.f.* A ação de escalar praça, muro; ação de subir com dificuldade.

es.ca.la.fo.bé.ti.co *adj. Gír.* Esquisito.

es.ca.lão *s.m.* Degraus (de escada). *Fig.* Plano.

es.ca.lar *v.t.d.* Alanhar. *Fig.* Estragar; subir com custo.

es.ca.la.vrar *v.t.d.* Ferir levemente, arranhando a pele.

es.cal.dar *v.t.d.* Meter em água fervendo.

es.cal.du.ra *s.f.* Ação ou efeito de escaldar. *Fig.* Castigo.

es.ca.le.no *adj. Geom.* Em que nenhum lado é igual ao outro.

es.ca.lo.nar *v.t.d.* Dispor as tropas em escalão; escalar.

es.cal.pe.lar *v.t.d.* Dissecar com escalpelo.

es.cal.pe.lo *s.m.* Instrumento cortante para dissecar.

es.ca.ma *s.f.* Lâmina óssea que reveste o corpo de muitos peixes e mamíferos.

es.ca.mo.te.ar *v.t.d.* Furtar.

es.can.ca.ra.do *adj.* Aberto de par em par; descoberto.

es.can.ca.rar *v.t.d.* Abrir completamente. (Antôn.: *cerrar*).

es.can.da.li.zar *v.t.d.* Causar escândalo a.

es.cân.da.lo *s.m.* Provocação ao erro pelo mau exemplo; vergonha.

es.can.da.lo.so *adj.* Que causa escândalo; vergonhoso.

es.can.di.na.vo *adj.* Diz-se dos povos germânicos de alguns países do Norte da Europa; nórdico.

es.can.dir *v.t.d.* Medir versos.

es.ca.ne.ar *v.t.d.* Reproduzir originais (imagens ou textos) em computador com auxílio de um equipamento chamado *scanner*.

es.can.ga.lhar *v.t.d.* Desconjuntar.

es.ca.nho.ar *v.t.d.* Barbear pela segunda vez, a contrapelo.

es.ca.ni.fra.do *adj.* Muito magro.

es.ca.ni.nho *s.m.* Compartimento de caixa ou gaveta; recanto.

es.can.tei.o *s.m. Pop.* Lance em que, no jogo de futebol, a bola sai do campo pela linha de fundo.

es.can.ze.la.do.o *adj.* Magro como um cão faminto.

es.ca.pa.da *s.f.* Fuga precipitada.

es.ca.par *v.intr.* Livrar-se de perigo.

es.ca.pa.tó.ria *s.f.* Subterfúgio.

es.ca.pe *s.m.* Evasão; refúgio.

es.ca.po[1] *adj.* Que está fora de perigo; salvo.

es.ca.po² *s.m.* Maquinismo que regula o movimento do relógio.
es.cá.pu.la *s.f.* Prego de cabeça dobrada em ângulo.
es.ca.pu.lá.rio *s.m.* Tira de pano que certos religiosos usam sobre os ombros, pendente sobre o peito.
es.ca.pu.lir *v.intr.* Fugir ou deixar escapar; safar.
es.ca.ra *s.f. Pat.* Crosta de ferida resultante de queimadura, gangrena etc.
es.ca.ra.fun.çar *v.t.d.* Esgaravatar; remexer; investigar.
es.ca.ra.mu.ça *s.f.* Briga de pouca importância.
es.ca.ra.ve.lho *s.m.* Inseto coleóptero, lamelicórneo, negro.
es.car.ce.la *s.f.* Bolsa pendente da cintura.
es.car.céu *s.m.* Agitação das ondas. *Fig.* Gritaria.
es.car.la.te *s.m.* Cor vermelha, muito viva; tecido que tem essa cor.
es.car.la.ti.na *s.f. Pat.* Doença infecciosa caracterizada por febre e manchas na pele.
es.car.men.tar *v.t.d.* Repreender com vigor; castigar; escaldar.
es.car.nar *v.t.d.* Descarnar.
es.car.ne.cer *v.t.d.* Fazer escárnio; zombar de.
es.car.ni.çar *v.intr.* Escarnecer por hábito.
es.car.ni.nho *adj.* Escarnecedor; zombeteiro.
es.cár.nio *s.m.* Zombaria.
es.car.pa *s.f.* Ladeira íngreme.
es.car.pa.do *adj.* Íngreme.
es.car.ran.char *v.t.d.* Abrir muito as pernas, como quem monta a cavalo.
es.car.ra.pa.char *v.t.d.* Sentar de modo relachado; cair de bruços.
es.car.rar *v.intr.* Expelir escarro; sujar.
es.car.ro *s.m.* Matéria mucosa que se expectora.
es.car.var *v.t.d.* Cavar superficialmente; minar.
es.cas.se.ar *v.intr.* Minguar; faltar.
es.cas.sez *s.f.* Míngua; falta.
es.cas.so *adj.* Minguado; raro.
es.ca.va.ção *s.f.* Buraco. *Fig.* Investigação.
es.ca.var *v.t.d.* Abrir uma cavidade. *Fig.* Investigar.
es.cla.re.cer *v.t.d.* Tornar compreensível; *v.intr.* clarear; *v.pron.* informar-se.
es.cla.re.ci.do *adj.* Que se tornou claro, compreensível; instruído.
es.cla.re.ci.men.to *s.m.* Explicação.
es.cle.ro.se *s.f. Med.* Endurecimento provocado pelo acréscimo de tecido conjuntivo intersticial.
es.cle.ró.ti.ca *s.f. Anat.* Membrana branca do olho.
es.clu.sa *s.f.* Eclusa.
es.co.a.men.to *s.m.* Ato de escoar.
es.co.ar *v.t.d.* Deixar escorrer; filtrar; *v.intr.* esvair-se; *v.pron.* esvaziar-se.
es.coi.mar *v.t.d. e i.* Tirar as impurezas de; limpar.
es.col *s.m.* A parte mais escolhida; nata; elite.

es.co.la *s.f.* Estabelecimento onde se ministra ensino. *Fig.* Experiência.
es.co.la.do *adj. Bras.* Esperto.
es.co.lar *adj.2gén.* Concernente à escola; *s.m.* estudante.
es.co.la.ri.zar *v.t.d.* Adaptar ao ensino escolar.
es.co.lás.ti.ca *s.f.* Filosofia ensinada nas escolas de teologia na Idade Média.
es.co.lha *s.f.* Eleição; seleção. *Fig.* Bom gosto.
es.co.lher *v.t.d.* Eleger; preferir.
es.co.li.o.se *s.f. Pat.* Curvatura lateral da coluna vertebral.
es.col.ta *s.f.* Acompanhamento para defender ou guardar; proteção.
es.col.tar *v.t.d.* Acompanhar em grupo para proteger, defender ou guardar.
es.com.bros *s.m.pl. Ruínas.*
es.con.der *v.t.d.* Pôr em lugar secreto; ocultar; encobrir. (Antôn.: *patentear, revelar*.)
es.con.de.ri.jo *s.m.* Sítio onde se oculta pessoa ou coisa; encaminho.
es.con.di.do *adj.* Oculto.
es.con.ju.rar *v.t.d.* Fazer juras; amaldiçoar; suplicar; *v.pron.* lamentar-se.
es.con.so *adj.* Escondido.
es.co.pe.ta *s.f.* Antiga espingarda curta.
es.co.po *s.m.* Alvo; fim.
es.co.ra *s.f.* Arrimo; cilada.
es.co.rar *v.t.d.* Apoiar; *v.pron. Fig.* Fundamentar-se.
es.cor.bu.to *s.m. Med.* Enfermidade provocada por carência de vitamina C, que se manifesta por frequentes hemorragias.
es.cor.char *v.t.d.* Tirar a casca de.
es.cor.ço *s.m.* Desenho ou figura em miniatura; resumo.
es.co.re *s.m.* Resultado de jogo esportivo; contagem.
es.có.ria *s.f.* Resíduo de fusão. *Fig.* Ralé.
es.co.ri.ar *v.t.d.* Ferir superficialmente; purificar; *v.pron.* esfolar-se.
es.cor.ne.ar *v.t.d.* Ferir com os chifres.
es.cor.pi.ão *s.m.* Lacrau; signo do Zodíaco.
es.cor.ra.çar *v.t.d.* Pôr fora com brutalidade ou desprezo; expulsar.
es.cor.re.ga.di.o *adj.* Que escorrega muito.
es.cor.re.gão *s.m.* Ato de escorregar; erro.
es.cor.re.gar *v.intr.* Deslizar com o próprio peso.
es.cor.rei.to *adj.* Sem lesão ou defeito; são.
es.cor.rer *v.t.d.* Deixar correr líquido; *v.intr.* pingar.
es.co.ta *s.f. Náut.* Cabo com que se governam as velas.
es.co.tei.ro *s.m.* Aquele que viaja sem bagagem; membro do escoteirismo.
es.co.ti.lha *s.f.* Abertura no convés do navio.

ESCOVA — ESFREGÃO

es.co.va *s.f.* Instrumento guarnecido de pelos, para limpar roupas, móveis, dentes etc.

es.co.va.do *adj.* Que se escovou; esperto.

es.co.var *v.t.d.* Limpar com escova. *Fig.* Repreender.

es.cra.va.tu.ra *s.f.* Tráfico de escravos; escravidão.

es.cra.vi.dão *s.f.* Condição de escravo; cativeiro.

es.cra.vo *adj.* e *s.m.* Que ou o que está sob o absoluto domínio de outro; cativo. *Fig.* Dominado por algo ou alguém.

es.cre.ven.te *s.2gên.* Copista; empregado de escritório.

es.cre.ver *v.t.d.* Tornar compreensível por meio de letras; redigir; compor (livro).

es.cre.vi.nhar *v.t.d.* O mesmo que *escrever*; rabiscar.

es.cri.ba *adj.* e *s.m.* Doutor da lei, entre os judeus.

es.cri.nio *s.m.* Cofre para jóias; guarda-jóias.

es.cri.ta *s.f.* Aquilo que se escreve. *Gír.* Negócio escuso.

es.cri.to *s.m.* Escritura; papel com escrito; *adj.* representado por letras ou sinais convencionais.

es.cri.tor *s.m.* Pessoa que faz obras literárias ou científicas; autor.

es.cri.tó.rio *s.m.* Contador sobre o qual se escreve; casa onde se tratam de negócios.

es.cri.tu.ra *s.f.* Documento autêntico lavrado por oficial público; o mesmo que *escrita*; conjunto dos livros do Antigo e do Novo Testamento.

es.cri.tu.rar *v.t.d.* Lavrar (documento autêntico); registrar.

es.cri.tu.rá.rio *s.m.* O que faz escrita; escrevente.

es.cri.va.ni.nha *s.f.* Móvel com o necessário para escrever; carteira.

es.cri.vão *s.m.* Oficial público que lavra autos, termos de processo e outros documentos legais.

es.cro.que *s.m.* Indivíduo que se apropria de bens alheios por manobras fraudulentas.

es.cro.to *s.m.* Pele que envolve os testículos. *Gír.* Ordinário.

es.cru.pu.lo *s.m.* Hesitação de consciência.

es.cru.pu.lo.so *adj.* Que tem escrúpulos; cuidadoso.

es.cru.tar *v.t.d.* Investigar.

es.cru.tí.nio *s.m.* Votação em urna.

es.cu.dei.ro *s.m.* Pajem ou criado que levava o escudo do cavaleiro.

es.cu.de.la *s.f.* Tigela rasa de madeira.

es.cu.do *s.m.* Peça defensiva usada pelos guerreiros; amparo; brasão; moeda portuguesa.

es.cu.lá.pio *s.m.* Deus da medicina na mitologia romana.

es.cul.pir *v.t.d.* Entalhar; gravar.

es.cul.tor *s.m.* Artista que faz esculturas.

es.cul.tu.ra *s.f.* Arte de esculpir e entalhar; estatuária.

es.cul.tu.ral *adj.2gên.* Relativo a escultura; que tem formas perfeitas.

es.cu.ma *s.f.* Espuma.

es.cu.ma.dei.ra *s.f.* Espumadeira.

es.cu.na *s.f.* Pequena embarcação de duplo mastro e vela latina.

es.cu.ras *s.f.pl.* Usada na *loc.adv.* às –: sem luz; às cegas.

es.cu.re.cer *v.t.d.* Tirar a luz; fazer escuro. *Fig.* Fazer difícil de distinguir; deslustrar; *v.intr.* tornar-se escuro; *v.pron.* toldar-se. (Antôn.: *clarear*.)

es.cu.ri.dão *s.f.* Falta de claridade, trevas. *Fig.* Ignorância.

es.cu.ro *adj.* Sem luz; *s.m.* escuridão.

es.cu.sar *v.t.d.* Desculpar.

es.cu.so *adj.* Escondido.

es.cu.ta *s.f.* Ato de escutar.

es.cu.tar *v.t.d.* Dar atenção; aplicar o ouvido.

es.drú.xu.lo *adj. Gram.* Acentuação tônica que recai na antepenúltima sílaba; proparoxítono. *Pop.* Extravagante.

es.fa.ce.lar *v.t.d.* Produzir esfacelo em; arruinar; *v.pron.* desfazer-se; reduzir a frangalhos.

es.fai.mar *v.t.d.* Esfomear.

es.fal.far *v.t.d. (pron.)* Cansar(-se).

es.fa.que.ar *v.t.d.* Ferir com faca; dar facada.

es.fa.re.lar *v.t.d.* Reduzir a farelo; esmigalhar; *v.pron.* esboroar-se.

es.far.ra.pa.do *adj.* Rasgado; roto.

es.fe.ra *s.f.* Globo; bola. *Fig.* Estado; condição.

es.fé.ri.co *adj.* Que tem a forma redonda; globoso.

es.fe.ro.grá.fi.ca *s.f.* Caneta com carga semissólida, descartável, de ponta esférica.

es.fi.a.par *v.t.d.* Desfazer em fiapos.

es.fi.ar *v.t.d.* Desfazer em fios; desfiar.

es.fíncter *s.m. Anat.* Músculo que aperta ou alarga vários ductos naturais do corpo.

es.fin.ge *s.f.* Monstro mitológico com corpo de leão e cabeça humana. *Fig.* Indivíduo incompreensível, calado.

es.fo.gue.ar *v.t.d.* Afoguear; apressar.

es.fo.gue.ta.do *adj.* Travesso.

es.fo.lar *v.t.d.* Tirar a pele a. *Fig.* Explorar com usura; *v.pron.* arranhar-se.

es.fo.lhar *v.t.d.* Tirar as folhas de.

es.fo.li.ar *v.t.d.* Separar em folhas ou lâminas.

es.fo.me.a.do *adj.* e *s.m.* Que ou o que tem fome; faminto.

es.fo.me.ar *v.t.d.* Causar fome a; privar de alimentação.

es.for.çar *v.t.d.* Dar força a; *v.pron.* fazer esforço. (Antôn.: *enfraquecer*.)

es.for.ço *s.m.* Emprego de força.

es.fran.ga.lhar *v.t.d.* Reduzir a frangalhos.

es.fre.gão *s.m.* Trapo para esfregar.

es.fre.gar v.t.d. Fazer fricção; v.pron. friccionar-se.
es.fri.ar v.t.d. Tornar frio. *Fig.* Esmorecer; v.intr. perder o entusiasmo.
es.fro.lar v.t.d. Esfolar.
es.fu.ma.çar v.t.d. Encher de fumaça.
es.fu.zi.an.te adj.2gên. Alegre.
es.fu.zi.ar v.intr. Zunir; sibilar.
es.ga.çar v.t.d. Rasgar.
es.ga.lhar v.t.d. Separar em galhos ou ramos.
es.ga.na.do adj. Estrangulado; adj. e s.m. faminto.
es.ga.nar v.t.d. Apertar o pescoço a; estrangular; v.pron. morder-se de inveja.
es.ga.ni.çar v.t.d. Falar com voz aguda, imitando o ganir de um cão; v.intr. cantar estridentemente.
es.gar s.m. Careta.
es.ga.ra.va.tar v.t.d. Remeter com as unhas ou algum instrumento.
es.gar.çar v.t.d. Dividir apartando os fios de; desfiar.
es.ga.ze.ar v.t.d. Pôr (os olhos) em branco.
es.go.e.lar v.t.d. Estrangular; esganar.
es.go.ta.do adj. Gasto; exausto.
es.go.tar v.t.d. Esvaziar-se até a ultima gota; tornar exausto. (Antôn.: *descansar*.)
es.go.to s.m. Cano de despejo.
es.gri.ma s.f. Jogo de florete; ato de esgrimir.
es.gri.mir v.t.d. Manejar armas brancas; intr. brigar.
es.gue.de.lhar v.t.d. Desmanchar o penteado; desgrenhar.
es.guei.rar-se v.pron. Retirar-se sorrateiramente.
es.gue.lha s.f. Obliquidade.
es.gui.char v.t.d. e intr. Fazer jorrar impetuosamente por um orifício.
es.gui.cho s.m. Jato de líquido.
es.gui.o adj. Alto e delgado.
es.ma.e.cer v.intr. e pron. Perder a cor, o viço; desmaiar.
es.ma.gar v.t.d. Comprimir achatando. *Fig.* Aniquilar.
es.mal.te s.m. Camada vítrea sobreposta a peças de cerâmica ou metal; a substância branca e brilhante dos dentes; cosmético para unhas. *Fig.* Brilho.
es.me.ra.do adj. Feito com esmero.
es.me.ral.da s.f. Pedra preciosa de cor verde.
es.me.rar v.t.d. Apurar; v.pron. esforçar-se por fazer com perfeição. (Antôn.: *desleixar*.)
es.me.ril s.m. Pedra de amolar; máquina para esmerilar.
es.me.ri.lar v.t.d. Polir ou despolir com esmeril; aperfeiçoar; pesquisar.
es.me.ro s.m. Perfeição.
es.mi.ga.lhar v.t.d. Reduzir a migalhas. *Fig.* Oprimir.

es.mi.u.çar v.t.d. Dividir em pequeninas partes; explicar miudamente.
es.mo s.m. Cálculo aproximado; a –: ao acaso.
es.mo.er v.t.d. Moer.
es.mo.la s.f. O que se dá por caridade aos necessitados; benefício.
es.mo.lar v.t.d. Dar ou pedir esmola; v.intr. mendigar.
es.mo.ler adj.2gên. e s.2gên. Que dá esmolas.
es.mo.re.cer v.t.d. Tirar o ânimo a; desalentar.
es.mur.rar v.t.d. Dar murros; maltratar.
es.no.bar v.intr. Exibir-se.
es.no.bis.mo s.m. Admiração excessiva pelo que está em voga; sentimento de superioridade.
e.sô.fa.go s.m. Canal que vai da faringe ao estômago.
e.so.té.ri.co adj. Diz-se da doutrina secreta só transmitida aos iniciados.
e.so.te.ris.mo s.m. Conjunto de princípios que constituem a doutrina esotérica.
es.pa.çar v.t.d. Deixar espaço entre.
es.pa.ce.jar v.t.d. Escapar.
es.pa.ço s.m. Extensão indefinida; intervalo.
es.pa.ço.so adj. Extenso; amplo.
es.pa.da s.f. Lâmina de ferro comprida e pontiaguda, com punho; o plural, *espadas*, significa: um dos naipes das cartas de baralho.
es.pa.da.chim adj. e s.m. O que luta com espada.
es.pa.da.na s.f. Jato de líquido; barbatana de peixe; labareda.
es.pa.da.ú.do adj. Que tem espáduas largas; entroncado.
es.pá.dua s.f. *Anat.* O ombro e a parte das costas que cobre a omoplata.
es.pai.re.cer v.t.d. Distrair; v.intr. recrear-se.
es.pal.dar s.m. Costas de cadeira; respaldo.
es.pa.lha.fa.to.so adj. Ruidoso; ostensivo.
es.pa.lhar v.t.d. Separar da palha; dispersar; divulgar; v.intr. espairecer.
es.pal.mar v.t.d. Fazer plano com a palma da mão.
es.pa.na.dor s.m. Penacho para remover o pó.
es.pa.nar v.t.d. Limpar o pó com espanador.
es.pan.ca.men.to s.m. Agressão a pancada; sova.
es.pan.car v.t.d. Agredir com pancadas. *Fig.* Afugentar.
es.pa.ne.jar v.t.d. Espanar.
es.pa.nhol adj. Da Espanha; s.m. o natural ou habitante da Espanha; a língua desse país.
es.pan.ta.lho s.m. Boneco de palha para espantar pássaros. *Fig.* Pessoa muito feia.
es.pan.tar v.t.d. Causar espanto; v.pron. ficar admirado.
es.pan.to s.m. Susto; admiração.
es.pan.to.so adj. Que causa espanto.
es.pa.ra.dra.po s.m. Pano usado com matéria adesiva para ser aplicado sobre as feridas.

es.par.gir v.t.d. e i. Espalhar (líquido) em gotas ou borrifos; irradiar; difundir.
es.par.ra.mar v.t.d. Espalhar; dispersar.
es.par.re.la s.f. Armadilha de caça.
es.par.ri.nhar v.t.d. Derramar.
es.par.so adj. Disperso. (Antôn.: *reunido*.)
es.par.ta.no adj. De Esparta; austero.
es.par.ti.lho s.m. Colete armado com barbatanas para comprimir a cintura e dar elegância ao corpo feminino.
es.pas.mo s.m. Med. Convulsão. Fig. O orgasmo; êxtase.
es.pas.mó.di.co adj. Relativo a espasmo.
es.pa.ti.far v.t.d. Espedaçar.
es.pa.ven.to s.m. Espanto; susto.
es.pa.vo.ri.do adj. Aterrado.
es.pa.vo.rir v.t.d. e pron. Apavorar; assustar.
es.pe.car v.t.d. Apoiar com espeque; escorar.
es.pe.ci.al adj.2gên. Relativo a uma espécie; exclusivo; particular; excelente.
es.pe.ci.a.li.da.de s.f. Qualidade de ser especial; trabalho ou profissão de cada um.
es.pe.ci.a.lis.ta s.2gên. Pessoa que se dedica com particular cuidado a certo estudo ou ramo profissional.
es.pe.ci.a.li.zar v.t.d. Tornar especial; particularizar; v.pron. tornar-se especialista.
es.pe.ci.a.ri.as s.f. Nome comum dado às espécies condimentares e aromáticas.
es.pé.cie s.f. Subdivisão do gênero nas classificações de animais e plantas.
es.pe.ci.fi.car v.t.d. Constituir o caráter específico; mencionar distintamente.
es.pe.ci.fi.ca.ti.vo adj. Que estabelece a diferença.
es.pe.cí.fi.co adj. Que constitui ou caracteriza a espécie; particular.
es.pé.ci.me s.m. Qualquer indivíduo de uma espécie; amostra.
es.pe.ci.o.so adj. Enganador; ilusório.
es.pec.ta.dor s.m. Aquele que vê algum ato; testemunha.
es.pec.tral adj.2gên. Do espectro solar.
es.pec.tro s.m. Fantasma; imagem colorida e oblonga do Sol, que se produz quando os seus raios penetram através de um prisma em uma câmara obscura.
es.pec.tros.co.pi.a s.f. Processo de análise pelo espectro luminoso.
es.pe.cu.la.ção s.f. Ato de especular; investigação.
es.pe.cu.lar v.t.d. Observar, indagar; informar-se cuidadosamente.
es.pé.cu.lo s.m. Cir. Instrumento para examinar certas cavidades do corpo.
es.pe.da.çar v.t.d. e pron. Despedaçar(-se).
es.pe.le.o.lo.gi.a s.f. Geol. Estudo que versa sobre as cavidades naturais do solo (grutas, cavernas etc.).
es.pe.lhar v.t.d. Polir como o vidro de um espelho; v.pron. ver-se ao espelho ou na água quieta.
es.pe.lho s.m. Superfície polida, comumente de vidro em que se reflete a luz e a imagem dos objetos.
es.pe.lo.te.a.do adj. Desmiolado.
es.pe.lun.ca s.f. Lugar imundo e mal frequentado.
es.pe.que s.m. Peça para escorar.
es.pe.ra s.f. O ato de esperar; demora; lugar onde se espera.
es.pe.ran.ça s.f. Espera de um bem que se deseja; confiança em conseguir algo desejado.
es.pe.ran.ço.so adj. Cheio de esperança; confiante.
es.pe.ran.to s.m. Língua criada como meio de comunicação internacional.
es.pe.rar v.t.d. Ter esperanças; aguardar; ter confiança. (Antôn.: *desesperar*.)
es.per.di.çar v.t.d. Desperdiçar.
es.per.ma s.f. Substância líquida produzida pelos órgãos genitais dos animais machos; sêmen.
es.per.ma.to.zoi.de s.m. Elemento fecundante do esperma.
es.per.ne.ar v.intr. Agitar violentamente as pernas; reclamar.
es.per.ta.lhão s.m. Astuto; patife.
es.per.tar v.t.d. Tornar esperto; acordar; avivar; animar.
es.per.te.za s.f. Viveza; agudeza de espírito.
es.per.to adj. Sagaz; ativo.
es.pes.so adj. Denso; grosso.
es.pes.su.ra s.f. Grossura.
es.pe.ta.cu.lar adj. Sensacional.
es.pe.tá.cu.lo s.m. Representação teatral (ou de televisão, cinema etc.); festas.
es.pe.ta.do adj. Que espetou. Fig. Ereto.
es.pe.tar v.t.d. Enfiar; atravessar com o espeto. Fig. Cutucar.
es.pe.to s.m. Utensílio para assar peixe ou carne.
es.pe.vi.ta.do adj. Fig. Vivo.
es.pe.vi.tar v.t.d. Avivar (chama); espertar.
es.pe.zi.nhar v.t.d. Humilhar; aborrecer.
es.pi.a s.2gên. Vigia.
es.pi.ão s.m. Agente secreto encarregado de obter informações vitais sobre as forças e atividades de um país.
es.pi.ar v.t.d. e intr. Observar (secretamente).
es.pi.char v.t.d. Esticar. Pop. – **a canela**: morrer. (Antôn.: *encurtar*.)
es.pi.ga s.f. Parte das gramíneas em que se formam os grãos.
es.pi.gão s.m. Peça aguçada que se crava no chão ou parede; espiga das unhas.

es.pi.na.frar *v.t.d.* Repreender; desmoralizar.
es.pi.na.fre *s.m.* Hortaliça de grande valor na nutrição.
es.pi.nal *adj.2gên.* Relativo à coluna vertebral.
es.pin.gar.da *s.f.* Arma de fogo constituída por cano longo, coronha e fechos.
es.pi.nha *s.f.* Osso agudo dos peixes; conjunto de apófises da coluna vertebral; borbulha que nasce na pele.
es.pi.nha.ço *s.m.* Coluna vertebral; costas.
es.pi.nhe.la *s.f. Pop.* Apêndice xifoide.
es.pi.nho *s.m.* Saliência aguda e picante que nasce pelo tronco e ramo de certas árvores. *Fig.* Coisa que atormenta.
es.pi.nho.so *adj.* Cheio de espinhos. *Fig.* Difícil.
es.pi.no.te.ar *v.intr.* Dar pinotes; agitar-se.
es.pi.o.na.gem *s.f.* Ação de espionar; ato ou ofício de espião.
es.pi.o.nar *v.t.d.* Espiar; observar como espião.
es.pi.ra *s.f.* Cada volta de espiral ou parafuso; rosca.
es.pi.ral *s.f.* Linha curva que gira em torno de seu ponto de início, sem se fechar; diz-se também *aspiral*.
es.pi.ra.la.do *adj.* Em forma de espiral.
es.pi.rar *v.t.d.* O mesmo que *respirar*.
es.pi.ri.ta *adj.2gên.* Concernente ao espiritismo; *s.2gên.* cultor do espiritismo.
es.pi.ri.tei.ra *s.f.* Pequeno fogareiro a álcool.
es.pi.ri.tis.mo *s.m.* Doutrina que prega a existência de comunicações entre o mundo dos vivos e o mundo dos mortos, por meio da mediunidade.
es.pí.ri.to *s.m.* A alma do homem; mente; entidade sobrenatural.
es.pi.ri.tu.al *adj.2gên.* Da natureza ou que diz respeito ao espírito.
es.pi.ri.tu.a.lis.mo *s.m. Filos.* Doutrina que admite a existência real de Deus e da alma.
es.pi.ri.tu.o.so *adj.* Engraçado.
es.pir.rar *v.t.d.* Jogar fora de si; expelir.
es.pir.ro *s.m.* Expiração súbita e estrepitosa.
es.pla.na.da *s.f.* Terreno plano sem cobertura, defronte de um prédio; planície.
es.plen.der *v.intr.* Resplandecer.
es.plên.di.do *adj.* Que tem esplendor; brilhante.
es.plen.dor *s.m.* Fulgor; grandeza.
es.ple.ni.te *s.f. Pat.* Inflamação da boca.
es.po.car *v.intr.* Explodir.
es·po.jar *v.t.d.* Fazer cair no chão.
es.po.le.ta *s.f.* Pequena peça que serve para inflamar o projétil.
es.po.li.ar *v.t.d.* Desapossar por violência ou fraude.
es.pó.lio *s.m.* Os bens deixados por alguém ao morrer.

es.pon.ja *s.f.* Formação animal, pertencente aos celenterados; a substância leve e porosa que provém desse animal. *Fig.* Beberrão.
es.pon.jo.so *adj.* Poroso e absorvente.
es.pon.sal *adj.2gên.* Relativo a esposo.
es.pon.tâ.neo *adj.* De livre vontade; natural; voluntário.
es.pon.tar *v.t.d.* Aparar as pontas de; *intr.* despontar.
es.po.ra *s.f.* Peça pontiaguda que se prende ao tacão do calçado para instigar a montaria. *Fig.* Estímulo; *adj.2gên.* ruim.
es.po.rá.di.co *adj.* Casual; raro.
es.po.rão *s.m.* Saliência córnea que nasce nos galináceos.
es.po.re.ar *v.t.d.* Picar com esporas. *Fig.* Estimular.
es.por.ro *s.m.* Barulho; repreensão.
es.por.te *s.m.* Prática metódica de exercícios físicos. (Var.: *desporto*.)
es.por.tis.ta *adj.* e *s.2gên.* Que ou a pessoa que pratica esportes.
es.por.ti.vo *adj.* De ou relativo ao esporte; descontraído.
es.pór.tu.la *s.f.* Donativo.
es.po.sa *s.f.* Mulher casada.
es.po.sar *v.t.d.* Receber em casamento; desposar.
es.po.só.rio *s.m.* Bodas.
es.pos.te.jar *v.t.d.* Retalhar.
es.prai.ar *v.t.d.* Lançar à praia; derramar; *intr.* divagar sobre um assunto.
es.pre.gui.ça.dei.ra *s.f.* Cadeira cômoda para dormir a sesta.
es.pre.gui.çar *v.intr.* Estirar os membros preguiçosamente.
es.prei.ta *s.f.* Tocaia.
es.prei.tar *v.t.d.* Observar às ocultas; espiar.
es.pre.mer *v.t.d.* Comprimir ou apertar; extrair um suco.
es.pu.ma *s.f.* Conjunto de bolhas formado na superfície de um líquido, quando agitado.
es.pu.man.te *adj.2gên.* Que espuma. *Fig.* Raivoso.
es.pú.rio *adj.* Bastardo. *Fig.* Suposto.
es.pu.to *s.m.* Cuspo; saliva.
es.qua.dra *s.f.* Conjunto de navios de guerra.
es.qua.drão *s.m.* Seção de regimento de cavalaria. *Fig.* Multidão.
es.qua.dri.lha *s.f.* Esquadra de pequenos navios de guerra.
es.qua.dri.nhar *v.t.d.* Examinar minuciosamente.
es.qua.dro *s.m.* Instrumento com que se desenham ou medem ângulos retos e se tiram linhas perpendiculares.
es.quá.li.do *adj.* Sórdido; macilento.
es.qua.lo *s.m.* O mesmo que *tubarão*.
es.quar.te.jar *v.t.d.* Partir em quartos; despedaçar.

ESQUECER — ESTAMPILHA

es.que.cer *v.t.d.* e *pron.* Perder a lembrança de; descuidar-se. (Antôn.: *lembrar*.)
es.que.ci.men.to *s.m.* Falta de memória.
es.que.lé.ti.co *adj.* Relativo a esqueleto. *Fig.* Extremamente magro.
es.que.le.to *s.m.* Armação óssea do corpo dos animais. *Fig.* Esboço; pessoa muito magra.
es.que.ma *s.m.* Figura que representa as relações e funções dos objetos; resumo.
es.que.má.ti.co *adj.* Em forma de esquema, ou pertinente a esquema.
es.quen.ta.do *adj.* Quente. *Fig.* Irritadiço.
es.quen.tar *v.t.d.* Tornar quente; irritar.
es.quer.da *s.f.* Lado oposto ao direito; diz-se de grupos políticos opostos ao neoliberalismo.
es.quer.do *adj.* Oposto ao direito; canhoto.
es.que.te *s.f.* Pequena cena cômica em teatro, rádio ou televisão.
es.qui *s.m.* Comprido patim, usado para deslizar sobre a neve.
es.qui.fe *s.m.* Caixão para transportar mortos.
es.qui.lo *s.m.* Pequeno mamífero roedor, notável por sua voracidade.
es.qui.mó *s.m.* Habitante das regiões polares, notadamente da Groenlândia.
es.qui.na *s.f.* Ângulo exterior de paredes; cunhal; canto exterior.
es.qui.pá.ti.co *adj.* Esquisito; extravagante.
es.qui.si.ti.ce *s.f.* Excentricidade; extravagância.
es.qui.si.to *adj.* Estranho; extravagante.
es.qui.var *v.t.d.* e *pron.* Repelir com desdém; escapar-se.
es.qui.vo *adj.* Arredio.
es.qui.zo.fre.ni.a *s.f. Med.* Enfermidade mental que se manifesta sobretudo por sintomas afetivos.
es.sa *pron.dem.* Feminino de *esse*; *s.f.* estrado onde se coloca o esquife para cerimônia fúnebre.
es.se *pron.dem.* Designa coisa ou pessoa mais próxima de quem ouve ou de quem fala.
es.se *s.m.* Nome da letra *s*.
es.sên.cia *s.f.* O que constitui a natureza de uma coisa; óleo aromático.
es.sen.ci.al *adj.2gên.* Absolutamente indispensável; o mais importante.
es.ta *pron.dem.* Feminino de *este*.
es.ta.ba.na.do *adj.* Desajeitado.
es.ta.be.le.cer *v.t.d.* Tornar estável; instituir; *v.pron.* fixar residência.
es.ta.be.le.ci.men.to *s.m.* Ato de estabelecer; instituição.
es.ta.bi.li.da.de *s.f.* Solidez; firmeza.
es.ta.bi.li.zar *v.t.d.* Tornar estável; permanecer.
es.tá.bu.lo *s.m.* Estrebaria; curral; corte.
es.ta.ca *s.f.* Pau pontudo que se enfia na terra para escorar plantas ou prender objetos.

es.ta.ção *s.f.* Parada de trens para embarque e desembarque de passageiros; quadra do ano.
es.ta.car *v.t.d.* Firmar com estacas; *v.intr.* ficar imóvel.
es.ta.cio.na.men.to *s.m.* Ato de estacionar; parada.
es.ta.cio.nar *v.t.i.* Fazer estação; permanecer; *v.intr.* parar. (Antôn.: *andar, caminhar*.)
es.ta.cio.ná.rio *adj.* Que não progride.
es.ta.da *s.f.* Ato de estar; permanência em algum lugar.
es.ta.di.a *s.f.* Permanência de navio num porto; estada.
es.tá.dio *s.m.* Área onde se realizam jogos; estágio.
es.ta.dis.ta *s.2gên.* Homem ou mulher de Estado; político.
es.ta.do *s.m.* Maneira de ser; situação; modo de vida; condição; conjunto de poderes políticos de uma nação.
es.ta.do-mai.or *s.m. Mil.* Corpo de oficiais encarregados de auxiliar em assuntos estratégicos.
es.ta.du.al *adj.2gên.* Do estado.
es.ta.fa *s.f.* Cansaço; esgotamento.
es.ta.far *v.t.d.* Cansar excessivamente; *v.intr.* e *pron.* fatigar-se. (Antôn.: *descansar*.)
es.ta.fer.mo *adj.* e *s.m.* Pessoa sem préstimo, inútil.
es.ta.fe.ta *s.m.* Entregador de telegramas.
es.ta.gi.á.rio *adj.* Relativo ao estágio; aquele que faz estágio.
es.tá.gio *s.m.* Período de preparação que se cumpre antes da profissionalização.
es.tag.na.ção *s.f.* Estado de água parada. *Fig.* Inércia.
es.tag.nar *v.t.d.* Não dar correnteza à água; paralisar; *v.pron.* parar. *Fig.* Sofrer enfarte.
es.ta.lac.ti.te *s.f.* Concreção calcária formada nas abóbadas subterrâneas pela infiltração das águas.
es.ta.la.gem *s.f.* Hospedaria; pousada; albergue.
es.ta.la.ja.dei.ro *s.m.* Dono ou administrador de estalagem.
es.ta.lão *s.m.* Medida; padrão.
es.ta.lar *v.t.d.* Rachar dando som crepitante; partir; quebrar; *v.intr.* fender-se.
es.ta.lei.ro *s.m.* Lugar de construção ou conserto de embarcações.
es.ta.li.do *s.m.* Pequeno estalo.
es.ta.lo *s.m.* Ruído forte e crepitante.
es.ta.me *s.m. Bot.* Órgão masculino da flor.
es.tam.pa *s.f.* Figura impressa em pano, papel etc. *Fig.* Aparência.
es.tam.par *v.t.d.* Imprimir por estampagem; pintar; *v.pron.* deixar vestígio.
es.tam.pi.do *s.m.* Estrondo.
es.tam.pi.lha *s.f.* Estampa pequena; selo postal ou do tesouro público.

es.tan.car *v.t.d.* Impedir a corrente do líquido. *Fig.* Exaurir.

es.tân.cia *s.f.* Parada em jornada; propriedade rural.

es.tan.dar.te *s.m.* Bandeira.

es.tan.de *s.m.* Tribuna dos espectadores de corrida de cavalos; espaço reservado aos concorrentes, em uma exposição.

es.ta.nol *s.m.* Álcool etílico.

es.tan.que *adj.2gên.* Vedado; enxuto.

es.tan.te *s.f.* Móvel em que se põem livros.

es.ta.pa.fúr.dio *adj.* Extravagante; esquisito.

es.tar *v.pred.* Permanecer em algum lugar; encontrar-se; manter-se; existir; *v.pron.* achar-se.

es.tar.da.lha.ço *s.m.* Estrondo. *Fig.* Ostentação ruidosa.

es.tar.re.cer *v.t.d.* Assustar.

es.ta.tal *adj.2gên.* Relativo ao Estado.

es.ta.te.lar *v.t.d.* Lançar ao chão; deixar atônito; *v.pron.* estender-se ao comprido no chão por efeito de queda.

es.ta.ti.ca *s.f.* Parte da Mecânica que versa sobre o equilíbrio dos corpos.

es.tá.ti.co *adj.* Imóvel; em repouso.

es.ta.tís.ti.ca *s.f.* Ciência que tem por objetivo o agrupamento metódico dos fatos sociais que se prestam a cálculo numérico.

es.ta.ti.zar *v.t.d.* Tornar pertencente ao Estado.

es.tá.tua *s.f.* Figura inteira, representativa de pessoa, animal ou divindade.

es.ta.tu.á.ria *s.f.* Arte de modelar estátua.

es.ta.tu.e.ta *s.f.* Pequena estátua.

es.ta.tu.ir *v.t.d.* Determinar em estatuto; decretar.

es.ta.tu.ra *s.f.* Altura ou grandeza de um ser animado; tamanho de uma pessoa.

es.ta.tuto *s.m.* Regulamento.

es.tá.vel *adj.* Firme; duradouro.

es.te *pron.dem.* Indicativo da pessoa ou coisa que está próxima de quem fala.

es.te *s.m.* Leste; oriente; um dos quatro pontos cardeais.

es.te.ar *v.t.d.* Escorar. *Fig.* Amparar.

es.tei.o *s.m.* Escora. *Fig.* Amparo.

es.tei.ra *s.f.* Tecido de palha, de esparto etc.; rumo.

es.te.lar *adj.* Relativo às estrelas.

es.te.li.o.na.to *s.m.* Dolo ou fraude que consiste em transacionar aquilo que já fora objeto de transação.

es.tên.cil *s.m.* Papel parafinado para copiar desenhos e textos datilografados (aport. do inglês *stencil*).

es.ten.dal *s.m.* Tendal.

es.ten.der *v.t.d.* Desenvolver o que estava dobrado; estirar. *Fig.* Dilatar; *v.pron.* alastrar-se.

es.te.no.gra.fi.a *s.f.* Taquigrafia.

es.te.nó.gra.fo *s.m.* Traquígrafo.

es.ten.tor *s.m.* Pessoa que tem voz muito forte.

es.te.pe *s.f.* Planície inculta da Rússia europeia e asiática; *s.m.* pneu sobressalente.

es.ter.çar *v.t.d.* Mover o volante do veículo para a direita ou para a esquerda.

es.ter.co *s.m.* Excremento de animal; estrume.

es.te.re.os.có.pio *s.m.* Aparelho óptico que dá a ilusão de relevo nas imagens planas.

es.te.re.ó.ti.po *s.m.* *Fig.* Chavão; lugar comum; clichê.

es.té.ril *adj.* Que não produz; infecundo.

es.te.ri.li.da.de *s.f.* Incapacidade para gerar.

es.te.ri.li.zar *v.t.d.* Tornar estéril; desinfetar.

es.ter.no *s.m. Anat.* Osso chato localizado na metade da parte anterior do peito.

es.ter.tor *s.m.* Respiração ruidosa.

es.té.ti.ca *s.f.* Filosofia que versa sobre o belo em geral.

es.te.tos.có.pio *s.m.* Instrumento para auscultar as pulsações cardíacas.

es.ti.a.gem *s.f.* Falta de chuva; seca.

es.ti.ar *v.intr.* Cessar de chover; serenar (tempo).

es.ti.bor.do *s.m.* Lado direito do navio, olhando-se da popa para a proa.

es.ti.car *v.t.d.* Estender, puxando muito.

es.tig.ma *s.m.* Marca; cicatriz.

es.tig.ma.ti.zar *v.t.d.* Marcar com estigma. *Fig.* Censurar.

es.ti.le.te *s.m.* Pequeno punhal de lâmina fina.

es.ti.lha *s.f.* Lasca de madeira; cavaco; fragmento.

es.ti.lha.çar *v.t.d.* Despedaçar.

es.ti.lha.ço *s.m.* Lasca; fragmento.

es.ti.lin.gue *s.m.* Forquilha de madeira munida de elástico, para arremesso de pedras.

es.ti.lis.ti.ca *s.f.* Tratado das diversas formas de estilo.

es.ti.li.zar *v.t.d.* Modificar um desenho com intenção de dar estilo (melhorar).

es.ti.lo *s.m.* Uso; costume; maneira de se exprimir em qualquer arte.

es.ti.ma *s.f.* Apreço; avaliação; consideração.

es.ti.mar *v.t.d.* Avaliar; ter estima a.

es.ti.ma.ti.va *s.f.* Avaliação.

es.ti.mu.lar *v.t.d.* Incitar; encorajar.

es.ti.mu.lo *s.m.* Incentivo.

es.ti.o *s.m.* Verão.

es.ti.o.lar *v.intr. e pron.* Enfraquecer-se; debilitar.

es.ti.pe *s.m. Bot.* Caule das palmeiras.

es.ti.pên.dio *s.m.* Remuneração; salário.

es.ti.pu.lar *v.t.d.* Ajustar; determinar.

es.ti.rar *v.t.d.* Esticar; *v.pron.* deitar-se ao comprido.

es.tir.pe *s.f.* Raiz; descendência.

es.ti.va *s.f.* Serviço de carga e descarga de navios; a primeira porção de carga.

es.ti.va.dor *s.m.* Carregador que trabalha no cais do porto.
es.ti.val *adj.2gên.* Do ou relativo ao estio.
es.to.ca.da *s.f.* Golpe com a ponta de espada.
es.to.car *v.t.d.* Formar estoques de mercadorias.
es.to.far *v.t.d.* Acolchoar.
es.to.fo *s.m.* Material de enchimento para sofás, cadeiras etc.
es.toi.cis.mo *s.m. Filos.* Sistema greco-romano que preconizava a indiferença ao prazer e à dor.
es.toi.co *adj.* e *s.m.* Adepto do estoicismo. *Fig.* Indivíduo austero.
es.to.jo *s.m.* Pequena caixa onde se guardam objetos ou joias.
es.to.la *s.f.* Espécie de xale usado como adorno feminino.
es.to.ma.cal *adj.2gên.* Relativo ao estômago; bom para o estômago.
es.to.ma.gar *v.t.d.* Irritar.
es.tô.ma.go *s.m.* Víscera membranosa em que se faz parte da digestão dos alimentos. *Fig.* Disposição; paciência.
es.to.ma.ti.te *s.f. Pat.* Inflamação da mucosa da boca.
es.ton.te.an.te *adj.2gên.* Que deixa tonto.
es.to.pa *s.f.* A parte mais grosseira do linho.
es.to.pim *s.m.* Mecha inflamável que serve de rastilho.
es.to.que *s.m.* Arma branca pontiaguda; depósito de mercadorias para exportação ou venda.
es.tor.cer *v.t.d.* Torcer com força.
es.tor.nar *v.t.d.* Lançar em crédito ou em débito para corrigir lançamento anterior errado.
es.tor.no *s.m.* Retificação de lançamento contrário, por meio de um segundo lançamento.
es.tor.ri.car *v.t.d.* Secar demasiadamente, torrando ou quase queimando.
es.tor.var *v.t.d.* Embaraçar; importunar.
es.tor.vo *s.m.* Embaraço; obstáculo.
es.tou.rar *v.t.d.* Fazer rebentar com estrondo; *v.intr.* explodir.
es.tou.va.do *adj.* e *s.m.* Estabanado.
es.tra.bis.mo *s.m.* Desvio dos olhos de seu eixo normal; vesguice.
es.tra.ça.lhar *v.t.d.* Fazer em pedaços; lacerar.
es.tra.da *s.f.* Caminho público para homens, animais e veículos.
es.tra.do *s.m.* Armação levantada acima do chão; a parte da cama sobre a qual se assenta o colchão.
es.tra.gar *v.t.d.* Causar estrago a; destruir.
es.tra.lar *v.intr.* Dar muitos estralos; estalar.
es.tra.lo *s.m.* Estalo.
es.tram.bó.ti.co *adj.* Esquisito; estravagante.
es.tran.gei.ri.ce *s.f.* Coisas estrangeiras.
es.tran.gei.ro *adj.* e *s.m.* Que ou o que procede de outra nação.
es.tran.gu.la.men.to *s.m.* Sufocamento.
es.tran.gu.lar *v.t.d.* Esganar; sufocar; reprimir.
es.tra.nha.men.to *s.m.* Ato de estranhar; admiração.
es.tra.nhar *v.t.d.* Achar estranho; *v.pron.* esquivar-se.
es.tra.nhe.za *s.f.* Qualidade de estranho; surpresa.
es.tra.nho *adj.* Esquisito.
es.tra.ta.ge.ma *s.m.* Ardil; artifício.
es.tra.té.gia *s.f.* Ciência que versa sobre as operações militares de terra, mar e ar.
es.tra.ti.fi.car *v.t.d.* Dispor em estratos ou camadas.
es.tra.to *s.m. Geol.* Cada uma das camadas dos terrenos sedimentares; nuvem contínua e acinzentada.
es.tra.tos.fe.ra *s.f.* A região mais alta da atmosfera.
es.tre.ar *v.t.d.* Usar pela primeira vez; inaugurar.
es.tre.ba.ri.a *s.f.* Cavalariça.
es.tre.bu.char *v.intr.* Mover convulsivamente as pernas e os braços.
es.trei.a *s.f.* Primeiro uso; inauguração.
es.trei.tar *v.t.d.* Tornar estreito; apertar; *v.intr.* e *pron.* restringir. (Antôn.: *alargar*.)
es.trei.to *adj.* Que tem pouca largura; apertado; *s.m.* canal que liga dois mares; desfiladeiro.
es.tre.la *s.f.* Astro que tem luz própria. *Fig.* Destino.
es.tre.la.do *adj.* Coberto de estrelas.
es.tre.la-do-mar *s.f. Zool.* Animal marinho em forma de estrela.
es.tre.ma *s.f.* Marco divisório.
es.tre.me *adj.2gên.* Sem mistura; puro; genuíno.
es.tre.me.cer *v.t.d.* e *intr.* Fazer tremer; abalar.
es.trê.nuo *adj.* Valente.
es.tre.par *v.t.d.* Revestir de estrepes; *v.pron.* sair-se mal de um empreendimento.
es.tre.pe *s.m.* Espinho; ponta aguda.
es.tré.pi.to *s.m.* Grande ruído; estrondo.
es.tres.se *s.m. Pat.* Esgotamento físico, mental ou emocional.
es.tri.a *s.f.* Sulco; traço.
es.tri.ar *v.t.d.* Fazer estrias em.
es.tri.bar *v.t.d.* Firmar (os pés) no estribo; *v.pron.* apoiar-se.
es.tri.bei.ra *s.f.* Estribo de montar; *perder as –s:* desnortear-se.
es.tri.bi.lho *s.m.* Verso que se repete no final de cada estrofe; refrão.
es.tri.bo *s.m.* Peça que pende de cada lado da sela e na qual o cavaleiro apoia o pé; degrau das viaturas.
es.tri.den.te *adj.2gên.* Agudo; penetrante.
es.tri.dor *s.m.* Som forte; estrondo.
es.trí.du.lo *adj.* Estridente.
es.tri.ge *s.f.* Coruja. *Fig.* Vampiro; feiticeira.

es.tri.lo s.m. Som estridente. Pop. Zanga; protesto.
es.trin.gir v.t.d. Apertar.
es.tri.pu.li.a s.f. Burla, diabrura.
es.tri.to adj. Exato, rigoroso.
es.tro.fe s.f. Cada um dos grupos de versos de um poema; estância.
es.troi.na adj.2gên. e s.2gên. Que é extravagante; boêmio.
es.tron.do s.m. Estampido; barulho.
es.tron.do.so adj. Que faz estrondo; suntuoso.
es.tro.pi.a.do adj. Mutilado; aleijado.
es.tro.pi.ar v.t.d. Aleijar; desvirtuar.
es.tro.pí.cio s.m. Dano; transtorno.
es.tru.gi.do s.m. Estrondo.
es.tru.me s.m. Esterco, adubo.
es.tru.pí.cio s.m. Algazarra; rolo; asneira.
es.tru.tu.ra s.f. Disposição arquitetônica de um edifício; distribuição das partes de uma obra literária; constituição.
es.tru.tu.rar v.t.d. Dar estrutura a; organizar.
es.tu.ar v.intr. Ferver; agitar-se.
es.tu.á.rio s.m. Esteiro; bacia de rio perto do mar, onde se mistura a água doce com a água salgada; foz.
es.tu.dan.te s.2gên. Pessoa que estuda; aluno.
es.tu.dar v.t.d. Aplicar a inteligência para adquirir conhecimentos; examinar; meditar; observar.
es.tú.dio s.m. Oficina de artista; local ou casa onde se preparam fitas cinematográficas.
es.tu.di.o.so adj. Amigo de estudar; dado ao estudo.
es.tu.do s.m. Ato de estudar; aplicação do espírito para aprender; trabalho científico ou literário sobre um assunto.
es.tu.fa s.f. Recinto fechado em que se mantém temperatura artificialmente elevada.
es.tu.far v.t.d. Meter ou aquecer em estufa; inchar.
es.tu.gar v.t.d. Apressar.
es.tul.to adj. e s.m. Indivíduo tolo, estúpido.
es.tu.pe.fa.ção s.f. Adormecimento de uma parte do corpo. Fig. Pasmo.
es.tu.pe.fa.to adj. Entorpecido. Fig. Pasmado.
es.tu.pen.do adj. Espantoso; maravilhoso.
es.tu.pi.dez s.f. Privação de inteligência; grosseria; brutalidade.
es.tú.pi.do adj. De pouca inteligência; grosseiro.
es.tu.por s.m. Estado de entorpecimento da inteligência; assombro; paralisia súbita.
es.tu.po.rar v.t.d. Fazer cair em estupor; assombrar; causar estrago a.
es.tu.prar v.t.d. Copular usando de meios violentos.
es.tu.pro s.m. Prática do ato sexual pela violência.
es.tu.que s.m. Revestimento feito com mistura de mármore em pó, cal e gesso.
es.tur.rar v.t.d. Torrar; exaltar.
es.tur.ri.car v.t.d. O mesmo que estorricar.
es.va.e.cer v.t.d. Desvanecer; dissipar; v.intr. perder o ânimo; v.pron. afrouxar.
es.va.ir v.t.d. e pron. Evaporar; desfalecer; exaurir-se.
es.va.zi.ar v.t.d. Tornar vazio; esgotar. (Antôn.: encher.)
es.vis.ce.rar v.t.d. Arrancar as vísceras; estripar.
es.vo.a.çar v.intr. Adejar; voejar. Fig. Flutuar ao vento.
e.ta.pa s.f. Cada uma das fases sucessivas de algo que se desenvolve.
e.tá.rio adj. Relativo à idade.
é.ter s.m. Quím. Líquido volátil e inflamável oriundo da combinação de um ácido com álcool; o espaço celeste.
e.té.reo adj. Relativo ao éter; puro; celeste.
e.ter.ni.da.de s.f. Vida eterna; imortalidade.
e.ter.no adj. Que dura sempre, imortal; imperecível.
é.ti.ca s.f. Parte da filosofia que trata do problema da conduta e da moral.
é.ti.co adj. Pertinente à moral.
é.ti.mo s.m. Vocábulo que constitui a origem de outro.
e.ti.mo.lo.gi.a s.f. Tratado da origem das palavras.
e.ti.o.lo.gi.a s.f. Ciência da causa ou da origem das coisas.
e.ti.que.ta s.f. Conjunto de normas de conduta social; regra; adesivo.
et.ni.a s.f. Grupo humano biológica e culturalmente homogêneo.
ét.ni.co adj. Relativo à etnia.
et.no.gra.fi.a s.f. Descrição dos povos, sua raça, língua etc. e de sua cultura material.
eu pron.pes. Primeira pessoa; s.m. a personalidade de quem fala.
eu.ca.lip.to s.m. Bot. Árvore de grande porte que fornece boa madeira e tem propriedades medicinais.
eu.ca.ris.ti.a s.f. Sacramento em que, segundo a Igreja Católica, o corpo, o sangue, a alma e a divindade de Cristo estão presentes sob as espécies de pão e vinho; a hóstia consagrada.
eu.fe.mis.mo s.m. Expressão que atenua uma ideia desagradável.
eu.fo.ni.a s.f. Som agradável ao ouvido.
eu.fo.ri.a s.f. Med. Sensação de bem-estar.
eu.ge.ni.a s.f. Ciência que estuda as condições mais favoráveis à reprodução e ao aperfeiçoamento da raça humana.
eu.la.li.a s.f. Boa dicção.
eu.nu.co s.m. Indivíduo castrado; guarda de haréns.
eu.ro s.m. Moeda da União Europeia.

eu.ta.ná.sia *s.f.* Prática que consiste em abreviar a vida a um doente incurável, visando a poupar-lhe sofrimentos.

e.va.cu.a.ção *s.f.* Retirada; saída; defecação.

e.va.cu.ar *v.t.d.* Desocupar; *v.intr.* defecar.

e.va.dir *v.t.d.* Desviar; fugir.

e.van.ge.lho *s.m.* Doutrina de Cristo e os livros que a contêm. *Fig.* Coisa que se tem por verdadeira.

e.va.po.rar *v.t.d.* Converter em vapor; *v.intr.* desaparecer.

e.va.são *s.f.* Fuga.

e.va.si.va *s.f.* Desculpa artificiosa; subterfúgio.

e.va.si.vo *adj.* Que facilita a evasão.

e.ven.to *s.m.* Acontecimento; eventualidade.

e.ven.tu.al *adj.2gên.* Casual; fortuito.

e.ven.tu.a.li.da.de *s.f.* Acaso.

e.ver.são *s.f.* Destruição; ruína.

e.vi.dên.cia *s.f.* Certeza manifesta.

e.vi.den.ci.ar *v.t.d.* Tornar evidente, patentear.

e.vi.den.te *adj.* Claro; manifesto.

e.vi.tar *v.t.d.* Desviar-se de; abster-se.

e.vo.ca.ção *s.f.* Chamada.

e.vo.car *v.t.d.* Chamar de algum lugar; trazer algo à lembrança.

e.vo.lar-se *v.pron.* Subir pelos ares; alçar-se voando.

e.vo.lu.ção *s.f.* Desenvolvimento progressivo de uma ideia; teoria biológica da transformação das espécies.

e.vo.lu.ir *v.intr.* Desenvolver.

e.vul.são *s.f.* Arrancamento; extração.

e.xa.ção *s.f.* Cobrança ou arrecadação vigorosa de dívida ou impostos; correção.

e.xa.cer.bar *v.t.d.* Fazer mais acerbo; irritar.

e.xa.ge.rar *v.t.d.* Representar as coisas além ou aquém da realidade; ampliar.

e.xa.ge.ro *s.m.* Excesso.

e.xa.lar *v.t.d.* e *intr.* Expelir exalações; manifestar-se.

e.xal.çar *v.t.d.* e *Pron.* Exaltar.

e.xal.ta.ção *s.f.* Elevação; glorificação.

e.xal.tar *v.t.d.* Engrandecer; *v.pron.* vangloriar-se. (Antôn.: *rebaixar*.)

e.xa.me *s.m.* Análise minuciosa; prova a que se submete um aluno ou candidato.

e.xa.mi.nar *v.t.d.* Observar atentamente.

e.xan.gue *adj.* Sem sangue; sem forças.

e.xâ.ni.me *adj.* Desfalecido.

e.xa.rar *v.t.d.* Registrar; lavrar.

e.xas.pe.rar *v.t.d.* Exacerbar; irritar.

exa.ti.dão *s.f.* Rigor; correção.

e.xa.to *adj.* Correto; certo.

e.xau.rir *v.t.d.* Esgotar completamente.

e.xaus.tão *s.f.* Extremo depauperamento.

e.xaus.to *adj.* Esgotado; extenuado.

ex.ce.ção *s.f.* O que se desvia da regra geral.

ex.ce.der *v.t.d.* Ultrapassar; *v.pron.* esmerar-se.

ex.ce.lên.cia *s.f.* Grau de perfeição; título honorífico; por –: no mais alto grau.

ex.ce.len.te *adj.2gên.* Muito bom; perfeito.

ex.ce.ler *v.intr.* Ser excelente; primar.

ex.cel.so *adj.* Alto; sublime.

ex.cên.tri.co *adj.* Que se afasta do centro. *Fig.* Esquisito; extravagante.

ex.cep.ci.o.nal *adj.2gên.* Que faz exceção; excêntrico; extraordinário.

ex.cer.to *s.m.* Trecho; fragmento.

ex.ces.si.vo *adj.* Que passa dos limites; exagerado.

ex.ces.so *s.m.* Diferença para mais; sobejo; violência.

ex.ce.to *prep.* Afora; salvo; com reserva de.

ex.ce.tu.ar *v.t.d.* Excluir; fazer exceção de; isentar. (Antôn.: *incluir*.)

ex.ci.ta.ção *s.f.* Exaltação; estímulo.

ex.ci.tar *v.t.d.* Provocar; estimular; *v.pron.* animar-se.

ex.cla.ma.ção *s.f.* Grito de alegria, surpresa etc.

ex.cla.mar *v.t.d.* Proferir em voz alta; bradar.

ex.clu.den.te *adj.2gên.* Que exclui.

ex.clu.í.do *adj.* Eliminado.

ex.clu.ir *v.t.d.* Excetuar; pôr de parte; expulsar.

ex.clu.são *s.f.* Exceção; omissão.

ex.clu.si.vo *adj.* Que exclui; único.

ex.co.gi.tar *v.t.d.* Inventar; cogitar; investigar.

ex.co.mun.gar *v.t.d.* Expulsar da Igreja Católica; amaldiçoar. (Antôn.: *abençoar*.)

ex.co.mu.nhão *s.f.* Censura eclesiástica que exclui da comunhão dos fiéis.

ex.cre.ção *s.f.* Ação pela qual os resíduos inúteis são expelidos pelo corpo.

ex.cre.men.to *s.m.* Fezes.

ex.cres.cên.cia *s.f.* Coisa desnecessária. *Pat.* Tumor.

ex.cre.tar *v.t.d.* Expelir.

ex.cru.ci.ar *v.t.d.* Torturar.

ex.cur.são *s.f.* Breve jornada; passeio nos arredores.

ex.cur.si.o.nis.ta *s.2gên.* Pessoa que faz excursão; turista.

e.xe.crar *v.t.i.* Abominar; detestar. (Antôn.: *amar*.)

e.xe.crá.vel *adj.2gên.* Abominável; odioso.

e.xe.cu.tar *v.t.d.* Levar a efeito; realizar, tocar; cantar.

e.xe.cu.ti.vo *adj.* Que executa, cumpre ou realiza; o poder executivo.

e.xem.plar *adj.2gên.* Que serve de exemplo; *s.m.* cópia.

e.xem.plá.rio *s.m.* Coleção ou livro de exemplo.

e.xem.pli.fi.car *v.t.d.* Esclarecer com exemplos.

e.xem.plo *s.m.* O que pode servir de modelo; tudo o que deve ser imitado.

EXEQUÍVEL — EXPOSTO

e.xe.quí.vel *adj.2gên.* Que se pode executar; realizável.

e.xer.cer *v.t.d.* Preencher os deveres relativos a (um cargo); desempenhar; praticar.

e.xer.cí.cio *s.m.* Ação de exercer; prática.

e.xer.ci.tar *v.t.d.* Exercer, praticar; *v.pron.* adestrar-se.

e.xér.ci.to *s.m.* As forças militares de uma nação. *Fig.* Multidão.

e.xi.bi.ção *s.f.* Exposição em público.

e.xi.bir *v.t.d.* Expor em público; mostrar; ostentar.

e.xi.gên.cia *s.f.* Pedido imperioso; reclamação; instância.

e.xi.gen.te *adj.2gên.* Que exige; difícil de contentar.

e.xi.gir *v.t.d.* Reclamar sob alegação de direito; impor. (Antôn.: *conceder*.)

e.xí.guo *adj.* Escasso.

e.xi.la.do *adj. e s.m.* Expatriado; degredado.

e.xi.lar *v.t.d.* Expulsar da pátria; afastar para longe.

e.xí.lio *s.m.* Desterro; lugar onde vive o exilado.

e.xí.mio *adj.* Excelente.

e.xi.mir *v.t.d.* Desobrigar; dispensar.

e.xis.tên.cia *s.f.* Estado do que existe; vida; realidade; duração.

e.xis.ten.ci.a.lis.mo *s.m. Filos.* Concepção segundo a qual o homem é responsável por suas próprias ações.

e.xis.ten.te *adj.2gên.* Que existe.

e.xis.tir *v.intr.* Viver; ser. (Antôn.: *morrer*.)

ê.xi.to *s.m.* Bom resultado; efeito.

ê.xo.do *s.m.* Emigração, segundo livro do Pentateuco.

e.xo.ne.rar *v.t.d.* Dispensar; demitir.

e.xo.rar *v.t.d.* Implorar com ânsia.

e.xor.bi.tân.cia *s.f.* Excesso; preço demasiado.

e.xor.bi.tan.te *adj.2gên.* Excessivo.

e.xor.bi.tar *v.t.d.* Sair da órbita; ultrapassar os limites.

e.xor.cis.mo *s.m.* Conjunto de orações da Igreja Católica visando a esconjurar os espíritos.

e.xor.cis.ta *s.2gên.* Pessoa que exorcisa.

e.xór.dio *s.m.* Começo de um discurso; preâmbulo.

e.xor.tar *v.t.d. e i.* Animar; encorajar; persuadir; admoestar.

e.xo.té.ri.co *adj.* Exposto em público (doutrina, teoria).

e.xó.ti.co *adj.* Estrangeiro; extravagante.

ex.pan.dir *v.t.d.* Alargar; dilatar; *v.pron.* desabafar-se.

ex.pan.são *s.f.* Desenvolvimento; efusão de sentimentos.

ex.pan.si.vo *adj.* Comunicativo.

ex.pa.tri.ar *v.t.d.* Expulsar da pátria. (Antôn.: *repatriar*.)

ex.pec.ta.dor *adj. e s.m.* Pessoa que tem ou está na expectativa.

ex.pec.tan.te *adj.2gên.* Que espera em observação.

ex.pec.ta.ti.va *s.f.* Esperança fundada em probabilidades.

ex.pec.to.rar *v.t.d.* Escarrar; expelir do peito.

ex.pe.di.ção *s.f.* Remessa; excursão científica; despacho.

ex.pe.di.da *s.f.* Licença para sair ou expedir.

ex.pe.di.en.te *adj.2gên.* Que expede; *s.m.* horário de funcionamento ou trabalho; recurso para resolver alguma dificuldade.

ex.pe.dir *v.t.d.* Enviar a seu destino; despachar; expulsar.

ex.pe.di.to *adj.* Desembaraçado; rápido; pronto.

ex.pe.lir *v.t.d.* Lançar para fora; expulsar.

ex.pen.der *v.t.d.* Gastar; expor minuciosamente.

ex.pe.ri.ên.cia *s.f.* Conhecimento conseguido pela prática; ensaio; prática da vida.

ex.pe.ri.en.te *adj.2gên.* Que tem experiência.

ex.pe.ri.men.tal *adj.2gên.* Baseado na experiência.

ex.pe.ri.men.tar *v.t.d.* Pôr a prova; tentar; sentir; sofrer.

ex.pe.ri.men.to *s.m.* Experiência.

ex.pi.a.ção *s.f.* Penitência; castigo.

ex.pi.ar *v.t.d.* Remir falta ou pecado por meio de castigo ou penitência.

ex.pi.rar *v.t.d.* Expelir ar dos pulmões; *v.intr.* morrer. (Antôn.: *inspirar, aspirar*.)

ex.pla.nar *v.t.d.* Fazer plano; explicar com clareza.

ex.ple.ti.vo *adj.* Que serve para completar; palavra usada para realçar outra.

ex.pli.ca.ção *s.f.* Esclarecimento, análise.

ex.pli.car *v.t.d.* Tornar inteligível ou claro.

ex.plí.ci.to *adj.* Claro; desenvolvido.

ex.plo.dir *v.intr.* Fazer explosão.

ex.plo.ra.ção *s.f.* Pesquisa; extorsão.

ex.plo.rar *v.t.d.* Pesquisar; abusar de boa-fé.

ex.plo.si.vo *adj. e s.m.* Que, ou o que explode.

ex.po.en.te *s.m.* Aquele que expõe alguma coisa. *Mat.* Número indicativo do grau de potência de outro. *Bras.* Representante notável de uma classe.

ex.por *v.t.d.* Pôr à vista; explicar; *v.pron.* arriscar-se.

ex.por.ta.ção *s.f.* Ação de exportar; mercadoria exportada.

ex.por.tar *v.t.d.* Mandar para outro país (gêneros ou artefatos nacionais). (Antôn.: *importar*.)

ex.po.si.ção *s.f.* Ato de expor; exibição pública; explicação; narrativa.

ex.po.si.ti.vo *adj.* Próprio para expor; descritivo.

ex.pos.to *adj.* Posto à vista; *s.m.* criança abandonada.

ex.pres.são *s.f.* Ato de exprimir; gesto; representação.

ex.pres.si.vo *adj.* Que exprime; significativo.

ex.pres.so *adj.* Claro; rápido; *s.m.* trem que viaja diretamente a seu destino.

ex.pri.mir *v.t.d.* Expressar; manifestar.

ex.pro.bar *v.t.d.* Censurar violentamente; repreender.

ex.pro.pri.ar *v.t.d.* Privar de propriedade por meios legais mediante indenização.

ex.pug.nar *v.t.d.* Tomar pelas armas; debelar; vencer.

ex.pul.são *s.f.* Ato de expulsar; evacuação.

ex.pun.gi.do *adj.* Limpo; isento.

ex.pur.gar *v.t.d.* Purificar; corrigir.

ex.si.car *v.t.d.* Secar, enxugar bem.

ex.su.dar *v.t.d.* Expelir ou exalar em forma de suor.

êx.ta.se *s.m.* Arrebatamento dos sentidos; admiração de prazer.

ex.ta.si.ar *v.t.d.* Causar êxtase; arrebatar; encantar; *v.pron.* cair em êxtase.

ex.tá.ti.co *adj.* Posto em êxtase; arrebatado.

ex.ten.são *s.f.* Dimensão em comprimento ou superfície; duração.

ex.ten.si.vo *adj.* Que abrange; que se aplica a mais de um caso.

ex.ten.so *adj.* Vasto; amplo; não resumido.

ex.te.nu.ar *v.t.d.* Causar enfraquecimento; debilitar. (Antôn.: *revigorar*.)

ex.te.ri.or *adj.* Que fica por fora; superficial; *s.m.* aparência; as nações estrangeiras.

ex.te.ri.o.ri.zar *v.t.d.* Manifestar; dar a conhecer.

ex.ter.mi.nar *v.t.d.* Destruir, matando; expulsar.

ex.ter.mí.nio *s.m.* Ato de exterminar. *Fig.* Destruição completa.

ex.ter.nar *v.t.d.* e *pron.* Tornar exterior; manifestar.

ex.ter.na.to *s.m.* Estabelecimento de ensino para alunos externos.

ex.ter.no *adj.* Exterior; *s.m.* aluno que frequenta as aulas num externato.

ex.tin.ção *s.f.* Extermínio; cessação; ato de extinguir.

ex.tin.guir *v.t.d.* Apagar (lume); destruir; *v.pron.* cessar de arder.

ex.tin.to *adj.* Apagado; suprimido; *s.m.* indivíduo que faleceu.

ex.tin.tor *adj.* Que extingue; *s.m.* aparelho para extinguir incêndios.

ex.tir.par *v.t.d.* Arrancar pela raiz; eliminar.

ex.tor.quir *v.t.d.* Obter por violência ou ameaça; roubar.

ex.tor.são *s.f.* Crime de extorquir; imposto excessivo; usurpação.

ex.tra *adj. Pop.* Extraordinário; *s.2gên.* pessoa que faz serviço suplementar.

ex.tra.ção *s.f.* Ação de extrair; sorteio de loteria.

ex.tra.di.tar *v.t.d.* Entregar criminoso refugiado em país estrangeiro ao governo do país de onde proveio.

ex.tra.ir *v.t.d.* Tirar fora; arrancar.

ex.tra.ju.di.ci.al *adj.2gên.* Que é feito fora da via judicial ou das praxes regulares do direito.

ex.tra.or.di.ná.rio *adj.* Que não é comum; magnífico; *s.m.* despesa fora do orçamento.

ex.tra.po.lar *v.t.d.* Ultrapassar; exceder.

ex.tra.to *s.m.* Coisa extraída de outra; trecho; cópia; combinação aromática.

ex.tra.va.gan.te *adj.2gên.* Estranho.

ex.tra.va.sar *v.t.d.* e *pron.* Fazer transbordar; derramar-se.

ex.tra.vi.ar *v.t.d.* Tirar do caminho; perverter; *v.pron.* perder-se no caminho.

ex.tra.vi.o *s.m.* Desvio; sumiço; roubo.

ex.tre.ma.do *adj.* Distinto entre muitos; excelente.

ex.tre.mar *v.t.d.* Levar ao extremo; exagerar; *v.pron.* distinguir-se.

ex.tre.ma-un.ção *s.f.* Sacramento mediante o qual enfermos ou moribundos são ungidos.

ex.tre.mi.da.de *s.f.* Fim; limite; ponta. *Fig.* Situação aflitiva.

ex.tre.mis.mo *s.m.* Teoria que aponta soluções extremas para sanar os males sociais.

ex.tre.mo *adj.* Que está no último ponto; final; distante; excessivo; *s.m.* extremidade.

ex.trin.se.co *adj.* Que não integra a essência de uma coisa ou pessoa; externo.

ex.tro.ver.ti.do *adj.* e *s.m.* Que é sociável, comunicativo.

e.xu *s.m.* Orixá diabólico; demônio.

e.xu.be.rân.cia *s.f.* Grande abundância. *Fig.* Intensidade; vigor.

e.xu.be.ran.te *adj.2gên.* Superabundante. *Fig.* Vigoroso.

e.xul.tar *v.intr.* Sentir grande alegria; regozijar-se. (Antôn.: *entristecer*.)

e.xu.ma.ção *s.f.* Ato de exumar.

e.xu.mar *v.t.d.* Desenterrar; tirar do esquecimento; tirar (de onde jazia).

fF

f *s.m.* Sexta letra do alfabeto português. *Mús.* Indica que o trecho é forte e, quando dobrado, fortíssimo. *Quím.* Símbolo do flúor.
fã *s.2gên.* Que admira fanaticamente um artista. *P.ext.* Admirador.
fá.bri.ca *s.f.* Estabelecimento onde a matéria-prima é transformada em produtos.
fa.bri.ca.ção *s.f.* Ato, efeito, modo ou meio de fabricar.
fa.bri.can.te *s.2gên.* Pessoa que fabrica; dono de fábrica; autor.
fa.bri.car *v.t.d.* Manufaturar; cultivar; edificar. *Fig.* Imaginar.
fá.bu.la *s.f.* Relato alegórico de fundo moral; ficção; mentira.
fa.bu.lo.so *adj.* Fictício; imaginário; incrível.
fa.ca *s.f.* Peça cortante, com lâmina de aço, ferro ou outro metal. (Aum. e masc.: *facão; facalhão*.)
fa.ca.da *s.f.* Ferimento com faca. *Fig.* Surpresa dolorosa. *Gír.* Pedido de empréstimo de dinheiro.
fa.ça.nha *s.f.* Proeza. *Fig.* Perversidade.
fa.cão *s.m.* Faca de grande porte.
fac.ção *s.f.* Feito de armas; partido político; bando sedicioso.
fac.ci.o.so *adj.* Que diz respeito ao seguidor de uma facção; faccionário. (Var.: *facioso*.)
fa.ce *s.f.* Rosto; cara; semblante; superfície; lado; **em – de**: diante de, perante; em virtude de; **fazer – a**: custear; resistir a.
fa.cé.cia *s.f.* Gracejo.
fa.cei.ro *adj.* Que gosta de enfeitar-se; vaidoso.
fa.ce.ta *s.f.* Pequena face; particularidade.
fa.ce.to *adj.* Engraçado.
fa.cha.da *s.f.* Lado de edifício voltado para a rua; frontaria. *Fam.* Fisionomia.
fa.cho *s.m.* Luzeiro; farol.
fa.ci.al *adj.2gên.* Concernente à face.
fá.cil *adj.2gên.* Que se faz sem custo; complacente.
fa.ci.li.da.de *s.f.* Ausência de obstáculos; qualidade do que é fácil; o plural, *facilidades*, significa: meios simples de conseguir alguma coisa.
fa.ci.no.ra *s.m.* Grande criminoso; malvado.
fac-sí.mi.le *s.m.* Reprodução fotomecânica de escrito, impresso etc.; fax.

fac.tí.vel *adj.2gên.* Que pode ser feito; possível. (Var.: *fatível*.)
fac.tó.tum *s.m.* Indivíduo encarregado de todos os negócios de outrem; pessoa que faz tudo.
fa.cul.da.de *s.f.* O poder de executar; capacidade; escola superior.
fa.cul.tar *v.t.d.* Facilitar; permitir; conceder.
fa.cul.ta.ti.vo *adj.* Que não é obrigatório; *s.m.* o mesmo que médico.
fa.cún.dia *s.f.* Facilidade para discursar.
fa.da *s.f.* Ser fantástico ao qual se atribui poder sobrenatural; **mãos de –**: mãos de mulher habilidosa.
fa.da.do *adj.* Influenciado pelos fados; predestinado.
fa.di.ga *s.f.* Cansaço por trabalho excessivo; lida.
fa.do *s.m.* O mesmo que *fadário*; destino; canção popular portuguesa.
fa.guei.ro *adj.* Que afaga; carinhoso; agradável.
fa.gu.lha *s.f.* Centelha; faísca.
faia *s.f.* Árvore ornamental de grande porte, da espécie europeia das Fagáceas; madeira dessa árvore; entrelinha; *s.m.* fadista.
fai.an.ça *s.f.* Louça de barro vidrado ou esmaltado.
fai.na *s.f.* Lida.
fai.são *s.m. Ornit.* Ave galinácea de bela plumagem.
faís.ca *s.f.* Centelha; lâmina de ouro perdida na terra das minas.
fa.is.can.te *adj.2gên.* Que faísca ou que expele faíscas.
fa.is.car *v.intr.* Lançar faíscas; cintilar; procurar palhetas de ouro nas minas.
fai.xa *s.f.* Banda; cinta; extensão de terra mais comprida do que larga. *Astr.* Zona à roda de um planeta.
fa.la *s.f.* Ação ou qualidade de falar; o som da palavra.
fa.lá.cia *s.f.* Vozearia; engano.
fa.la.do *adj.* Comentado; de quem se fala muito; famoso.
fa.lan.ge *s.f.* Designação que os gregos davam à sua infantaria; cada um dos ossos que formam os dedos. *Fig.* Multidão.
fa.lan.ge.ta *s.f. Anat.* Terceira falange dos dedos.

fa.lan.te *adj.2gên.* Aquele ou aquela que fala.
fa.lar *v.t.d.* Exprimir por meio de palavras; proferir; *v.intr.* articular palavras.
fa.las.trão *adj.* e *s.m.* Que fala muito e sem tino.
fa.la.tó.rio *s.m.* Ruído de vozes; tagarelice; discurso comprido.
fa.laz *adj.2gên.* Enganador; ilusório.
fal.cão *s.m.* Ave de rapina que se adestra para caça.
fal.ca.tru.a *s.f.* Fraude; logro.
fal.co.a.ri.a *s.f.* Arte de adestrar falcões para caça de altanaria; o lugar onde se criam falcões; caça de falcões.
fal.da *s.f.* Sopé; fralda.
fa.le.cer *v.intr.* Expirar; morrer.
fa.le.ci.do *adj.* Falho; morto; *s.m.* o indivíduo que morreu; finado.
fa.lên.cia *s.f.* Ação de falir; falha; suspensão de pagamentos comerciais.
fa.lé.sia *s.f.* Zona costeira cortada a pique em alcantis.
fa.lha *s.f.* Falta; omissão; fenda; defeito; lacuna; fragmento; mania.
fa.lhar *v.t.d.* e *i.* Rachar; fender; faltar; não surtir efeito; errar.
fa.lho *adj.* Que tem falha; deficiente; defeituoso.
fa.li.do *adj.* Que faliu; *s.m.* negociante que suspendeu pagamentos, que faliu.
fa.lir *v.intr.* Suspender pagamentos; quebrar; fracassar; falhar.
fa.lo *s.m.* Representação do pênis, como símbolo da fecundidade da natureza.
fal.que.jar *v.t.d.* Desbastar.
fal.sá.rio *s.m.* O mesmo que *falsificador*.
fal.se.ar *v.t.d.* Enganar; adulterar; *v.intr.* falhar.
fal.si.fi.ca.ção *s.f.* Ato de falsificar; alteração fraudulenta; contração.
fal.so *adj.* Contrário à realidade ou à verdade; fingido; hipócrita; adulterado; errado.
fal.ta *s.f.* Carência; omissão; ausência; erro; privação.
fal.tar *v.intr.* Deixar de haver, de cumprir, de existir; ter privação; falsear.
fal.to *adj.* Necessitado; carecido; desprovido.
fa.lu.a *s.f.* Embarcação à vela.
fa.ma *s.f.* Renome; reputação; glória.
fa.mé.li.co *adj.* Que tem fama, afamado.
fa.mi.ge.ra.do *adj.* Famoso; célebre; muito notável.
fa.mí.lia *s.f.* O pai, a mãe e os filhos; pessoas do mesmo sangue; descendência; grupo de animais ou vegetais que apresentam algumas analogias.
fa.mi.li.ar *adj.2gên.* Que é da família; íntimo; *s.m.* pessoa da família.
fa.mi.li.a.ri.da.de *s.f.* Convivência em família; intimidade; confiança.
fa.min.to *adj.* Que tem muita fome. *Fig.* Ávido.

fa.mo.so *adj.* Cheio de fama; notável.
fâ.mu.lo *s.m.* Criado; servidor.
fa.nal *s.m.* Luz que brilha do alto; farol; guia.
fa.nar *v.t.d.* Murchar; perder o viço.
fa.ná.ti.co *adj.* e *s.m.* Que tem excessivo zelo religioso; partidário.
fa.na.tis.mo *s.m.* Desvairamento religioso; paixão, admiração quase doentia.
fan.far.rão *s.m.* Aquele que conta bazófias e faz bravatas; alardeador.
fa.nho.so *adj.* Que fala de maneira a emitir a voz pelo nariz.
fa.ni.qui.to *s.m. Fam.* Chilique; fricote.
fan.ta.si.a *s.f.* Faculdade de imaginar; obra artística executada a gosto do autor; roupagem carnavalesca.
fan.ta.si.ar *v.t.d.* Imaginar; idealizar; *v.intr.* vestir fantasia; devanear.
fan.tas.ma *s.m.* Figura sobrenatural ilusória; assombração.
fan.tás.ti.co *adj.* Imaginário; inventado.
fan.to.che *s.m.* Boneco que se faz mover por meio de cordéis.
fa.quei.ro *s.m.* Estojo para guardar facas e, em geral, talheres; fabricante de facas.
fa.quir *s.m.* Indivíduo que se exibe jejuando, deixando-se picar ou ferir sem dar sinais de sensibilidade.
fa.ra.ó *s.m.* Título dos reis do antigo Egito.
fa.ra.ô.ni.co *adj.* Que diz respeito aos faraós ou ao seu tempo.
far.da *s.f.* Traje militar; uniforme para uma certa classe de indivíduos.
far.da.men.to *s.m.* Farda; conjunto de fardas.
far.dar *v.t.d.* Vestir com farda; trajar.
far.do *s.m.* Embrulho grande; carga. *Fig.* O que custa a suportar.
fa.re.jar *v.t.d.* Cheirar ou seguir levado pelo faro; examinar; *v.intr.* tomar o faro.
fa.re.lo *s.m.* Resíduo dos cereais moídos; migalha.
fa.rin.ge *s.f. Anat.* Cavidade localizada entre a boca e a parte superior do estômago.
fa.ri.nha *s.f.* Pó resultante da trituração de grãos.
far.ma.cêu.ti.co *adj.* Referente à farmácia; boticário.
far.má.cia *s.f.* Arte de preparação de medicamentos; estabelecimento onde se preparam ou se vendem medicamentos.
far.ma.co.lo.gi.a *s.f.* Ramo da Medicina que estuda os medicamentos e sua aplicação.
far.ma.co.pei.a *s.f.* Livro em que se reúnem fórmulas e processo de preparação dos medicamentos.
far.nel *s.m.* Saco para provisões alimentícias; merenda.
fa.ro *s.m.* O olfato dos animais. *Fig.* Sinal; indício.

fa.ro.fa *s.f.* Farinha de mandioca torrada em óleo ou manteiga.

fa.rol *s.m.* Torre perto do mar onde se acende um facho para orientar navios; lanterna dos automóveis. *Fig.* Rumo; ostentação mentirosa.

far.pa *s.f.* Ponta penetrante em forma de flecha; tira de coisa rasgada.

far.pa.do *adj.* Armado de farpa.

far.ra.po *s.m.* Pano rasgado; trapo.

far.ri.pas *s.f.pl.* Cabelos muito curtos e ralos.

far.rou.pi.lha *s.2gên.* Pessoa mal vestida.

far.sa *s.f.* Peça de teatro, com episódios burlescos; mentira.

far.san.te *s.m.* Brincalhão; mentiroso; trapaceiro.

far.sis.ta *s.2gên.* Farsante; *adj.* gracejador.

far.tar *v.t.d.* Satisfazer bem o apetite ou a sede; encher completamente; *v.pron.* saciar-se; cansar-se.

far.to *adj.* Saciado; abundante; enfastiado.

far.tum *s.m.* Cheiro de ranço.

far.tu.ra *s.f.* Abundância.

fas.cí.cu.lo *s.m.* Pequeno feixe; folheto de obra publicada por partes.

fas.ci.na.ção *s.f.* Atração irresistível; deslumbramento; encanto.

fas.ci.nar *v.t.d.* Enfeitiçar; encantar.

fas.cí.nio *s.m.* Fascinação; encantamento.

fas.cis.mo *s.m.* Regime político nacionalista e antidemocrático, centralizado na figura de um ditador.

fas.cis.ta *adj.* Relativo ou pertencente ao fascismo. *P. ext.* Autoritário.

fa.se *s.f.* Cada etapa de uma mudança; aspecto da coisa que muda; período com características próprias.

fa.se.o.lar *adj.2gên.* Relativo a ou que tem forma de feijão.

fas.qui.a *s.f.* Tira de madeira comprida e estreita; ripa.

fas.tí.gio *s.m.* O ponto mais alto; eminência; auge.

fas.ti.o *s.m.* Falta de apetite; tédio.

fas.tos *s.m.pl.* Registro público de fatos memoráveis.

fa.tal *adj.2gên.* Estabelecido pelo fado; que tem destino inevitável; que mata.

fa.ta.li.da.de *s.f.* Destino inevitável; desgraça.

fa.ta.lis.ta *adj. e s.2gên.* Que, ou pessoa que crê na fatalidade; pessoa que crê na predestinação.

fa.ti.a *s.f.* Pedaço cortado em forma de lâmina.

fa.ti.ar *v.t.d.* Talhar em fatias.

fa.tí.di.co *adj.* Fatal.

fa.ti.gar *v.t.d.* Causar fadiga; cansar; enfastiar; *v.pron. e intr.* fatigar-se.

fa.ti.o.ta *s.f.* Vestuário.

fa.to *s.m.* Coisa ou ato realizado; acontecimento; o que é verídico.

fa.tor *s.m.* Aquele que faz algo; termo de multiplicação aritmética; tudo que contribui num resultado.

fa.to.rar *v.t.d.* Decompor um número em todos os seus fatores.

fa.tu.al *adj.2gên.* Relativo a fato; que encerra uma afirmação de fatos.

fá.tuo *adj.* Néscio; vaidoso e vazio.

fa.tu.ra *s.f.* Relação minuciosa do número e valor de artigos que se expedem; feitura.

fa.tu.rar *v.t.d.* Lançar em fatura (mercadorias).

fau.ce *s.f.* Garganta de animal; goela.

fa.ú.lha *s.f.* Fagulha.

fau.na *s.f.* O conjunto de animais próprios de determinada região.

faus.to *s.m. e adj.* Próspero; luxo; ostentação.

fau.tor *adj. e s.m.* Que promove, favorece.

fa.va *s.f.* Vagem ou semente das leguminosas.

fa.ve.la *s.f.* Conjunto de habitações pobres, toscamente construídas, sem recursos higiênicos.

fa.vo *s.m.* Local em que a abelha deposita o mel. *Fig.* Coisa doce.

fa.vor *s.m.* Benefício; graça; obséquio.

fa.vo.rá.vel *adj.2gên.* Propício; vantajoso.

fa.vo.re.cer *v.t.d.* Auxiliar; apoiar; proteger; fazer favor.

fa.vo.ri.tis.mo *s.m.* Proteção parcial.

fa.vo.ri.to *adj. e s.m.* Predileto.

fax *s.m.2n.* Moderno sistema de transmissão de textos via telefone.

fa.xi.na *s.f.* Limpeza geral.

fa.zen.da *s.f.* Propriedade rural; bens; órgão estatal encarregado de arrecadar e distribuir os bens patrimoniais.

fa.zen.dei.ro *s.m.* Dono de fazenda.

fa.zer *v.t.d.* Dar existência ou forma a; construir; causar; fabricar; compor; edificar; conceber; *v.pron.* tornar-se; vir a ser.

fé *s.f.* Crença; confiança.

fe.bre *s.f.* Aumento da temperatura normal do corpo e aceleração do pulso. *Fig.* Frenesi.

fe.bri.ci.tan.te *adj.2gên.* Em estado de febre; febril.

fe.bril *adj.2gên.* Relativo a febre. *Fig.* Exaltado.

fe.cal *adj.2gên.* Relativo a fezes.

fe.cha.do *adj.* Cerrado; acabado; *s.m.* lugar de mato cerrado.

fe.cha.du.ra *s.f.* Mecanismo fixo para abrir e fechar com chave, portas, grades etc.

fe.char *v.t.d.* Cerrar; trancar; tapar; terminar; *v.intr.* cicatrizar.

fe.cho *s.m.* O que fecha uma coisa; acabamento; remate.

fé.cu.la *s.f.* Substância farinácea fabricada de raízes e tubérculos; amido.

fe.cun.dar *v.t.d.* Transmitir o germe a; fertilizar; *v.intr.* conceber.

fe.cun.di.da.de *s.f.* Faculdade reprodutora; fertilidade.

fe.cun.do *adj.* Capaz de produzir ou reproduzir.

fe.de.lho *s.m.* Criança muito nova; garoto. *Pop.* Rapaz de pouco siso.

fe.den.ti.na *s.f.* Mau cheiro; o mesmo que *fedorentina*.

fe.de.ra.ção *s.f.* Aliança política entre povos; união entre estados. *Fig.* Sociedade.

fe.de.ral *adj.2gên.* Relativo à federação.

fe.de.ra.lis.mo *s.m.* Sistema de governo no qual vários estados se organizam numa só nação, conservando certas autonomias.

fe.dor *s.m.* Mau cheiro.

fe.do.ren.to *adj.* Que cheira mal.

fei.ção *s.f.* Feitiço; aspecto; semblante; o plural, *feições*, significa: delineamento de rosto.

fei.jão *s.m.* Semente do feijoeiro; vagem do feijoeiro; o feijão cozido.

fei.jo.a.da *s.f.* Porção de feijões; guisado de feijão com carne seca, toucinho, paio etc.

fei.o *adj.* De má aparência; disforme; indecoroso.

fei.o.so *adj.* Um tanto feio.

fei.ra *s.f.* Mercado público.

fei.ran.te *s.2gên.* Pessoa que vende ou compra na feira.

fei.ta *s.f.* Vez; ocasião.

fei.ti.ça.ri.a *s.f.* Prática de feitiço.

fei.ti.cei.ro *s.m.* Indivíduo que pratica feitiçaria; bruxo; *adj.* encantador; fascinante.

fei.ti.ço *s.m.* Malefício de feiticeiro. *Fig.* Encanto; fascinação; *adj.* artificial.

fei.ti.o *s.m.* Feição; forma; configuração; índole.

fei.to *adj.* Adestrado; crescido; *s.m.* fato; façanha; o plural, *feitos*, significa: processos judiciais.

fei.tor *adj.* e *s.m.* O que faz; capataz.

fei.xe *s.m.* Reunião de varas atadas; molho. (Dimin. irreg.: *fascículo*.)

fel *s.m.* Bílis. *Fig.* Azedume; ódio.

fe.li.ci.da.de *s.f.* Ventura; fortuna; satisfação; bom êxito.

fe.li.ci.tar *v.t.d.* Tornar feliz; dar os parabéns.

fe.li.no *adj.* Relativo ao ou próprio do gato. *Fig.* Ágil.

fe.liz *adj.* Satisfeito; abençoado; bem-sucedido; contente.

fe.li.zar.do *s.m.* Indivíduo de muita sorte; que goza de muita felicidade.

fe.lo.ni.a *s.f.* Traição.

fel.pa *s.f.* Pelo saliente de tecido; penugem; farpa.

fel.tro *s.m.* Pano feito com empastamento de lã ou pelo, muito usado para fabricar chapéus.

fê.mea *s.f.* Animal feminino; mulher; qualquer peça que recebe o engate de outra.

fe.mi.nil *adj.2gên.* Feminino. *Fig.* Mulherengo.

fe.mi.ni.no *adj.* Relativo às fêmeas, à mulher.

fe.mi.nis.mo *s.m.* Equiparação dos direitos da mulher aos do homem.

fê.mur *s.m.* O osso da coxa; a coxa.

fen.da *s.f.* Abertura estreita e alongada.

fen.der *v.t.d.* Abrir fenda em; rachar; separar; *v.pron.* abrir-se em rachas.

fe.ne.cer *v.intr.* Murchar; extinguir-se; morrer; terminar.

fê.nix *s.f.* Ave mitológica egípcia que renasce das próprias cinzas. *Fig.* Indivíduo raro.

fe.no *s.m.* Erva ceifada e seca para forragem.

fe.no.me.nal *adj.2gên.* Da natureza do fenômeno; espantoso; singular; enorme.

fe.nô.me.no *s.m.* Tudo que é surpreendente ou raro; maravilha.

fe.nó.ti.po *s.m. Biol.* Aparência exterior do conjunto de propriedades genéticas do indivíduo.

fe.ra *s.f.* Animal feroz e carnívoro. *Fig.* Pessoa sanguinária e maldosa.

fe.ra.ci.da.de *s.f.* Qualidade de feraz; fertilidade.

fe.re.tro *s.m.* Caixão de defunto; esquife.

fe.re.za *s.f.* Ferocidade.

fé.ria *s.f.* Dia de semana; salário semanal de operário; o plural, *férias*, significa: dias de descanso; folga.

fe.ri.a.do *s.m.* Dia em que se suspende o trabalho por determinação civil ou religiosa.

fe.ri.da *s.f.* Úlcera; chaga; ferimento. *Fig.* Mágoa.

fe.ri.da.de *s.f.* Ferocidade; perversidade.

fe.ri.men.to *s.m.* Ferida; golpe.

fe.ri.no *adj.* Relativo ou semelhante a fera; feroz; cruel.

fe.rir *v.t.d.* Fazer ferida; cortar; causar dano; ofender; *v.pron.* magoar-se.

fer.men.ta.ção *s.f.* Transformação sofrida por certas substâncias orgânicas sob ação de um fermento. *Fig.* Agitação.

fer.men.to *s.m.* Agente orgânico ou inorgânico que provoca a fermentação de uma substância.

fe.ro *adj.* Feroz; selvagem.

fe.ro.ci.da.de *s.f.* Caráter de feroz; índole cruel.

fe.roz *adj.2gên.* Quem tem a natureza de fera; cruel; ameaçador; perverso; arrogante.

fer.ra.brás *s.m.* Valentão.

fer.ra.du.ra *s.f.* Chapa semicircular que se aplica no casco das bestas.

fer.ra.gei.ro *adj.* e *s.m.* Negociante de ferragem ou de ferro.

fer.ra.gem *s.f.* Conjunto de peças de ferro.

fer.ra.men.ta *s.f.* Os instrumentos de uma arte ou ofício.

fer.rão *s.m.* Agulhão; ponta de ferro; dardo dos insetos.

fer.rar *v.t.d.* Guarnecer de ferro; aplicar ferradura; *v.pron.* prejudicar(-se).
fer.rei.ro *s.m.* Artífice de ferro; serralheiro.
fer.re.nho *adj.* Duro; inflexível; pertinaz; intransigente.
fér.reo *adj.* De ferro; que contém ferro. *Fig.* Inflexível.
fer.re.te *s.m.* Instrumento com que se marcavam escravos e criminosos, e com que se marca gado; ferro; marca.
fer.ri.fe.ro *adj.* Que tem ou produz ferro ou sais de ferro.
fer.ro *s.m.* Metal tenaz e maleável, símbolo *Fe*; designação de vários instrumentos em que entra principalmente o ferro.
fer.ro.a.da *s.f.* Picada com ferrão. *Fig.* Censura picante.
fer.ro.lho *s.m.* Tranca de ferro para fechar portas e janelas.
fer.ro.vi.a *s.f.* Caminho de ferro; via férrea.
fer.ro.vi.á.rio *adj.* Relativo a estrada de ferro; *s.m.* empregado de estrada de ferro.
fer.ru.gem *s.f.* Óxido formado na superfície do ferro exposto à umidade; óxido que ataca também outros metais.
fer.ru.gi.no.so *adj.* Que contém ferro ou tem suas propriedades.
fér.til *adj.2gên.* Produtivo; fecundo.
fer.ti.li.da.de *s.f.* Abundância; fecundidade.
fer.ti.li.zar *v.t.d.* Tornar fértil; fecundar.
fé.ru.la *s.f.* Palmatória.
fer.ven.te *adj.2gên.* Que ferve; ardente; agitado.
fer.ver *v.intr.* Entrar em ebulição; cozer no líquido em ebulição.
fér.vi.do *adj.* Muito quente; fervente; apaixonado.
fer.vi.lhar *v.intr.* Ferver continuamente; queimar.
fer.vor *s.m.* Fervura; zelo; ardor.
fer.vo.ro.so *adj.* Que tem fervor; zeloso; dedicado.
fer.vu.ra *s.f.* Estado de um líquido que ferve; ebulição. *Fig.* Agitação.
fes.ce.ni.no *adj.* Obsceno.
fes.ta *s.f.* Solenização de acontecimento feliz; comemoração.
fes.tão *s.m.* Buquê; festa memorável.
fes.tei.ro *s.m.* O que promove ou custeia festa; *adj.* frequentador de festas.
fes.te.jar *v.t.d.* Celebrar; comemorar; louvar.
fes.te.jo *s.m.* Festividade; carícias.
fes.tim *s.m.* Pequena festa; banquete.
fes.ti.val *adj.2gên.* Festivo; *s.m.* grande festa.
fes.ti.vo *adj.* De festa; alegre; divertido.
fe.ti.che *s.m.* Coisa material adorada como ídolo pelos selvagens.
fe.ti.chis.ta *s.2gên.* Adorador de fetiches.
fé.ti.do *adj.* Fedorento.
fe.to *s.m.* Embrião; germe.

feu.da.tá.rio *adj.* Feudal; que paga feudo *s.m.* vassalo.
feu.do *s.m.* Conjunto de territórios, pessoas e bens sob o controle de um senhor feudal.
fe.zes *s.f.pl.* Excremento.
fi.a.ção *s.f.* O trabalho de fiar; lugar onde se fia.
fi.a.do *adj.* Reduzido a fios; que tem fé; vendido a crédito.
fi.a.dor *s.m.* Indivíduo que abona outro, responsabilizando-se por dívida ou outro compromisso; avalista.
fi.am.bre *s.m.* Carne que se come fria; presunto.
fi.an.ça *s.f.* Caução; garantia.
fi.an.dei.ro *adj. e s.m.* Indivíduo que fia, tece por profissão.
fi.a.po *s.m.* Fio tênue; fiozinho.
fi.ar *v.t.d.* Reduzir a fio; vender a crédito; abonar.
fi.as.co *s.m.* Mau resultado; êxito ridículo; má figura.
fi.bra *s.f.* Filamentos. *Fig.* Caráter; energia.
fi.bro.ma *s.m. Pat.* Tumor benigno do tecido conjuntivo.
fi.car *v.t.d.* Não sair de um lugar; *v.intr.* conservar-se.
fic.ção *s.f.* Invenção imaginosa baseada na realidade; simulação; coisa irreal.
fi.cha *s.f.* Em jogo, peça que marca ou paga os pontos; cartão com indicações para consulta.
fi.chá.rio *s.m.* Coleção de fichas catalogadas; móvel para guardar essas fichas.
fi.co.lo.gi.a *s.f. Biol.* Tratado das algas.
fic.tí.cio *adj.* Imaginário.
fi.dal.go *s.m.* Homem nobre; rico; que não trabalha.
fi.de.dig.no *adj.* Digno de fé; merecedor de crédito.
fi.de.li.da.de *s.f.* Lealdade; exatidão.
fi.déu *s.m.* Massa em fios.
fi.dú.cia *s.f.* Confiança; esperança.
fi.du.ci.al *adj.2gên.* Relativo a confiança.
fi.el *adj.2gên.* Que guarda fidelidade; leal.
fi.ga *s.f.* Figura de mão fechada com o polegar entre o indicador e o dedo grande; amuleto.
fi.ga.dal *adj.2gên.* Do fígado. *Fig.* Profundo.
fí.ga.do *s.m.* Víscera glandular que segrega a bílis.
fi.go *s.m.* Fruto da figueira. *Med.* Enfermidade dos órgãos pudendos.
fi.gu.ra *s.f.* Forma exterior; aspecto; rosto humano; imagens; símbolos.
fi.gu.ra.do *adj.* Imitado; representado; alegórico.
fi.gu.ran.te *s.m.* Personagem de representações que toma parte no enredo, porém sem falar.
fi.gu.rar *v.t.d.* Traçar a figura de; representar alegoricamente; imaginar; *v.pron.* parecer; *v.intr.* fingir.
fi.gu.ra.ti.vo *adj.* Representativo; simbólico.

fi.gu.ri.no *s.m.* Figura que representa o traje da moda; revista de modas.

fi.la *s.f.* Disposição de pessoas ou coisas em linha; fileira.

fi.la.ça *s.f.* Filamento grosseiro de substância têxtil.

fi.la.men.to *s.m.* Fibra dos músculos, dos nervos, das raízes das plantas.

fi.lan.tro.pi.a *s.f.* Amor à humanidade.

fi.lan.tró.pi.co *adj.* Concernente a, ou inspirado pela filantropia.

fi.lan.tro.po *adj.* e *s.m.* Pessoa que ama os homens; humanitário.

fi.lão *s.m.* Miner. Veio de metal na mina. *Fig.* Fonte; veia.

fi.lar *v.t.d.* Agarrar; segurar com os dentes; obter gratuitamente.

fi.lar.mô.ni.ca *s.f.* Sociedade musical; orquestra.

fi.la.te.li.a *s.f.* Arte de colecionar selos postais e estudá-los.

fi.láu.cia *s.f.* Amor-próprio; egoísmo; presunção.

fi.lé *s.m.* Filé-mignon; fatia de qualquer carne sem osso ou espinha.

fi.lei.ra *s.f.* Fila; renque; o plural, *fileiras*, significa: a vida militar.

fi.le.te *s.m.* Fio delgado. *Bot.* A parte do estame a antena; fio dourado ou pintado que serve para enfeitar.

fi.lho.te *s.m.* Filho pequeno; cria de animal.

fi.li.a.ção *s.f.* Linha direta de pais a filhos; adoção; dependência.

fi.li.al *adj.2gên.* Próprio de filho; relativo a filho; *s.f.* sucursal de casa comercial.

fi.li.ar *v.t.d.* Adotar como filho; *v.pron.* entrar em corporação.

fi.lis.teu *s.f.* Nome de indivíduo pertencente a certo povo da Síria. *Fig.* Político de espírito vulgar e limitado.

fil.ma.gem *s.f.* Operação de filmar.

fil.mar *v.t.d.* Registrar em filme cinematográfico.

fil.me *s.m.* Chapa de celuloide que recebe as imagens fotográficas; fita cinematográfica.

fi.lo *s.m.* Cada uma das principais divisões dos reinos vegetal e animal.

fi.lo.lo.gi.a *s.f.* Estudo e conhecimento de uma língua como instrumento de uma literatura; linguística.

fi.lo.so.fi.a *s.f.* Ciência geral do ser, do princípio e das causas.

fi.lo.só.fi.co *adj.* Relativo à filosofia.

fi.ló.so.fo *adj.* e *s.m.* Que, ou aquele que cultiva a filosofia.

fil.tro *s.m.* Qualquer material poroso que deixa passar um líquido retendo as impurezas; dispositivo para purificar a água.

fím.bria *s.f.* Orla; franja.

fi.mo.se *s.f.* Pat. Estreitamento da abertura de prepúcio.

fi.na.do *adj.* e *s.m.* Morto.

fi.nal *adj.2gên.* Que termina; derradeiro; fim.

fi.na.li.da.de *s.f.* Caráter daquilo que tende para um fim; aquilo para que se faz uma coisa.

fi.nan.ças *s.f.pl.* Recursos monetários econômicos de um país.

fi.nan.ci.ar *v.t.d.* Custear as despesas de.

fin.dar *v.t.d.* e *intr.* Pôr fim a; finalizar.

fin.gir *v.t.d.* Simular; supor (o que não é); *v.intr.* agir com hipocrisia.

fi.ní.ti.mo *adj.* Confinante.

fi.ni.to *adj.* Que tem fim; limitado.

fi.no *adj.* De pequena espessura ou diâmetro; agudo; delicado; superior.

fi.nó.rio *adj.* e *s.m.* Astuto.

fin.ta *s.f.* Derrama paroquial; negaça para desorientar o contendor (na esgrima ou futebol).

fin.tar *v.t.d.* Driblar; calotear.

fi.o *s.m.* Fibra; gume; linhas torcidas entre si.

fir.ma *s.f.* Assinatura; estabelecimento comercial.

fir.ma.men.to *s.m.* Apoio; alicerce; céu.

fir.mar *v.t.d.* Tornar firme; assinar; confirmar; autenticar; *v.pron.* basear-se.

fir.me *adj.2gên.* Estável; sólido; inabalável; fixo; definitivo.

fis.cal *adj.2gên.* Pertencente ao fisco; *s.m.* superintendente.

fis.ca.li.zar *v.t.d.* Vigiar; examinar; superintender.

fis.co *s.m.* Órgão que fiscaliza a arrecadação de impostos; erário.

fis.ga *s.f.* Anzol.

fis.ga.da *s.f.* Golpe de fisga; dor aguda mas rápida.

fis.gar *v.t.d.* Prender com fisga; apanhar com rapidez.

fí.si.ca *s.f.* Ciência que estuda as leis e propriedades da matéria, do movimento, das forças e da energia.

fí.si.co *adj.* Corpóreo; material; relativo à física; relativo ao corpo humano.

fi.si.o.lo.gi.a *s.f.* Ciência que estuda as funções orgânicas e os processos vitais.

fi.si.o.no.mi.a *s.f.* Conjunto das feições do rosto; semblante.

fi.si.o.te.ra.pi.a *s.f.* Tratamento das enfermidades por agentes físicos.

fis.síl *adj.2gên.* Que se pode fender.

fis.su.ra *s.f.* Fenda. *Anat.* Cisura; incisão.

fi.ta *s.f.* Tira; faixa; insígnia nobiliária; filme cinematográfico. *Bras.* Fingimento.

fi.tar *v.t.d.* Figurar os olhos em; prestar atenção; *v.pron.* fixar-se.

fi.to *s.m.* Alvo; *adj.* fixo.

fi.ú.za *s.f.* Esperança.

fi.ve.la s.f. Peça de metal para prender presilhas de peças de vestuário, correias ou cintas.
fi.xar v.t.d. Tornar fixo; firmar; pregar; reter na memória.
fi.xo adj. Firme; estável; imóvel.
fla.be.lo s.m. Grande leque de plumas.
fla.ci.dez s.f. Frouxidão.
flá.ci.do adj. Mole; frouxo.
fla.ge.lo s.m. Chicote. Fig. Tormento; castigo; calamidade.
fla.gran.te adj.2gên. Ardente; manifesto; s.m. instante.
fla.grar v.t.d. Apanhar em flagrante; intr. inflamar-se.
fla.ma s.f. Chama; vivacidade.
fla.man.te adj.2gên. Que flameja; de cor viva.
fla.mar v.t.d. Desinfetar por meio de chamas rápidas, queimando fachos de algodão embebido em álcool.
fla.me.jar v.intr. Lançar chamas; brilhar.
fla.men.go adj. Natural de Flandres; ave pernalta; o mesmo que guará.
fla.min.go s.f. Ornit. Ave ciconiforme da família dos Fenicopterídeos, com hábitos migratórios.
flâ.mu.la s.f. Espécie de bandeirola.
fla.nar v.intr. Passear ociosamente, sem destino.
flan.co s.m. Lado; ponto acessível.
fla.ne.la s.f. Tecido de lã ou algodão, menos encorpado que a baetilha.
fla.ne.li.nha(s) s.m. Guardador de carros.
fla.to s.m. Gás que se forma nos intestinos.
fla.tu.lên.cia s.f. Emissão de gases pelo ânus.
flau.ta s.f. Instrumento musical de sopro; pífaro.
flau.tis.ta s.2gên. Tocador de flauta.
flé.bil adj. Choroso.
fle.cha s.f. Arma ofensiva constituída de uma haste terminada em forma triangular, seta.
fler.tar v.intr. Riscar; cortejar; namorar ligeiramente.
fler.te s.m. Ligeiro namoro; namoro sem consequências.
fleu.ma s.2gên. Frieza.
fle.xão s.f. Ato de dobrar ou dobrar-se. Gram. Variação das desinências nas palavras declináveis e conjugáveis.
fle.xí.vel adj. Que se pode flexionar ou dobrar. Fig. Maleável.
fle.xor adj. Que faz dobrar.
fle.xu.o.so adj. Torcido; tortuoso; sinuoso.
flo.co s.m. Farfalha de neve que cai lentamente; vaporização.
flo.ra s.f. O conjunto dos vegetais de uma região.
flo.rar v.intr. Produzir flor (a planta); florir; florescer.
flo.rei.o s.m. Ação de florear.
flo.res.cen.te adj.2gên. Que floresce; próspero.
flo.res.cer v.t.d. Florir; v.intr. prosperar.
flo.res.ta s.f. Mata extensa.
flo.res.tal adj. Próprio de floresta.
flo.re.te s.m. Arma branca própria para esgrima.
flo.ri.do adj. Que tem flores. Fig. Adornado.
fló.ri.do adj. Brilhante; próspero.
flo.rim s.m. Unidade monetária e moeda da Holanda e Hungria.
flo.rir v.intr. Cobrir-se de flores; desabrochar; adornar.
flo.ti.lha s.f. Pequena frota de navios pequenos.
flu.ên.cia s.f. Característica do que é fluente.
flu.en.te adj.2gên. Que flui; corrente; fácil.
flui.do adj. Que corre como um líquido; s.m. nome que se dá aos gases e líquidos.
flu.ir v.intr. Que escorre como líquido; v.t.i. derivar.
flú.or s.m. Elemento químico de símbolo F.
flu.o.res.cên.cia s.f. Emissão de uma radiação excitadora absorvida pela substância fluorescente.
flu.o.res.cen.te adj.2gên. Dotado de fluorescência.
flu.tu.a.ção s.f. Que flutua. Fig. Instabilidade.
flu.tu.ar v.intr. Boiar; agitar-se ao vento. Fig. Estar; oscilante.
flu.vi.al adj.2gên. Relativo aos rios; próprio dos rios.
flu.xí.vel adj. Que pode fluir; transitório; instável.
flu.xo s.m. Enchente; a expraiação das águas do mar. Fig. Sucessão.
fo.bi.a s.f. Medo doentio.
fo.ca s.f. Mamífero da família dos Fócidas. Gír. Aprendiz de jornalista.
fo.cal adj.2gên. Que diz respeito a foco.
fo.ca.li.zar v.t.d. Pôr em foro ou evidência; enfocar.
fo.car v.t.d. Focalizar.
fo.ci.nho s.m. Parte frontal da cabeça do animal. Pop. Rosto do homem.
fo.co s.m. Ponto de conveniência dos raios luminosos. Fig. Centro. Med. Ponto de infecção.
fo.fo adj. Que cede à pressão; macio.
fo.ga.cho s.m. Pequena labareda; calor que assoma o rosto.
fo.gão s.m. Caixa com lugar para o fogo e chaminé.
fo.ga.réu s.m. Fogueira; tocha.
fo.go s.m. Labareda; incêndio. Fig. Ardor; energia.
fo.go.so adj. Que tem fogo ou calor; irrequieto.
fo.guei.ra s.f. Labareda; fogo. Fig. Exaltação; ardor.
fo.gue.te s.m. Rojão; veículo espacial propelido por explosão.
foi.ce s.f. Instrumento de corte recurvo usado para ceifar.
fo.jo s.m. Cova que se disfarça com ramos para nela caírem animais; armadilha.
fol.clo.re s.m. Conjunto de tradições populares que se exprimem por meio de provérbios ou canções.

fo.le *s.m.* Utensílio destinado a produzir vento para ativar combustão ou limpar cavidades.

fol.gar *v.t.d.* Dar folga a; alargar; *v.t.i.* descansar; *v.intr.* estar desocupado.

fol.ga.zão *adj.* e *s.m.* Folião; brincalhão.

fol.gue.do *s.m.* Divertimento; brincadeira; festança.

fo.lha *s.f.* Órgão que se desenvolve no caule dos vegetais, de forma variada e comumente de cor verde; o papel em que se imprime, de cada vez, livros, revistas etc.

fo.lha-de-flan.dres *s.f.* Folha de ferro estanhada para evitar a fácil oxidação.

fo.lhe.ar *v.t.d.* Virar as folhas de (livro); ler saltadamente.

fo.lhe.tim *s.m.* Seção literária de um jornal; capítulo de romance publicado dia a dia.

fo.lhe.to *s.m.* Brochura com poucas folhas.

fo.me *s.f.* Apetite; miséria; escassez.

fo.men.tar *v.t.d.* Estimular; excitar; animar; facilitar.

fo.na.dor *adj.* Que produz som vocal.

fo.ne *s.m.* A parte do telefone que se leva aos ouvidos.

fo.ne.ma *s.m.* A parte sonora de linguagem.

fo.né.ti.ca *s.f.* Estudo dos fonemas.

fo.nó.gra.fo *s.m.* Aparelho usado para fixar e reproduzir os sons.

fo.no.lo.gi.a *s.f.* Estudo dos sons da língua.

fon.te *s.f.* Lugar onde nasce a água; bica. *Fig.* Texto original de uma obra. *Fig.* Origem.

fo.ra.gi.do *adj.* Que está fora; escondido.

fo.ra.gir-se *v.pron.* Fugir à justiça; homiziar-se.

fo.ras.tei.ro *s.m.* Estranho; peregrino.

for.ca *s.f.* Instrumento para estrangular. *Fig.* Cilada; laço.

for.ça *s.f.* Causa capaz de se movimentar; poder; energia; vigor.

for.çar *v.t.d.* Obter pela força; conseguir; violentar; *v.t.i.* obrigar alguém a alguma coisa.

for.ço.so *adj.* Forte; impetuoso; necessário.

fo.ren.se *adj.2gên.* Relativo ao foro judicial ou aos tribunais.

for.ja *s.f.* Aparelho de ferreiro constituído de fornalha, fole e bigorna; oficina de ferreiro; fundição.

for.jar *v.t.d.* Trabalhar com a forja; fabricar. *Fig.* Fazer planos; falsificar; inventar.

for.ma *s.f.* Configuração; feitio; feição externa.

fôr.ma *s.f.* Peça para fabricar calçados imitante ao pé; molde; vasilha de assar.

for.ma.ção *s.f.* Ação, efeito ou modo de formar; constituição de um ser ou de uma sociedade.

for.mal *adj.* Solene; oficial; relativo a forma.

for.ma.li.da.de *s.f.* Cerimônia; etiqueta.

for.ma.li.zar *v.t.d.* Dar forma a; executar segundo regras.

for.mar *v.t.d.* Dar forma a; constituir; instruir; ser; fabricar; *v.pron.* doutorar-se.

for.ma.to *s.m.* Feitio, que se parece a; semelhante na forma; tamanho.

for.ma.tu.ra *s.f.* Ato de se formar; colação de grau universitário.

for.mi.ci.da *s.m.* Exterminador de formigas.

for.mi.dá.vel *adj.2gên.* Muito grande; que desperta admiração; admirável.

for.mi.ga *s.f.* Inseto himenóptero da família das Formicariídas, que vive em sociedade debaixo da terra. *Fam.* Apaixonado pelos doces.

for.mi.gar *v.intr.* Sentir comichões.

for.mi.guei.ro *s.m.* Porção de formigas; toca das formigas.

for.mo.so *adj.* De formas bonitas; harmonioso.

for.mo.su.ra *s.f.* Qualidade de formoso; beleza.

fór.mu.la *s.f.* Expressão consagrada pelo uso; modo de conceber ou preparar algo; princípio expresso por números ou símbolos.

for.mu.lá.rio *s.m.* Conjunção de fórmulas.

for.na.lha *s.f.* A parte do forno ou outro aparelho destinada à queima do combustível. *Fig.* Local muito quente.

for.ne.ce.dor *s.m.* Aquele que fornece alguma coisa.

for.ne.cer *v.t.d.* e *i.* Abastecer; dar; *v.pron.* fazer a própria provisão.

for.ni.ca.ção *s.f.* Ato de fornicar; prática do coito.

for.ni.car *v.intr.* Praticar o coito; importunar; amolar.

for.ni.do *adj.* Abastecido; encorpado.

for.no *s.m.* A parte do fogão onde se usa para assar.

fo.ro *s.m.* Lugar onde funcionam os órgãos da Justiça.

for.qui.lha *s.f.* Pau em três pontas; vara bifurcada usada para impulsionar a canoa.

for.ra.do *adj.* Provido de forro.

for.rar *v.t.d.* Guarnecer com forro; reforçar; cobrir; *v.t.d.* e *i.* revestir; *v.pron.* agasalhar-se.

for.re.ta *s.2gên.* Avarento.

for.ro *s.m.* Revestimento ou guarnição interna de roupas e outros objetos; liberto.

for.ró *s.m.* *Arrasta-pé.*

for.ro.bo.dó *s.m.* *Pop.* Baile popular; de-sordem.

for.ta.le.cer *v.t.d.* Fazer forte. *Fig.* Animar; *v.pron.* fortificar-se.

for.ta.le.za *s.f.* Qualidade de quem é forte; fortificação; praça forte.

for.te *adj.2gên.* Valente; robusto; *s.m.* castelo.

for.ti.fi.ca.ção *s.f.* Ação de fortificar; praça fortificada.

for.ti.fi.can.te *adj.2gên.* Aquilo que fortifica; medicamento para fortalecer o organismo.

for.ti.fi.car *v.t.d.* Tornar forte; proteger com fortificações.

for.tui.to *adj.* Acidental; eventual.

for.tu.na *s.f.* Sorte; destino; felicidade; riqueza.

fó.rum *s.m.* Foro.

fos.co *adj.* Embaçado.

fos.fo.res.cên.cia *s.f.* Emissão de luz sem elevação aparente da temperatura.

fos.fo.res.cer *v.intr.* Irradiar luz fosforescente.

fós.fo.ro *s.m.* Elemento de numero atômico 15, símbolo P; metaloide que se queima em contato com o ar, e que irradia luz no escuro; palito provido em uma extremidade de substâncias que se inflamam facilmente pelo atrito.

fos.sa *s.f.* Cavidade subterrânea que serve para receber imundícies; cova.

fós.sil *s.m.* Qualquer inseto ou indício de vida anterior ao holoceno.

fos.so *s.m.* Cavidade ao redor das fortificações; rego aberto para conduzir águas.

fo.to *s.f.* Forma sincopada de fotografia.

fo.to.fo.bi.a *s.f. Pat.* Intolerância à luz.

fo.to.gra.far *v.t.d.* Tirar a fotografia de. *Fig.* Fazer a descrição exata.

fo.to.gra.fi.a *s.f.* Método de fixar em uma chapa sensível a imagem dos objetos colocados em frente de um dispositivo óptico. *Fig.* Cópia exata; retrato.

fo.tó.gra.fo *s.m.* Especialista em tirar fotografias.

fo.to.li.to *s.m.* Filme para reprodução de texto ou imagem usado na gravação de chapa para impressão.

fo.to.me.tri.a *s.f.* Medição de intensidade da luz.

fo.to.no.ve.la *s.f.* Novela em quadrinhos mais ou menos longa.

fo.to.quí.mi.ca *s.f.* Ramo da Química que estuda os efeitos das radiações e as relações entre a energia química e a luminosa.

fo.tos.sín.te.se *s.f.* Síntese de material orgânico, realizada pelas plantas clorofiladas com proveito da luz.

fo.to.te.ra.pi.a *s.f.* Emprego dos raios luminosos no tratamento de certas doenças.

foz *s.f.* Local onde um rio deságua.

fra.ção *s.f.* Ação de partir; a parte de um todo. *Aritm.* Número que representa as divisões ou partes.

fra.cas.sar *v.t.d.* Tornar-se fraco; *v.intr.* falhar.

fra.ci.o.nar *v.t.d.* Dividir em fações; fragmentar.

fra.co *adj.* Que não tem força; covarde; *s.m.* propensão.

frac.tal *s.m.* (ou **frac.tais** *s.m.pl.*) – Conceito moderno de geometria, de múltiplas aplicações, segundo o qual nem tudo no universo se passa apenas nas três dimensões.

fra.de *s.m.* Membro de ordem religiosa.

fra.ga *s.f.* Pedra escarpada; penhasco.

fra.ga.tim *s.m.* Pequena embarcação de dois mastros; bergantim.

frá.gil *adj.* Delicado; que se quebra facilmente.

fra.gi.li.da.de *s.f.* Qualificativo de frágil; debilidade.

frag.men.tar *v.t.d.* Quebrar em muitos pedaços; dividir.

frag.men.to *s.m.* Pedaço; fração.

fra.gor *s.m.* Estrondo; barulho; estampido.

fra.grân.cia *s.f.* Perfume; aroma.

fra.gran.te *adj.2gên.* Cheiroso; perfumado.

frá.gua *s.f.* Forja; fornalha.

fral.da *s.f.* Proteção usada para colher fezes e urina; a parte de baixo da camisa; sopé.

fram.bo.e.sa *s.f.* Fruto perfumoso da framboeseira.

fran.ças *s.f.pl.* Os ramos mais altos das árvores.

fran.cês *adj.* Relativo à França; *s.m.* natural da França; a língua francesa.

fran.ce.sis.mo *s.m.* Vocabulário ou expressão de origem francesa; o mesmo que *galicismo*.

fran.cis.ca.no *adj.* Da ordem religiosa de São Francisco de Assis.

fran.co *s.m.* Padrão monetário e moeda da França e outros países; *adj.* sincero.

fran.co-a.ti.ra.dor *s.m.* Aquele que pratica em um corpo militar sem a ele pertencer.

fran.có.fi.lo *adj. e s.m.* Admirador da França e dos franceses.

fran.ga.lho *s.m.* Farrapo.

fran.go *s.m.* O filho já crescido da galinha, que ainda não é galo; frangote; no futebol diz-se da bola de fácil passar.

fran.ja *s.f.* Fios que guarnecem e enfeitam as peças de estojo; cabelo aparado caído para a testa.

fran.ja.do *adj.* Que possui franjas. *Fig.* Pretensioso.

fran.que.za *s.f.* Sinceridade; lisura de caráter.

fran.qui.a *s.f.* Isenção; concessão do uso de marca a outra empresa.

fran.zi.no *adj.* Fino; miúdo.

fran.zir *v.t.d.* Enrugar; preguear.

fra.que *s.m.* Casaco de homem, com abas que vão se afastando do peito para baixo, formando duas pontas atrás.

fra.que.jar *v.intr.* Enfraquecer-se.

fra.que.za *s.f.* Debilidade; timidez; desânimo; fragilidade.

fras.co *s.m.* Recipiente usado para guardar líquidos.

fra.se *s.f.* Conjunto de palavras com sentido completo.

fra.se.a.do *adj.* Disposto em frases; *s.m.* maneira de escrever ou expressar-se.

fras.quei.ra *s.f.* Lugar que se usa para guardar os frascos.

fra.ter.ni.da.de *s.f.* Grau de parentesco de irmãos; amor ao próximo.

fra.ter.ni.zar *v.t.d.* Unir com amizade fraternal.

fra.ter.no *adj.* Próprio de irmãos; que tem afeto; carinhoso.

fra.tri.cí.dio *s.m.* Assassinato de irmão.

fra.tu.ra *s.f.* Quebrar.

frau.dar *v.t.d.* Praticar fraude; enganar.

frau.de *s.f.* Ação de má-fé.

fre.a.da *s.f.* Ação de frear.

fre.ar *v.t.d.* Apertar o freio; fazer parar.

fre.chal *s.m.* Viga onde assentam os barrotes do teto duma casa.

fre.guês *s.m.* Pessoa que faz compras habitualmente em determinado lugar; cliente.

fre.gue.si.a *s.f.* Pequena povoação; clientela.

frei *s.m.* Forma equivalente a *frade*, usado diante do nome.

frei.o *s.m.* Dispositivos com que se faz parar o funcionamento de máquinas e veículos.

frei.ra *s.f.* Religiosa professa.

fre.mir *v.intr.* Fazer ruído vibrando; vibrar.

frê.mi.to *s.m.* Vibração sonora de corpo; convulsão.

fre.nar *v.t.d.* Frear; conter.

fre.ne.si *s.m.* Delírio; agitação.

fre.né.ti.co *adj.* Que tem frenesi; impaciente.

fren.te *s.f.* Parte frontal de edifício; face anterior; rosto.

fren.tis.ta *s.m.* Empregado que abastece os veículos nos postos de combustível.

fre.quên.cia *s.f.* Ação de frequentar; repetição; aceleração.

fre.quen.tar *v.t.d.* Ir habitualmente a; cursar.

fre.quen.te *adj.2gên.* Que se repete muitas vezes.

fre.sa *s.f. Mec.* Ferramenta da máquina de fresar, destinada a desbastar ou cortar metais ou madeira.

fres.ca *s.f.* Brisa amena de manhã ou ao entardecer.

fres.co *adj.* Diz-se do ar cuja temperatura está entre frio e morno; viçoso.

fres.cu.ra *s.f.* Pouco decoro no falar ou escrever.

fres.ta *s.f.* Abertura; fenda.

fre.ta.men.to *s.m.* Ação de fretar.

fre.tar *v.t.d.* Alugar.

fre.te *s.m.* A carga do navio; o que se paga pelo transporte de alguma coisa.

fre.vo *s.m.* Grupo de pessoas dançando animadamente ao som da música nas festas carnavalescas; folias.

fri.a.gem *s.f.* Tempo frio.

fri.al.da.de *s.f.* Friagem. *Fig.* Insensibilidade.

fric.ção *s.f.* Ato de friccionar; atrito.

fri.ei.ra *s.f.* Inchação produzida pelo frio. *Bras.* Pessoa que come demais; afecção cutânea, sobretudo entre os dedos.

fri.e.za *s.f.* Qualidade de frio; frialdade. *Fig.* Indiferença.

fri.gi.dei.ra *s.f.* Utensílio de cozinha que se usa para fritar.

fri.gi.do *adj.* Frio; insensível.

fri.gir *v.t.d.* Fritar.

fri.go.rí.fe.ro *s.m.* Aparelho que se usa para congelar; estabelecimento que lida com alimentos congelados; *adj.* que conserva frio; o mesmo que *frigorífico*.

frin.cha *s.f.* Fenda; fresta.

fri.o *adj.* Cuja temperatura é inferior à ambiente. *Fig.* Indiferente; *s.m.* temperatura baixa.

fri.san.te *adj.2gên.* Que frisa; decisivo.

fri.sar *v.t.d.* Pôr frisos em; tornar saliente.

fri.so *s.m. Arquit.* Banda pintada em parede; filete.

fri.tar *v.t.d.* Cozer na frigideira; frigir.

fri.to *adj.* Que se fritou; em apuros

fri.tu.ra *s.f.* Fritada; qualquer coisa frita.

fri.ú.ra *s.f.* Frio; frialdade.

frí.vo.lo *adj.* Sem importância; fútil; sem valor.

fron.de *s.f.* Copa ou ramagem de árvore.

fron.do.so *adj.* Que tem muitas folhas.

fro.nha *s.f.* Saco de pano que recobre os travesseiros e almofadas.

fron.tal *adj.2gên.* Relativo à fronte. *Anat.* Osso da testa.

fron.te *s.f.* Parte fronteira da cabeça; testa.

fron.tei.ra *s.f.* Linha confinante de um país com outro; divisa; limite.

fron.tei.ri.ço *adj.* Que vive ou está na fronteira.

fron.tei.ro *adj.* Que está em frente, em face.

fron.tis.pí.cio *s.m.* A parte da frente; página de rosto do livro.

fro.ta *s.f.* Porção de navios de guerra ou mercantes; armadas.

frou.xo *adj.* Solto. *Pop.* Medroso.

fru.fru *s.m.* Rumor de folhas, de vestido ou de asas em voo.

fru.gal *adj.2gên.* Sóbrio; moderado na alimentação.

fru.ir *v.t.d.* Gozar de; desfrutar.

fru.men.to *s.m.* Trigo; cereais em geral.

frus.tra.ção *s.f.* Decepção.

frus.trar *v.t.d.* Decepcionar; malograr.

fru.ta *s.f.* Fruto comestível.

fru.tí.fe.ro *adj.* Que produz frutos; o mesmo que *frugífero, frutígeno, fruteiro*. *Fig.* Proveitoso; útil.

fru.ti.fi.car *v.intr.* Dar frutos; produzir lucros.

fru.to *s.m.* Órgão das plantas superiores; filho. *Fig.* Resultado; lucro.

fru.to.se *s.f. Quím.* Açúcar das frutas.

fru.tu.o.so *adj.* Cheio de frutos; que dá proveito; fértil.

fu.á *s.m.* Intriga; baderna.

fu.bá *s.m.* Farinha resultante da trituração do milho ou do arroz.

fu.ça *s.f.* Focinho; venta; cara.
fu.çar *v.t.d.* Remexer a terra com focinho; revolver as coisas.
fu.ei.ro *s.m.* Estaca para amparar a carga no carro de bois.
fu.ga *s.f.* Ação ou efeito de fugir; retirada. *Mús.* Tipo de composição. *Bras.* Oportunidade.
fu.gaz *adj.2gên.* Que foge ou passa rapidamente; transitório.
fu.gi.di.o *adj.* Que foge; arisco; fugaz.
fu.gir *v.intr.* Sumir; retirar-se apressadamente; soltar-se.
fu.gi.ti.vo *adj. s.m.* Quem fugiu.
fu.i.nha *s.f.* Pequeno carnívoro mustelídeo; *s.2gên.* – indivíduo avarento; intrigante.
fu.la.no *s.m.* Designação vaga de pessoa incerta ou de alguém que não se quer nomear.
ful.cro *s.m.* Ponto de apoio da alavanca; sustentáculo.
fúl.gi.do *adj.* Que fulge; fulgente.
ful.gir *v.intr.* Brilhar; fulgorar.
ful.gor *s.m.* Esplendor; brilho.
ful.gu.ran.te *adj.2gên.* Brilhante; claro.
fu.li.gem *s.f.* Matéria escura que a queima deposita nas paredes e nas chaminés.
ful.mi.nan.te *adj.2gên.* Diz-se do que fulmina. *Fig.* Que mata rapidamente; cruel.
ful.mi.nar *v.t.d.* Lançar raios contra; matar repentinamente; aniquilar.
fu.lo *adj.* Mestiço de cor parda.
ful.vo *adj.* De cor amarela tostada; alourado.
fu.ma.ça *s.f.* Qualidade de fumo; porção de fumo que absorve o fumante.
fu.man.te *s.2gên.* Pessoa que tem o vício de fumar; *adj.2gên.* que lança fumo.
fu.mar *v.intr.* Aspirar e expirar fumo; defumar.
fu.me.gar *v.intr.* Expelir fumaça; lançar vapores; *v.t.d.* exalar.
fu.mo *s.m.* Gás escuro despedido pelos corpos em combustão; fumaça; tabaco.
fu.nâm.bu.lo *adj. e s.m.* Equilibrista sobre corda ou arame; acrobata.
fun.ção *s.f.* Trabalho de órgão ou aparelho; cargo; espetáculo; uso; reunião alegre; festa.
fun.cio.nal *adj.2gên.* Referente a funções vitais; executar de maneira prática.
fun.cio.ná.rio *s.m.* Empregado.
fun.da *s.f.* Espécie de fisga para arremessar pedras ou balas.
fun.da.ção *s.f.* Ação ou efeito de fundar; instituição; alicerce.
fun.da.gem *s.f.* Resíduo, substância que se sedimenta no fundo de um líquido; borra.
fun.da.men.tal *adj.2gên.* Que serve de fundamento a; indispensável.
fun.da.men.to *s.m.* Base; alicerce; *adj.* essencial.

fun.dar *v.t.d.* Construir; edificar; estabelecer.
fun.de.ar *v.intr.* Deitar ferro; aferrar; ancorar.
fun.di.á.rio *adj.* Relativo a terrenos.
fun.di.ção *s.f.* O ato de fundir; fusão.
fun.di.lho *s.m.* O assento das calças; remendo nesse lugar.
fun.dir *v.t.d.* Derreter metais; unir; *v.pron.* tornar-se líquido.
fun.do *adj.* Profundo; *s.m.* lugar oposto à entrada; o solo do mar etc. *Fig.* Fundamento.
fun.du.ra *s.f.* Profundidade.
fú.ne.bre *adj.2gên.* Relativo à morte ou aos mortos; lutuoso.
fu.ne.ral *s.m.* Cerimônia de enterramento de cadáver.
fu.né.reo *adj.* Fúnebre.
fu.nes.to *adj.* Fatal; que fere de morte; cruel; desonroso; infeliz.
fun.gar *v.t.d.* Sorver pelo nariz; *v.intr.* absorver o ar pelo nariz fazendo som.
fun.gi.ci.da *adj.2gên. e s.m.* Substância que mata fungos.
fun.gí.vel *adj.2gên.* Que se gasta ou consome com o uso.
fun.go *s.m. Bot.* Organismo vegetal sem clorofila.
fu.ni.cu.lar *adj.2gên.* Que funciona por meio de cordas; composto por cordas.
fu.nil *s.m.* Objeto provido de um tubo terminado por abertura cônica, usado para transvasar líquidos.
fu.ni.la.ri.a *s.f.* Oficina onde se endireitam carroceria de carros.
fun.kei.ro *s.m.* Adepto do *funk*, entusiasta do reitmo musical funk.
fu.ra.cão *s.m.* Vento forte de velocidade superior a 25 metros por segundo; tufão.
fu.ra.ci.da.de *s.f.* Tendência para ou hábito de roubo.
fu.ra.dor *s.m.* Qualquer instrumento que se usa para furar.
fu.rão *s.m.* Mamífero da família dos Vivérridas empregado pelos caçadores para desentocar coelhos; *adj.* desembaraçado.
fu.rar *v.t.d.* Esburacar. *Fig.* Frustar algum intento; *v.intr.* abrir caminhos.
fur.gão *s.m.* Carro fechado de transporte de bagagens.
fú.ria *s.f.* Raiva; ira.
fu.ri.o.so *adj.* Colérico; nervoso; irritado.
fur.na *s.f.* Caverna; gruta.
fu.ro *s.m.* Abertura; buraco. *Bras.* Notícia publicada de primeira mão.
fu.ror *s.m.* Grande fúria; delírio.
fur.ta-cor *adj.2gên.2n.* Que muda de cor conforme a luz projetada.

fur.tar *v.t.d.* Apoderar-se de coisa alheia; *v.intr.* agir como ladrão; *v.pron.* esconder-se.
fur.ti.vo *adj.* Rápido, dissimulado.
fur.to *s.m.* A coisa furtada; roubo.
fu.rún.cu.lo *s.m. Pat.* Tumor causado por inflamação do tecido celular subcutâneo.
fu.são *s.f.* Ação de fundir; mistura; liga.
fus.co *adj.* Escuro.
fu.se.la.gem *s.f.* O corpo do avião.
fú.sil *adj.2gên.* Que se pode fundir.
fu.sí.vel *adj.* Que pode fundir-se; *s.m.* peça que se funde quando a instalação elétrica apresenta defeitos.
fu.so *s.m.* Peça roliça sobre a qual se forma a maçaroca ao fiar.
fus.ti.gar *v.t.d.* Açoitar; instigar.
fu.te.bol *s.m.* Jogo de bola em que duas equipes de onze jogadores tentam fazer gol.
fu.te.bo.lis.ta *s.2gên.* Perito em futebol; pessoa que pratica o futebol.
fu.te.bo.lís.ti.co *adj.* Que diz respeito a futebol.
fú.til *adj.* Insignificante.
fu.tri.ca *s.f.* Intriga; provocação; fuxico.
fut.sal *s.m.* Futebol de salão.
fu.tu.car *v.t.d. Pop.* Cutucar; aborrecer.
fu.tu.ro *s.m.* O tempo que virá; destino; *adj.* que está por vir.
fu.xi.car *v.t.d.* Fofocar; mexericar.
fu.xi.co *s.m.* Mexerico; intriga.
fu.xi.quei.ro *adj.* e *s.m.* Diz-se de, ou indivíduo que faz fuxicos.
fu.zar.ca *s.f.* Folia; farra.
fu.zil *s.m.* Espingarda; carabina.
fu.zi.la.men.to *s.m.* Ato ou efeito de fuzilar.
fu.zi.lar *v.t.d.* Despedir com faíscas; matar com arma de fogo; *v.intr.* relampejar.
fu.zi.lei.ro *s.m.* Soldado armado de fuzil.
fu.zu.ê *s.m.* Festa; função; barulho; confusão.

g G

g *s.m.* Sétima letra do alfabeto português; a nota sol na antiga notação musical; símbolo usado na Idade Média para representar o número 400.

ga.bar *v.t.d.* Enaltecer; *v.pron.* vangloriar-se. (Antôn.: *criticar, censurar.*)

ga.ba.ri.to *s.m.* Medida-padrão para determinadas construções.

ga.ba.ro.la *s.2gên.* Pessoa que gosta de gabar-se.

ga.bi.ne.te *s.m.* Escritório; ministério; camarim.

ga.bi.ru *s.m. Gír.* Indivíduo desajeitado.

ga.do *s.m.* Nome coletivo dos animais criados no campo para os trabalhos agrícolas; peixe da família dos gádidas.

ga.fa *s.f.* Sarna; lepra.

ga.fa.nho.to *s.m.* Nome vulgar da maior parte dos insetos da ordem dos saltatórios.

ga.fe *s.f.* Indiscrição involuntária; reta.

ga.fi.ei.ra *s.f.* Forró; local onde se dança aos pares.

ga.fo.ri.nha *s.f.* Cabelo em desalinho; topete.

ga.go *adj.* e *s.m.* Que, ou quem gagueja.

ga.guei.ra *s.f.* Dificuldade de pronunciar corretamente as palavras.

ga.gue.jar *v.intr.* Falar como gago; vacilar nas respostas.

gai.a.to *s.m.* Rapaz travesso; *adj.* travesso; alegre.

gai.o *adj.* Alegre; jovial.

gai.o.la *s.f.* Pequena clausura para aves. *Fig.* Prisão.

gai.ta *s.f.* Instrumento de sopro, formado por um canudo com vários buracos; pífaro.

gai.vo.ta *s.f.* Nome vulgar de certas espécies de aves marinhas palmípedes.

ga.jo *s.m.* Fulano.

ga.la *s.f.* Traje para solenidade; ostentação.

ga.lã *s.m.* Ator que encarna o papel de namorado. *Fig.* Galanteador; namorador.

ga.lan.te *adj.* Gracioso; gentil.

ga.lan.te.ar *v.t.d.* Cortejar; *v.intr.* dizer galanteios; namorar.

ga.lão *s.m.* Medida de capacidade que varia entre 3,78 litros (americano) e 4,54 litros (inglês).

ga.lar *v.t.d.* Fecundar (o galo à galinha).

ga.lar.dão *s.m.* Prêmio; glória.

ga.lá.xia (cs) *s.f.* Aglomeração de estrelas.

ga.le.ão *s.m.* Antigo navio; nau de guerra.

ga.le.go *adj.* Da Galiza; *s.m.* o natural da Galiza; a língua desse país.

ga.le.ra *s.f.* Antiga embarcação de guerra; turma.

ga.le.ri.a *s.f.* Corredor comprido e largo. *Fig.* Coleção de objetos de arte; localidade para o público em geral.

ga.lês *adj.* Do País de Gales (Inglaterra); *s.m.* o natural ou habitante desse país.

ga.le.to *s.m.* Frango ainda novo, de leite.

gal.gar *v.t.d.* Transpor; saltar por cima de; *v.t.i.* trepar.

gal.go *s.m.* Cão de pernas altas e finas.

ga.lhar.de.te *s.m.* Bandeirinha no alto dos mastros.

ga.lhar.di.a *s.f.* Gentileza; valor.

ga.lhar.do *adj.* Elegante.

ga.lho *s.m.* Rebento; ramo de árvore; esgalho; chifre dos ruminantes.

ga.lho.fa *s.f.* Deboche.

ga.li.cis.mo *s.m.* Termo afrancesado.

ga.li.ná.ceo *adj.* Relativo à galinha, ao pavão.

ga.li.nhei.ro *s.m.* Lugar onde se alojam as galinhas; vendedor de galinhas.

ga.lo *s.m.* O macho da galinha; ave de pena com crista e esporões; inchação na testa causada por golpe ou pancada.

ga.lo.cha *s.f.* Calçado de borracha que se calça sobre os sapatos para preservar da umidade.

ga.lo.pa.da *s.f.* Carreira a galope.

ga.lo.par *v.intr.* Andar a galope; andar apressadamente.

ga.lo.pe *s.m.* A mais rápida marcha de alguns animais. *Fig.* Corrida veloz.

gal.pão *s.m.* Varanda; alpendre; estábulo.

gal.va.ni.zar *v.t.d.* Eletrizar por meio da pilha voltaica. *Fig.* Animar.

ga.ma *s.f. Mús.* Escala; *s.m.* terceira letra do alfabeto grego. *Fig.* Série de teorias, ideias etc.

ga.ma.do *adj.* Enamorado.

gam.bá *s.m. Bras.* Nome de um marsupial; aquele que é dado ao vício da embriaguez.

gam.bi.ar.ra *s.f. Teat.* Rampa de luzes na parte fronteira superior do palco.

ga.me.la *s.f.* Vasilha de madeira.

ga.me.ta *s.m.* Célula reprodutora masculina ou feminina.

ga.mo s.m. Zool. Mamífero ruminante semelhante ao veado, mas tem a parte superior dos galhos achatada.
ga.na s.f. Ódio; ímpeto.
ga.nân.cia s.f. Avidez de ganho, de lucro; usura.
ga.nan.ci.o.so adj. Ambicioso de lucros.
gan.cho s.m. Haste curva; anzol.
gan.dai.a s.f. Ofício de trapeiro. Fig. Vadiagem.
gan.ga s.f. Resíduo inaproveitável de um minério; tecido indiano de algodão.
gân.glio s.m. Nódulo; pequeno tumor.
gan.gor.ra s.f. Balanço em prancha sobre um eixo central.
gan.gre.na s.f. Med. Necrose. Fig. Corrupção moral.
gângs.ter s.m. Indivíduo que faz parte de um grupo de malfeitores; bandido.
gan.gue s.f. Gír. Turma; quadrilha.
ga.nha.dor s.m. e adj. Que ou o que ganha; vencedor.
ga.nha-pão s.m. Meio com o qual se adquire o essencial para substituir.
ga.nhar v.t.d. Adquirir com proveito; vencer; alcançar; receber de presente. (Antôn.: perder.)
ga.nho s.m. Lucro; adj. que se ganhou.
ga.ni.do s.m. A voz aguda do cão que sofre dor; voz esganiçada.
ga.nir v.intr. Dar gritos de dor.
gan.ja s.f. Vaidade.
gan.so s.m. Ave aquática, de pescoço comprido.
ga.ra.gem s.f. Construção para recolher automóveis; oficina onde se consertam e lubrificam carros.
ga.ra.nhão s.m. Cavalo utilizado para a reprodução. Fig. Homem mulherengo.
ga.ran.ti.a s.f. Ação de garantir; finança; segurança.
ga.ran.tir v.t.d. Afiançar; assegurar. (Antôn.: desabonar, negar.)
ga.ra.pa s.f. Caldo de cana.
ga.ra.tu.ja s.f. Letra mal feita; rabisco; asneira.
gar.bo s.m. Elegância.
gar.bo.so adj. Elegante.
gar.ça s.f. Pássaro grande de bico comprido da ordem dos pernaltas, que se nutre de peixes.
ga.re s.f. Lugar de embarque e desembarque nas estações ferroviárias.
gar.fo s.m. Talher que serve para espetar comida ou levá-la à boca.
gar.ga.lha.da s.f. Risada prolongada.
gar.ga.lhar v.intr. Soltar gargalhadas.
gar.ga.lo s.m. Colo de garrafa ou de outra vasilha qualquer.
gar.gan.ta s.f. Parte interna do pescoço.
gar.gân.tua s.m. Comilão; glutão.

gar.ga.re.jo s.m. Ato de gargarejar; líquido para gargarejar.
ga.ri s.m. Bras. Empregado da limpeza pública.
ga.rim.pei.ro s.m. O que anda à cata de pedras preciosas.
ga.rim.po s.m. Lugar onde se fazem explorações diamantíferas e auríferas.
gar.ni.sé adj.2gên. e s.2gên. Diz-se de ou raça de galo ou galinha que não cresce muito.
ga.ro.a s.f. Chuvisco.
ga.ro.ar v.intr. Chuviscar.
ga.ro.to s.m. O mesmo que menino.
ga.rou.pa s.f. Peixe marinho de carne saborosa.
gar.ra s.f. Unha adunca e aguçada de certos animais carnívoros e aves de rapina. Fig. Coragem; ousadia.
gar.ra.fa s.f. Vaso, geralmente de vidro, e com gargalo estreito.
gar.ra.fal adj.2gên. Que tem forma de garrafa; graúdo.
gar.ra.fão s.m. Grande garrafa.
gar.ran.cho s.m. Graveto; letra ininteligível.
gar.rar v.intr. Náut. Ir (embarcação) à mercê da corrente.
gar.ri.do adj. Elegante; alegre.
gar.ro.te s.m. Pau com que se apertava a corda do enforcado; expressão brasileira designativa do bezerro de dois anos.
gar.ro.ti.lho s.m. Doença de cavalo.
gar.ru.cha s.f. Pistola provida de dois canos; adj. e s.m. jogador cauteloso e sovina.
gár.ru.lo adj. e s.m. Que canta muito; tagarela; palrador.
gar.ru.pa s.f. Parte posterior da cavalga-dura.
gás s.m. Fluido aeriforme extremamente compressível. Bras. Animação; o plural, gases, significa: ventosidade.
ga.sei.fi.car v.t.d. Reduzir a gás; evaporar.
ga.so.du.to s.m. Tubulação própria para conduzir gás natural a grande distância.
ga.so.li.na s.f. Carbonato de hidrogênio líquido, derivado de petróleo, usado como combustível para motores de explosão.
ga.sô.me.tro s.m. Grande aparelho para medir gás; reservatórios de gás.
ga.so.so adj. Em estado de gás; que o contém.
gas.pa.ri.no s.m. Fração mínima de bilhete de loteria.
gás.pea s.f. Parte do calçado que cobre o peito do pé.
gas.ta.dor s.m. Pessoa que despende com largueza.
gas.tar v.t.d. Destruir; consumir; v.pron. esperdiçar-se. (Antôn.: economizar, guardar.)
gas.to s.m. Despesa; emprego; adj. que se gastou. Fig. Envelhecido.
gas.tral.gi.a s.f. Pat. Dor de estômago.

gás.tri.co *adj.* Referente ao estômago.
gas.tri.te *s.f. Pat.* Inflamação do estômago.
gas.tro.no.mi.a *s.f.* Arte de preparar alimentos.
gas.trô.no.mo *s.m.* O que aprecia ou que é muito amigo da comida feita com arte.
gas.tró.po.des *s.m.pl.* Moluscos que apresentam sob o ventre um pé largo em formato de disco, carnudo, que lhes serve de órgão de locomoção. Um tipo comum é o caracol.
gas.tu.ra *s.f.* Comichão; arrepio.
ga.ta *s.f.* Fêmea do gato; mulher sensual.
ga.til *s.m.* Lugar onde se criam e alojam gatos.
ga.ti.lho *s.m.* Peça dos fechos de arma de fogo, a qual, puxada, faz disparar a arma.
ga.to *s.m.* Animal doméstico da família dos felídeos.
ga.tu.na.gem *s.f.* Bando de gatunos; vida de gatuno.
ga.tu.no *s.m. e adj.* Trapaceiro.
ga.ú.cho *adj. e s.m.* Pessoa nascida no estado do Rio Grande do Sul.
gau.dé.rio *s.m.* Divertimento.
gaú.dio *s.m.* Alegria; júbilo.
gau.lês *adj.* Da Gália; *s.m.* o natural ou habitante da Gália.
gá.vea *s.f.* Tabuleiro no alto do mastro e atravessada por este.
ga.ve.la *s.f.* Feixe de espigas.
ga.ve.ta *s.f.* Caixa corrediça sem tampa que se encaixa em mesa, prateleira etc.
ga.vi.ão *s.m.* Ave de rapina. *Fig.* Espertalhão.
ga.vi.nha *s.f.* Órgão de fixação de plantas trepadeiras.
ga.ze *s.f.* Tecido de algodão usado em curativos e cirurgias.
ga.ze.ar *v.intr.* Cantar; chilrear (pássaros); *v.t. e intr.* gazetear.
ga.ze.l.a *s.f.* Espécie de antílope africano e asiático.
ga.ze.ta *s.f.* Publicação periódica; falta às aulas.
ga.ze.te.ar *v.intr.* Faltar às aulas, ao serviço para vadiar; cabular.
ga.zu.a *s.f.* Ferro ou instrumento curvo para abrir fechaduras.
gê *s.m.* Nome da sétima letra do alfabeto português.
ge.a.da *s.f.* Orvalho congelado que se dispõe em camadas brancas sobre o solo.
ge.ar *v.t.d.* Congelar; *v.intr.* cair geada.
ge.e.na *s.f.* Inferno.
gêi.ser *s.m.* Repuxo de água fervente que vem do subsolo.
gel *s.m.* Essência gelatinosa usada na preparação de cosméticos, pastas, como o fixador de cabelos.
ge.la.dei.ra *s.f.* Refrigerador.
ge.la.do *adj.* Muito frio; *s.m.* sorvete.
ge.lar *v.t.d.* Congelar; paralisar de assombro. (Antôn.: *esquentar*.)

ge.la.ti.na *s.f.* Substância albuminoide que se extrai dos tecidos fibrosos dos animais.
ge.la.ti.no.so *adj.* Da natureza ou aspecto da gelatina; pegajoso.
ge.lei.a *s.f.* Suco de frutas cozidas com açúcar que se deixa esfriar em seguida.
ge.lei.ra *s.f.* Grande massa de gelo nas montanhas; máquina para fabricar gelo.
ge.lha *s.f.* Ruga na casca de grãos ou frutos; ruga no rosto.
gé.li.do *adj.* Muito frio. *Fig.* Insensível. (Antôn.: *quente*.)
ge.lo *s.m.* Água congelada; frio intenso. *Fig.* Indiferença.
ge.lo.si.a *s.f.* Grade de ripas que guarnece janelas.
ge.ma *s.f.* Parte amarela do ovo das aves; pedra preciosa.
gê.meo *adj. e s.m.* Que, ou aquele que nasceu do mesmo parto. *Fig.* Igual.
ge.mer *v.t.d.* Lastimar.
ge.mi.do *s.m.* Lamento doloroso.
ge.mi.na.do *adj.* Duplicado.
ge.ne *s.m. Biol.* Partícula do cromossomo que determina as características hereditárias.
ge.ne.a.lo.gi.a *s.f.* Série de antepassados; estudo de origem da família.
ge.ne.a.ló.gi.co *adj.* Concernente à genealogia.
ge.ne.ral *s.m.* Oficial militar de graduação imediatamente superior ao coronel.
ge.ne.ra.li.da.de *s.f.* Qualidade de geral; a maioria.
ge.ne.ra.li.zar *v.t.d.* Vulgarizar; difundir; tornar comum. (Antôn.: *particularizar*.)
ge.ne.ra.ti.vo *adj.* Relativo à geração; que pode gerar.
ge.né.ri.co *adj.* Que se refere a gênero; geral.
gê.ne.ro *s.m.* Modo; maneira; flexão que em certas categorias indica o sexo.
ge.ne.ro.si.da.de *s.f.* Liberalidade.
ge.ne.ro.so *adj.* Que gosta de dar.
gê.ne.se *s.f.* Formação dos seres; geração; *s.m.* o primeiro livro do Antigo Testamento.
ge.né.ti.ca *s.f. Biol.* Parte da Biologia que estuda a hereditariedade.
ge.né.ti.co *adj.* Que diz respeito à geração.
gen.gi.bre *s.m.* Planta da família das Zingiberáceas, de propriedades medicinais.
gen.gi.va *s.f.* Tecido fibro-muscular que guarnece as arcadas dentárias.
ge.ni.al *adj.2gên.* Dotado de gênio. *Fig.* Alegre.
gê.nio *s.m.* Índole, criação; irritabilidade.
ge.ni.o.so *adj.* Que tem gênio.
ge.ni.tal *adj.2gên.* Relativo à reprodução.
ge.ni.tor *s.m.* Pai.

ge.no.cí.dio *s.m.* Crime contra a humanidade, que consiste em destruir um grupo nacional, racial, ético ou religioso.

ge.no.ma *s.m.* Todo material genético contido nos cromossos de um determinado organismo.

ge.nó.ti.po *s.m. Biol.* Constituição hereditária de um ser vivo.

gen.ro *s.m.* O marido da filha, em relação aos pais.

gen.ta.lha *s.f.* Ralé.

gen.te *s.f.* População; pessoas em geral.

gen.til *adj.2gên.* Nobre; cavalheiro.

gen.ti.le.za *s.f.* Caráter do que é gentil. *Fig.* Graça.

gen.ti.o *adj.* e *s.m.* Indivíduo que segue o paganismo; idólatra.

ge.nu.fle.xão *s.f.* Flexão do joelho.

ge.nu.í.no *adj.* Puro; natural.

ge.o.fa.gi.a *s.f. Pat.* Hábito de comer terra.

ge.o.fí.si.ca *s.f.* Estudo da física do globo.

ge.o.gra.fi.a *s.f.* Ciência da descrição da Terra.

ge.o.grá.fi.co *adj.* Relativo à Geografia.

ge.ó.gra.fo *s.m.* Aquele que é versado em Geografia.

ge.oi.de *s.m.* Corpo geométrico cuja forma se assemelha à da Terra.

ge.o.lo.gi.a *s.f.* Ciência que estuda a formação e constituição da Terra.

ge.o.me.tri.a *s.f.* Ciência que estuda a formação das linhas, das superfícies e dos volumes.

ge.o.tro.pis.mo *s.m.* Ação ou efeito da gravidade terrestre sobre o sentido e a direção de crescimento de parte dos vegetais.

ge.ra.ção *s.f.* Procriação; descendência.

ge.ra.dor *adj.* Que gera; *s.m.* aquele que produz ou cria.

ge.ral *adj.2gên.* Comum à maior parte; *s.m.* o comum.

ge.rar *v.t.d.* Criar; produzir.

ge.ra.ti.vo *adj.* Generativo.

ge.rên.cia *s.f.* Direção; administração; ato de gerir.

ge.ren.te *adj.* e *s.2gên.* Que, ou pessoa que administra negócios, bens etc.

ge.ri.a.tri.a *s.f. Med.* Setor da Medicina que versa sobre as doenças dos velhos.

ge.rin.gon.ça *s.f.* Gíria; coisa mal feita.

ge.rir *v.t.d.* Dirigir; administrar.

ger.mâ.ni.co *adj.* Relativo à Alemanha.

ger.ma.no *adj.* e *s.m.* Alemão.

ger.me *s.m.* Embrião; micróbio. *Fig.* Origem.

ger.mi.ci.da *adj.* e *s.2gên.* Diz-se de, ou a substância para destruir germes.

ger.mi.nar *v.intr.* Começar a semente a desenvolver-se. *Fig.* Nascer; originar.

ge.rún.dio *s.m. Gram.* Forma invariável dos verbos, cuja terminação é *ndo*.

ges.so *s.m.* Gipsita; ornato em gesso para desenho.

ges.ta *s.f.* Façanha; história.

ges.ta.ção *s.f.* Tempo decorrido entre a concepção e o parto; gravidez.

ges.tan.te *adj.2gên.* Que encerra o embrião; que está em fase de gestação; *s.f.* mulher grávida.

ges.tão *s.f.* Ato de gerir; administração.

ges.ta.tó.rio *adj.* Relativo à gestação.

ges.ti.cu.lar *v.intr.* Exprimir-se por gestos.

ges.to *s.m.* Ação; mímica.

gi.ba *s.f.* Corcova.

gi.bão *s.m.* Casaco de couro usado por vaqueiro.

gi.bi *s.m.* Negrinho; moleque; revista em quadrinhos.

gi.ga.by.te *s.m.* (Ingl.) *Inform.* Unidade de medida de computação que corresponde a 1000 *megabytes*.

gi.gan.te *s.m.* Homem de estatura muito acima do comum; *adj.* admirável.

gi.gan.tes.co *adj.* Referente à gigante. *Fig.* Grandioso.

gi.go.lô *s.m.* Indivíduo que vive à custa de prostituta ou amante de outro.

gi.le.te *s.f.* Lâmina para barbear inventada por King C. Gillette.

gil.vaz *s.m.* Golpe ou cicatriz no rosto.

gim *s.m.* Aguardente de cereais.

gi.na.si.al *adj.* Relativo a ginásio.

gi.ná.sio *s.m.* Lugar onde se pratica ginástica; estabelecimento de ensino secundário.

gi.nás.ti.ca *s.f.* Arte de exercitar o corpo.

gin.ca.na *s.f.* Competição esportivo-cultural entre equipes.

gi.ne.ceu *s.m. Bot.* Conjunto dos órgãos femininos da flor.

gi.ne.co.lo.gi.a *s.f.* Ramo da Medicina que cuida do aparelho reprodutor feminino.

gi.ne.co.lo.gis.ta *s.2gên.* Especialista em Ginecologia.

gi.ne.te *s.m.* Cavalo de boa raça, bonito e bem adestrado.

gin.ga *s.f.* Molejo.

gin.gar *v.intr.* Inclinar o corpo para um lado ou outro, andando.

gip.seo *adj.* Relativo ao gesso; feito de gesso.

gi.ra *adj.* e *s.m.* Maluco.

gi.ra.fa *s.f.* Quadrúpede grande e ruminante da África cujo pescoço é muito longo e elevado.

gi.rân.do.la *s.f.* Roda ou travessão com orifícios para foguetes, que sobem e estouram ao mesmo tempo.

gi.rar *v.intr.* Mover-se circularmente; vaguear.

gi.ras.sol *s.m.* Planta composta, cuja flor se volta sempre para o Sol.

gi.ria *s.f.* Linguagem peculiar a certas profissões.

gi.ri.no *s.m.* Forma larval dos batráquios anuros (rãs, sapos etc.).

gi.ro *s.m.* Volta; circuito; passeio ao acaso; circulação de moeda.

gi.ros.có.pio *s.m.* Aparelho para provar experimentalmente o movimento de rotação da Terra.

giz *s.m.* Bastão calcário para escrever no quadro-negro.

gla.bro *adj.* Sem barba ou pelos; imberbe.

gla.cê *adj.* Diz-se de frutas secas com açúcar cristalizado; *s.m.* seda lustrosa.

gla.ci.a.ção *s.f.* Ação que exercem as geleiras sobre a superfície da Terra.

gla.ci.al *adj.2gên.* De gelo; muito frio. *Fig.* Reservado.

gla.di.a.dor *s.m.* Homem que na antiga Roma combatia na arena contra outros homens ou feras para divertimento do povo; lutador.

glá.dio *s.m.* Espada; punhal. *Fig.* Poder; força.

glan.de *s.f.* Bolota; cabeça do pênis; extremidade do clitóris.

glân.du.la *s.f.* Estrutura ou órgão secretor.

glau.co.ma *s.m. Med.* Endurecimento do globo ocular por excesso de tensão interna.

gle.ba *s.f.* Terreno de cultura; terreno feudal.

gli.ce.mi.a *s.f.* Teor de glicose no sangue.

gli.ce.ri.na *s.f.* Líquido espesso, de sabor açucarado, misturável com água.

gli.co.se *s.f.* Açúcar das frutas, que se origina no organismo por meio do glicogênio.

glo.bal *adj.* Considerando em globo; total; integral.

glo.ba.li.za.ção *s.f.* Processo de integração, organização e internacionalização de empresas e economias em escala planetária com repercussão em outras áreas.

glo.bo *s.m.* Corpo sólido e esférico; sistema planetário.

glo.bu.lar *adj.2gên.* Esférico.

gló.bu.lo *s.m.* Pequeno globo; corpúsculo do sangue.

gló.ria *s.f.* Honra; reputação.

glo.ri.fi.ca.ção *s.f.* Ação de gloriar; exaltação.

glo.ri.fi.car *v.t.d.* Dar glória, honrar; *v.pron.* alcançar glória. (Antôn.: *desonrar, humilhar.*)

glo.rí.o.la *s.f.* Glória vã.

glo.ri.o.so *adj.* Cheio de glória; vitorioso.

glos.a *s.f.* Comentário; crítica.

glos.sá.rio *s.m.* Vocabulário explicativo de palavras de significação obscura; dicionárioecnológico.

glo.te *s.f.* Abertura triangular na parte superior da laringe.

glu.glu *s.m.* Onomatopeia da voz do peru e do líquido que sai de um vaso de gargalo estreito.

glu.tão *adj.* e *s.m.* (Indivíduo) que come muito.

glú.ten *s.m.* Substância viciosa que se encontra nos cereais.

glú.teo *adj.* Concernente às nádegas.

gno.mo *s.m.* Entidade que, segundo os cabalistas, vive no seio da Terra e guarda tesouros.

go.dê *adj.* e *s.m.* Corte de tecico em viés, em forma de leque.

go.e.la *s.f.* Garganta.

go.gó *s.m. Bras.* Pomo-de-adão (ângulo saliente da cartilagem tireoide).

gói *adj.2gên.* e *s.2gên.* Designação dada pelos judeus àqueles que não pertencem a seu povo.

goi.a.ba *s.f.* Fruto da goiabeira.

goi.a.bei.ra *s.f.* Planta de grandes propriedades medicinais, da família das Mirtáceas.

goi.va *s.f.* Formão de lâmina côncava.

gol *s.m.* No futebol, transposição da meta pela bola.

go.la *s.f.* Parte do vestuário que cinge o pescoço

go.le *s.m.* Porção de líquido que se engole de uma só vez.

go.lei.ro *s.m.* Jogador que defende a meta no futebol.

gol.fa.da *s.f.* Jorro; jato.

gol.far *v.t.d.* Expelir (líquidos); *v.intr.* jorrar.

gol.fe *s.m.* Esporte de origem escocesa, jogado em terreno amplo.

gol.fi.nho *s.m.* Mamífero marinho de focinho alongado; nado que imita seus movimentos.

gol.fo *s.m.* Porção de mar que entra nas terras, e cuja abertura é muito larga.

gol.pe *s.m.* Pancada.

gol.pe.ar *v.t.d.* Dar golpes em; ferir com golpes.

go.ma *s.f.* Seiva viciosa de alguns vegetais. *Bras.* Amido para engomar roupa.

go.mo *s.m.* Cada uma das partes em que se dividem naturalmente certas frutas.

gô.na.da *s.f.* Glândula que produz gametas.

gôn.do.la *s.f.* Pequeno barco de remos usado nos canais de Veneza (Itália).

gon.go *s.m.* Disco metálico que se faz vibrar, batendo-o com uma baqueta enchumaçada.

go.nor.rei.a *s.f.* Infecção gonocócica na região gênito-urinária.

gon.zo *s.m.* Dobradiça de porta ou janela.

go.rar *v.t.d.* Malograr; frustar. (Antôn.: *vingar, medrar.*)

gor.do *adj.* Que tem muita gordura; corpulento.

gor.du.cho *adj.* Um tanto gordo.

gor.du.ro.so *adj.* Que tem a consistência da gordura.

gor.go.le.jar *v.t.d.* e *intr.* Beber produzindo ruído.

gor.go.mi.los *s.m.pl. Pop.* Princípio do esôfago; goelas.

gór.go.na *s.f.* Personagem mitológica que tinha serpentes nos cabelos e convertia em pedra os que a olhavam.

gor.gon.zo.la *s.m.* Tipo de queijo italiano, feito com leite de cabra e pão mofado.

gor.go.rão *s.m.* Tecido de seda ou lã, encorpado e em cordões.
gor.gu.lho *s.m.* Inseto coleóptero que atacava os cereais.
go.ri.la *s.m.* Macaco antropoide da África equatorial.
gor.je.ar *v.intr.* Cantar; soltar (os passarinhos) sons agradáveis.
gor.jei.o *s.m.* Trinado.
gor.je.ta *s.f.* Gratificação.
gor.ro *s.m.* Espécie de boina.
gos.ma *s.f.* Humor viscoso que escorre das ventas do cavalo e do bico das galinhas. *Pop.* Escarro.
gos.men.to *adj.* Que tem gosma. *Por ext.* Adoentado.
gos.tar *v.t.i.* Achar sabor agradável, sentir prazer; provar; ter afeição ou amizade; gozar. (Antôn.: *desgostar, odiar*.)
gos.to *s.m.* Sabor. *Fig.* Critério estético; simpatia.
gos.to.so *adj.* Que causa gosto; saboroso; contente.
gos.to.su.ra *s.f.* Propriedade do que é gostoso; prazer imenso.
go.ta¹ *s.f.* Pingo; lágrima.
go.ta² *s.f.* Paralisia do nervo ótico que ocasiona excesso de lágrimas.
go.tei.ra *s.f.* Racha do telhado por onde vaza água da chuva para dentro de casa.
go.te.jar *v.intr.* Cair gota a gota; *v.t.d.* deixar cair em gotas.
gó.ti.co *adj.* Referente ao estilo arquitetônico e artístico medieval.
go.to *s.m. Anat.* Entrada da laringe.
go.ver.na.dor *adj.* e *s.m.* Que ou quem governa.
go.ver.na.men.tal *adj.* Referente ao governo.
go.ver.nan.ta *s.f.* Empregada que supervisiona casa alheia.
go.ver.nan.te *s.2gên.* O que governa.
go.ver.nar *v.t.d.* Reger; dirigir; ter autoridade.
go.ver.nis.ta *adj.* e *2gên.* Partidário do governo ou do governismo.
go.ver.no *s.m.* Ação de governar, reger, administrar; a totalidade dos ministros que governam uma nação.
go.za.do *adj.* Engraçado; agradável.
go.zar *v.t.d.* Lograr; desfrutar; rir à custa de (alguém); *v.intr.* ter gozo; *v.pron.* aproveitar-se.
go.zo *s.m.* Prazer; utilidade; graça.
gra.ba.to *s.m.* Leito pequeno e pobre.
gra.ça *s.f.* Obséquio; auxílio divino; benevolência.
gra.ce.jo *s.m.* Ação ou expressão picante e engraçada.
grá.cil *adj.2gên.* Delicado; fino.
gra.ci.o.so *adj.* Que tem graça; engraçado; agradável; elegante.
gra.da.ção *s.f.* Progressão gradual.
gra.da.ti.vo *adj.* Em que existe gradação; gradual.

gra.de *s.f.* Armação de paus ou barras de ferro para fechar portas, janelas etc.
gra.dil *s.m.* Grade em volta de um recinto.
gra.do *s.m.* Vontade; consentimento; recompensa; *adj.* graúdo. *Fig.* Notável.
gra.du.a.ção *s.f.* Graus de dignidade; ofício; hierarquia.
gra.du.al *adj.2gên.* Que procede por gradação; progressivo.
gra.du.an.do *s.m.* Pessoa que está prestes a se graduar.
gra.du.ar *v.t.d.* Diminuir em graus; conferir graduação honorífica; classificar.
gra.far *v.t.d.* Escrever.
gra.fi.a *s.f.* Modo de escrever; ortografia.
grá.fi.ca *s.f.* Arte de gravar os vocábulos; estabelecimento gráfico; tipografia.
grá.fi.co *adj.* Descrito; *s.m.* representação gráfica.
grã-fi.no *adj.* e *s.m.* Indivíduo metido a rico, elegante.
gra.fo.lo.gi.a *s.f.* Análise do caráter ou índole das pessoas pelo talhe da letra.
gra.lha *s.f.* Pequena ave da família dos corvídeos. *Fig.* Pessoa tagarela.
gra.ma *s.f.* Nome genérico de várias gramíneas; *s.m.* unidade de peso no sistema métrico decimal.
gra.má.ti.ca *s.f.* Estudo dos fatos da linguagem falada e escrita e das leis que a regulam; livro que contém as regras da linguagem.
gra.má.ti.co *adj.* Concernente à gramática *s.m.* o que é versado em gramática.
gra.mí.nea *s.f.* Família de plantas monocotiledôneas, de flores em espigas e frutos de sementes.
gra.mo.fo.ne *s.m. Ant.* Aparelho que reproduz os sons gravados em discos.
gram.po *s.m.* Pequena presilha para o cabelo.
gra.na.da *s.f.* Globo de ferro cheio de pólvora; bomba pequena.
gran.da.lhão *adj.* Muito grande; homem muito alto.
gran.de *adj.* Vasto; comprido; desmedido; respeitável.
gran.de.za *s.f.* Magnitude; vastidão; ostentação.
gran.di.lo.quên.cia *s.f.* Estilo muito elevado.
gran.di.o.so *adj.* Sublime.
gra.nel *s.m.* Tulha; celeiro.
gra.ni.to *s.m.* Rocha muito dura composta de feldspato, mica e quartzo; pequeno grão.
gra.ni.zo *s.m.* Pedrinhas de gelo, resultantes do resfriamento repentino dos vapores que formam as nuvens.
gran.ja *s.f.* Sítio de cultura lucrativa; casal.
gran.je.ar *v.t.d.* Cultivar; adquirir.
gra.nu.la.do *adj.* Composto de grânulos.
gra.nu.lar *v.t.d.* Reduzir a grãos ou a grânulos.

grâ.nu.lo *s.m.* Pequeno grão; glóbulo; pequena pílula.
grão *s.m.* Semente de cereais; glóbulo; *adj.* grande.
gras.nar *v.intr.* Gritar.
gras.sar *v.intr.* Alastrar-se.
gra.ti.dão *s.f.* Agradecimento.
gra.ti.fi.car *v.t.d.* Dar gratificação; premiar.
grá.tis *adv.* Gratuitamente.
gra.to *adj.* Agradecido; agradável.
gra.tui.to *adj.* Dado ou feito de graça; espontâneo.
gra.tu.lar *v.t.d.* Felicitar.
grau *s.m.* A 360ª parte de circunferência; divisão de escalas; título obtido em escola superior, ao terminar o curso.
gra.ú.do *adj.* Grande; desenvolvido; importante.
gra.va.ção *s.f.* Ato de gravar; ofensa; vexame.
gra.va.dor *adj.* e *s.m.* Que, ou aquele que grava; artista em gravuras.
gra.va.me *s.m.* Imposto oneroso; ônus; incômodo.
gra.var *v.t.d.* Registrar em disco; assinalar; imortalizar.
gra.va.ta *s.f.* Tira de pano que se usa em volta do pescoço.
gra.ve *adj.* Sério. *Mús.* Baixo (som).
gra.ve.to *s.m.* Raminhos secos para acender o fogo.
gra.vi.da.de *s.f.* Espécie daquilo que é grave; atração que os corpos exercem uns sobre os outros; intensidade; estado perigoso.
gra.vi.dez *s.f.* Estado da mulher e das fêmeas em geral durante a gestação.
gra.vi.ta.ção *s.f.* Força de atração que se exerce entre os corpos; o mesmo que *gravidade*.
gra.vo.so *adj.* Que oprime, onera; pesado.
gra.vu.ra *s.f.* Ação ou efeito de gravar; estampa.
gra.xa *s.f.* Pasta usada na lubrificação de máquinas.
gra.xo *adj.* Oleoso.
gre.da *s.f.* Sedimento argiloso de cor clara.
gre.gá.rio *adj.* Que vive em rebanho.
gre.go *s.m.* e *adj.* Oriundo da Grécia; língua corrente nesse país; que diz respeito à Grécia. *Fig.* Ininteligível.
gre.go.ri.a.no *adj.* Referente ao rito de celebração do sacramento.
grei *s.f.* Rebanho de gado miúdo. *Fig.* Sociedade; partido.
gre.lar *v.intr.* Germinar; brotar.
gre.lha *s.f.* Grade de assar carne, peixes etc.
gre.lhar *v.t.d.* Passar, assar ou torrar sobre a grelha.
gre.lo. *s.m.* Broto; rebento.
grê.mio *s.m.* Corporação de estudantes; comunhão de fiéis; comunidade.
gre.nha *s.f.* Cabelo em desalinho.
gre.ta *s.f.* Racha; fenda estreita; rachadura da pele.
gre.ve *s.f.* Falta ao trabalho, coletiva e reivindicatória.

gre.vis.ta *s.2gên.* Que promove ou faz parte da greve.
gri.far *s.m.* Inclinar para a direita (a letra); sublinhar (a palavra); pronunciar com ênfase.
gri.fe *s.f.* Etiqueta de artigo de luxo, com a marca do fabricante.
gri.fo *s.m.* O mesmo que enigma; *adj.* letra de tipo itálico.
gri.lei.ro *s.m. Bras.* Aquele que se apossa de terras alheias por meio de falsas escrituras.
gri.lhão *s.m.* Algema; laço; prisão.
gri.lhe.ta *s.f.* Anel preso a uma corrente, com que se prendem condenados.
gri.lo *s.m. Zool.* Inseto da família dos Ortópteros saltadores; guarda de trânsito. *Gír.* Relógio.
grim.par *v.t.d.* e *intr.* Subir.
gri.nal.da *s.f.* Capela; coroa de flores, pedrarias etc. usado pelas noivas no dia do casamento ou pelas meninas no dia da primeira comunhão.
grin.go *s.m. Bras.* Estrangeiro.
gri.pal *adj.* Que diz respeito à gripe.
gri.par-se *v.pron.* Ser atacado de gripe.
gri.pe *s.f.* Inflamação epidêmica de algumas membranas mucosas.
gris *adj.2gên.* Cinzento-azulado; acizentado; pardo.
gri.sa.lho *adj.* Mesclado de branco e preto.
gri.se.ta *s.f.* Peça que se enfia na torcida da lamparina.
gri.su *s.m.* Gás inflamável encontrado nas minas de carvão.
gri.tan.te *adj.2gên.* Muito evidente; que clama ou grita.
gri.ta.ri.a *s.f.* Muitos gritos; algazarra.
gri.to *s.m.* Berro; brado.
gro.gue *s.m.* Bebida alcoólica a que se adiciona açúcar e casca de limão; *adj.* vacilante.
gro.sa *s.f.* Conjunto de doze dúzias; faca para descarnar peles.
gros.sei.ro *adj.* Tosco; malfeito. *Fig.* Rude.
gros.se.ri.a *s.f.* Rudeza.
gros.so *adj.* Corpulento; denso; *s.m.* a parte mais espessa.
gros.su.ra *s.f.* Grande volume; grosseria.
gro.ta *s.f.* Abertura feita pelas enchentes em ribanceira ou margem de rios.
gro.tes.co *adj.* Ridículo.
grou *s.m.* Certa ave pernalta.
grua *s.f.* Fêmea do grou; máquina para levantar pesos.
gru.dar *v.t.d.* Ligar; unir; *v.intr.* juntar-se.
gru.de *s.m.* Espécie de cola para unir peças de madeira. *Pop.* Refeição.
gru.me.te *s.m.* Aprendiz de marinheiro.
gru.mo *s.m.* Pequeno coágulo; grânulo.
gru.na *s.f.* Depressão.
gru.nhi.do *s.m.* A voz do porco.

gru.nhir v.t.d. e intr. Soltar vozes que lembram a do porco. Fig. Resmungar.
gru.po s.m. Reunião de pessoas ou coisas; pequena associação.
gru.ta s.f. Caverna natural ou artificial.
gua.bi.ru s.m. Rato grande. Gír. Gatuno; larápio.
gua.che s.m. Pintura feita por meio de uma preparação de substâncias corantes diluídas em água.
guai.a.mu s.m. Bras. Caranguejo grande de cor azulada.
guai.ar v.intr. Lamentar-se.
guam.pa s.f. Chifre.
gua.no s.m. Excrementos de aves marinhas do litoral do Peru usados na adubação de terras.
gua.po adj. Corajoso; esbelto.
gua.rá s.m. Ave pernalta também conhecida por flamingo; nome de um mamífero carniceiro.
gua.ra.ná s.m. Planta do Brasil; bebida feita com pó dessa massa.
gua.ra.ni s.m. Indivíduo da raça dos Tupis do Sul; a língua dessa raça.
guar.da s.f. Proteção; s.m. vigia.
guar.da-chu.va s.m. Pequeno abrigo portátil para resguarda da chuva.
guar.da-co.mi.da s.m. Armário revestido de tela, para guardar alimentos.
guar.da-cos.tas s.2gên. e 2n. Pessoa que acompanha outra para protegê-la de agressões.
guar.da-li.vros s.2gên. e 2n. Empregado que registra nos livros o movimento de uma ou mais casas comerciais.
guar.da.na.po s.m. Pequena toalha para limpar a boca durante as refeições.
guar.da-no.tur.no s.m. Indivíduo que zela pelo policiamento noturno.
guar.da-pó s.m. Capa leve para resguardar pó.
guar.dar v.t.d. Vigiar, protegendo ou defendendo; v.pron.: defender-se. (Antôn.: desproteger.)
guar.da-rou.pa s.m. Armário para guardar roupas.
guar.da-sol s.m. Chapéu-de-sol; árvore da família das Combretáceas.
guar.di.ão s.m. Protetor.
gua.ri.da s.f. Covil de feras. Fig. Abrigo; proteção.
gua.ri.ta s.f. Abrigo de sentinelas.
guar.ne.cer v.t.d. Prover do necessário; fortalecer. Fig. Adornar. (Antôn.: desguarnecer.)
guar.ni.ção s.f. Tudo que guarnece ou enfeita; tropas que defendem uma praça.
guas.ca s.f. Chicote.
gua.xo adj. e s.m. Animal ou criança amamentado com leite que não é o materno; planta que nasce à toa.
gu.de s.m. Bras. Jogo infantil com esférulas de vidro.
gue.de.lha s.f. Cabelo desgrenhado.

guei.xa s.f. Designativo, no Japão, de bailarinas jovens. (Aport. de geisha).
guel.ra s.f. Órgão respiratório dos animais que só podem viver na água; brânquias.
guer.ra s.f. Luta armada entre nações ou partidos; conflito.
guer.re.ar v.t.d. Fazer guerra a; v.intr. combater.
guer.rei.ro adj. Concernente à guerra; belicoso; s.m. soldado.
guer.ri.lha s.f. Corpo irregular de voluntários que fazem guerra de emboscada; tropa indisciplinada.
guer.ri.lhei.ro s.m. Aquele que faz parte de uma guerrilha.
gue.to s.m. Bairro na antiga Itália onde os judeus eram obrigados a morar; o mesmo bairro em qualquer cidade.
gui.a s.f. Direção; roteiro; s.m. livro de informações.
gui.ão s.m. Bandeira levada à frente de procissão; estandarte que ia à frente das tropas; soldado que conduzia esse estandarte.
gui.ar v.t.d. Encaminhar; aconselhar; dirigir.
gui.chê s.m. Portinhola aberta num muro ou porta.
gui.lho.ti.na s.f. Instrumento de decapitação que consiste em uma lâmina que se precipita do alto por trilhos; tipo de vidraça. Tip. Máquina para cortar papel.
guim.ba s.f. Pop. O que restou de um cigarro já fumado.
gui.na.da s.f. Desvio que uma embarcação faz de sua rota.
guin.char v.t.d. Soltar sons agudos e inarticulados.
guin.cho s.m. Grito; guindaste.
guin.dar v.t.d. Erguer; levantar.
guin.das.te s.m. Instrumento ou engenho para erguer corpos pesados; guincho.
guir.lan.da s.f. Cordão ornamental de flores.
gui.sa s.f. Modo; maneira.
gui.sa.do s.m. Iguaria refogada com temperos.
gui.ta s.f. Barbante fino.
gui.tar.ra s.f. Instrumento de cordas com o braço dividido em meios-tons.
gui.tar.ris.ta s.m. Aquele que toca guitarra.
gui.zo s.m. Pequena esfera oca, que encerra uma ou mais bolinhas para produzirem som ao se agitarem.
gu.la s.f. Gulodice.
gu.lo.di.ce s.f. O vício da gula; grande apetite pelos doces.
gu.lo.sei.ma s.f. O mesmo que gulodice.
gu.lo.so adj. e s.m. Que gosta de comer ou beber em demasia.
gu.me s.m. A parte cortante de instrumento de fio; corte.
gu.ri s.m. Criança; menino.
gu.ri.za.da s.f. Grande número de meninos.

gu.ru.pês *s.m.2n. Náut.* Mastro inclinado na proa do navio.
gu.sa *s.f.* Metal fundido.
gus.ta.ção *s.f.* Ato de provar.
gus.ta.ti.vo *adj.* Referente ao sentido do gosto.
gu.ti.fe.ro *adj.* Que deita gotas.
gu.tu.ral *adj.* Relativo à garganta.

h H

h *s.m.* Oitava letra do alfabeto português, sexta consoante. Em Matemática, Física e Química, designa vários símbolos.

hã *interj.* Admiração; indagação (?).

ha.beas.-cor.pus *s.m.2n. Latim Jur.* Dispositivo constitucional que garante a liberdade do cidadão.

há.bil *adj.2gên.* Inteligente; que tem aptidão.

ha.bi.li.da.de *s.f.* Capacidade; aptidão.

ha.bi.li.do.so *adj.* Hábil.

ha.bi.li.ta.ção *s.f.* Aptidão; formalidades jurídicas necessárias para adquirir um direito ou demonstrar capacidade legal.

ha.bi.li.tar *v.t.d.* Tornar hábil; autorizar; *v.pron.* preparar-se. (Antôn.: *inabilitar*.)

ha.bi.ta.ção *s.f.* Residência; morada.

ha.bi.tá.cu.lo *s.m.* Habitação pequena.

ha.bi.tan.te *adj.* e *s.2gên.* Morador.

ha.bi.tar *v.t.d.* Ocupar como morada; povoar; *v.intr.* residir. (Antôn.: *desabitar*.)

há.bi.tat *s.m.* Lugar de vida de um organismo.

ha.bi.tá.vel *adj.2gên.* Que pode ser habitado.

há.bi.to *s.m.* Costume; uso.

ha.bi.tu.al *adj.2gên.* Usual; frequente.

ha.bi.tu.ar *v.t.d.* Acostumar; *v.pron.* acostumar-se.

ha.chu.ras *s.f.pl.* Raiado que, em desenho ou gravura, produz efeito de sombra.

ha.gi.o.gra.fi.a *s.f.* Biografia e história dos santos.

ha.li.êu.ti.ca *s.f.* Arte da pesca.

há.li.to *s.m.* Cheiro; bafo.

ha.lo *s.m.* Coroa luminosa que circunda os astros. *Fig.* Glória; prestígio.

hal.te.re *s.m.* Aparelho de ginástica que consiste em duas esferas de metal unidas por uma haste.

han.gar *s.m.* Abrigo fechado para aeronaves; galpão.

han.se.ní.a.se *s.f. Pat.* Lepra.

han.ta.ví.rus *s.m.2n.* Família de vírus que causa infecções extremamente agressivas, afetando principalmente pulmões e rins, e podendo provocar febre hemorrágica.

ha.plo.lo.gi.a *s.f. Gram.* Redução ou contração dos elementos similares de uma palavra.

ha.ras *s.m.2n.* Estância de seleção de cavalos.

hard.disk *Ingl. s.m. Inf.* Disco rígido dos computadores.

hard.ware *Ingl. s.m. Inf.* Os componentes físicos de um computador.

ha.rém *s.m.* Local do palácio do sultão muçulmano reservado às odaliscas. *Fig.* Prostíbulo.

har.mo.ni.a *s.f.* Sucessão de acordes ou sons consonantes, agradáveis ao ouvido; proporção das partes de um todo bem organizado.

har.mô.ni.co *adj.* Referente à harmonia; coerente.

har.mo.ni.o.so *adj.* Que emite sons agradáveis ao ouvido; coerente.

har.mo.ni.zar *v.t.d.* Ordenar; pacificar; *v.pron.* estar concorde.

har.pa *s.f.* Instrumento musical de forma triangular, de cordas que se tangem com os dedos.

has.ta *s.f.* Lança; leilão.

has.te *s.f.* O pau em que está fixado o ferro da lança; pau que sustenta a bandeira; tronco herbáceo que parte da raiz.

has.te.ar *v.t.d.* Levantar em haste; *v.pron.* levantar-se.

hau.rir *v.t.d.* Tirar; esgotar.

haus.to *s.m.* Gole.

ha.ver[1] *v.t.d.* Ter; possuir; *v.t.i.* existir (é impessoal nesse caso); *transobj.* julgar; *v.pron.* comportar-se.

ha.ver[2] *s.m.* A parte do crédito, na escrituração mercantil; o plural, *haveres*, significa: bens.

ha.xi.xe *s.m.* Cânhamo índico, cujas folhas contêm propriedades narcóticas que produzem alucinações. *Bras.* Maconha.

heb.do.ma.dá.rio *adj.* Semanal; *s.m.* jornal semanal.

he.brai.co *adj.* Pertinente aos hebreus; *s.m.* idioma dos hebreus.

he.breu *adj.* e *s.m.* Referente aos hebreus ou ao seu idioma; a raça hebraica.

he.ca.tom.be *s.f.* Sacrifício humano. *Fig.* Matança humana.

hec.ta.re *s.m.* Medida agrária equivalente a cem ares, ou dez mil metros quadrados.

hec.to.li.tro *s.m.* Medida de capacidade equivalente a cem litros.

HECTÔMETRO — HETERÔNIMO

hec.tô.me.tro *s.m.* Medida de comprimento equivalente a cem metros.

he.di.on.do *adj.* Horrível.

he.do.nis.mo *s.m. Filos.* Doutrina da escola fundada por Arístipo de Cirene, que faz do prazer a finalidade da vida.

he.ge.mo.ni.a *s.f.* Preponderância de uma cidade ou povo sobre outras cidades ou povos.

hé.gi.ra *s.f.* Fuga de Maomé de Meca para Medina (622 d.C.), que marca o início do calendário muçulmano.

he.lê.ni.co *adj.* Concernente aos helenos; referente à Grécia.

he.le.nis.mo *s.m.* Civilização grega; palavra, construção ou locução característica da língua grega.

hé.li.ce *s.m. e f. Geom.* Linha originada por um ponto com movimentos concomitantes de rotação e translação, traçada em volta de um cilindro ou cone.

he.li.coi.dal *adj.2gên.* Em forma de caracol; espiralado.

he.li.cóp.te.ro *s.m.* Avião que se eleva verticalmente e se sustenta com o auxílio de hélices horizontais.

hé.lio *s.m.* Elemento de número atômico 2, pertencente aos gases nobres.

he.li.o.cên.tri.co *adj. Astron.* Relativo ao sistema que considera o Sol como centro do universo.

he.li.o.gra.vu.ra *s.f.* Processo de gravura que utiliza a luz solar.

he.li.por.to *s.m.* Campo de pouso e partida, ou estação de helicópteros.

hel.min.to *s.m.* Verme intestinal.

hem *interj.* Que diz?, como?, não é verdade?, que é?.

he.má.cia *s.f.* Glóbulo vermelho do sangue.

he.ma.tó.fa.go *adj.* Que se alimenta de sangue.

he.ma.to.lo.gi.a *s.f.* Tratado do sangue ou das células do sangue.

he.ma.to.ma *s.m. Med.* Tumor sanguíneo de origem hemorrágica.

he.ma.to.se *s.f. Biol.* Conversão do sangue venoso em arterial.

he.me.ro.te.ca *s.f.* Seção das bibliotecas em que se colecionam jornais e revistas.

he.mi.ple.gi.a *s.f. Pat.* Paralisia de um dos lados do corpo.

he.mis.fé.rio *s.m.* A metade da esfera. *Geog.* Cada uma das metades do globo separadas pelo Equador.

he.mo.cen.tro *s.m.* Banco de sangue.

he.mo.fi.li.a *s.f.* Enfermidade hereditária marcada pela dificuldade de coagulação do sangue e hemorragias.

he.mor.ra.gi.a *s.f.* Perda de sangue por espontânea rutura dos vasos.

he.mor.roi.das *s.f.pl.* Tumores venenosos no interior do ânus, que ordinariamente deitam sangue.

he.pá.ti.co *adj.* Relativo ao fígado.

he.pa.ti.te *s.f.* Inflamação do fígado.

hep.tá.go.no *s.m. Geom.* Polígono de sete faces.

he.rál.di.ca *s.f.* Arte que trata dos brasões de armas.

he.ran.ça *s.f.* O que se recebe por direito ou por disposição testamentária; hereditariedade.

her.bá.ceo *adj.* Concernente à erva.

her.ba.ná.rio *s.m.* Estabelecimento onde se vendem ervas medicinais.

her.bá.rio *s.m.* Coleção de plantas secas para estudos.

her.bi.ci.da *adj.2gên. e s.m.* Substância que se emprega na destruição de ervas daninhas.

her.bí.vo.ro *s.m.* Aquele que se alimenta de plantas.

her.cú.leo *adj.* Robusto; valente.

her.da.de *s.f.* Propriedade rural.

her.dar *v.t.d.* Receber de herança.

her.dei.ro *s.m.* Sucessor; aquele que herda nome ou bens.

he.re.di.tá.rio *adj.* Que se transmite por herança de pais e filhos ou de ascendentes a descendentes.

he.re.ge *s.2gên.* Ateu; ímpio.

he.re.si.a *s.f.* Doutrina condenada pela Igreja. *Fig.* Opinião falsa e absurda.

he.ré.ti.co *adj.* Concernente à heresia; *s.m.* herege.

her.ma.fro.di.ta *adj.2gên. e s.m.* Diz-se do ser que possui os dois sexos.

her.me.nêu.ti.ca *s.f.* Arte de interpretar os sentidos das palavras.

her.mé.ti.co *adj.* Completamente fechado; de compreensão difícil.

hér.nia *s.f.* Tumor mole que se forma pela saída ou deslocação de uma víscera.

he.rói *s.m.* Homem extraordinário pelos seus feitos.

he.roi.co *adj.* Próprio de herói.

he.ro.í.na *s.f.* Mulher valorosa.

he.ro.ís.mo *s.m.* Qualidade daquele ou daquilo que é heroico; ato heroico.

her.pes *s.m.2n.* Moléstia da pele que se manifesta pela erupção de vestículos.

her.pe.to.lo.gi.a *s.f.* Parte da Zoologia que versa sobre os répteis.

hertz *s.m.* Unidade de frequência de um ciclo por segundo.

he.si.ta.ção *s.f.* Indecisão.

he.si.tar *v.intr.* Estar indeciso; duvidar; *v.t.d.* ter dúvidas sobre.

he.te.ro.do.xo *adj.* Contrário aos princípios de uma religião.

he.te.ro.gê.neo *adj.* De outra natureza; diferente.

he.te.rô.ni.mo *adj.* Referente ao autor que faz publicar um livro sob o nome real de outrem.

he.te.ro.zi.go.to s.m. Biol. Indivíduo que provém de pais portadores de caracteres genéticos diferentes.

heu.re.ca interj. Indic. de alegria por um achado.

he.xa.e.dro s.m. Corpo regular de seis faces; cubo.

he.xá.go.no s.m. Figura geométrica de seis lados e seis ângulos.

hi.a.to s.m. Falta; fenda dentro do organismo; separação silábica de um par de vogais.

hi.ber.nar v.intr. Cair em sono letárgico durante o inverno.

hi.bis.co s.m. Bot. Gênero de ervas, arbustos, ou árvores pequenas, da família das malváceas. Espécie principal: papoula.

hi.bri.dis.mo s.m. Qualidade do que é híbrido. Gram. Palavra constituída por elementos de idiomas diferentes. (Var.: *hibridez*.)

hí.bri.do adj. Indivíduo proveniente do cruzamento de espécies diferentes.

hi.dra s.f. Serpente mitológica; cobra de água doce; constelação austral.

hi.dra.má.ti.co adj. Autom. – Em que o comando da transmissão é acionado automaticamente por meio de sistema hidráulico.

hi.dran.te s.m. Válvula ou torneira a que se ligam mangueiras para apagar incêndios.

hi.dra.tar v.t.d. Tratar por água; v.pron. transformar-se em hidrato. (Antôn.: *desidratar*.)

hi.dráu.li.ca s.f. Ciência que se ocupa do emprego das águas.

hi.dra.vi.ão s.m. Avião munido de flutuadores que lhe permitem pousar na água.

hi.dre.lé.tri.co adj. Que produz eletricidade por meio da força hidráulica.

hi.dro.a.vi.ão s.m. Ver *hidravião*.

hi.dro.di.nâ.mi.ca s.f. Parte da Física que trata do movimento, do peso e do equilíbrio dos fluidos.

hi.dro.fo.bi.a s.f. Horror à água; raiva.

hi.dro.gê.nio s.m. Gás simples que se combina com o oxigênio para formar a água, de símbolo H e número atômico 1.

hi.dro.gra.fi.a s.f. Ciência que trata do regime das águas de uma região.

hi.dro.mel s.m. Mistura de água e mel.

hi.drô.me.tro s.f. Instrumento para medir a quantidade de água consumida.

hi.dro.mi.ne.ral adj.2gên. Relativo às águas minerais.

hi.dro.pi.si.a s.f. Pat. Acúmulo de sirosidades no tecido celular.

hi.dros.fe.ra s.f. A parte líquida da superfície terrestre.

hi.dros.tá.ti.ca s.f. Parte da Física que trata do equilíbrio dos líquidos e da pressão que eles exercem.

hi.dro.vi.a s.f. Via de transporte ou comunicação por mar, rio, lago.

hi.e.na s.f. Mamífero carnívoro e digitígrado.

hi.e.rar.qui.a s.f. Classe.

hi.e.rá.ti.co adj. Relativo a coisas religiosas ou sagradas.

hi.e.ró.gli.fo s.m. Nome dos caracteres da escrita dos antigos egípcios.

hí.fen s.m. Sinal (-) com que se separam elementos de uma palavra composta.

hí.gi.do adj. Sadio.

hi.gi.e.ne s.f. Ramo da Medicina que ensina a conservar a saúde por meio da limpeza. *Fig.* Asseio; limpeza.

hi.gi.ê.ni.co adj. Referente à higiene; saudável; asseado; limpo.

hi.gro.me.tri.a s.f. Parte da Física que se ocupa da determinação do grau de umidade do ar.

hi.la.ri.an.te adj. Que causa alegria; que faz rir.

hi.la.ri.da.de s.f. Riso; alegria.

hi.lei.a s.f. Designação da floresta equatorial úmida, que se estende dos Andes até a foz do Rio Amazonas.

hi.men s.m. Anat. Membrana que recobre parte da vagina.

hi.me.neu s.m. Casamento.

hi.me.nóp.te.ros s.m.pl. Insetos providos de quatro asas membranosas nuas, tal como as abelhas e formigas.

hi.ná.rio s.m. Coletânea de hinos.

hin.du adj.2gên. Da Índia (Ásia); s.2gên. natural ou habitante da Índia.

hin.du.ís.mo s.m. Religião atual da maioria dos povos indianos, rica em preceitos relativos à vida cotidiana e à organização social.

hi.no s.m. Cântico de louvores.

hi.pér.bo.le s.f. Figura de retórica que engrandece ou diminui excessivamente a verdade das coisas; curva geométrica.

hi.per.bó.reo adj. No extremo norte da Terra; setentrional.

hi.per.me.tro.pi.a s.f. Defeito do olho, quando os raios luminosos paralelos ao eixo têm o foco além da retina.

hi.per.ten.são s.f. Tensão das artérias maior que a normal.

hi.per.tro.fi.a s.f. Desenvolvimento exagerado de um órgão.

hí.pi.co adj. Concernente a cavalos.

hi.pis.mo s.m. Esporte da corrida de cavalos.

hip.no.se s.f. Sono provocado por meios artificiais.

hip.nó.ti.co adj. Relativo à hipnose; s.m. narcótico.

hip.no.ti.zar v.t.d. Fazer cair em hipnose.

hi.po.con.drí.a.co adj. Referente à afecção nervosa, que torna o doente triste e melancólico.

hi.po.cri.si.a s.f. Falsidade; fingimento.

hi.pó.cri.ta *adj. 2gên.* Fingido.
hi.po.dér.mi.co *adj.* Que está por baixo da pele.
hi.pó.dro.mo *s.m.* Pista de corridas de cavalos.
hi.pó.fi.se *s.f. Anat.* Glândula de secreção interna, situada na base do cérebro.
hi.po.pó.ta.mo *s.m.* Mamífero da África.
hi.po.te.ca *s.f.* Penhor de bens imóveis.
hi.po.te.car *v.t.d.* Dar em hipoteca. *Fig.* Assegurar; garantir; estar solidário com.
hi.po.ten.são *s.f. Med.* Tensão abaixo do normal, no interior de um órgão ou sistema.
hi.po.te.nu.sa *s.f. Geom.* Lado oposto ao ângulo reto, no triângulo retângulo.
hi.pó.te.se *s.f.* Suposição.
hi.po.té.ti.co *adj.* Suposto.
hir.ci.no *adj.* Relativo ao bode.
hir.su.to *adj.* De pelos longos; eriçado.
hir.to *adj.* Imóvel.
his.pâ.ni.co *adj.* Referente ou pertencente à Espanha; espanhol.
hís.pi.do *adj.* Eriçado; hirsuto.
his.so.pe *s.m.* Aspessório.
his.te.ri.a *s.f. Med.* Neurose que se manifesta pela conversão de conflitos psicológicos em sintomas orgânicos; diz-se também *histerismo*.
his.té.ri.co *adj.* Relativo a histeria; frenético; *s.m.* pessoa que revela histerismo.
his.te.ros.có.pio *s.m. Med.* Espéculo uterino.
his.to.lo.gi.a *s.f.* Parte da Anatomia que versa sobre os tecidos orgânicos.
his.tó.ria *s.f.* Série de fatos notáveis e dignos de serem lembrados, ocorridos na vida da humanidade; narração desses fatos, cronologicamente dispostos.
his.to.ri.a.dor *s.m.* Escritor ou quem é dedicado aos assuntos pertinentes à História.
his.tó.ri.co *adj.* Referente à História; verídico; tradicional; *s.m.* exposição cronológica de fatos.
his.to.ri.e.ta *s.f.* Anedota; conto; novela.
his.to.rio.gra.fi.a *s.f.* Arte de escrever a História; estudo crítico sobre os historiadores.
his.tri.ão *s.m.* Palhaço.
ho.di.er.no *adj.* Moderno.
ho.dô.me.tro *s.m.* Instrumento para medir as distâncias percorridas.
ho.je *adv.* No dia em que estamos; atualmente.
ho.le.ri.te *s.m.* Contracheque.
ho.lís.ti.ca *s.f.* Conceito de visão que abrange ao mesmo tempo o todo e as partes.
ho.lo.caus.to *s.m.* Sacrifício em que se queimavam as vítimas, entre os judeus; expiação.
ho.lo.fo.te *s.m.* Foco de luz intenso.
hom.bri.da.de *s.f.* Nobreza de caráter; altivez.
ho.mem *s.m.* Ser humano do sexo masculino. *Fam.* Marido ou amante; a humanidade.
ho.me.na.ge.ar *v.t.d.* Prestar homenagem a.

ho.me.na.gem *s.f.* Protesto de veneração e respeito.
ho.me.o.pa.ti.a *s.f.* Terapêutica cujos remédios causam sintomas semelhantes aos da doença.
ho.me.o.pá.ti.co *adj.* Concernente à homeopatia.
ho.mé.ri.co *adj.* Relativo a Homero e a suas obras. *Fig.* Grande.
ho.mi.ci.da *s.2gên.* Pessoa que mata um ser humano; *adj.2gên.* que matou.
ho.mi.cí.dio *s.m.* O mesmo que *assassínio*.
ho.mi.li.a *s.f.* Sermão.
ho.mi.ní.deos *s.m.pl. Hist. Nat.* Família de primatas, cujo tipo é o homem.
ho.mi.zi.ar *v.t.d.* Furtar à ação da Justiça; ocultar.
ho.mó.fo.no *adj. e s.m. Gram.* Vocábulo que tem o mesmo som ou pronúncia de outro.
ho.mo.gê.neo *adj.* Da mesma natureza; análogo.
ho.mó.gra.fo *adj. e s.m. Gram.* Vocábulo que se escreve com as mesmas letras de outro, embora com significação diferente.
ho.mo.lo.gar *v.t.d.* Confirmar por autoridade judicial ou administrativa; conformar-se com.
ho.mó.lo.go *adj.* Elementos que, em figuras semelhantes, estão dispostos da mesma maneira.
ho.mô.ni.mo *adj. e s.m. Gram.* Que tem o mesmo nome. *Gram.* Palavra que se pronuncia da mesma maneira que outra, ainda que a ortografia seja diferente.
ho.móp.te.ro *s.m.* Ordem de insetos com quatro asas membranosas, do tipo comum da cigarra.
ho.mos.se.xu.al *adj.2gên.* Diz-se de indivíduo que mantém relações sexuais com outro do mesmo sexo.
ho.mos.se.xu.a.lis.mo *s.m.* Prática de atos sexuais entre indivíduos do mesmo sexo.
ho.mún.cu.lo *s.m.* Anão. *Fig.* Indivíduo desprezível.
ho.nes.ti.da.de *s.f.* Decência; dignidade.
ho.nes.to *adj.* Que é decente; digno; honrado.
ho.no.rá.rio *adj.* Que dá honra sem proveitos materiais; *s.m.pl.* retribuição; honorários de profissionais liberais.
ho.no.rá.vel *adj.2gên.* Digno de honra.
hono.rí.fi.co *adj.* Que honra; honroso; honorário.
hon.ra *s.f.* Virtude; glória; dignidade.
hon.ra.do *adj.* Respeitado; virtuoso.
hon.rar *v.t.d.* Venerar; respeitar; dar culto religioso a; conferir honra; *v.pron.* ter-se por honroso. (Antôn.: *desonrar*).
hon.ra.ri.a *s.f.* Manifestação honrosa; honra; título.
hon.ro.so *adj.* Que dá honra; honrado.
hó.quei *s.m.* Certo jogo de bola maciça com bastões recurvados.
ho.ra *s.f.* Período de sessenta minutos; oportunidade; ocasião.

ho.rá.rio *s.m.* A fixação das horas em que se fazem ou se devem fazer certos serviços; *adj.* referente a horas; que se faz por horas.

hor.da *s.f.* Família errante; guerrilha.

ho.ri.zon.tal *adj.* Paralelo ao horizonte; *s.f.* linha que segue a direção do horizonte.

ho.ri.zon.te *s.m.* Círculo máximo que divide a esfera ao meio, perpendicular ao diâmetro que passa pelo ponto em que se acha o observador; alcance da vista na esfera ou sobre a Terra.

hor.mô.nio *s.m.* Princípio ativo das glândulas de secreção interna.

ho.rós.co.po *s.m.* Prognóstico astrológico baseado na posição de certos astros por ocasião do nascimento de alguém; predição.

hor.ren.do *adj.* Medonho; execrável.

hor.ri.pi.lan.te *adj.* Que horripila; que assusta.

hor.ri.pi.lar *v.t.d.* Causar arrepios a; horrorizar; arrepiar.

hor.rí.vel *adj.* Que mete horror; medonho.

hor.ror *s.m.* Arrepiamento por frio interior ou por medo; emoção causada por coisa ou pessoa medonha; ódio.

hor.ro.ri.zar *v.t.d.* Causar horror a.

hor.ro.ro.so *adj.* Medonho.

hor.ta *s.f.* Terreno onde se cultivam hortaliças, legumes etc.

hor.ta.li.ça *s.f.* Nome genérico dos legumes comestíveis.

hor.te.lã *s.f.* Planta da família das Labiadas, utilizada como condimento e que possui propriedades medicinais.

hor.ti.cul.tor *s.m.* Jardineiro.

hor.ti.cul.tu.ra *s.f.* Arte de cultivar hortas e jardins.

hor.to *s.m.* Pequena horta.

ho.sa.na *s.m.* Hino que se canta no Domingo de Ramos. *Fig.* Louvor.

hos.pe.da.gem *s.f.* Ato de hospedar; agasalho.

hos.pe.dar *v.t.d.* Dar hospedagem a; *v.pron.* alojar-se.

hos.pe.da.ri.a *s.f.* Estalagem.

hós.pe.de *s.m.* Indivíduo que vive temporariamente em casa alheia; *adj.* estranho.

hos.pe.dei.ro *adj.* Relativo a hospedagem; *s.m.* aquele que hospeda.

hos.pí.cio *s.m.* Lugar onde se recolhem loucos.

hos.pi.tal *s.m.* Edifício onde se recolhem e tratam doentes.

hos.pi.ta.lei.ro *adj.* Que acolhe com satisfação.

hos.pi.ta.li.da.de *s.f.* Qualidade de hospitaleiro; bom acolhimento.

hos.pi.ta.li.zar *v.t.d.* Converter ou internar em hospital.

hos.te *s.f.* Tropa; inimigo.

hós.tia *s.f.* Partícula de pão ázimo consagrada na missa.

hos.til *adj.2gên.* Agressivo.

hos.ti.li.da.de *s.f.* Qualidade de hostil; atitude agressiva.

ho.tel *s.m.* Hospedaria onde se alugam quartos mobiliados, com ou sem refeição.

hu.lha *s.f.* Carvão fóssil; carvão-de-pedra.

hu.ma.nar *v.t.d.* e *pron.* Tornar humano.

hu.ma.ni.da.de *s.f.* Natureza humana; o gênero humano; compaixão.

hu.ma.nis.mo *s.m.* Doutrina dos humanistas do Renascimento, que reviveram o culto das línguas e das literaturas antigas; culto da humanidade.

hu.ma.ni.tá.rio *adj.* Bondoso; filantropo.

hu.ma.ni.zar *v.t.d.* Tornar humano. *Fig.* Civilizar.

hu.ma.no *adj.* Relativo ao homem; bondoso.

hu.mil.da.de *s.f.* Modéstia; submissão; pobreza.

hu.mil.de *adj.2gên.* Modesto; submisso.

hu.mi.lha.ção *s.f.* Aquilo que afronta; rebaixamento moral.

hu.mi.lhar *v.t.d.* Tornar humilde; rebaixar; submeter; *v.pron.* mostrar-se humilde.

hu.mo *s.m.* Camada da matéria orgânica em decomposição que fertiliza a terra e da qual se nutrem os vegetais.

hu.mor[1] *s.m.* Substância fluida de um corpo orgânico; substância viciada do corpo.

hu.mor[2] *s.m.* Disposição de temperamento, de espírito.

hu.mo.ris.mo *s.m.* Qualidade do que escreve ou representa empregando o estilo humorista.

hu.mo.ris.ta *s.2gên.* Pessoa que fala ou escreve espirituosamente e muitas vezes de forma sarcástica.

hu.mo.rís.ti.co *adj.* Pertinente a humor; engraçado.

hú.mus *s.m.* O mesmo que *humo.*

hún.ga.ro *adj.* e *s.m.* Da Hungria; natural desse país; idioma da Hungria.

hur.ra *interj.* Brado com que se acompanham brindes e cerimônias esportivas.

i I

i *s.m.* Nona letra do alfabeto português; sinal de 1 na numeração romana.
ia.iá *s.f. Bras.* Tratamento dispensado a meninas e moças no tempo da escravidão; sinhá.
i.a.ra *s.f. Pop.* Ente fantástico, espécie de sereia de rios e lagos.
i.a.te *s.m.* Pequena embarcação, geralmente de recreio.
i.bé.ri.co *adj.* Que diz respeito à Ibéria ou a ela pertencente; *s.m.* adepto da união ibérica.
í.be.ro *adj.* O mesmo que *ibérico*.
í.bis *s.f.* Espécie de cegonha.
i.çá *s.m.* e *f.* Formiga de roça; saúva.
i.çar *v.t.d.* Erguer.
í.co.ne *s.m.* Imagem de santo; em programa de computador, figura que representa objeto.
i.co.no.clas.ta *s.2gên.* Destruidor de imagens, monumentos antigos etc.; coleção de estampas.
i.co.no.gra.fi.a *s.f.* Conjunto de ilustrações de uma obra.
ic.te.rí.cia *s.f.* Moléstia caracterizada pelo amarelidão da pele e das escleróticas. (Var.: *itericia*.)
ic.ti.o.lo.gi.a *s.f.* Parte da Zoologia que trata dos peixes.
ic.to.gra.fi.a *s.f.* Tratado de História Natural com relação aos peixes.
id *s.m.* Expressão psicanalítica que designa o substrato instintivo da psique.
i.da *s.f.* Ato de ir; partida.
i.da.de *s.f.* Número de anos que conta alguém ou alguma coisa; época.
i.de.al *adj.2gên.* Que só existe na ideia; *s.m.* perfeição.
i.de.a.lis.mo *s.m.* Filosofia em que a ideia é tomada como princípio do conhecimento e do ser; fantasia.
i.de.a.lis.ta *adj.2gên.* Relativo ao idealismo; *s.2gên.* sonhador.
i.de.a.li.zar *v.t.d.* Pôr na ideia; fantasiar.
i.de.ar *v.t.d.* Imaginar; idealizar; planejar.
i.dei.a *s.f.* Representação mental de alguma coisa; imaginação; opinião; lembrança.
i.dem (lat.) *pron.* A mesma coisa; da mesma forma.
i.dên.ti.co *adj.* Perfeitamente igual; semelhante.

i.den.ti.da.de *s.f.* Igualdade completa; reconhecimento de que um indivíduo é o próprio.
i.den.ti.fi.ca.ção *s.f.* Ação de identificar; reconhecimento como sendo o próprio.
i.den.ti.fi.car *v.t.d.* Tornar idêntico; estabelecer a identidade de.
i.de.o.gra.ma *s.m.* Sinal que exprime diretamente uma ideia, como os algarismos.
i.de.o.lo.gi.a *s.f.* Sistema de opiniões, de ideias e de conceitos professados por uma classe ou partido político; sistema de ideias.
i.dí.lio *s.m.* Pequena composição campestre ou pastoril, de tom amoroso; devaneio.
i.di.o.ma *s.m.* A língua de um povo; dialeto; expressão.
i.di.o.má.ti.co *adj.* Referente ao idioma.
i.di.os.sin.cra.si.a *s.f.* Maneira pessoal de ver, sentir e reagir.
i.di.o.ta *adj.2gên.* Destituído de inteligência; parvo; pateta.
i.di.o.ti.a *s.f.* Demência.
i.di.o.ti.ce *s.f.* Ação de idiota; maluquice.
i.di.o.tis.mo *s.m.* O mesmo que *idiotice*.
i.do.la.trar *v.t.d.* Venerar ídolos; amar excessivamente; cultuar; adorar.
i.do.la.tri.a *s.f.* Adoração de ídolos; paixão alucinada.
í.do.lo *s.m.* Estátua, imagem de falsa divindade. *Fig.* Pessoa adorada ou por quem se tem muito respeito ou afeto.
i.do.nei.da.de *s.f.* Qualidade de idôneo; aptidão.
i.dô.neo *adj.* Próprio; apto.
i.dos *s.m.pl.* O dia 15 nos meses de março, maio, julho e outubro, e o dia 13 nos demais meses do antigo calendário romano.
i.do.so *adj.* Avançado em idade; velho.
i.e.man.já *s.f.* Divindade feminina, correspondente à mãe-d'água do culto iorubano (costa sudanesa).
i.e.ne *s.m.* Padrão monetário japonês.
i.ga.ça.ba *s.f.* Pote de barro; urna funerária dos índios.
i.ga.pó *s.m.* Trecho da floresta inundada no Amazonas.
i.ga.ra *s.f.* Canoa pequena de casca de árvore; ubá.
i.ga.ra.pé *s.m.* Canal estreito entre ilhas, no Amazonas.

i.ga.ri.té *s.f.* Canoa.
ig.na.ro *adj.* Ignorante.
ig.na.vo *adj.* Preguiçoso.
íg.neo *adj.* Do fogo ou da sua natureza; produzido por ele.
ig.ni.ção *s.f.* Estado de um corpo em combustão.
ig.nó.bil *adj.* Baixo; vil; desprezível.
ig.no.mí.nia *s.f.* Grande desonra.
ig.no.mi.ni.o.so *adj.* Que causa ignomínia; infame.
ig.no.rân.cia *s.f.* Ausência de conhecimento; falta de saber.
ig.no.ran.te *adj.2gên.* e *s.2gên.* Que ignora; que não tem instrução; rude.
ig.no.rar *v.t.d.* Não saber; desconhecer. *Pop.* Estranhar. (Antôn.: *conhecer, saber.*)
ig.no.to *adj.* Obscuro; desconhecido.
i.gre.ja *s.f.* A congregação dos fiéis; templo onde eles se reúnem; templo cristão.
i.gre.ji.nha *s.f.* Pequena igreja. *Fig.* Conluio; tramoia.
i.gual *adj.2gên.* Análogo; de mesma natureza; idêntico; uniforme.
i.gua.lar *v.t.d.* Tornar igual (em todas as acepções de *igual*); nivelar; *v.t.d.* e *i.* ser igual; *v.pron.* tornar-se, fazer-se ou julgar-se igual.
i.gual.da.de *s.f.* Conformidade; paridade; uniformidade.
i.gua.lha *s.f.* Igualdade de posição ou condição social.
i.gua.li.ta.ris.mo *s.m.* Sistema que prega igualdade de condições para todos na sociedade.
i.gua.ni.deos *s.m.pl.* Família de lagartos que ocorrem nas Américas e nas ilhas Fiji cuja carne é muito apreciada.
i.gua.ri.a *s.f.* Comida.
ih *interj.* Significativa de ironia, espanto, admiração, ou indicativa de próximo perigo.
i.la.ção *s.f.* Conclusão; dedução.
i.la.que.ar *v.t.d.* Enlaçar; enredar; iludir.
i.le.gal *adj.* Contrário à lei; não legal.
i.le.ga.li.da.de *s.f.* Falta de legalidade; qualidade de ilegal.
i.le.gí.ti.mo *adj.* Bastardo; não merecido; injusto.
i.le.gí.vel *adj.* Difícil de ler.
í.leo *s.m. Anat.* Última parte do intestino delgado.
i.le.so *adj.* Que não recebeu mal algum; isento.
i.le.tra.do *adj.* A que faltam conhecimentos; analfabeto.
i.lha *s.f.* Terra rodeada de água.
i.lhar *v.t.d.* Tornar incomunicável; apartar.
i.lhéu *adj.* e *s.m.* Natural de alguma ilha; pertinente a ilha; rochedo no meio do mar.
i.lhós *s.m.* ou *f.* Orifício por onde se enfia linha ou cordão.
i.lí.a.co *s.m.* Osso da bacia do corpo humano.

i.li.bar *v.t.d.* Tornar puro; justificar.
i.lí.ci.to *adj.* Proibido por lei; contrário à moral.
i.li.mi.ta.do *adj.* Sem limites; imenso; indeterminado.
i.ló.gi.co *adj.* Absurdo; incoerente; contrário à lógica.
i.lu.dir *v.t.d.* Enganar; *v.pron.* enganar-se.
i.lu.mi.na.ção *s.f.* Ação de iluminar. *Fig.* Ilustração; inspiração.
i.lu.mi.na.do *adj.* Que recebe luz; *s.m.* visionário em questões religiosas.
i.lu.mi.nar *v.t.d.* Espargir luz. *Fig.* Realçar. (Antôn.: *apagar, escurecer.*)
i.lu.mi.nu.ra *s.f.* Pintura colorida da Idade Média, em livros e manuscritos.
i.lu.são *s.f.* Engano dos sentimentos ou da mente.
i.lu.si.o.nis.mo *s.m.* Arte de produzir ilusões.
i.lu.só.rio *adj.* Fictício; enganoso.
i.lus.tra.ção *s.f.* Ato de ilustrar; esclarecimento; gravura intercalada no texto.
i.lus.trar *v.t.d.* Fazer ilustração; esclarecer; *v.pron.* fazer-se ilustre.
i.lus.tre *adj.2gên.* Célebre; nobre; esclarecido.
í.mã *s.m.* Magneto natural que tem a propriedade de atrair o ferro. *Bras.* Oração de macumba. *Fig.* Coisa que atrai.
i.ma.cu.la.do *adj.* Puro no sentido próprio e no figurado; inocente.
i.ma.gem *s.f.* Figura; representação; estátua.
i.ma.gi.na.ção *s.f.* Faculdade de reproduzir e combinar representações sensíveis; concepção; fantasia; cisma; devaneio.
i.ma.gi.nar *v.t.d.* Afigurar na mente; idear; criar imagens; inventar; fantasiar.
i.ma.gi.ná.rio *adj.* Fantástico; não real
i.ma.gi.na.ti.vo *adj.* Que imagina o que não é; que tem imaginação fértil.
i.ma.ne *adj.2gên.* Muito grande; enorme; descomunal.
i.ma.nen.te *adj.* Que reside ou persiste em si mesmo. (Antôn.: *transcendente, transitório.*)
i.man.tar *v.t.d.* O mesmo que *imanizar*.
i.mar.ces.cí.vel *adj.2gên.* Que não murcha; imperecível.
i.ma.te.ri.al *adj.* Não material; incorpóreo.
i.ma.tu.ro *adj.* Que não está maduro; antecipado.
im.be.cil *adj.* Néscio; idiota.
im.be.ci.li.da.de *s.f.* Parvoíce; idiotice; sandice.
im.be.le *adj.2gên.* Não belicoso. *Fig.* Tímido.
im.ber.be *adj.* Que não tem barba; muito moço.
im.bri.car *v.t.d.* Encaixar à maneira de telhas.
im.bu.ir *v.t.d.* e *i.* Meter num líquido; embeber; impregnar. *Fig.* Sugerir; infundir.
i.me.di.a.ção *s.f.* Qualidade de imediato; arredores.
i.me.di.a.tis.mo *s.m.* Modo de agir sem rodeios.

i.me.di.a.to *adj.* Que age sem intermediários; próximo; instantâneo.
i.me.mo.rá.vel *adj.2gên.* De que não há memória; muito antigo.
i.me.mo.ri.al *adj.* Antiquíssimo; tão antigo que se apaga na memória.
i.men.si.da.de *s.f.* Extensão ou quantidade ilimitadas.
i.men.si.dão *s.f.* Imensidade.
i.men.so *adj.* Que não tem medida ou limite; enorme.
i.men.su.rá.vel *adj.2gên.* Que não se pode medir.
i.mer.gir *v.t.d. e intr.* Mergulhar; afundar; penetrar.
i.mer.são *s.f.* Ato de mergulhar.
i.mer.so *adj.* Mergulhado; emergido. *Fig.* Abismado.
i.mi.gra.ção *s.f.* Ato de imigrar.
i.mi.gran.te *adj.2gên.* Que imigra; *s.2gên.* pessoa que imigra.
i.mi.grar *v.t.d.* Entrar em outro país para nele estabelecer-se. (Antôn.: *emigrar*.)
i.mi.nên.cia *s.f.* Qualidade do que está iminente.
i.mi.nen.te *adj.* Pendente; prestes a acontecer.
i.mis.cu.ir *v.pron.* Intrometer-se.
i.mi.ta.ção *s.f.* Representação ou reprodução de uma coisa à semelhança de outra; falsificação; cópia.
i.mi.tar *v.t.d.* Reproduzir com muita semelhança; copiar; falsificar.
i.mo.bi.li.da.de *s.f.* Estabilidade; qualidade de imóvel.
i.mo.bi.li.zar *v.t.d.* Tornar imóvel. (Antôn.: *mobilizar*.)
i.mo.de.ra.do *adj.* Descomedido; excessivo; extravagante.
i.mo.des.to *adj.* Sem modéstia; vaidoso.
i.mo.la.ção *s.f.* Sacrifício cruento; holocausto.
i.mo.lar *v.t.d.* Sacrificar. *Fig.* Prejudicar.
i.mo.ral *adj.2gên.* Contrário à moral; escandaloso; desonesto; devasso.
i.mo.ra.li.da.de *s.f.* Falta de moralidade.
i.mor.tal *adj.2gên.* Sem movimento; parado; s. Que terá duração eterna.
i.mor.ta.li.da.de *s.f.* Duração perpétua; eternidade.
i.mor.ta.li.zar *v.t.d.* Tornar imortal, célebre; eternizar.
i.mo.ti.va.do *adj.* Que não tem razão de ser.
i.mó.vel *adj.2gên.* Sem movimento; parado; *s.m.* propriedade constituída por terreno ou casa.
im.pa.ci.ên.cia *s.f.* Falta de paciência; pressa, sofreguidão.
im.pa.ci.en.te *adj.2gên.* Falto de paciência; inquieto; sôfrego; irritado.
im.pac.to *adj.* Metido à força; impelido; *s.m.* choque.

im.pa.gá.vel *adj.* Que se não pode pagar; engraçado.
im.pal.pá.vel *adj.2gên.* Que não se pode palpar; imaterial.
ím.par *adj.* Que não é par. *Fig.* Que se não pode igualar.
im.par.ci.al *adj.2gên.* Que não é parcial; reto.
im.pas.se *s.m.* Situação difícil de resolver.
im.pas.sí.vel *adj.* Insensível à dor.
im.pá.vi.do *adj.* Destemido; arrojado.
im.pe.cá.vel *adj.2gên.* Não sujeito a pecar; feito de maneira perfeita.
im.pe.di.do *adj.* Estorvado; obstruído; impossibilitado.
im.pe.dir *v.t.d.* Obstar; não permitir; dificultar. (Antôn.: *consentir, desimpedir, facilitar*.)
im.pe.lir *v.t.d.* Empurrar; arremessar; incitar.
im.pe.ne *adj.2gên.* Sem penas.
im.pe.ne.trá.vel *adj.2gên.* Que não se pode penetrar. *Fig.* Obscuro; discreto; reservado.
im.pe.ni.ten.te *adj.2gên.* Que não se arrepende de seus erros, pecados ou faltas.
im.pen.sa.do *adj.* Não pensado; imprevisto.
im.pe.ra.dor *s.m.* O que impera; título de soberano.
im.pe.rar *v.t.d.* Governar com autoridade suprema; dominar.
im.pe.ra.ti.vo *adj.* Arrogante; autoritário; *s.m. Gram.* Modo verbal que indica exortação ou ordem.
im.per.cep.tí.vel *adj.2gên.* Que não se pode perceber; insignificante.
im.per.do.á.vel *adj.2gên.* Que não se pode perdoar; condenável.
im.pe.re.cí.vel *adj.2gên.* Eterno.
im.per.fei.ção *s.f.* Falta de perfeição; incorreção.
im.per.fei.to *adj.* Defeituoso; incompleto. *Gram.* Tempo verbal que indica ação incompleta ou não realizada.
im.pe.ri.al *adj.2gên.* Do império ou do imperador; arrogante.
im.pe.ri.a.lis.mo *s.m.* Último estágio do regime capitalista, iniciado em fins do século XIX, e resultado de toda a evolução anterior do capitalismo.
im.pe.rí.cia *s.f.* Incompetência; ignorância.
im.pé.rio *s.m.* Estado de grandes dimensões; predomínio; autoridade.
im.pe.ri.o.so *adj.2gên.* Que manda com império.
im.per.me.a.bi.li.da.de *s.f.* Estado ou qualidade do que é impermeável.
im.per.me.á.vel *adj.* Que não se deixa atravessar por certos fluidos.
im.pers.cru.tá.vel *adj.2gên.* Que não se pode perscrutar, examinar.
im.per.tér.ri.to *adj.* Destemido; impávido.
im.per.ti.nen.te *adj.* Atrevido; importuno.

IMPERTURBÁVEL — IMPRODUTIVO

im.per.tur.bá.vel *adj.2gên.* Que não se perturba; tranquilo; corajoso.

im.pér.vio *adj.* Intransitável.

im.pes.so.al *adj.* Que não é pessoal; objetivo. *Gram.* O verbo no modo infinitivo ou que só se conjuga na terceira pessoa do singular.

ím.pe.to *s.m.* Impulso violento. *Fig.* Violência de sentimentos.

im.pe.trar *v.t.d.* Requerer.

im.pe.tu.o.si.da.de *s.f.* Fúria; violência; vivacidade.

im.pe.tu.o.so *adj.* Arrojado; violento.

im.pi.e.da.de *s.f.* Crueldade.

im.pi.e.do.so *adj.* Sem piedade; desumano; insensível.

im.pin.gem *s.f. Pop.* Nome genérico de moléstias da pele ou dermatose.

im.pin.gir *v.t.d.* e *i.* Aplicar com força; enganar.

ím.pio *adj.* Que não tem religião; que não tem piedade.

im.pla.cá.vel *adj.* Inexorável; que não perdoa; insensível.

im.plan.tar *v.t.d.* e *i.* Plantar, inserir, fixar; *v.pron.* plantar-se. (Antôn.: *transplantar*.)

im.ple.men.tar *v.t.d.* Dar execução a; prover de implemento.

im.ple.men.to *s.m.* Execução.

im.pli.car *v.t.d.* Enredar; produzir como consequência; demandar.

im.plí.ci.to *adj.* Não expressado por palavras; subentendido.

im.plo.rar *v.t.d.* Pedir; suplicar com instância; *v.intr.* rogar.

im.plo.são *s.f.* Conjunto de explosões de tal sorte conjugadas que seus efeitos tendem para um ponto central.

im.po.lu.to *adj.* Não poluído; puro.

im.pon.de.rá.vel *adj.* Que se não pode pesar. *Fig.* Indigno de ponderação.

im.po.nên.cia *s.f.* Arrogância.

im.po.nen.te *adj.* Que impõe admiração. *Fig.* Majestoso.

im.po.pu.lar *adj.* Que não é popular.

im.por *v.t.d.* Pôr em cima; atribuir; tornar obrigatório; *v.t.d.* e *i.* conferir; *v.pron.* fazer-se acertar.

im.por.ta.ção *s.f.* Introdução de mercadoria em país estrangeiro; aquilo que se importa; entrada.

im.por.tân.cia *s.f.* Soma; consideração.

im.por.tan.te *adj.2gên.* De preço; essencial.

im.por.tar *v.t.d.* Introduzir gêneros, mercadorias etc. em país estrangeiro; trazer para dentro; *v.t.i.* montar; ser útil; *v.pron.* dar importância. (Antôn.: *exportar*.)

im.por.te *s.m.* Preço; custo.

im.por.tu.nar *v.t.d.* Molestar com instâncias enfadonhas ou súplicas reiteradas; causar transtorno a.

im.por.tu.no *adj.* e *s.m.* (Indivíduo) que aborrece com insistência; impertinente.

im.po.si.ção *s.f.* Ação de impor; imposto; ordem.

im.pos.si.bi.li.da.de *s.f.* O ser impossível; falta de posses.

im.pos.si.bi.li.tar *v.t.d.* Tornar impossível; privar das forças ou da aptidão para.

im.pos.sí.vel *adj.* Não possível; impraticável; incrível.

im.pos.tar *v.t.d.* Emitir (a voz) corretamente.

im.pos.to *s.m.* Imposição; tributo; contribuição que o Estado ou as câmaras impõem aos cidadãos.

im.pos.tor *s.m.* Charlatão.

im.pos.tu.ra *s.f.* Hipocrisia; charlatanice.

im.po.tên.cia *s.f.* Falta de poder, forças; incapacidade para gerar.

im.po.ten.te *adj.* Falto de potência; que não pode gerar; fraco.

im.pra.ti.cá.vel *adj.* Não praticável; impossível.

im.pre.car *v.t.d.* Rogar com instância; suplicar; pedir.

im.pre.ci.so *adj.* Que tem ou revela falta de precisão; indeterminado.

im.preg.nar *v.t.d.* Embeber; encher.

im.pren.sa *s.f.* Máquina de imprimir, ou estampar; os escritores e jornalistas; os jornais.

im.pren.sar *v.t.d.* Apertar no prelo; imprimir.

im.pres.cin.dí.vel *adj.2gên.* Indispensável.

im.pres.cri.tí.vel *adj.2gên.* Que não prescreve.

im.pres.são *s.f.* Ato ou efeito de imprimir; ação dos objetos exteriores sobre os sentidos; a arte de imprimir.

im.pres.sio.nan.te *adj.2gên.* Que impressiona; comovente.

im.pres.sio.nar *v.t.d.* Causar impressão; comover; *v.pron.* sentir-se abalado.

im.pres.so *s.m.* Qualquer obra de tipografia; *adj.* que se imprimiu.

im.pres.sor *adj.* Que imprime; *s.m.* dono de uma imprensa.

im.pres.tá.vel *adj.2gên.* Que não presta; inútil.

im.pre.te.rí.vel *adj.2gên.* Que não se pode preterir; inadiável.

im.pre.vi.dên.cia *s.f.* Falta de previdência.

im.pre.vi.sí.vel *adj.2gên.* Que não se pode prever.

im.pre.vis.to *adj.* Não previsto; inesperado.

im.pri.mir *v.t.d.* e *intr.* Fixar por meio de pressão; imprensar.

im.pro.bo *adj.* Desonesto.

im.pro.ce.den.te *adj.2gên.* Sem fundamento.

im.pro.du.ti.vo *adj.* Que não produz; estéril; inútil.

im.pro.fe.rí.vel *adj.2gên.* Que não se pode proferir.
im.pro.fí.cuo *adj.* Improdutivo.
im.pro.pé.rio *s.m.* Repreensão injuriosa; vitupério.
im.pro.pri.e.da.de *s.f.* Inconveniência; inexatidão.
im.pró.prio *adj.* Que não é próprio; inadequado; inoportuno.
im.pro.vá.vel *adj.2gên.* Que não se pode provar.
im.pro.vi.sar *v.t.d.* Inventar de repente; falar, escrever, compor sem preparação; *v.intr.* mentir.
im.pro.vi.so *adj.* Improvisado; *s.m.* desempenho intelectual feito sem preparo anterior.
im.pru.dên.cia *s.f.* Inconveniência; indiscrição.
im.pru.den.te *adj.2gên.* Falta de prudência; irrefletido.
im.pu.be.re *adj.* e *s.2gên.* Que ainda não alcançou a puberdade.
im.pu.di.co *adj.* Que não tem pudor; obsceno.
im.pug.nar *v.t.d.* Contestar; contrariar; resistir.
im.pul.são *s.f.* Impulso.
im.pul.sio.nar *v.t.d.* Dar impulso a; estimular.
im.pul.so *s.m.* Estímulo.
im.pu.ne *adj.2gên.* Que escapou à punição.
im.pu.ni.da.de *s.f.* Falta de castigo.
im.pu.re.za *s.f.* Falta de pureza; indecência.
im.pu.ro *adj.* Sujo.
im.pu.tar *v.t.d.* Atribuir a alguém a responsabilidade de.
im.pu.tres.cí.vel *adj.2gên.* Que não apodrece.
i.mun.dí.cie *s.f.* Qualidade de imundo; falta de limpeza.
i.mun.do *adj.* Sujo; imoral.
i.mu.ne *adj.* Isento; livre.
i.mu.ni.da.de *s.f.* Isenção. *Fig.* Prerrogativa.
imu.ni.zar *v.t.d.* Tornar imune; isentar.
imu.tá.vel *adj.2gên.* Que não está sujeito a mudanças.
i.na.ba.lá.vel *adj.2gên.* Que não pode ser abalado; inquebrantável.
i.ná.bil *adj.2gên.* Incompetente; incapaz.
i.na.ba.do *adj.* Que não foi acabado.
i.na.ção *s.f.* Falta de ação; inatividade; inércia.
i.na.cei.tá.vel *adj.2gên.* Que não se pode ou não se deve aceitar; inadmissível.
i.na.ces.sí.vel *adj.* A que não se pode chegar; incompreensível. (Antôn.: *acessível.*)
i.na.cre.di.tá.vel *adj.2gên.* Que não é acreditável; incrível.
i.na.de.qua.do *adj.* Impróprio.
i.na.di.á.vel *adj.2gên.* Que não se pode adiar.
i.na.dim.plên.cia *s.f. Jur.* Falta de cumprimento de um contrato ou de qualquer uma de suas condições.

i.nad.mis.sí.vel *adj.2gên.* Que não é admissível; intolerável; incrível. (Antôn.: *admissível.*)
i.nad.ver.ti.do *adj.* Feito sem reflexão; inconsiderado.
i.na.la.ção *s.f.* Ação de inalar, aspirar; absorção.
i.na.la.dor *s.m.* Aparelho que serve para inalações.
i.na.lar *v.t.d.* Absorver por aspiração ou inspiração; assimilar.
i.na.li.e.ná.vel *adj.* Impossível de ser alienado; que não se pode transmitir a outrem.
i.nal.te.ra.do *adj.* Que não sofreu alteração; original.
i.na.ne *adj.2gên.* Vazio; vão.
i.na.ni.ção *s.f.* Estado inanido dos vasos sanguíneos; fraqueza extrema por falta de alimentação.
i.na.ni.ma.do *adj.* Falta de animação; privado de vida.
i.na.pe.lá.vel *adj.2gên.* De que não se pode apelar.
i.na.pe.tên.cia *s.f.* Falta de apetite.
i.na.pli.cá.vel *adj.2gên.* Que não pode ser aplicado; que não vem a propósito.
i.na.pre.ci.á.vel *adj.2gên.* Que não pode ser apreciado ou avaliado, dada sua pequenez; inestimável.
i.na.pro.vei.tá.vel *adj.2gên.* Que não pode ser aproveitado.
i.nap.to *adj.* Incapaz; inábil.
i.na.ta.cá.vel *adj.2gên.* Que não pode ser atacado; incontestável.
i.na.tin.gí.vel *adj.2gên.* Que não se pode atingir; inacessível; incompreensível.
i.na.ti.vi.da.de *s.f.* Qualidade de inativo; inércia.
i.na.ti.vo *adj.* Que não está em atividade.
i.na.to *adj.* Não nascido; inerente.
i.nau.di.to *adj.* Que nunca se ouviu dizer; congênito.
i.nau.dí.vel *adj.2gên.* Que não se pode ouvir.
i.nau.gu.ra.ção *s.f.* Ação de inaugurar; fundação.
i.nau.gu.rar *v.t.d.* Fazer a inauguração; consagrar; começar.
in.ca *adj.* e *s.m.* Povo que habitava o Peru na época da conquista espanhola; língua falada pelos incas.
in.ca.bí.vel *adj.2gên.* Sem cabimento; inoportuno.
in.cal.cu.lá.vel *adj.2gên.* Que não pode ser calculado; incomensurável.
in.can.des.cen.te *adj.2gên.* Em brasa; ardente.
in.can.sá.vel *adj.2gên.* Que não se cansa; ativo. (Antôn.: *cansável.*)
in.ca.paz *adj.2gên.* Inábil; inútil; ignorante.
in.çar *v.t.d.* Encher (de parasitas animais, insetos); encher (de erros); contaminar.
in.cau.to *adj.* Crédulo; ingênuo; imprudente.
in.cen.der *v.t.d.* Inflamar; abrasar.
in.cen.di.ar *v.t.d.* Pôr fogo a; *v.pron.* abrasar-se. *Fig.* Exaltar-se.

in.cen.di.á.rio *adj.* Que comunica fogo a alguma coisa. *Fig.* Revolucionário.

in.cên.dio *s.m.* Fogo que lavra com intensidade.

in.cen.sar *v.t.d.* Defumar ou perfumar com incenso.

in.cen.so *s.m.* Resina odorífica que se queima nas igrejas, casas, lojas etc.

in.cen.ti.var *v.t.d.* Estimular; dar impulso a.

in.cen.ti.vo *s.f.* Estímulo; encorajamento.

in.cer.te.za *s.f.* Falta de certeza; dúvida.

in.cer.to *adj.* Não certo; duvidoso; variável.

in.ces.san.te *adj.2gên.* Que não cessa; contínuo; constante.

in.ces.to *s.m.* União ilícita entre parentes próximos; *adj.* torpe; desonesto.

in.ces.tu.o.so *adj.* Que comete incesto; que provém de união incestuosa.

in.cha.ço *s.m.* Intumescência. *Fig.* Vaidade; arrogância.

in.char *v.t.d.* e *intr.* Aumentar o volume de. *Fig.* Tornar enfático. (Antôn.: *desinchar.*)

in.ci.dên.cia *s.f.* Encontro de duas linhas ou superfícies; ação de incidir.

in.ci.den.te *adj.2gên.* Que sobrevém; acessório; *s.m.* episódio.

in.ci.dir *v.t.i.* Recair; coincidir.

in.ci.ne.rar *v.t.d.* Queimar até reduzir a cinzas; *v.pron.* perder o ardor, o fogo.

in.ci.pi.en.te *adj.* Principiante; que começa.

in.ci.são *s.f.* O mesmo que *corte.*

in.ci.sar *v.t.d.* Praticar incisão em.

in.ci.si.vo *adj.* Que corta; penetrante; decisivo. *Fig.* Estilo conciso e vigoroso; *s.m.* dente situado entre os caninos.

in.ci.so *adj.* Cortado; *s.m.* subdivisão dos artigos de leis, estatutos etc.; parágrafo.

in.ci.ta.ção *s.f.* Estímulo; ação de incitar; instigação. *Med.* Excitação.

in.ci.tar *v.t.d.* Provocar; desafiar. (Antôn.: *demover.*)

in.ci.vil *adj.2gên.* Descortês.

in.clas.si.fi.cá.vel *adj.* Que não se pode classificar; desordenado. *Por ext.* Inqualificável.

in.cle.men.te *adj.2gên.* Que não tem clemência; rigoroso; áspero.

in.cli.na.ção *s.f.* Ato ou efeito de inclinar. *Fig.* Tendência.

in.cli.na.do *adj.* Desviado da vertical. *Fig.* Afeiçoado.

in.cli.nar *v.t.d.* Fazer pender; *v.intr.* ter declive; *v.pron.* mostrar-se favorável.

ín.cli.to *adj.* Ilustre; insigne.

in.clu.ir *v.t.i.* Colocar dentro; abranger. (Antôn.: *excluir.*)

in.clu.são *s.f.* Ação de incluir.

in.clu.si.ve *adv.* Com a inclusão; até mesmo.

in.ço *s.m.* Ervas daninhas.

in.co.a.ti.vo *adj.* Que começa.

in.co.er.cí.vel *adj.2gên.* Que não se pode reprimir ou coibir.

in.co.e.rên.cia *s.f.* Inconsequência.

in.co.e.ren.te *adj.* Sem nexo; contraditório.

in.cóg.ni.ta *s.f.* Dado desconhecido, enigma; segredo.

in.cóg.ni.to *adj.* Não conhecido; *s.m.* pessoa ou coisa desconhecida.

in.cog.nos.cí.vel *adj.2gên.* Que não se pode conhecer.

in.co.lor *adj.2gên.* Sem cor ou sem brilho; descolorido.

in.có.lu.me *adj.2gên.* Ileso; conservado.

in.com.bus.tí.vel *adj.2gên.* Que não pode queimar-se; não combustível.

in.co.men.su.rá.vel *adj.2gên.* Que não se pode medir.

in.co.mo.dar *v.t.d.* Causar incômodo a; importunar; *v.pron.* indispor-se.

in.cô.mo.do *adj.* Que causa trabalho; *s.m.* fadiga.

in.com.pa.ti.bi.li.zar *v.t.d.* Tornar incompatível.

in.com.pa.tí.vel *adj.2gên.* Inconciliável. (Antôn.: *compatível.*)

in.com.pe.tên.cia *s.f.* Ausência de competência, de jurisdição; inabilidade; ignorância. (Antôn.: *competência.*)

in.com.pe.ten.te *adj.2gên.* Sem idoneidade.

in.com.ple.to *adj.* Não terminado; imperfeito.

in.com.por.tá.vel *adj.2gên.* Inaceitável; insuportável.

in.com.pre.en.di.do *adj.* Que não é compreendido.

in.com.pre.en.sí.vel *adj.2gên.* Que não se pode compreender; enigmático.

in.com.pres.sí.vel *adj.2gên.* Que não se pode comprimir.

in.co.mum *adj.2gên.* Que é fora do comum; notável.

in.co.mu.ni.cá.vel *adj.2gên.* Que não tem comunicação. *Fig.* Intratável; insociável.

in.con.ce.bí.vel *adj.2gên.* Que não se pode conceber, entender ou explicar.

in.con.ci.li.á.vel *adj.2gên.* Que não se pode conciliar; incompatível.

in.con.cus.so *adj.* Inabalável; indiscutível.

in.con.di.cio.nal *adj.2gên.* Não sujeito a condições.

in.con.fes.sá.vel *adj.2gên.* Que não se pode confessar; condenável.

in.con.fes.so *adj.* Que não confessou.

in.con.fi.dên.cia *s.f.* Falta de lealdade; abuso de confiança.

in.con.fi.den.te *adj.2gên.* Infiel; desleal.

in.con.gru.ên.cia *s.f.* Incoerência.

INCONGRUENTE — INDEPENDÊNCIA

in.con.gru.en.te *adj.2gên.* Que não tem congruência; inconveniente; impróprio.

in.co.nho *adj.* Que (fruto) nasce pegado com outro.

in.cons.ci.ên.cia *s.f.* Falta de consciência. *Fig.* Falta de caridade.

in.cons.ci.en.te *adj.2gên.* Que não tem consciência de si; que procede sem consciência do que faz.

in.con.se.quen.te *adj.2gên.* Sem consequência; incoerente.

in.con.si.de.ra.do *adj.* Impensado; irrefletido.

in.con.sis.tên.cia *s.f.* Falta de consistência; incerteza.

in.con.sis.ten.te *adj.* Falto de consistência; sem fundamento; incoerente.

in.con.so.lá.vel *adj.2gên.* Que não pode ser consolado.

in.cons.tan.te *adj.2gên.* Volúvel; variável.

in.cons.ti.tu.cio.nal *adj.* Contrário à Constituição do Estado.

in.con.sú.til *adj.2gên.* Sem costuras; inteiriço.

in.con.tá.vel *adj.2gên.* Que não se pode contar; inumerável.

in.con.tes.tá.vel *adj.2gên.* Que não se pode contestar; indiscutível; irrefutável.

in.con.ti.do *adj.* Que não se contém ou não pode ser contido.

in.con.ti.nên.cia *s.f.* Falta de continência; intemperança; sensualidade.

in.con.ti.nen.te *adj.2gên.* Imoderado; falto de continência; *s.2gên.* pessoa imoderada em sensualidade.

in.con.tras.tá.vel *adj.2gên.* Irrefutável; irrespondível.

in.con.ve.ni.ên.cia *s.f.* Qualidade do que é inconveniente; incompetência.

in.con.ve.ni.en.te *adj.2gên.* Não conveniente; inoportuno; *s.m.* desvantagem.

in.cor.po.rar *v.t.d.* Dar forma corpórea; juntar num só corpo; *v.pron.* congregar-se. (Antôn.: *desincorporar.*)

in.cor.rer *v.t.i.* Incidir; cair em; cometer.

in.cor.re.to *adj.* Não correto; errado.

in.cor.ri.gí.vel *adj.2gên.* Incapaz de correção ou emenda.

in.cre.du.li.da.de *s.f.* Irreligião; descrença.

in.cré.du.lo *adj.* Falto de crença; ímpio; *s.m.* pessoa sem credulidade.

in.cre.men.tar *v.t.d.* Dar incremento a; desenvolver.

in.cre.men.to *s.m.* Ação de crescer; aumento.

in.cre.par *v.t.d.* Arguir; censurar; repreender.

in.créu *s.m.* Incrédulo; ateu.

in.cri.mi.nar *v.t.d.* Considerar como crime; declarar criminoso.

in.crí.vel *adj.2gên.* Inacreditável; extraordinário.

in.cru.en.to *s.m.* Em que não se derrama sangue.

in.crus.tar *v.t.d. e pron.* Cobrir(-se) de crosta, vestir(-se) ou revestir(-se) de uma camada mais ou menos espessa.

in.cu.ba.ção *s.f.* Choco das aves; período de desenvolvimento não perceptível de uma doença. *Fig.* Elaboração.

in.cu.bar *v.t.d. e intr.* Chocar os ovos. *Fig.* Elaborar.

in.cul.car *v.t.d.* Fazer entrar, gravar no espírito (opinião, doutrina) à força de repeti-la; insinuar.

in.cul.par *v.t.d.* Apresentar como criminoso; atribuir culpa a.

in.cul.pá.vel *adj.2gên.* Que não se pode culpar.

in.cul.to *adj.* Não cultivado; rude; sem instrução.

in.cum.bir *v.t.d.* Encarregar; *v.pron.* tomar encargo.

in.cu.rá.vel *adj.2gên.* Que não tem cura. (Antôn.: *curável.*)

in.cú.ria *s.f.* Desleixo.

in.cur.são *s.f.* Invasão; passeio, viagem; passagem rápida por um lugar.

in.cur.so *adj.* Que incorreu (em culpa, penalidade).

in.cu.tir *v.t.d.* Infundir no ânimo; insinuar.

in.da.ga.ção *s.f.* Ato de indagar; investigação.

in.da.gar *v.t.d.* Averiguar; investigar; procurar saber.

in.dé.bi.to *adj.* Indevido; imerecido.

in.de.cên.cia *s.f.* Falta de decência; obscenidade.

in.de.cen.te *adj.2gên.* Contrário à decência; desonesto; indecoroso.

in.de.ci.frá.vel *adj.2gên.* Que não se pode decifrar; ilegível.

in.de.ci.são *s.f.* Irresolução; hesitação.

in.de.ci.so *adj.* Duvidoso; irresoluto.

in.de.cli.ná.vel *adj.2gên.* Que não se pode declinar.

in.de.com.po.ní.vel *adj.2gên.* Que não se pode decompor.

in.de.co.ro.so *adj.* Obsceno; torpe; vergonhoso.

in.de.fec.ti.vel *adj.2gên.* Que não falha; infalível.

in.de.fe.rir *v.t.d.* Despachar desfavoravelmente.

in.de.fe.so *adj.* Indefenso.

in.de.fi.ni.do *adj.* Não definido; indeterminado; vago.

in.de.fi.ní.vel *adj.2gên.* Que não se pode definir.

in.de.lé.vel *adj.2gên.* Indestrutível; que não se pode apagar.

in.de.li.ca.do *adj.* Rude; inconveniente.

in.de.ne *adj.2gên.* Que não sofreu dano; incólume; ileso.

in.de.ni.za.ção *s.f.* Reparação de dano; compensação.

in.de.ni.zar *v.t.d.* Reparar o dano de; compensar; ressarcir.

in.de.pen.dên.cia *s.f.* Autonomia; liberdade.

INDEPENDENTE — INDUSTRIALIZAR

in.de.pen.den.te *adj.2gên.* Que não depende de nada nem de ninguém.

in.des.cri.tí.vel *adj.2gên.* Que não se pode descrever.

in.de.se.já.vel *adj.2gên.* Não desejável.

in.des.tru.tí.vel *adj.2gên.* Que não se pode destruir; firme; inalterável.

in.de.ter.mi.na.do *adj.* Impreciso; vago.

in.de.ter.mi.nar *v.t.d.* Tornar indeterminado.

in.de.vi.do *adj.* Não devido; errado; inconveniente.

in.dex *s.m.* Índice.

in.de.xa.ção *s.f.* Ação ou efeito de indexar.

in.de.xar *v.t.d.* Fazer índices para livros, cadernos etc.; pôr em ordem alfabética.

in.di.ca.dor *adj.* O que indica; diz-se do dedo situado entre o polegar e o médio.

in.di.car *v.t.d.* Dar a conhecer; demonstrar; designar; apontar.

in.di.ca.ti.vo *adj.* Que indica. *Gram.* Modo verbal que apresenta a ação como positiva e absoluta.

in.di.ce *s.m.* Índex; lista.

in.di.ci.a.do *adj.* e *s.m.* Indivíduo sobre quem recaem os indícios de um crime.

in.di.ci.ar *v.t.d.* Dar indícios de; acusar; denunciar.

in.dí.cio *s.m.* Vestígio; rastro; indicação.

in.di.fe.ren.ça *s.f.* Ausência de interesse; pouco caso.

in.di.fe.ren.te *adj.2gên.* Que não dá preferência a uma pessoa ou coisa sobre outra.

in.dí.ge.na *s.2gên.* e *adj.* Índio originário do país em que habita.

in.di.gen.te *s.2gên.* Pobre; mendigo.

in.di.ges.tão *s.f.* Perturbação das funções digestivas por excesso ou má qualidade da comida, ou por qualquer outra causa.

in.di.ges.to *adj.* Difícil de digerir. *Fig.* Enfadonho.

in.di.gi.tar *v.t.d.* Indicar; apontar com o dedo; designar.

in.dig.na.ção *s.f.* Ato de indignar-se; ira.

in.dig.nar *v.t.d.* Revoltar; indispor; irritar.

in.dig.no *adj.* Não digno; não merecedor; indecoroso.

ín.di.go *s.m.* O mesmo que *anil*; substância corante para tingir de azul.

ín.dio *s.m.* Indígena; elemento químico de símbolo *In*, de número atômico 49.

in.di.re.ta *s.f.* Alusão feita disfarçadamente.

in.di.re.to *adj.* Não direto; tortuoso.

in.dis.ci.pli.na *s.f.* Ausência de disciplina; desordem.

in.dis.ci.pli.na.do *adj.* Rebelde à disciplina; revoltoso.

in.dis.cre.to *adj.* Tagarela; imprudente; *s.m.* o que comete indiscrição.

in.dis.cri.ção *s.f.* Falta de discrição nos ditos e nas ações; imprudência.

in.dis.cri.mi.na.do *adj.* Não discriminado; indistinto.

in.dis.cu.tí.vel *adj.2gên.* Incontestável; evidente.

in.dis.pen.sá.vel *adj.2gên.* Que se não pode dispensar; necessário.

in.dis.por *v.t.d.* Destruir a boa disposição; incomodar; *v.pron.* sentir-se mal.

in.dis.po.si.ção *s.f.* Ligeiro incômodo; desavença.

in.dis.so.ci.á.vel *adj.2gên.* Que não se pode dissociar.

in.dis.so.lú.vel *adj.2gên.* Que se não pode dissolver. (Antôn.: *dissolúvel*.)

in.dis.tin.to *adj.* Que não distingue; vago; confuso.

in.di.vi.du.al *adj.2gên.* Próprio do indivíduo; pessoal.

in.di.vi.du.a.li.da.de *s.f.* Conjunto das qualidades que constituem o indivíduo; personalidade.

in.di.ví.duo *s.m.* Qualquer ser em relação à sua espécie. *Fig.* Sujeito.

in.di.vi.sí.vel *adj.2gên.* Que não se pode dividir; *s.m.* coisa tenuíssima.

in.di.zí.vel *adj.2gên.* Que não se pode dizer; inenarrável; incrível.

in.dó.cil *adj.* Insubordinado; indomável.

ín.do.le *s.f.* Disposição natural; propensão; gênio; caráter.

in.do.lên.cia *adj.2gên.* Insensível à dor; apatia; ócio.

in.do.len.te *adj.2gên.* Ocioso; preguiçoso; apático.

in.do.lor *adj.2gên.* Que não provoca dor; sem dor.

in.do.má.vel *adj.2gên.* Que não se deixa ou pode domar.

in.dô.mi.to *adj.* Indomável; altivo; soberbo.

in.dou.to *adj.* e *s.m.* (Indivíduo) não instruído, ignorante.

in.du.bi.tá.vel *adj.2gên.* Que não admite dúvida; certo; infalível.

in.du.ção *s.f.* Ato ou efeito de induzir; sugestão.

in.dul.gên.cia *s.f.* Qualidade de quem é indulgente; clemência; benignidade.

in.dul.gen.te *adj.* Benigno; clemente; tolerante.

in.dul.to *s.m.* Perdão de crime de alta gravidade; anistia.

in.du.men.tá.ria *s.f.* Vestuário de certa época ou povo.

in.du.men.to *s.m.* Vestiário; traje.

in.dús.tria *s.f.* Conjunto de operações para transformar matérias-primas e fomentar a riqueza; aptidão; destreza.

in.dus.tri.al *adj.2gên.* Referente à indústria; que se ocupa da indústria; *s.m.* pessoa que exerce qualquer indústria.

in.dus.tri.a.li.zar *v.t.d.* Tornar industrial; dar caráter industrial.

INDUSTRIAR — INFIDELIDADE

in.dus.tri.ar *v.t.d.* Industrializar. *Fig.* Instruir previamente.

in.dus.tri.o.so *adj.* Trabalhador, inventivo; destro; hábil.

in.du.ti.vo *adj.* Relativo a, que procede por ou em que há indução.

in.du.tor *s.m.* Circuito que produz a indução elétrica; instigador.

in.du.zir *v.t.d.* Instigar; incitar; causar; inspirar. (Antôn.: *dissuadir*.)

i.ne.bri.an.te *adj.2gên.* Que inebria; embriagador.

i.ne.bri.ar *v.t.d.* Embriagar; extasiar; enlevar.

i.né.di.to *adj.* Não publicado; não impresso. *Fig.* Nunca visto; original.

i.ne.fá.vel *adj.2gên.* Que não se pode exprimir com palavras; indiscrítivel; indizível.

i.ne.fi.caz *adj.2gên.* Inútil; inconveniente; ineficiente.

i.ne.fi.ci.en.te *adj.2gên.* Sem eficiência; ineficaz.

i.ne.gá.vel *adj.2gên.* Que não se pode negar; evidente; incontestável.

i.ne.le.gi.vel *adj.2gên.* Que não tem as condições para ser eleito.

i.ne.nar.rá.vel *adj.2gên.* Que não se pode narrar.

i.nép.cia *s.f.* Falta de aptidão; parvoíce.

i.nep.to *adj.* Inábil; estúpido; incapaz.

i.ne.quí.vo.co *adj.* Em que não há equívoco; evidente.

i.nér.cia *s.f.* Falta de ação; indolência; incapacidade.

i.ne.ren.te *adj.2gên.* Unido intimamente; inseparável.

i.ner.me *adj.2gên.* Desarmado; indefeso.

i.ner.te *adj.2gên.* Indolente; sem atividade.

i.nes.cru.pu.lo.so *adj.* Sem escrúpulos.

i.nes.cru.tá.vel *adj.2gên.* Que não se pode indagar.

i.nes.cu.sá.vel *adj.2gên.* Imperdoável.

i.nes.go.tá.vel *adj.* Que não se pode esgotar; muito abundante.

i.nes.pe.ra.do *adj.* Imprevisto; repentino.

i.nes.que.cí.vel *adj.2gên.* Que se não pode esquecer; digno de memória.

i.nes.ti.má.vel *adj.2gên.* De enorme valor; que se não pode avaliar.

i.ne.vi.tá.vel *adj.2gên.* Que não pode ser evitado.

i.ne.xa.to *adj.* Não exato; errado.

i.ne.xe.quí.vel *adj.2gên.* Que não se pode executar; impraticável.

i.ne.xis.tên.cia *s.f.* Não existência.

i.ne.xis.ten.te *adj.2gên.* Que não existe.

i.ne.xis.tir *v.intr.* Não existir; não haver.

i.ne.xo.rá.vel *adj.* Que não se move a rogos; implacável.

i.nex.pe.ri.ên.cia *s.f.* Falta de experiência.

i.nex.pe.ri.en.te *adj.2gên.* Que não tem experiência.

i.nex.pli.cá.vel *adj.2gên.* Que não se pode explicar; incompreensível.

i.nex.plo.ra.do *adj.* Não explorado.

i.nex.pres.si.vo *adj.* Que não tem expressão; sem vivacidade.

i.nex.pri.mí.vel *adj.2gên.* Que não se pode exprimir.

i.nex.pug.ná.vel *adj.2gên.* Que não pode ser vencido pelas armas; invencível.

i.nex.tir.pá.vel *adj.2gên.* Que não se pode extirpar ou desarraigar.

i.nex.tri.cá.vel *adj.2gên.* Que não se pode desembaraçar.

in.fa.lí.vel *adj.2gên.* Que não pode falhar; que nunca se engana.

in.fa.mar *v.t.d.* Tornar infame; desonrar; desacreditar.

in.fa.me *adj.2gên.* Que é vil; desprezível.

in.fâ.mia *s.f.* Má fama; calúnia.

in.fân.cia *s.f.* Período do nascimento até aos sete anos.

in.fan.ta.ri.a *s.f.* Parte do exército que combate a pé.

in.fan.te *adj.2gên.* Infantil; soldado de infantaria.

in.fan.til *adj.2gên.* Próprio de crianças. *Fig.* Inocente.

in.fan.ti.li.da.de *s.f.* Qualidade de infantil; coisa de crianças.

in.far.to *s.m. Pat.* Necrose de um tecido por obstrução da artéria que o irriga.

in.fa.ti.gá.vel *adj.2gên.* Que não se cansa; persistente.

in.faus.to *adj.* Infeliz.

in.fec.ção *s.f.* Ato de infeccionar; contágio, corrupção.

in.fec.cio.nar *v.t.d.* Contaminar; viciar.

in.fec.ci.o.so *adj.* Que resulta de infecção, ou produz infecção.

in.fec.to *adj.* Que tem infecção; contaminado.

in.fe.cun.do *adj.* Não fecundo; estéril.

in.fe.li.ci.da.de *s.f.* Infortúnio; desdita.

in.fe.liz *adj.2gên.* Desventurado; desastrado; malsucedido.

in.fe.liz.men.te *adv.* De modo infeliz; por desgraça.

in.fen.so *adj.* Contrário.

in.fe.ri.or *adj.* Que está abaixo; de pouco valor.

in.fe.rir *v.t.d.* Traduzir pelo raciocínio; concluir.

in.fer.nal *adj.2gên.* Do inferno. *Fig.* Terrível.

in.fer.ni.zar *v.t.d.* Arreliar; encolerizar; infernar.

in.fer.no *s.m.* Lugar de pena eterna. *Fig.* Vida de martírio.

in.fér.til *adj.2gên.* Não fértil; estéril; infecundo.

in.fes.tar *v.t.d.* Assolar; devastar.

in.fes.to *adj.* Inimigo; pernicioso.

in.fi.de.li.da.de *s.f.* Deslealdade; traição.

INFIEL — ININTELIGÍVEL

in.fi.el *adj.2gên.* Falta de fidelidade; desleal; *s.2gên.* gentio; pagão.
in.fil.tra.ção *s.f.* Ato de infiltrar. *Fig.* Difusão de ideias ou sistemas.
in.fil.trar *v.t.d.* Penetrar como por um filtro; impregnar; *v.pron.* introduzir-se.
ín.fi.mo *adj.* O mais baixo; o último.
in.fin.dá.vel *adj.2gên.* Que não tem fim; permanente.
in.fin.do *adj.* Que não tem fim ou limite; inumerável.
in.fi.ni.da.de *s.f.* Qualidade do que é infinito; grande quantidade.
in.fi.ni.te.si.mal *adj.2gên.* Relativo a quantidades infinitamente pequenas.
in.fi.ni.to *adj.* Que não é finito; ilimitado; eterno.
in.fir.mar *v.t.d.* Tirar a força de; debilitar; anular.
in.fi.xo *s.m. Gram.* Afixo no meio da palavra.
in.fla.ção *s.f.* Ato de inflar. *Fig.* Grande emissão de papel-moeda.
in.fla.cio.nar *v.t.d.* Fazer inflação; emitir papel-moeda exageradamente.
in.fla.ma.ção *s.f.* Ação ou efeito de inflamar(-se).
in.fla.mar *v.t.d.* Pôr em chamas; fazer arder. *Fig.* Estimular.
in.fla.má.vel *adj.2gên.* Que se inflama facilmente.
in.flar *v.t.d.* Encher de ar. *Fig.* Tornar vaidoso.
in.fle.xão *s.f.* Ação ou efeito de curvar; desvio; curvatura.
in.fle.xí.vel *adj.2gên.* Não flexível; que não se dobra.
in.fli.gir *v.t.d. e i.* Aplicar como castigo; impor.
in.flu.ên.cia *s.f.* Ato de influir; entusiasmo; preponderância.
in.flu.en.ci.ar *v.t.d.* Exercer influência em.
in.flu.ente *adj. e s.2gên.* Que, ou pessoa que exerce influência.
in.flu.en.za (ital.) *s.f.* Gripe.
in.flu.ir *v.t.d.* Fazer fluir para dentro de; incutir; *v.t.i.* exercer influência; *v.pron.* entusiasmar-se.
in.flu.xo *s.m.* Força, influência.
in.for.ma.ção *s.f.* Notícia que se dá ou recebe.
in.for.mal *adj.2gên.* Que não é formal.
in.for.mar *v.t.d.* Dar forma a; dar informação a; *v.pron.* inteirar-se.
in.for.me *adj.* Sem forma; monstruoso; *s.m.* informação.
in.for.tu.na.do *adj.* Sem fortuna; infeliz; desditoso.
in.for.tú.nio *s.m.* Infelicidade; desgraça.
in.fo.vi.as *s.m.pl.* As modernas maneiras (vias) de comunicação informatizadas, fruto de fusão de TV, computador pessoal (PC) e telefone.
in.fra.ção *s.f.* Ato ou efeito de infringir; transgressão.
in.fra.es.tru.tu.ra *s.f.* Parte inferior de uma estrutura.
in.fra.tor *s.m.* Transgressor.
in.fre.ne *adj.2gên.* Desenfreado; incontido.
in.frin.gir *v.t.d.* Transgredir; violar.
in.fru.tí.fe.ro *adj.* Que não dá fruto; ineficaz.
in.fun.da.do *adj.* Sem fundamento; improcedente.
in.fun.dir *v.t.d.* Deitar dentro; *v.t.d. e i.* insuflar; insinuar.
in.fu.são *s.f.* Operação de lançar água fervendo sobre alguma substância para lhe extrair certos princípios; maceração.
in.fu.sí.vel *adj.2gên.* Que não se pode fundir.
in.gê.ni.to *adj.* Inato; congênito.
in.gen.te *adj.2gên.* Enorme.
in.ge.nu.i.da.de *s.f.* Simplicidade; candura; credulidade exagerada. (Antôn.: *malícia*.)
in.gê.nuo *adj.* Inocente; sem malícia; *s.m.* pessoa ingênua.
in.ge.rir *v.t.d.* Introduzir; engolir.
in.ges.tão *s.f.* Ato de ingerir; deglutição.
in.gles *adj.* Da Inglaterra; *s.m.* natural da Inglaterra; a língua desse país.
in.gló.rio *adj.* De que não resulta glória; modesto.
in.gra.ti.dão *s.f.* Falta de gratidão.
in.gra.to *adj.* Que não reconhece ou se esquece dos benefícios que recebeu; *s.m.* pessoa ingrata.
in.gre.di.en.te *s.m.* Substância que entra na composição de um produto.
ín.gre.me *adj.2gên.* Difícil de subir. *Fig.* Árduo.
in.gres.sar *v.t.i.* Entrar.
ín.gua *s.f.* Bubão; ingurgitamento de gânglio linfático.
in.gur.gi.tar *v.t.d.* Obstruir; enfartar; empanturrar.
i.nha.ca *s.f. Pop.* Mal cheiro.
i.ni.bir *v.t.d. e i.* Impedir; impossibilitar; vedar. (Antôn.: *facilitar, permitir*.)
i.ni.ci.a.ção *s.f.* Ato ou efeito de iniciar; admissão em certas sociedades secretas.
i.ni.ci.al *adj.2gên.* Que principia; primitivo; *s.f.* a primeira letra de um livro.
i.ni.ci.ar *v.t.d.* Começar; *v.pron.* introduzir-se. (Antôn.: *concluir, terminar*.)
i.ni.ci.a.ti.va *s.f.* Ação de iniciar ou propor alguma coisa; atividade; diligência.
i.ní.cio *s.m.* Princípio; começo.
i.ni.gua.lá.vel *adj.2gên.* Que se não pode igualar; incomparável.
i.ni.lu.di.vel *adj.2gên.* Quem não admite dúvidas.
i.ni.ma.gi.ná.vel *adj.2gên.* Que não pode ser imaginado; incrível.
i.ni.mi.go *adj. e s.m.* Não amigo; contrário; adversário.
i.ni.mi.tá.vel *adj.2gên.* Que não se pode imitar.
i.ni.mi.za.de *s.f.* Falta de amizade; aversão.
i.ni.mi.zar *v.t.d.* Tornar inimigo.
i.nin.te.li.gí.vel *adj.2gên.* Não inteligível; misterioso.

i.nin.ter.rup.to *adj.* Não interrompido; contínuo.
i.ní.quo *adj.* Contrário à equidade; injusto; perverso.
in.je.ção *s.f.* Ato ou efeito de injetar; líquido que se injeta.
in.je.tar *v.t.d.* Introdução sob pressão em um corpo.
in.jun.ção *s.f.* Imposição.
in.jú.ria *s.f.* Violação do direito alheio; afronta.
in.ju.ri.ar *v.t.d.* Insultar; ofender.
in.jus.ti.ça *s.f.* Falta de justiça; ação injusta; iniquidade.
in.jus.ti.fi.cá.vel *adj.2gên.* Que não se pode justificar.
in.jus.to *adj.* Contrário às leis da justiça; *s.m.* aquele que não é justo.
i.no.cên.cia *s.f.* Isenção de culpa; pureza; ingenuidade.
i.no.cen.tar *v.t.d.* Desculpar; tornar inocente.
i.no.cen.te *adj.2gên.* Inofensivo; sem culpa ou sem malícia; ingênuo.
i.no.cu.lar *v.t.d.* Introduzir no organismo; contagiar.
i.nó.cuo *adj.* Inofensivo; diz-se também *inóxio*.
i.no.do.ro *adj.* Que não tem cheiro.
i.no.fen.si.vo *adj.* Que não faz mal.
i.nol.vi.dá.vel *adj.2gên.* Inesquecível.
i.no.mi.ná.vel *adj.2gên.* A que não se pode dar nome. *Fig.* Vil; revoltante.
i.no.pe.ran.te *adj.2gên.* Que não opera; improdutivo.
i.nó.pia *s.f.* Penúria; miséria.
i.no.pi.na.do *adj.* Súbito, imprevisto; inopino.
i.no.por.tu.no *adj.* Que não é oportuno; fora de propósito.
i.nós.pi.to *adj.* Que não pratica a hospitalidade; em que não se pode viver.
i.no.va.ção *s.f.* Coisa recém-introduzida; novidade.
i.no.var *v.t.d.* Tornar novo; introduzir novidades em; renovar; inventar; criar.
i.no.xi.dá.vel *adj.2gên.* Que não se oxida.
in.qué.ri.to *s.m.* Interrogatório de testemunhas; sindicância.
in.ques.ti.o.ná.vel *adj.2gên.* Indiscutível.
in.qui.e.ta.ção *s.f.* Falta de sossego; nervosismo.
in.qui.e.to *adj.* Desassossegado; agitado; apreensivo.
in.qui.li.no *s.m.* O que mora em casa alugada.
in.qui.nar *v.t.d.* Sujar; contagiar.
in.qui.rir *v.t.d.* Procurar informações sobre; indagar; *v.t.i.* e *i.* perguntar alguma coisa.
in.qui.si.ção *s.f.* Ação ou efeito de inquirir.
in.sa.ci.á.vel *adj.2gên.* Que não se pode saciar.
in.sa.lu.bre *adj.2gên.* Doentio.
in.sâ.nia *s.f.* Loucura.
in.sa.no *adj.* Louco.
in.sa.tis.fa.ção *s.f.* Falta de satisfação, de alegria.

ins.ci.en.te *adj.2gên.* Falto de saber; ignorante; imperito.
ins.cre.ver *v.t.d.* Escrever em; gravar; *v.pron.* escrever o seu nome numa lista ou registro.
ins.cri.ção *s.f.* Palavras escritas ou gravadas em monumentos; legenda.
ins.cri.to *adj.* Traçado dentro; *s.m.* indivíduo incluído em lista.
in.se.gu.ran.ça *s.f.* Falta de segurança; inquietação.
in.se.mi.nar *v.t.d.* Fazer fecundação do óvulo em.
in.sen.sa.tez *s.f.* Falta de sensatez; loucura.
in.sen.sa.to *adj.* Falto de senso; contrário ao bom senso.
in.sen.si.bi.li.da.de *s.f.* Ausência de sensibilidade; apatia; indiferença.
in.sen.sí.vel *adj.2gên.* Falta de sensibilidade; apático; indiferente.
in.se.pa.rá.vel *adj.2gên.* Que não se pode separar.
in.se.pul.to *adj.* Não sepultado.
in.se.rir *v.t.d.* e *i.* Introduzir.
in.ser.to *adj.* Inserido; introduzido.
in.se.ti.ci.da *s.m.* Produto para matar insetos.
in.se.to *s.m.* Animal pequeno, invertebrado, cujo corpo é dividido em anéis.
in.sí.dia *s.f.* Cilada; traição.
in.sig.ne *adj.2gên.* Notável; eminente; emérito.
in.síg.nia *s.f.* Sinal distintivo; emblema; divisa; medalha.
in.sig.ni.fi.can.te *adj.2gên.* Que não tem sentido, nem valor, nem importância.
in.si.nu.a.ção *s.f.* O ato de insinuar; indireta, advertência.
in.si.nu.ar *v.t.d.* e *t.d.* e *i.* Introduzir no ânimo; persuadir; induzir.
in.sí.pi.do *adj.* Que não tem sabor; monótono.
in.si.pi.en.te *adj.* Ignorante; insensato.
in.sis.tên.cia *s.f.* Ação de insistir; perseverança.
in.sis.ten.te *adj.2gên.* Que insiste; teimoso; obstinado.
in.sis.tir *v.t.d.* Teimar; sustentar firmemente; prosseguir no que estava fazendo; *v.t.i.* obstinar-se. (Antôn.: *desistir*.)
ín.si.to *adj.* Inserido; inato.
in.so.ci.á.vel *adj.2gên.* Não sociável; intratável.
in.so.fri.do *adj.* Impaciente; inquieto; sôfrego.
in.so.la.ção *s.f.* Ato de insolar; afecção produzida pela exposição ao Sol.
in.so.lên.cia *s.f.* Falta de respeito; atrevimento.
in.so.len.te *adj.2gên.* Atrevido; arrogante.
in.só.li.to *adj.* Extraordinário; contrário aos usos; inédito.
in.so.lú.vel *adj.2gên.* Que não se pode dissolver ou desatar.
in.sol.ven.te *adj.2gên.* e *s.2gên.* Que(m) não pode pagar o que deve.

INSONDÁVEL — INTENSIDADE

in.son.dá.vel *adj.* Que não se pode sondar; inexplicável.

in.so.ne *adj.* Que sofre de insônia; que não dorme.

in.sô.nia *s.f.* Falta anormal de sono.

in.so.pi.tá.vel *adj.2gên.* Incontrolável.

in.sos.so *adj.* Sem sal.

ins.pe.ção *s.f.* Exame; vistoria; fiscalização.

ins.pe.cio.nar *v.t.d.* Fazer inspeção.

ins.pe.tor *s.m.* O que é encarregado da inspeção; aquele que observa ou fiscaliza.

ins.pi.ra.ção *s.f.* O ato de inspirar ou ser inspirado; introdução de ar nos pulmões.

ins.pi.rar *v.t.d.* Introduzir no ânimo; receber o ar nos pulmões; *v.pron.* receber inspiração; sentir em si.

ins.ta.bi.li.da.de *s.f.* Ausência de estabilidade; inconstância.

ins.ta.la.ção *s.f.* Ação ou efeito de instalar.

ins.ta.lar *v.t.d.* Dispor para funcionar; alojar; *v.pron.* acomodar-se.

ins.tân.cia *s.f.* Pedido urgente; âmbito; hierarquia judiciária.

ins.tan.tâ.neo *adj.* Repentino; momentâneo.

ins.tan.te *s.m.* Ponto determinado e indivisível de duração; *adj.* urgente.

ins.tar *v.t.d.* Pedir insistentemente; suplicar.

ins.tau.rar *v.t.d.* Começar; estabelecer.

ins.tá.vel *adj.2gên.* Inconstante; móvel.

ins.ti.gar *v.t.d.* Incitar; estimular.

ins.tin.ti.vo *adj.* Que procede do instinto; espontâneo.

ins.tin.to *s.m.* Impulso natural, independente de reflexão.

ins.ti.tu.i.ção *s.f.* Fundação; estabelecimento.

ins.ti.tu.ir *v.t.d.* Fundar; estabelecer; nomear.

ins.ti.tu.to *s.m.* Entidade cultural, artística, científica etc.

ins.tru.ção *s.f.* Ação de instruir; ensino; informação.

ins.tru.ir *v.t.d.* Dar instrução; ensinar; *v.pron.* receber instrução; adquirir novos conhecimentos.

ins.tru.men.tal *adj.2gên.* Que serve de instrumento; *s.m.* o conjunto dos instrumentos de uma banda ou orquestra.

ins.tru.men.to *s.m.* Tudo que serve para executar qualquer; o meio de se conseguir algum fim.

ins.tru.tor *adj.* e *s.m.* Que, ou aquele que instrui.

in.sub.mis.so *adj.* Não submisso; insubordinado.

in.su.bor.di.na.ção *s.f.* Falta de subordinação; indisciplina; rebeldia.

in.su.bor.di.nar *v.t.d.* Amotinar; revoltar.

in.su.bor.ná.vel *adj.* Que não se deixa subordinar; íntegro.

in.subs.ti.tu.í.vel *adj.2gên.* Que não pode ser substituído; inigualável; único.

in.su.ces.so *s.m.* Mau resultado.

in.su.fi.ci.ên.cia *s.f.* Qualidade do que é insuficiente; incapacidade.

in.su.fi.ci.en.te *adj.2gên.* Não suficiente; incapaz.

in.su.flar *v.t.d.* Encher de ar assoprando; inflar. *Fig.* Insinuar; sugerir.

in.su.lar *v.t.d.* Isolar.

in.su.li.na *s.f.* Hormônio pancreático necessário ao metabolismo do açúcar no organismo.

in.sul.so *adj.* Sem sal; insosso. *Fig.* Sem graça.

in.sul.tar *v.t.d.* Ofender com palavras ou ações; afrontar.

in.sul.to *s.m.* Injúria; ofensa; ataque súbito.

in.su.por.tá.vel *adj.2gên.* Que não se pode tolerar ou suportar.

in.sur.gir *v.t.d.* Sublevar; revoltar; *v.pron.* reagir; resistir.

in.sur.rei.ção *s.f.* Rebelião; sublevação.

in.sur.re.to *adj.* e *s.m.* Que(m) se insurgiu.

in.sus.pei.to *adj.* De que não se pode suspeitar.

in.sus.ten.tá.vel *adj.2gên.* Que não se pode sustentar; insubsistente.

in.tan.gí.vel *adj.2gên.* Intocável.

in.ta.to *adj.* Não tocado; íntegro; ileso.

in.te.gra *s.f.* Totalidade.

in.te.gral *adj.2gên.* Inteiro; total.

in.te.grar *v.t.d.* Inteirar; completar.

in.te.gri.da.de *s.f.* Inteireza; retidão; imparcialidade.

in.te.gro *adj.* Completo; incorruptível.

in.tei.ri.ço *adj.* De uma só peça; maciço.

in.tei.ro *adj.* Completo.

in.te.lec.ção *s.f.* Compreensão.

in.te.lec.to *s.m.* O mesmo que *inteligência*; entendimento.

in.te.lec.tu.al *adj.2gên.* Do entendimento; *s.2gên.* pessoa culta e inteligente.

in.te.li.gên.cia *s.f.* Faculdade de compreender; intelecto.

in.te.li.gen.te *adj.2gên.* Dotado de inteligência; hábil; destro.

in.te.li.gí.vel *adj.2gên.* Que se entende; claro.

in.te.me.ra.to *adj.* Sem mancha; puro.

in.tem.pe.ran.ça *s.f.* Falta de temperança; incontinência.

in.tem.pé.rie *s.f.* Mau tempo.

in.tem.pes.ti.vo *adj.* Fora do tempo; súbito; inoportuno.

in.ten.ção *s.f.* Desígnio; intento; propósito.

in.ten.cio.nal *adj.2gên.* Que revela intenção; de propósito.

in.ten.den.te *adj.2gên.* e *s.2gên.* Pessoa que dirige ou administra alguma coisa.

in.ten.der *v.t.d.* Exercer vigilância; superintender; *v.pron.* tornar-se mais intenso.

in.ten.si.da.de *s.f.* Grau muito elevado de tensão, força, atividade etc.

in.ten.si.vo *adj.* Que tem intensidade; veemente; ativo.

in.ten.so *adj.* Feito com muito esforço em tempo curto.

in.ten.tar *v.t.d.* Ter o intento de; planejar.

in.ten.to *s.m.* Desígnio; propósito; *adj.* atento; aplicado.

in.ten.to.na *s.f.* Motim mal articulado.

in.te.ra.ção *s.f.* Influência ou ação recíproca.

in.te.ra.gir *v.intr.* Agir reciprocamente; exercer interação.

in.te.ra.ti.vo *adj.* Em que há interação.

in.ter.ca.den.te *adj.2gên.* Intermitente.

in.ter.ca.lar *v.t.d.* Interpor; inserir; *v.pron.* entremear-se.

in.ter.câm.bio *s.m.* Troca; permuta de relações comerciais ou culturais entre países.

in.ter.ce.der *v.t.d.* Pedir por outrem; intervir a favor de alguém; servir de intermediário.

in.ter.cep.tar *v.t.d.* Impedir; deter.

in.ter.ces.são *s.f.* Ato de interceder; intervenção.

in.ter.de.pen.der *v.intr.* Depender reciprocamente.

in.ter.di.ção *s.f.* Proibição; privação judicial de alguém reger a sua pessoa e bens.

in.ter.di.tar *v.t.d.* Proibir; pronunciar interdito contra.

in.ter.di.zer *v.t.d.* Proibir; impedir; interditar.

in.te.res.sa.do *adj.* Que tem interesse em alguma coisa; *s.m.* o que participa dos lucros de uma firma comercial.

in.te.res.san.te *adj.2gên.* Que interessa; agradável.

in.te.res.sar *v.t.d.* Dar interesse ou proveito; prender a atenção; atrair; *v.pron.* empenhar-se.

in.te.res.se *s.m.* Tudo que interessa; lucro.

in.te.res.sei.ro *adj.* Egoísta; ganancioso.

in.ter.fe.rir *v.t.i.* Intervir; intrometer-se.

in.ter.fe.rên.cia *s.f.* Intervenção.

ín.te.rim *s.m.* Estado interino.

in.te.ri.no *adj.* Provisório.

in.te.ri.or *adj.* Da parte de dentro; *s.m.* o âmago; região afastada do litoral.

in.te.ri.o.ri.zar *v.t.d.* Reter no interior.

in.ter.jei.ção *s.f.* Parte da oração que exprime sentimento (de dor, alegria etc.).

in.ter.li.gar *v.t.d.* e *pron.* Ligar entre si (duas ou mais coisas).

in.ter.lo.cu.ção *s.f.* Conversa; diálogo.

in.ter.lo.cu.tor *s.m.* O que fala com outro.

in.ter.me.di.ar *v.intr.* Mediar; pôr(-se) entre.

in.ter.me.di.á.rio *adj.* Interposto; *s.m.* medianeiro.

in.ter.mé.dio *s.m.* Intervenção; mediação.

in.ter.mi.ná.vel *adj.2gên.* Que não tem fim; infinito; demorado.

in.ter.mi.ten.te *adj.2gên.* Não contínuo.

in.ter.na.cio.nal *adj.2gên.* De nação a nação; entre nações; pertinente às relações entre nações.

in.ter.nar *v.t.d.* e *v.t.d.* e *i.* Obrigar a residir (no interior de um país, hospital etc.); meter no interior; *v.pron.* introduzir-se.

in.ter.na.to *s.m.* Estabelecimento de ensino ou caridade em que residem as pessoas.

in.ter.nau.ta *s.2gên.* Navegadores do ciberespaço, pessoa que "conversa", faz compras, visitas etc. pela Internet.

in.ter.no *adj.* Interior; íntimo; de dentro; *s.m.* aluno que reside na escola ou colégio.

in.ter.pe.lar *v.t.d.* Requerer o cumprimento de um mandato; interrogar; citar; intimar.

in.ter.po.lar *v.t.d.* Intercalar, inserir palavras ou frases em (texto) para alterar, completar ou esclarecer.

in.ter.por *v.t.d.* Opor; meter de permeio; *v.t.i.* intervir; *v.pron.* colocar-se entre.

in.ter.pre.ta.ção *s.f.* Ação ou modo de interpretar; explicação; versão; tradução.

in.ter.pre.tar *v.t.d.* Explicar; aclarar o sentido de; traduzir; representar.

in.tér.pre.te *s.2gên.* Pessoa que interpreta; ator ou atriz; tradutor; expositor.

in.ter.ro.ga.ção *s.f.* Ação de interrogar; sinal ortográfico (?) indicativo de interrogação.

in.ter.ro.gar *v.t.d.* Perguntar; inquirir.

in.ter.ro.ga.tó.rio *s.m.* Perguntas dirigidas ao réu pelo magistrado; inquirição.

in.ter.rom.per *v.t.d.* Fazer cessar; suspender; *v.pron.* parar temporariamente.

in.ter.rup.ção *s.f.* Suspensão.

in.ter.rup.tor *s.m.* Aquele que interrompe. *Fís.* Dispositivo que interrompe a energia elétrica nas instalações de força e luz.

in.ter.se.ção *s.f.* Ação ou efeito de cortar; corte; cruzamento.

in.te.rur.ba.no *adj.* e *s.m.* Que vai de uma cidade a outra; (telefonema) entre duas cidades.

in.ter.va.lo *s.m.* Distância; espaço de lugar ou de tempo.

in.ter.ven.ção *s.f.* Ação de intervir.

in.ter.vir *v.t.i.* Pôr-se de permeio; estar presente.

in.tes.ti.nal *adj.2gên.* Referente ao intestino.

in.tes.ti.no *s.m.* Víscera tubular que vai do estômago até o ânus.

in.ti.ma.ção *s.f.* O ato de intimar ou ser intimado; citação.

in.ti.mar *v.t.d.* Declarar; ordenar com autoridade; notificar.

in.ti.ma.ti.va *s.f.* Afirmação enérgica.

in.ti.mi.da.ção *s.f.* Ato de intimidar.

in.ti.mi.da.de *s.f.* Amizade íntima; familiaridade.

in.ti.mi.dar *v.t.d.* Causar temor a; *v.pron.* tornar-se tímido. (Antôn.: *encorajar*.)
ín.ti.mo *adj.* Profundo; o âmago.
in.ti.mo.ra.to *adj.* Sem temor; destemido.
in.ti.tu.lar *v.t.d.* Dar título a; denominar.
in.to.cá.vel *adj.2gên.* Que não se pode tocar.
in.to.le.rân.cia *s.f.* Ausência de tolerância.
in.to.le.ran.te *adj.2gên.* Que não é tolerante; que não admite opinião contrária.
in.to.le.rá.vel *adj.2gên.* Que não se pode tolerar; insuportável.
in.to.xi.ca.ção *s.f.* Envenenamento.
in.to.xi.car *v.t.d.* Envenenar.
in.tra.du.zí.vel *adj.2gên.* Que não se pode traduzir; inexprimível.
in.tra.gá.vel *adj.2gên.* Que não se pode tragar.
in.trans.fe.rí.vel *adj.2gên.* Que não se pode transferir.
in.tran.si.gên.cia *s.f.* Intolerância.
in.tran.si.gen.te *adj.2gên.* Intolerante.
in.tran.si.ti.vo *adj. Gram.* Designativo dos verbos cuja ação não passa do sujeito para o objeto.
in.trans.po.ní.vel *adj.2gên.* Que não se pode transpor; insuperável.
in.tra.tá.vel *adj.2gên.* Insociável; impróprio para a convivência.
in.tra.ve.no.so *adj. Med.* Que (injeção) se aplica no interior de uma veia.
in.tré.pi.do *adj.* Corajoso.
in.tri.ga *s.f.* Mexerico; bisbilhotice; traição.
in.tri.gar *v.t.d.* Fazer mexericos; inimizar.
in.trin.ca.do *adj.* Confuso; embaraçado.
in.trín.se.co *adj.* Inerente.
in.tro.du.ção *s.f.* Admissão num lugar; prefácio.
in.tro.du.zir *v.t.d.* Fazer entrar; admitir; iniciar.
in.troi.to *s.m.* Entrada; princípio; começo; introdução.
in.tro.je.tar *v.t.d. Psic.* Incorporar inconscientemente.
in.tro.me.ter *v.t.d.* Intercalar; *v.pron.* tomar parte.
in.tro.me.ti.do *adj.* Metediço; atrevido.
in.tro.mis.são *s.f.* Ato de intrometer; introdução.
in.tros.pec.ção *s.f.* Reflexão do sujeito sobre si mesmo.
in.tro.ver.ti.do *adj.* Voltado para dentro.
in.tru.jar *v.t.d.* Intrometer-se com outras pessoas para explorá-las; *v.intr.* contar lorotas.
in.tru.são *s.f.* Posse violenta; usurpação.
in.tru.so *adj.* Apossado por violência; intrometido.
in.tu.i.ção *s.f. Filos.* Percepção que se adianta ao raciocínio; pressentimento.
in.tu.i.ti.vo *adj.* O mesmo que *evidente*; incontestável.
in.tui.to *s.m.* Intento; fim; objetivo.
in.tu.mes.cer *v.intr.* Inchar; *v.pron.* fazer-se túmido.

i.nú.bil *adj.2gên.* Que não está na idade de casar.
i.nu.ma.no *adj.* Desumano.
i.nu.mar *v.t.d.* Sepultar.
i.nu.me.rá.vel *adj.2gên.* Que não se pode numerar ou contar.
i.nun.da.ção *s.f.* Alagamento; enchente.
i.nun.dar *v.t.d.* Alagar; cobrir de água.
i.nu.si.ta.do *adj.* Não usual; esquisito.
i.nú.til *adj.2gên.* Sem proveito.
i.nu.ti.li.zar *v.t.d.* Tornar inútil; frustrar.
in.va.dir *v.t.d.* Entrar hostilmente; difundir-se; conquistar. (Antôn.: *evacuar*.)
in.va.li.dar *v.t.d.* Tornar inválido; anular.
in.va.li.dez *s.f.* Estado de inválido.
in.vá.li.do *adj.* Nulo; *s.m.* o que por velhice ou doença não pode trabalhar.
in.va.ri.á.vel *adj.2gên.* Que não varia.
in.va.são *s.f.* Entrada por meios violentos; incursão.
in.va.sor *adj.* e *s.m.* O que invade.
in.vec.ti.var *v.t.d.* Atacar violentamente; injuriar; insultar.
in.ve.ja *s.f.* Pesar pelo bem alheio; sentimento de cobiça.
in.ve.já.vel *adj.2gên.* Apreciável.
in.ve.jo.so *adj.* e *s.m.* Quem tem inveja.
in.ven.ção *s.f.* Faculdade ou ação de inventar; coisa inventada; ficção.
in.ven.ci.bi.li.da.de *s.f.* Qualidade de invencível.
in.ven.cí.vel *adj.2gên.* Que não pode ser vencido.
in.ven.dá.vel *adj.2gên.* O mesmo que invendível.
in.ven.dí.vel *adj.2gên.* Que não se pode vender.
in.ven.tar *v.t.d.* Criar algo novo; mentir.
in.ven.tá.rio *s.m.* Relação dos bens deixados por alguém que morreu; enumeração de coisas; balanço.
in.ven.ti.vo *adj.* Engenhoso.
in.ven.to *s.m.* Invenção.
in.ven.tor *adj.* e *s.m.* Quem inventa.
in.ver.na.da *s.f.* Pastagem onde se guardam reses para descanso ou engorda; inverno vigoroso.
in.ver.nal *adj.2gên.* Referente ao inverno.
in.ver.no *s.m.* Uma das quatro estações do ano, a mais fria de todas; tempo frio; velhice.
in.ve.ros.sí.mil *adj.2gên.* Não verossímil; improvável.
in.ver.são *s.f.* Mudança da ordem natural.
in.ver.so *adj.* Tomado em ordem contrária; *s.m.* contrário.
in.ver.te.bra.do *adj.* e *s.m.* (Animal) que não tem vértebras.
in.ver.ter *v.t.d.* Virar; alterar a ordem natural; pôr às avessas.
in.vés *s.m.* Avesso; *loc.adj. ao invés*: ao contrário.
in.ves.ti.da *s.f.* Ataque; tentativa.
in.ves.ti.du.ra *s.f.* Nomeação em cargo.
in.ves.ti.ga.ção *s.f.* Exame; pesquisa.

INVESTIGAR — IRRUPÇÃO

in.ves.ti.gar *v.t.d.* Pesquisar; indagar; inquirir.
in.ves.tir *v.t.d.* Atacar; acometer; *v.t.i.* fazer entrar em posse; *v.pron.* encarregar-se.
in.ve.te.ra.do *adj.* Envelhecido; crônico.
in.vic.to *adj.* Não vencido. *Fig.* Invencível.
in.vi.si.bi.li.da.de *s.f.* Qualidade do que é invisível.
in.vi.sí.vel *adj.2gên.* Que se não pode ver.
in.vo.ca.ção *s.f.* Ato ou efeito de invocar; ato de chamar por socorro.
in.vo.car *v.t.d.* Chamar; pedir a proteção de alguém.
in.vó.lu.cro *s.m.* Tudo o que serve para envolver; capa; forro; embrulho.
in.vo.lun.tá.rio *adj.* Não voluntário; contra a vontade.
in.vul.gar *adj.2gên.* Fora do comum; raro.
in.vul.ne.rá.vel *adj.* Inatacável.
i.o.do *s.m.* Elemento químico de símbolo *I* e número atômico 53.
i.o.ga *s.f.* Sistema de união com Deus pela contemplação e vida austera.
i.o.gue *s.2gên.* Pessoa que pratica a ioga; asceta indiano.
io.iô *s.m.* Brinquedo consistente de um carretel provido de um cordel.
í.on *s.m. Quím.* Cada um dos elementos resultantes da dissociação de um eletrólito.
ir *v.intr.* Passar de um a outro sítio; dirigir-se; mover-se; andar; partir; seguir; *v.t.i.* encaminhar-se; *v.pred.* estar (bem ou mal de saúde); *v.pron.* ausentar-se; partir. (Antôn.: *vir, voltar.*)
i.ra *s.f.* Raiva; cólera.
i.ra.do *adj.* Colérico; raivoso.
i.rar *v.t.d.* Causar ira em; *v.pron.* encolerizar-se.
i.ras.cí.vel *adj.2gên.* Que se encoleriza com facilidade.
í.ris *s.2gên.* Parte colorida do olho, onde fica a pupila; espectro solar.
i.ris.des.cen.te *adj.* Que apresenta as cores do arco-íris.
ir.ma.nar *v.t.d.* Tornar como irmão; fraternizar; igualar.
ir.man.da.de *s.f.* Parentesco entre irmãos; confraria religiosa.
ir.mão *s.m.* Filho do mesmo pai e da mesma mãe ou apenas do mesmo pai ou da mesma mãe.
i.ro.ni.a *s.f.* Sarcasmo.
i.rô.ni.co *adj.* Em que há ironia.
i.ro.ni.zar *v.t.d.* e *i.* Tornar irônico.
ir.ra *interj.* Exprime repulsão, raiva ou espanto.
ir.ra.ci.o.nal *adj.* Não racional; falto de razão, de raciocínio.
ir.ra.di.ar *v.t.d.* Lançar raios de luz; alumiar; espalhar; *v.pron.* propagar-se.
ir.re.al *adj.* Não real; imaginário.

ir.re.ba.tí.vel *adj.2gên.* Não se pode rebater; irrefutável.
ir.re.cu.pe.rá.vel *adj.2gên.* Que não pode ser recuperado.
ir.re.cu.sá.vel *adj.2gên.* Que não pode se recusar.
ir.re.du.tí.vel *adj.2gên.* Que não pode se reduzir; inflexível.
ir.re.fle.ti.do *adj.* Que (pessoa) não reflete; feito sem reflexão; impensado.
ir.re.fu.tá.vel *adj.2gên.* Que não pode se refutar; incontestável.
ir.re.gu.lar *adj.2gên.* Não regular; contrário às regras. (Antôn.: *regular.*)
ir.re.gu.la.ri.da.de *s.f.* Falta de regularidade; erro; anormalidade.
ir.re.le.van.te *adj.2gên.* Não relevante; sem importância.
ir.re.me.di.ável *adj.2gên.* Que não pode se remediar; fatal.
ir.re.mis.sí.vel *adj.2gên.* Que não pode se remeter ou perdoar.
ir.re.pa.rá.vel *adj.2gên.* Que não pode se reparar, ou remediar.
ir.re.pre.en.sí.vel *adj.2gên.* Em que não cabe repreensão; correto; perfeito.
ir.re.qui.e.to *adj.* Muito inquieto.
ir.re.sis.tí.vel *adj.2gên.* A que é impossível resistir; sedutor.
ir.re.so.lu.to *adj.* Não resoluto; indeciso.
ir.res.pi.rá.vel *adj.2gên.* Que não pode se respirar; nocivo à saúde.
ir.res.pon.sá.vel *adj.2gên.* Que não tem responsabilidade.
ir.res.tri.to *adj.* Não restrito; ilimitado; amplo.
ir.re.ve.rên.cia *s.f.* Falta de reverência.
ir.re.ver.sí.vel *adj.2gên.* Que não volta ao estado anterior.
ir.re.vo.gá.vel *adj.2gên.* Que não pode se revogar; que não se pode anular.
ir.ri.ga.ção *s.f.* Ação de irrigar; rega.
ir.ri.ga.dor *adj.* Que irriga; *s.m.* vaso para regar.
ir.ri.gar *v.t.d.* Regar segundo os processos de irrigação; banhar.
ir.ri.são *s.f.* Zombaria.
ir.ri.só.rio *adj.* Em que há irrisão ou escárnio; que desperta riso; grotesco.
ir.ri.ta.ção *s.f.* Agitação violenta do espírito; indignação; cólera; ira.
ir.ri.tan.te *adj.* Que irrita; aborrecido.
ir.ri.tar *v.t.d.* Provocar; estimular; excitar; *v.pron.* encolerizar-se. (Antôn.: *acalmar.*)
ír.ri.to *adj. Jur.* Nulo.
ir.rom.per *v.t.d.* Entrar à força e com ímpeto; precipitar-se.
ir.rup.ção *s.f.* Ação ou efeito de irromper; invasão; incursão.

is.ca *s.f.* Engodo; atrativo; tudo que se põe no anzol para atrair os peixes.
i.sen.ção *s.f.* Desobrigação; imunidade.
i.sen.tar *v.t.d.* Desobrigar; dispensar.
i.sen.to *adj.* Desobrigado.
is.la.mis.mo *s.m.* Religião muçulmana.
i.só.cro.no *adj.* (Movimento) simultâneo.
i.so.la.men.to *s.m.* Separação; interceptação de corrente elétrica.
i.so.lar *v.t.d.* Separar. *Fís.* Impedir a transmissão da eletricidade; *v.pron.* separar-se.
i.so.por *s.m. Quím.* Nome comercial de espuma de poliestireno; utensílio dela feito.
i.só.to.po *s.m.* Elemento químico que resulta de modificação da massa atômica.
is.quei.ro *s.m.* Pequeno aparelho portátil que produz chama quando acionado.
is.so *pron. dem.* Essa coisa; essa pessoa.
ist.mo *s.m. Geog.* Faixa de terra entre dois mares ou dois golfos.

is.to *pron. dem.* Esta coisa; este objeto.
i.tá.li.co *adj.* Relativo à Itália; tipo de letra imitante ao manuscrito.
í.ta.lo *adj.* Que diz respeito à Itália.
i.ta.o.ca *s.f.* Caverna; furna.
i.ta.pi.ú.na *s.f.* Árvore da família das voquisiáceas.
i.té *adj.2gên.* De gosto acre, adstringente (fruta); insípido.
i.tem *s.m.* Cada um dos artigos de uma exposição escrita ou de um requerimento; *adv.* também; demais; da mesma forma.
i.te.rar *v.t.d.* Repetir; reiterar.
i.ti.ne.ran.te *adj.2gên.* e *s.2gên.* Que ou pessoa que viaja.
i.ti.ne.rá.rio *s.m.* Indicação do caminho entre um e outro lugar; viagem; *adj.* referente a caminhos.
i.to.ro.ró *s.m.* Pequena cachoeira ou salto.

j J

j *s.m.* Décima letra do alfabeto português.
já *adv.* Agora; neste instante; *conj.* agor.
ja.bá *s.m.* Charque; carne seca.
ja.bu.ru *s.m.* Ave pernalta brasileira, da família dos ciconídeos. *Fig.* Indivíduo feio e esquisito.
ja.bu.ti *s.m.* Espécie de tartaruga brasileira.
ja.bu.ti.ca.ba *s.f.* Fruto da jabuticabeira.
ja.bu.ti.ca.bei.ra *s.f.* Denominação comum de diversas árvores da família das mirtáceas.
ja.ca *s.f.* Fruta de jaqueira. *Bras.* Cartola; chapéu alto.
ja.ça *s.f.* Mancha em pedra preciosa; mácula; defeito.
ja.ca.ran.dá *s.m.* Árvore da família das leguminosas cuja madeira é muito usada em mobiliário.
ja.ca.ré *s.m.* Espécie de crocodilo.
ja.cen.te *adj.2gên.* Que jaz; estacionário.
jac.tân.cia *s.f.* Arrogância; vaidade; amor-próprio.
ja.cu *s.m.* Nome de ave brasileira de família dos cracídeos.
ja.cu.lar *v.t.d.* Arremessar.
ja.cu.la.tó.ria *s.f.* Oração certa; invocação.
ja.de *s.m.* Pedra dura, esverdeada, constituída de manganês e óxido de ferro.
ja.ez *s.m.* Adorno de cavalgadura. *Fig.* Espécie.
ja.guar *s.m.* Grande onça americana de pelo mosqueado, considerado o maior carnívoro da América do Sul.
ja.gun.ço *s.m. Bras.* Cangaceiro; capanga; sertanejo.
ja.le.co *s.m.* Casaco curto semelhante à jaqueta.
ja.mais *adv.* Não mais; nunca; em tempo algum.
jam.bo[1] *s.m.* Fruto do jambeiro, árvore do Brasil.
jam.bo[2] *s.m.* Pé de verso composto por uma sílaba breve e uma longa.
ja.me.gão *s.m.* Assinatura; firma; rubrica.
ja.ne.la *s.f.* Abertura na parte das casas para dar entrada à luz e ao ar.
jan.ga.da *s.f.* Embarcação plana usada pelos pescadores; nome comum de diversas árvores da família das tiliáceas.
jan.ga.dei.ro *s.m.* Dono ou condutor de jangada.
jân.gal *s.m.* Matagal.
ja.no.ta *adj. e s.m.* Diz-se do indivíduo excessivamente rigoroso no trajar.
jan.ta *s.f.* Jantar; ação de jantar.
jan.tar[1] *s.m.* Janta; o conjunto de pratos que constituem essa refeição.
jan.tar[2] *v.t.d.* Comer na hora da janta; *v.intr.* tomar o jantar.
ja.po.na *s.f.* Espécie de jaquetão; alcunha de japonês no Brasil.
ja.po.nês *adj.* Referente ao Japão, país da Ásia; *s.m.* natural ou morador no Japão; a língua japonesa.
ja.po.ne.sar *v.t.d.* Dar caráter ou feição japonesa a.
ja.quei.ra *s.f.* Árvore brasileira da família das moráceas, que produz a jaca.
ja.que.ta *s.f.* Casaco curto que chega até a cintura; *s.m.* homem amarrado a antigos hábitos e costumes.
ja.ra.ra.ca *s.f.* Cobra brasileira da família dos viperídeos. *Fig.* Mulher de má índole.
jar.da *s.f.* Medida de comprimento inglesa, equivalente a 914 milímetros.
jar.dim *s.m.* Terreno onde se cultivam flores.
jar.di.na.gem *s.f.* Cultura de jardins; arte de cultivar jardins.
jar.di.nei.ro *s.m.* Indivíduo que trata de jardins ou que sabe jardinagem.
jar.gão *s.m.* Linguajar próprio de certos grupos ou profissionais.
jar.ra *s.f.* Vaso para flores ou água. *Náut.* Depósito de água.
jar.re.te *s.m. Anat.* Parte da perna atrás da articulação do joelho.
jar.ro *s.m.* Jarra.
jas.mim *s.m.* Planta das oleáceas usada em Medicina da qual se extrai essência muito aromática.
ja.to *s.m.* Arremesso; impulso.
ja.to.bá *s.m.* Peixe fluvial carácida; planta da família das meliáceas.
ja.ú *s.m.* Peixe de água doce do grupo dos silurídas.
jau.la *s.f.* Prisão para feras; gaiola.
ja.va.li *s.m.* Paquiderme europeu, também chamado **porco montez**; porco-do-mato.
ja.zer *v.intr.* Estar deitado; estar morto; estar sepultado.

JAZIDA — JUDAÍSMO

ja.zi.da *s.f.* Posição de quem jaz ou o lugar onde jaz; mina.

ja.zi.go *s.m.* Sepultura; lugar onde abunda o minério.

je.ca *s.m.* Designação brasileira do caipira, matuto.

je.gue *s.m.* Nome dado no Nordeste ao burrico; jumento.

jei.ra *s.f.* Medida agrária.

jei.to *s.m.* Modo; feição; habilidade.

jei.to.so *adj.* Habilidoso.

je.ju.ar *v.intr.* Abster-se de comer.

je.jum *s.m.* Abstinência total ou parcial de alimentos, por penitência ou prescrição religiosa; abstenção.

je.ju.no *s.m. Anat.* Porção do intestino delgado entre o duodeno e o íleo; *adj.* que está em jejum.

je.ni.pa.po *s.m.* Fruto do Brasil, verde por fora, com polpa e caroços dentro; refresco desse fruto; doce preparado com esse fruto.

je.o.vá *s.m.* O Deus da Bíblia; o Deus dos hebreus.

je.qui.ce *s.f.* Modos de jeca, caipirismo.

je.qui.ti.bá *s.m.* Grande árvore do Brasil.

je.rar.qui.a *s.f.* Hierarquia.

je.re.rê *s.m.* Rede de pesca para peixes miúdos.

je.ri.co *s.m.* Jumento.

jér.sei *s.m.* Tecido de malhas de seda.

je.su.í.ta *s.m.* Membro da Companhia de Jesus.

je.tom *s.m.* Ponto nos jogos; ficha que se troca por remuneração extra.

ji.a *s.f.* Rã.

ji.boi.a *s.f.* Serpente gigante dos países quentes.

ji.ló *s.m.* Fruto amargo do jiloeiro.

ji.lo.ei.ro *s.m.* Planta hortense do grupo das solanáceas.

jin.gle *s.m. Ingl.* Anúncio musicado, em televisão ou rádio.

ji.rau *s.m.* Estrado de váras sobre forquilhas cravadas no chão; armação de madeira.

jiu-jit.su *s.m.* Luta desportiva, de origem japonesa, em que os contendores procuram mobilizar um ao outro, ou derrubar o oponente, aplicando-lhes golpes.

jo.a.lhei.ro *s.m.* O que faz ou trata de joias.

jo.a.lhe.ri.a *s.f.* A profissão ou arte de joalheiro; loja do joalheiro.

jo.a.ne.te *s.m.* Nome da vela superior da gávea. *Anat.* Proeminência da articulação do dedo grande do pé com o metatarso.

jo.a.ni.nha *s.f.* Besourinho redondo e colorido.

jo.a.ni.no *adj.* Que diz respeito a João ou Joana ou São João.

jo.ão-de-bar.ro *s.m.* Ave brasileira cujo ninho é de barro.

jo.ão-nin.guém *s.m.* Indivíduo sem importância.

jo.ça *s.f.* Coisa ordinária ou complicada.

jo.co.so *adj.* Alegre; cômico.

jo.ei.ra *s.f.* Peneira grande; crivo; ciranda.

jo.e.lha.da *s.f.* Pancada com o joelho.

jo.e.lho *s.m.* Parte anterior da articulação da perna com a coxa.

jo.ga.da *s.f.* Ato de jogar, lance de jogo.

jo.ga.dor *adj. e s.m.* Que, ou aquele que joga.

jo.gar *v.t.d.* Dar-se ao jogo; arremessar com perícia.

jo.ga.ti.na *s.f.* O vício do jogo.

jo.go *s.m.* Exercício recreativo com cartas etc.; folguedo; coleção e coisas emparelhadas.

jo.gral *s.m.* Texto declamado por coro; esse coro.

jo.gue.te *s.m.* Objeto de zombaria ou troça.

joi.a *s.f.* Adorno precioso de ouro, prata etc.

joi.o *s.m.* Gramínea que cresce no meio do trigo e o sufoca.

jô.nios *s.m.pl.* Povos gregos que habitavam a Jônia, berço da filosofia materialista.

jó.quei *s.m.* Aquele que profissionalmente monta cavalos, nas corridas.

jor.na.da *s.f.* Caminho, marcha que se faz em um dia.

jor.nal *s.m.* A paga por dia de serviço, salário; periódico de notícias.

jor.na.le.co *s.m.* Jornal insignificante ou redigido de forma imperfeita.

jor.na.lei.ro *s.m.* O que trabalha por jornal; aquele que vende ou entrega jornais.

jor.na.lis.mo *s.m.* Profissão de jornalista; imprensa periódica.

jor.na.lis.ta *s.2gên.* Pessoa que dirige ou redige um jornal.

jor.rar *v.t.d.* Rebentar, sair impetuosamente; esguichar.

jor.ro *s.m.* Saída impetuosa de um líquido; jato.

jo.ta *s.m.* Décima letra do alfabeto português; nome da letra J.

jo.vem *adj.2gên. e s.2gên.* Moço; novo.

jo.vi.al *adj.2gên.* Alegre; brincalhão.

jo.vi.a.li.da.de *s.f.* O ser jovial; alegria; bom humor.

ju.ba *s.f.* A crina do leão.

ju.bi.la.ção *s.f.* Ato ou efeito de jubilar-se; aposentadoria de professor; desligamento de um aluno da faculdade.

ju.bi.lar *v.t.d.* Encher de júbilo; alegrar muito; *v.pron.* encher-se de júbilo; aposentar-se. (Antôn.: *entristecer*.)

ju.bi.leu *s.m.* Quinquagésimo aniversário de exercício de uma função, de matrimônio etc.; aniversário solene.

jú.bi.lo *s.m.* Alegria viva, causada por sucesso; regozijo.

ju.con.do *adj.* Alegre; aprazível.

ju.dai.co *adj.* Que diz respeito aos judeus.

ju.da.ís.mo *s.m.* Costumes e religião dos judeus.

ju.das *s.m.2n.* Boneco que se costuma queimar no Sábado de Aleluia e que representa o apóstolo que traiu Cristo. *Fig.* Traidor; amigo falso.

ju.deu *adj. e s.m.* O que professa a lei judaica; referente aos judeus, ou à Judeia; oriundo da Judeia; hebreu.

ju.di.a *s.f.* Feminino de *judeu*; determinado peixe; capa curta e enfeitada.

ju.di.ar *v.t.d.* Maltratar.

ju.di.a.ri.a *s.f.* Maus-tratos; judiação; maldade.

ju.di.can.te *adj.2gên.* Que julga ou exerce as funções de juiz.

ju.di.ca.tó.rio *adj.* Próprio para julgar; relativo a julgamento.

ju.di.ci.al *adj.* Que diz respeito à Justiça ou aos juízes ou ainda aos tribunais.

ju.di.ci.á.rio *adj.* De juiz; concernente ao juiz.

ju.di.ci.o.so *adj.* Que julga com acerto; criterioso.

ju.go *s.m.* Canga de bois. *Fig.* Opressão.

ju.gu.lar *v.t.d.* Debelar; dominar; decapitar.

ju.iz *s.m.* O que tem autoridade para julgar e fazer cumprir a lei; árbitro.

ju.í.za *s.f.* A devota presidente de uma irmandade; aquela que julga.

ju.í.zo *s.m.* Pronunciação intelectual da conveniência ou não de duas ideias; ato de julgar; parecer.

jul.ga.do *s.m.* Sentenciado; que se julgou.

jul.ga.men.to *s.m.* Ação de julgar; sentença do juiz; decisão; acepilhada.

jul.gar *v.t.d.* Formar juízo; sentenciar; opinar.

ju.lho *s.m.* Sétimo mês do ano civil (com 31 dias).

ju.men.to *s.m.* Burro, asno.

jun.ção *s.f.* Ação de juntar; ponto em que duas ou mais coisas se reunem; união.

jun.car *v.t.d.* Cobrir; encher.

jun.co¹ *s.m.* Planta delgada e flexível, que vegeta em terreno úmido; bengala de junco; chibata.

jun.co² *s.m.* Embarcação oriental de pequeno porte.

jun.gir *v.t.d.* Unir; ligar; atar.

jú.nior *adj.* Mais moço; concorrente mais moço em um esporte.

jun.ta *s.f.* Articulação dos ossos; par ou parelha de bois; reunião; comissão.

jun.ta.da *s.f. Jur.* Ato de juntar ou anexar (peça, em um processo); termo de junção em processo forense.

jun.tar *v.t.d.* Ajuntar; unir, reunir; colher; *v.pron.* emparelhar-se. (Antôn.: *separar, dividir*.)

jun.to *adj.* Unido; muito próximo; incluído; *adv.* aproximadamente.

jú.pi.ter *s.m.* Planeta que gira entre Marte e Saturno; o pai dos deuses, na mitologia romana.

ju.ra.do *adj.* Declarado solenemente; *s.m.* cada um dos componentes do tribunal do júri. *Bras.* Ameaçado.

ju.ra.men.tar *v.t.d. e pron.* Obrigar por juramento.

ju.ra.men.to *s.m.* Promessa solene em que se toma por testemunha algum sentimento sagrado; ação de jurar.

ju.rar *v.t.d. e i.* Declarar sob juramento; prometer formalmente.

jú.ri *s.m.* Conjunto dos que no tribunal julgam de fato uma causa.

ju.rí.di.co *adj.* Relativo ao Direito; legal; lícito.

ju.ris.con.sul.to *s.m.* Profissional perito em Direito e que emite pareceres sobre questões jurídicas.

ju.ris.di.ção *s.f.* Poder legal de julgar causas e aplicar as leis; vara; foro.

ju.ris.pru.dên.cia *s.f.* Ciência do Direito e das leis.

ju.ris.ta *s.2gên.* Jurisconsulto; pessoa que empresta dinheiro a juros.

ju.ro *s.m.* Prêmio de dinheiro emprestado.

ju.ru.ru *adj.2gên.* Triste; abatido; melancólico.

jus *s.m.* Direito; justiça.

ju.san.te *s.f.* Vazante.

jus.ta.flu.vi.al *adj.2gên.* Que está próximo ao rio; ribeirinho.

jus.ta.por *v.t.d. e i.* Pôr próximo; colocar contínuo; *v.pron.* juntar-se.

jus.ta.po.si.ção *s.f.* Colocação de uma coisa ao lado de outra; aposição.

jus.te.za *s.f.* Precisão; certeza.

jus.ti.ça *s.f.* Execução do que exige o direito natural ou positivo; acato ao direito; direito de premiar ou castigar, segundo o direito; alçada; as autoridades judiciais.

jus.ti.cei.ro *adj.* Que executa com justiça; propenso a castigar, rigoroso; severo.

jus.ti.fi.ca.ção *s.f.* Ato ou resultado de justificar; prova judicial; reabilitação.

jus.ti.fi.car *v.t.d.* Descarregar da culpa; provar a verdade; reabilitar; *v.pron.* provar a sua inocência.

jus.ti.fi.ca.ti.va *s.f.* Prova da realidade de um fato ou da veracidade de uma proposição.

jus.ti.fi.cá.vel *adj.2gên.* Suscetível de se justificar; razoável.

jus.ti.lho *s.m.* Espartilho.

jus.to *adj.* Segundo a lei, a justiça, a equidade, a razão, o direito; reto; imparcial; apertado; *s.m.* homem cheio de virtudes, íntegro; inocente.

ju.ta *s.f.* Planta de fibras têxteis.

ju.ve.nil *s.2gên.* Relativo à juventude; moço; clube esportivo constituído de adolescentes.

ju.ven.tu.de *s.f.* Idade moça; mocidade.

k K

k *s.m.* Décima primeira letra do alfabeto português.
ka.ra.o.kê *s.m.* Em japonês, "espaço vazio"; casa onde qualquer cliente pode cantar acompanhado por músicos ou por gravações instrumentais.
kar.de.cis.mo *s.m. Bras.* Doutrina que se diz mais perfeita que o espiritismo ortodoxo; de Allan Kardec.
kar.de.cis.ta *adj.* Seguidor da doutrina de Allan Kardec; espírita.
kart (ingl.) *s.m.* Pequeno automóvel dotado de embreagem, sem carroceria, caixa de mudanças e suspensão.
kar.tó.dro.mo *s.m.* Lugar onde se realizam corridas de *kart*.
ket.chup (ingl.) *s.m.* Molho de tomate para sanduíche; *catchup*.
kit *s.m.* Jogo, conjunto de peças para certo serviço ou atividade; embalagem com diversos produtos vendidos conjuntamente.
kitsch *adj.* Diz-se de material artístico, literário, pequeno objeto de decoração etc. considerado de má qualidade, produzido com o propósito de atrair o gosto popular.
ki.wi (chin.) *s.m.* (O) Planta chinesa; fruto dessa planta, de casca parda e áspera, verde por dentro, com muitas sementes e de sabor agradável, levemente ácido.
know-how (ingl.) *s.m.* Em inglês, "saber como", expressão que designa os conhecimentos técnicos, culturais e administrativos; conhecimento prático.

1 L

l *s.m.* Décima segunda letra do alfabeto português.
la¹ *pron.* Flexão feminina de *lo*.
lá¹ *s.m.* Nota musical que segue o sol; sinal representativo dessa nota.
lá² *adv.* Naquele lugar; além.
lã *s.f.* O velo ou o pelo das ovelhas e de outros animais; tecido feito desses pelos.
la.ba.re.da *s.f.* Grande chama de fogo; ardência.
lá.ba.ro *s.m.* Bandeira; estandarte; pendão.
la.béu *s.m.* Nota infamante.
lá.bia *s.f.* Conversa sedutora.
la.bi.al *adj.* Referente aos lábios.
lá.bio *s.m.* Cada um dos dois segmentos vermelhos e carnudos que constituem o contorno da boca; beiço; borda.
la.bi.rin.to *s.m.* Edifício construído de forma complicada, cheio de passagens confusas e intrincadas que dificultam a saída; coisa confusa e complicada.
la.bor *s.m.* Trabalho.
la.bo.rar *v.t.d. e intr.* Trabalhar; lidar; labutar; funcionar.
la.bo.ra.tó.rio *s.m.* Oficina de química ou metalurgia; lugar onde se realizam estudos experimentais de qualquer ciência.
la.bo.ri.o.so *adj.* Amigo de trabalhar; trabalhoso; difícil.
la.bre.go *adj. e s.m.* Indivíduo rústico.
la.bu.ta *s.f.* Trabalho penoso; lida.
la.bu.tar *v.intr. e v.t.i.* Trabalhar penosamente; esforçar-se.
la.ca *s.f.* Resina vermelha extraída de certas sementes leguminosas.
la.ça.da *s.f.* Laço.
la.cai.o *s.m.* Criado; pajem de libré que acompanha o amo. *Fig.* Homem reles e indigno.
la.çar *v.t.d.* Apanhar com o laço.
la.ça.ra.da *s.f.* Conjunto de laços de enfeite.
la.ça.ri.a *s.f.* Fitas enlaçadas.
la.ça.ro.te *s.m.* Laço grande e vistoso.
la.ce.rar *v.t.d.* Rasgar; dilacerar.
la.ço *s.m.* Laçada; nó corredio que facilmente se desata.
la.cô.ni.co *adj.* Breve; resumido.
la.crai.a *s.f.* Centopeia.

la.crar *v.t.d.* Fechar com lacre.
la.crau *s.m.* O mesmo que *escorpião*.
la.cre *s.m.* Composição de goma-laca para fechar cartas, garrafas etc.
la.cri.mal *adj.2gên.* Relativo a lágrimas.
la.cri.me.jan.te *adj.2gên.* Que lacrimeja.
la.cri.me.jar *v.intr.* Choramingar.
lac.ta.ção *s.f.* Amamentação.
lac.tan.te *adj.2gên.* Que produz leite.
lac.tar *v.t.d.* Amamentar; *intr.* mamar.
lac.ten.te *adj. e s.2gên.* Que, ou o que ainda mama.
lac.tes.cen.te *adj.2gên.* Que tem aspecto de leite.
lac.ti.cí.nio *s.m.* Alimento feito com leite; tudo que se refere à indústria do leite. (Var.: *laticínio*.)
lac.to.se *s.f.* Açúcar do leite.
la.cu.na *s.f.* Espaço vazio; falta.
la.cus.tre *adj.* Referente a lago.
la.da.i.nha *s.f.* Prece em forma de invocação sucessiva; enumeração extensa e enfadonha.
la.de.ar *v.t.d.* Acompanhar ao lado; contornar.
la.dei.ra *s.f.* Inclinação de terreno; subida.
la.di.no *adj.* Astuto; manhoso.
la.do *s.m.* A parte direita ou esquerda de qualquer corpo ou objeto; qualquer das superfícies de um corpo quando este tem mais de uma face; superfície de um corpo; direção; facção.
la.dra *adj.* Diz-se da mulher que furta.
la.dra.do *s.m.* Latido; ladrido; ladro.
la.drão *adj.* O que furta, rouba; *s.m.* assaltante; cano por onde se escoa a água excedente das banheiras, canalizações etc.
la.drar *v.intr.* Latir; gritar; perseguir com falsas acusações; *v.t.d.* proferir violentamente.
la.dri.lho *s.m.* Tijolo de barro cozido usado para revestir pisos e paredes; gatuno.
la.dro.a.gem *s.f.* Qualidade de ladrão; furto; roubo.
la.dro.ei.ra *s.f.* Ação de roubar; furto.
la.ga.mar *s.m.* Cava no fundo do mar; baía.
la.gar.ta *s.f.* Larva de inseto; lagartixa.
la.gar.ti.xa *s.f.* Pequeno lagarto. *Bras.* Mulher magra e metida.
la.gar.to *s.m.* Réptil lacertílio; certa parte da carne de vaca vendida nos açougues.
la.go *s.m.* Extensão de água cercada de terra.

la.go.a *s.f.* Lago de pequeno tamanho.
la.gos.ta *s.f.* Crustáceo macruro.
lá.gri.ma *s.f.* Gota de humor expélida do olho sob causa física ou moral; pingo.
la.gu.na *s.f.* Trecho de mar de pouca profundidade entre ilhas ou bancos de areia baixada inundada à margem de um rio.
lai.a *s.f.* Espécie; qualidade.
lai.cal *adj.* Leigo.
lai.cis.mo *s.m.* Qualidade de laico; doutrina que proclama a laicidade absoluta do Estado.
lai.co *adj.* Leigo; secular.
lai.vo *s.m.* Mancha. *Fig.* Vestígio.
la.je *s.f.* Placa usada em revestimento; pavimento.
la.je.a.do *s.m.* Piso revestido de lajes; lajedo; arroio ou ribeirão cujo leito é de pedra.
la.je.ar *v.t.d.* Calçar ou revestir com lajes; assentar lajes em; *v.pron.* cobrir-se de lajes.
la.jo.ta *s.f.* Pequena laje.
la.ma *s.f.* Terra ensopada em água; barro; lodo.
la.ma.ção *s.m.* Lugar cheio de lama.
la.ma.cen.to *adj.* Lodoso; coberto de lama.
lam.ba.da *s.f.* Pancada com pau. *Fig.* Repreenda; gole de bebida alcoólica; dança sensual.
lam.ban.ça *s.f.* Aquilo que se lambe; barulho; intriga.
lam.ba.ri *s.m.* Pequeno peixe muito comum nos rios brasileiros.
lam.ber *v.t.d.* Passar a língua sobre; adular; *v.pron.* deliciar-se.
lam.bi.da *s.f.* Ato de lamber. *Fig.* Lisonja.
lam.bis.car *v.t.d.* e *intr.* Comer pouco.
lam.bis.goi.a *s.f.* Mulher intrometida; pessoa desenxabida.
lam.bu.jem *s.f.* Ação de comer guloseima; guloseima.
lam.bu.zar *v.t.d.* Empocalhar; engordurar.
la.me.cha *adj.* e *s.m.* (Homem) totalmente apaixonado.
la.me.la *s.f.* Lâmina ou placa muito delgada.
la.men.ta.ção *s.f.* Queixa; canto triste; lástima.
la.men.tar *v.t.d.* Deplorar; prantear; chorar gritando; *v.pron.* queixar-se.
la.men.tá.vel *adj.2gên.* Que é digno de se lamentar; digno de dó; lastimoso.
la.men.to *s.m.* Pranto forte; choro; lástima; lamentação.
lâ.mi.na *s.f.* Chapa; tira; lasca; folha de instrumento cortante.
la.mi.na.ção *s.f.* Ato ou efeito de laminar.
la.mi.na.dor *adj.* e *s.m.* Que ou o que lamina; instrumento ou engenho de laminar.
la.mi.nar *v.t.d.* Fazer em lâminas; chapear.
la.mi.ré *s.m.* Diapasão.
lâm.pa.da *s.f.* Qualquer objeto destinado a iluminar.
lam.pa.ri.na *s.f.* Pequena lâmpada.
lam.pei.ro *adj.* Tiro; atiro; ágil; lesto.
lam.pe.jar *v.intr.* Lançar faíscas; brilhar à semelhança de relâmpago; cintilar.
lam.pe.jo *s.m.* Brilho momentâneo; clarão.
lam.pi.ão[1] *s.m.* Clarão; faísca.
lam.pi.ão[2] *s.m.* Tipo de lanterna grande portátil ou fixa para alumiar.
la.mú.ria *s.f.* Lamentação.
la.mu.ri.ar *v.t.d.* Prantear; *v.intr.* lastimar-se.
lan.ça *s.f.* Haste de madeira provida em uma das extremidades de uma lâmina cortante ou de um ferro pontiagudo; varal de coche.
lan.ça.dor *s.m.* e *adj.* Que lança; pessoa que lança ou oferece lanços em leilões.
lan.ça.men.to *s.m.* Ação de lançar, escrituração em livro comercial.
lan.ça-per.fu.me *s.m. Bras.* Bisnaga com éter perfumado usada nas festas de carnaval.
lan.çar *v.t.d.* Arremessar; atirar com força; afastar para longe. *Fig.* Fazer nascer certos sentimentos; gerar; causar; espalhar; disseminar; declarar; fazer lançamento de; *v.t.d.* e *i.* oferecer como lanço em leilão; *v.intr.* arremessar-se.
lan.ce *s.m.* Ação ou resultado de lançar; ímpeto.
lan.ce.ar *v.t.d.* Golpear, ferir com lança. *Fig.* afligir.
lan.cei.ro *s.m.* Soldado armado de lança; fabricante de lanças.
lan.ce.ta *s.f. Cir.* Instrumento com dois gumes.
lan.cha *s.f.* Embarcação pequena provida de motor; pequena barca de pesca. *Fig.* Pé grande.
lan.che *s.m.* Pequena refeição entre o almoço e o jantar; merenda.
lan.ci.nar *v.t.d.* Golpear; pungir; torturar.
lan.gor *s.m.* Languidez; moleza; prostração.
lan.gues.cer *v.intr.* Debilitar-se.
lan.gui.dez *s.f.* Condição de lânguido; frouxidão.
lân.gui.do *adj.* Debilitado; enfraquecido.
la.nhar *v.t.d.* Ferir; maltratar; mortificar.
lan.ter.na *s.f.* Pequena lâmpada que se acende por meio de pilhas; farolete.
lan.ter.na.gem *s.m.* Funilaria de automóveis.
la.pa *s.f.* Caverna na encosta de monte; gruta; pedra; laje.
la.pa.ro *s.m.* Coelho novo.
la.pe.la *s.f.* Parte virada para fora que guarnece os quartos dianteiros e superiores de um paletó ou casaco.
la.pi.da.ção *s.f.* Ação de lapidar; polimento. *Fig.* Educação; aperfeiçoamento.
la.pi.dar *v.t.d.* Apedrejar; talhar; polir; educar; *adj.* artístico.
lá.pi.de *s.f.* Pedra com inscrições gravadas; laje tumular.

lá.pis *s.m.2n.* Estilete de grafia envolvido em madeira de forma cilíndrica para riscar, escrever ou desenhar.
la.pi.sei.ra *s.f.* Caneta para lápis.
lap.so *s.m.* Decurso de tempo; descuido; esquecimento.
la.quê *s.m.* Produto com que se vaporizam os cabelos para fixar o penteado.
lar *s.m.* A parte da cozinha onde se acende o fogo. *Fig.* A casa; pátria; família.
la.ran.ja *s.f.* Fruto comestível. *Fig.* Pessoa ingênua ou sem importância; *adj.* da cor da laranja.
la.ran.ja.da *s.f.* Bebida feita com suco de laranja, água e açúcar.
la.ran.jei.ra *s.f.* Árvore produtiva de laranjas, da família das Rutáceas.
la.rá.pio *s.m.* Ratoeiro; ladrão.
lar.do *s.m.* Toicinho, sobretudo em pedaços.
la.rei.ra *s.f.* Lugar onde se acende o fogo; lar.
lar.ga *s.f.* Ação de largar; liberdade; folga.
lar.ga.da *s.f.* Ato de largar; partida.
lar.ga.do *adj.* Que se largou; solto; desprezado. *Fig.* Vagabundo.
lar.go *adj.* Que tem grande extensão transversal; amplo; vasto; *s.m.* praça.
lar.gu.ra *s.f.* Extensão de uma coisa considerada de um lado a outro por oposição ao comprimento.
la.rin.ge *s.f.* e *m. Anat.* Parte superior da traqueia, que serve à fonação.
la.rin.gi.te *s.f.* Processo inflamatório da laringe.
lar.va *s.f.* Estado primeiro dos insetos, após a saída do ovo.
lar.val *adj.2gên.* Referente à larva.
la.sa.nha *s.f.* Fitas largas de massa de farinha de trigo, para sopa ou forno.
las.ca *s.f.* Pequeno pedaço de madeira.
las.ca.do *adj.* Quebrado em lascas; fendido; rachado.
las.car *v.t.d.* Quebrar em lascas.
las.cí.via *s.f.* O mesmo que *luxúria*; libidinagem; sensualidade.
las.ci.vo *adj.* Obsceno; libidinoso; sensual.
la.ser (ingl.) *s.m.* Fonte luminosa para produção de um feixe muito condensado de luz acromática de grande intensidade.
las.si.dão *s.f.* Qualidade de lasso; fadiga; tédio; diz-se também *lassitude*.
las.so *adj.* Cansado; gasto; frouxo.
lás.ti.ma *s.f.* Dó; pena; miséria; desgraça.
las.ti.má.vel *adj.2gên.* Que inspira dó; deplorável.
las.tro *s.m.* Peso colocado no fundo do navio para que ele se equilibre sobre a água; porção de ouro que assegura a circulação fiduciária do papel-moeda.
la.ta *s.f.* Folha de ferro, estanhada; caixa de folha fechada. *Pop.* Cara; rosto.

la.ta.gão *s.m.* Homem alto e forte.
la.tão *s.m.* Liga de cobre ou zinco.
lá.te.go *s.m.* Açoite de corda ou de correia.
la.te.jar *v.intr.* Palpitar; pulsar.
la.ten.te *adj.2gên.* Oculto; dissimulado. *Fig.* Disfarçado.
la.te.ral *adj.* Situado ao lado; do lado; transversal.
lá.tex *s.m.* Suco leitoso de certos vegetais; diz-se também *látice*.
la.ti.bu.lo *s.m.* Esconderijo.
la.ti.do *s.m.* A voz do cão.
la.ti.fun.di.á.rio *s.m.* Proprietário de latifúndio.
la.ti.fún.dio *s.m.* Propriedade rural de grande extensão.
la.tim *s.m.* Idioma do antigo Lácio e falado pelos romanos.
la.ti.ni.da.de *s.f.* A língua latina; literatura latina; os povos latinos; natureza latina.
la.ti.ni.za.ção *s.f.* Ação ou resultado de latinizar.
la.ti.no *adj.* Referente ao latim ou aos povos latinos; falado ou escrito em latim; *s.m.* indivíduo pertencente à raça latina; romano.
la.tir *v.intr.* Ladrar; ganir; soltar latidos; palpitar.
la.ti.tu.de *s.f.* Distância de um ponto ao Equador, medida em graus; clima. *Fig.* Amplitude.
la.to *adj.* Largo; amplo.
la.tri.a *s.f.* Adoração devida a Deus; adoração; culto.
la.tri.na *s.f.* Secreta; privada.
la.tro.cí.nio *s.m.* Roubo com violência ou morte.
lau.da *s.f.* Página de livro; cada face de uma folha de papel.
lau.da.tó.rio *adj.* Que exprime elogio.
lau.do *s.m.* Opinião do louvado; parecer do juiz, do médico etc.
láu.rea *s.f.* Coroa de louros; prêmio.
lau.re.ar *v.t.d.* Coroar ou cingir de louros; premiar. *Fig.* Adornar.
láu.reo *adj.* De ou relativo a louro.
lau.to *adj.* Abundante; suntuoso; copioso.
la.va *s.f.* Matéria em fusão que sai dos vulcões.
la.va.da *s.f.* Derrota contundente; surra; repreensão.
la.va.dei.ra *s.f.* Mulher que lava roupa.
la.va.gem *s.f.* Ação de lavar; comida para os porcos.
la.van.de.ri.a *s.f.* Oficina de lavar e passar roupa; departamento dos hospitais, hotéis, etc. onde são lavadas as roupas.
la.va-pés *s.m.2n.* Solenidade que se celebra na Quinta-feira Santa em que se comemora o fato de Jesus ter lavado os pés dos discípulos.
la.var *v.t.d.* Limpar com água; remover as impurezas com água. *Fig.* Purificar; regar; *v.pron.* banhar-se.
la.va.tó.rio *s.m.* Utensílio em que se lava o rosto, as mãos etc. *Fig.* Purificação.

la.vou.ra *s.f.* Cultura; agricultura; a terra cultivada.

la.vra *s.f.* Ação ou efeito de lavrar; terreno do qual se extrai ouro ou diamante.

la.vra.dor *s.m.* Homem que se ocupa da lavoura; agricultor.

la.vrar *v.t.d.* Abrir sulcos em, com o arado ou charrua; cultivar; plantar; explorar; escrever (atas, registros etc.); *v.pron.* grassar; desenvolver-se.

la.xan.te *adj.* Que laxa ou afrouxa; *s.m.* purgante leve.

la.xar *v.t.d.* Afrouxar; relaxar.

la.xo *adj.* Frouxo; solto; lasso.

la.za.ren.to *adj.* Leproso; chaguento.

lá.za.ro *s.m.* Leproso.

la.zei.ra *s.f.* Desgraça.

la.zer *s.m.* Ócio; folga.

lê *s.m.* Nome da undécima letra do nosso alfabeto, também denominada de *ele*.

le.al *adj.2gên.* Fiel; sincero; honesto.

le.al.da.de *s.f.* Fidelidade; sinceridade.

le.ão *s.m.* Quadrúpede carnívoro. *Fig.* Homem valente; constelação do Zodíaco.

le.bre *s.f.* Mamífero lagomorfo; constelação austral.

le.ci.o.nar *v.t.d.* Dar lições; ensinar; explicar.

le.ci.ti.na *s.f.* Substância fosforada que se encontra no cérebro e na medula dos animais.

le.do *adj.* Alegre; risonho.

le.ga.do *s.m.* Embaixador de um governo de outra nação; objeto ou quantia que se deixa em testamento.

le.gal *adj.* Que é conforme a lei.

le.ga.li.da.de *s.f.* Propriedade ou caráter do que é legal; conforme a lei.

le.ga.li.zar *v.t.d.* Fazer conforme a lei; validar; justificar.

le.gar *v.t.d.* e *i.* Deixar legado; transmitir por herança; *v.t.i.* enviar como legado.

le.ga.tá.rio *s.m.* Pessoa que recebe uma herança, um legado.

le.gen.da *s.f.* Texto curto que acompanha ilustração gráfica, filme etc.; letreiro; inscrição.

le.gen.dá.rio *adj.* Que diz respeito a legenda; de lenda tradicional; *s.m.* coletânea de vidas de santos.

le.gi.ão *s.f.* Corpo do antigo exército romano; corpo de qualquer exército. *Fig.* Multidão.

le.gi.o.ná.rio *adj.* e *s.m.* Referente a legião.

le.gis.la.ção *s.f.* Direito de fazer leis; ciência das leis.

le.gis.lar *v.intr.* Estabelecer, fazer leis.

le.gis.la.ti.vo *adj.* Referente ao poder de legislar; o mesmo que *legislatório*; *s.m.* um dos três poderes da soberania estatal.

le.gis.la.tu.ra *s.f.* Espaço de tempo em que senadores, deputados e vereadores exercem os seus mandatos.

le.gis.ta *s.2gên.* Profundo conhecedor de leis; médico que procede a autópsia de cadáveres.

le.gí.ti.ma *s.f.* A herança de cada herdeiro; certa divisão das salinas.

le.gi.ti.mar *v.t.d.* Tornar legítimo para todos os efeitos da lei; reconhecer por legítimo; *v.pron.* mostrar-se hábil. (Antôn.: *infirmar*.)

le.gi.ti.mi.da.de *s.f.* Propriedade ou caráter de legítimo; retidão.

le.gí.ti.mo *adj.* Conforme as leis; que se baseia na razão, no direito ou na justiça; autêntico; diz-se do filho proveniente de matrimônio.

le.gí.vel *adj.* Que se pode ler; escrito com letras nítidas.

lé.gua *s.f.* Medida itinerária equivalente a 6.000 metros.

le.gu.me *s.m.* Grãos de vagem; toda verdura própria para comer.

le.gu.mi.no.sas *s.m.pl.* Família de plantas dicotiledônias, caracterizada pela frutificação da vagem.

lei *s.f.* Norma prescrita por autoridade soberana; regra; conjunto dessas regras.

lei.cen.ço *s.m.* Furúnculo; tumor.

lei.go *adj.* e *s.m.* O que não tem ordens sacras; laical. *Fig.* Estranho a um assunto.

lei.lão *s.m.* Venda pública e pregões de objetos que são arrematados a quem dá maior lance.

lei.lo.ei.ro *s.m.* Aquele que organiza leilões.

lei.ra *s.f.* Pequena extensão de terra cultivável.

lei.tão *s.m.* Porquinho que ainda mama.

lei.te *s.m.* Líquido branco que se forma nas glândulas mamárias dos mamíferos; o sumo de certas plantas.

lei.tei.ro *adj.* Produtor de leite; *s.m.* homem que vende leite; tipo de peixe de água doce.

lei.to *s.m.* Armação que sustenta o estrado e o colchão da cama.

lei.tor *s.m.* Pessoa que lê.

lei.to.so *adj.* Lactescente; que tem a cor ou consistência do leite.

lei.tu.ra *s.f.* Ação de ler; arte ou hábito de ler.

le.i.va *s.f.* Terra lavrada; gleba; sulco do arado.

le.ma *s.m.* Proposição preliminar que permite a demonstração de outra. *Fig.* Sentença; dístico; divisa; norma.

lem.bra.do *adj.* Que se lembrou; memorável.

lem.bran.ça *s.f.* Tudo o que é objeto de memória; recordação; presente.

lem.brar *v.t.d.* Trazer à lembrança de alguém; recordar; *v.t.d.* e *i.* notar; *v.t.i.* ocorrer à memória; *v.pron.* recordar-se. (Antôn.: *esquecer*.)

LEMBRETE — LEVIANO

lem.bre.te *s.m.* Apontamento breve para fazer lembrar; nota. *Fig.* Repreenda.

le.me *s.m.* Peça com que se dá direção ao navio. *Fig.* Governo; direção.

lê.mu.res *s.m.pl.* Família de primatas, cujo focinho é semelhante ao do cão.

len.ço *s.m.* Tecido em forma quadrada para assoar o nariz, limpar o rosto etc.; tecido de forma quadrangular usado pelas mulheres para abrigar a cabeça.

len.çol *s.m.* Pano grande de linho ou algodão geralmente branco para cobrir o leito.

len.da *s.f.* Tradição sobre algum santo ou herói; conto.

len.dá.rio *adj.* Que tem o caráter de lenda; tradicional.

lên.dea *s.f.* Ovo de piolho.

le.ne *adj.2gên.* Brando; suave.

le.nha *s.f.* Madeira para queimar.

le.nha.dor *s.m.* Cortador ou rachador da lenha; lenheiro.

le.nho.so *adj.* De lenha; que tem a consistência de madeira.

le.ni.men.to *s.m.* Ação ou efeito de lenir; remédio que mitiga dores.

le.nir *v.t.d.* Abrandar; suavizar.

le.ni.ti.vo *s.m.* Alívio; consolação; coisa que suaviza.

len.te *adj.2gên.* Que lê; *s.2gên.* professor de faculdades; *s.f.* disco de vidro que refrange os raios luminosos.

len.te.jou.la *s.f.* Rodelinhas metálicas para ornato de vestidos. (Var.: *lantejoula*.)

len.ti.dão *s.f.* Vagar; moleza.

len.ti.lha *s.f.* Planta leguminosa de valor alimentício; vidro ótico; nódua; sarda.

len.to *adj.* Lerdo; vagaroso.

le.o.a *s.f.* Fêmea do leão; mulher de mau gênio.

le.o.ni.no *adj.* Referente a leão; próprio desse animal.

le.o.par.do *s.m.* Mamífero quadrúpede.

lé.pi.do *adj.* Risonho; jovial; alegre; ligeiro.

le.pi.dóp.te.ros *s.m.pl.* Insetos providos de quatro asas membranosas revestidas de escamas e aparelho bucal sugador.

le.pra *s.f.* Moléstia (hoje se diz *hanseníase*) sintomatizada pela presença de pústulas e escamas que cobrem o corpo do enfermo, causada pelo bacilo de Hansen.

le.pro.so *s.m.* e *adj.* Atacado de lepra. *Fig.* Nojento.

le.que *s.m.* Espécie de abano de papel, seda etc., com que se agita o ar.

ler *v.t.d.* Pronunciar ou entender o que está escrito; *v.intr.* interpretar o que está escrito.

ler.de.za *s.f.* Ter movimentos lentos e tardios.

ler.do *adj.* Lento; vagaroso; estúpido.

le.rei.a *s.f.* Conversa sem interesse; lábia.

le.sa.do *adj.* Ofendido; prejudicado; ferido.

le.são *s.f.* Ação ou resultado de lesar. *Med.* Alteração de um órgão ou função.

le.sar *v.t.d.* Causar lesão; machucar.

les.bi.a.nis.mo *s.m.* Amor de mulher por mulher; safismo.

lés.bi.ca *adj.* e *s.f.* Homossexual.

lés.bi.co *adj.* Que diz respeito à ilha de Lesbos (Grécia); *s.m.* natural dessa ilha.

le.si.o.nar *v.t.d.* Causar ou sofrer lesão; ferir.

les.ma *s.f.* Espécie de caracol sem concha. *Fig.* Pessoa lerda.

le.so *adj.* Ofendido; lesado; ferido.

les.te *s.m.* O mesmo que *este*; nascente; oriente; vento que sopra do nascente.

les.to *adj.* Ágil; rápido.

le.tal *adj.2gên.* Mortal; que causa a morte.

le.tar.gi.a *s.f. Med.* Estado mórbido caracterizado por entorpecimento, esquecimento e sono. *Fig.* Apatia.

le.ti.vo *adj.* Escolar; em que há lições.

le.tra *s.f.* Cada um dos caracteres do alfabeto, designando um som; vogal ou consoante; poesia metida em música.

le.tra.do *adj.* e *s.m.* Homem que sabe letras; literato.

le.trei.ro *s.m.* Inscrição; rótulo; legenda.

léu *s.m.* Vagar, ensejo.

leu.ce.mi.a *s.f.* Enfermidade também conhecida por câncer do sangue, caracterizada pelo aumento de glóbulos brancos no sangue.

leu.có.ci.to *s.m. Anat.* O glóbulo branco do sangue.

le.va *s.f.* Recrutamento; grupo.

le.va.di.ço *adj.* Que facilmente pode ser levantado ou baixado; movediço.

le.va.di.o *adj.* Diz-se de telhado de telhas soltas.

le.va.do *adj.* Traquinas.

le.va-e-traz *s.2gên.* e *2n. Bras.* Mexeriqueiro; intrigante.

le.van.ta.do *adj.* Posto de pé; alto; nobre.

le.van.ta.men.to *s.m.* Ato de levantar; estatística.

le.van.tar *v.t.d.* Erguer, pôr ao alto; suspender; edificar; *v.pron.* sair da cama; erguer-se.

le.van.te *s.m.* Nascente; oriente; planta labiada, também chamada de hortelã.

le.var *v.t.d.* Conduzir; transportar; tirar; *v.intr.* deixar-se dominar. (Antôn.: *trazer*.)

le.ve *adj.2gên.* Que possui pouco peso; fácil.

lê.ve.do *s.m.* Fungo sacaromicetáceo, responsável pela fermentação alcoólica.

le.ve.du.ra *s.f.* O mesmo que *fermento*.

le.ve.za *s.f.* Ligeireza; pouco peso.

le.vi.an.da.de *s.f.* Leveza de ânimo; inconstância; ausência de prudência.

le.vi.a.no *adj.* Imprudente; precipitado.

le.vi.a.tã *s.m.* Monstro marinho; tudo que é monstruoso.

le.vi.ga.ção *s.f.* Ação de converter em pó uma substância empregando pórfiro.

le.vi.ta *s.m.* Sacerdote.

le.vi.ta.ção *s.f.* Ato de levantar um corpo pela ação do fluido humano.

le.vi.tar *v.pron.* Elevar-se (alguém ou alguma coisa) do solo sem que haja nada visível a sustentá-lo ou suspendê-lo.

le.xi.cal *adj.2gên.* Que diz respeito ao léxico ou às palavras de um idioma.

lé.xi.co *s.m.* Dicionário dos vocábulos usados por um autor; diz-se também *léxicon*.

le.xi.co.gra.fi.a *s.f.* Ciência ou técnica da elaboração de dicionários.

le.xi.co.lo.gi.a *s.f.* Estudo das palavras; morfologia.

le.zí.ria *s.f.* Terra alagadiça às margens de um rio.

lha.ma *s.m.* Ruminante da família dos camelídeos, que vive no Peru; diz-se também *lama*.

lha.no *adj.* Sincero; simples.

lhe *pron.pess.obl.* A ele; a ela; a si.

lho Junção do pron. pes. *lhe* com o pron. pes. ou dem. *o*.

li.a.me *s.m.* O que sujeita uma coisa a outra; ligação; laço.

li.be.lo *s.m.* Livro pequeno; escrito acusatório.

li.bé.lu.la *s.f.* Inseto de asas longas, corpo estreito e voo veloz.

li.be.ra.ção *s.f.* Quitação de dívida; consentimento.

li.be.ral *adj.2gên.* Generoso; franco; que é pela liberdade política e civil; *s.m.* partidário dessas liberdades.

li.be.ra.li.da.de *s.f.* Generosidade.

li.be.ra.lis.mo *s.m.* O sistema, o conjunto das ideias liberais.

li.be.ra.li.zar *v.t.d.* Dar com liberdade.

li.be.rar *v.t.d.* Fazer livre; desobrigar.

li.ber.da.de *s.f.* Faculdade de agir ou de deixar de agir; estado livre; independência; licença; permissão.

li.ber.ta.ção *s.f.* Ação de libertar, ou de se libertar.

li.ber.tar *v.t.d.* Tornar livre; desobstruir; *v.pron.* desobrigar-se.

li.ber.tá.rio *adj.* Partidário da liberdade absoluta; anarquista.

li.ber.ti.na.gem *s.f.* Devassidão.

li.ber.ti.no *adj.* Devasso; desregrado.

li.ber.to *adj.* Escravo que passou à condição de livre; *s.m.* solto; salvo.

li.bi.di.no.so *s.m.* e *adj.* Impudico; desonesto; sensual.

li.bi.do *s.f.* Faculdade pela qual o instinto sexual se expressa, a fim de perpetuar a espécie.

li.bra *s.f.* Medida de capacidade, equivalente a 460 gramas aproximadamente; diz-se também *arrátel*; moeda de ouro inglesa; unidade monetária da Inglaterra; signo do Zodíaco.

li.bre.to *s.m.* A letra de uma ópera; texto dramático para ser musicado.

li.ça *s.f.* Lugar de lutas ou torneio; combate.

li.can.tro.pi.a *s.f.* Enfermidade mental que leva o doente a crer que se transformou em lobo; licomania.

li.ção *s.f.* Instrução dada ou recebida; exposição didática de qualquer matéria feita pelo mestre aos alunos; explicação. *Fig.* Castigo.

li.cei.da.de *s.f.* Qualidade de lícito; licitude.

li.cen.ça *s.f.* Consentimento; autorização.

li.cen.ci.ar *v.t.d.* Isentar do serviço temporariamente; conceder licença; *v.t.i.* permitir.

li.cen.ci.a.tu.ra *s.f.* Grau universitário para o exercício do ensino de 2º grau.

li.cen.ci.o.so *adj.* Desregrado; libertino.

li.ceu *s.m.* Estabelecimento de ensino secundário ou profissional.

li.ci.ta.ção *s.f.* Ação de licitar.

li.ci.tar *v.t.d.* Pôr em leilão ou concorrência pública.

li.ci.to *adj.* Permitido.

li.cor *s.m.* Bebida alcoólica muito doce; humor.

li.da *s.f.* Trabalho.

li.dar *v.t.d.* Lutar; conviver.

li.der *s.m.* Chefe; guia.

li.de.ran.ça *s.f.* Governo; chefia.

li.de.rar *v.t.d.* Governar ou dirigir como líder.

li.di.mo *adj.* Autêntico.

li.do *adj.* Que se leu; erudito.

li.ga *s.f.* Ligação; aliança; presilha para meias; sociedade.

li.ga.ção *s.f.* Ação ou efeito de ligar(-se); relação.

li.ga.du.ra *s.f.* Faixa que liga; atadura.

li.ga.men.to *s.m.* Vínculo; liga; toda parte fibrosa que liga as articulações.

li.gar *v.t.d.* Atar; prender; unir; *v.intr.* juntar-se; *v.t.i.* dar importância. (Antôn.: *soltar, desunir*.)

li.gei.ro *adj.* Veloz; desembaraçado.

lig.neo *adj.* De lenha.

li.lás *s.m.* Arbusto de flores violeta; a flor desse arbusto; que tem cor arroxeada.

li.ma¹ *s.f.* Instrumento de aço ou de ferro com asperezas, usado para polir e desbastar metais ou certos corpos duros.

li.ma² *s.f.* Fruto da limeira.

li.ma.lha *s.f.* Partícula do metal do processo de limagem.

li.mão *s.m.* O fruto do limoeiro.

li.mar *v.t.d.* Gastar; apurar.

lim.bo *s.m.* Orla; parte larga das folhas das plantas.

li.mi.ar *s.m.* Soleira da porta; entrada; início.

li.mi.nar *s.m.* O mesmo que *limiar*; preliminar.

li.mi.ta.ção *s.f.* Ação ou resultado de limitar; restrição.

li.mi.tar *v.t.d.* Fixar os limites de; demarcar; restringir; *v.t.i.* confirmar; *v.pron.* consistir somente em.

li.mi.te *s.m.* Ponto que marca a separação de dois espaços ou tempos; raia; extremo; fim.

li.mí.tro.fe *adj.2gên.* Confinante; contíguo à fronteira.

li.mo *s.m.* Alga de água doce. *Fig.* Lama; lodo.

li.mo.ei.ro *s.m.* Planta da família das rutáceas, de fruto ácido com inúmeras aplicações culinárias e medicinais.

li.mo.na.da *s.f.* Bebida refrigerante feita com suco de limão.

lim.par *v.t.d.* Tornar limpo; escovar; roubar; purificar; *v.intr.* desanuviar-se. (Antôn.: *sujar*.)

lim.pe.za *s.f.* Asseio; pureza; perfeição. *Fig.* Honradez.

lím.pi.do *adj.* Nítido; transparente.

lim.po *adj.* Sem mancha; asseado; lavado; honesto; sem dinheiro.

lin.ce *s.m.* Carnívoro também conhecido por lobo-cerval.

lin.cha.men.to *s.m.* Ação de linchar; assassínio de um criminoso pela multidão.

lin.char *v.t.d.* Justiçar e executar sumariamente.

lin.dar *v.t.d.* Demarcar; confirmar.

lin.de *s.m.* Limite; raia.

lin.de.za *s.f.* Graça; formosura; beleza.

lin.do *adj.* Belo; vistoso; elegante; bonito.

li.ne.ar *adj.2gên.* Referente a linhas; que se faz com linhas.

lin.fa *s.f. Anat.* Líquido que contém em suspensão glóbulos brancos e circula no organismo em vasos específicos chamados linfáticos.

lin.fá.ti.co *adj.* Relativo a linfa.

lin.fo.ma *s.m.* Tumor dos gânglios linfáticos.

lin.go.te *s.m.* Pequena barra de metal fundido.

lín.gua *s.f.* Órgão muscular longo e móvel situado na cavidade bucal; que é a sede principal do gosto e da fala; linguagem; idioma.

lin.gua.do *s.m. Ictiol.* Peixe da origem e ordem dos heterossômatos.

lin.gua.gem *s.f.* A língua falada por um povo; manifestação dos pensamentos por meio de sons articulados; língua; idioma.

lin.gua.jar *s.m.* Fala ou maneira de falar.

lin.gua.ru.do *adj.* Falador; tagarela; que não sabe guardar segredo.

lin.gue.ta *s.f.* Peça chata e movediça de pau ou metal; atadura.

lin.gui.ça *s.f.* Carne com gordura e temperos que se mete em tripa.

lin.guis.ta *s.2gên.* Aquele que possui amplos conhecimentos de linguística.

lin.guís.ti.ca *s.f.* Estudo dos fatos constitutivos da linguagem.

li.nha *s.f.* Fio de linha ou de outro tecido para trabalhos de costura; rumo; conjunto de graus de parentesco em uma família; serviço de transporte entre dois pontos; conexão telefônica.

li.nha.ça *s.f.* Semente do linho.

li.nha.gem *s.f.* Série de parentes de uma família; geração; genealogia.

li.nhi.ta *s.f.* Carvão fóssil.

li.nho *s.m.* Planta fibrosa, de que se faz tecidos finos.

li.ni.men.to *s.m.* Preparação untuosa para fazer massagens, fricções etc.

li.nó.leo *s.m.* Tecido plastificado com óleo de linhaça e cortiça em pó.

li.no.ti.po *s.f.* Máquina de compor que modela linhas inteiras de caracteres.

li.o.fi.li.za.ção *s.f.* Operação ou processo de secagem e de eliminação de substâncias voláteis.

li.poi.de *adj.2gên.* Semelhante à gordura.

li.po.ma *s.m.* Tumor por proliferação de células adiposas.

li.que.fa.ção *s.f.* Redução de um sólido a líquido; fusão.

li.que.fa.zer *v.t.d.* Reduzir a líquido; *v.pron.* dissolver-se.

li.que.fei.to *adj.* Referente ao gás que se converteu em líquido; derretido.

lí.quen *s.m.* Associação simbiótica entre fungos e algas.

li.ques.cer *v.intr.* Tornar-se líquido.

li.qui.da.ção *s.f.* Ação de liquidar; venda de mercadoria abaixo do preço vigente.

li.qui.dar *v.t.d.* Fixar; pagar as dívidas de uma casa comercial. *Fig.* Exterminar; *v.intr.* vender mercadorias a preço reduzido.

li.qui.dez *s.f.* Propriedade ou condição do que é líquido.

líqui.do *adj.* Que corre; dissolvido; isento de despesas ou de descontos; *s.m.* qualquer substância líquida.

li.ra *s.f.* Antiga moeda italiana; instrumento de cordas usado pelos antigos gregos. *Fig.* Inspiração poética; constelação do Norte.

li.ri.al *adj.2gên.* Branco ou puro como o lírio.

li.ri.ca *s.f.* O gênero lírico; coleção de poemas líricos.

lí.ri.co *adj.* Que diz respeito à lira (instrumento); referente à poesia romântica cheia de sentimentos apaixonados; pertencente à escola lírica; referente às operas.

lí.rio *s.m.* Planta liliácea, cujas flores são muito cheirosas; flor dessa planta.

li.ris.mo *s.m.* Poesia lírica; sentimentalismo.

lis *s.m.* Lírio (flor).

li.so *adj.* Plano; sem asperezas ou rugosidades. *Fig.* Sincero. *Gír.* Sem dinheiro.
li.son.je.ar *v.t.d.* Dirigir frases laudatórias a alguém; louvar afetadamente; *v.pron.* sentir prazer com as atenções que outrem lhe dispensa.
li.son.jei.ro *adj.* Que lisonjeia; adulador; satisfatório.
lis.ta *s.f.* Tira longa e fina; risca; listra; relação.
lis.tra *s.f.* O mesmo que *lista*; risco num tecido.
lis.tra.do *adj.* Que tem listras ou riscas.
li.su.ra *s.f.* Polidez; maciez. *Fig.* Decência; honestidade.
li.ta.ni.a *s.f.* Ladainha.
li.tei.ra *s.f.* Cadeirinha portátil carregada por dois homens ou dois animais.
li.te.ral *adj.* Sujeito à exatidão das palavras; rigoroso; restrito; literário.
li.te.rá.rio *adj.* Que diz respeito ou que é característico da literatura.
li.te.ra.to *s.m.* Versado em literatura; escritor que professa letras.
li.te.ra.tu.ra *s.f.* Arte de compor ou escrever trabalhos artísticos em prosa ou verso; coleção das obras literárias de um país ou de uma época.
lí.ti.co *adj.* Relativo à pedra.
li.ti.gar *v.t.d.* Pleitear, questionar em juízo.
li.tí.gio *s.m.* Questão; pendência; demanda.
li.ti.gi.o.so *adj.* Que pende em juízo; que envolve litígio.
li.to.gra.fi.a *s.f.* Processo de reproduzir desenhos ou escritos em pedra litografada; oficina de litógrafo.
li.to.gra.vu.ra *s.f.* Gravura litográfica.
li.toi.de *adj.2gên.* Semelhante à pedra.
li.to.lo.gi.a *s.f.* Ciência ou tratado sobre as pedras e as rochas.
li.to.ral *adj.2gên.* Relativo à beira-mar; *s.m.* terreno banhado pelo mar.
li.to.ri.na *s.f.* Vagão ou pequena composição de vagões, com motor próprio.
li.tos.fe.ra *s.f.* A parte sólida do globo terrestre.
li.tro *s.m.* Unidade das medidas de capacidade no sistema métrico decimal, equivalente a um decímetro cúbico.
li.tur.gi.a *s.f.* Ritual eclesiástico, incluindo os cantos.
li.túr.gi.co *adj.* Que diz respeito à liturgia.
lí.vi.do *adj.* Da cor do chumbo; muito pálido.
li.vrar *v.t.d.* Restituir a liberdade a; fazer livre; salvar, soltar; *v.pron.* defender-se.
li.vra.ri.a *s.f.* Loja de livros; coleção de livros dispostos em ordem; biblioteca.
li.vre *adj.* Que tem a faculdade de agir ou de não agir; independente; que não está subordinado a outrem; solteiro; diz-se do verso que dispensa rima ou metrificação.
li.vre-ar.bí.trio *s.m.* Vontade que se manifesta livremente.
li.vre.co *s.m.* Pequeno livro destituído de valor.
li.vre.-do.cen.te *adj.2gên.* e *s.2gên.* Professor universitário concursado.
li.vrei.ro *s.m.* Aquele que vende livros.
li.vre-pen.sa.dor *s.m.* Indivíduo que no campo religioso só admite o que está conforme com a sua maneira de pensar.
li.vres.co *adj.* Pertinente a livros, à indústria de livros; conhecimentos que se adquirem por meio de livros.
li.vro *s.m.* Coleção de folhas de papel impressas ou escritas, devidamente ordenadas e numeradas, formando um volume.
li.xa *s.f.* Papel com areia aglutinada para polir objetos; nome comum de diversos peixes do gênero esqualo.
li.xar *v.t.d.* Alisar com a lixa.
li.xei.ro *s.m.* Coletor de lixo.
li.xí.via *s.f.* Água em que se ferveu cinza, para lavar roupa.
li.xo *s.m.* O que se varre da casa; cisco; coisa imprestável.
lo.a *s.f.* Verso de louvor de santos; elogio.
lo.ba *s.f.* Fêmea do lobo; batina; meretriz.
lo.bi.so.mem *s.m.* Segundo a crendice popular, homem que se transforma em lobo.
lo.bo[1] *s.m.* Mamífero voraz do gênero canis. *Fig.* Homem malévolo.
lo.bo[2] *s.m. Anat.* Parte saliente de qualquer órgão. (Dimin.: *lóbulo*.)
lô.bre.go *adj.* Escuro e medonho.
lo.bri.gar *v.t.d.* Ver indistintamente; divisar.
ló.bu.lo *s.m.* Lobo pequeno; cada uma das divisões primárias de um lobo.
lo.ca.ção *s.f.* Aluguel; arrendamento.
lo.ca.dor *s.m.* Aquele que dá de aluguel ou arrendamento.
lo.cal *adj.2gên.* De um lugar; *s.m.* lugar; sítio ou ponto referente a um fato.
lo.ca.li.za.ção *s.f.* Ação ou resultado de localizar.
lo.ca.li.zar *v.t.d.* e *i.* Colocar em lugar determinado; determinar; *v.pron.* colocar-se.
lo.ção *s.f.* Operação de lavagem de substâncias insolúveis; ablução; líquido perfumado para o cabelo.
lo.car *v.t.d.* Dar de aluguel; alugar.
lo.ca.tá.rio *s.m.* Inquilino que toma de aluguel.
lo.co.mo.ção *s.f.* Ação ou resultado de locomover-se; movimento de um lugar para outro; mudança.
lo.co.mo.ti.va *s.f.* Máquina a vapor que serve de tração de carros nas estradas de ferro.
lo.co.mo.tor *adj.* Que faculta a locomoção.
lo.co.mo.ver-se *v.pron.* Passar de um lado para outro; transferir-se; mover-se.

lo.cu.ção *s.f.* Modo peculiar de falar; linguagem; frase.

lo.cu.ple.tar *v.t.d.* Enriquecer desonestamente; saciar.

lo.cu.tor *s.m.* Aquele que transmite anúncios, apresenta programas etc., nas estações de rádio e televisão; narrador; apresentador.

lo.cu.tó.rio *s.m.* Compartimento de convento ou prisão onde os recolhidos falam com os de fora.

lo.da.çal *s.m.* Atoleiro; pântano; lamaçal. *Fig.* Lugar imoral.

lo.do *s.m.* Lama; limo; terra enchardada e limosa. *Fig.* Baixeza.

lo.ga.rit.mo *s.m.* Número de uma progressão aritmética correspondente a outro tomado numa progressão geométrica.

ló.gi.ca *s.f.* Estudo das leis do raciocínio; coerência.

ló.gi.co *adj.* Concernente à lógica; que segue a lógica; racional; consequente.

lo.gis.ti.ca *s.f.* Transporte, disposição e suprimento de materiais.

lo.go *adv.* Sem tardança; de pronto; imediatamente; depois; *conj.* portanto.

lo.go.gri.fo *s.m.* Espécie de charada.

lo.gor.rei.a *s.f.* Hábito de falar demais.

lo.go.ti.po *s.m.* Matriz ou tipo formado de duas ou mais letras, numa só peça.

lo.gra.dou.ro *s.m.* Passeio público.

lo.grar *v.t.d.* Gozar; conseguir; enganar astuciosamente; *v.intr.* produzir o resultado esperado.

lo.gro *s.m.* Posse; gozo; lucro; fraude.

lo.ja *s.f.* Oficina ou armazém onde são postas à venda mercadorias diversas; casa de associação maçônica.

lo.jis.ta *s.m.* Que é dono de ou que trabalha em loja; comerciante.

lom.ba *s.f.* Crista; cume; ladeira; lombada.

lom.ba.da *s.f.* Lomba continuada; pancada nos lombos; encadernação sobre o dorso dos livros.

lom.bei.ra *s.f.* Moleza.

lom.bi.lho *s.m.* Tipo de arreio que substitui a sela ou selim.

lom.bo *s.m.* Carne sem osso tirada do espinhaço; a região lombar.

lom.bri.ga *s.f.* Verme intestinal, espécie de ascáridas; bicha.

lo.na *s.f.* Tecido forte de linho grosso ou cânhamo, usado na confecção de tendas etc.

lon.dri.no *adj.* Referente a Londres, capital da Inglaterra; *s.m.* oriundo de Londres.

lon.ga *s.f.* Valor da notação musical equivalente a duas breves ou quatro semibreves.

lon.ga-vi.da *s.f.* Embalagem longa-vida: que conserva o produto por mais tempo.

lon.ge *adj.* Remoto; distante; *adv.* a grande distância (no espaço ou no tempo).

lon.ge.vi.da.de *s.f.* Propriedade ou estado de longevo; longa duração de vida.

lon.ge.vo *adj.* Macróbio; velho; duradouro.

lon.gín.quo *adj.* Distante.

lon.gi.tu.de *s.f.* Arco do Equador, abrangendo desde o meridiano de um lugar qualquer até o meridiano convencionado; distância.

lon.gi.tu.di.nal *adj.* Referente ao comprimento.

lon.go *adj.* Comprido; demorado; *adv.* por muito tempo.

lon.tra *s.f.* Mamífero carnívoro e aquático, da família dos mustelídeos.

lo.quaz *adj.2gên.* Falador; tagarela.

lo.que.la *s.f.* Fala; linguajar; verbosidade.

lo.que.te *s.m.* Cadeado.

lor.de *s.m.* Título honorífico na Inglaterra.

lor.do.se *s.f.* Curvatura anormal, com convexidade para diante da coluna vertebral.

lo.ro *s.m.* Correia dupla que sustenta o estribo e é afivelada à sela.

lo.ro.ta *s.f.* Mentira; conversa fiada.

lo.ro.tei.ro *adj.* e *s.m.* Mentiroso; trapaceiro.

lor.pa *adj.2gên.* e *s.2gên.* Indivíduo imbecil; pateta.

lo.san.go *s.m. Geom.* Paralelogramo que possui os quatro lados iguais, formando dois ângulos agudos e dois obtusos.

lo.ta.ção *s.f.* Ação de lotar; valor; orçamento; *s.m.* carro de aluguel que transporta pessoas.

lo.tar *v.t.d.* Fixar; determinar número; dividir em lotes; sortear; *v.intr.* encher.

lo.te *s.m.* Quinhão; parcela; conjunto de objetos postos de casa vez em leilão; pequeno pedaço de terreno que se destina à agricultura ou a construções.

lo.te.a.men.to *s.m. Bras.* Ato de lotear.

lo.te.ri.a *s.f.* Jogo de azar em que são tirados à sorte prêmios em dinheiro, segundo os bilhetes cujos números foram sorteados.

lo.to *s.m.* Jogo de azar, também conhecido por *víspora*.

ló.tus *s.m.* O mesmo que *loto*.

lou.ça *s.f.* Toda sorte de vasos de barro ou porcelana; serviço de mesa; material usado na fabricação desses artefatos.

lou.ça.i.nha *s.f.* Enfeite.

lou.ção *adj.* Gracioso; elegante; garboso.

lou.co *adj.* Doido; maluco; apaixonado.

lou.cu.ra *s.f.* Falta de juízo; doidice; demência.

lou.ra *s.f.* Mulher cujos cabelos são loiros. *Fam.* Libra esterlina.

lou.rei.ro *s.m.* Árvore das lauráceas, sempre verde, que produz bagas amargosas, sendo suas folhas usadas como condimento.

lou.ro *adj.* Flavo; de cor intermediária entre o dourado e o castanho; *s.m.* folha de loureiro; coroa triunfal. *Fam.* Papagaio.

lou.sa *s.f.* Ardósia; laje; pedra tumular; quadro-negro.
lou.va-a-deus *s.m.2n.* Denominação comum de todos os insetos ortópteros mantídeos. *Bras.* Bendito.
lou.va.do *s.m.* Pessoa nomeada para avaliar; árbitro; *adj.* que recebeu louvor.
lou.var *v.t.d.* Elogiar; exaltar. (Antôn.: *condenar*.)
lou.vá.vel *adj.2gên.* Digno de louvor.
lou.vor *s.m.* Elogio; ato de louvar.
lu.a *s.f.* Astro que gira em torno da Terra e é seu satélite; espaço de trinta dias; mau humor.
lu.ar *s.m.* O clarão da lua.
lu.bri.ci.da.de *s.f.* Propriedade de lúbrico; erotismo.
lú.bri.co *adj.* Sensual; lascivo; voluptuoso.
lu.bri.fi.ca.ção *s.f.* Ação ou resultado de lubrificar.
lu.bri.fi.can.te *adj.2gên.* Que lubrifica; *s.m.* substância usada para lubrificar.
lu.bri.fi.car *v.t.d.* Tornar lúbrico ou escorregadio; umedecer.
lu.cer.na *s.f.* Grande foco de luz; abertura no teto para entrar luz.
lu.ci.dez *s.f.* Clareza; brilho.
lú.ci.do *adj.* Que reluz; resplandescente; brilhante. *Fig.* Que exprime uso da razão.
lu.cí.fer *s.m.* Satanás; nome do planeta Vênus, entre os romanos.
lu.crar *v.t.d.* e *i.* Ganhar; tirar lucros ou vantagens; *v.t.d.* usufruir. (Antôn.: *perder*.)
lu.cra.ti.vo *adj.* Que dá lucros; vantajoso; proveitoso.
lu.cu.bra.ção *s.f.* Meditação.
lu.di.bri.ar *v.t.d.* Enganar.
lú.di.co *adj.* Relativo a jogo; engraçado.
lu.fa.da *s.f.* Rajada de vento.
lu.gar *s.m.* Espaço ocupado ou que pode ser ocupado por algum corpo; posição; classe.
lu.ga.re.jo *s.m.* Pequena povoação; aldeola.
lu.gen.te *adj.2gên.* Choroso; plangente.
lú.gu.bre *adj.2gên.* Triste; fúnebre; sinistro.
lu.la *s.f.* Molusco marinho, do qual se extrai a tinta chamada sépia.
lu.ma.réu *s.m.* Fogueira.
lu.me *s.m.* Fogo; fogueira; luz; clarão. *Fig.* Sagacidade.
lu.mi.ná.ria *s.f.* Lanterna pequena; o que alumia.
lu.mi.nes.cên.cia *s.f.* Propriedade ou estado de luminescente.
lu.mi.no.si.da.de *s.f.* Propriedade do que é luminoso.
lu.mi.no.so *adj.* Que reflete; claro; manifesto.

lu.nar *adj.2gên.* Que diz respeito à lua.
lu.ná.ti.co *adj.* Sujeito à influência da Lua. *Fig.* Maníaco.
lu.ne.ta *s.f.* Lente que serve para auxiliar a vista; fresta oval.
lu.pa *s.f.* Lente convergente de curto foco.
lu.pa.nar *s.m.* Bordel.
lu.pi.no *adj.* Que diz respeito a lobo; característico de lobo.
lú.pu.lo *s.m.* Planta da família das urticárias usada no preparo da cerveja.
lu.ra *s.f.* Toca, esconderijo (de animais).
lú.ri.do *adj.* Pálido, escuro.
lus.co-fus.co *s.m.* O crepúsculo; a tardinha. *Bras.* Mulato.
lu.si.ta.no *adj.* Relativo a Portugal ou aos portugueses.
lu.so-bra.si.lei.ro *adj.* Referente a Portugal e ao Brasil.
lus.trar *v.t.d.* Dar lustro; polir; engraxar; *v.intr.* resplandecer.
lus.tre *s.m.* Brilho. *Fig.* Glória; lampadário com braços suspenso no teto.
lus.tro *s.m.* O espaço de cinco anos; polimento; lustre.
lus.tro.so *adj.* Reluzente.
lu.ta *s.f.* Combate de corpo a corpo; conflito; lida; debate.
lu.ta.dor *adj.* e *s.m.* Que, ou aquele que luta; atleta.
lu.to *s.m.* Vestuário preto que se usa como sinal de tristeza pela morte de alguém; profunda tristeza.
lu.va *s.f.* Peça de vestuário para a mão.
lu.xa.ção *s.f.* Deslocação de um osso.
lu.xar *v.t.d.* Deslocar, desarticular (osso).
lu.xo *s.m.* Magnificência no vestuário, na mesa, na mobília etc.; suntuosidade; ostentação; pompa.
lu.xu.o.si.da.de *s.f.* Propriedade de luxuoso.
lu.xu.o.so *adj.* Que tem luxo; farto; esplêndido; pomposo.
lu.xú.ria *s.f.* Viço dos vegetais; lascívia; incontinência. *Fig.* Dissolução dos costumes.
lu.xu.ri.an.te *adj.2gên.* Exuberante; viçoso; diz-se também *luxurioso*.
luz *s.f.* Clarão produzido por substância ardendo; brilho; lampejo. *Fig.* Saber.
lu.zei.ro *s.m.* Clarão; farol; astro; estrela. *Fig.* Luminar.
lu.zi.di.o *adj.* Brilhante; nítido; polido.
lu.zir *v.intr.* Irradiar luz; brilhar; resplandecer. *Fig.* Dar na vista.

m M

m *s.m.* Décima terceira letra do alfabeto português; *núm.* (maiús.) algarismo romano que equivale a mil; (minús.) abreviatura de metro, no sistema decimal.
má *adj.* Mulher ruim; fem. de *mau*.
ma.ca *s.f.* Cama de lona que serve para transportar doentes.
ma.ça *s.f.* Clava; pau pesado e grosso em uma das extremidades.
ma.çã *s.f.* Fruta produzida pela macieira.
ma.ca.bro *adj.* Fúnebre; horrendo.
ma.ca.ca *s.f.* Fêmea do macaco; mulher feia; má sorte.
ma.ca.ca.da *s.f.* Bando.
ma.ca.cão *s.m.* Vestimenta usada por certos trabalhadores braçais.
ma.ca.co *s.m.* Nome dado aos símios em geral; mamífero primata; engenho de levantar grandes pesos.
ma.ca.co.a *s.f.* Doença sem gravidade; achaque.
ma.ca.da *s.f.* Coisa enfadonha.
ma.ca.da.me *s.m.* Sistema de pavimentação de estradas, ruas etc. com pedra britada comprimida.
ma.ça.dor *adj.* e *s.m.* Importuno; maçante.
ma.cai.o *adj.* Ruim.
ma.cam.bú.zio *adj.* Tristonho.
ma.ca.ne.ta *s.f.* Puxador em porta ou janela.
ma.can.te *adj.2gên.* Enfadonho.
ma.ca.que.ar *v.t.d.* Imitar os macacos; arremedar de forma ridícula.
ma.ca.qui.ce *s.f.* Ação de macaquear; trejeitos ridículos.
ma.çar *v.t.d.* Importunar; entediar.
ma.ça.ri.co *s.m.* Instrumento por onde se sopra a chama destinada a soldar ou cortar chapas.
ma.ça.ro.ca *s.f.* Emaranhado de fios, cabelos etc.
ma.car.rão *s.m.* Massa de farinha de trigo em canudinhos.
ma.car.ro.na.da *s.f.* Especialidade culinária feita com macarrão, manteiga, queijo e molho de tomate.
ma.ca.xei.ra *s.f.* Aipim.
ma.ce.ga *s.f.* Erva daninha.
ma.cei.ó *s.m.* Lagoeiro no litoral, proveniente das águas das marés ou das chuvas.
ma.ce.ra.ção *s.f.* Dissolução; aflição.
ma.ce.rar *v.t.d.* Deitar de molho; amolecer.
ma.ce.te *s.m.* Artifício; truque.
ma.cha.da.da *s.f.* Pancada com o machado.
ma.cha.di.nha *s.f.* Machada de pequeno tamanho.
ma.cha.do *s.m.* Instrumento de rachar ou cortar madeira consistente em uma cunha de ferro afiada inserida num cabo de pau.
ma.cho *s.m.* Animal do sexo masculino; dobradura do pano em pregas opostas; *adj.* masculino.
ma.cho.a *s.f.* Mulher de físico avantajado e de modos masculinos; machão.
ma.cho.na *s.f.* O mesmo que *machoa*.
ma.chu.ca.du.ra *s.f.* Ferimento.
ma.chu.car *v.t.d.* Pisar.
ma.ci.ço *s.m. Geol.* Grupo de montanhas; sólido; que não é oco.
ma.ci.ei.ra *s.f.* Árvore rosácea, cujo fruto é a maçã.
ma.ci.ez *s.f.* Qualidade de macio; suavidade ao tato.
ma.ci.len.to *adj.* Magro e pálido.
ma.ci.o *adj.* Agradável ao tato; suave.
ma.ço *s.m.* Martelo de pau; conjunto de coisas atadas no mesmo liame ou contidas no mesmo invólucro.
ma.ço.na.ri.a *s.f.* Entidade filantrópica de caráter secreto, que tem por símbolo instrumentos do pedreiro.
ma.co.nha *s.f.* Droga feita com as folhas secas de um tipo de cânhamo.
má-cri.a.ção *s.f.* Grosseria.
ma.cró.bio *adj.* e *s.m.* Que vive muito tempo.
ma.cro.cé.fa.lo *adj.* e *s.m.* Indivíduo com desenvolvimento anormal da cabeça.
ma.cros.có.pio *adj.* Diz-se das observações feitas à vista desarmada.
ma.cros.so.mo *s.m.* O universo.
ma.çu.do *adj.* Grosso; monótono.
má.cu.la *s.f.* O mesmo que *nódoa*; mancha.
ma.cu.lar *v.t.d.* Manchar; infamar; *v.pron.* deslustrar-se.
ma.cum.ba *s.f. Bras.* Rito fetichista de origem africana, acompanhado de danças e cantos ao som de atabaques e outros instrumentos de percussão; feitiço.
ma.cum.bei.ro *s.m.* Membro ou seguidor da macumba.

ma.cu.ta *s.f.* Coisa sem valor.
ma.dei.ra *s.f.* Parte lenhosa das plantas aplicável a construções e trabalhos de marcenaria.
ma.dei.rei.ro *s.m.* Quem negocia com madeira.
ma.dei.xa *s.f.* Pequena moeda. *Fig.* Porção de cabelos.
ma.dor.na *s.f.* Sono leve e curto.
ma.dra.ço *adj. e s.m.* Malandro; preguiçoso.
ma.dras.ta *s.f.* Mulher casada, em relação aos filhos que o marido teve de casamento anterior.
ma.dre *s.f.* Mãe; freira.
ma.dre.pé.ro.la *s.f.* Camada interna, brilhante e colorida de certas conchas.
ma.dri.gal *s.m.* Poema amoroso.
ma.dri.nha *s.f.* Mulher que testemunha crismas, batizados e casamentos.
ma.dru.ga.da *s.f.* Aurora.
ma.dru.gar *v.intr.* Levantar-se muito cedo.
ma.du.re.za *s.f.* Resultado de madurar; amadurecimento. *Fig.* Sensatez; curso intensivo que reunia os quatro últimos anos de ensino fundamental em um só.
ma.du.ro *adj.* Amadurecido. *Fig.* Prudente.
mãe *s.f.* Mulher ou fêmea animal relativamente aos filhos.
mãe-d'á.gua *s.f.* Mulher imaginária, sereia de rios e lagos.
mãe-de-san.to *s.f.* Sacerdotisa de candomblé ou macumba.
ma.es.tri.a *s.f.* Habilidade.
ma.es.tro *s.m.* Regente de orquestra.
má-fé *s.f.* Intenção dolosa.
má.fia *s.f.* Organização secreta criada na Itália para a segurança dos cidadãos, mas transformada depois em sociedade criminosa.
ma.ga *s.f.* Feiticeira.
ma.ga.não *adj. e s.m.* Indivíduo muito magão.
ma.ga.no *adj. e s.m.* Brincalhão.
ma.ga.re.fe *s.f.* Pessoa que abate animais; carniceiro.
ma.ga.zi.ne *s.m.* Publicação periódica ilustrada, com seções e artigos diversos; estabelecimento onde são vendidos artigos de moda.
ma.gi.a *s.f.* Doutrina e prática dos magos; encanto; fascinação.
má.gi.ca *s.f.* Magia; arte de ilusionismo em teatros; feitiço.
ma.gi.car *v.t.d. e intr.* Cismar muito; pensar.
má.gi.co *adj.* Relativo à magia. *Fig.* Maravilhoso.
ma.gis.té.rio *s.m.* Cargo de professor; classe de professores.
ma.gis.tra.do *s.m.* Funcionário superior de administração ou justiça.
ma.gis.tral *adj.2gên.* De mestre. *Fig.* Perfeito.
ma.gis.tra.tu.ra *s.f.* Cargo ou dignidade de magistrado; duração desse cargo; classe dos magistrados.
mag.ma *s.m.* Massa natural ígnea do interior da terra.
mag.nâ.ni.mo *adj.* Que tem grandeza de alma; generoso.
mag.na.ta *s.m.* Indivíduo influente e poderoso.
mag.né.sia *s.f. Farm.* Óxido de magnésio, sem sabor, insolúvel na água, e empregado como antiácido e purgativo.
mag.né.ti.co *adj.* De magnetismo ou magneto. *Fig.* Sedutor; encantador.
mag.ne.tis.mo *s.m.* Propriedade de atração do ferro magnético, dos magnetos ou do ímã. *Fig.* Sedução; encanto.
mag.ne.ti.zar *v.t.d.* Imantar; seduzir.
mag.ne.to *s.m.* O mesmo que *ímã*.
mag.ni.fi.cên.cia *s.f.* Grandeza.
mag.ní.fi.co *adj.* Grandioso.
mag.ni.tu.de *s.f.* Grandeza; importância.
mag.no *adj.* Grande; importante.
ma.go *s.m.* Feiticeiro.
má.goa *s.f.* Dor da alma; desgosto; amargura.
ma.go.ar *v.t.d.* Fazer mágoa a; ofender; *v.pron.* enfadar-se por algum ato ou dito desagradável.
ma.go.te *s.m.* Montoeira.
ma.gre.lo *adj.* Que é muito magro.
ma.gre.za *s.f.* Falta de gordura; estado do animal ou pessoa magra.
ma.gri.ce.la *adj. e s.2gên.* O mesmo que *magrelo*.
ma.gro *adj.* Falta de gordura. *Fig.* Escasso.
mai.ô *s.m.* Traje de banho.
mai.or *adj.* Que excede outra pessoa ou coisa em tamanho, espaço, intensidade ou número; *s.2gên.* que já tem 21 anos de idade.
mai.o.ral *s.m.* O chefe; o cabeça.
mai.o.ri.a *s.f.* Maior número.
mai.o.ri.da.de *s.f.* Idade em que a lei declara o indivíduo maior.
mais *adj.* Em maior número, grau, quantidade; *s.m.* o resto.
mai.se.na *s.f.* Produto constituído de amido de milho.
mais-que-per.fei.to *adj. e s.m. Gram.* Diz-se de, ou tempo do verbo que designa o passado em relação a outro tempo já passado.
mais-va.li.a *s.f.* Lucro líquido auferido pelo capitalista sobre o excesso de valor que o operário cria acima do valor de sua força de trabalho.
mai.ús.cu.lo *adj.* Referente às letras grandes; caixa alta.
ma.jes.ta.de *s.f.* Excelência; título de rei ou imperador.
ma.jes.to.so *adj.* Que tem majestade; grandioso.

ma.jor *s.m.* Posto militar entre capitão e tenente-coronel.
ma.jo.rar *v.t.d.* Tornar maior.
ma.jo.ri.tá.rio *adj. Bras.* Referente à maioria; predominante.
mal *s.m.* Doença; enfermidade; *adv.* de forma imperfeita.
ma.la.ba.ris.mo *s.m.* Prática dos jogos malabares.
ma.la.ba.ris.ta *s.2gên.* Aquele que pratica jogos malabares.
mal-a.gra.de.ci.do *adj.* Ingrato.
ma.la.gue.ta *s.f.* Espécie de pimenta muito picante e aromática.
ma.lai.o *adj.* Que diz respeito à Malásia ou aos malaios; *s.m.* oriundo da Malásia; idioma corrente na Malásia (Ásia).
mal-a.jam.bra.do *adj.* Mal vestido.
ma.lan.dra.gem *s.f.* Vida de malandro; esperteza.
ma.lan.dro *s.m.* Pessoa que não trabalha e vive de expedientes; vadio.
ma.lá.ria *s.f.* Infecção causada por um protozoário; febre intermitente.
mal-as.som.bra.do *adj.* Segundo a crença popular, diz-se da casa ou sítio em que habitam fantasmas e espíritos maléficos.
mal.ba.ra.tar *v.t.d.* Dissipar; desperdiçar. (Antôn.: *economizar*.)
mal.ca.sa.do *s.m.* Tipo de beiju, preparado com leite de coco e tapioca; *adj.* que vive mal com o seu consorte.
mal.chei.ro.so *adj.* Cujo cheiro é desagradável.
mal.cri.a.do *adj.* Grosseiro; mal-educado.
mal.da.de *s.f.* Má índole; ação má.
mal.dar *v.t.intr.* Maldizer.
mal.di.ção *s.f.* Ação de amaldiçoar.
mal.di.to *adj.* Amaldiçoado; perverso.
mal.di.zer *v.t.d.* Amaldiçoar; difamar; *v.t.i.* lastimar-se; *v.intr.* falar mal de alguém. (Antôn.: *bendizer*.)
mal.do.so *adj.* Mau. *Fig.* Malicioso.
ma.le.a.bi.li.da.de *s.f.* Flexibilidade.
ma.le.ar *v.t.d.* Tornar dócil, flexível.
ma.le.á.vel *adj.* Que se pode malear ou malhar. *Fig.* Flexível.
ma.le.di.cên.cia *s.f.* Calúnia.
mal-e.du.ca.do *adj.* Que não possui educação; malcriado.
ma.le.fi.ci.ar *v.t.d.* Prejudicar; enfeitiçar.
ma.lé.fi.co *adj.* Nocivo; prejudicial; que faz ou tende a fazer mal; maligno.
ma.lei.ta *s.f.* Malária.
mal-e-mal *adv.* Sofrido.
mal-en.ca.ra.do *adj.* Carrancudo.
mal-en.ten.di.do *s.m.* Falsa apreciação; equívoco.
ma.lé.o.lo *s.m.* Saliência óssea do tornozelo.
mal-es.tar *s.m.* Indisposição (física ou moral).

ma.le.ta *s.f.* Mala pequena.
ma.le.vo.lên.cia *s.f.* Maldade; predisposição para fazer o mal.
ma.lé.vo.lo *adj.* Mau; perverso.
mal.fa.da.do *adj. e s.m.* Que tem má sorte.
mal.fa.ze.jo *adj.* O mesmo que *maléfico*.
mal.fei.to *adj.* Executado de forma imperfeita.
mal.fei.tor *s.m.* Criminoso.
mal.gas.tar *v.t.d.* Gastar ou empregar mal.
mal.gra.do *s.m.* Desagrado; desprazer; mau grado.
ma.lha *s.f.* Abertura entre as voltas de qualquer fibra têxtil; ação de malhar; mancha na pele dos animais.
ma.lha.do *adj.* Que tem malhas ou manchas.
ma.lhar *v.t.d.* Espancar; *v.intr.* dar pancadas.
ma.lhe.te *s.m.* Pequeno malho ou martelo.
mal-hu.mo.ra.do *adj.* Aborrecido.
ma.lí.cia *s.f.* Esperteza; dissimulação; astúcia.
ma.li.ci.o.so *adj. e s.m.* Que, ou aquele que tem malícia; sagaz.
ma.lig.no *adj.* Perverso.
mal.jei.to.so *adj.* Desajeitado.
mal-nas.ci.do *adj.* Nascido com má sorte.
ma.lo.ca *s.f.* Aldeia de índios no Brasil; casa pobre onde vivem várias famílias; esconderijo de bandidos.
ma.lo.gra.do *adj.* Frustrado; que teve mau êxito.
ma.lo.grar *v.t.d.* Perder; não aproveitar; *v.pron.* frustrar-se.
ma.lo.quei.ro *s.m.* Aquele que mora em maloca; qualificativo dado aos marginais que vivem pelas ruas.
ma.lo.te *s.m.* Mala pequena.
mal.que.rer *v.t.d. e i.* Querer mal a; detestar; odiar.
mal.quis.to *adj.* Que não é querido.
mal.são *adj.* Doentio; nocivo.
mal.su.ce.di.do *adj. e s.m.* Que teve insucesso.
mal.te *s.m.* Produto extraído das sementes da cevada, utilizado no fabrico da cerveja.
mal.tra.pi.lho *adj. e s.m.* Que, ou o que anda esfarrapado ou mal vestido.
mal.tra.tar *v.t.d.* Tratar mal a.
ma.lu.co *adj. e s.m.* Louco.
ma.lu.qui.ce *s.f.* Dito ou ação de maluco.
mal.va.do *adj.* Malvado.
mal.vis.to *adj.* Malquisto; que vê mal.
ma.ma *s.f.* Glândula mamária das fêmeas; seio; teta (animais); leite de peito.
ma.ma.dei.ra *s.f.* Espécie de garrafinha, de vidro ou plástico, munida de chupeta, com que se dá de mamar às crianças.
ma.ma.do *adj.* Desiludido; meio embriagado.
ma.mãe *s.f.* Título carinhoso dado à mãe.
ma.mão *s.m.* Fruto produzido pelo mamoeiro.
ma.mar *v.t.d.* Sugar o leite do seio da mãe. *Fig.* Sugar qualquer coisa.

ma.ma.ta *s.f. Pop.* Ganho desonesto.
mam.bem.be *adj.2gên.* Ordinário; *s.m.* sítio longínquo e desabitado.
mam.bo *s.m.* Dança e música que teve origem na América Central.
ma.me.lu.co *s.m.* Mestiço de índio com branco.
ma.mi.fe.ro *adj.* Provido de mamas; *s.m.pl.* grande classe de animais vertebrados, de corpo provido de pelos e com glândulas mamárias, que tem o homem por tipo.
ma.mi.lo *s.m.* Bico de seio.
ma.mo.ei.ro *s.m.* Árvore frutífera, da família das cariáceas, que produz o mamão.
ma.mo.na *s.f.* Semente oleosa da mamoeira.
ma.mu.te *s.m.* Elefante fóssil, que viveu na Europa e na Ásia na era quaternária, dotado de enormes dentes incisivos.
ma.na *s.f.* Termo familiar, designativo de irmã.
ma.na.da *s.f.* Rebanho de gado grosso.
ma.nan.ci.al *s.m.* Nascente de água; fonte abundante; *adj.* que corre incessantemente.
ma.ná.pu.la *s.f.* Não grande e grosseiro.
ma.nar *v.t.d.* Verter abundante ou ininterruptamente.
man.ca.da *s.f.* Erro.
man.car *v.t.d.* Tornar manco; *v.intr.* faltar a um compromisso; *v.pron.* ficar aleijado.
man.ce.bo *s.m.* Jovem. *Bras.* Cabide para roupa.
man.cha *s.f.* Nódoa; deslustre na reputação.
man.cha.do *adj.* Malhado; que apresenta manchas ou nódoas de cor.
man.char *v.t.d.* Pôr mancha em. *Fig.* Infamar.
man.chei.a *s.f.* O que a mão pode conter.
man.che.te *s.f.* Principal notícia, da primeira página de jornal, em letras destacadas.
man.co *adj.* Aleijado; coxo.
man.co.mu.nar *v.t.d.* Ajustar; convencionar.
man.da-chu.va *s.m.* Líder.
man.da.do *s.m.* Ordem de superior para inferior; *adj.* diz-se daquele a quem mandaram.
man.da.men.to *s.m.* Preceito; ordem.
man.dan.te *adj.2gên.* Que manda; *s.2gên.* pessoa que instiga a certos atos.
man.dar *v.t.d.* Dar ordens; enviar; *v.pron.* governar-se por si próprio.
man.da.rim *s.m.* Alto funcionário chinês.
man.da.tá.rio *s.m.* O que executa ordens ou mandatos de outrem; representante.
man.da.to *s.m.* Procuração; poder dado pelo povo ao político eleito.
man.dí.bu.la *s.f.* Maxilar.
man.dil *s.m.* Pano de limpeza; esfregão.
man.din.ga *s.f.* Feitiçaria.
man.di.o.ca *s.f.* Planta brasileira da família das Euforbiáceas; a raiz comestível dessa planta.
man.do *s.m.* O poder de mandar; autoridade.

man.dri.ão *adj.* Ocioso; negligente.
man.dril *s.m.* Peça com que se alisa o olhal dos projéteis de artilharia; peça de fixação da broca nas furadeiras.
man.du.car *v.t.d. e intr.* Comer.
ma.né *adj.* Parvo; imbecil; inútil.
ma.nei.ra *s.f.* Modo; estilo; jeito.
ma.nei.ris.mo *s.m.* Afetação nos processos artísticos e literários.
ma.nei.ro *adj.* De fácil manejo; leve; portátil.
ma.ne.jar *v.t.d.* Trabalhar com; mover com as mãos e braços; administrar; *v.intr.* trabalhar manualmente.
ma.ne.jo *s.m.* Exercício manual; administração.
ma.ne.quim *s.m.* Boneco articulado para uso de artista ou de costureira.
ma.ne.ta *adj.2gên. e s.2gên.* Pessoa a quem falta uma das mãos ou braços.
man.ga *s.f.* Parte do vestuário que cobre o braço; fruto comestível.
man.gar *v.t.i. e intr.* Caçoar.
man.gue *s.m.* Terreno apaulado às margens das lagoas e desaguadouros dos rios onde medram mangues.
man.guei.ra *s.f.* Gênero de plantas da família das Anacardiáceas que produz a manga; tubo para conduzir água ou ar, de lona, borracha ou couro.
ma.nha *s.f.* Astúcia; choro de crianças.
ma.nhã *s.f.* O tempo entre o nascer do Sol e o meio-dia.
ma.nho.so *adj.* Cheio de manhas; esperto.
ma.ni.a *s.f. Med.* Tipo de enfermidade mental; esquisitice; excentricidade.
ma.ní.a.co *adj. e s.m.* Aquele que tem mania.
ma.ni.cô.mio *s.m.* Hospital de alienados.
ma.ni.cu.ra *s.f.* Aquela que se dedica ao tratamento das unhas.
ma.ni.fes.ta.ção *s.f.* Ato de manifestar; expressão de sentimentos e opiniões coletivas.
ma.ni.fes.tan.te *adj.2gên. e s.2gên.* Que, ou pessoa que manifesta.
ma.ni.fes.tar *v.t.d.* Tornar manifesto; *v.pron.* revelar-se.
ma.ni.fes.to *adj.* Visível.
ma.ni.lha *s.f.* Pulseiras; grilheta.
ma.ni.nho *adj.* Estéril; infecundo; bravio.
ma.ni.pres.to *adj.* Que tem destreza manual.
ma.ni.pu.la.ção *s.f.* Ação de manipular.
ma.ni.pu.lar *v.t.d.* Preparar com as mãos; influenciar.
ma.ni.que.ís.mo *s.m.* Doutrina estabelecida por Mani (séc. III), segundo a qual o Universo é criação de dois princípios – Deus e o Diabo – que se combatem.
ma.ni.que.ís.ta *adj.2gên. e s.2gên.* Adepto do maniqueísmo.

ma.ni.ve.la *s.f.* Peça, cabo com que se faz mover um eixo.

man.jar *s.m.* O mesmo que *bicho-papão*, no Nordeste brasileiro.

man.je.dou.ra *s.f.* Tabuleiro em que, nas estrebarias, se serve comida aos animais.

man.je.ri.cão *s.m.* Planta medicinal da família das labiadas.

ma.no *s.m.* Irmão; camarada.

ma.no.bra *s.f.* Exercício militar de terra e mar; astúcia.

ma.no.brar *v.t.d.* Dirigir com perícia; *v.intr.* executar manobras.

ma.nô.me.tro *s.f.* Instrumento para medir a pressão dos gases e vapores.

ma.no.pla *s.f.* Luva de ferro das antigas armaduras. *Fig.* Mão grande e disforme.

man.que.jar *v.intr.* Andar manco.

man.são *s.f.* Morada; casa antiga e suntuosa.

man.sar.da *s.f.* Água furtada; morada miserável.

man.si.dão *s.f.* Brandura de gênio; docilidade.

man.so *adj.* Brando; benigno; suave; calmo.

man.su.e.tu.de *s.f.* Mansidão.

man.ta *s.f.* Cobertor de cama; jogo.

man.tei.ga *s.f.* Substância que se forma da nata do leite batido.

man.te.ne.dor *adj.* Que mantém; *s.m.* defensor.

man.ter *v.t.d.* Sustentar; defender; *v.pron.* conservar-se.

man.ti.lha *s.f.* Tipo de pano fino usado para cobrir a cabeça das mulheres.

man.ti.men.to *s.m.* Víveres, sustento.

man.to *s.m.* Ampla vestidura que vai até à cintura; véu; hábito de algumas freiras.

ma.nu.al *adj. 2gên.* Relativo à mão; feito à mão; portátil; *s.m.* compêndio.

ma.nu.fa.tu.ra *s.f.* Trabalho feito à mão; estabelecimento industrial.

ma.nu.fa.tu.rar *v.t.d.* Fabricar; produzir com trabalho manual.

ma.nus.cri.to *adj.* Escrito à mão; *s.m.* a peça original escrita à mão.

ma.nu.se.ar *v.t.d.* Mover com a mão; manejar.

ma.nu.ten.ção *s.f.* Ato de manter; administração.

man.zor.ra *s.f.* Mão grande.

mão *s.f.* Parte do braço desde o punho até a extremidade dos dedos; garra; cada uma das direções do trânsito nas ruas e estradas.

ma.o.me.tis.mo *s.m.* Religião fundada por Maomé; Islamismo.

mãos-a.ta.das *s.2gên.* e *2n.* Pessoa acanhada, indecisa.

mão.za.da *s.f.* Vigoroso aperto de mão.

ma.pa *s.m.* Delineação de terras; carta geográfica.

ma.pa-mún.di *s.m.* Mapa geral dos dois hemisférios.

ma.po.te.ca *s.f.* Coleção de mapas; móvel para guardar cartas geográficas.

ma.que.te *s.f.* Representação tridimensional reduzida de obra de escultura ou arquitetura.

ma.qui.a.dor *adj.* e *s.m.* Que ou quem maquia.

ma.qui.ar *v.t.d.* Passar batom, sombra etc. como enfeite ou disfarce.

ma.qui.a.vé.li.co *adj.* Esperto; patife.

ma.qui.a.ve.lis.mo *s.m. Fig.* Patifaria; deslealdade; traição.

ma.qui.lar-se *v.pron.* Pintar habilmente o rosto, empregando cosméticos que realçam a beleza das mulheres. *Fig.* Disfarçar.

má.qui.na *s.f.* Aparelho que serve para imprimir movimento ou que aproveita ou impulsiona um agente natural. *Fig.* Intriga.

ma.qui.na.ção *s.f.* Ação de maquinar; intriga.

ma.qui.nar *v.t.d.* Traçar; tramar; projetar; *v.t.i.* conspirar.

ma.qui.na.ri.a *s.f.* Série de máquinas; arte de maquinista.

ma.qui.nis.mo *s.m.* Aparelho de máquinas.

ma.qui.nis.ta *s.2gên.* Construtor ou inventor de máquinas; condutor de locomotivas.

mar *s.m.* A vasta extensão de água salgada que banha todas as partes da terra.

ma.ra.cá *s.f.* Chocalho indígena.

ma.ra.ca.nã *s.f.* Variedade de papagaio do Brasil.

ma.ra.ca.tu *s.m.* Rancho carnavalesco, em Pernambuco, simbolizando antiga coroação de reis negros, que dançam acompanhados por instrumentos de percussão.

ma.ra.cu.já *s.m.* Fruto produzido por essas árvores.

ma.ra.fo.na *s.f.* Boneco de trapos; meretriz.

ma.ra.já *s.m.* Título dos príncipes na Índia.

ma.ras.mo *s.m.* Apatia.

ma.ra.to.na *s.f.* Corrida a pé percorrendo grande distância.

ma.rau *s.m.* Espertalhão; maroto.

ma.ra.va.lha *s.f.* Apara de madeira; graveto.

ma.ra.vi.lha *s.f.* Pessoa ou coisa extraordinária; milagre.

ma.ra.vi.lho.so *adj.* Extraordinário pela raridade; surpreendente.

mar.ca *s.f.* Sinal que distingue, limita, lembra etc.; categoria.

mar.ca.do *adj.* Que tem marca ou sinal distintivo; assinalado.

mar.ca.dor *adj.* e *s.m.* Que ou o que marca.

mar.can.te *adj.2gên.* Que marca, que salienta.

mar.car *v.t.d.* Pôr marca em; assinalar; indicar.

mar.ce.na.ri.a *s.f.* Oficina, arte ou obra de marceneiro.

mar.ce.nei.ro *s.m.* Oficial que trabalha a madeira com mais arte que o carpinteiro.

mar.ces.cí.vel *adj.2gên.* Que murcha ou pode murchar.

mar.cha *s.f.* Ato de marchar; série de passos iguais; composição musical.

mar.char *v.intr.* Andar compassadamente; caminhar; progredir.

mar.che.ta *s.f.* Cada uma das peças que se embutem na madeira.

mar.ci.al *adj.* Que diz respeito a guerra.

mar.ci.a.no *adj.* Concernente ao planeta Marte.

mar.co *s.m.* Baliza; limite; unidade monetária da Alemanha.

ma.ré *s.f.* O fluxo e refluxo do mar.

ma.re.ar *v.t.d.* Governar (o navio); enjoar; manchar.

ma.re.chal *s.m.* Oficial militar com posto superior ao de general.

ma.re.jar *v.t.d.* Gotejar; brotar; borbulhar.

ma.re.mo.to *s.m.* Tremor do mar.

ma.re.si.a *s.f.* Cheiro desagradável do mar, na vazante.

ma.re.ta *s.f.* Onda pequena.

mar.fim *s.m.* A substância que constitui a massa do dente do homem como do elefante; presa de elefantes.

mar.ga.ri.da *s.f. Bot.* Planta da família das compostas.

mar.ga.ri.na *s.f.* Substância nacarada que se extrai do sebo de certos animais e de determinados óleos.

mar.ge.ar *v.t.d.* Ir pela margem de; situar-se à margem de.

mar.gem *s.f.* Orla; borda.

mar.gi.nal *adj.2gên.* Relativo a margem; bandido.

ma.ri.al.va *adj.2gên.* e *s.2gên.* Perito em equitação.

ma.ri.a-mo.le *s.f.* Tipo de doce.

ma.ri.cas *s.m.2n.* Homem efeminado.

ma.ri.do *s.m.* O homem casado, relativamente à sua mulher; esposo.

ma.rim.ba *s.f.* Piano fraco.

ma.rim.bon.do *s.m. Bras.* Nome de várias espécies de vespas.

ma.ri.nha *s.f.* Forças navais ou navios de guerra com a sua tripulação e armamento; arte náutica; costa marítima.

ma.ri.nhar *v.t.d.* e *intr.* Subir.

ma.ri.nhei.ro *adj.* Referente a marinhagem; *s.m.* indivíduo que serve na Marinha; marujo.

ma.ri.nho *adj.* Que diz respeito ao mar.

ma.ri.o.la *s.m.* Moço de recados; tratante.

ma.ri.o.lar *v.intr.* Agir como mariola; viver na malandragem.

ma.ri.o.ne.te *s.f.* Fantoche.

ma.ri.po.sa *s.f.* Nome de vários tipos de lepidópteros. *Fig.* Mulher de vida airada.

ma.ris.co *s.m.* Nome genérico de certos crustáceos e moluscos comestíveis.

ma.ri.tal *adj.2gên.* Referente a marido ou a casamento.

ma.rí.ti.mo *adj.* Do mar; *s.m.* marujo.

mar.man.jo *s.m.* Indivíduo abrutalhado; tratante.

mar.me.la.da *s.f.* Doce de marmelo. *Pop.* Vantagem.

mar.me.lo *s.m.* Fruto de marmeleiro, muito utilizado no fabrico de doce.

mar.mi.ta *s.f.* Vasilha para transportar refeição.

mar.mi.tei.ro *s.m.* Entregador de marmitas a domicílio.

mar.mo.ra.ri.a *s.f.* Estabelecimento onde são feitos trabalhos em mármore.

már.mo.re *s.m.* Pedra de calcário recristalizado.

mar.mo.ta *s.f.* Quadrúpede roedor de pequeno porte.

mar.nel *s.m.* Terreno alagadiço, pântano.

ma.ro.la *s.f.* Mar agitado.

ma.ro.ma *s.f.* Corda grossa.

ma.rom.ba *s.f.* Vara usada por equilibrista.

ma.rom.bei.ro *adj.* Que bajula astuciosamente, visando ao próprio interesse.

ma.ros.ca *s.f.* Trapaça.

ma.ro.to *adj.* Brejeiro; malicioso; *s.m.* tratante.

mar.quês *s.m.* Título de nobreza, entre duque e conde.

mar.que.sa *s.f.* Esposa de marquês.

mar.qui.se *s.f.* Cobertura saliente na parte externa de edifício.

mar.ra *s.f.* Enxada.

mar.ra.no *adj.* Excomungado; imundo.

mar.re.co *s.m.* Ave pequena parecida com o pato.

mar.rom *adj.* Castanho.

mar.ro.quim *s.m.* Pele de cabra, trabalhada, preparada para artefatos.

mar.ruá *s.m. Bras.* Novilho não domesticado; inexperiente.

mar.su.pi.al *s.m.* Mamíferos cuja principal característica é a espécie de bolsa que as fêmeas apresentam sob o ventre e na qual carregam os filhotes, durante a fase de amamentação.

mar.ta *s.f.* Classe de mamíferos carnívoros, cuja pele é muito valiosa e apreciada.

mar.te.li.nho *s.m.* Funileiro que apenas desamassa pequenas avarias na lataria de um veículo.

mar.te.lo *s.m.* Instrumento de cabo usado especialmente para pregar pregos; um dos quatro ossos do ouvido.

már.tir *s.m.* e *f.* Aquele que sofreu tormentos ou a morte em defesa de sua crença.

mar.tí.rio *s.m.* Sofrimento padecido pela fé; suplício.

mar.ti.ri.zar *v.intr.* Fazer padecer martírio; *v.pron.* afligir-se.

ma.ru.ja.da *s.f.* Conjunto de marujos.

ma.ru.jo *s.m.* O mesmo que *marinheiro*.

ma.ru.lho *s.m.* Movimento das ondas do mar e seu barulho.

mar.xis.mo *s.m.* Doutrina criada por Karl Marx, segundo a qual os fatos econômicos são a base e a causa determinante de todos os fenômenos históricos e sociais.

mar.xis.ta *adj.2gên.* Referente ao marxismo; *s.2gên.* adepto do marxismo.

mas *conj.* Distintiva ou adversativa, denota adição de coisa que se põe em oposição à proposição enunciada; porém; todavia.

mas.car *v.t.d.* Mastigar sem engolir; *v.pron.* falar entre dentes; *v.intr.* resmungar.

más.ca.ra *s.f.* Objeto que serve para vedar o rosto, total ou parcialmente.

mas.ca.ra.do *adj.* Que usa máscara; disfarçado.

mas.ca.rar *v.t.d.* Pôr máscara em; esconder; disfarçar; *v.pron.* esconder-se.

mas.ca.te *s.m.* Vendedor ambulante de bugigangas.

mas.ca.va.do *adj.* Designativo do açúcar não refinado; mascavo. *Fig.* Impuro.

mas.ca.vo *adj.* O mesmo que *mascavado*.

cos.co.te *s.f.* Fetiche destinado a dar sorte ou proteger a quem o carrega.

mas.cu.li.ni.da.de *s.f.* Virilidade.

mas.cu.li.no *adj.* Do sexo macho.

más.cu.lo *adj.* Relativo ao macho; masculino.

mas.mor.ra *s.f.* Prisão subterrânea.

ma.so.quis.mo *s.m.* Perversão sexual em que a pessoa ama os maus-tratos.

mas.sa *s.f.* Pasta de farinha com água; multidão.

mas.sa.crar *v.t.d.* Matar cruelmente; chacinar.

mas.sa.cre *s.m.* Matança; humilhação.

mas.sa.gem *s.f.* Compressão metódica dos músculos de uma região do corpo a fim de ativar a circulação e obter outras vantagens terapêuticas.

mas.sa.pê *s.m. Bras.* Terra argilosa e fértil.

mas.se.ter *s.m.* Músculo que, na mastigação, move a maxila inferior.

mas.su.do *adj.* Compacto; volumoso.

mas.ti.ga.ção *s.f.* Ato de mastigar.

mas.ti.ga.do *adj.* Que se mastigou. *Fig.* Bem preparado.

mas.ti.gar *v.t.d.* Triturar com os dentes os alimentos sólidos.

mas.tim *s.m.* Cão para guardar gado.

mas.ti.te *s.f.* Inflamação das mamas.

mas.to.don.te *s.m.* Animal fóssil de grande porte parecido com o elefante. *Fig.* Indivíduo muito corpulento.

mas.to.zo.á.rio *adj.* e *s.m. Zool.* Mamífero.

mas.tro *s.m.* Madeiro onde estão fixadas as velas do navio; haste sobre a qual é içada a bandeira.

mas.tur.ba.ção *s.f.* O gozo venéreo provocado pelo contato da mão.

mas.tur.bar-se *v.pron.* Procurar solitariamente prazeres sexuais, comumente pelo contato da mão.

ma.ta *s.f.* Floresta; selva.

ma.ta-bor.rão *s.m.* Papel usado para secar a tinta.

ma.ta.cão *s.m.* Grande bloco maciço de rocha.

ma.ta.dor *adj.* Que mata; mortífero; *s.m.* assassino.

ma.ta.dou.ro *s.m.* Lugar onde são abatidas as reses para consumo.

ma.ta.gal *s.m.* Bosque espesso.

ma.ta.lo.te *s.m.* Marinheiro; companheiro de serviço.

ma.tan.ça *s.f.* Ação de matar; mortandade.

ma.tar *v.t.d.* Privar da vida; causar a morte a; assassinar; *v.intr.* cometer homicídio; *v.pron.* suicidar-se.

ma.te *s.m.* Lance no jogo de xadrez; xeque-mate.

ma.tei.ro *s.m.* O que guarda matas; lenhador; sertanejo; caipira.

ma.te.má.ti.ca *s.f.* Ciência do cálculo, que tem por objeto as propriedades da grandeza.

ma.te.má.ti.co *adj.* Que diz respeito à matemática.

ma.té.ria *s.f.* Qualquer substância sólida, líquida ou gasosa; assunto; tema.

ma.te.ri.al *adj.* Referente ou pertencente à matéria; *s.m.* a série de objetos de uma obra, um trabalho etc.

ma.te.ri.a.li.da.de *s.f.* O ser material; grosseria.

ma.te.ri.a.lis.mo *s.m.* Corrente filosófica que crê na matéria como resposta a tudo.

ma.te.ri.a.lis.ta *adj.2gên.* Que diz respeito ao materialismo; partidário do materialismo.

ma.te.ri.a.li.zar *v.t.d.* Tornar material; dar forma a algo.

ma.té.ria-pri.ma *s.f.* A substância com que é fabricada alguma coisa.

ma.ter.nal *adj.* Que se refere ou pertence à mãe; materno; afetuoso.

ma.ter.ni.da.de *s.f.* Estado ou propriedade de ser mãe; estabelecimento hospitalar destinado às parturientes.

ma.ter.no *adj.* Pertencente ou concernente à mãe; carinhoso.

ma.ti.lha *s.f.* Grupo de cães de caça; corja.

ma.ti.nal *adj.2gên.* Matutino; da manhã.

ma.ti.nê *s.f.* Espetáculo realizado à tarde.

ma.tiz *s.m.* Gradação de cores. *Fig.* Estilo.

ma.to *s.m.* Planta que nasce à toa, sem serventia.

ma.tra.ca *s.m. Mús.* Instrumento de percussão, formado por tabuinhas movediças que, agitadas, produzem ruído.

ma.tra.que.ar *v.t.d.* e *intr.* Tocar matraca. *Fig.* Tagarelar.

ma.trei.ro *adj.* Astuto.
ma.tri.ar.ca.do *s.m.* Instituição primitiva na história das cidades, em que a mulher exercia papel preponderante na vida social e política da tribo.
ma.tri.ar.cal *adj.2gên. Bot.* Planta medicinal da espécie das compostas.
ma.tri.cí.dio *s.m.* Assassinato da própria mãe.
ma.tri.cu.la *s.f.* Ação de matricular; registro.
ma.tri.cu.lar *v.t.d.* Assentar no livro das matrículas; inscrever no curso de algum estabelecimento escolar; *v.pron.* inscrever-se.
ma.tri.mo.ni.al *adj.2gên.* Que diz respeito ao matrimônio.
ma.tri.mô.nio *s.m.* União conjugal; casamento; núpcias.
má.trio *adj.* Relativo a mãe.
ma.triz *s.f.* Útero; *adj.* que é fonte ou origem.
ma.tro.na *s.f.* Mãe de família.
ma.tu.la *s.f.* Multidão de gente ordinária.
ma.tu.ração *s.f.* Estado do que amadureceu.
ma.tu.rar *v.t.d.* Amadurecer; *v.intr.* tornar maduro.
ma.tu.ri.da.de *s.f.* Idade madura.
ma.tu.sa.lém *s.m.* Homem de muita idade.
ma.tu.tar *v.intr.* Refletir em alguma coisa; pensar; *v.t.d.* planejar.
ma.tu.ti.no *adj.* Referente à manhã.
ma.tu.to *adj.* Caipira; acanhado; desconfiado.
mau *adj.* Falto de bondade; ruim; nocivo.
mau.so.léu *s.m.* Sepulcro suntuoso.
ma.vi.o.so *adj.* Suave; harmonioso; afetuoso.
ma.xi.la *s.f.* Cada uma das arcadas ósseas da boca, onde se formam os dentes.
ma.xi.lar *adj.2gên.* Da maxila.
má.xi.ma *s.f.* Provérbio.
má.xi.me *adv.* Principalmente.
ma.xi.mi.zar *v.t.d.* Elevar ao máximo; dar o mais alto valor.
má.xi.mo *adj.* Maior de todos; que está acima de todos.
ma.xi.xe *s.m. Bras.* Dança de salão; legume verde espinhoso.
ma.ze.la *s.f.* Ferida; fraqueza.
me *pron.pes.* Variação átona do pronome eu, que corresponde a mim, para mim.
me.a.da *s.f.* Porção do fio de lã, linha ou seda depois de dobrada.
me.a.do *adj.* Que chegou ao meio ou está próximo dele.
me.a.lha *s.f.* Migalha.
me.an.dro *s.m.* Sinuosidade. *Fig.* Intriga.
me.ar *v.t.d.* Dividir ao meio; chegar à metade de.
me.a.to *s.m. Anat.* Orifício de canal; duto.
me.câ.ni.ca *s.f.* Ramo da Ciência que estuda as leis do movimento e suas forças causadoras.
me.câ.ni.co *adj.* Pertinente à Mecânica; manual.
me.ca.nis.mo *s.m.* A estrutura de um corpo e a ação combinada de suas partes.
me.ca.ni.za.ção *s.f.* Ação ou efeito de mecanizar.
me.ca.ni.zar *v.t.d.* Organizar mecanicamente.
me.ca.trô.ni.ca *s.f.* Profissão recente, resultante da fusão da mecânica e da eletrônica.
me.ce.nas *s.m.2n.* Rico que patrocina artistas, estudiosos etc.
me.cha *s.f.* Feixe de fios torcidos; porção de cabelos.
me.cô.nio *s.m.* Primeira evacuação do recém-nascido.
me.da.lha *s.f.* Peça de metal em que está estampado, efígie.
me.da.lhão *s.m.* Grande medalha.
mé.dia *s.m.* Quociente da divisão de duas ou mais qualidades pelo número delas. *Bras.* Xícara de café com leite.
me.di.a.ção *s.f.* Intervenção; ação ou efeito de mediar.
me.di.a.dor *s.m.* Intermediário; intercessor.
me.di.a.na *s.f. Geom.* Segmento de reta que liga um vértice do triângulo ao meio do lado oposto.
me.di.a.no *adj.* Que está entre dois extremos.
me.di.an.te *adj.2gên.* Que medeia; *prep.* por meio de.
me.di.ar *v.t.d.* Dividir ao meio; interceder.
mé.di.ca *s.f.* Forma feminina de *médico*.
me.di.ca.ção *s.f.* Ato de medicar; prescrição terapêutica.
me.di.ca.men.to *s.m.* Qualquer remédio.
me.di.ca.men.to.so *adj.* Que tem propriedade curativa.
me.di.ção *s.f.* Ato de medir; medida.
me.di.car *v.t.d.* Tratar com medicamentos.
me.di.ci.na *s.m.* Ciência que tem por objeto a conservação da saúde e o tratamento das moléstias.
me.di.ci.nal *adj.2gên.* Referente à Medicina; que cura.
mé.di.co *s.m.* Aquele que se formou em Medicina e a exerce; clínico; doutor.
me.di.da *s.f.* Grandeza determinada e conhecida e que serve para medir outras grandezas; operação de medir; padrão; cálculo; grau; o número de sílabas de um verso; precaução.
me.di.dor *adj.* e *s.m.* Que mede; avaliador.
me.di.e.val *adj.* Relativo à Idade Média.
mé.dio *adj.* Que está no meio; que exprime o meio-termo.
me.dí.o.cre *adj.* Mediano; meão. Insignificante; vulgar.
me.di.o.cri.ci.da.de *s.f.* Propriedade ou condição do que é medíocre; insignificância.
me.dir *v.t.d.* Determinar a extensão, distância ou capacidade por meio de uma grandeza conhecida; ajuizar.

me.di.ta.ção *s.f.* Ação ou resultado de meditar; contemplação.
me.di.tar *v.t.d.* Medir; pensar; intentar; *v.intr.* e *v.t.i.* fazer meditação.
me.di.ter.râ.neo *adj.* Que fica no meio de terras (mar); *s.m.* mar entre a Europa e a África.
mé.dium *s.m.* Aquele que, segundo os espíritas, serve de intermediário e intérprete entre os vivos e os mortos.
me.di.u.ni.da.de *s.f.* Estado ou propriedade de médium.
me.do *s.m.* Receio; temor.
me.do.nho *adj.* Horrível; pavoroso.
me.drar *v.t.d.* Desenvolver, fazer crescer; melhorar.
me.dro.so *adj.* Que sente medo; tímido.
me.du.la *s.f. Anat.* Substância contida no interior de alguns ossos. *Fig.* O essencial.
me.du.sa *s.f.* Celenterado transparente em forma de sino. *Fig.* Mulher fria.
me.ei.ro *adj.* Que se deve dividir ao meio; que tem direito à metade dos bens.
me.fis.to.fé.li.co *adj.* Diabólico; satânico.
me.ga.es.pe.tá.cu.lo *s.m.* Espetáculo de grandes proporções.
me.ga.e.ven.to *s.m.* Grande acontecimento no mundo das diversões, do entretenimento, em geral realizado em estádios e ginásios.
me.ga.fo.ne *s.m.* Instrumento para aumentar o alcance da voz.
me.ga.lí.ti.co *adj.* Diz-se de monumentos pré-históricos feitos de pedras grandes.
me.ga.lo.ma.ni.a *s.f.* Mania de grandeza.
me.ga-show *s.m.* Ver *megaevento*.
me.ge.ra *s.f.* Mulher de mau gênio; mãe desnaturada.
mei.a *s.f.* Tecido de malha para cobrir o pé e parte da perna; *adj.* a metade.
mei.a-di.rei.ta *s.f.* Posição do jogador de futebol, que joga na linha dianteira entre o centro e a extrema direita.
mei.a-es.quer.da *s.f.* Posição do jogador de futebol, que joga na linha dianteira entre o centro e a extrema esquerda.
mei.a-i.da.de *s.f.* Idade de um indivíduo dos 30 aos 50 anos.
mei.a-lu.a *s.f.* Aspecto da Lua, três ou quatro dias depois do novilúnio; semicírculo.
mei.a-noi.te *s.f.* Momento que divide a noite em duas partes iguais.
mei.go *adj.* Afável; carinhoso.
mei.gui.ce *s.f.* Propriedade ou caráter de meigo; carinho.
mei.o *s.m.* Conjunto dos elementos ao redor de um ser ou coisa; veículo transmissor de uma mensagem; o que conduz para um fim; centro.

mei.o-de-re.de *s.m.* Uma das posições assumidas pelos jogadores de voleibol durante os jogos.
mei.o-di.a *s.m.* O meio do dia; momento em que o centro do Sol se acha no meridiano.
mei.o-fi.o *s.m.* Arremate entre calçada e rua.
mei.o-ter.mo *s.m.* Termo intermediário entre dois extremos.
mel *s.m.* Substância líquida, espessa, açucarada, que as abelhas fazem com o néctar das flores.
me.la.ço *s.m.* Líquido viscoso resultante da cristalização do açúcar.
me.la.do *s.m.* O mel grosso do açúcar; *adj.* adoçado com mel.
me.lan.ci.a *s.f.* Fruto da família das Cucurbitáceas, de grande porte.
me.lan.co.li.a *s.f.* Profunda tristeza; depressão.
me.lan.có.li.co *adj.* Triste; meditativo.
me.la.ni.na *s.f.* Pigmentação escura presente na pele, nos pelos, na coroide e na retina.
me.lão *s.m.* Fruto produzido pelo meloeiro; o próprio meloeiro.
me.lar *v.t.d.* Temperar, adoçar com mel; *v.intr.* ficar melado.
me.le.ca *s.f.* Secreção nasal.
me.le.na *s.f.* Cabelo solto e desgrenhado; guedelha.
melga.ço *adj.* Louro; arruivado.
me.lhor *adj.* O que é superior a tudo mais; *adv.* mais bem; com mais justeza; mais; *adj.* mais bom; preferível.
me.lho.ra *s.f.* Ação de melhorar; melhoramento de, condição.
me.lho.ra.men.to *s.m.* Mudança para melhor; progresso.
me.lho.rar *v.t.d.* Fazer melhor o estado, a condição de alguém; aperfeiçoar; *v.intr.* prosperar; *v.pron.* avantajar-se. (Antôn.: *piorar*.)
me.lho.ri.a *s.f.* Melhora; progresso.
me.li.an.te *s.m.* Malandro.
me.lin.drar *v.t.d.* Ofender; magoar.
me.lin.dre *s.m.* Delicadeza; facilidade em se aborrecer.
me.lin.dro.so *adj.* Delicado; suscetível; arriscado.
me.lo.di.a *s.f.* Série de sons musicais ritmados.
me.ló.di.co *adj.* Melodioso.
me.lo.di.o.so *adj.* Cheio de melodia; suave.
me.lo.dra.ma *s.m.* Peça dramática com música orquestral, com manifestações passionais violentas.
me.lo.dra.má.ti.co *adj.* Que tem caráter de melodrama.
me.lo.ma.ni.a *s.f.* Amor exagerado pela música.
me.lo.pei.a *s.f.* Música para declamação.
me.lo.so *adj.* Que tem sumo doce como o mel.
mel.ro *s.m.* Pássaro de plumagem negra. (Fem.: *mélroa*.)
me.lú.ri.a *s.f.* Lamentação costumeira; adulação.

mem.bra.na *s.f.* Tecido celular ou fibroso que reveste certos órgãos.

mem.bro *s.m.* Parte integrante e separada de um corpo; indivíduo que faz parte de uma sociedade, júri etc.

me.men.to *s.m.* Prece litúrgica.

me.mo.ran.do *s.m.* Pequeno livro de lembranças.

me.mo.rá.vel *adj.* Digno de ficar na memória; célebre.

me.mó.ri.a *s.f.* Faculdade de decorar; recordação.

me.mo.ri.al *s.m.* Livrinho de lembranças; petição escrita.

me.mo.ri.a.lis.ta *s.m.* Autor de memórias.

me.mo.ri.zar *v.t.d.* Trazer à ou reter na memória.

me.na.gem *s.m.* Prisão fora do cárcere.

men.ção *s.f.* O mesmo que *referência*; alusão.

men.cio.nar *v.t.d.* Fazer menção de; citar.

men.daz *adj.2gên.* Mentiroso.

men.di.cân.cia *s.f.* Vida de mendigo.

men.di.gar *v.t.d.* Pedir por esmola; *v.intr.* viver de esmolas.

men.di.go *s.m.* Aquele que vive de esmolas; pedinte.

me.ne.ar *v.t.d.* Manusear.

me.nei.o *s.m.* Gesto; manejo.

me.nes.trel *s.m.* Trovador; músico.

me.ni.na *s.f.* Criança do sexo feminino, no período de meninice.

me.nin.ges *s.f.pl. Anat.* Membranas envoltórias do conjunto cérebro-espinhal, chamadas pia-máter, dura-máter e aracnoide.

me.nin.gi.te *s.f.* Processo inflamatório das meninges, especialmente da aracnoide.

me.ni.ni.ce *s.f.* Infância.

me.ni.no *s.m.* Criança do sexo masculino no período da meninice.

me.ni.no.ta *s.f.* Mocinha.

me.nir *s.m.* Monumento megalístico, formado por um grande bloco de pedra fixo ao solo pela base menor.

me.nis.co *s.m.* Superfície líquida em tubo capilar, em forma de meia-lua.

me.no.pau.sa *s.f.* Cessação definitiva da menstruação.

me.nor *adj.2gên.* Comparativo de pequeno; menos grande; inferior; que ainda não alcançou a maioridade.

me.no.ri.da.de *s.f.* Qualidade da pessoa que não alcançou a idade legal para dispor de sua pessoa e bens.

me.nor.ra.gi.a *s.f.* Fluxo menstrual muito abundante.

me.nor.rei.a *s.f.* Menstruação.

me.nos *adv.* Em menor número, qualidade, intensidade, grau etc.; *adj.2gên.* comparativo de pouco; grau inferior; *s.m.* quantidade menor; *prep.* exceto.

me.nos.ca.bar *v.t.d.* Fazer pouco caso de.

me.nos.pre.zar *v.t.d.* Desprezar. (Antôn.: *elogiar*.)

me.nos.pre.zo *s.m.* Desprezo.

men.sa.gei.ro *adj.* e *s.m.* Que, ou o que anunciar.

men.sa.gem *s.f.* Recado ou notícia verbal; comunicação.

men.sal *adj.2gên.* Que dura um mês; que se realiza de mês a mês.

men.sa.li.da.de *s.f.* Soma de dinheiro relativa a um mês.

men.sal.men.te *adv.* Em cada mês; uma vez por mês.

mens.tru.a.ção *s.f. Fís. Gin.* Perda fisiológica de sangue de origem uterina, que retorna em períodos de cerca de quatro semanas.

mens.tru.ar *v.t.d.* Ter o fluxo menstrual.

mêns.truo *s.m.* Menstruação.

men.su.rar *v.t.d.* Medir.

men.su.rá.vel *adj.2gên.* Que se pode medir.

men.ta *s.f.* Designação de várias espécies de hortelã.

men.tal *adj.2gên.* Relativo à mente.

men.ta.li.da.de *s.f.* Inteligência; estado psicológico.

men.ta.li.zar *v.t.d.* Incutir algo à mente; imaginar.

men.tar *v.t.d.* Trazer à mente.

men.te *s.f.* Intelecto; alma; imaginação.

men.te.cap.to *adj.* Alienado; idiota.

men.tir *v.intr.* Iludir; *v.t.i.* enganar.

men.ti.ra *s.f.* Falsidade; lorota.

men.ti.ro.so *adj.* e *s.m.* Que, ou aquele que falta à verdade; falso.

men.tol *s.m.* Extrato de essência de hortelã-pimenta constituído de um álcool-fenol.

men.tor *s.m.* Aquele que guia ou aconselha outra pessoa.

me.nu *s.m.* Cardápio; lista de opções disponíveis do usuário de computador.

me.que.tre.fe *adj.2gên.* e *s.m. Pop.* Intrometido.

mer.ca.di.nho *s.m.* Diminutivo de mercado.

mer.ca.do *s.m.* Praça pública onde são vendidos víveres ou outros gêneros; o comércio.

mer.ca.dor *s.m.* Pessoa que compra para vender.

mer.ca.do.ri.a *s.f.* Tudo que se compra e vende para uso e consumo.

mer.can.til *adj.2gên.* Referente aos mercadores ou a mercadorias.

mer.can.ti.lis.mo *s.m.* Tendência a tudo subordinar ao interesse, ao comércio e ao lucro.

mer.car *v.t.d.* Comprar e vender.

mer.cê *s.f.* Dádiva; favor.

mer.ce.a.ri.a *s.f.* Gêneros que se vendem em estabelecimentos de merceeiros.
mer.ce.ná.rio *adj.* Interesseiro.
mer.ce.ri.zar *v.t.d.* Submeter fios à operação que os deixa brilhantes e sedosos.
mer.cú.rio *s.m.* Metal branco e líquido à temperatura comum. *Astron.* Planeta situado mais próximo do Sol.
mer.da *s.f. Chul.* Dejeto; *interj.* indicativo de indignação.
me.re.ce.dor *adj.* Que merece.
me.re.cer *v.t.d.* Ser digno de; alcançar devido aos próprios méritos.
me.re.ci.do *adj.* Que se mereceu.
me.re.ci.men.to *s.m.* O que torna uma pessoa ou coisa digna de recompensa ou punição.
me.ren.da *s.f.* Refeição ligeira entre almoço ou jantar.
me.ren.dar *v.t.d.* Comer alguma coisa por merenda.
me.ren.gue *s.m.* Doce feito de claras de ovos batidas com açúcar; o mesmo que *suspiro*.
me.re.trí.cio *s.m.* Prostituição.
me.re.triz *s.f.* Prostituta.
mer.gu.lha.dor *adj.* e *s.m.* Que, ou o que mergulha.
mer.gu.lhar *v.t.d.* Introduzir na água ou em outro líquido; *v.intr.* ficar coberto por água.
mer.gu.lho *s.m.* Ato de mergulhar.
me.ri.di.a.na *s.f.* A linha reta de norte a sul que marca o meio dia.
me.ri.di.a.no *s.m.* Círculo máximo do globo que o divide em dois hemisférios; *adj.* do meio-dia.
me.ri.di.o.nal *adj.2gên.* Que está ao lado sul; *s.2gên.* – habitante de país ou região do sul.
me.ri.tis.si.mo *adj.* Dignissimo.
mé.ri.to *s.m.* Merecimento.
mer.lu.za *s.f. Ictiol.* Peixe teleósteo (*Anacantino Merlucúdio*), marinho.
me.ro *adj.* Simples.
mês *s.m.* O espaço de trinta dias.
me.sa *s.f.* Móvel sobre o qual se põe alguma coisa, ou que serve para se comer, escrever, jogar etc.
me.sa.da *s.f.* Quantia mensal que se dá ou recebe.
me.sá.rio *s.m.* Membro de mesa de uma assembleia, associação etc.
mes.cla *s.f.* Mistura de cores. *Fig.* Agrupamento.
mes.clar *v.t.d.* Misturar; intercalar; *v.pron.* enlaçar-se.
me.se.ta *s.f.* Pequeno planalto.
mes.ma *s.f.* O mesmo estado, as mesmas circunstâncias.
mes.mi.ce *s.f.* Ausência de variedade.
mes.mo *adj.* e *pron.* Idêntico; semelhante; próprio; *adv.* até; *loc.adv.* assim mesmo; *s.m.* a mesma coisa.

me.so.car.po *s.m.* Substância carnuda, contida entre a epiderme e a película interna de certos frutos.
me.só.cli.se *s.f. Gram.* Colocação pronominal no meio do verbo.
me.so.lo.gi.a *s.f.* Ecologia.
me.so.zoi.co *adj. Geol.* Referente aos terrenos da era secundária.
mes.qui.nha.ri.a *s.f.* Avareza.
mes.qui.nho *adj.* Avarento.
mes.qui.ta *s.f.* Templo maometano.
mes.se *s.f.* Seara.
mes.si.â.ni.co *adj.* Relativo ao Messias.
mes.si.as *s.m.* O redentor prometido pelo Antigo Testamento.
mes.ti.ça.gem *s.f.* Cruzamento de raças.
mes.ti.ço *adj.* e *s.m.* Nascido de pais de raças diferentes.
mes.to *adj.* Triste; melancólico.
mes.tra.do *s.m.* Grau universitário, entre bacharel e doutor.
mes.tre *s.m.* Homem que ensina; homem muito conhecedor.
mes.tri.a *s.f.* Maestria; perícia; competência.
me.su.ra *s.f.* Cortesia; reverência.
me.su.rar *v.t.d.* Dar os cumprimentos a; *v.pron.* comedir-se.
me.ta *s.f.* Limite; alvo.
me.ta.bó.li.co *adj.* Relativo à metábole. *Quím.* Que faz mudança de natureza.
me.ta.bo.lis.mo *s.m. Fisiol.* Processo físico-químico pelo qual se faz a assimilação e a desassimilação das substâncias necessárias à vida.
me.ta.car.po *s.m.* A parte da mão situada entre o carpo e os dedos.
me.ta.de *s.f.* Uma das duas partes iguais de um todo; meio.
me.ta.fa.lan.ge *s.f. Anat.* Terceira falange de dedos.
me.ta.fí.si.ca *s.f. Filos.* Parte da Filosofia que procura conhecer os fundamentos da realidade.
me.ta.fí.si.co *adj.* Referente à Metafísica, transcendente.
me.ta.fo.ni.a *s.f. Gram.* Modificação de vogal tônica por influência de vogal átona posterior.
me.tá.fo.ra *s.f.* Tropo em que a significação natural de uma palavra é substituída por outra.
me.ta.fó.ri.co *adj.* Figurado.
me.tal *s.m.* Elemento químico bom condutor de calor e de eletricidade.
me.tá.li.co *adj.* De metal.
me.ta.lis.mo *s.m.* A representação de dinheiro por metal cunhado.
me.ta.li.zar *v.t.d.* Transformar em metal; dar brilho metálico.

me.ta.lo.gra.fi.a *s.f.* Descrição dos metais.
me.ta.loi.de *s.m.* Semimetal.
me.ta.lur.gi.a *s.f.* Técnica de extração e purificação dos metais.
me.ta.lúr.gi.co *adj.* Relativo à metalurgia; *s.m.* o que se ocupa de metalurgia.
me.ta.mor.fo.se *s.f.* Mudança de forma ou de estrutura que ocorre com certos animais.
me.ta.nol *s.m. Quím.* Álcool metílico.
me.ta.tar.so *s.m.* Parte do pé dos vertebrados, entre o dorso e os dedos.
me.ta.zo.á.rio *adj. Geol.* Posterior à aparição dos animais. *s.m.pl. Zool.* Divisão que compreende os seres pluricelulares.
me.te.di.ço *adj.* Intrometido.
me.tem.psi.co.se *s.f.* Transmigração das almas de um corpo para outro.
me.te.ó.ri.co *adj.* Relativo a ou produzido por meteoro; muito veloz.
me.te.o.ris.mo *s.m. Med.* Inchação do ventre por flatulência.
me.te.o.ri.to *s.m.* Massa pétrea que cai sobre a Terra.
me.te.o.ro *s.m.* Qualquer fenômeno atmosférico; estrela cadente.
me.te.o.ro.lo.gi.a *s.f.* Ramo da Ciência que trata dos fenômenos atmosféricos.
me.te.o.ro.lo.gis.ta *s.2gên.* Pessoa que conhece e estuda Meteorologia.
me.ter *v.t.d.* Introduzir, fazer entrar, pôr, *v.t.i.* entrar; *v.pron.* atrever-se. (Antôn.: *retirar*.)
me.ti.cu.lo.so *adj.* Minucioso.
me.ti.do *adj.* Intrometido.
me.tó.di.co *adj.* Feito com método, ou que o tem; minucioso.
me.to.di.zar *v.t.d.* Tornar metódico; organizar.
mé.to.do *s.m.* Técnica de ensino.
me.to.do.lo.gi.a *s.f.* Tratado dos métodos.
me.to.ní.mia *s.f.* Tropo que consiste em tratar o todo pela parte.
me.tra.gem *s.f.* Medição em metros.
me.tra.lha *s.f.* Pedaços de ferro com que se carregam as peças de artilharia.
me.tra.lha.do.ra *s.f.* Arma de fogo, disposta a lançar automaticamente e de forma rápida cargas de metralha.
me.tra.lhar *v.t.d.* Dar tiros de metralha.
mé.tri.ca *s.f.* Disciplina que trata dos elementos necessários à confecção dos versos.
me.tri.fi.ca.ção *s.f.* Ação ou arte de metrificar.
me.tri.fi.car. *v.t.d.* Reduzir a metro; pôr em verso; *v.intr.* versejar.
me.tri.te *s.f. Pat.* Inflamação do útero.
me.tro *s.m.* Medida de comprimento; medida silábica do verso; objeto que serve para medir e tem o comprimento de um metro.

me.tro.lo.gi.a *s.f.* Tratado dos pesos e medidas.
me.trô.no.mo *s.m.* Instrumento para regular o compasso musical.
me.tró.po.le *s.f.* Cidade principal ou capital de província ou estado.
me.tro.po.li.ta.no *adj.* Que diz respeito a metrópole.
meu *pron.pos.* De mim; pertencente a mim.
me.xe.di.ço *adj.* Que mexe muito.
me.xer *v.t.d.* e *intr.* Misturar (movendo); perturbar; *v.t.i.* bulir; tocar; *v.pron.* agitar-se.
me.xe.ri.ca Tangerina.
me.xe.ri.co *s.m.* Ato de mexericar; intriga.
me.xi.do *adj.* Tocado; agitado.
me.xi.lhão *s.m.* Nome de um molusco lamelibrânquio; *adj.* que mexe em tudo.
me.za.ni.no *s.m.* Andar intermediário entre o térreo (ou entrada) de um edifício e o 1º andar, geralmente ocupado.
me.zi.nha *s.f. Pop.* Remédio caseiro.
mi.a.do *s.m.* A voz do gato; mio.
mi.as.ma *s.m.* Emanação pestilencial provinda da decomposição de organismos animais ou vegetais.
mi.ca *s.f.* Mineral que se fende em lâmina fina.
mi.ca.do *s.m.* Título do imperador do Japão.
mi.ca.gem *s.f.* Trejeito, careta.
mi.çan.ga *s.f.* Pequenos grãos de vidro colorido.
mic.ção *s.f.* Ação ou efeito de urinar.
mi.chê *s.m.* Prostituto.
mi.co *s.m.* Pequeno macaco.
mi.co.se *s.f. Med.* Doença provocada por fungos.
mi.crei.ro *s.m.* Aquele que se dedica intensamente ao uso, pesquisa e/ou estudo de microcomputadores.
mi.cro *s.m.* Mícron; abreviação de microcomputador.
mi.cró.bio *s.m.* Ser microscópico vegetal ou animal.
mi.cro.bi.o.lo.gi.a *s.f.* Estudo sobre micróbios.
mi.cro.com.pu.ta.dor *s.m.* Computador de pequeno porte, no qual a unidade de processamento é constituída por um único circuito.
mi.cro.cos.mo *s.m.* O mundo infinitamente pequeno (dos micróbios).
mi.cro.fil.mar *v.t.d.* Fotografar documentos em microfilme.
mi.cro.fil.me *s.m.* Fotografia realizada em filme.
mi.cro.fo.ne *s.m.* Aparelho destinado a transformar ondas sonoras em impulsos elétricos.
mi.cro.in.for.má.ti.ca *s.f.* A informática voltada para os microcomputadores.
mi.crô.me.tro *s.m.* Aparelho com que se avaliam pequenas dimensões.
mí.cron *s.m.* Milésima parte do milímetro; micro.
mi.cro.or.ga.nis.mo *s.m.* Diz-se do organismo infinitamente pequeno. (Var.: *microrganismo*.)

mi.cros.có.pi.co *adj.* Referente à microscopia; minúsculo.
mi.cros.có.pio *s.m.* Instrumento de amplificação dos objetos.
mi.cro.zo.á.rio *s.m.* Animal só visível ao microscópio.
mic.tó.rio *s.m.* Lugar para micção.
mi.dia *s.f.* Os meios de comunicação.
mi.ga.lha *s.f.* Quantidade insignificante.
mi.gra.ção *s.f.* Passagem de um país para outro.
mi.grar *v.t.d. e i., v.intr.* Mudar de uma região para outra.
mi.gra.tó.rio *adj.* Relativo à migração.
mijar *v.intr. e pron.* Urinar.
mil *num.* Dez vezes cem; o número 1000. *Fig.* Muitíssimo.
mi.la.gre *s.m.* Ato ou poder divino; maravilha.
mi.la.grei.ro *adj. e s.m.* Que ou aquele que tudo atribui a milagre.
mi.la.gro.so *adj.* Que realiza milagres.
mi.le.nar *adj.2gên.* O mesmo que *miliário* ou *milenário*.
mi.le.ná.rio *adj.* Que tem mil anos; *s.m.* o espaço de mil anos.
mi.lê.nio *s.m.* Dez séculos ou mil anos.
mi.lé.si.ma *s.f.* Cada uma das mil partes em que se pode dividir um todo.
mi.lé.si.mo *adj.* Ordinal de mil; referente ao que, numa série de mil, ocupa o último lugar.
mi.lha *s.f.* Antiga medida itinerária variável segundo os países.
mi.lha.gem *s.f.* Contagem das milhas.
mi.lhão¹ *num.* Mil vezes mil ou multiplicado por mil.
mi.lhão² *s.m.* Milho de grão graúdo.
mi.lhar *num.* Mil unidades; milheiro.
mi.lha.ral *s.m.* Plantação de milho.
mi.lhe.i.ral *s.m.* O mesmo que *milharal*.
mi.lhei.ro *num.* O número mil; milhar.
mi.lho *s.m.* Espécie de grão farináceo, de que há várias espécies.
mi.li.á.rio *adj.* Relativo a milha.
mi.lí.cia *s.f.* Força militar.
mi.li.co *s.m.* Expressão sulina designativa de soldado.
mi.li.li.tro *s.m.* A milésima divisão do litro.
mi.li.o.ná.rio *adj. e s.m.* Riquíssimo.
mi.li.tan.te *adj.2gên.* Que milita.
mi.li.tar *v.intr.* Servir a carreira das armas; combater; *adj.2gên.* relativo à milícia; *s.m.* soldado.
mi.li.ta.ris.mo *s.m.* Sistema político em que predomina o elemento militar.
mi.lon.ga *s.f.* Sortilégio ou feitiço.
mi.lor.de *s.m.* Tratamento que se dá aos lordes ou pares da Inglaterra..
mi.mar *v.t.d.* Tratar com carinho.

mi.me.ó.gra.fo *s.m.* Aparelho de tirar cópias de folhas escritas no estêncil.
mi.me.tis.mo *s.m.* Fenômeno em que um animal se adapta à cor e à configuração dos objetos em cujo meio vive.
mí.mi.ca *s.f.* Gesticulação.
mí.mi.co *adj.* Relativo à mímica; que se expressa por meio de gestos.
mi.mo *s.m.* Presente delicado; carinho.
mi.mo.se.ar *v.t.d.* Presentear; afagar.
mi.mo.so *adj.* Acostumado a ser tratado com mimo; delicado.
mi.na² *s.f.* Escavação mais ou menos profunda para extrair minerais, carvão-de-pedra etc.; lugar onde se encontram coisas preciosas; engenho de guerra que contém matérias explosivas; nascente de água.
mi.nar *v.t.d.* Abrir mina para extrair minerais; consumir lentamente; *v.intr.* disseminar.
mi.na.re.te *s.m.* Torre elevada próxima à mesquita de onde se chama o povo muçulmano à oração.
mi.naz *adj.2gên.* Ameaçador.
min.di.nho *adj. e s.m.* Diz-se do, ou o dedo mínimo.
mi.nei.ro¹ *adj.* Referente a mina; *s.m.* indivíduo que trabalha em minas; proprietário de mina.
mi.nei.ro² *adj.* Concernente ao estado de Minas Gerais; *s.m.* oriundo desse estado.
mi.ne.ra.ção *s.f.* Exploração das minas e apuração dos metais delas extraídos.
mi.ne.ra.dor *s.m.* Indivíduo que realiza trabalhos de mineração.
mi.ne.ral *adj.2gên.* Que diz respeito aos minerais; inorgânico; nome das águas que apresentam minerais em dissolução.
mi.ne.ra.lo.gi.a *s.f.* Ramo da História Natural que se ocupa do minerais.
mi.ne.ra.lo.gis.ta *s.2gên.* Pessoa que conhece ou estuda Mineralogia.
mi.ne.rar *v.t.d.* Extrair minerais, metais das minas.
mi.né.rio *s.m.* Metal combinado com outras substâncias tal como é retirado da mina.
min.gau *s.m.* Papas de farinha de trigo, milho etc.
min.go.las *s.2gên.2n.* Avaro.
min.gua *s.f.* Falta; escassez.
min.gua.do *adj.* Escasso.
min.guan.te *adj. e 2gên.* Que míngua; *s.m.* quarto minguante.
min.guar *v.t.d. e intr.* Tornar-se menor; escassear.
mi.nho.ca *s.f.* Verme anelídeo.
mi.ni.a.tu.ra *s.f.* Qualquer coisa em ponto pequeno.
mi.ni.a.tu.ris.ta *s.2gên.* Pessoa que faz miniaturas.
mi.ni.cur.so *s.m.* Curso de rápida duração, às vezes de poucas horas só.
mi.ni.fún.dio *s.m.* Pequena propriedade rural.

mi.ni.gân.cias *s.f.pl.* Bugigangas.
mí.ni.ma *s.f.* Figura musical valendo a metade da semibreve ou duas semínimas.
mi.ni.mi.zar *v.t.d.* Reduzir ao menor possível; depreciar.
mí.ni.mo *adj.* Que é menor; insignificante.
mi.nis.té.rio *s.m.* Ofício; os ministros que formam um gabinete.
mi.nis.trar *v.t.d.* Prestar; fornecer.
mi.nis.tro *s.m.* Membro de ministério; sacerdote.
mi.no.rar *v.t.d.* Suavizar; diminuir.
mi.no.ra.ti.vo *adj.* Próprio para minorar.
mi.no.ri.a *s.f.* Inferioridade numérica.
mi.no.ris.ta *s.m.* Religioso das ordens menores.
mi.no.ri.tá.rio *adj.* Relativo a minoria.
mi.no.tau.ro *s.m.* Animal mitológico com cabeça de touro e corpo de homem.
mi.nu.a.no *s.m. Pop.* Vento frio e seco oriundo dos Andes.
mi.nú.cia *s.f.* Pormenor; particularidade.
mi.nu.ci.o.so *adj.* Que trata de minúcias; pormenorizado.
mi.nu.dên.cia *s.f.* O mesmo que *minúcia*; detalhe.
mi.nu.en.do *s.m. Mat.* Número de que se subtrai outro.
mi.nús.cu.lo *adj.* Excessivamente pequeno.
mi.nu.ta *s.f.* Rascunho.
mi.nu.to *s.m.* Sexagésima parte de uma hora ou de um grau.
mi.o.cár.dio *s.m. Anat.* Porção muscular do coração.
mi.o.ce.no *adj. Geol.* Uma das divisões da era terciária.
mi.o.lo *s.m.* Parte do pão no interior da côdea; cérebro.
mi.o.lo.gia *s.f.* Estudo dos músculos.
mi.o.ma *s.m. Pat.* Tumor constituído especialmente por tecido muscular.
mí.o.pe *adj.* e *s.m.* Que, ou aquele que tem miopia.
mi.o.pi.a *s.f.* Anomalia visual que dificulta a visão de objetos distantes do observador.
mi.que.a.do *adj.* Sem dinheiro.
mi.ra *s.f.* Apêndice metálico no cano das armas de fogo.
mi.ra.bo.lan.te *adj.* Fantástico.
mi.ra.cu.lo.so *adj.* Milagroso.
mi.ra.gem *s.f.* Fenômeno óptico, em virtude do qual objetivos distantes produzem imagem invertida.
mi.ra.mar *s.m.* Mirante sobre o mar.
mi.ran.te *s.m.* Construção elevada de onde se observam os horizontes.
mi.rar *v.t.d.* Fixar a vista em alguém; observar.
mi.ri.a.de *s.f.* Número de dez mil.
mi.ri.â.me.tro *s.m.* Comprimento de dez mil metros.
mi.ri.á.po.de *adj.2gên.* Que tem muitos pés; *s.m.* centopeia.
mi.rí.fi.co *adj.* Admirável.
mi.rim *adj. Bras.* O mesmo que *pequeno*.
mir.ra *s.f.* Certa planta de resina perfumada.
mir.ra.do *adj.* Definhado; magro.
mir.rar *v.t.d.* Definhar; tirar gradativamente as forças a; *v.intr.* e *pron.* humilhar-se. (Antôn.: viçar.)
mi.san.tro.pi.a *s.f.* Aversão ao convívio humano; melancolia.
mi.san.tró.pi.co *s.m.* Aquele que tem aversão pela sociedade.
mis.ce.lâ.nea *s.f.* Coletânea de diversas obras literárias.
mis.ci.ge.na.ção *s.f.* Cruzamento entre raças ou variedades diferentes.
mis.cí.vel *adj.* Que se pode misturar.
mi.se.ran.do *adj.* Digno de pena.
mi.se.rá.vel *adj.2gên.* Desgraçado; perverso; pobre.
mi.sé.ria *s.f.* Pobreza; avareza.
mi.se.ri.cór.dia *s.f.* Compaixão pela miséria alheia; perdão.
mí.se.ro *adj.* Miserável.
mi.só.ga.mo *adj.* e *s.m.* Que tem horror ao casamento.
mi.so.ne.ís.mo *s.m.* Aversão a tudo o que é novo, por apego ao tradicional.
mis.sa *s.f.* Ritual com que a Igreja celebra o sacrifício de Jesus Cristo.
mis.sal *s.m.* Livro com as orações e os textos da missa.
mis.são *s.f.* Ato de enviar ou de ser enviado; incumbência.
mís.sil *adj.2gên.* Próprio para ser arremessado; arma moderna.
mis.si.o.ná.rio *s.m.* Pregador de missões.
mis.si.va *s.f.* Carta que se manda a alguém.
mis.ter *s.m.* Ofício; profissão.
mis.té.rio *s.m.* Culto religioso secreto; segredo.
mís.ti.ca *s.f.* Estudo ou contemplação das coisas espirituais, divinas; misticismo.
mis.ti.cis.mo *s.m.* Conjunto de práticas religiosas que levam à contemplação dos atributos divinos; religiosidade.
mís.ti.co *adj.* De sentido misterioso, oculto; *s.m.* religioso iluminado pela fé.
mis.ti.fi.car *v.t.d.* Abusar da credulidade de; enganar; dar caráter secreto a.
mis.to *adj.* Misturado.
mí.ti.co *adj.* Que ou próprio de mito; fabuloso; fantástico.
mi.ti.fi.car *v.t.d.* Transformar em mito.
mi.ti.gar *v.t.d.* Aliviar; acalmar.
mi.to *s.m.* Fábula; lenda; ideia ou coisa falsa.

mi.to.lo.gi.a *s.f.* Ciência, estudo ou tratado sobre os mitos; o conjunto dos mitos.
mi.to.ma.ni.a *s.f.* Tendência mórbida para a mentira ou a fabulação.
mi.tô.ni.mo *s.m.* Nome próprio de deuses, heróis etc. mitológicos.
mi.tra *s.f.* Barrete alto e cônico de bispo.
mi.tri.da.tis.mo *s.m.* Imunidade contra venenos adquirida pela absorção destes em doses pequenas e crescentes.
mi.u.ça.lha *s.f.* Conjunto de coisas miúdas; criançada.
mi.ú.do *adj.* Muito pequeno.
mi.xe *adj.2gên.* Escasso; insignificante.
mi.xór.dia *s.f.* Confusão.
mne.mô.ni.ca *s.f.* Arte de cultivar a memória.
mne.mô.ni.co *adj.* Relativo a memória.
mó.bil *adj.2gên.* Móvel; *s.m.* motivo.
mo.bí.lia *s.f.* Conjunto de móveis de casa; mobiliário.
mo.bi.li.da.de *s.f.* Qualidade do que é móvel.
mo.bi.li.zar *v.t.d.* Pôr em ação.
mo.ça *s.f.* Rapariga; pessoa ainda nova do sexo feminino.
mo.ça.da *s.f.* Grupo de moços ou moças.
mo.ce.tão *s.m.* Rapaz forte.
mo.cho *adj.* Referente ao animal desprovido de chifres.
mo.ci.da.de *s.f.* Idade juvenil; os moços.
mo.ço *s.m.* Jovem; pessoa ainda jovem do sexo masculino.
mo.co.tó *s.m.* Patas de vaca ou boi cruas ou guisadas.
mo.da *s.f.* Maneira de usar trajes etc.; costume; cantiga.
mo.dal *adj.2gên.* Relativo à modalidade; condicional.
mo.da.li.da.de *s.f.* Maneira de ser; circunstância.
mo.de.la.gem *s.f.* Processo de modelar; coisa modelada.
mo.de.lar[1] *v.t.d.* Fazer moldes; moldar; *v.t.i.* conformar.
mo.de.lar[2] *adj.2gên.* Exemplar.
mo.de.lo *s.m.* Figura ou imagem para ser imitada; exemplo.
mo.dem *s.m. Inform.* Diz-se do equipamento que transforma sinais digitais em sinais sonoros para linha telefônica, e vice-versa.
mo.de.ra.ção *s.f.* Comedimento.
mo.de.ra.do *adj.* Comedido.
mo.de.rar *v.t.d.* Conter nos limites convenientes; *v.pron.* evitar excessos.
mo.der.nis.mo *s.m.* Inclinação pelas inovações; nome de vários movimentos literários e artísticos.
mo.der.nis.ta *s.2gên.* Pessoa apaixonada por coisas modernas; adepto do Modernismo.

mo.der.ni.zar *v.t.d.* Tornar moderno.
mo.der.no *adj.* Dos nossos dias; em moda.
mo.dés.tia *s.f.* Propriedade de modesto; recato.
mo.des.to *adj.* Comedido; simples.
mó.di.co *adj.* Medíocre; pequeno.
mo.di.fi.ca.ção *s.f.* Ação de modificar.
mo.di.fi.car *v.t.d.* Moderar; alterar; *v.pron.* alterar-se.
mo.di.nha *s.f.* Cantiga popular.
mo.dis.mo *s.m.* Modo de falar admitido pelo uso, mas contrário às regras gramaticais.
mo.dis.ta *adj.* e *s.f.* Mulher que faz vestuários ou dirige sua confecção.
mo.do *s.m.* Maneira de ser; uso; moda. *Gram.* As diversas variações que sofrem os verbos.
mo.dor.ra *s.f.* Sonolência.
mo.du.la.ção *s.f.* Ação de modular; entoação.
mo.du.lar *v.t.d.* Cantar ou tocar variando de tom.
mó.du.lo *adj.* O mesmo que *melodioso*.
mo.e.da *s.f.* Peça de metal cunhada por autoridade superior que serve nas transações comerciais.
mo.e.la *s.f.* Porção fortemente musculosa do estômago das aves.
mo.en.da *s.f.* Mó de moinho; operação de moer.
mo.er *v.t.d.* Reduzir a pó; triturar; *v.intr.* trabalhar (o moinho); *v.pron.* fatigar-se.
mo.fa *s.f.* Troça; zombaria.
mo.fi.no *adj.* Infeliz; azarento; covarde.
mo.fo *s.m.* Bolor.
mog.no *s.m.* Árvore da família das Meliáceas, que produz ótima madeira.
mo.i.ca.nos *s.m.pl.* Tribo de indígenas norte-americanos.
mo.í.do *adj.* Exausto.
mo.i.nho *s.m.* Engenho usado para moer cereais.
moi.ta *s.f.* Mata baixa e espessa.
mo.la *s.f.* Peça elástica que serve de motor a qualquer mecanismo.
mo.lam.ben.to *adj.* e *s.m.* Referente ao indivíduo maltrapilho.
mo.lam.bo *s.m. Bras.* Trapo.
mo.lar *adj.2gên.* Que serve para moer; referente aos dentes que se acham depois dos caninos.
mol.da.gem *s.f.* Ação de moldar.
mol.dar *v.t.d.* Fundir em molde; fazer o molde; amolar; *v.t.i.* adequar; *v.pron.* adaptar-se.
mol.de *s.m.* Modelo pelo qual se talha alguma coisa.
mol.du.ra *s.f.* Guarnição de painel, quadros, estampas etc.
mo.le[1] *s.f.* Volume considerável; edifício, corpo muito volumoso.
mo.le[2] *adj.* Brando; falto de energia.
mo.le.ca.da *s.f.* Ação de moleque; bando de moleques.
mo.le.ca.gem *s.f.* Molecada; peraltagem.

mo.le.co.te *s.m.* Moleque desenvolvido.
mo.lé.cu.la *s.f.* A menor porção de um corpo que pode subsistir isoladamente sem perder suas características.
mo.le.cu.lar *adj.2gên.* Relativo a molécula.
mo.lei.ra *s.f.* Fontanela.
mo.le.jo *s.m.* Conjunto de molas.
mo.len.ga *adj.* Mole.
mo.le.que *s.m.* Menino de pouca idade.
mo.les.tar *v.t.d.* Afetar; incomodar.
mo.lés.tia *s.f.* Sofrimento físico; doença.
mo.les.to *adj.* Penoso.
mo.le.za *s.f.* Falta de forças.
mo.lha.de.la *s.f.* Ato de molhar; banho.
mo.lha.do *adj.* Umedecido com água ou outro líquido.
mo.lhar *v.t.d.* Embeber em líquido; banhar. (Antôn.: *secar*.)
mo.lho[1] *s.m.* Feixe; manada.
mo.lho[2] *s.m.* Caldo ou tempero de iguarias.
mo.lí.cie *s.f.* Moleza.
mo.li.ne.te *s.m.* Cabrestante que sustenta a âncora.
mo.lus.co *s.m.* Animal invertebrado, comunente encerrado em conchas, que pertence à terceira classe do reino animal.
mo.men.tâ.neo *adj.* Instantâneo; passageiro.
mo.men.to *s.m.* Brevíssimo espaço de tempo; ocasião.
mo.men.to.so *adj.* Importante.
mo.mi.ce *s.f.* Careta; trejeito.
mo.mo *s.m.* Representação mímica; rei do carnaval.
mo.na.cal *adj.2gên.* Referente a monge ou à vida em mosteiro.
mo.nar.ca *s.m.* Único imperante de uma nação.
mo.nar.qui.a *s.f.* Estado governado por monarca.
mo.nar.quis.ta *s.2gên.* Partidário da monarquia.
mo.nas.té.rio *s.m.* Mosteiro.
mo.nás.ti.co *adj.* Monacal.
mon.ção *s.f.* Tempo favorável à navegação.
mon.dar *v.t.d.* Arrancar (erva ruim); carpir.
mo.ne.ra *s.f.* Organismo idealizado por Haeckel, e por ele considerado a transição do reino vegetal para o animal.
mo.ne.tá.rio *adj.* Relativo à moeda.
mon.ge *s.m.* Frade de mosteiro.
mo.ni.tor *s.m.* Auxiliar de professor; unidade que exibe dados gerados por computador.
mo.ni.tó.ria *s.f.* Aviso em que se convida o público a declarar o que sabe acerca de um crime.
mo.ni.tó.rio *adj.* Que admoesta ou repreende.
mon.ja *s.f.* Freira ou religiosa de um convento.
mon.jo.lo *s.m.* Engenho rudimentar movido a água, para pilar milho.
mo.no.ci.clo *s.m.* Velocípede de uma só roda.

mo.nó.cu.lo *s.m.* Luneta de um só vidro; *adj.* que tem só um olho.
mo.no.cul.tu.ra *s.f.* Cultura exclusiva de um só produto agrícola.
mo.no.fo.bi.a *s.f.* Medo mórbido da solidão.
mo.no.ga.mi.a *s.f.* Estado do que tem uma só esposa.
mo.no.gra.fi.a *s.f.* Dissertação escrita sobre um só assunto.
mo.nó.gra.fo *adj.* Que trata de um só objeto; *s.m.* autor de monografias.
mo.no.gra.ma *s.m.* Letras iniciais de nome, entrelaçadas.
mo.no.li.to *s.m.* Pedra de grande dimensão.
mo.no.ló.go *s.m.* Cena de qualquer peça teatral em que só um ator fala.
mo.no.pla.no *s.m.* Tipo de aeroplano provido de um único plano de sustentação.
mo.no.pó.lio *s.m.* Privilégio.
mo.no.po.li.zar *v.t.d.* Fazer ou ter monopólio.
mo.nos.sí.la.bo *adj.* De uma única sílaba.
mo.no.te.ís.mo *s.m.* Adoração, culto de um só Deus.
mo.no.ton.go *s.m.* Dígrafo.
mo.no.to.ni.a *s.f.* Propriedade de monótono.
mo.nó.to.no *adj.* Que tem invariavelmente o mesmo tom; em que há monotonia; invariável.
mon.se.nhor *s.m.* Título honorífico concedido pelo papa a alguns eclesiásticos.
mons.tro *s.m.* Ser desproporcional; pessoa muito feia, perversa.
mons.tru.o.si.da.de *s.f.* Qualidade de monstruoso.
mon.ta *s.f.* Valor; total.
mon.ta.gem *s.f.* Operação de montar.
mon.ta.nha *s.f.* Série de motes; coisa muito elevada em volume.
mon.ta.nhês *adj.* e *s.m.* Que, ou aquele que habita as montanhas.
mon.ta.nho.so *adj.* Cheio de montanhas.
mon.tan.te *adj.* Que se leva; *s.m.* enchente da maré; soma.
mon.tão *s.m.* Acumulação desordenada.
mon.tar *v.t.d.* e *intr.* Pôr-se a cavalo; armar; aprontar para funcionar.
mon.ta.ria *s.f.* Cavalgadura.
mon.te *s.m.* Grande porção de terra que se ergue acima do nível do solo; ajuntamento.
mon.te.pi.o *s.m.* Pensão para viúva ou órfão, paga pelo governo ou por instituição.
mon.têsˆ *adj.2gên.* Que se cria, cresce ou vive nos montes; rude.
mon.tí.cu.lo *s.m.* Pequeno monte.
mon.tra *s.f.* Mostruário ou vitrine em estabelecimento comercial.

mon.tu.ro *s.m.* Lugar onde se lançam imundícies e dejetos.
mo.nu.men.tal *adj.2gên.* Referente a monumento; magnífico.
mo.nu.men.to *s.m.* Obra de arquitetura ou de escultura para recordar fato ou pessoa notável; edifício grandioso.
mo.que.ar *v.t.d.* Assar ligeiramente (carnes, peixes), para melhor conservação.
mo.que.ca *s.f.* Guisado de peixe com azeite e pimenta e onde entram, eventualmente, mariscos.
mo.quém *s.m.* Grelha para assar ou secar carne ou peixe.
mor *adj.* Síncope de *maior*.
mo.ra *s.f.* Demora.
mo.ra.da *s.f.* Habitação.
mo.ra.di.a *s.f.* Morada; casa.
mo.ra.dor *adj.* e *s.m.* Que, ou aquele que mora.
mo.ral *s.f. Filos.* Estudo dos deveres ou da conduta humana; *adj.* relativo aos costumes.
mo.ra.li.da.de *s.f.* Qualidade do que é moral.
mo.ra.lis.ta *s.2gên.* O que trata da moral.
mo.ra.li.zar *v.t.d.* Doutrinar; dar bons exemplos.
mo.rar *v.t.d.* Habitar; achar-se; *v.intr.* viver.
mo.ra.tó.ria *s.f.* Dilação de prazo concedida ao devedor para pagamento de dívida.
mo.ra.tó.rio *adj.* Que envolve demora.
mor.bi.dez *s.f.* Enfraquecimento doentio.
mór.bi.do *adj.* Doentio.
mor.bo *s.m.* Doença.
mor.ce.go *s.m.* Mamífero da ordem dos Quirópteros, de asas membranosas e de vida noturna.
mor.ce.la *adj.2gên.* e *s.f.* Espécie de chouriço em que o elemento principal é o sangue de porco.
mor.da.ça *s.f.* Objeto que se põe na boca para impedir a fala.
mor.da.ci.da.de *s.f.* Crítica severa ou injusta.
mor.daz *adj.* Que morde; maledicente.
mor.de.du.ra *s.f.* Ato de morder; dentada.
mor.den.te *adj.2gên.* Crítico; mordaz.
mor.der *v.t.d.* Apertar com os dentes; aborrecer; *v.intr.* dar dentadas; *v.pron.* afligir-se.
mor.di.da *s.f.* Marca de dentes.
mor.di.do *adj.* Que sofreu mordedura.
mor.dis.car *v.t.d.* O mesmo que *mordicar*.
mor.do.mo *s.m.* Aquele que administra casas ou estabelecimento de outrem.
mo.re.na *s.m.* Modalidade de dança; mulher de cor trigueira.
mo.re.no *adj.* e *s.m.* Referente ao indivíduo de cor trigueira.
mor.féi.a *s.f.* Lepra.
mor.fe.ma *s.m.* Elemento de formação que expressa a categoria da palavra, o gênero, o número, a pessoa e a relação sintática (sujeito ou complemento).

mor.fé.ti.co *adj.* e *s.m.* Leproso.
mor.fi.na *s.f.* Alcaloide tóxico de ópio.
mor.fo.lo.gi.a *s.f.* Estudo das formas exteriores dos seres vivos; parte da gramática que estuda a forma e a transformação dos vocábulos.
mor.fo.ló.gi.co *adj.* Referente à morfologia.
mor.ga.do *s.m.* O filho primogênito, herdeiro de bens vinculados.
mor.gue *s.f.* Necrotério.
mo.ri.bun.do *adj.* Que está prestes a morrer.
mo.ri.ge.rar *v.t.d.* Moderar os costumes de.
mo.rim *s.m.* Pano de algodão muito fino e branco.
mo.rin.ga *s.f.* Bilha para água.
mor.ma.ço *s.m.* Tempo mormacento.
mor.men.te *adv.* Principalmente.
mor.no *adj.* Pouco quente.
mo.ro.si.da.de *s.f.* Lentidão.
mo.ro.so *adj.* Demorado; difícil de fazer.
mor.rão *s.m.* Extremidade carbonizada de mecha ou torcida.
mor.rer *v.intr.* Deixar de viver; falecer; *v.t.i.* acabar; *v.pron.* finar-se. (Antôn.: *nascer, viver.*)
mor.ri.nha *s.f.* Caatinga.
mor.ro *s.m.* Monte pouco alto; colina.
mor.sa *s.f.* Mamífero pinípede, espécie de foca.
mor.ta.de.la *s.f.* Tipo de grande chouriço ou salame.
mor.tal *adj.2gên.* Sujeito à morte, ou que a causa.
mor.ta.lha *s.f.* Envoltório de defunto. *Fig.* Sepultura.
mor.ta.li.da.de *s.f.* Propriedade do que é mortal; o ser mortal.
mor.tan.da.de *s.f.* Matança.
mor.te *s.f.* Ação de morrer; extinção da vida, das funções vitais; fim.
mor.tei.ro *s.m.* Canhão curto de boca larga.
mor.ti.cí.nio *s.m.* Matança.
mor.ti.ço *adj.* Próximo a apagar-se; desanimado.
mor.tí.fe.ro *adj.* Que mata; mortal.
mor.ti.fi.ca.ção *s.f.* Aflição; desgosto.
mor.ti.fi.car *v.t.d.* Afligir; castigar.
mor.to *adj.* Privado de vida; extinto; defunto; falecido; *s.m.* cadáver humano.
mor.tu.á.rio *adj.* Relativo a morte ou a morto; fúnebre.
mo.sai.co *s.m.* Pavimento de ladrilhos variegados. *Fig.* Miscelânea.
mos.ca *s.f.* Inseto díptero. *Fig.* Pessoa importuna.
mos.ca.do *adj.* Aromático.
mos.car *v.intr.* Sumir.
mos.car.do *s.m.* Mutuca. *Gír.* Bofetão.
mos.que.a.do *adj.* Que tem malhas escuras.
mos.que.ar *v.t.d.* Salpicar de pintas.
mos.que.tão *s.m.* Pequeno fuzil de artilheiros e cavalheiros.
mos.que.te *s.m.* Tipo de espingarda reforçada.

mos.que.tei.ro *s.m.* Cavaleiro da guarda real da França.

mos.qui.tei.ro *s.m.* Cortinado do leito para proteger de mosquitos.

mos.qui.to *s.m.* Gênero de insetos dípteros.

mos.sa *s.f.* Vestígio de pancada ou pressão. *Fig.* Impressão moral.

mos.tar.da *s.f.* Semente da mostardeira; molho feito com a farinha dessa semente.

mos.tei.ro *s.m.* Convento.

mos.to *s.m.* Vinho novo.

mos.tra *s.f.* Ato de mostrar; amostra.

mos.tra.dor *adj.* e *s.m.* Que mostra, revela.

mos.trar *v.t.d.* Apontar com a mão ou dedo; indicar; provar; apresentar; *v.t.d.* e *i.* ensinar; *v.pron.* surgir em público. (Antôn.: *esconder*.)

mos.tru.á.rio *s.m.* Série de amostras de determinado produto que o vendedor expõe ao comprador.

mo.te *s.m.* Sentença ou pensamento expresso em verso para ser glosado; tema.

mo.te.jo *s.m.* Zombaria.

mo.te.te *s.m.* Dito engraçado ou satírico.

mo.tim *s.m.* Desordem; revolta.

mo.ti.va.ção *s.f.* Ato de motivar.

mo.ti.va.do *adj.* Ocasionado; determinado.

mo.ti.var *v.t.d.* e *v.t.i.* Provocar; dar motivo.

mo.ti.vo *s.m.* Causa; *adj.* que pode fazer mover.

mo.to.ci.cle.ta *s.f.* Bicicleta movida a motor de explosão.

mo.to.ci.clis.ta *s.2gên.* Pessoa que conduz na motocicleta.

mo.tor *adj.* Que dá movimento; *s.m.* tudo o que põe em movimento um maquinismo.

mo.to.ris.ta *s.2gên.* Pessoa que guia o automóvel.

mo.tos.ser.ra *s.f.* Serra portátil, elétrica ou com motor a combustível, empregada para a derrubada de árvores de grande porte.

mo.triz *adj.* Que dá movimento a alguma coisa.

mou.co *adj.* Surdo.

mou.rão *s.m.* Esteio grosso ou estaca forte onde se amarram animais ou em que se prendem os fios de arame de cerca.

mou.ris.co *adj.* Relativo a mouros.

mou.ro *adj.* Mourisco; relativo aos mouros; *s.m.* indivíduo da Mauritânia; idólatra; infiel.

mo.ve.di.ço *adj.* Que se move com facilidade; instável.

mó.vel *adj.2gên.* Que se pode mover; *s.m.* peça de mobília.

mo.ver *v.t.d.* Pôr em movimento; mexer; comover; *v.pron.* deixar-se convencer. (Antôn.: *paralisar*.)

mo.vi.do *adj.* Abalado; levado.

mo.vi.men.tar *v.t.d.* Pôr em movimento; impulsionar; *v.pron.* agitar-se.

mo.vi.men.to *s.m.* Ação ou resultado de mover ou de mover-se; trejeito.

mu.am.ba *s.f.* Mercadoria contrabandeada.

mu.am.bei.ro *s.m.* Aquele que faz muambas.

mu.ca.ma *s.f. Bras.* Escrava jovem escolhida para os serviços caseiros.

mu.co *s.m.* Líquido viscoso.

mu.co.sa *s.f.* Membrana que forra as cavidades do organismo e que agrega muco.

mu.çul.ma.no *adj.* e *s.m.* Islâmico.

mu.da.do *adj.* Transformado; diferente; deslocado.

mu.dan.ça *s.f.* Ato de mudar; alteração.

mu.dar *v.t.d.* Alterar; modificar; *v.intr.* ir habitar outra casa. (Antôn.: *manter*.)

mu.dez *s.f.* Privação da fala. *Fig.* Silêncio.

mu.do *adj.* Que não fala.

mu.gi.do *s.m.* Voz do touro, boi ou vaca.

mu.gir *v.intr.* Dar mugidos; soprar violentamente.

mu.gun.zá *s.m.* Nome dado, no Nordeste, à iguaria feita de grãos de milho cozidos com leite de vaca e leite de coco; no Sul, é conhecida por canjica.

mui *adj.* Contr. de muito, usada antes de advérbios e de adjetivos.

mui.ra.qui.tã *s.m.* Amuleto amazônico, com formas variadas de animais, talhado em relevo.

mui.to *adj.* Em grande quantidade; *adv.* abundantemente.

mu.la *s.f.* Fêmea do mulo.

mu.la.ta *s.f.* Mulher que descende de pai branco e mãe negra ou vice-versa; mestiça.

mu.la.to *s.m.* Filho de pai preto e mãe branca ou vice-versa; trigueiro.

mu.le.ta *s.f.* Bastão de braço curvo a que se arrimam os coxos.

mu.lher *s.f.* Pessoa do sexo feminino depois da puberdade; esposa.

mu.lhe.ren.go *adj.* Apaixonado por mulheres.

mu.lhe.ri.o *s.m.* As mulheres.

mul.ta *s.f.* Pena pecuniária.

mul.tar *v.t.d.* Impor ou aplicar multa a.

mul.ti.cor *adj.2gên.* De muitas cores.

mul.ti.dão *s.f.* Grande número de pessoas.

mul.ti.fá.rio *adj.* De muitos aspectos; variado.

mul.ti.la.te.ral *adj.2gên.* Que diz respeito a vários lados.

mul.ti.mí.dia *s.f.* O conjunto dos recursos modernos de comunicação.

mul.ti.pli.ca.ção *s.f.* Ação de multiplicar; operação aritmética em que se determina o produto de um número, tomado tantas vezes quantas são as unidades de outro.

mul.ti.pli.can.do *s.m.* O número a se multiplicar por outro.

mul.ti.pli.car *v.t.d.* Aumentar em número; propagar; *v.t.d.* e *i.* fazer a multiplicação aritmética; *v.intr.* e *pron.* reproduzir-se. (Antôn.: *dividir*.)
mul.ti.pli.cá.vel *adj.* Suscetível de se multiplicar.
mul.ti.pli.ci.da.de *s.f.* Grande quantidade; propriedade do que é multíplice.
múl.ti.plo *adj.* Que compreende várias coisas.
mú.mia *s.f.* Corpo embalsamado pelos antigos, sobretudo os egípcios.
mun.da.na *s.f.* Prostituta.
mun.da.nis.mo *s.m.* Maneira de viver dos que só andam em busca dos prazeres materiais.
mun.da.no *adj.* Do mundo; profano; material.
mun.dão *s.m.* Grande número de pessoas, animais ou coisas; vasta extensão de terra.
mun.di.al *adj.2gên.* Relativo ao mundo; geral.
mun.dí.cie *s.f.* Limpeza.
mun.do *s.m.* Universo; a Terra; cada um dos planetas; a sociedade; grande quantidade.
mun.gir *v.t.d.* Ordenhar.
mu.nhe.ca *s.f.* Pulso.
mu.ni.ção *s.f.* Conjunto de projéteis, balas.
mu.ni.ci.o.nar *v.t.d.* Prover de munições ou de mantimentos.
mu.ni.ci.pal *adj.2gên.* Relativo a município.
mu.ni.ci.pa.li.da.de *s.f.* Câmara municipal; prefeitura.
mu.ni.cí.pe *adj.2gên.* e *s.2gên.* Cidadão de um município.
mu.ni.cí.pio *s.m.* Território sob a jurisdição de uma câmara municipal.
mu.ni.fi.cen.te *adj.2gên.* Generoso.
mu.nir *v.t.d.* Prover; guarnecer de coisas necessárias; fortificar; *v.pron.* armar-se.
mú.nus *s.m.* Encargo; função.
mu.que *s.m.* Músculo; força muscular.
mu.qui.ra.na *adj. Pop.* Avarento.
mu.ral *adj.2gên.* Referente a muro ou a ele pertencente.
mu.ra.lha *s.f.* Muro de praça fortificada.
mu.rar *v.t.d.* Rodear com muros; fortificar; *v.pron.* cercar-se; acautelar-se.
mur.cha *s.f.* Ação de murchar; murchidão.
mur.char *v.t.d.* Ficar murcho; privar da força ou da intensidade.
mur.cho *adj.* Falto de viço ou frescura; triste.
mu.ri.ço.ca *s.f.* Mosquito.
mu.rí.deo *adj.* Semelhante a rato.
mur.mu.ran.te *adj.2gên.* Que murmura.
mur.mu.rar *v.t.d.* e *intr.* Falar sussurrando; resmungar; *v.t.i.* dizer mal de alguém.
mur.mu.ri.nho *s.m.* Sussurro de vozes simultâneas; queixa.
mur.mú.rio *s.m.* Murmurinho; palavras em voz baixa.
mu.ro *s.m.* Paredão que cerca um recinto.

mur.ro *s.m.* Soco.
mu.sa *s.f.* Cada uma das nove deusas que presidiam às artes liberais; a poesia.
mu.sá.ceo *adj.* Relativo ou semelhante à bananeira.
mu.sa.ra.nho *s.m.* Gênero de mamíferos que se nutrem de insetos.
mus.cu.la.ção *s.f.* Exercício muscular; o conjunto das ações musculares.
mus.cu.la.tu.ra *s.f.* O conjunto dos músculos do corpo.
mús.cu.lo *s.m.* Parte fibrosa, carnosa e contrátil que serve para executar movimentos do organismo animal.
mus.cu.lo.so *adj.* Provido de músculos; forte.
mu.seu *s.m.* Lugar destinado ao estudo das artes, letras etc. ou para depósito de produtos da natureza, da arte, objetos raros, antigos etc.
mus.go *s.m.* Família de plantas criptogâmicas celulares que vegetam em lugares úmidos e sombrios.
mú.si.ca *s.f.* Arte de combinar agradavelmente os sons; composição musical.
mu.si.cis.ta *s.2gên.* Amador de música; pessoa versada em coisas de música.
mu.si.cal *adj.* Musical; *s.m.* compositor.
mu.si.có.lo.go *s.m.* Aquele que discorre ou escreve sobre música.
mu.si.que.ta *s.f.* Música reles; pequeno trecho de música.
mus.se.li.na *s.f.* Tecido leve, próprio para vestuário de senhoras.
mu.ta.ção *s.f.* Mudança; alteração.
mu.tá.vel *adj.* O mesmo que *mudável*; alterável; instável.
mu.ti.la.ção *s.f.* Ação de mutilar.
mu.ti.la.do *s.m.* Aquele a quem falta um membro.
mu.ti.lar *v.t.d.* Privar de algum membro; decepar.
mu.ti.rão *s.m.* Auxílio gratuito que prestam uns aos outros os indivíduos, trabalhando em proveito de um só.
mu.tis.mo *s.m.* Mudez; silêncio.
mu.tu.ar *v.t.d.* Trocar entre si; permutar.
mu.tu.á.rio *s.m.* Aquele que recebe qualquer coisa por empréstimo.
mu.tu.ca *s.f.* Designativo, em São Paulo, da espora; no Nordeste, indivíduo covarde; no Rio Grande do Sul, galo de rinha ordinário.
mú.tuo *adj.* Recíproco.
mu.xi.ba *s.f.* Pele magra ou caída; pelanca.
mu.xi.cão *s.m.* Safanão.
mu.xin.ga *s.f.* Chicote.
mu.xo.xo *s.m.* Estalo com a língua para externar desprezo ou desdém.

n N

n *s.m.* Décima quarta letra do alfabeto português; abreviatura de Norte.

na Forma assumida do pronome oblíquo da 3ª pessoa do singular; contr. da prep. *em* + o art. *a*.

na.bo *s.m.* Planta crucífera de raiz comestível. *Pop.* Pessoa estúpida.

na.ção *s.f.* Comunidade estável de pessoas, constituída à base de uma comunidade de língua, de território, de vida econômica e formação psíquica.

na.cio.nal *adj.2gên.* Que diz respeito à nação ou que a ela é pertencente.

na.cio.na.li.da.de *s.f.* Propriedade de nacional; procedência nacional do indivíduo ou coisa; naturalização.

na.cio.na.lis.mo *s.m.* Patriotismo; exaltação de tudo que é próprio da nação a que se pertence.

na.cio.na.lis.ta *adj.2gên.* Referente à independência e aos interesses nacionais; *s.2gên.* adepto do Nacionalismo.

na.cio.na.li.zar *v.t.d.* Converter ao uso da nação; dar caráter ou aspecto nacional a; *v.pron.* habituar-se.

na.cio.nal-so.ci.a.lis.mo *s.m.* O mesmo que *nazismo*.

na.co *s.m.* Pedaço grande de qualquer coisa.

na.da *s.m.* Coisa nenhuma; a não-existência; ninharia; *adv.* de forma alguma.

na.da.dei.ra *s.f.* Órgão externo dos peixes que lhes serve para o nado.

na.da.dor *adj.* Que sabe nadar; próprio para nadar.

na.dar *v.intr.* Suster-se na água por meio do movimento dos braços e das pernas; flutuar.

ná.de.ga *s.f.* Parte carnuda no alto da coxa.

na.do *s.m.* Ação de nadar; *loc.adv.* nadando.

naf.ta *s.f.* Betume líquido, volátil, muito inflamável, de cheiro penetrante.

naf.ta.li.na *s.f.* Nome comercial do composto químico usado como repelente de insetos.

nái.lon *s.m.* Fibra artificial nitrogenada (de composição semelhante à das matérias plásticas), muito resistente e leve, empregada em diversas finalidades.

nai.pe *s.m.* Sinal distintivo das cartas de jogar.

na.ja *s.f.* Serpente venenosa dos trópicos.

na.mo.ra.dei.ra *s.f.* Mulher que gosta de namorar, que tem muitos amores.

na.mo.ra.do *adj.* Apaixonado; amante. *Bras. s.m.* Nome de um peixe.

na.mo.ra.dor *adj.* Que namora muito.

na.mo.rar *v.t.d.* Cortejar; enamorar.

na.mo.ri.co *s.m.* Namoro por passatempo.

na.mo.ro *s.m.* Ato de namorar.

na.ni.co *adj.* Pequeno.

na.nis.mo *s.m.* Anomalia que consiste na pequenez do corpo adulto.

na.no.tec.no.lo.gi.a *s.f.* Tecnologia para trabalho com estruturas muito pequenas.

nan.quim *s.m.* Tinta preta da China.

não *adv.* De forma alguma; *s.m.* negativa.

não-eu.cli.di.a.na *adj.* Diz-se das demonstrações geométricas que se originam da negação do postulado das paralelas do geômetra grego Euclides.

não-me-to.ques *s.m.2gên. Bot.* Planta também denominada *espinho-de-santo-antônio. Fam.* Pessoa que facilmente se melindra.

não-sei-quê *s.m.* Coisa não definida.

na.po.le.ão *s.m.* Antiga moeda francesa de ouro, com a efígie de Napoleão Bonaparte.

na.po.li.ta.no *adj.* Que diz respeito a Nápoles; *s.m.* natural de Nápoles (Itália).

na.que.le *contr.* Expressão contraída equivalente a *em aquele*.

na.qui.lo *contr.* Expressão contraída equivalente a *em aquilo*.

nar.ci.sis.mo *s.m.* Amor pela própria imagem.

nar.ci.so *s.m.* Planta decorativa da família das Amarilidáceas; flor dessa planta. *Fig.* Homem vaidoso.

nar.co.se *s.f.* Letargia provocada por narcótico.

nar.có.ti.co *adj.* Que faz dormir; *s.m.* substância que entorpece as funções cerebrais.

nar.co.ti.zar *v.t.d.* Aplicar narcótico a; tornar insensível; entorpecer.

na.ri.gão *s.m.* Grande nariz.

na.ri.gu.do *adj.* Que tem nariz grande.

na.ri.na *s.f.* Orifício nazal.

na.riz *s.m.* Parte promitente do rosto e que é órgão do olfato.

nar.ra.ção *s.f.* Exposição de algum fato.

nar.ra.dor *adj.* e *s.m.* Que, ou aquele que narra.

nar.rar *v.t.d.* Contar (história); relatar; referir; expor.

NARRATIVA — NEFRALGIA

nar.ra.ti.va *s.f.* O mesmo que *narração*; conto; exposição de acontecimentos.
na.sal *adj.2gên.* Do nariz.
nas.cen.ça *s.f.* Nascimento; origem.
nas.cen.te *adj.* Que nasce; *s.f.* fonte de uma corrente de água.
nas.cer *v.t.d.* Vir ao mundo; brotar; surgir.
nas.ci.do *adj.* Que nasceu.
nas.ci.men.to *s.m.* Ato de nascer.
nas.ci.tur.no *adj.* e *s.m.* Que está para nascer.
nas.tro *s.m.* Fita estreita de tecido.
na.ta *s.f.* Creme; parte gordurosa do leite. *Fig.* A melhor parte de qualquer coisa.
na.ta.ção *s.f.* Ação de nadar.
na.tal *adj.* Que se refere ao nascimento; *s.m.* dia que se celebra o nascimento de Cristo.
na.ta.lí.cio *adj.* Referente ao dia do nascimento.
na.ta.li.da.de *s.f.* Percentagem de nascimentos.
na.ti.vi.da.de *s.f.* Nascimento de Cristo ou dos santos.
na.ti.vis.mo *s.m. Bras.* Condições de nativista; aversão por estrangeiros.
na.ti.vo *adj.* Que nasce; original; natural.
na.to *adj.* Nascido.
na.tu.ral *adj.2gên.* Pertencente à natureza; lógico; necessário; espontâneo; *s.m.* indígena; original; o que é conforme à Natureza.
na.tu.ra.li.da.de *s.f.* Propriedade do que é natural; prática.
na.tu.ra.lis.mo *s.m.* Ação, tendência ou pensamento baseado nos desejos e instintos naturais.
na.tu.ra.lis.ta *s.m.* Aquele que se dedica ao estado da História Natural.
na.tu.ra.li.za.ção *s.f.* Ato de naturalizar; aquisição por estrangeiros dos direitos garantidos aos nacionais.
na.tu.ra.li.zar *v.t.d.* Conferir direitos de nacional a; *v.pron.* adquirir direitos de natural do país.
na.tu.ral.men.te *adv.* Conforme a natureza; *interj.* certamente.
na.tu.re.za *s.f.* Os seres que formam o mundo; essência própria de um ser, temperamento, caráter, índole de uma pessoa.
nau *s.f.* Embarcação de alto bordo, navio de guerra ou mercante.
nau.fra.gar *v.intr.* Soçobrar (o navio); sofrer naufrágio (os tripulantes); *v.t.i.* fracassar.
nau.frá.gio *s.m.* Perda de navio. *Fig.* Infortúnio.
náu.fra.go *s.m.* Indivíduo que naufragou; *adj.* que naufragou.
nau.pa.ti.a *s.f. Pat.* Enjoo de mar.
náu.sea *s.f.* Enjoo produzido pelo balanço; ânsia acompanhada de vômito.
nau.se.a.bun.do *adj.* Que provoca náuseas. *Fig.* Nojento.
nau.se.ar *v.t.d.* Causar náuseas a; repugnar; *v.intr.* e *pron.* sentir náuseas.
nau.ta *s.m.* Navegante.
náu.ti.ca *s.f.* Arte da navegação.
náu.ti.co *adj.* Referente à navegação; *s.m.* indivíduo que possui conhecimentos de navegação.
na.val *adj.2gên.* Referente à navegação ou a navios.
na.va.lha *s.f.* Instrumento formado da lâmina e cabo, que serve para cortar a barba.
na.va.lha.da *s.f.* Golpe ou corte de navalha.
na.ve *s.f.* Espaço na igreja situado entre as colunas que sustentam a abóbada.
na.ve.ga.ção *s.f.* Arte de navegar; barco.
na.ve.ga.dor *adj.* Que navega ou é perito em navegação; *s.m.* marinheiro.
na.ve.gar *v.intr.* Conduzir; dirigir navio em mar; viajar pelo mar.
na.ve.gá.vel *adj.2gên.* Que pode ser navegado ou navegar.
na.vi.o *s.m.* Qualquer embarcação.
na.zis.mo *s.m.* Movimento político alemão dirigido por Adolf Hitler; gênero de fascismo aplicado na Alemanha entre 1933 e 1945 com base racista.
ne.bli.na *s.f.* Névoa espessa e rasteira.
ne.bu.li.zar *v.t.d.* Vaporizar.
ne.bu.lo.sa *s.f. Astron.* Massa de estrelas com aspecto de mancha láctea.
ne.bu.lo.si.da.de *s.f.* Qualidade ou estado de nebuloso.
ne.bu.lo.so *adj.* Recoberto de nuvens densas; obscuro.
ne.ce.da.de *s.f.* Estupidez.
ne.ces.sá.rio *adj.* Essencial; indispensável.
ne.ces.si.da.de *s.f.* O que não pode ser de outro modo; pobreza.
ne.ces.si.ta.do *adj.* e *s.m.* Que tem necessidades; pobre.
ne.ces.si.tar *v.t.d.* Ter necessidade; carecer.
ne.cro.fi.li.a *s.f. Med.* Atração sexual mórbida por cadáver.
ne.cro.lo.gi.a *s.f.* Lista de mortos; notícias fúnebres.
ne.cro.ló.gio *s.m.* Elogio de pessoa falecida; relação de mortos publicada em jornal.
ne.cro.man.ci.a *s.f.* Arte de adivinhar invocando os espíritos.
ne.␣␣cró.po.le *s.f.* O mesmo que *cemitério*.
ne.cróp.sia *s.f.* Autopsia.
ne.cro.té.rio *s.m.* Sala ou casa onde se expõem os cadáveres antes do sepultamento.
néc.tar *s.m.* Bebida dos deuses; secreção dos nectários das plantas, de que as abelhas fabricam o mel.
né.dio *adj.* Brilhante; gordo.
ne.fas.to *adj.* Triste; funesto.
ne.fral.gi.a *s.f.* Dor nos rins.

ne.fri.te *s.f.* Inflamação dos rins.
ne.fro.lo.gi.a *s.f.* Parte da Medicina que versa sobre as doenças renais.
ne.fro.se *s.f.* Doença renal degenerativa.
ne.ga.ça *s.f.* Isca; sedução; engano.
ne.ga.ção *s.f.* Ato de negar.
ne.ga.ce.ar *v.t.d.* Seduzir; lograr.
ne.gar *v.t.d.* Afirmar a não existência de uma coisa ou fato; contestar; *v.pron.* recusar-se.
ne.ga.ti.va *s.f.* O mesmo que *negação*.
ne.ga.ti.vo *adj.* Que exprime negação. *Fís.* Eletricidade manifestada em corpos resinosos; número inferior a zero.
ne.gá.vel *adj.2gên.* Que pode ser negado.
ne.gli.gên.cia *s.f.* Descuido; preguiça.
ne.gli.gen.ci.ar *v.t.d.* Descuidar; desleixar.
ne.gli.gen.te *adj.2gên.* Desleixado.
ne.go.ci.a.ção *s.f.* Ato de negociar.
ne.go.ci.an.te *s.2gên.* Comerciante; homem de negócios.
ne.go.ci.ar *v.t.d.* Agenciar; comprar ou vender; *v.intr.* e *v.t.i.* fazer negócios.
ne.go.ci.a.ta *s.f.* Negócio vantajoso, porém pouco honesto; negócio suspeito.
ne.go.ci.á.vel *adj.2gên.* Suscetível de se comerciar.
ne.gó.cio *s.m.* Comércio; tráfico; empresa.
ne.gra *s.f.* Mulher de raça negra; partida decisiva.
ne.gre.ga.do *adj.* Desgraçado; trabalhoso.
ne.grei.ro *adj.* Referente a negro; *s.m.* aquele que trafica com negros; *adj.* e *s.m.* referente ao navio que conduzia negros para servirem de escravos.
ne.gri.ta *s.f.* ou **ne.gri.to** *s.m.* Caráter de traços mais grossos usado para realçar as palavras.
ne.gri.tu.de *s.f.* Estado ou condição das pessoas da raça negra.
ne.gro *adj.* Preto; escuro; *s.m.* indivíduo de pele negra.
ne.gru.me *s.m.* Negrura; intensa escuridão.
nem *conj.* Também não; *adv.* não.
ne.nê *s.m.* Criança pequena; criança de poucos meses. O mesmo que *neném*.
ne.ném *s.m.* Nenê.
ne.nhum *pron. indef.* Nem um; nulo.
ne.nhu.res *adv.* Em nenhuma parte.
nê.nia *s.f.* Canto fúnebre.
neo *Gram.* Prefixo que significa novo, atual.
ne.o.clas.si.cis.mo *s.m.* Imitação do estilo ou linguagem dos antigos artistas ou escritores clássicos.
ne.ó.fi.to *s.m.* Aquele que é recém-batizado; principiante.
ne.o.la.ti.no *adj.* Referente às línguas oriundas do latim.
ne.o.lo.gis.mo *s.m.* Termo novo ou palavra com acepção diferente da usual.
ne.ô.nio *s.m.* Gás raro que se encontra no ar atmosférico.
ne.po.tis.mo *s.m.* Favoritismo; afilhadismo.
ne.rei.da *s.f. Mit.* Ninfa do mar.
ner.vo *s.m.* Órgão de sensação e movimento nos animais; tendão; ligamento.
ner.vo.sis.mo *s.m.* Teoria que atribui as enfermidades às aberrações da atividade nervosa.
ner.vo.so *adj.* Que diz respeito ou que pertence aos nervos; *s.m.* enfermidade dos nervos.
ner.vu.ra *s.f.* Moldura saliente nas arestas de uma abóbada.
nés.cio *adj.* Ignorante; estúpido.
ne.to *s.m.* Filho de filho ou de filha em relação aos pais destes.
neu.ral *adj.2gên.* Relativo a nervos.
neu.ras.te.ni.a *s.f.* Estado de exaustão do sistema nervoso; mau humor.
neu.rô.nio *s.m.* Célula nervosa com seus prolongamentos.
neu.ro.se *s.f. Med.* Enfermidade nervosa, sem lesão orgânica, proveniente de conflitos emocionais e morais.
neu.ró.ti.co *adj.* Que diz respeito a neurose.
neu.tra.li.da.de *s.f.* Imparcialidade.
neu.tra.li.zar *v.t.d.* Anular; *v.pron.* tornar-se; imparcial.
neu.tro *adj.* Neutral; indiferente; que se abstém de intervir em interesses opostos.
nêu.tron *s.m.* Partícula de carga nula do núcleo do átomo.
ne.va.da *s.f.* O fenômeno de formar-se ou cair neve; a neve que cai de uma vez.
ne.var *v.t.d.* Cobrir de neve; *v.intr.* cair neve.
ne.vas.ca *s.f.* Nevada com temporal.
ne.ve *s.f.* Água congelada que cai em flocos cristaloides muito alvos, quando a temperatura desce à escala negativa.
ne.vo *s.m.* Marca congênita na pele; sinal.
né.voa *s.f.* Vapor aquoso muito espesso que obscurece o ar.
ne.vo.ei.ro *s.m.* Névoa densa.
ne.vo.so *adj.* Que tem neve.
ne.vral.gi.a *s.f.* Dor viva em nervo ou em suas ramificações.
ne.vro.ma *s.m.* Tumor no tecido nervoso.
ne.xo *s.m.* Ligação.
nho.que *s.m.* Massa alimentícia cortada em bocados semiesféricos, feita com farinha de trigo, ovos e queijo ralado.
ni.ca *s.f.* Coisa insignificante.
ni.cho *s.m.* Cavidade, abertura em parede para acomodar uma estatueta; vão; área específica de um habitat.
ni.co.ti.na *s.f. Quím.* Alcaloide tóxico encontrado no tabaco.

ni.di.fi.ca.ção *s.f.* Ato de fazer ninho.
ni.di.fi.car *v.intr.* Construir ninho.
ni.i.lis.mo *s.m.* Princípio filosófico segundo o qual a negação é o grau supremo da verdade.
nim.bo *s.m.* Auréola; esplendor.
ní.mio *adj.* Demasiado.
ni.nar *v.t.d.* Acalentar.
nin.fa *s.f.* Entidade mitológica dos bosques. *Fig.* Mulher formosa.
nin.fo.ma.ni.a *s.f.* Excesso de desejo sexual na mulher.
nin.guém *pron. indef.* Nenhuma pessoa.
ni.nha.da *s.f.* As aves de um ninho.
ní.quel *s.m.* Elemento químico, qualquer moeda desse metal.
ni.que.la.gem *s.f.* Operação de niquelar.
nir.va.na *s.m.* Grau supremo de felicidade prometido pela filosofia budista; quietude.
nis.sei *adj.2gên. s.2gên.* Pessoa filha de japoneses, mas nascida em outro país.
ni.ten.te *adj.2gên.* Que brilha; resplendente.
ni.ti.dez *s.f.* Fulgor; pureza.
ní.ti.do *adj.* Que brilha; límpido; claro.
ni.tra.to *s.m.* Sal do ácido nítrico.
ni.trir *v.intr.* Relinchar.
ni.tro.gê.nio *s.m.* Gás inerte, componente majoritário da atmosfera terrestre.
ni.tro.gli.ce.ri.na *s.f.* Substância líquida oleosa que inflama, produz forte explosão e é largamente empregada no fabrico de dinamite.
ní.vel *s.m.* Aparelho com que se verifica se um plano está horizontal. *Fig.* Norma.
ni.ve.lar *v.t.d.* Tornar horizontal. *Fig.* Igualar; *v.t.i.* colocar ao mesmo nível; *v.pron.* equiparar-se.
no *contr.* Expressão contraída que equivale a *em o*; forma reduzida de *nos* que antecede lo, la, los, las.
nó *s.m.* Laço apertado; parte mais dura da madeira; embaraço.
no.bi.li.á.rio *adj.* Relativo à nobreza.
no.bi.li.tar *v.t.d.* Tornar nobre; engrandecer.
no.bre *adj.2gên.* Célebre.
no.bre.za *s.f.* Qualidade de nobre.
no.ção *s.f.* Conhecimento elementar; ideia.
no.cau.te *s.m.* Situação na luta de boxe, quando o adversário cai por dez segundos.
no.cio.nal *adj.2gên.* Relativo a noção.
no.ci.vo *adj.* Que causa dano.
noc.tâm.bu.lo *adj. s.m.* Sonâmbulo.
noc.tí.va.go *adj.* Noturno.
no.dal *adj.2gên.* Relativo a nó.
nó.doa *s.f.* Mancha.
nó.du.lo *s.m.* Pequeno nó; protuberância arredondada em tecido vegetal ou animal.
noi.ta.da *s.f.* Espaço de uma noite; vigília.
noi.te *s.f.* Tempo em que o Sol está abaixo do horizonte; escuridão.
noi.ti.nha *s.f.* O anoitecer.
noi.va *s.f.* Mulher que está prestes a casar; mulher recém-casada.
noi.va.do *s.m.* O casamento; tempo em que se está noivo.
noi.vo *s.m.* O homem que está a casar.
no.jen.to *adj.* Que causa nojo.
no.jo *s.m.* Náusea; repulsão; luto.
nô.ma.de *adj.* Sem lugar fixo.
no.me *s.m.* Termo ou termos com que se designa uma pessoa ou coisa; qualificativo; título.
no.me.a.da *s.f.* Fama; reputação; renome.
no.me.ar *v.t.d.* Designar pelo nome; chamar pelo nome; conferir o cargo de.
no.men.cla.tu.ra *s.f.* Conjunto dos vocabulários de um dicionário; catálogo.
no.mi.na.ção *s.f.* Figura retórica com que se dá nome a uma coisa que não o tem.
no.mi.nal *adj.2gên.* Referente ao nome; que só existe em nome.
no.mi.na.ta *s.f.* Lista de nomes e pessoas.
no.na.da *s.2gên.* Ninharia; insignificância.
no.na.gé.si.ma *s.f.* Cada uma das noventa partes iguais em que um todo se pode dividir.
no.na.gé.si.mo *num.* Ordinal e fracionário de noventa.
no.no *num. e s.m.* Referente ao que numa série de nove ocupa o último lugar.
no.ra *s.f.* A mulher do filho com relação aos pais.
nor.des.te *s.m.* Ponto entre Norte e Leste; vento que sopra desse quadrante.
nor.des.ti.no *adj. e s.m. Bras.* Do Nordeste brasileiro.
nór.di.co *adj.* Diz-se da língua ou da literatura das populações de origem germânica do norte europeu, tais como suecos, dinamarqueses e noruegueses.
nor.ma *s.f.* Regra; preceito.
nor.mal *adj.2gên.* Que é conforme à norma; regular.
nor.ma.li.da.de *s.f.* Propriedade ou estado do que é normal.
nor.ma.li.zar *v.t.d.* Tornar normal; regularizar; *v.intr.* e *pron.* tornar à ordem.
nor.ma.ti.vo *adj.* Que tem qualidade ou força de norma.
no.ro.es.te *s.m.* Ponto entre o Norte e o Oeste; vento que sopra desse ponto.
nor.ta.da *s.f.* Vento do norte, áspero e frio.
nor.te *s.m.* Um dos pontos cardeais; ponto do horizonte oposto ao Sul que fica à direita quando olha o nascente. *Fig.* Guia.
nor.te.ar *v.t.d.* Encaminhar para o norte; orientar.
nos *pron.pes.obl.* A nós; contr. da prep. *em* com o art. pl. os.
nós *pron.pes.reto* 1ª pessoa do plural.

no.so.fo.bi.a *s.f.* Medo mórbido de doenças.

nos.so *pron.pos.* Que nos pertence; *s.m.pl.* os nossos parentes, amigos etc.

nos.tal.gi.a *s.f.* Tristeza profunda causada pelas saudades da pátria; saudade.

no.ta *s.f.* Sinal para distinguir alguma coisa; observação; sinal musical representativo dos sons; papel-moeda.

no.ta.bi.li.zar *v.t.d.* Tornar notável, famoso.

no.ta.ção *s.f.* Ato ou efeito de notar; sistema de reprodução convencional.

no.ta.do *adj.* De que se tomou nota; notável.

no.tar *v.t.d.* Pôr nota; assinalar; marcar; reparar; *v.t. pred.* denunciar.

no.tá.vel *adj.2gên.* Digno de nota; considerável; importante.

no.tí.cia *s.f.* Conhecimento; informação; nota; anúncio.

no.ti.ci.á.rio *s.m.* Resenha de notícias em periódicos.

no.ti.fi.ca.ção *s.f.* Ato de notificar; aviso.

no.ti.fi.car *v.t.d.* e *v.t.i.* Comunicar; intimar judicialmente.

no.to *s.m.* Vento sul; austro.

no.tó.rio *adj.* Conhecido por todos; público.

no.tur.no *adj.* Referente à noite; que anda pela noite.

nou.tro Contração da prep. *em* + o pron. indef. *outro*.

no.va *s.f.* Notícia; novidade.

no.va.men.te *adv.* Repetidamente; de novo.

no.va.to *s.m.* Principiante; calouro; inexperiente.

no.ve *num.* Oito mais um; *s.m.* o algarismo representativo desse número.

no.ve.cen.tos *num.* Nove vezes cem.

no.ve.la *s.f.* Pequeno romance; conto; trama em capítulos, exibida na TV.

no.ve.lis.ta *s.2gên.* Escritor ou escritora de novelas.

no.ve.lo *s.m.* Bola feita de fio enrolado.

no.vem.bro *s.m.* Décimo primeiro mês do ano civil, e que possui trinta dias.

no.ve.na *s.f.* Série de nove dias ou coisas; espaço de nove dias durante o qual se cumprem certas práticas religiosas.

no.vê.nio *s.m.* Espaço de nove anos.

no.ven.ta *num.* Nove vezes dez; nove dezenas; em algarismo é representado por 90.

no.vi.ça *s.f.* Mulher que se prepara em convento para professar em uma ordem religiosa.

no.vi.ço *s.m.* Aquele que se prepara para professar num convento. *Fig.* Aprendiz.

no.vi.da.de *s.f.* O que é visto ou feito pela primeira vez; inovação; coisa nova.

no.vi.lho *s.m.* Boi novo.

no.vo *adj.* Moço; moderno; jovem.

noz *s.f.* Fruta da nogueira; qualquer fruto seco.

nu *adj.* Despido.

nu.an.ça *s.f.* Diferentes matizes por que passa uma cor; grau de suavidade que se deve interpor nos sons; matriz.

nu.ben.te *adj.2gên.* e *s.2gên.* Pessoa que está para casar.

nú.bil *adj.2gên.* Que está apto para o casamento.

nu.bla.do *adj.* Coberto de nuvens; obscuro.

nu.blar *v.t.d.* Cobrir de nuvens; tornar escuro.

nu.ca *s.f.* O ponto da parte posterior do pescoço, corresponde à região vertebral cervical.

nu.cle.ar *adj.2gên.* Referente a núcleo; diz-se da energia contida no núcleo dos átomos.

nu.clei.co *adj. Biol.* Diz-se dos ácidos fosforados que estão entre os constituintes principais do núcleo celular.

nú.cleo *s.m.* A parte central da célula; a parte essencial do átomo. *Fig.* A nata de qualquer coisa.

nu.da.ção *s.f.* Ação ou efeito de desnudar(-se).

nu.dez *s.f.* Estado do que está nu; ausência de vestuário, ardonos ou enfeites; indecência.

nu.dis.mo *s.m.* Prática de viver ao ar livre em completa nudez.

nu.ga *s.f.* Ninharia; bagatela.

nu.li.da.de *s.f.* Propriedade do que é nulo; ausência de validade.

nu.lo *adj.* Não válido; destituído de valor legal.

num Contr. da prep. *em* e do num. ou pron. *um*.

nu.ma Contr. de *em* + *uma*; flexão fem. de *num*.

nu.me *s.m.* Divindade mitológica. *Fig.* Inspiração.

nu.me.ra.ção *s.f.* Ação ou efeito de numerar.

nu.me.ral *adj.* Referente a número; *s.m. Gram.* O nome numeral.

nu.me.rar *v.t.d.* Indicar por número; contar.

nu.me.rá.rio *s.m.* Moeda; dinheiro; verba.

nu.mé.ri.co *adj.* Referente a números; que indica número.

nú.me.ro *s.m.* Expressão da qualidade; unidade; série; espetáculo; algarismo.

nu.mis.má.ti.ca *s.f.* Estudo que versa sobre moedas e medalhas.

nun.ca *adv.* Em tempo algum; jamais; não.

nún.cia *s.f.* Anunciadora; precursora.

nun.ci.a.ti.vo *adj.* Que contém notícia.

nún.cio *s.m.* Embaixador da Santa Sé junto a um governo.

nun.cu.pa.ção *s.f. Jur.* Testamento de viva voz.

núp.cias *s.f.pl.* Casamento; bodas.

nu.tri.ção *s.f.* Ato de nutrir; alimento; sustento.

nu.tri.en.te *adj.* O mesmo que *nutritivo*.

nu.trir *v.t.d.* Alimentar; sustentar; *v.intr.* ser nutritivo; *v.pron.* fortificar-se. (Antôn.: *desnutrir*.)

nu.tri.ti.vo *adj.* Próprio para nutrir; alimentício.

nu.vem *s.f.* Agregado de vapor de água condensada na atmosfera em gotículas que se mantêm em altitude mais ou menos constante. *Fig.* Tristeza.

oO

ó! *interj.* Serve para auxiliar a atenção, para chamar alguém, para invocar e também para exprimir afetos súbitos da alma.

o¹ *s.m.* Décima quinta letra do alfabeto português; abreviatura de Oeste; art. def. masc. sing.; pronome demonstrativo; sinal numérico de zero.

o² *pron.* Variação pronominal da 3ª pessoa do singular que tem função de objeto direto.

o³ *pron.* Partícula demonstrativa que equivale a aquele, o neutra que equivale a aquilo.

o.á.sis *s.m.2n.* Terreno com vegetação no deserto. *Fig.* lugar aprazível.

ob.ce.ca.do *adj.* Que tem a inteligência obscurecida; contumaz no erro.

o.be.de.cer *v.t.d.* Sujeitar-se à vontade de outrem; ceder; cumprir; *v.intr.* fazer o que outrem manda. (Antôn.: *desobedecer*.)

o.be.di.ên.cia *s.f.* Ação de obedecer; submissão.

o.be.di.en.te *adj.2gên.* Sujeito.

o.be.lis.co *s.m.* Monumento quadrangular em forma de agulha piramidal.

o.be.so *adj.* Muito gordo.

ó.bi.ce *s.m.* Obstáculo.

ó.bi.to *s.m.* Falecimento; morte de alguém.

o.bi.tu.á.rio *adj.* Referente a óbito; *s.m.* – registro de óbitos.

ob.je.ção *s.f.* Ação de objetar; oposição; dificuldade.

ob.je.tar *v.t.d.* Contrapor (um argumento) a outro.

ob.je.ti.va *s.f.* Vidro ou lente de instrumento óptico voltada para o que se quer examinar.

ob.je.ti.var *v.t.d.* Tornar objetivo; pretender.

ob.je.ti.vi.da.de *s.f.* Propriedade de objetivo.

ob.je.ti.vo *adj.* Referente ao objeto; finalidade de alguma coisa.

ob.je.to *s.m.* Tudo o que se apresenta aos sentidos; coisas; causa; fim.

o.bla.ção *s.f.* Oferenda; sacrifício a Deus.

o.bla.to *s.m.* Leigo que se oferece para servir num mosteiro.

o.blí.qua *s.f. Geom.* Reta que, em relação a outra ou a um plano, forma ângulos obtusos ou agudos.

o.blí.quo *adj.* Não perpendicular; ambíguo.

o.bli.te.rar *v.t.d.* Fazer desaparecer pouco a pouco; apagar; eliminar.

o.bo.é *s.m.* Instrumento musical de sopro de timbre semelhante ao da clarineta.

ó.bo.lo *s.m.* Pequena esmola ou donativo.

o.bra *s.f.* Efeito de trabalho; trabalho literário, científico ou artístico; edifício em construção; ação moral.

o.bra-pri.ma *s.f.* Primor de arte, obra perfeita.

o.brar *v.t.d.* Pôr em obras; executar; *intr.* proceder.

o.brei.ro *adj.* Que trabalha; *s.m.* trabalhador.

o.bri.ga.ção *s.f.* Ação de obrigar; dever; preceito.

o.bri.ga.do *adj.* Imposto por lei; necessário; grato; *interj.* fórmula de agradecimento por favores recebidos.

o.bri.gar *v.t.d.* e *i.* Impor a alguém uma obrigação; sujeitar; forçar; *v.pron.* expor-se. (Antôn.: *desobrigar*.)

o.bri.ga.tó.rio *adj.* Que encerra obrigação; obrigado.

ob.ro.gar *v.intr.* Contrapor-se, invalidar uma lei em relação a outra.

obs.ce.ni.da.de *s.f.* Aquilo que fere o pudor.

obs.ce.no *adj.* Que tem o caráter de obscenidade; indecente.

obs.cu.ran.tis.mo *s.m.* Situação de ignorância, resistência a qualquer progresso material ou intelectual.

obs.cu.re.cer *v.t.d.* Tornar obscuro; encobrir; *v.intr.* e *pron.* apagar-se.

obs.cu.ri.da.de *s.f.* Condição do que é obscuro. *Fig.* ausência de clareza na forma de expressar as ideias.

obs.cu.ro *adj.* Falta de luz, de claridade; oculto.

ob.se.dar *v.t.d.* Apoderar-se (uma ideia) da mente (de alguém); obcecar.

ob.sé.quio *s.m.* Favor.

ob.ser.va.ção *s.f.* Ato de observar; admoestação; exame.

ob.ser.va.dor *adj.* Que observa.

ob.ser.va.r *v.t.d.* Olhar atentamente; examinar; advertir.

ob.ser.va.tó.rio *s.m.* Mirante; posto de observações astronômicas ou meteorológicas.

ob.ses.são *s.f.* Ideia obstinada; pensamento fixo.

ob.si.di.ar *v.t.d.* Cercar; importunar com insistência.

ob.so.le.to *adj.* Antiquado.

obs.tá.cu.lo *s.m.* Impedimento; embaraço.
obs.tan.te *adj.2gên.* Que obsta.
obs.tar *v.t.i.* Servir de obstáculo a; embaraçar.
obs.te.trí.cia *s.f.* Arte de atender partos.
obs.ti.na.ção *s.f.* Tenacidade; teimosia.
obs.ti.na.do *adj.* Teimoso; inflexível.
obs.ti.nar *v.pron.* Persistir.
obs.tru.ção *s.f.* Ação ou resultado de obstruir; entupimento.
obs.tru.ir *v.t.d.* Tapar; impedir; dificultar; *v.pron.* causar obstrução.
ob.ten.ção *s.f.* Ato ou resultado de obter; conquista.
ob.ter *v.t.d.* Alcançar; conseguir; conquistar.
ob.tu.ra.ção *s.f.* Ação ou resultado de obturar.
ob.tu.rar *v.t.d.* Fechar; tapar; obstruir cavidades dos ossos ou dos dentes.
ob.tu.são *s.f.* Carência de inteligência.
ob.tu.so *adj.* Que não é agudo; rombo; rede. *Fig.* estúpido.
o.bum.brar *v.t.d.* Cobrir de sombras.
ob.vi.ar *v.t.d.* Ir ou sair ao encontro de; resistir; desviar.
ób.vio *adj.* Claro; evidente.
o.ca *s.f.* Cabana de indígenas.
o.ca.ra *s.f.* Praça de aldeia indígena.
o.ca.si.ão *s.f.* Oportunidade; motivo.
o.ca.si.o.nal *adj.2gên.* Casual; eventual; acidental.
o.ca.si.o.nar *v.t.d.* Causar; originar; *v.pron.* proporcionar.
o.ca.so *s.m.* O desaparecimento do Sol ou de outro astro no horizonte. *Fig.* fim.
oc.i.pí.cio *s.m.* Parte inferior ou posterior da cabeça.
oc.i.pi.tal *adj.2gên.* Osso posterior e inferior do crânio; *s.m.* acipício.
o.ce.â.ni.co *adj.* Referente ao oceano; que diz respeito à Oceania ou a ela pertence.
o.ce.a.no *s.m.* Mar.
o.ci.den.te *s.m.* Lado do horizonte onde o Sol se põe; poente; ocaso; oeste.
ó.cio *s.m.* Descanso; preguiça.
o.ci.o.si.da.de *s.f.* Preguiça.
o.ci.o.so *adj.* Que nada faz; vadio; desocupado; preguiçoso; inútil.
o.clu.são *s.f.* Ato de fechar; encerramento.
o.co *adj.* Vão; desprovido de miolo; *s.m.* cavidade.
o.cor.rên.cia *s.f.* Acontecimento; sucesso; acaso.
o.cor.rer *v.intr.* Vir ao encontro; acontecer; *v.t.i.* recordar.
o.cre *s.m.* Sedimento colorido de óxido de ferro, usando na pintura; variedade de oca ou ocra.
oc.ta.e.dro *adj.* e *s.m. Geom.* Poliedro de oito faces.
oc.to.ge.ná.rio *adj.* e *s.m.* Que tem entre oitenta e noventa anos.
oc.to.gé.si.mo *num.* Número ordinal e fracionário correspondente a oitenta.
o.cu.lar *adj.2gên.* Do olho; que presenciou; *s.f.* a lente de um aparelho óptico que se aplica à vista.
o.cu.lis.ta *s.2gên.* Especialista em moléstia dos olhos; fabricante de óculos.
ó.cu.los *s.m.pl.* Aparelho com lentes para ajudar a vista.
o.cul.tar *v.t.d.* Encobrir; calar. (Antôn.: *revelar*.)
o.cul.tis.mo *s.m.* Estudo dos fenômenos supranormais e sobrenaturais, como levitação, telepatia etc.
o.cul.to *adj.* Escondido; misterioso; desconhecido.
o.cu.pa.ção *s.f.* Emprego; maneira de ganhar a vida.
o.cu.pan.te *adj.2gên.* e *s.2gên.* O mesmo que *ocupador.*
o.cu.par *v.t.d.* Estar empossado de; tomar; empregar; *v.pron.* trabalhar.
o.da.lis.cas *s.f.pl.* Mulheres que vivem no harém.
o.de *s.f.* Composição poética própria para ser cantada; poema dividido em estrofes semelhantes entre si.
o.di.ar *v.t.d.* Sentir ódio ou raiva de; detestar. (Antôn.: *amar*.)
ó.dio *s.m.* Ira; raiva.
o.di.o.so *adj.* Detestável.
o.dis.sei.a *s.f.* Poema de Homero sobre as aventuras de Ulisses. *Fig.* viagem aventurosa.
o.don.tó.li.te *s.m.* Formação calcária que se forma nos dentes.
o.don.to.lo.gis.ta *s.2gên.* Pessoa que pratica a Odontologia; cirurgião-dentista.
o.dor *s.m.* Perfume; cheiro; olor.
o.do.ran.te *adj.2gên.* Cheiroso; aromático; perfumado.
o.do.rí.fe.ro *adj.* Cheiroso; aromático.
o.dre *s.m.* Recipiente de couro ou pele, para transportar líquidos.
oes.te *s.m.* Ocidente; poente; vento que sopra desse quadrante.
o.fe.gan.te *adj.2gên.* Cansado; ansioso.
o.fe.gar *v.intr.* Respirar com dificuldade.
o.fen.der *v.t.d.* Causar ofensa a; injuriar; *v.pron.* magoar-se.
o.fen.sa *s.f.* Dano; afronta.
o.fen.si.va *s.f.* Iniciativa de ataque; ataque.
o.fe.re.cer *v.t.d.* Dar; dedicar; *v.pron.* mostrar-se.
o.fe.ren.da. *s.f.* Coisa que se oferece; oblata.
o.fer.ta *s.f.* Dádiva; presente; promessa; oferenda.
o.fi.ci.al *adj.2gên.* Que vem da autoridade competente; burocrático; solene; *s.m.* militar de patente superior à de sargento.
o.fi.ci.a.la.to *s.m.* Cargo ou dignidade oficial.
o.fi.ci.a.li.zar *v.t.d.* Tornar oficial.

o.fi.ci.ar *v.intr.* Celebrar ofício religioso; *v.t.* dirigir um ofício (a alguém).
o.fi.ci.na *s.f.* Local onde se exerce um ofício.
o.fí.cio *s.m.* Profissão; arte; ocupação; comunicação; convite etc.
o.fi.ci.o.so *adj.* Prestimoso; informativo.
o.fí.dio *s.m.pl.* Ordem de répteis que compreende todos os gêneros de serpentes.
of.tál.mi.co *adj.* Que diz respeito à oftalmia; concernente aos olhos.
of.tal.mo.lo.gi.a *s.f.* Parte da Medicina que trata das doenças dos olhos.
of.tal.mo.lo.gis.ta *s.2gên.* Médico que se especializou em Oftalmologia.
o.fus.ca.men.to *s.m.* O mesmo que *ofuscação*.
o.fus.car *v.t.d.* Impedir de ver ou de ser visto; perturbar (a mente); *v.pron.* deslumbrar-se.
o.gi.va *s.f.* Conjunto arquitetônico formado por dois arcos iguais que se cortam num ponto superior.
oh *interj.* Exprime surpresa, alegria, repugnância.
oi.tão *s.m.* Parede lateral de uma casa.
oi.ta.va *s.f.* Intervalo entre duas notas musicais de mesmo nome; espaço de oito dias destinado a uma festa religiosa.
oi.ta.va.do *adj.* De oito faces ou contos.
oi.ta.vo *num.* Designativo do número ordinal e fracionário correspondente a oito.
oi.ti.va *s.f.* Ouvido; audição.
oi.to *num.* Cardinal que se segue ao sete; nome do algarismo 8.
o.je.ri.za *s.f.* Antipatia.
olá *interj.* Exprime espanto, admiração e serve para chamar.
o.la.ri.a *s.f.* Indústria de louça de barro, manilhas telhas, tijolos etc.
o.le.a.gi.no.so *adj.* Que contém óleo.
o.lei.ro *s.m.* Operário que trabalha em olaria.
o.len.te *adj.2gên.* Cheiroso; oleoso.
ó.leo *s.m.* Líquido gorduroso, untuoso e inflamável que se extrai dos vegetais e animais e tem largo emprego na indústria, na alimentação etc.
o.le.o.du.to *s.m.* Conduto ou canal por onde passa o petróleo que vai ter às refinarias e depósitos.
o.le.o.si.da.de *s.f.* Propriedade do que é oleoso.
o.le.o.so *adj.* Que contém óleo, gorduroso.
ol.fa.ção *s.f.* Ação de cheirar.
ol.fa.ti.vo *adj.* Referente ao olfato; que serve para a olfação.
ol.fa.to *s.m.* Um dos cinco sentidos, aquele que percebe os cheiros.
o.lha.da *s.f.* O mesmo que *olhadela*.
o.lhar¹ *v.t.d.* Encarar; tomar conta de; amparar; *v.intr.* procurar; ver; considerar; *v.pron.* mirar-se.
o.lhar² *s.m.* Maneira de olhar.
o.lhei.ras *s.f.pl.* Manchas lívidas ou azuladas que circulam os olhos.

o.lhei.ro *s.m.* Informador; vigia.
o.lho *s.m.* Órgão de vista; olhar.
o.li.gar.ca *s.m.* Indivíduo que fazia parte de uma oligarquia.
o.li.gar.qui.a *s.f.* Governo exercido por poucas pessoas.
o.li.gár.qui.co *adj.* Que diz respeito à oligarquia; dirigido ou exercido por oligarquia.
o.li.go.ce.no *adj. Geol.* Divisão do período terciário, entre o eoceno e o mioceno.
o.lim.pí.a.da *s.f.* Cerimônia de jogos quatrienal.
o.lím.pi.co *adj.* Que pertence ou que diz respeito ao Olimpo. *Fig.* referente à Olímpia, antiga cidade da Grécia que deu nome aos jogos olímpicos.
o.lim.po *s.m.* Morada dos deuses, ou conjunto de deuses e deusas; céu.
o.li.va *s.f.* O mesmo que *azeitona*.
o.li.vei.ra *s.f.* Árvore da azeitona; da família das oleáceas.
ol.mo *s.m. Bot.* Planta, o mesmo que *olmeiro*, que compreende varias espécies e cuja madeira é muito aplicada em construções.
o.lor *s.m.* Perfume; aroma.
ol.vi.dar *v.t.d.* Esquecer; perda de memória. (Antôn.: *lembrar*.)
ol.vi.do *s.m.* Esquecimento; estado do que foi olvidado.
om.bre.ar *v.t.d.* Carregar ao ombro; *v.t.i.* equiparar-se.
om.brei.ra *s.f.* A parte do vestuário correspondente ao ombro; peça lateral de porta ou janela.
om.bro *s.m.* Espádua.
o.mi.no.so *adj.* Agourento.
o.mis.são *s.f.* Ato de omitir; lacuna.
o.mis.so *adj.* Negligente; descuidado.
o.mi.tir *v.t.d.* Deixar de fazer ou de dizer; postergar.
o.mo.pla.ta *s.f.* Parte posterior do ombro formada por um osso largo e triangular.
o.na.gro *s.m.* Burro selvagem.
o.na.nis.mo *s.m.* Automasturbação manual masculina.
on.ça *s.f.* Antiga medida de peso, equivalente a 28,34 gramas; mamífero do gênero Felídeo.
on.co.lo.gi.a *s.f.* Parte da Medicina que estuda os tumores.
on.da *s.f.* Elevação da água agitada.
on.de.a.do *adj.* Quem tem ondas; *s.m.* aquilo que apresenta formato de ondas.
on.de.ar *v.intr.* Fazer ondas ou ondulações; tumultuar; *v.t.d.* tornar; sinuoso; *v.pron.* flutuar.
on.du.la.ção *s.f.* Movimento oscilatório num líquido ou fluido agitado.
on.du.lar *v.t.d., intr. e pron.* Ondear.
o.ne.rar *v.t.d.* Impor ônus; agravar. (Antôn.: *exonerar*.)
o.ne.ro.so *adj.* Que impõe ônus; pesado.

ôni.bus *s.m.2n.* Veículo para transporte urbano de passageiros.
o.ni.co.fa.gi.a *s.f.* Hábito de roer as unhas.
o.ni.po.tên.cia *s.f.* Autoridade absoluta.
o.ni.po.ten.te *adj.2gên.* Cujo poder não tem limites; *s.m.* Deus.
o.ni.pre.sen.ça *s.f.* Presença em toda parte.
o.ní.ri.co *adj.* Referente aos sonhos.
o.nis.ci.ên.cia *s.f.* Conhecimento de tudo.
o.nis.ci.en.te *adj.2gên.* Que tem conhecimento de tudo.
o.ní.vo.ro *adj.* Que se alimenta de substâncias vegetais e animais.
ô.nix *s.m.2n.* Pedra semipreciosa com listas, de várias cores.
o.no.más.ti.co *adj.* Relativo a nomes próprios ou à onomástica.
o.no.ma.to.pe.ia *s.f.* Palavra formada por harmonia imitativa (sussurro, chiado, mugir, pum, tique-taque etc.).
on.tem *adv.* O dia que precedeu o de hoje. *Fig.* há pouco tempo.
on.to.lo.gi.a *s.f.* Ciência que trata do ser em si.
ô.nus *s.m.2n.* Encargo; sobrecarga.
on.ze *num.* Cardinal que se segue ao dez; o algarismo 11; *s.2gên.* intrigante.
on.ze.ná.rio *adj.* e *s.m.* Agiota.
o.os.fe.ra *s.f.* Gameta feminino dos vegetais.
o.pa! *interj.* Expressa pasmo, espanto, admiração.
o.pa.co *adj.* Sombrio; turvo.
o.pa.la *s.f.* Pedra preciosa de coloração azulada e aspecto leitoso.
o.pa.li.no *adj.* De cor leitosa e azulada.
op.ção *s.f.* Livre escolha; preferência.
op.cio.nal *adj.2gên.* Que é objeto de escolha; facultativo.
ó.pe.ra *s.f.* Representação teatral, ordinariamente dramática, cantada pelos atores.
o.pe.ra.ção *s.f.* Ato de operar; intervenção cirúrgica; cálculo matemático.
o.pe.ra.cio.nal *adj.2gên.* Relativo a operação; que está pronto para funcionar.
o.pe.ra.dor *adj.* e *s.m.* Que, ou aquele que opera, que faz operações cirúrgicas ou que trabalha com máquinas etc.
o.pe.ran.te *adj.2gên.* Que opera ou realiza.
o.pe.rar *v.t.d.* Produzir; executar; fazer (uma operação qualquer); *v.intr.* surtir efeito; *v.pron.* realizar-se.
o.pe.rá.rio *s.m.* Artífice; trabalhador em fábrica ou ofício.
o.pe.re.ta *s.f.* Forma leve de teatro musicado, sobre assunto cômico e sentimental.
o.pe.ro.so *adj.* Trabalhador; produtivo.
o.pi.la.ção *s.f.* Obstrução.

o.pi.lar *v.t.d.* Causar obstrução (de um órgão); inchar.
o.pi.mo *adj.* Fértil; copioso; rico; excelente.
o.pi.nar *v.intr.* Deliberar acerca de um assunto; *v.t.i.* dar seu parecer; *v.t.d.* julgar.
o.pi.na.ti.vo *adj.* Dependente de opinião particular; discutível.
o.pi.ni.ão *s.f.* Parecer; juízo.
o.pi.ni.á.ti.co *adj.* Aferrado a suas opiniões; teimoso.
ó.pio *s.m.* Suco de papoulas que tem qualidades narcóticas.
o.pí.pa.ro *adj.* Abundante; suntuoso.
o.po.nen.te *adj.2gên.* Contrário; *s.2gên.* pessoa que se opõe.
o.por *v.t.i.* Colocar frente a; *v.t.d.* impugnar; *v.pron.* ser contrário. (Antôn.: concordar.)
o.por.tu.ni.da.de *s.f.* Ensejo; conveniência.
o.por.tu.nis.mo *s.m.* Sistema político que consiste em acomodar-se às circunstâncias.
o.por.tu.nis.ta *s.m.* e *f.* Indivíduo que aproveita as oportunidades.
o.por.tu.no *adj.* Que vem a propósito; conveniente.
o.po.si.ção *s.f.* Impedimento.
o.po.si.tor *adj.* Aquele que se opõe; concorrente.
o.pos.to *adj.* Contrário; contraditório; *s.m.* coisa oposta.
o.pres.são *s.f.* Ação ou resultado de oprimir; humilhação.
o.pres.sor *adj.* e *s.m.* Que, ou o que oprime; tirano.
o.pri.mi.do *adj.* Perseguido; vexado; *s.m.* indivíduo oprimido.
o.pri.mir *v.t.d.* Sobrecarregar; comprimir; coagir. (Antôn.: aliviar.)
o.pró.brio *s.m.* Último grau de injúria.
op.tar *v.t.i.* Escolher entre duas ou mais opções.
op.ta.ti.vo *adj.* Opcional.
óp.ti.ca *s.f.* Parte da Física que trata da luz e dos fenômenos da visão. *Var.* ótica.
óp.ti.co *adj.* Relativo à visão ou à luz; *s.m.* especialista em óptica.
pug.nar *v.t.i.* Atacar para tomar (praça; fortaleza etc); acometer.
o.pu.lên.cia *s.f.* Grande riqueza.
o.pu.len.to *adj.* Rico; pomposo.
o.pús.cu.lo *s.m.* Pequeno livro; folheto.
o.ra *conj.* Mas; *adv.* agora; presentemente; *interj.* exprime aborrecimento.
o.ra.ção *s.f.* Prece; reza. *Gram.* Proposição, enunciado de um juízo (sujeito, verbo e atributos).
o.rá.cu.lo *s.m.* Resposta de qualquer divindade quando consultada.
o.ra.go *s.m.* Santo padroeiro.
o.ral *adj.* Relativo à boca; verbal.

o.ran.go.tan.go *s.m.* Gênero de quadrúmanos de grande porte, do grupo dos macacos antropomorfos.
o.rar *v.intr.* Proferir um discurso; fazer orações; rezar; *v.t.d.* e *v.t.i.* pedir.
o.ra.tó.ria *s.f.* Arte de falar em público.
o.ra.tó.rio *adj.* Relativo a oração (discurso) ou a orador; *s.m.* local com imagens de santos.
or.be *s.f.* Esfera; globo; a Terra.
or.bi.cu.lar *adj.2gên.* Em forma de globo; circular.
ór.bi.ta *s.f.* Curva descrita por um corpo celeste; cavidade ocular. *Fig.* esfera de ação.
or.bi.tal *adj.2gên.* Relativo a órbita.
or.ça.men.to *s.m.* Cálculo dos gastos para a execução de uma obra; ato ou efeito de orçar.
or.çar *v.t.d.* e *intr.* Fazer o orçamento de; calcular.
or.dei.ro *adj.* Disciplinado.
or.dem *s.f.* Disposição de meios para um fim; classe de seres etc.: prescrição.
or.de.na.ção *s.f.* Ação ou efeito de ordenar; lei.
or.de.na.do *adj.* Colocado em ordem; *s.m.* salário.
or.de.nan.ça *s.f.* Regulamento militar.
or.de.nar *v.t.d.* Dispor em ordem; mandar que se faça alguma coisa; *v.pred.* reconhecer como; *v.intr.* e *v.t.i.* dar ordens; *v.pron.* arrumar-se.
or.de.nha *s.f.* Ato ou resultado de ordenhar.
or.de.nhar *v.t.d.* Mungir ou espremer a teta de um animal para extrair o leite; *v.intr.* realizar a ordenha.
or.di.nal *adj.2gên.* Que se refere a ordem ou número.
or.di.nan.do *adj.* e *s.m.* Que se prepara para receber ordens sacras.
or.di.ná.ria *s.f.* Pensão alimentícia.
or.di.ná.rio *adj.* Que se acha na ordem comum; regular; frequente.
o.re.lha *s.f.* Órgão do ouvido; parte externa desse órgão.
o.re.lhu.do *adj.* Que tem grandes orelhas. *Fig.* teimoso; *s.m.* burro.
or.fa.na.to *s.m.* Recolhimento para órfãos.
or.fan.da.de *s.f.* Condição de órfão; abandono; desamparo.
ór.fão *adj.* e *s.m.* Que não tem pai nem mãe ou perdeu um deles. *Fig.* privado.
or.gâ.ni.co *adj.* Relativo a órgãos; da organização; fundamental.
or.ga.nis.mo *s.m.* Disposição dos órgãos nos seres vivos; temperamento.
or.ga.ni.za.ção *s.f.* Ação ou resultado de organizar; estrutura.
or.ga.ni.zar *v.t.d.* Dispor; regular; *v.pron.* formar-se. (Antôn.: *desorganizar*.)
or.ga.no.gra.ma *s.m.* Representação gráfica de organização, serviço etc., indicando relações, atribuições etc.

ór.gão *s.m.* Parte de um organismo ou corpo vivo, que exerce uma função especial; instrumento musical de vento e teclas, usado principalmente nas igrejas; jornal.
or.gas.mo *s.m.* O ponto extremo do ato sexual.
or.gi.a *s.f.* Festa com caráter libidinoso. *Fig.* desperdício.
or.gu.lhar *v.t.d.* Causar orgulho a; *v.pron.* envaidecer-se.
or.gu.lho *s.m.* Conceito elevado que alguém faz de si; brio.
or.gu.lho.so *adj.* Cheio de orgulho; soberbo.
o.ri.en.ta.ção *s.f.* Arte de conhecer a situação geográfica em que se está. *Fig.* Direção.
o.ri.en.tal *adj.2gên.* Do Oriente; proveniente do Oriente.
o.ri.en.tar *v.t.d.* Indicar o rumo; determinar a posição geográfica; guiar.
o.ri.en.te *s.m.* O ponto aparente onde nasce o Sol; levante; nascente; leste.
o.ri.fí.cio *s.m.* Pequeno furo; pequena abertura.
o.ri.ga.mi *s.m.* Técnica de confeccionar pequenos objetos com papel, obedecendo a dobraduras previamente marcadas.
o.ri.gem *s.f.* Procedência; fonte; causa; pátria.
o.ri.gi.nal *adj.* Referente a origem; primitivo; natural. *Fig.* singular.
o.ri.gi.na.li.da.de *s.f.* Caráter do que é original; singularidade.
o.ri.gi.nar *v.t.d.* Dar origem; causar; *v.pron.* proceder.
o.ri.gi.ná.rio *adj.* Que se origina; procedente; descendente.
o.ri.un.do *adj.* Originário; proveniente; natural.
o.ri.xá *s.m.* Designação comum às divindades africanas.
or.la *s.f.* Bordo; rebordo; beira; margem.
or.na.men.tal *adj.2gên.* Decorativo.
or.na.men.tar *v.t.d.* Ornar; decorar; *v.pron.* enfeitar-se.
or.na.men.to *s.m.* Ação ou resultado de ornamentar; enfeite.
or.nar *v.t.d.* Adornar; enaltecer; *v.pron.* enfeitar-se.
or.na.to *s.m.* Enfeite.
or.ne.jo *s.m.* Zurro.
or.ni.to.lo.gi.a *s.f.* Tratado que versa sobre as aves.
or.ques.tra *s.f.* Grupo de músicos que executam uma peça; música.
or.ques.trar *v.t.d.* Adaptar para orquestra uma peça musical; *v.pron.* combinar-se.
or.quí.dea *s.f.* Designação genérica das plantas e flores da família das orquidáceas.
or.to.don.ti.a *s.f.* Parte da Odontologia que se ocupa da presença e das irregularidades dos dentes.

or.to.do.xo *adj.* Que está em concordância com a doutrina tida como verdadeira.

or.to.e.pi.a *s.f.* Pronúncia correta das palavras. (Var.: *ortoépia*.)

or.to.gra.far *v.t.d.* Escrever segundo a Ortografia.

or.to.gra.fi.a *s.f.* Parte da Gramática que ensina a escrever corretamente as palavras.

or.to.pe.di.a *s.f.* Arte de se corrigir deformações do corpo.

or.va.lho *s.m.* Umidade da atmosfera que se condensa à noite.

os.ci.la.ção *s.f.* Ação ou resultado de oscilar; estado de incerteza; hesitação.

os.ci.lar *v.t.d.* Balancear-se. *Fig.* tremular.

os.ci.tar *v.intr.* Bocejar.

ós.cu.lo *s.m.* Beijo (respeitoso, de amizade).

os.mo.se *s.f.* Permeabilidade de dois líquidos através de uma membrana.

os.sa.da *s.f.* Grande porção de ossos; esqueleto.

ós.seo *adj.* Da natureza do osso; duro como osso.

os.so *s.m.* Corpo duro e sólido do corpo dos animais, que serve para sustentar cada uma das partes que formam o esqueleto dos animais vertebrados.

os.su.á.rio *s.m.* Ossário; sítio onde são guardados ou depositados ossos humanos.

os.te.í.te *s.f.* Inflamação no tecido ósseo.

os.ten.si.vo *adj.* Que se pode mostrar; o que é exibido de modo impertinente.

os.ten.só.rio *adj.* Ostensivo.

os.ten.ta.ção *s.f.* Ação ou resultado de ostentar; exibição; vaidade.

os.ten.tar *v.t.d.* Mostrar com alarde; vangloriar; *v.intr.* fazer ostentação.

os.te.o.lo.gi.a *s.f.* Tratado acerca dos ossos.

os.te.o.mi.e.li.te *s.f.* Inflamação da medula dos ossos.

os.te.o.po.ro.se *s.f.* Diminuição anormal da densidade do osso.

os.tra *s.f.* Gênero de moluscos lamelibrânquios.

os.tra.cis.mo *s.m.* Exclusão; repulsa.

os.tro.go.do *s.m.* Nome que receberam os godos que invadiram a Península Escandinava; godos do Oriente.

o.tá.rio *s.m. Bras. Gír.* Indivíduo facilmente enganável.

ó.ti.co *adj.* Que diz respeito ao ouvido ou a ele pertencente.

o.ti.mis.mo *s.m.* Propensão para encarar tudo pelo lado melhor ou mais favorável.

o.ti.mis.ta *adj.2gên.* Que diz respeito ao otimismo; *adj.2gên.* e *s.2gên.* referente à pessoa que com tudo se contenta.

ó.ti.mo *adj.* Muito bom; *s.m.* o que há de melhor.

o.ti.te *s.f.* Inflamação do ouvido.

o.to.ma.no *adj.* O mesmo que *turco*.

o.tor.ri.no.la.rin.go.lo.gi.a *s.f.* Ramo da Medicina que trata das doenças do ouvido, nariz e garganta.

ou *conj.* Indica alternativa, dúvida; substituição do modo.

ou.re.la *s.f.* Orla, borda de tecido.

ou.ri.ça.do *adj.* Aquilo que tem espinhos dispostos como os do ouriço; arrepiado.

ou.ri.ço *s.m.* Invólucro espinhoso ou áspero de certos frutos; gênero de mamífero cujo corpo é revestido de espinhos.

ou.ri.ves *s.m.2n.* O que lavra em ouro ou em prata.

ou.ri.ve.sa.ri.a *s.f.* Arte, oficina ou loja de ourives.

ou.ro *s.m.* Elemento químico de símbolo *Au*, metal amarelo de que se fazem moedas e joias; riqueza.

ou.sa.di.a *s.f.* Audácia; atrevimento; coragem.

ou.sa.do *adj.* Atrevido.

ou.sar *v.t.d.* Atrever-se; ser corajoso; empreender com ousadia.

ou.tei.ro *s.m.* Pequeno monte; colina.

ou.to.no *s.m.* Estação entre o verão e o inverno. *Fig.* decadência.

ou.tor.gar *v.t.d.* Aprovar; consentir em; facultar; *v.t.d.* e *i.* dar por escrito; *v.pron.* reconhecer-se.

ou.trem *pron.* Outra ou outras pessoas.

ou.tro *pron.* Distinto de pessoa ou coisa especificada; diferente; não o mesmo; qualquer. (Pl.: *outrem*.)

ou.tro.ra *adv.* Em outro tempo; antigamente.

ou.tros.sim *adv.* Igualmente; também; bem assim.

ou.tu.bro *s.m.* Décimo mês do ano civil, tem 31 dias.

ou.vi.do *s.m.* O sentido de ouvir, órgão da audição; orelha; faculdade de reter na memória qualquer música ou som.

ou.vi.dor *adj.* e *s.m.* Que ouve.

ou.vin.te *adj.2gên.* e *s.2gên.* Diz-se do estudante que, embora não matriculado, ouve as lições do professor; pessoa que assiste a uma conferência, a um discurso, a um programa de rádio etc.

ou.vir *v.t.d.* Entender; dar ouvidos a; atender aos conselhos; escutar; *v.intr.* sentido do ouvido; levar reprimenda.

o.va *s.f.* Ovário dos peixes; interjeição de gíria que exprime repulsa.

o.va.ção *s.f.* Aplausos.

o.val *adj.2gên.* Cujo formato é de ovo; referente a toda curva fechada e alongada; *s.f.* figura sólida e oval.

o.va.lar *v.t.d.* Fazer oval; dar forma oval a.

o.van.te *adj.2gên.* Triunfante; jubiloso.

o.vá.rio *s.m.* Órgão onde se formam os ovos; nome de cada um dos dois corpos situados de cada lado do útero na mulher e nas fêmeas dos mamíferos.

o.ve.lha *s.f.* Fêmea do carneiro.

o.vi.á.rio *s.m.* Curral de ovelhas; redil; ovil.

o.vi.no.cul.tu.ra *s.f.* Criação de ovelhas.

o.ví.pa.ro *adj.* Que põe ovos; que se reproduz por ovos. (Antôn.: *vivíparo*.)
o.vo *s.m.* Corpo que se forma no ovário das fêmeas e dentro do qual se pode desenvolver um animal da mesma espécie.
ó.vu.lo *s.m.* Pequeno ovo; célula sexual feminina.
o.voi.de *adj.2gên.* Oval.
o.xa.lá *interj.* Designativa de desejo.
o.xi.da.ção *s.f.* Combinação de um corpo com o oxigênio.
o.xi.dar *v.t.d.* Converter em óxido. *Fig.* enferrujar.
ó.xi.do *s.m.* Corpo resultante da combinação de oxigênio com um metaloide ou um radical composto.

o.xi.ge.na.ção *s.f.* Ação ou resultado de oxigenar.
o.xi.ge.nar *v.t.d.* Combinar com o oxigênio; oxidar. *Fig.* fortificar; revigorar; *v.pron.* descolorar-se por meio do oxigênio.
o.xi.gê.nio *s.m.* Gás da atmosfera, de número atômico 8, que entra na composição da água.
o.xí.to.no *s.m.* Vocábulo acentuado na última sílaba; agudo.
o.zô.nio *s.m.* Oxigênio condensado, como resultado, quase sempre, de descargas elétricas.

P

p *s.m.* Décima sexta letra do alfabeto português; símbolo químico do fósforo.
pá *s.f.* Utensílio chato de madeira ou ferro com rebordos laterais e um cabo.
pá.bu.lo *s.m.* Alimento; sustento.
pa.ca *s.f.* Mamífero quadrúpede roedor de pelo escuro e malhas claras.
pa.ca.to *adj. e s.m.* Referente a quem é calmo, pacífico.
pa.chor.ra *s.f.* O mesmo que *pacholice*; falta de pressa; lentidão; paciência.
pa.ci.ên.cia *s.f.* Qualidade de paciente; perseverança.
pa.ci.en.te *adj.* Resignado; sofredor; *s.2gên.* doente.
pa.ci.fi.car *v.t.d.* Restabelecer a paz; tranquilizar; apaziguar; acalmar; sossegar.
pa.cí.fi.co *adj.* Amigo da paz; tranquilo.
pa.ci.fis.mo *s.m.* Sistema dos que pugnam pela paz universal e pelo desarmamento.
pa.ço *s.m.* Palácio real ou episcopal.
pa.ço.ca *s.f.* Doce feito de amendoim socado e rapadura ou doce de leite seco. *Fig.* Misturada.
pa.co.te *s.m.* Pequeno fardo; embrulho.
pac.tá.rio *adj. e s.m.* Que, ou aquele que faz pacto.
pac.to *s.m.* Ajuste; contrato.
pa.cu.e.ra *s.f.* Fressura dos animais; bofes.
pa.da.ri.a *s.f.* Lugar onde se fabrica o pão.
pa.de.cer *v.t.d.* Sofrer, suportar; *v.intr.* estar doente.
pa.de.ci.men.to *s.m.* Ato ou efeito de padecer; doença.
pa.dei.ro *s.m.* Homem que faz ou vende pão.
pa.di.o.la *s.f.* Maca onde são carregados doentes e feridos.
pa.drão *s.m.* Modelo oficial dos pesos e medidas; tipo; molde.
pa.dras.to *s.m.* Diz-se do homem em relação aos filhos que sua esposa já possuía antes de se casarem.
pa.dre *s.m.* Sacerdote; presbítero.
pa.dre.ar *v.intr.* Procriar; reproduzir-se (o cavalo).
pa.dre.co *s.m.* Padre de poucas virtudes ou de baixa estatura.
pa.dri.nho *s.m.* O que apresenta o neófito ao batismo; testemunha de casamento ou duelo. *Fig.* Protetor.
pa.dro.ei.ro *adj. e s.m.* Protetor; patrono.
pa.dro.ni.zar *v.t.d.* Servir de modelo de padrão a; fixar normas de serviço, com determinado método.
pa.ga *s.f.* Ação de pagar; salário. *Fig.* Agradecimento.
pa.ga.dor *adj.* Que paga; *s.m.* remunerador.
pa.ga.men.to *s.m.* Ação de pagar; remuneração; paga; prestação.
pa.ga.nis.mo *s.m.* Religião pagã; idolatria; politeísmo.
pa.gão *adj.* Diz-se dos povos politeístas; *s.m.* indivíduo não batizado.
pa.gar *v.t.d.* Satisfazer o que se deve; remunerar; *v.t.i.* retribuir na mesma espécie; *v.intr.* recompensar serviços.
pa.gá.vel *adj.2gên.* Que pode ou deve ser pago.
pá.gi.na *s.f.* Cada face de uma folha de papel.
pa.gi.nar *v.t.d.* Numerar por ordem as páginas de.
pa.go *adj.* Que se pagou; entregue em pagamento.
pa.go.de *s.m.* Divertimento; samba.
pai *s.m.* Homem ou animal, em relação àqueles que ele procriou; progenitor. *Fig.* Protetor; fundador.
pai.na *s.f.* Fibra sedosa que envolve as sementes de diversas plantas.
pa.in.ço (a-in) *s.m. Bot.* Planta da espécie das gramíneas; grão dessa planta, também denominado milho miúdo.
pai.nel *s.m.* Pintura; quadro sobre tela ou pano; retábulo.
pai.o *s.m.* Carne de porco metida em tripa de intestino grosso e defumada; *adj. e s.m.* indivíduo imbecil e muito ingênuo.
pai.ol *s.m.* Depósitos de munições; lugar onde se guardam mantimentos etc.
pai.rar *v.t.d.* Parar; suster; ameaçar; *v.t.i.* hesitar.
pa.ís *s.m.* Região; terra; pátria; solo; os que vivem num país.
pai.sa.gem *s.f.* Vista de campo; espaço de território que se pode abranger com a vista.
pai.sa.gis.ta *adj.2gên.* Que diz respeito a paisagem; *s.2gên.* pessoa que descreve cenas de campo.

pai.sa.na *s.f.* Elemento usado na loc. adv. à paisana: em roupa civil.
pai.sa.no *adj.* e *s.m.* Que não é militar; civil.
pai.xão *s.f.* Amor ardente; sentimento exaltado; martírio de Cristo.
pa.jé *s.m.* Chefe espiritual dos indígenas.
pa.je.ar *v.t.d.* Servir de pajem a.
pa.je.lan.ça *s.f.* Benzedura; bruxaria.
pa.jem *s.m.* Mancebo da nobreza que, na Idade Média, se iniciava na carreira das armas e aprendia boas maneiras; *s.f.* ama-seca.
pa.la *s.f.* Engaste de pedra preciosa.
pa.la.ce.te *s.m.* Palácio pequeno; casa suntuosa, grande.
pa.la.ci.a.no *adj.* Relativo a palácio ou corte.
pa.lá.cio *s.m.* Casa de rei ou de família nobre; edifício suntuoso.
pa.la.dar *s.m.* Órgão do sentido por meio do qual se distinguem os sabores. *Fig.* Sabor; gosto.
pa.la.di.no *s.m.* Defensor.
pa.lá.dio *s.m.* Salvaguarda; proteção. *Quím.* Elemento de número atômico 46, simb. *Pd.*
pa.la.fi.ta *s.f.* Construção lacustre sobre estacaria onde habitava o homem pré-histórico.
pa.lan.que *s.m.* Estrado de madeira com degraus, construído para espetáculos ao ar livre.
pa.lan.quim *s.m.* Espécie de liteira.
pa.la.to *s.m.* Parte superior da cavidade da boca; paladar.
pa.la.vra *s.f.* Som articulado que tem um sentido; vocábulo; termo; afirmação; permissão para falar; promessa; declaração.
pa.la.vrão *s.m.* Palavrada; palavra grande e de difícil pronúncia; lábia; xingo.
pa.la.vre.a.do *s.m.* Lábia; palavras com pouco ou nenhum nexo.
pa.la.vre.ar *v.intr.* Falar muito e levianamente; *v.t.i.* dirigir a palavra; falar.
pal.co *s.m.* Estrado; proscênio do teatro.
pa.le.o.gra.fia *s.m.* Ciência que busca decifrar os escritos antigos.
pa.le.o.lí.ti.co *adj.* Relativo às épocas remotas da idade da pedra.
pa.le.o.lo.gi.a *s.f.* Estudo das línguas antigas.
pa.le.on.to.lo.gi.a *s.f.* Ciência que estuda animais e vegetais fósseis.
pa.le.o.zoi.co *adj.* Diz-se, em Geologia, da era primária e do terreno em que há vestígios fósseis de animais ou vegetais próprios naquela era; *s.m.* aquela era.
pa.ler.ma *adj.2gên.* e *s.2gên.* Diz-se de, ou pessoa parva, imbecil.
pa.les.tra *s.f.* Conversa; conferência; discussão.
pa.le.ta *s.f.* Tábua de formato oval, usada pelos pintores para a combinação de tintas.
pa.le.tó *s.m.* Casaco que se veste sobre colete ou camisa.
pa.lha *s.f.* Haste seca das gramíneas, despojada do grão. *Fig.* Insignificância.
pa.lha.ça.da *s.f.* Ato ou dito de palhaço; cena burlesca.
pa.lha.ço *s.m.* Pessoa que por atos ou palavras faz os outros rirem.
pa.lhei.ro *s.m.* Casa ou lugar em que se guarda palha.
pa.lhe.ta *s.f.* Diapasão para certos instrumentos de sopro; paleta; *s.m.* chapéu de palha.
pa.lho.ça *s.f.* Habitação rústica coberta de palha.
pa.li.ar *v.t.d.* Disfarçar; remediar provisoriamente.
pa.li.a.ti.vo *adj.* Que serve para enganar; *s.m.* medicamento que provoca efeitos momentâneos.
pa.li.dez *s.f.* Qualidade ou estado de pálido.
pá.li.do *adj.* Descorado; desmaiado.
pa.limp.ses.to *s.m.* Pergaminho cujo texto primitivo foi raspado para receber novo texto.
pá.lio *s.m.* Sobrecéu portátil, usado em cortejos e procissões.
pa.li.tei.ro *s.m.* Estojo de palitos.
pa.li.to *s.m.* Pedacinho de pau para esgaravatar os dentes. *Pop.* Fósforo.
pal.ma *s.f.* Folha de palmeira. *Fig.* Vitória.
pal.ma.da *s.f.* Pancada com a palma da mão.
pal.mei.ra *s.f.* Nome comum a todas as plantas lenhosas da família das palmáceas.
pal.mi.lha *s.f.* Revestimento interno da sola do calçado; parte da meia sobre a qual assenta o pé.
pal.mi.to *s.m.* Folha de palmeira; miolo de palmeira.
pal.mo *s.m.* Extensão da ponta do polegar à do mínimo, estando a mão bem aberta; extensão de vinte e dois centímetros.
pal.pá.vel *adj.* Que se pode palpar. *Fig.* Evidente.
pal.pe.bra *s.f.* Membrana móvel que recobre o globo ocular.
pal.pi.ta.ção *s.f.* Ação de palpitar; pulsação.
pal.pi.tar *v.intr.* Pulsar; ter palpitações; dar palpites; *v.t.d.* pressentir.
pal.pi.te *s.m.* Palpitação; opinião de intrometido.
pal.pi.tei.ro *adj.* e *s.m.* Aquele que gosta de dar palpites.
pal.po *s.m.* Apêndice com que os insetos e aracnídeos palpam e seguram os alimentos.
pal.rar *v.intr.* Tagarelar; conversar.
pa.lu.dis.mo *s.m.* Malária.
pa.lus.tre *adj.2gên.* Relativo a pauis; que vive em lagoas ou pauis.
pa.mo.nha *s.f.* Doce típico brasileiro feito com milho verde, leite de coco, manteiga, canela, erva-doce e açúcar, cozido nas folhas do próprio milho.
pam.pa *s.2gên.* Grande planície coberta de vegetação rasteira.

pâm.pa.no *s.m.* Ramo da videira coberto de folhas.
pam.pei.ro *s.m.* Vento forte do sul; minuano.
pa.na.ca *s.m.* Sujeito simplório.
pa.na.cei.a *s.f.* Remédio para todos os males.
pa.na.má *s.m.* Chapéu feito de uma fibra proveniente de um arbusto da América Central.
pa.na.rí.cio *s.m.* Tumor inflamatório na raiz das unhas.
pan.ca *s.f.* Alavanca de madeira. *Gír.* Postura artificial.
pan.ça *s.f.* O maior estômago dos ruminantes. *Pop.* Barriga grande.
pan.ca.da *s.f.* Choque; bordoada; batida.
pan.ca.da.ri.a *s.f.* Desordem em que há pancadas.
pân.creas *s.m.* Glândula abdominal que segrega o suco pancreático.
pan.da.re.cos *s.m.pl.* Cacos; estilhas.
pân.de.ga *s.f.* Troça; gracejo; folia.
pân.de.go *adj.* e *s.m.* Engraçado e alegre.
pan.dei.ro *s.m.* Instrumento de percussão feito de madeira sobre o qual se estica uma pele.
pan.de.mia *s.f.* Epidemia generalizada.
pan.de.mô.nio *s.m.* O inferno; tumulto; desordem.
pan.do *adj.* Cheio de vento; inflado.
pan.dor.ga *s.f.* Papagaio (brinquedo); pipa.
pan.du.lho *s.m.* Barriga; pança.
pa.ne *s.f. Fig.* Parada por defeito, do motor de avião, automóvel etc.
pa.ne.gí.ri.co *s.m.* Elogio ou discurso em elogio a alguém.
pa.ne.la *s.f.* Vasilha de barro ou metal para cozer alimentos; redemoinhos em arroios ou rios.
pa.ne.li.nha *s.f.* Panela pequena. *Fig.* Grupo fechado de pessoas.
pan.fle.tá.rio *adj.* Referente a panfleto; *s.m.* autor de panfleto.
pan.fle.to *s.m.* Escrito de poucas páginas; escrito mordaz e veemente.
pan.ga.ré *s.m.* Cavalo ruim.
pâ.ni.co *adj.* Terror infundado; medo incontrolável.
pa.ni.fi.ca.ção *s.f.* Fabricação de pão.
pa.no *s.m.* Tecido de linho, algodão ou lã etc.
pa.no.ra.ma *s.m.* Paisagem.
pa.no.râ.mi.co *adj.* Relativo a panorama ou a paisagens.
pan.que.ca *s.f. Bras.* Fritada feita com massa de farinha de trigo, ovos, manteiga.
pan.ta.lo.nas *s.f.pl.* Calças compridas e de boca larga.
pân.ta.no *s.m.* Lodaçal.
pan.ta.no.so *adj.* Que tem pântanos alagadiços.
pan.te.ão *s.m.* Templo romano erigido em honra de todos os deuses.

pan.te.ís.mo *s.m.* Sistema filosófico, segundo o qual o mundo e a divindade estão identificados num mesmo conceito monista e Deus é a totalidade do existente.
pan.te.ra *s.f.* Animal carnívoro, do gênero felino.
pan.tó.gra.fo *s.m.* Instrumento para cópia mecânica de desenhos que os reproduz segundo o tamanho desejado.
pan.to.mi.ma *s.f.* Arte de expressão por meio de gestos. *Pop.* Embuste; diz-se também *pantomina*.
pan.tu.fa *s.f.* Chinelo estofado para agasalhar o pé; diz-se também *pantufo*.
pan.tur.ri.lha *s.f.* Barriga da perna.
pão *s.m.* Alimento preparado com farinha amassada, ordinariamente fermentada e cozida no forno.
pão-de-ló *s.m.* Bolo feito de farinha de trigo, açúcar e ovos.
pa.pa *s.m.* Sumo Pontífice da Igreja Católica; alimento feito com farinha.
pa.pa.da *s.f.* Grande acúmulo de gordura submaxilar.
pa.pa.gai.o *s.m.* Ave trepadora da família dos Psitacídeos, que imita a voz humana.
pa.pai *s.m.* Pai; tratamento que os filhos dão ao pai.
pa.pai.a *s.f.* Tipo de mamão pequeno, muito saboroso.
pa.pão *s.m.* Monstro imaginário com que se mete medo às crianças.
pa.par *v.t.d.* e *intr.* Comer; lograr.
pa.pa.ri.cos *s.m.pl.* Carinhos; meiguices.
pa.pei.ra *s.f.* Bócio; papo.
pa.pel *s.m.* Substância feita de matérias vegetais e reduzida a folhas, e que serve para escrever, embrulhar etc.; documento escrito; personagem representado pelo ator em peças teatrais; dinheiro em notas.
pa.pe.la.da *s.f.* Conjunto de documentos.
pa.pe.lão *s.m.* Papel muito grosso e forte.
pa.pe.la.ri.a *s.f.* Estabelecimento onde se vendem papel e outros objetos de escritório.
pa.pe.le.ta *s.f.* Papel avulso; edital; cartaz.
pa.pe.lo.tes *s.m.pl.* Pedaços de papel em que se enrola cabelo para o encrespar.
pa.pi.la *s.f. Anat.* Saliência do derma da pele e de certas mucosas.
pa.pi.ro *s.m.* Planta ciperácea em que antigamente se escrevia.
pa.po *s.m.* Bolsa no esôfago das aves onde os alimentos permanecem antes de serem digeridos pela moela. *Fig.* Conversa.
pa.pou.la *s.f.* Planta papaverácea de que se extrai o ópio.
pa.pu.do *adj.* Que tem papo grande.

pa.qui.der.me *adj.2gên.* Que tem a pele espessa; *s.m.* ordem de mamíferos correspondente aos atuais ungulados.

pa.quí.me.tro *s.m.* Instrumento empregado para medir pequenos comprimentos.

pa.quir.ri.no *adj. e s.m.* Indivíduo de nariz grosso.

par *adj.2gên.* Igual; divisível por dois (número); *s.m.* o macho e a fêmea.

pa.ra *prep.* Designativa de direção, fim, destino, lugar.

pa.rá.bo.la *s.f.* Relato alegórico de fundo moralista. *Geom.* Curva resultante de um corte transversal em um cone, no sentido paralelo à diretriz.

pa.ra.bri.sa *s.m.* Vidro que nos veículos detém a força do vento.

pa.ra.cho.que *s.m.* Denominação de certos engenhos que se destinam a diminuir o impacto do choque ou anular seus efeitos.

pa.ra.da *s.f.* Ação ou resultado de parar.

pa.ra.dei.ro *s.m.* Lugar onde alguma coisa ou pessoa vai parar.

pa.ra.dig.ma *s.m.* Modelo.

pa.ra.di.si.a.co *adj.* Que diz respeito ao paraíso.

pa.ra.do *adj.* Quieto; imóvel.

pa.ra.do.xal *adj.2gên.* Que encerra paradoxo.

pa.ra.do.xo *s.m.* Opinião contrária ao senso comum.

pa.ra.fer.ná.lia *s.f.* Equipamento necessário à execução de certas tarefas.

pa.ra.fi.na *s.f.* Substância extraída do xisto betuminoso, do resíduo da destilação do petróleo etc.

pa.rá.fra.se *s.f.* Desenvolvimento de texto, conservando as ideias originais.

pa.ra.fu.so *s.m.* Espécie de prego espiralado.

pa.ra.gem *s.f.* Ato de parar; lugar onde se para.

pa.rá.gra.fo *s.m.* Pequena seção de capítulo; sinal (§) que a identifica.

pa.ra.í.so *s.m.* Céu.

pa.ra.la.ma *s.m.* Dispositivo que protege o carro dos respingos de lama.

pa.ra.le.la *s.f.* Qualquer linha ou superfície que dista igualmente de outra, em toda a sua extensão.

pa.ra.le.le.pí.pe.do *s.m.* Sólido limitado por seis paralelogramos.

pa.ra.le.lis.mo *s.m. Lit.* Interação de ideias de estrofe a estrofe.

pa.ra.le.lo *adj.* Que dista igualmente em toda a extensão; *s.m.* comparação.

pa.ra.le.lo.gra.mo *s.m.* Figura plana de quatro lados paralelos dois a dois.

pa.ra.li.sar *v.t.d.* Tornar paralítico. *Fig.* Suspender; *v.intr.* e *pron.* estagnar-se. (Antôn.: *movimentar*.)

pa.ra.li.si.a *s.f.* Privação total ou parcial da sensação do movimento voluntário.

pa.ra.lí.ti.co *adj. e s.m.* Que ou aquele que sofre de paralisia.

pa.ra.men.to *s.m.* Vestimenta litúrgica de sacerdote; adorno.

pa.râ.me.tro *s.m.* Constante à qual numa velação ou função é atribuído um valor qualquer.

pa.ra.mo *s.m.* Planície deserta; firmamento.

pa.ra.ná *s.m.* Canal que comunica dois rios.

pa.ra.nin.fo *s.m.* Padrinho.

pa.ra.noi.a *s.f. Med.* Enfermidade mental caracterizada por desconfiança, autoestima excessiva, megalomania e mania de perseguição.

pa.ra.pei.to *s.m.* Parede, muro à altura do peito para servir de amparo ou resguardo.

pa.ra.ple.gi.a *s.f. Pat.* Paralisia dos membros inferiores.

pa.ra.psi.co.lo.gi.a *s.f.* Ciência prática de estudo dos fenômenos chamados ocultos, e que os examina como fenômenos psíquicos.

pa.ra.que.das *s.m.2n.* Aparelho destinado a diminuir a velocidade da queda.

pa.ra.que.dis.ta *s.m.* Pessoa que se atira de paraquedas.

pa.rar *v.intr.* Cessar o movimento; deter; habitar; *v.t.i.* permanecer; *v.t.d.* reduzir a intensidade de; *v.pron.* deixar de andar. (Antôn.: andar.)

pa.ra-rai.os *s.m.2n.* Aparelho destinado a atrair as descargas elétricas da atmosfera.

pa.ra.si.ta *adj.2gên. e s.m.* Ser que vive à custa de outro, prejudicando-o.

pa.ra.si.tar *v.intr.* Viver como parasita; *v.t.d.* explorar.

pa.ra.si.tis.mo *s.m.* Qualidade ou estado de parasito.

pa.ra.sol *s.m.* Guarda-sol.

par.cei.ro *s.m.* Companheiro; sócio; *adj.* par.

par.ce.la *s.f.* Pequena parte; fragmento.

par.ce.la.do *adj.* Feito separadamente.

par.ce.lar *v.t.d.* Dividir em parcelas.

par.ce.ri.a *s.f.* Companhia; sociedade; união.

par.ci.al *adj.* Que só existe ou se realiza em parte.

par.ci.mô.nia *s.f.* Economia; qualidade de parco.

par.co *adj.* Que economiza ou que poupa.

par.dal *s.m.* Pássaro conirrostro, de cor parda.

par.di.ei.ro *s.m.* Casa ou edifício velho e em ruínas.

par.do *adj.* Que é de cor entre o preto e o branco; *s.m.* mulato.

pa.re.cer *v.pred.* Aparecer; assemelhar-se; *v.intr.* ser verossímil; *s.m.* conceito.

pa.re.ci.do *adj.* Semelhante; que se parece a ou com.

pa.re.dão *s.m.* Parede alta e grossa; muralha.

pa.re.de *s.f.* Muro.

pa.re.lha *s.f.* Um par; pessoa ou coisa análoga a ou que se parece com outra.

pa.re.lho *adj.* Semelhante; igual.

pa.ren.tal *adj.2gên.* Relativo a pai ou mãe.
pa.ren.te *s.2gên.* Indivíduo que em relação a outro ou outros, pertence à mesma família.
pa.ren.te.la *s.f.* Conjunto de parentes.
pa.ren.tes.co *s.m.* Qualidade de parente; laços de sangue.
pa.rên.te.se *s.m.* Frase que forma sentido distinto e separado do sentido do período em que se intercala; sinais ( ) que encerra essa frase. (Var.: *parêntesis*.)
pá.reo *s.m.* Corrida; disputa.
pá.ria *s.m.* Membro de casta indiana que está privada de todos os direitos.
pa.ri.da.de *s.f.* Analogia; semelhança.
pa.ri.dei.ra *adj.* Fala-se da fêmea que está na época de parir.
pa.ri.e.tal *adj.* Referente a parede; *s.m.* cada um dos ossos que formam os lados do crânio.
pa.rir *v.t.d.* Dar à luz.
par.la.men.tar *adj.2gên.* Qualificativo do governo em que cabem aos ministros as responsabilidades, perante a nação; *s.2gên.* membro do Parlamento.
par.la.men.ta.ris.mo *s.m.* Regime político em que os ministros de Estado prestam contas ao Parlamento.
par.la.men.to *s.m.* As duas câmaras legislativas de uma nação regida por uma constituição.
par.lar *v.intr.* Conversar; falar.
par.na.si.a.no *adj.* Adepto de escola poética que se opunha ao lirismo romântico e se caracteriza pelo apuro da forma; *s.m.* poeta dessa escola.
pá.ro.co *s.m.* Sacerdote que tem a seu cargo uma paróquia.
pa.ro.dia *s.f.* Imitação burlesca de uma composição literária.
pa.ro.di.ar *v.t.d.* Imitar.
pa.ro.la.gem *s.f.* Tagarelice.
pa.rô.ni.mo *adj.* Diz-se de palavra semelhante a outra no som e na escrita.
pa.ró.quia *s.f.* Território sobre o qual se estende a jurisdição de um pároco.
pa.ró.ti.da *s.f. Anat.* Cada uma da glândulas salivares situadas atrás das orelhas.
pa.ro.ti.di.te *s.f. Pat.* Caxumba.
pa.ro.xis.mo *s.m.* Estágio de uma doença em que os sintomas se manifestam com mais intensidade.
pa.ro.xí.to.no *adj. Gram.* Vocábulo cujo acento tônico recai na penúltima sílaba.
par.que *s.m.* Jardim extenso e murado.
par.ra *s.f.* Ramo de videira.
par.rei.ra *s.f.* Videira.
par.ri.cí.dio *s.m.* Assassinato do próprio pai, mãe ou outro ascendente.
par.ru.do *adj.* Rasteiro como as parras. *s.m. Pop.* Baixo e grosso.

par.te *s.f.* Qualquer porção de um todo; lado; participação.
par.tei.ra *s.f.* Mulher que assiste parto, ajudando ou socorrendo as parturientes.
par.tei.ro *adj.* e *s.m.* Designativo do, ou o médico ou cirurgião que assiste partos ou é especialista em obstetrícia.
par.te.jar *v.t.d.* Prestar serviços a, como parteiro ou parteira.
par.ti.ci.pa.ção *s.f.* Ato ou efeito de participar.
par.ti.ci.par *v.t.d.* Anunciar; ter parte em.
par.ti.cí.pio *s.m. Gram.* Palavra que participa da natureza do verbo e do adjetivo.
par.ti.cu.la *s.f.* Pequena parte; qualquer palavra invariável.
par.ti.cu.lar *adj.2gên.* Peculiar; reservado; *s.m.* aquilo que é particular.
par.ti.cu.la.ri.da.de *s.f.* Especialidade; pormenor.
par.ti.cu.la.ri.zar *v.t.d.* Individualizar; especificar.
par.ti.da *s.f.* Saída; ação de partir.
par.ti.dá.rio *adj.* e *s.m.* Referente a quem é membro de um partido; correligionário.
par.ti.do *adj.* Dividido em partes; fragmentado; *s.m.* facção; vantagem.
par.ti.lha *s.f.* Distribuição de bens de uma herança; divisão de lucros.
par.ti.lhar *v.t.d.* Dividir em partes; repartir; *v.t.i.* participar.
par.tir *v.t.d.* Dividir em partes, fragmentar; *v.t.d.* e *i.* distribuir; *v.intr.* retirar-se; *v.pron.* ir-se embora. (Antôn.: *chegar*.)
par.ti.ti.vo *adj.* Que reparte. *Gram.* Que restringe o significado de uma palavra.
par.ti.tu.ra *s.f. Mús.* Notação gráfica de todas as partes de uma composição.
par.to *s.m.* Ação de parir.
par.tu.ri.en.te *adj.* e *s.f.* Que está de parto; que acaba de dar à luz.
par.vo *adj.* Pequeno; fátuo; idiota; *s.m.* indivíduo parvo ou apatetado.
pas.cal *adj.2gên.* Relativo à Páscoa.
pás.coa *s.f.* Festa anual dos cristãos em memória da ressurreição de Cristo.
pas.ma.cei.ra *s.f.* Admiração imbecil.
pas.mo *s.m.* Espanto.
pas.pa.lhão *s.m.* Tolo; imbecil; parvo.
pas.pa.lho *s.m.* Paspalhão; pessoa inútil.
pas.quim *s.m.* Folheto ou jornal difamador.
pas.sa *s.f.* Fruta seca, especialmente uvas.
pas.sa.da *s.f.* Passo.
pas.sa.dei.ra *s.f.* Braçadeira; filtro; larga tira que cobre pavimentos ou escadas para passar sobre ela.
pas.sa.di.ço *s.m.* Passagem; *adj.* transitório
pas.sa.di.o *s.m.* Alimentação diária.
pas.sa.dis.mo *s.m.* Culto, apego ao passado.

pas.sa.do *adj.* Que acaba de passar ou de decorrer; pretérito; velho; atordoado; *s.m.* o tempo que passou.

pas.sa.dor *adj.* Que passa, que transmite; *s.m.* o que passa ou faz passar.

pas.sa.gei.ro *adj.* Referente ao lugar por onde transita muita gente; transitório; *s.m.* viajante.

pas.sa.gem *s.m.* Ação ou resultado de passar; local onde se passa; acontecimento; trecho de obra.

pas.san.te *adj.2gên.* Que passa, que excede; *s.2gên.* transeunte.

pas.sa.por.te *s.m.* Autorização por escrito para viajar.

pas.sar *v.t.d.* Atravessar; conduzir; exceder, padecer; *v.t.i.;* ser transferido; transitar; acabar; viver; *v.pron.* partir.

pas.sa.re.la *s.f.* Ponte para pedestres sobre ruas ou estradas.

pas.sa.ri.nhei.ro *s.m.* Criador de pássaros.

pas.sa.ri.nho *s.m.* Pequeno pássaro; espécie de planta silvestre de flores encarnadas ou amarelas.

pás.sa.ro *s.m.* Pequena ave.

pas.sa.tem.po *s.m.* Recreação; divertimento.

pas.se *s.m.* Licença para passar; manobra de mágico.

pas.se.ar *v.t.d.* Levar a passeio; caminhar lentamente de um lado para outro; *v.intr.* caminhar por diversão; *v.t.i.* divagar.

pas.se.a.ta *s.f.* Marcha do povo em sinal de protesto.

pas.sei.o *s.m.* Ação ou resultado de passear.

pas.si.o.nal *adj.2gên.* Referente à paixão.

pas.si.va *s.f. Gram.* Forma que os verbos tomam ao exprimirem ação sofrida ou recebida ou os resultados da ação.

pas.sí.vel *adj.* Suscetível de experimentar sensações.

pas.si.vo *adj.* Que recebe ação; indiferença.

pas.so *s.m.* Marcha; caminho.

pas.ta *s.f.* Parcela de massa achatada; carteira de couro ou cartão para guardar documentos etc.

pas.ta.gem *s.f.* Pasto.

pas.tar *v.intr.* Pascer; *v.intr.* e *v.t.d.* comer a erva; *v.t.i.* nutrir-se.

pas.tel *s.m.* Iguaria de massa recheada de carne, peixe, ovos ou doces.

pas.te.lão *s.m.* Grande pastel.

pas.te.la.ri.a *s.f.* Estabelecimento ou arte de pasteleiro.

pas.teu.ri.zar *v.t.d.* Esterilizar o leite à temperatura de 70ºC, esfriando-o logo depois (termo originário de Pasteur).

pas.ti.cho *s.m.* Imitação grosseira de obra artística ou literária.

pas.ti.fí.cio *s.m.* Fábrica de massas alimentícias.

pas.ti.lha *s.f.* Pequena porção de açúcar em pasta, contendo algum medicamento ou qualquer essência.

pas.to *s.m.* Campo onde o gado pasta.

pas.tor *s.m.* Pessoa que guarda o gado; *adj.* campestre. *Fig.* Pároco.

pas.to.ral *adj.2gên.* Relativo a ou próprio de pastor.

pas.to.re.ar *v.t.d.* Levar o gado ao pasto. *Fig.* Guiar.

pas.to.rei.o *s.m.* Ação de pastorear; lugar onde se pastoreia.

pas.to.ril *adj.* Relativo a pastor.

pa.ta *s.f.* Fêmea do pato; pé de animais.

pa.ta.ca *s.f.* Antiga moeda de prata equivalente, no Brasil, a 320 centavos.

pa.ta.co.a.da *s.f.* História falsa.

pa.ta.da *s.f.* Golpe com a pata; coice.

pa.ta.mar *s.m.* Espaço largo no alto de escadas; trecho de estrada de ferro horizontal.

pa.ta.ti.va *s.f.* Pássaro de canto muito apreciado. *Fig.* Indivíduo falador.

pa.ta.vi.na *s.f.* Coisa nenhuma; nada.

pa.tê *s.m.* Iguaria pastosa feita com vários tipos de ingredientes.

pa.te.la *s.f.* Osso do joelho; *ant.* rótula.

pa.ten.te *adj.* Claro; acessível; *s.f.* carta régia de concessão de um título.

pa.ten.te.ar *v.t.d.* Manifestar; *v.pron.* tornar-se evidente. (Antôn.: ocultar.)

pa.ter.na.lis.mo *s.m.* Regime baseado na autoridade paterna.

pa.ter.ni.da.de *s.f.* Propriedade do que é pai.

pa.ter.no *adj.* Relativo ou pertencente ao pai.

pa.te.ta *s.2gên.* Pessoa tola.

pa.té.ti.co *adj.* Que comove.

pa.tí.bu.lo *s.m.* Estrado erguido em lugar público para executar condenados.

pa.ti.fa.ri.a *s.f.* Safadeza.

pa.ti.fe *adj.* e *s.m.* Embusteiro; tratante.

pa.tim *s.m.* Aparelho provido de rodinhas ou lâmina vertical para rolar sobre pavimento liso.

pa.ti.na.ção *s.f.* Ação de patinar.

pa.ti.nar *v.intr.* Deslizar; andar sobre patins.

pá.tio *s.m.* Recinto descoberto no interior de um edifício ou cercado por edifício; saguão.

pa.to *s.m.* Ave doméstica.

pa.to.gê.ni.co *adj.* Que produz doenças; diz-se também *patógeno.*

pa.to.lo.gi.a *s.f.* Parte da Medicina que estuda as causas das enfermidades.

pa.to.ta *s.f.* Batota. *Gír.* Bando.

pa.tra.nha *s.f.* Grande mentira.

pa.trão *s.m.* Chefe.

pá.tria *s.f.* Sítio ou país onde alguém nasceu; país, estado; nacionalidade.

pa.tri.ar.ca *s.m.* Chefe de família; chefe da Igreja grega.

pa.tri.ar.cal *adj.* Referente a patriarca ou patriarcado. *Fig.* Respeitável.
pa.trí.cio *adj.* Conterrâneo.
pa.tri.mô.nio *s.m.* Bens materiais ou morais pertencentes a indivíduo ou instituição.
pá.trio *adj.* Que diz respeito ou que pertence à pátria.
pa.tri.o.ta *adj.* Pessoa que ama a pátria.
pa.tri.ó.ti.co *adj.* Que revela amor à pátria.
pa.tri.o.tis.mo *s.m.* Amor à pátria; nacionalismo.
pa.tro.a *s.f.* A mulher do patrão; a dona da casa.
pa.tro.ci.nar *v.t.d.* Dar patrocínio a; proteger.
pa.tro.cí.nio *s.m.* Proteção; amparo; auxílio.
pa.tro.na.to *s.m.* O mesmo que *patrocínio*; estabelecimento que abriga menores e lhes ministra instrução.
pa.tro.nes.se *adj. e s.f.* Senhora que patrocina festa ou campanha beneficente.
pa.tro.no *s.m.* Patrocinador; protetor.
pa.tru.lha *s.f.* Ronda de soldados ou policiais.
pa.tru.lhar *v.intr.* Fazer patrulhas; *v.t.d.* rondar.
pa.tu.á *s.m.* Amuleto que os crédulos penduram ao pescoço para os livrar de malefícios.
pa.tu.lei.a *s.f. Fig.* Povo; plebe.
pa.tus.ca.da *s.f.* Pândega.
pau *s.m.* Qualquer madeira; pedaço de madeira.
pa.ul *s.m.* Pântano.
pau.la.da *s.f.* Golpe com pau; cacetada.
pau.la.ti.no *adj.* Gradativo.
pau.li.cei.a *s.f.* Denominação usada como equivalente a cidade de São Paulo.
pau.lis.ta *s.2gên.* Natural do estado de São Paulo.
pau.lis.ta.no *s.m.* Natural da cidade de São Paulo.
pau.pe.ris.mo *s.m.* Penúria; miséria.
pau.pér.ri.mo *adj.* Demasiadamente pobre.
pau.sa *s.f.* Intervalo de tempo.
pau.sar *v.t.d.* Fazer pausa em; interromper momentaneamente uma ação; *v.t.d. e i.* demorar; *v.intr.* descansar.
pau.ta *s.f.* Traço horizontal em papel, para se escrever alinhadamente.
pau.tar *v.t.d.* Riscar com pauta ou régua; orientar.
pa.vão *s.m.* Ave galinácea de bela plumagem.
pa.vei.a *s.f.* Feixe de palha, de femo ou de espigas.
pá.vi.do *adj.* Que tem pavor; medroso.
pa.vi.lhão *s.m.* Pequena habitação geralmente de madeira.
pa.vi.men.ta.ção *s.f.* Ação ou resultado de pavimentar.
pa.vi.men.to *s.m.* Chão; andar de uma casa.
pa.vi.o *s.m.* Mecha de vela ou objeto similar.
pa.vor *s.m.* Grande temor.
pa.vo.ro.so *adj.* Que infunde pavor; horrendo.
pa.xá *s.m.* Título dos governadores de províncias e dos principais chefes da Turquia. *Fig.* Indivíduo poderoso.

paz *s.f.* Tranquilidade pública; concórdia, silêncio.
pé *s.m.* Parte inferior da perna e que se apoia no chão; medida de comprimento equivalente a 305 mm.
pe.a.nha *s.f.* Base, pedestal de coluna, estátua etc.
pe.ão *s.m.* Trabalhador rural.
pe.ar *v.t.d.* Amarrar as pernas dos animais para impedi-los de andar.
pe.ça *s.f.* Parte de um todo; móvel; composição poética. *Fig.* Pessoa má.
pe.ca.do *s.m.* Transgressão de uma lei religiosa; defeito.
pe.ca.dor *adj. e s.m.* Que peca; sujeito a pecar.
pe.ca.mi.no.so *adj.* Do pecado.
pe.car *v.intr.* Transgredir deveres religiosos; *v.t.i.* cometer pecados; tornar-se pecador.
pe.cha *s.f.* Defeito; falta.
pe.char *v.t.d.* Chocar (com algo ou alguém).
pe.chin.cha *s.f.* Vantagem; coisa comprada a preço muito reduzido.
pe.chin.char *v.intr.* Procurar comprar barato.
pe.cí.o.lo *s.m.* Parte que prende a folha ao tronco.
pe.co *adj.* Que não medrou; seco; mirrado.
pe.ço.nha *s.f.* Secreção venenosa de alguns animais; veneno. *Fig.* Calúnia.
pe.ço.nhen.to *adj.* Venenoso.
pe.cu.á.ria *s.f.* Arte e indústria de tratar e criar o gado.
pe.cu.la.to *s.m.* Furto de dinheiro ou rendimentos públicos por pessoa que os guarda ou administra.
pe.cu.li.ar *adj.2gên.* Próprio; especial.
pe.cu.li.a.ri.da.de *s.f.* Qualidade peculiar.
pe.cú.nia *s.f.* Dinheiro.
pe.da.ço *s.m.* Parte; porção; fragmento; trecho. *Fig.* Mulher de corpo bonito.
pe.dá.gio *s.m.* Taxa paga para se passar por uma estrada de rodagem.
pe.da.go.gi.a *s.f.* Arte de instruir e educar as crianças; estudo dos sistemas de educação.
pe.da.gó.gi.co *adj.* Que diz respeito à Pedagogia.
pe.da.go.go *s.m.* Aquele que pratica e emprega Pedagogia; professor de crianças.
pe.dal *s.m.* Tecla de madeira ou de metal de certos instrumentos; dispositivo com que é acionada a bicicleta, máquina de costura etc.
pe.da.lar *v.t.d.* Movimentar o pedal; *v.intr.* passear de bicicleta.
pe.dan.te *adj.2gên.* Pretensioso.
pe.dan.tis.mo *s.m.* Maneira de agir ou de falar de pedante.
pe.de.ras.ta *s.m.* Homem homossexual.
pe.des.tal *s.m.* Base, suporte de coluna, estátua etc.
pe.des.tre *adj.2gên.* Que anda ou que está a pé.
pe.di.a.tra *s.m.* Médico especialista em doenças de crianças.

pe.di.a.tri.a *s.f.* Ramo da Medicina que trata das doenças infantis.
pe.di.cu.re *s.2gên.* Aquele que se dedica aos cuidados ou embelezamento dos pés; calista.
pe.di.do *s.m.* Solicitação.
pe.din.char *v.t.d. e intr.* Pedir repetida e importunamente.
pe.din.te *adj. e s.2gên.* Que, ou pessoa que pede ou mendiga.
pe.dir *v.t.d. e i.* Rogar; solicitar; *v.intr.* fazer pedidos ou súplicas; orar.
pe.dra *s.f.* Corpo duro e sólido, da natureza das rochas.
pe.dra.da *s.f.* Ação ou resultado de atirar uma pedra; ferimento ou golpe com pedra.
pe.dra.ri.a *s.f.* Grande número de pedras.
pe.dre.go.so *adj.* Cheio de pedras.
pe.dre.gu.lho *s.m.* Muitas pedras miúdas; pedra grande.
pe.drei.ra *s.f.* Sítio ou rocha de onde são extraídas pedras.
pe.drei.ro *s.m.* Aquele que trabalha em obras de pedra e cal.
pe.drês *adj.2gên.* Diz-se do que é salpicado de preto e branco.
pe.dún.cu.lo *s.m. Bot.* Pé da flor ou do fruto.
pe.ga *s.f.* Ato de pegar; logro; *s.m.* travamento de luta.
pe.ga.di.o *s.m.* Apego, afeição.
pe.ga.jo.so *adj.* Que pega ou adere facilmente.
pe.gar *v.t.d.* Colar; segurar; aceitar; *v.intr.* ficar ardente; *v.t.i.* fixar-se; *v.pron.* apegar-se. (Antôn.: *largar*.)
pe.ga-ra.paz *s.m.* Anel de cabelo que cai sobre a testa.
pe.go *s.m.* A parte mais funda de um rio, lago etc. *Fig.* Abismo.
pe.gu.rei.ro *s.m.* Guardador de gado; cão de caça.
pei.a *s.f.* Correia ou corda com que se prendem os pés de animais; obstáculo.
pei.tar *v.t.d.* Subornar; enfrentar corajosamente.
pei.ti.lho *s.m.* O que reveste o peito.
pei.to *s.m.* O tórax; cada uma das glândulas mamárias da mulher; parte superior do pé. *Fig.* Destemor.
pei.to.ril *s.m.* Parapeito.
pei.xão *s.m.* Aumentativo de peixe. *Gír.* Mulher de formas exuberantes.
pei.xe *s.m.* Animal vertebrado que vive na água e respira por brânquias. *Pl.* Constelação do zodíaco.
pe.jar *v.t.d.* Encher; embaraçar; *intr.* engravidar.
pe.jo *s.m.* Vergonha; pudor.
pe.jo.ra.ti.vo *adj.* Referente a vocábulo que adquiriu sentido torpe.
pe.la *contr.* Aglutinação da prep. *per* e do art. ou pron. dem. *la* (a); que equivale a *por a*.

pe.la.da *s.f. Med.* Calvície; partida de futebol sem interesse.
pe.la.do[1] *adj.* Desprovido de pelo, calvo; *s.m.* indivíduo calvo.
pe.la.do[2] *Adj.* A que se tirou a pele. *Fig.* Sem dinheiro algum; despido.
pe.la.gem *s.f.* O pelo dos animais.
pé.la.go *s.m.* Mar alto; oceano; abismo marítimo.
pe.lan.ca *s.f.* Pele mole e caída; carne mole e enrugada.
pe.lar *v.t.d.* Tirar a pele, o pelo ou a casca de; despir.
pe.le *s.f.* Membrana que reveste e cobre todas as partes do corpo; epiderme.
pe.le.go *s.m.* A pele do carneiro com a lã.
pe.le.ja *s.f.* Ato de pelejar; combate.
pe.le.jar *v.intr.* Lutar.
pe.le-ver.me.lha *s.m.* Nome genérico de indígenas da América do Norte, que têm hábito de pintar o corpo e o rosto de vermelho.
pe.li.ca *s.f.* Pele fina, curtida e preparada para luvas, calçados etc.
pe.li.ca.no *s.m.* Ave palmípede aquática.
pe.li.co *s.m. Pop.* Envoltório do feto no ventre materno.
pe.li.cu.la *s.f.* Pele ou membrana muito delgada e fina; epiderme; fita cinematográfica.
pe.lin.tra *adj.2gên. e s.2gên.* Indivíduo maltrajado, mas pretensioso.
pe.lo *contr.* Aglutinação da prep. *per* com o art. arcaico *lo*; contr. da prep. *per* com o *pron. dem.* arcaico *lo*.
pe.lo *s.m.* Cabelo; penugem.
pe.lo.ta *s.f.* Bola pequena.
pe.lo.tão *s.m.* Multidão.
pe.lou.ri.nho *s.m.* Coluna de pedra onde se expunham os criminosos ao público.
pe.lú.cia *s.f.* Tecido de lã, seda etc., felpudo de um lado.
pe.lu.do *adj.* Provido de muito pelo.
pe.lu.gem *s.f.* O conjunto de pelos que recobrem o corpo.
pel.ve *s.f. Anat.* Cavidade óssea da bacia; diz-se também *pélvis*.
pél.vi.co *adj.* Que diz respeito ou que pertence à pelve.
pe.na[1] *s.f.* Pluma das aves; bico de metal com que se escreve; escrito.
pe.na[2] *s.f.* Dor; compaixão.
pe.na.cho *s.m.* Adorno de penas que se põem nos chapéus; crista.
pe.nal *adj.2gên.* Relativo a penas judiciais.
pe.na.li.da.de *s.f.* Conjunto ou sistema de penas; castigo.
pe.na.li.zar *v.t.d.* Causar pena, compaixão.
pe.nar *v.intr.* Padecer; *v.t.d.* castigar; *v.pron.* afligir-se.

pen.ca *s.f.* Folha grossa e carnuda de vegetais.
pen.ce.nê *s.m.* Óculos sem hastes, fixados no nariz por uma mola.
pen.dão *s.m.* Bandeira.
pen.dên.cia *s.f.* Contenda.
pen.den.te *adj.2gên.* Que pende; pendurado; iminente. *Fig.* Fixo; *s.m.* pingente.
pen.der *v.intr.* Apendoar; botar pendão (o milho ou a cana).
pen.dor *s.m.* Declive; propensão.
pên.du.lo *s.m.* Instrumento físico que serve para aprumar ou realizar o movimento de vaivém.
pen.du.ra *s.f.* Ato de pendurar, coisa pendurada.
pen.du.rar *v.t.d.* Suspender. *Fig.* Penhorar; *v.t.d. e i.* fixar (a vista); *v.pron.* altear-se. (Antôn.: despendurar.)
pe.ne.do *s.m.* Pedra grande; rocha; penhasco.
pe.nei.ra *s.f.* Aro circular com pequenos furos para apurar matérias reduzidas e pequenos fragmentos.
pe.nei.rar *v.t.d.* Passar pela peneira; *v.intr.* chover miúdo.
pe.ne.tra *s.m.* Indivíduo intrometido.
pe.ne.tra.ção *s.f.* Ação ou resultado de penetrar.
pe.ne.tran.te *adj.2gên.* Que penetra.
pe.ne.trar *v.t.d. e i.* Entrar, introduzir-se; *v.t.d.* descortinar. *Fig.* Chegar a compreender; *v.pron.* compenetrar-se.
pe.nha *s.f.* Pedra grande; rocha.
pe.nhas.co *s.m.* Penha elevada; rocha extensa.
pe.nhor *s.m.* Aquilo que se dá como garantia de uma dívida.
pe.nho.ra *s.f.* Apreensão de bens e um devedor para pagamento judicial.
pe.nho.rar *v.t.d.* Fazer penhora em; afiançar.
pe.ni.ci.li.na *s.f.* Substância antibiótica que se extrai de fungos do grupo *Penicilum*, empregada nas doenças infecciosas.
pe.ni.co *s.m.* Expressão vulgar designativa de urinol.
pe.nín.su.la *s.f.* Extensão de terra que entra pelo mar cercada de água de todos os lados, menos o que a prende a um continente.
pê.nis *s.m.* Órgão copulador do macho; falo.
pe.ni.tên.cia *s.f.* Arrependimento; pena imposta pelo confessor para remissão dos pecados.
pe.ni.ten.ci.ar *v.t.d.* Impor penitência a; *v.pron.* sacrificar-se para obter perdão da culpa cometida.
pe.ni.ten.ci.á.ria *s.f.* Edifício público onde são encerrados os criminosos para cumprir suas penas.
pe.ni.ten.te *adj.2gên.* Que se arrepende; *s.2gên.* aquele que faz penitência.
pe.no.so *adj.* Que causa pena; doloroso.
pen.sa.dor *adj. e s.m.* Que, ou aquele que pensa.
pen.sa.men.to *s.m.* Ideia; mente; espírito.

pen.são *s.f.* Renda vitalícia ou temporária que se dá a alguém como recompensa de serviço ou por liberalidade.
pen.sar *v.t.i.* Formar no espírito pensamentos, ideias etc.; meditar; imaginar; raciocinar; *v.t.d.* julgar.
pen.sa.ti.vo *adj.* Absorto; meditativo.
pên.sil *adj.2gên.* Suspenso.
pen.si.o.na.to *s.m.* Casa que recebe pensionistas.
pen.si.o.nis.ta *adj.2gên.* O que goza de pensão; *s.2gên.* pessoa que vive em pensão.
pen.so *adj.* Pendente; *s.m.* curativo.
pen.ta *pref.* Indicativo de cinco.
pen.tá.go.no *s.m.* Polígono de cinco ângulos e cinco lados.
pen.ta.gra.ma *s.m.* Pauta musical.
pen.ta.tlo *s.m.* Conjunto de cinco exercícios atléticos entre os antigos gregos: corrida, arremesso de disco, salto, lançamento de dardo e luta.
pen.te *s.m.* Instrumento com que se alisa, limpa ou segura o cabelo.
pen.te.ar *v.t.d.* Alisar, compor os cabelos com o pente; *v.pron.* alisar. (Antôn.: despentear.)
pen.te.lho *s.m. Chul.* Designação comum aos pelos pubianos. *Gír.* Pessoa chata.
pe.nu.gem *s.f.* As penas, pelos ou cabelos que primeiro nascem.
pe.núl.ti.mo *adj.* Que precede imediatamente o último.
pe.num.bra *s.f.* Transição entre luz e sombra; meia-luz.
pe.nú.ria *s.f.* Miséria extrema; pobreza.
pe.pi.no *s.m.* Fruto do pepineiro.
pe.pi.ta *s.f.* Grão ou palheta de metal nativo, especialmente de ouro.
pe.que.na *s.f. Pop.* Moça; namorada.
pe.que.nez *s.f.* Propriedade do que é pequeno.
pe.que.no *adj.* Que apresenta pouca extensão ou volume; de pouca estatura; que está na fase infantil; mesquinho; mirrado; *s.m.* criança.
pe.qui.nês *adj.* De Pequim; *s.m.* o natural ou morador de Pequim; fala-se de uma raça de cãezinhos felpudos e de uma raça de patos.
pe.ra *s.f.* Fruto produzido pela pereira.
pe.ral.ta *s.2gên.* Criança irrequieta e buliçosa.
pe.ram.bei.ra *s.f.* Precipício; despenhadeiro.
pe.ram.bu.lar *v.intr. Bras.* Vaguear a pé; passear.
pe.ran.te *prep.* Diante de; ante; na presença de.
per.cal.ço *s.m.* Lucro; transtorno.
per.ce.ber *v.t.d.* Conceber pelos sentidos.
per.cen.ta.gem *s.f.* Porção de um valor dado, que se determina sabendo-se o quanto corresponde a cada 100.
per.cen.tu.al *adj.* Relativo a percentagem.
per.cep.ção *s.f.* Ação, efeito ou faculdade de perceber.

per.cep.ti.vo *adj.* Que se relaciona à percepção.
per.ce.ve.jo *s.m.* Inseto parasito.
per.cor.rer *v.t.d.* Correr por; explorar; investigar.
per.cu.ci.en.te *adj.2gên.* Que percute; penetrante.
per.cur.so *s.m.* Ato ou efeito de percorrer; trajeto.
per.cus.são *s.f.* Ato ou efeito de percutir.
per.cu.tir *v.t.d.* Bater.
per.da *s.f.* Ato de perder; desaparecimento.
per.dão *s.m.* Remissão de pena; desculpa.
per.der *v.t.d.* Ser privado de; não aproveitar; sofrer o prejuízo de; destruir; *v.intr.* valer menos; desmerecer; ser vencido no jogo; *v.pron.* desaparecer; extraviar-se. (Antôn.: *achar, ganhar*.)
per.di.ção *s.f.* Perda; ruína; corrupção.
per.di.do *adj.* Que se perdeu; esquecido; desorientado; *s.m.* libertino.
per.di.gão *s.m.* Macho da perdiz.
per.di.go.to *s.m.* Filhote de perdiz.
per.di.guei.ro *adj.* Que caça perdizes; *s.m.* cão próprio para caça de perdizes.
per.diz *s.f.* Ave de ordem dos galináceos.
per.do.ar *v.t.d. e i.* Conceder perdão a; desculpar; *v.pron.* poupar-se.
per.do.á.vel *adj.2gên.* Digno de perdão.
per.du.lá.rio *adj.* Dissipador; extravagante; s.m. que, ou aquele que gasta excessivamente.
per.du.rar *v.intr.* Durar longamente, persistir.
pe.re.ba *s.f. Bras.* Sarna; pequena ferida.
pe.re.cer *v.intr.* Acabar, morrer.
pe.re.cí.vel *adj.2gên.* Que pode perecer; que deteriora.
pe.re.gri.nar *v.intr.* Ir em romaria; vaguear.
pe.re.gri.no *adj.* Estrangeiro; que peregrina; *s.m.* romeiro.
pe.remp.tó.rio *adj.* Terminante; categórico; decisivo.
pe.re.ne *adj.2gên.* Que dura muito tempo; contínuo.
pe.re.re.ca *s.f.* Espécie de rã.
per.fa.zer *v.t.d.* Completar; preencher o número de; aperfeiçoar.
per.fec.ci.o.nis.mo *s.m.* Busca obsessiva da perfeição.
per.fei.ção *s.f.* Execução perfeita; pureza; a exatidão.
per.fei.to *adj.* Sem defeito; acabado; exato; esmerado.
pér.fi.do *adj.* Desleal; traidor.
per.fil *s.m.* Rosto de uma pessoa ou qualquer figura ou objeto, visto de lado.
per.fi.lar *v.t.d.* Fazer ou desenhar o perfil de; colocar em linha; aprumar; *v.t.d. e i.* comparar; *v.pron.* endireitar-se.
per.for.má.ti.co *adj.* Relativo à *performance*, ao desempenho.
per.fu.ma.do *adj.* Que possui ou exala perfume.

per.fu.mar *v.t.d.* Encher de perfumes; aromatizar; *v.pron.* pôr perfume em si mesmo.
per.fu.ma.ri.a *s.f.* Estabelecimento onde se fabrica ou vende perfumes.
per.fu.me *s.m.* Aroma.
per.func.tó.rio *adj.* Praticado só por cumprimento de uma obrigação; superficial.
per.fu.ra.ção *s.f.* Ação ou resultado de perfurar.
per.fu.rar *v.t.d.* Furar; penetrar profundamente.
per.ga.mi.nho *s.m.* Pele de carneiro tratada para nela se escrever.
per.gun.ta *s.f.* Ação de perguntar; interrogação.
per.gun.tar *v.t.d.* Fazer perguntas; interrogar; *v.intr.* pedir esclarecimento a respeito.
pe.ri.cár.dio *s.m.* Membrana que envolve o coração.
pe.rí.cia *s.f.* Destreza; habilidade.
pe.ri.cli.tar *v.intr.* Correr perigo.
pe.ri.cu.lo.si.da.de *s.f.* Qualidade daquilo que é perigoso.
pe.ri.e.cos *s.m.pl.* Habitantes do globo da mesma latitude, mas em meridiano oposto.
pe.ri.fe.ri.a *s.f.* Contorno de uma figura curvilínea; subúrbio.
pe.ri.fra.se *s.f.* Rodeio de palavras; circunlóquio.
pe.ri.gar *v.intr.* Correr perigo ou risco; periclitar.
pe.ri.geu *s.m. Astr.* Ponto da órbita de um astro em que este se acha a menor distância da terra.
pe.ri.go *s.m.* Estado em que se receia alguma coisa; gravidade.
pe.ri.go.so *adj.* Em que há perigo; que causa perigo.
pe.rí.me.tro *s.m.* Soma dos lados de uma figura geométrica.
pe.ri.ó.di.co *adj.* Que acontece ou se repete com intervalos regulares; *s.m.* jornal, revista ou publicação que sai em dias determinados.
pe.rí.o.do *s.m.* Qualquer espaço de tempo; cada uma das divisões ou épocas da existência da Terra.
pe.ri.pé.cia *s.f.* Desfecho; mudança súbita e imprevista que altera o rumo das coisas.
pe.ri.qui.to *s.m.* Ave semelhante ao papagaio, porém menor.
pe.ris.có.pio *s.m.* Aparelho óptico usado nos submarinos quando submersos, permitindo a visão do que se acha à tona d'água.
pe.ris.tal.tis.mo *s.m.* Contrações; movimentos musculares involuntários.
pe.ris.ti.lo *s.m.* Galeria de colunas que cercam um edifício ou pátio.
pe.ri.to *adj.* Experimentado, hábil; douto; *s.m.* o nomeado judicialmente para exame da vistoria.
pe.ri.tô.nio *s.m. Anat.* Membrana serosa que reveste internamente o abdome.
per.jú.rio *s.m.* Juramento falso.

PERLONGAR — PESADELO

per.lon.gar *v.t.d.* Ir ao longo de; costear.
per.lus.trar *v.t.d.* Percorrer (observando); tratar (de um assunto) em todos os pormenores.
per.ma.ne.cer *v.pred.* Conservar-se; ficar; *v.t.i.* persistir; *v.intr.* durar.
per.ma.nen.te *adj.2gên.* Que permanece; imutável; constante; duradouro.
per.me.a.bi.li.da.de *s.f.* Propriedade do que é permeável.
per.me.ar *v.t.d.* Fazer passar pelo meio.
per.me.á.vel *adj.* Que pode ser transpassado.
per.mei.o *adv.* No meio.
per.mis.são *s.f.* Ação de permitir; licença; autorização.
per.mis.si.vo *adj.* Que envolve ou dá permissão.
per.mi.tir *v.t.d.* Dar liberdade, poder ou licença; consentir. (Antôn.: *proibir*.)
per.mu.ta *s.f.* Troca; câmbio; substituição.
per.mu.tar *v.t.d.* e *v.t.i.* Trocar; dar mutuamente; cambiar.
per.na *s.f.* Parte do corpo que vai do joelho ao pé, membro sobre o qual se sustém e anda o animal; haste.
per.nal.to *adj.* De pernas longas.
per.ne.ta *s.f.* Pequena perna; *s.2gên.* homem a quem falta uma perna.
per.ní.cie *s.f.* Destruição; prejuízo.
per.ni.ci.o.so *adj.* Nocivo; perigoso.
per.nil *s.m.* Perna magra; parte mais delgada da perna do porco e de outros mamíferos.
per.ni.lon.go *s.m.* Tipo de mosquito de pernas longas; *adj.* que tem pernas longas.
per.noi.tar *v.t.i.* Passar a noite; dormir em pousada.
per.nós.ti.co *adj.* Pedante.
pé.ro.la *s.f.* Concreção calcária em forma globular, de cor branca, que se forma na concha de alguns moluscos.
pe.ro.rar *v.intr.* Finalizar o discurso.
per.pas.sar *v.t.i.* Passar junto de; decorrer.
per.pen.di.cu.lar *adj.2gên.* Que cai a prumo; vertical; *s.f.* a linha perpendicular.
per.pe.trar *v.t.d.* Perfazer; realizar; cometer.
per.pé.tua *s.f. Bot.* Designação comum a várias plantas da espécie das compostas; flor dessas plantas.
per.pe.tu.ar *v.t.d.* Tornar perpétuo; imortalizar; propagar; *v.t.d.* e *i.* transmitir para todo o sempre; *v.pron.* suceder-se.
per.pé.tuo *adj.* Contínuo; eterno.
per.ple.xi.da.de *s.f.* Hesitação; ambiguidade.
per.ple.xo *adj.* O que hesita entre coisas contraditórias; indeciso; assombrado.
per.qui.rir *v.t.d.* Investigar com cuidado.
per.ren.gue *adj.2gên.* e *s.2gên.* Fraco; covarde; que não pode andar.

pers.cru.tar *v.t.d.* Esquadrinhar; investigar com minúcia.
per.se.gui.ção *s.f.* Ato ou efeito de perseguir.
per.se.guir *v.t.d.* Seguir de perto; ir no encalço de; atormentar.
per.se.ve.ran.ça *s.f.* Persistência.
per.se.ve.rar *v.t.i.* Conservar-se firme e constante; persistir.
per.si.a.na *s.f.* Caixilho de tabuinhas móveis nas janelas.
per.sig.nar *v.pron.* Benzer-se fazendo o sinal da cruz.
per.sis.tir *v.t.i.* Perseverar; ser constante; *v.intr.* continuar. (Antôn.: *desistir*.)
per.so.na.gem *s.2gên.* Pessoa notável; cada uma das pessoas que figuram na narração.
per.so.na.li.da.de *s.f.* Individualidade; personagem.
per.so.na.lis.mo *s.m.* Qualidade do que é pessoal; subjetivismo.
per.so.ni.fi.car *v.t.d.* Tornar igual a uma pessoa; *v.t.d.* e *i.* realizar ou exprimir na figura de uma pessoa.
pers.pec.ti.va *s.f.* Panorama; esperança; possibilidade.
pers.pi.cá.cia *s.f.* Agudeza em espírito.
pers.pi.caz *adj.2gên.* Sagaz; vivo; esperto; inteligente.
pers.pí.cuo *adj.* Perspicaz; claro; evidente.
per.su.a.dir *v.t.d.* e *i.* Induzir. (Antôn.: *dissuadir*.)
per.su.a.são *s.f.* Ato ou efeito de persuadir; convicção.
per.su.a.si.vo *adj.* Convincente.
per.ten.ce *s.m.* Objeto de uso pessoal.
per.ten.cen.te *adj.2gên.* Que pertence a alguma coisa ou alguém; que diz respeito a.
per.ti.naz *adj.2gên.* Perseverante; persistente.
per.ti.nen.te *adj.* O mesmo que *pertencente*; concernente.
per.to *adv.* Próximo; cerca de; quase.
per.tur.bar *v.t.d.* Causar perturbação a; confundir; agitar, *v.pron.* atrapalhar-se. (Antôn.: *ajudar*.)
pe.ru *s.m.* Grande ave galinácea doméstica.
pe.ru.a *s.f.* Fêmea do peru; ônibus pequeno. *Pop.* Mulher que se veste de forma extravagante.
pe.ru.a.no *adj.* Do Peru; *s.m.* homem que nasce no Peru.
pe.ru.ca *s.f.* Cabeleira postiça.
per.va.gar *v.intr.* Vagar sem destino; percorrer.
per.ver.são *s.f.* Qualidade de perverso; índole ferina ou ruim.
per.ver.so *adj.* Que tem muito má índole; traiçoeiro.
per.ver.ter *v.t.d.* Tornar mau; depravar; desvirtuar; *v.pron.* corromper-se.
pe.sa.de.lo *s.m.* Mau sonho.

PESADO — PIGMENTAR

pe.sa.do *adj.* Que tem peso; lento; difícil; cansativo; cheio.

pe.sa.gem *s.f.* Ação ou operação de pesar.

pê.sa.mes *s.m.pl.* Manifestação de pesar que se dá a quem sofreu infortúnio.

pe.sar *v.t.d.* Determinar o peso de; apreciar; *s.m.* desgosto.

pe.sa.ro.so *adj.* Cheio de pesar; sentido.

pes.ca *s.f.* Ação ou resultado de pescar; o que se pescou.

pes.ca.do *s.m.* Tudo o que se pesca.

pes.ca.dor *s.m.* Pessoa que pesca ou que faz da pesca seu modo de vida.

pes.car *v.t.d.* Apanhar (peixe); *v.t.i.* entender.

pes.ca.ri.a *s.f.* A indústria da pesca; arte de pescar.

pes.co.ço *s.m.* Parte do corpo compreendida entre a cabeça e o tronco; garganta.

pe.so *s.m. Fís.* Resultante da ação da gravidade, sobre os corpos; ônus; antiga moeda espanhola.

pes.pon.to *s.m.* Costura externa que serve tanto para prender quanto para enfeitar.

pes.quei.ro *s.m.* Viveiro ou abrigo de peixes; o mesmo que *pesqueira*.

pes.qui.sa *s.f.* Busca; investigação; exame; análise.

pês.se.go *s.m.* O fruto do pessegueiro.

pes.si.mis.mo *s.m.* Disposição do espírito a ver sempre o mau lado das coisas.

pés.si.mo *adj.* Muito mau.

pes.so.a *s.f.* Homem ou mulher; ser moral ou jurídico; personagem; individualidade.

pes.so.al *adj.2gên.* Da, ou relativo à pessoa; individual.

pes.ta.na *s.f.* Pelo da orla da pálpebra; cílio.

pes.ta.ne.jar *v.intr.* Mover as pálpebras. *Fig.* Distrair.

pes.te *s.f.* Doença grave e contagiosa. *Fig.* Pessoa maldosa.

pes.ti.lên.cia *s.f.* Peste; mal contagioso.

pes.ti.len.to *adj.* Da natureza da peste; que causa peste. *Fig.* Que corrompe.

pé.ta.la *s.f.* Folha da flor.

pe.tar.do *s.m.* Bomba; máquina infernal.

pe.te.le.co *s.m. Bras.* Pancada com a ponta dos dedos.

pe.ti.ção *s.f.* Ato de pedir; súplica.

pe.tis.co *s.m.* Comida saborosa.

pe.tiz *s.m.* Guri; menino.

pe.tre.chos *s.m.pl.* Utensílios necessários para execução de uma tarefa.

pe.tri.fi.car *v.t.d.* Converter em pedra; *v.pron.* tornar-se pedra. *Fig.* Ficar imóvel de susto.

pe.tro.lei.ro *adj.* Que diz respeito ao petróleo; *s.m.* navio destinado a transportar petróleo.

pe.tró.leo *s.m.* Óleo mineral escuro de que se faz gasolina, solventes etc.

pe.tro.lo.gi.a *s.f.* Tratado da formação das rochas.

pe.tu.lan.te *adj.* Atrevido.

pe.ú.ga *s.f.* Meia curta de homem.

pe.xo.te *s.m.* Jogador novato, inábil; menino novo.

pi.a *s.f.* Bacia fixa na parede para lavar mãos, louça etc.

pi.a.ça.ba *s.f.* Palmeira de fibra usada em vassouras.

pi.a.da *s.f.* Pio; historinha engraçada.

pi.a.nis.ta *s.2gên.* Pessoa que toca piano.

pi.a.no *s.m.* Instrumento musical de cordas e teclados.

pi.ão *s.m.* Brinquedo que se faz girar por meio de cordel ou por mola.

pi.ar *v.intr.* Dar pios; *v.t.d.* soltar, emitir piando.

pi.ca.da *s.f.* Ato ou efeito de picar; mordedura de inseto.

pi.ca.dei.ro *s.m.* Área circular para exibição dos artistas num circo.

pi.ca.do *adj.* Que se picou.

pi.ca.nha *s.f. Bras. do Sul* Parte posterior da região lombar da rês.

pi.can.te *adj.2gên.* Que pica; apimentado.

pi.ca-pau *s.m.* Nome vulgar das aves da família dos Picídeos; espingarda antiga de carregar pela boca.

pi.car *v.t.d.* Machucar ou ferir com objeto pontiagudo; ferir (falando de insetos); dar picada.

pi.car.di.a *s.f.* Ação de pícaro; malvadez.

pi.ca.res.co *adj.* Cômico; ridículo.

pi.ca.re.ta *s.f.* Instrumento de ferro de duas pontas, para escavar terra; *s.2gên. Bras.* Vigarista.

pí.ca.ro *adj.* Astuto; ardiloso.

pi.che *s.m.* Substância resinosa de cor negra, resultante da destilação do alcatrão.

pi.cles *s.m.pl.* Vegetais conservados em vinagre.

pi.co *s.m.* Ponta aguda; bico; cume agudo de monte.

pi.co.lé *s.m. Bras.* Nome de um tipo de sorvete muito consistente preso a um palito.

pi.co.tar *v.t.d. Bras.* Fazer furos em.

pi.co.te *s.m.* Recorte dentado de selos postais, bloco de papel etc.

pic.tó.ri.co *adj.* Que diz respeito à pintura.

pi.cu.i.nha *s.f.* Pirraça; provocação.

pi.dão *adj. e s.m.* Que ou quem vive pedindo.

pi.e.da.de *s.f.* Devoção; dó.

pi.e.gas *s.2gên. e 2n.* Pessoa simplória e que se preocupa com ninharias.

pi.er.rô *s.m.* Personagem de pantomima, ingênuo e sensível; fantasia de carnaval reproduzindo essa personagem.

pi.fio *adj. Pop.* Reles, grosseiro.

pi.gar.re.ar *v.intr.* Ter pigarro; tossir devido ao cigarro.

pi.gar.ro *s.m.* Muco que adere à garganta.

pig.men.ta.ção *s.f.* Formação do pigmento.

pig.men.tar *v.t.d.* Dar cor a; dar o tom da pele.

pig.men.to *s.m.* Substância que dá coloração aos líquidos ou aos tecidos vegetais ou animais que as contém.

pig.meu *adj.* e *s.m.* Anão; indivíduo de determinada etnia africana.

pi.ja.ma *s.m.* Vestuário doméstico.

pi.lão *s.m.* Recipiente com socador para grãos.

pi.lar *v.t.d.* Socar no pilão; *s.m.* coluna que sustenta uma construção.

pi.las.tra *s.f.* Pilar decorativo.

pi.le.que *s.m. Bras.* Argola de borracha; bebedeira.

pi.lha *s.f.* Grupo de coisas; peça que transforma em corrente elétrica a energia química.

pi.lha.gem *s.f.* Ato ou efeito de pilhar; furto.

pi.lhar *v.t.d.* Apanhar; agarrar; furtar; *v.pron.* chegar a encontrar-se (em certo lugar, estado ou condição).

pi.lhé.ria *s.f. Pop.* Facécia; dito zombeteiro.

pi.lo.so *adj.* Que tem pelos; peludo.

pi.lo.ta.gem *s.f.* Ato de pilotar.

pi.lo.tar *v.t.d.* Governar; dirigir como piloto.

pi.lo.to *s.m.* Que governa ou dirige navios; indivíduo que dirige uma aeronave. *Fig.* Guia.

pí.lu.la *s.f.* Composição farmacêutica em formato globuloso.

pi.men.ta *s.f.* Fruto picante usado como tempero.

pi.men.tão *s.m.* Planta da família das solanáceas; fruto dessa planta.

pim.pão *s.m.* Valentão.

pim.po.lho *s.m.* Criança; filho pequeno.

pi.na.co.te.ca *s.f.* Museu de pintura.

pi.ná.cu.lo *s.m.* O ponto mais alto de uma eminência.

pin.çar *v.t.d.* Prender com ou como uma pinça.

pin.ca.ro *s.m.* Cume; pico.

pin.cel *s.m.* Tufo de pelos com cabo apropriado, utilizado para aplicar tintas, cosméticos etc.

pin.ce.lar *v.t.d.* Pintar com o pincel.

pin.char *v.t.d.* Impelir; empurrar; lançar.

pin.cho *s.m.* Salto.

pin.da.í.ba *s.f.* Corda trançada com palha de coqueiro. *Fig.* Falta de dinheiro.

pi.néu *s.m.* Certo passarinho brasileiro.

pin.ga *s.f.* Gota; cachaça.

pin.ga.do *adj.* Cheio de pingos; *s.m.* café a que se adiciona um pouco de leite ou vice-versa.

pin.gar *v.t.d.* Deitar pingos em; *v.intr.* gotejar; começar a chover miúdo.

pin.gen.te *s.m.* Objeto pendente.

pin.go *s.m.* Pinga; gota.

pin.gu.ço *s.m.* Bebedor contumaz.

pin.gue *adj.2gên.* Gordo. *Fig.* Fértil.

pin.gue.la *s.f.* Tábua ou tronco sobre riacho para servir de ponte.

pin.gue-pon.gue *s.m.* Tênis de mesa.

pin.guim *s.m.* Ave marinha com nadadeiras.

pin.gui.nho *s.m.* Porção mínima.

pi.nha *s.f.* Fruto do pinheiro; fruta-de-conde ou ata.

pi.nhão *s.m.* Semente do pinheiro.

pi.nhei.ro *s.m.* Gênero de árvores das famílias das Araucariáceas e Pináceas.

pi.ni.car *v.t.d.* Picar com o bico.

pi.no *s.m.* Peça que, na dobradiça, firma as duas asas e serve de eixo sobre o qual estas giram.

pi.noi.a *s.f.* Mulher de costumes leviános.

pi.no.te *s.m.* Salto de cavalgadura escoiceando; pulo; pirueta.

pin.ta *s.f.* Pequena mancha; fisionomia.

pin.ta.do *adj.* Colorido; *s.m.* peixe de coloração pardo-clara com manchas escuras transversais.

pin.ta.i.nho *s.m.* Pintinho.

pin.tar *v.t.d.* Colorir; imaginar; *v.intr.* tomar cor; *v.t.d.* e *pron.* aplicar pinturas ou cremes no rosto.

pin.tas.sil.go *s.m.* Ave cantora da família dos Tanagrídeos.

pin.to *s.m.* Frango novo.

pin.tor *s.m.* Passarinho multicor; aquele que exerce a arte de pintar.

pin.tu.ra *s.f.* Arte de pintar; quadro; painel.

pi.o¹ *s.m.* Ação de piar; voz do mocho e de outras aves.

pi.o² *adj.* Piedoso; caridoso.

pi.o.gê.ni.co *adj.* Que gera pus.

pi.o.lho *s.m.* Denominação generalizada de várias espécies de insetos, que vivem parasitando animais e vegetais.

pi.o.nei.ro *s.m.* Precursor; desbravador.

pi.or *adj.2gên.* Comparativo de mau e mal; mais mau; mais mal.

pi.o.rar *v.t.d.* Tornar pior; *v.intr.* agravar-se. (Antôn.: *melhorar*.)

pi.pa *s.f.* Vasilha bojuda de madeira, para vinho e outros líquidos; tipo de papagaio de papel.

pi.pe.ta *s.f.* Tubo de vidro, usado em trabalhos químicos, para transvasar líquidos.

pi.po.ca *s.f.* Grão de milho arrebentando, sob a ação do fogo.

pi.po.car *v.intr.* Estourar, ou pular como pipoca.

pi.que *s.m.* Antiga arma de arremesso; aridez; cume.

pi.que.ni.que *s.m.* Refeição festiva feita no campo. (Aport. do inglês *picnic*.)

pi.que.te *s.m.* Pequena porção de tropa avançada; o serviço distribuído por turno; grupo de pessoas que tenta impedir o acesso de outras à fábricas, escolas etc.

pi.ra *s.f.* Doença da pele dos animais; fogueira onde se queimavam cadáveres.

pi.ra.ce.ma *s.f.* Expressão amazonense designativa de cardume de peixes; época da desova.

pi.râ.mi.de *s.f.* Monumento egípcio.

pi.ra.nha *s.f.* Peixe de rio, da família dos Caracinídeos, extremamente voraz.

pi.rão *s.m.* Papa de farinha, cozida ou escaldada.

pi.ra.ta *s.2gên.* Bandido que cruza os mares só para roubar; malandro; *adj.* Cópia ilegal de produtos.

pi.ra.ta.ri.a *s.f.* Ação, vida de pirata; roubo; extorsão.

pi.res *s.m.2n.* Prato em que se coloca xícara ou caneca da mesma substância.

pi.ré.ti.co *adj.* Febril.

pi.re.xi.a *s.f.* Estado febril.

pi.ri.lam.po *s.m.* Inseto que emite luz fosforescente.

pi.ri.qui.ti *s.m.* Planta brasileira da família das canáceas.

pi.ri.ri.ca *adj.2gên.* Áspero como lixa; *s.f.* corredeira pequena.

pi.ro.ca *adj. Bras.* Designativo, no Amazonas, de calvo, careca, e em outras regiões do Norte, de sovina.

pi.ro.fo.bi.a *s.f.* Horror mórbido ao fogo.

pi.ro.ga *s.f.* Embarcação comprida e estreita usada pelos nativos da África e da América.

pi.rô.me.tro *s.m.* Instrumento para medir altas temperaturas.

pi.ro.se *s.f.* Ardume; queimor estomacal; azia.

pi.ro.tec.ni.a *s.f.* Arte de empregar o fogo.

pir.ra.ça *s.f.* Partida; desfeita.

pir.ra.lho *s.m.* Criança; menino.

pi.ru.e.ta *s.f.* Rodopio sobre um pé.

pi.ru.li.to *s.m.* Bala dura enfiada em um palito.

pi.sa.da *s.f.* Pisadela; pegada.

pi.sa.du.ra *s.f.* Vestígio de pisada; contusão.

pi.são *s.m.* Pisada violenta e dolorosa.

pi.sar *v.t.d.* Calcar; esmagar com os pés; caminhar ou passar por cima; machucar; *v.t.i.* dar passos.

pis.ca.de.la *s.f.* Ação de piscar; sinal dado com o olho.

pis.ca-pis.ca *s.2gên.* Pessoa que habitualmente pisca os olhos; farolete de automóvel.

pis.car *v.t.d.* Entreabrir e fechar os olhos rapidamente; *v.t.d.* e *i.* dar sinal fechando e abrindo os olhos.

pís.ceo *adj.* Relativo ou pertencente a peixe.

pis.ci.cul.tu.ra *s.f.* Arte de criar peixes.

pis.ci.na *s.f.* Reservatório de água; tanque artificial para natação.

pi.so *s.m.* Chão.

pi.so.te.ar *v.t.d.* Calcar os pés; espezinhar. *Fig.* Humilhar.

pis.ta *s.f.* Rastro; recinto circular, dentro do qual se realizam corridas.

pis.tão *s.m.* Êmbolo; instrumento de música.

pis.ti.lo *s.m.* Órgão sexual feminino da flor; gineceu.

pis.to.la *s.f.* Arma de fogo; instrumento de pintura.

pis.to.lão *s.m.* Pessoa importante que recomenda alguém junto a outrem; cunha.

pi.ta.da *s.f.* Pequena porção de uma coisa.

pi.tan.ga *s.f.* O fruto da pitangueira.

pi.tar *v.t.d.* e *intr.* Cachimbar; fumar; tirar bafaradas no pito.

pi.te.coi.de *adj.2gên.* Semelhante ao macaco.

pi.tei.ra *s.f.* Tubo, comumente provido de filtro, adaptado ao charuto.

pi.téu *s.m.* Expressão familiar sinônima de petisco; iguaria delicada.

pi.to[1] *s.m.* Cachimbo; cigarro.

pi.to[2] *s.m.* Breve admoestação ou censura.

pi.to.res.co *adj.* Que diz respeito à pintura; pictórico; que chama a atenção por sua originalidade.

pi.tu *s.m.* Camarão maior do que o comum, típico dos rios do Brasil.

pi.ve.te *s.m.* Substância aromática para aromatizar; criança muito viva.

pi.vô *s.m.* Agente principal; sustentáculos.

pi.xa.im *adj. Bras.* Relativo ao cabelo encarapinhado; *s.m.* carapinha.

pla.ca *s.f.* Chapa, folha de metal; condecoração.

pla.car *v.t.d.* Aplacar; *s.m.* quadro onde se registram os pontos de uma competição.

pla.cen.ta *s.f. Anat.* Órgão que nutre o feto pelo cordão umbilical.

plá.ci.do *adj.* Sossegado; calmo.

pla.ga *s.f.* Região; trato de terreno; país.

pla.gi.ar *v.t.d.* Dar como seu o que achou em publicações alheias; imitar de forma servil.

pla.gi.á.rio *s.m.* Aquele que faz plágio; plagiador.

plá.gio *s.m.* Ação de apresentar como seu um trabalho alheio.

plai.na *s.f.* Instrumento para alisar madeira.

pla.na *s.f.* Ordem; classe; reputação.

pla.na.dor *adj.* Que plana; *s.m.* tipo de aeroplano desprovido de motor.

pla.nal.to *s.m.* Terreno plano e elevado, planície sobre montes.

pla.nar *v.intr.* Sustentar-se no ar (ave, avião), sem mexer as asas ou sem o motor em movimento; pairar.

planc.to *s.m.* Grupo de minúsculos seres orgânicos que se encontram em suspensão nas águas doces e salgadas e que serve de alimento aos animais aquáticos. (Var.: *Plâncton*.)

pla.ne.ar *v.t.d.* Realizar o plano de; traçar; projetar.

pla.ne.jar *v.t.d.* O mesmo que *planear*.

pla.ne.ta *s.m.* Astro que gira em torno de uma estrela.

pla.ne.tá.rio *adj.* Que diz respeito a planeta; *s.m.* engenho que representa o movimento dos planetas.

plan.gen.te *adj.2gên.* Choroso; triste; lamentoso.

pla.ní.cie *s.f.* Grande porção de terreno plano; campina.
pla.ni.fi.ca.ção *s.f.* Ação ou efeito de planificar.
pla.ni.fi.car *v.t.d.* Desenvolver num plano uma superfície lisa; programar.
pla.ni.lha *s.f.* Formulário impresso onde são lançadas informações padronizadas.
pla.nis.fé.rio *s.m.* Representação de esfera num plano.
pla.no *adj.* Liso; projeto.
plan.ta *s.f.* Vegetal; parte do pé que assenta no chão; desenho que representa a projeção horizontal de um edifício, cidade etc.
plan.ta.ção *s.f.* Ato ou efeito de plantar; terreno plantado.
plan.tão *s.m.* Período determinado de serviço.
plan.tar *v.t.d.* Cultivar; semear; *v.pron.* colocar-se.
plan.tel *s.m.* Designação sulina de criador para a reprodução.
plan.ti.o *s.m.* Ação ou efeito de plantar; plantação.
pla.que.ta *s.f.* Pequeno volume de poucas páginas, folheto; nome que se dá aos corpúsculos existentes no sangue.
plas.ma *s.m. Anat.* Parte líquida, coagulável, do sangue e da linfa.
plas.mó.dio *s.m.* Fenômeno de se reproduzir por crescimento a separação dos grânulos elementares.
plás.ti.ca *s.f.* Arte de plasmar; técnica reconstrutiva de parte arruinada do corpo.
plás.ti.co *adj.* Que tem o poder de adquirir certas formas; *s.m.* matéria plástica muito maleável.
pla.ta.for.ma *s.f.* Estrado fixo nas estações e carros; programa de governo.
pla.tei.a *s.f.* Espaço nos teatros entre o palco e os camarotes; os espectadores que ocupam esse lugar.
pla.ti.na *s.f.* Metal branco de difícil fusão, de número atômico 78.
pla.tô.ni.co *adj.* Relativo à filosofia de Platão; idealista.
plau.sí.vel *adj.* Digno de aplauso; que pode acontecer.
ple.be *s.f.* A ralé; população.
ple.beu *s.m.* O mesmo que *homem do povo*.
ple.bis.ci.to *s.m.* Decreto popular lançado em comício; resolução submetida à aprovação do povo.
plêi.a.de *s.f.* Cada uma das estrelas da constelação das plêiades. *Fig.* Grupo de sete pessoas ilustres.
plei.te.ar *v.t.d.* Demandar em juízo; discutir.
plei.to *s.m.* Questão em juízo; demanda; discussão.
ple.ná.rio *adj.* O mesmo que *pleno*. *Bras.* Assembleia de juízes ou de representantes do povo ou associações diversas.
ple.ni.lú.nio *s.m.* Lua cheia.

ple.ni.tu.de *s.f.* Estado do que é pleno, completo.
ple.no *adj.* Completo; perfeito.
ple.o.nas.mo *s.m. Gram.* Redundância de termos; perissologia.
ple.to.ra *s.f. Med.* Superabundância de sangue. *Fig.* Exuberância.
pleu.ra *s.f.* Cada uma das membranas que revestem a superfície interna do tórax e a externa dos pulmões.
ple.xo *s.m. Anat.* – Entrelaçamento de ramificações de nervos ou vasos sanguíneos. *Fig.* Encadeamento.
plin.to *s.m.* Peça quadrangular que serve de base a pedestal.
plis.sar *v.t.d.* Franzir; preguear.
plo.tar *v.t.d. Mar.* Focalizar objeto em carta náutica.
plu.gar *v.t.d.* Ligar aparelhos na tomada elétrica.
plu.ma *s.f.* Pena de ave destinada a adornos.
plu.ma.gem *s.f.* Conjunto das penas de uma ave.
plúm.beo *adj.* Da cor do chumbo; relativo ao chumbo.
plu.ral *s.m.* Flexão gramatical que indica mais de uma pessoa ou coisa.
plu.ra.li.da.de *s.f.* Grande número; multiplicidade.
plu.ri.la.te.ral *adj.2gên.* Que tem muitos lados.
plu.vi.al *adj.* Relativo à chuva.
plu.vi.ô.me.tro *s.m.* Aparelho para medir a altura das precipitações pluviais.
pneu.má.ti.co *adj.* Que diz respeito ao ar; *s.m.* aro de borracha que contém a câmara de ar e que serve de envoltório das rodas.
pneu.mo.co.co *s.m.* Bactéria causadora da pneumonia aguda.
pneu.mo.ni.a *s.f. Pat.* Inflamação do tecido do pulmão.
pó *s.m.* Polvilho; poeira.
po.bre *adj.2gên.* Que, ou pessoa que não tem o necessário à vida.
po.bre.za *s.f.* Escassez; falta do necessário à vida.
po.ça *s.f.* Cova natural e pouco funda, com água.
po.ção *s.f.* Medicamento líquido para se beber; bebida.
po.cil.ga *s.f.* O mesmo que *chiqueiro*; casa imunda.
po.ço *s.m.* Cova natural onde há água; cacimba. *Fig.* Abismo.
po.da *s.f.* Corte de ramos das plantas.
po.dão *s.m.* Foice pequena.
po.dar *v.t.d.* Cortar os ramos desnecessários das árvores, vinhas etc.; desbastar.
po.der *v.t.d.* Ter possibilidade; *v.intr.* dispor de força ou autoridade; *s.m.* domínio.
po.de.ri.o *s.m.* Grande poder.
po.de.ro.so *adj.* Que possui poder física e moralmente; que excede ou tem grande efeito; intenso.
po.dre *adj.* Em estado de decomposição; deteriorado.

po.dri.dão *s.f.* Estado de podre. *Fig.* Desmoralização.
po.ei.ra *s.f.* Pó. *Bras.* Cinema de ínfima categoria.
po.e.ma *s.m.* Composição poética.
po.en.te *adj.m.* Ocidente; *adj.2gên.* que põe; que se põe.
po.e.si.a *s.f.* Poema; composição poética pouco extensa.
po.e.ta *s.m.* O que tem faculdades poéticas e se dedica à poesia.
po.é.ti.co *adj.* Que inspira; relativo a poesia.
po.e.ti.sa *s.f.* Mulher que faz poesia.
pois *conj.* Contudo; visto que; porque; ainda mais; logo; além disso; portanto.
po.jar *v.t.d.* Elevar; inchar.
po.jo *s.m.* Lugar de desembarque.
po.la.ca *s.f.* Dança de movimento lento.
po.lai.nas *s.f.pl.* Peças de couro ou de pano que se vestem sobre as meias e sapatos e cobrem a perna.
po.lar *adj.2gên.* Que diz respeito aos polos, ou a eles pertencente.
po.la.ri.da.de *s.f. Fís.* Propriedade que tem a agulha magnética e o imã de se orientarem para o ponto determinado do horizonte.
po.la.ri.zar *v.t.d.* Submeter à polarização. *Fig.* Concentrar.
pol.ca *s.f.* Dança de andamento rápido.
pol.dro *s.m.* Cavalo novo; potro.
po.le.ga.da *s.f.* Antiga medida de comprimento equivalente a 27 milímetros e meio; medida inglesa de comprimento igual a 25,4 mm.
po.le.gar *adj.* e *s.m.* Designativo do, ou o dedo mais curto e grosso da mão.
po.lei.ro *s.m.* Vara em que as aves pousam e dormem na gaiola ou na capoeira.
po.lê.mi.ca *s.f.* Controvérsia; disputa oral; questão.
po.lê.mi.co *adj.* Relativo a polêmica.
pó.len *s.m.* Substância fecundante das plantas fanerogâmicas.
po.len.ta *s.f.* Massa ou pasta de farinha de milho com água e sal ou com manteiga e queijo.
po.li.a *s.f.* Roda presa a um eixo a cuja circunferência recebe uma correia.
po.lí.cia *s.f.* Corporação incumbida de manter a boa ordem pública; *s.m.* indivíduo pertencente à corporação policial.
po.li.ci.al *adj.2gên.* Que diz respeito à polícia ou a ela é pertencente; *s.m.* indivíduo que trabalha no corpo de polícia.
po.li.ci.ar *v.t.d.* Vigiar, em cumprimento de leis ou regulamentos policiais; moderar.
po.li.clí.ni.ca *s.f.* Hospital onde se tratam todo tipo de doença.
po.li.cro.mo *adj.* De várias cores; multicor.
po.li.cul.tu.ra *s.f.* Cultura de vários produtos agrícolas.

po.li.dez *s.f.* Delicadeza; civilidade.
po.li.do *adj.* Envernizado; cortês.
po.li.e.dro *s.m.* Sólido de muitas faces planas.
po.li.fo.ni.a *s.f.* Conjunto harmonioso de sons.
po.li.ga.mi.a *s.f.* Casamento de uma pessoa com muitas outras ao mesmo tempo.
po.lí.ga.mo *adj.* e *s.m.* Referente ao homem que contrai matrimônio simultaneamente com várias mulheres.
po.li.glo.ta *adj.2gên.* e *s.2gên.* Pessoa que fala muitas línguas.
po.lí.go.no *s.m.* Figura plana formada pelo mesmo número de lados e ângulos.
po.lí.gra.fo *adj.* e *s.m.* Indivíduo que escreve sobre vários assuntos.
po.li.men.to *s.m.* Ação de polir. *Fig.* Aprimoramento.
po.li.mor.fo *adj.* Que apresenta várias ou muitas formas.
po.li.ni.zar *v.t.d.* Realizar a polinização, natural ou artificialmente.
po.lio.mi.e.li.te *s.f.* O mesmo que *paralisia infantil* (afecção da substância cinzenta da medula espinhal).
pó.li.po *s.m.* Tumor pediculado.
po.lir *v.t.d.* Envernizar; civilizar.
po.lis.sí.la.bo *adj.* e *s.m.* Referente à palavra constituída por mais de três sílabas.
po.li.téc.ni.co *adj.* Que abrange muitas artes ou ciências.
po.li.te.ís.mo *s.m.* Religião em que existem vários deuses; paganismo.
po.lí.ti.ca *s.f.* Na acepção ampla, estudo do conhecimento dos fatos públicos.
po.lí.ti.ca.gem *s.f.* O mesmo que *politiquice*; súcia de políticos venais e descarados.
po.lí.ti.co *adj.* Que diz respeito à política ou aos assuntos de interesse público; *s.m.* aquele que se dedica à política ou a exerce.
po.li.ti.quei.ro *s.m.* Designação pejorativa do indivíduo que se ocupa muito da política partidária ou que, em política, emprega processos pouco corretos.
po.li.ti.zar *v.t.d.* Demonstrar a conveniência do livre exercício dos deveres e direitos políticos que competem a cada cidadão.
po.lo *s.m.* Extremidade do eixo racional da Terra.
pol.pa *s.f.* Substância carnuda dos frutos.
pol.pu.do *adj.* Pomposo; diz-se de negócio muito rendoso.
pol.trão *adj.* e *s.m.* Indivíduo covarde.
pol.tro.na *s.f.* Cadeira de braços comumente estofada.
po.lu.i.ção *s.f.* Ação ou resultado de poluir.
po.lu.ir *v.t.d.* Sujar; desonrar; *v.pron.* aviltar-se.

pol.vi.lhar *v.t.d.* Cobrir de pós; enfarinhar; *v.t.i.* encher (de pós).
pol.vi.lho *s.m.* Qualquer substância em pó.
pol.vo *s.m.* Molusco cefalópode, cujos tentáculos, em número de oito, são providos de ventosas.
pól.vo.ra *s.f.* Substância explosiva constituída de carvão, enxofre e salitre.
pol.vo.ro.sa *s.f. Pop.* Agitação.
po.ma.da *s.f.* Composição de matérias gordas com substâncias medicinais ou de perfumaria.
po.mar *s.m.* Campo, terreno plantado de árvores de fruto.
pom.ba *s.f.* Fêmea do pombo.
pom.bal *s.m.* Lugar onde se recolhem ou criam pombos.
pom.bo *s.m.* Nome comum das aves da família dos Columbiformes.
po.mi.cul.tu.ra *s.f.* Cultura de árvores frutíferas.
po.mo *s.m.* O mesmo que *fruto*.
po.mo-de-a.dão *s.m.* Saliência na parte anterior do pescoço do homem.
pom.pa *s.f.* Grande luxo.
pom.po.so *adj.* Em que há, ou que revela pompa.
pô.mu.lo *s.m.* Maçã do rosto.
pon.che *s.m.* Bebida feita com rum, sumo de limão, açúcar etc.
pon.cho *s.m. Bras. Do Sul* Capa de lã, de formato quadrado, com uma abertura central por onde se coloca a cabeça.
pon.de.ra.ção *s.f.* Ato de ponderar.
pon.de.rar *v.t.d.* Analisar com atenção; *v.t.i.* raciocinar.
pô.nei *s.m.* Cavalo da Bretanha, pequeno, mas ágil e fino.
pon.ta *s.f.* Extremidade aguçada.
pon.ta.da *s.f.* Ponta; golpe com ponta. *Fig.* Dor intensa e passageira.
pon.tal *s.m.* Ponta de terra que adentra um pouco no mar ou rio.
pon.ta.le.te *s.m.* Barrote destinado a escorar casa, pavimento etc.
pon.ta.pé *s.m.* Pancada com a ponta do pé. *Fig.* Ofensa.
pon.ta.ri.a *s.f.* Ato de assentar (armas de fogo) na direção da linha de mira.
pon.te *s.f.* Construção que liga dois pontos separados por um rio, ribeira ou vale; conjunto de dentes postiços.
pon.tei.ro *s.m.* Vara comprida para apontar em quadros, gráficos etc.; agulha que indica as horas no mostrador do relógio.
pon.ti.a.gu.do *adj.* Que termina em extremidade aguçada.
pon.ti.fi.ca.do *s.m.* Papado.
pon.ti.fi.cal *adj.2gên.* De ou relativo a pontífice.
pon.tí.fi.ce *s.m.* Arcebispo ou bispo.
pon.ti.lhar *v.t.d.* Pontar; marcar com pontinhos.
pon.to *s.m.* Furo feito com agulha; manchinha arredondada; assunto; sinal ortográfico com que se encerra um período; livro de presença diária do funcionário em sua repartição; local; tema.
pon.tu.a.ção *s.f.* Uso adequado das notações ortográficas na escrita.
pon.tu.al *adj.* Escrupuloso no cumprimento de obrigações.
pon.tu.ar *v.t.d.* Colocar os sinais ortográficos; *v.intr.* empregar a pontuação.
po.pa *s.f.* Parte posterior da embarcação, oposta à proa.
po.pu.la.ça *s.f.* Plebe; ralé.
po.pu.la.ção *s.f.* Conjunto de habitantes de um país, região, lugar etc.
po.pu.la.cho *s.m.* O povo das classes baixas; ralé.
po.pu.la.ci.o.nal *adj.2gên.* Que diz respeito a população.
po.pu.lar *adj.2gên.* Que diz respeito ou que pertence ao povo; difundido, conhecido.
po.pu.la.ri.da.de *s.f.* Propriedade do que é popular.
po.pu.la.ri.zar *v.t.d.* Difundir entre o povo; divulgar.
po.pu.lis.ta *adj.* Amigo do povo; gênero literário que descreve com simpatia a vida do homem comum.
po.pu.lo.so *adj.* De grande população.
pô.quer *s.m.* Jogo de cartas, oriundo da América do Norte, para duas ou mais pessoas.
por *prep.* Designativo de relações de meio, causa, modo, lugar etc.
pôr *v.t.d. e i.* Colocar; situar; dar (nome); depositar. (Antôn.: *tirar*.)
po.rão *s.m.* Parte da habitação entre o solo e o assoalho.
por.ca *s.f.* Fêmea do porco; peça de ferro onde se introduz o parafuso.
por.ca.lhão *adj. e s.m.* Imundo; que ou quem trabalha de forma imperfeita.
por.ção *s.f.* Parte de um todo; pequena quantidade.
por.ca.ri.a *s.f.* Sujeira; imundície; coisa imperfeita.
por.ce.la.na *s.f.* Material translúcido, resultante do cozimento de uma pasta composta de caulim, feldspato e quartzo que serve para fabricação de louça fina.
por.cen.ta.gem *s.f.* O mesmo que *percentagem*.
por.co *s.m.* Mamífero paquidérmico, da família dos suídeos. *Fig.* Indivíduo imundo.
por.fi.ar *v.intr. e v.t.i.* Discutir; contender; *v.t.d.* coser com fio.
por.me.nor *s.m.* Circunstância minuciosa; particularidade.

por.no.gra.fi.a *s.f.* Estudo versando sobre a prostituição; caráter obsceno de qualquer publicação; libidinagem.

po.ro *s.m.* Cada um dos pequeninos orifícios do derma.

po.ron.go *s.m.* Planta trepadeira de cujos frutos se fazem cuias.

po.ro.ro.ca *s.f.* Designativo no Brasil de onda rumorejante que avança pelas embocaduras fluviais, fazendo destruições à sua passagem; ruído do milho espoucando ao fogo, ao converter-se em pipoca.

po.ro.si.da.de *s.f.* Qualidade daquilo que é poroso.

po.ro.so *adj.* Que tem poros.

por.quan.to *conj.* Por isso que; porque.

por.que *conj.* Indicativo de causa; em razão de.

por.quê *s.m.* Causa; razão; motivo.

por.quei.ro *s.m.* Aquele que trata dos porcos; *adj.* que diz respeito aos porcos.

por.ra.da *s.f. Chul.* Pancada dada com cacete.

por.re *s.m.* Designativo no Brasil de bebedeira.

por.re.ta.da *s.f.* Golpe com porrete.

por.re.te *s.m.* O mesmo que *cacete*.

por.ta¹ *s.f.* Abertura da parede para dar entrada ou saída.

por.ta² *s.f.* Nome de uma veia grossa que sai do intestino e vai até o fígado.

por.ta³ *pref.* Indicativo do que conduz, guarda ou reforça.

por.ta-a.vi.ões *s.m.2n.* Grande navio de guerra que se destina ao transporte de aviões e que apresenta uma pista para o voo ou descida destes.

por.ta-cha.péus *s.m.2n.* Caixa em que se transportam chapéus.

por.ta.dor *adj.* e *s.m.* Referente àquele que porta, leva ou traz; *s.m.* mensageiro.

por.tal *s.m.* Porta principal de edifício.

por.ta-ní.queis *s.m.2n.* Bolsinha de couro ou de metal destinada à condução de moedas.

por.tan.to *conj.* Logo; por conseguinte.

por.tão *s.m.* Porta da rua; porta grande.

por.tar *v.t.d.* Levar; conduzir.

por.ta.ri.a *s.f.* Porta principal; diploma ou documento oficial.

por.tá.til *adj.2gên.* De pequeno volume; de fácil transporte.

por.ta-voz *s.m.* Aquele que fala em nome de outro.

por.te *s.m.* Preço de franquia ou de transporte.

por.tei.ra *s.f.* Portão de entrada em propriedades rurais.

por.tei.ro *s.m.* Homem incumbido de guardar porta ou portaria principal de uma casa ou estabelecimento.

por.ten.to.so *adj.* Extraordinário; maravilhoso.

pór.ti.co *s.m.* Entrada de templo ou edifício nobre.

por.ti.nho.la *s.f.* Pequena porta de carruagem.

por.to *s.m.* Ancoradouro.

por.tu.á.rio *adj.* Que se refere ao porto; *s.m.* funcionário que trabalha no porto.

por.tu.guês *adj.* Que diz respeito ou que pertence a Portugal; *s.m.* idioma corrente em Portugal e no Brasil, entre outros países.

por.ven.tu.ra *adv.* Acaso; talvez.

por.vir *s.m.* O futuro; o tempo que há de vir.

pós *prep.* Significa depois; o mesmo que *após*.

po.sar *v.t.d.* Ficar em certa posição para ser fotografado ou pintado.

po.se *s.f.* Atitude; ato de servir de modelo a um pintor ou escultor.

pos.fá.cio *s.m.* Advertência colocada no fim de um livro.

po.si.ção *s.f.* Postura do corpo; situação social, moral, econômica.

po.si.cio.nar *v.t.d.* Pôr em posição.

po.si.ti.var *v.t.d.* Precisar; esclarecer.

po.si.ti.vo *adj.* Real; evidente. *Mat.* Designativo do número precedido do sinal +.

po.so.lo.gi.a *s.f.* Prescrição da dose de uso dos medicamentos.

pos.por *v.t.d.* Adiar; desprezar. (Antôn.: *prepor*.)

pos.pos.to *adj.* Preterido; desprezado; omitido.

pos.san.te *adj.2gên.* Forte; vigoroso.

pos.se *s.f.* Retenção ou fruição de coisa ou direitos; meios.

pos.sei.ro *adj.* e *s.m.* Indivíduo que está na posse legal de imóveis, ou que, pela posse material, adquirirá direito de propriedade.

pos.ses.são *s.f.* Estado de possesso; domínio.

pos.ses.si.vo *adj.* Referente ao adjetivo ou substantivo indicativo de posse ou de possuidor.

pos.ses.so *adj.* e *s.m.* Tomado pelo demônio; enfurecido.

pos.si.bi.li.da.de *s.f.* Propriedade do que é possível.

pos.si.bi.li.tar *v.t.d.* e *v.t.d.* e *i.* Tornar possível; mostrar que é possível. (Antôn.: *impossibilitar*.)

pos.sí.vel *adj.2gên.* e *s.m.* Aquilo que pode existir; provável.

pos.su.i.dor *adj.2gên.* e *s.2gên.* O que tem a posse de.

pos.su.ir *v.t.d.* Ter como propriedade; dominar; *v.pron.* compenetrar-se.

pos.ta *s.f.* Pedaço de peixe; pedaço; correio.

pos.tal *adj.* Relativo ao Correio.

pos.tar *v.t.d.* Pôr um lugar ou posto (alguém); pôr (carta, postal, impresso) na caixa do correio; *v.pron.* permanecer muito tempo.

pos.te *s.m.* Pau cravado verticalmente no chão.

pos.ter.gar *v.t.d.* Deixar para trás; preterir; abandonar.

pos.te.ri.da.de *s.f.* Gerações futuras; o vindouro.

pos.te.ri.or *adj.* Ulterior; situado ou que ficou atrás.
pós.te.ro *adj.* Futuro; vindouro.
pos.ti.ço *adj.* Que se pode pôr ou tirar; que não é natural.
pos.to *adj.* Colocado; plantado; *s.m.* cargo; graduação militar.
pos.tu.la.do *s.m.* Proposição indemonstrável, mas não evidente, que se toma por base de uma dedução.
pos.tu.lar *v.t.d.* e *i.* Pedir com instância.
pós.tu.mo *adj.* Posterior à morte de alguém.
pos.tu.ra *s.f.* Atitude; aspecto físico.
po.tás.sio *s.m.* Metal de cor branca, de cuja combinação com o oxigênio resulta a potassa em estado de pureza.
po.tá.vel *adj.* Que se pode beber.
po.te *s.m.* Grande vaso de barro para líquidos.
po.tên.cia *s.f.* Qualidade de potente; autoridade; nação soberana. *Mat.* Produto de n fatores iguais.
po.ten.ci.a.ção *s.f.* Operação com potências.
po.ten.ci.al *adj.* Referente a potência; virtual.
po.ten.ta.do *s.m.* Indivíduo de muita influência ou poder.
po.ten.te *adj.* Violento; rude.
po.tes.ta.de *s.f.* Poder; potência.
po.to.ca *s.f.* Mentira.
po.tro *s.m.* Cavalo de até quatro anos de idade.
pou.ca-ver.go.nha *s.f.* Patifaria; ato vergonhoso, imoral.
pou.co *pron.* Em pequena quantidade; escasso; *s.m.* bagatela; *adv.* não muito.
pou.pa *s.f.* Poupança.
pou.pan.ça *s.f.* Economia.
pou.par *v.t.d.* Economizar, não desperdiçar; respeitar. (Antôn.: *desperdiçar.*)
pou.qui.nho *s.m.* Muito pouca coisa; quase nada.
pou.sa.da *s.f.* Hospedagem.
pou.sar *v.t.d.* Pôr; colocar; *v.t.i.* estacionar; *v.pron.* hospedar-se.
pou.so *s.m.* Lugar onde alguém ou alguma coisa pousa.
po.vo *s.m.* Conjunto dos habitantes de um país; a plebe.
po.vo.a.ção *s.f.* Lugar povoado; os habitantes de um determinado lugar.
po.vo.a.do *adj.* Em que mora gente; *s.m.* lugarejo.
po.vo.a.men.to *s.m.* Ação ou resultado de povoar.
po.vo.ar *v.t.d.* Tornar habitado; *v.t.i.* enriquecer; prover de. (Antôn.: *despovoar.*)
pra.ça *s.f.* Largo; mercado; leilão; soldado sem graduação.
pra.da.ri.a *s.f.* Planície de grande extensão.
pra.do *s.m.* Campo recoberto de vegetação rasteira, que serve para pastagem.
pra.ga *s.f.* Imprecação contra alguém; insetos e moléstias que atacam plantas e animais.
prag.má.ti.ca *s.f.* Conjunto de fórmulas, praxes, nas cerimônias religiosas ou da corte.
prag.má.ti.co *adj.* Que diz respeito à pragmática; habitual.
prag.ma.tis.mo *s.m.* Doutrina filosófica que se opõe ao intelectualismo, segundo a qual o valor prático é tido como critério da verdade.
pra.gue.jar *v.intr.* e *v.t.i.* Amaldiçoar; *v.t.d.* maldizer.
prai.a *s.f.* Litoral.
pran.cha *s.f.* Grande tábua, grossa e larga.
pran.che.ta *s.f.* Tábua própria para desenhar.
pran.te.ar *v.t.d.* Chorar por; lamentar.
pran.to *s.m.* Choro; lamentação.
pra.ta *s.f.* Metal terroso de símbolo *Ag* e número atômico 59.
pra.ta.ri.a *s.f.* Conjunto de vasos ou utensílios de prata.
pra.te.lei.ra *s.f.* Estante (para pratos ou quaisquer outros objetos); cada uma das tábuas horizontais do interior de um móvel.
prá.ti.ca *s.f.* Experiência; uso.
pra.ti.can.te *adj.2gên.* e *s.2gên.* Que ou quem pratica.
pra.ti.car *v.t.d.* Exercer; exercitar; cometer; *v.intr.* falar; *v.t.i.* discorrer.
prá.ti.co *adj.* Experiente; *s.m.* homem experimentado.
pra.to *s.m.* Vaso de louça ou metal, em que se serve a comida; iguarias que se servem durante as refeições.
pra.xe *s.f.* Aquilo que se faz habitualmente; prática; etiqueta.
pra.zen.tei.ro *adj.* Que revela prazer; alegre; risonho.
pra.zer *v.t.i.* Agradar; comprazer.
pra.ze.ro.so *adj. Bras.* Alegre; jovial.
pra.zo *s.m.* Tempo determinado.
pré ou **pré-** *Pref.* Anterioridade, adiantamento.
pre.á *s.m. Bras.* Pequeno roedor da família dos cavídeos.
pre.âm.bu.lo *s.m.* Prefácio; discurso preliminar.
pre.ben.da *s.f.* Rendimento do cargo de cônego; sinecura.
pre.ca.ri.e.da.de *s.f.* Rogo; súplica.
pre.cá.rio *adj.* Incerto; difícil.
pre.ca.tar *v.t.d.* Precaver.
pre.ca.tó.ria *s.f.* Carta em que se pede algo.
pre.cau.ção *s.f.* Prevenção; prudência.
pre.ca.ver *v.t.d.* Prevenir; *v.pron.* acautelar-se.
pre.ca.vi.do *adj.* Prevenido; acautelado.
pre.ce *s.f.* Súplica a Deus; oração; pedido.
pre.ce.den.te *adj.* Antecedente.

pre.ce.der v.t.d. Anteceder; chegar antes de; v.t.i. adiantar-se. (Antôn.: *suceder*.)
pre.cei.to s.m. Ensinamento; ordem.
pre.cei.tu.ar v.t.d. Ordenar; v.intr. determinar normas.
pre.cep.tor s.m. O que ministra preceitos ou normas.
pre.ci.o.si.da.de s.f. Propriedade do que é precioso; coisa preciosa.
pre.ci.o.sis.mo s.m. Rebuscamento no falar e escrever.
pre.ci.o.so adj. Que tem grande preço.
pre.ci.pí.cio s.m. Lugar escarpado de onde alguém ou alguma coisa pode se precipitar; abismo.
pre.ci.pi.tar v.t.d. e i. Atirar (em precipício); apressar; v.pron. arremessar-se; antecipar-se.
pre.ci.pi.te adj.2gên. Apressado; veloz.
pre.cí.puo adj. Principal.
pre.ci.são s.f. Necessidade; exatidão de cálculos.
pre.ci.sar v.t.d. Indicar com exatidão; ter necessidade de; v.t.i. carecer; v.intr. ter precisão.
pre.ci.so adj. Necessário; exato; certo; resumido.
pre.ci.to adj. Indivíduo condenado, réprobo.
pre.cla.ro adj. Famoso; ilustre.
pre.ço s.m. Valor pecuniário de um objeto; castigo; valia.
pre.co.ce adj. O mesmo que *prematuro*; que se manifesta antes do tempo.
pre.con.cei.to s.m. Conceito antecipado.
pre.co.ni.zar v.t.d. Apregoar elogiando; recomendar.
pre.cur.sor adj. e s.m. Aquele que vai adiante.
pre.da.dor s.m. Aquele que violentamente destrói outro.
pre.da.tó.rio adj. Relativo a predador.
pre.de.ces.sor s.m. O mesmo que *antecessor*.
pre.des.ti.na.do s.m. Eleito; escolhido; santo.
pre.des.ti.nar v.t.d. e i. Destinar antecipadamente.
pre.de.ter.mi.nar v.t.d. Determinar com antecedência.
pre.di.al adj.2gên. Que diz respeito a prédios.
pré.di.ca s.f. Sermão; pregação.
pre.di.ca.do s.m. Qualidade característica; virtude. *Gram.* Membro da proposição que exprime a coisa declarada do sujeito.
pre.di.car v.t.d. Pregar; discursar.
pre.di.ca.ti.vo s.m. e adj. Nome que completa a significação de um verbo e serve para caracterizar o sujeito ou o complemento direto desse verbo.
pre.di.ca.ção adj. Elogio; reivindicação.
pre.di.le.ção s.f. Preferência extremosa; afeição.
pre.di.le.to adj. e s.m. Referente a quem é amado com preferência.
pré.dio s.m. Propriedade; edifício.
pre.dis.por v.t.d. e v.t.d. e i. Dispor com antecedência; preparar.

pre.dis.po.si.ção s.f. Disposição antecipada; tendência.
pre.di.zer v.t.d. Dizer antecipadamente.
pre.do.mi.nan.te adj.2gên. Que predomina; que prevalece.
pre.do.mi.nar v.intr. Ter o maior domínio; prevalecer; v.t.d. exercer grande domínio sobre.
pre.do.mí.nio s.m. Superioridade incontestável.
pré-e.lei.to.ral adj.2gên. Que precede a eleição ou eleições.
pre.e.mi.nen.te adj.2gên. Que se acha em situação ou posição elevada; sublime; superior.
pre.en.cher v.t.d. Completar; prover.
pre.en.são s.f. Ação ou efeito de prender.
pre.ên.sil adj.2gên. Que tem a faculdade de segurar ou agarrar.
pré-es.co.lar adj.2gên. Que vem antes do período escolar, ou da idade escolar.
pre.es.ta.be.le.cer v.t.d. Estabelecer previamente.
pré-es.trei.a s.f. Ato teatral ou exibição cinematográfica que antecede a estreia oficial.
pre.e.xis.ten.te adj.2gên. Que preexiste.
pre.e.xis.tir v.intr. Existir antes.
pre.fá.cio s.m. Discurso preliminar.
pre.fei.to s.m. Chefe do poder executivo de um município.
pre.fei.tu.ra s.f. Repartição do prefeito.
pre.fe.rên.cia s.f. Predileção.
pre.fe.rir v.t.d. Dar a primazia a; escolher.
pre.fi.xo adj. Fixado com antecedência; exato; s.m. *Gram.* Elemento que precede a raiz de uma palavra, modificando-lhe o sentido.
pre.ga s.f. Dobra, ruga.
pre.ga.ção s.f. Ação de pregar; sermão; reprimenda.
pre.ga.dor[1] s.m. Aquilo que fixa, prende.
pre.ga.dor[2] adj. e s.m. Que prega; orador sacro. *Gír.* Mentiroso.
pre.gão s.m. Ato de apregoar; proclamação pública.
pre.gar[1] v.t.d. e i. Fixar; unir; preguear; v.t.i. arremessar; v.intr. ficar cansado.
pre.gar[2] v.t.d. Tratar, desenvolver um assunto; exaltar; proclamar; v.t.i. pronunciar ou declamar sermões.
pre.go s.m. Haste de metal pontiaguda de um lado, e com cabeça de outro; cansaço.
pre.gres.so adj. Que sucedeu anteriormente.
pre.gui.ça[1] s.f. Tendência natural para a ociosidade.
pre.gui.ça[2] s.f. Animal mamífero do Brasil, do grupo dos desdentados da família dos Bradípodes.
pre.gui.ço.so adj. e s.m. Que, ou o que tem preguiça.
pre.gus.tar v.intr. Provar comida ou bebida.

pré-his.tó.ria *s.f.* Parte da História referente a épocas anteriores aos tempos históricos.
prei.to *s.m.* Pacto; dependência.
pre.ju.di.car *v.t.d.* Lesar; danificar; *v.pron.* sofrer prejuízo.
pre.ju.í.zo *s.m.* Dano; preconceito.
pre.la.do *s.m.* Título honorífico de certas dignidades eclesiásticas.
pre.le.ção *s.f.* Explicação de assuntos didáticos.
pre.li.bar *v.t.d.* Provar antes; degustar.
pre.li.mi.nar *adj.* Que precede o assunto principal; *s.m.* introdução.
pré.lio *s.m.* Combate.
pre.lo *s.m.* Antiga máquina tipográfica para imprimir.
pre.lú.dio *s.m.* Exercício prévio; introdução de obra musical.
pre.ma.tu.ro *adj.* Precoce.
pre.me.di.tar *v.t.d.* Meditar, planejar antecipadamente.
pre.men.te *adj.2gên.* Que faz pressão; urgente.
pre.mer *v.t.d.* Fazer pressão em.
pre.mi.ar *v.t.d.* Conferir prêmio a; compensar.
prê.mio *s.m.* Recompensa; galardão; láurea.
pre.mis.sa *s.f.* A primeira proposição de um silogismo.
pre.mo.ni.ção *s.f.* Pressentimento.
pre.mu.nir *v.t.d.* Prevenir.
pré-na.tal *adj.2gên.* Referente à fase que antecede o nascimento da criança.
pren.da *s.f.* Brinde; presente; aptidão.
pren.de.dor *adj.* Que prende; *s.m.* utensílio usado para prender.
pren.der *v.t.d.* Atar; fixar; segurar; unir; capturar; meter em cárcere; *v.pron.* casar-se. (Antôn.: *desprender, soltar.*)
pre.nhe *adj.* Grávida (fêmea).
pre.no.me *s.m.* Nome que precede o de família.
pren.sa *s.f.* Máquina para comprimir ou achatar uma coisa entre as duas peças principais; prelo.
pren.sar *v.t.d.* Comprimir na prensa; apertar muito; esmagar.
pre.o.cu.pa.ção *s.f.* Ideia fixa; inquietação.
pre.o.cu.par *v.t.d.* Prender a atenção de; dar cuidado a; tornar apreensivo; *v.pron.* inquietar-se. (Antôn.: *despreocupar.*)
pre.pa.ra.ção *s.f.* Ato, efeito ou maneira de preparar.
pre.pa.rar *v.t.d.* Aprontar; tornar apto; *v.pron.* arranjar-se.
pre.pa.ra.tó.rio *adj.* Que prepara.
pre.pa.ro *s.m.* Preparação.
pre.pon.de.ran.te *adj.2gên.* Que pesa mais ou tem maior importância.
pre.por *v.t.d.* Antepor.

pre.po.si.ção *s.f.* Ato de prepor. *Gram.* Palavra invariável interposta entre duas outras para ligá-las, estabelecendo ao mesmo tempo subordinação da segunda à primeira.
pre.pos.to *adj.* Anteposto; *s.m.* indivíduo designado para dirigir um serviço.
pre.po.tên.cia *s.f.* Abuso ou demasia de poder.
pre.pú.cio *s.m. Anat.* Pele que recobre a glande do pênis.
prer.ro.ga.ti.va *s.f.* Regalia; direito; honraria.
pre.sa *s.f.* Vítima do predador; mulher prisioneira; dente canino.
pres.bi.te.ri.a.no *s.m.* Protestante que não reconhece a autoridade episcopal nem admite hierarquia superior à dos presbíteros.
pres.bi.té.rio *s.m.* Residência ou igreja paroquial.
pres.bí.te.ro *s.m.* Padre; sacerdote.
pres.bi.tis.mo *s.m.* Deficiência de visão, que impede de distinguir bem o que está próximo.
pres.ci.en.te *adj.2gên.* Que conhece antecipadamente o futuro.
pres.cin.dir *v.t.d.* Pôr de lado; renunciar.
pres.cre.ver *v.t.d.* Ordenar formal e explicitamente; receitar.
pres.cri.ção *s.f.* Ato ou efeito de prescrever; preceito.
pre.sen.ça *s.f.* Vista; existência de alguém ou alguma coisa em determinado lugar.
pre.sen.ci.ar *v.t.d.* Estar presente a; assistir a; ver.
pre.sen.te *adj.2gên.* Que assiste pessoalmente; que está à vista; atual; *s.m.* dádiva.
pre.sen.te.ar *v.t.d.* Brindar; mimosear com presente.
pre.sé.pio *s.m.* Curral; estábulo.
pre.ser.va.ção *s.f.* Ação ou efeito de preservar.
pre.ser.var *v.t.d.* Livrar de algum mal; defender.
pre.ser.va.ti.vo *adj.* Que preserva; *s.m.* artefato de borracha usado como meio anticoncepcional, vulgarmente conhecido pelo nome de camisa-de-vênus ou camisinha.
pre.si.dên.cia *s.f.* Ação de presidir; funções de presidente.
pre.si.den.ci.a.lis.mo *s.m.* Regime em que o ministério depende da confiança do presidente da República.
pre.si.den.te *adj.2gên.* Que preside; *s.m.* o chefe do governo nos regimes presidencialistas.
pre.si.di.á.rio *adj.* Que diz respeito a presídio; *adj.* e *s.m.* que ou indivíduo que cumpre pena em presídio.
pre.sí.dio *s.m.* Praça militar; cadeia.
pre.si.dir *v.t.d.* Dirigir como presidente; assistir; dirigir orientando.
pre.si.lha *s.f.* Fita em formato de aselha para prender, atar etc.
pre.so *adj.* Encerrado em prisão; atado.

pres.sa *s.f.* Rapidez; premência.
pres.sá.gio *s.m.* O mesmo que *previsão*; pressentimento.
pres.sa.go *adj.* Que pressagia; agourento.
pres.são *s.f.* Ato ou efeito de premir. *Fig.* Coação; violência.
pres.sen.tir *v.t.d.* Prever; perceber.
pres.si.o.nar *v.t.d.* Executar pressão sobre alguma coisa ou alguém; coagir.
pres.su.por *v.t.d.* Supor antecipadamente; dar a entender.
pres.su.pos.to *s.m.* Suposto antecipadamente.
pres.su.ri.zar *v.t.d.* Manter pressão normal no interior de.
pres.su.ro.so *adj.* Apressado; solícito.
pres.ta.ção *s.f.* Ato ou efeito de prestar; parcela de dívida.
pres.tar *v.t.d.* Dispensar; render; *v.intr.* ter préstimo; *v.t.i.* aproveitar.
pres.ta.ti.vo *adj.* Amigo de prestar serviços.
pres.tes *adj.2gên.* Disposto; próximo; *adv.* com presteza.
pres.te.za *s.f.* Agilidade; ligeireza.
pres.ti.di.gi.ta.dor *s.m.* Ilusionista.
pres.ti.gi.ar *v.t.d.* Dar prestígio a. (Antôn.: *desprestigiar*.)
pres.ti.gio *s.m.* Ilusão atribuída a sortilégios. *Fig.* Influência.
prés.ti.mo *s.m.* Serventia; auxílio.
prés.ti.to *s.m.* Cortejo.
pre.su.mi.do *adj.* Vaidoso; *s.m.* indivíduo que tem presunção ou vaidade, deduzido por hipótese.
pre.su.mir *v.t.d.* Entender; supor; imaginar; *v.t.i.* orgulhar-se.
pre.sun.ção *s.f.* Vaidade; afetação.
pre.sun.ço.so *adj.* Convencido; vaidoso.
pre.sun.ti.vo *adv.* Presumível; pressuposto.
pre.sun.to *s.m.* Perna de porco defumada; pedaço dessa carne.
pre.ten.den.te *adj.2gên.* e *s.2gên.* Que pretende; candidato; *s.m.* homem que aspira a casar com uma mulher.
pre.ten.der *v.t.d.* Solicitar; exigir; aspirar a; *v.t.d.* e *i.* exigir; *v.t.i.* conjeturar; *v.pron.* julgar-se.
pre.ten.são *s.f.* Aspiração; presunção.
pre.ten.si.o.so *adj.* Orgulhoso; presumido.
pre.ten.so *adj.* Suposto.
pre.te.rir *v.t.d.* Ir além de; pôr de lado; omitir; desprezar.
pre.té.ri.to *adj.* Que passou; passado. *s.m. Gram.* Tempo verbal que enuncia ação passada.
pre.tex.to *s.m.* Desculpa; alegação.
pre.to *adj.* Negro; *s.m.* indivíduo de raça negra.
pre.tor *s.m.* Magistrado de alçada inferior à do juiz de direito.
pre.va.le.cer *v.intr.* Predominar.

pre.va.ri.car *v.intr.* Faltar ao dever; agir de má-fé contra os interesses de seu cargo; *v.t.i.* corromper.
pre.ven.ção *s.f.* Ato ou efeito de prevenir.
pre.ve.nir *v.t.d.* Antecipar; preparar; *v.pron.* precaver-se.
pre.ven.ti.vo *adj.* Próprio para prevenir.
pre.ver *v.t.d.* Calcular; pressupor.
pre.vi.dên.cia *s.f.* O mesmo que *precaução*; cautela; sensatez.
pre.vi.den.te *adj.2gên.* Acautelado; prudente.
pré.vio *adj.* Preliminar.
pre.vi.são *s.f.* Ação ou efeito de prever.
pre.vi.sí.vel *adj.2gên.* Passível de ser previsto.
pre.vis.to *adj.* Prenunciado.
pre.za.do *adj.* Estimado; muito querido; cuidadoso.
pre.zar *v.t.d.* Ter em grande preço; estimar muito; desejar.
pri.ma.ci.al *adj.2gên.* Prioritário.
pri.ma.do *s.m.* Primazia; predominância.
pri.mar *v.t.i.* Ser o primeiro, principal; mostrar-se notável.
pri.má.rio *adj.* Principal. *Fig.* Diz-se do indivíduo rude e ignorante.
pri.ma.tas *s.m.pl.* Ordem de mamíferos que compreende o macaco e o homem.
pri.ma.ve.ra *s.f.* Estação do ano entre o inverno e o verão.
pri.ma.ve.ral *adj.* Próprio da primavera; diz-se também *primaveril*.
pri.maz *adj.2gên.* Mais importante.
pri.ma.zi.a *s.f.* Prioridade; superioridade.
pri.mei.ro *adj.* Primário; primitivo; primogênito fundamental; *s.m.* o que ocupa o primeiro lugar; *adv.* antes.
pri.me.vo *adj.* Primitivo; antigo.
pri.mi.ti.vo *adj.* Primordial; inicial.
pri.mo *s.m.* Indivíduo em relação aos filhos de tias e tios; *adj.* primeiro; excelente.
pri.mo.gê.ni.to *adj.* e *s.m.* O que foi gerado em primeiro lugar; o filho mais velho.
pri.mor *s.m.* Perfeição; excelência.
pri.mor.di.al *adj.* Referente a primórdio; primitivo.
pri.mór.dio *s.m.* O que se organiza primeiro; origem.
prí.mu.la *s.f.* Planta ornamental.
prin.ce.sa *s.f.* Mulher de príncipe; filha de rei; soberana ou rainha.
prin.ci.pa.do *s.m.* Dignidade ou território de príncipe ou princesa.
prin.ci.pal *adj.2gên.* Essencial; *s.m.* o chefe.
prin.ci.pe *s.m.* Soberano; filho de reis; *adj.2gên.* o principal.
prin.ci.pi.an.te *adj.* Pessoa que inicia alguma coisa; que principia.
prin.ci.pi.ar *v.t.d.* Iniciar; começar.

prin.cí.pio *s.m.* Origem; começo; teoria; germe.
pri.or *s.m.* Superior de convento; abade.
pri.o.ri.da.de *s.f.* Primazia.
pri.são *s.f.* Ação ou efeito de prender; cadeia; cárcere.
pri.si.o.nei.ro *s.m.* Encarcerado; preso.
pris.ma *s.m.* Poliedro que decompõe a luz. *Fig.* Opinião pública.
pris.ti.no *adj.* Primitivo.
pri.va.ção *s.f.* Ato ou efeito de privar.
pri.va.ci.da.de *s.f.* Vida privada, íntima.
pri.van.ça *s.f.* Intimidade; familiaridade.
pri.var *v.t.d.* Despojar; ser íntimo; ter valimento.
pri.va.ti.vo *adj.* Peculiar; próprio; restrito; particular.
pri.va.ti.zar *v.t.d.* Trazer para o setor privado.
pri.vi.le.gi.ar *v.t.d.* Dar privilégio a; tratar com distinção.
pri.vi.lé.gio *s.m.* Vantagem concedida a alguém com exclusão de outros e contra o direito comum.
pró *adv.* A favor; *s.m.* vantagem.
pro.a *s.f.* Parte anterior do navio.
pro.ba.bi.li.da.de *s.f.* Qualidade do que é provável.
pro.ba.tó.rio *adj.* Relativo a ou serve de prova.
pro.ble.ma *s.m.* Questão a resolver; dúvida; aquilo que é difícil de explicar.
pro.ble.má.ti.co *adj.* Incerto; duvidoso.
pro.bo *adj.* Honrado.
pro.caz *adj.* Insolente, descarado.
pro.ce.dên.cia *s.f.* Proveniência; origem; razão.
pro.ce.der¹ *v.t.i.* Ir adiante; operar; ter origem; realizar; *v.intr.* continuar.
pro.ce.der² *s.m.* Procedimento.
pro.ce.di.men.to *s.m.* Ação ou resultado de proceder; comportamento; processo.
pro.ce.la *s.f.* Tempestade marítima.
pro.ces.sa.dor *adj. e s.m.* Que ou quem processa.
pro.ces.sa.men.to *s.m.* Ação ou resultado de processar.
pro.ces.sar *v.t.d.* Pôr em juízo; autuar; fazer a conferência para validar.
pro.ces.so *s.m.* Método; ação judicial.
pro.ces.su.al *adj.2gên.* Relativo a processo judicial.
pro.cis.são *s.f.* Cerimônia religiosa em que um certo número de padres e fiéis marcham orando.
pro.cla.ma *s.m.* Pregão de casamento; banho.
pro.cla.ma.ção *s.f.* Ação ou resultado de proclamar; manifesto.
pro.cla.mar *s.f. Gram.* Fenômeno de anteposição dos pronomes pessoais subjetivos ao verbo.
pró.cli.se *s.f. Gram.* Fenômeno de anteposição dos pronomes pessoais subjetivos, ao verbo.
pro.cras.ti.nar *v.t.d.* Adiar.
pro.cri.ar *v.t.d.* Gerar; produzir.

pro.cu.ra *s.f.* Ato de procurar; busca; pesquisa.
pro.cu.ra.ção *s.f.* Mandato; incumbência.
pro.cu.ra.dor *adj. e s.m.* Indivíduo que recebeu procuração.
pro.cu.rar *v.t.d.* Esforçar-se por achar; buscar.
pro.di.ga.li.zar *v.t.d.* Gastar; dissipar.
pro.dí.gio *s.m.* Maravilha; milagre.
pró.di.go *adj.* Que gasta em excesso; generoso.
pro.du.ção *s.f.* Ação ou resultado de produzir; realização.
pro.du.ti.vo *adj.* Que produz ou pode produzir; fértil; proveitoso.
pro.du.to *s.m.* Proveito; lucro; resultado.
pro.du.tor *adj. e s.m.* Que produz, elabora, realiza, confecciona; autor.
pro.du.zir *v.t.d.* Criar; gerar; dar frutos; ocorrer; *v.intr.* ser fértil; *v.t.i.* originar; dar como lucro.
pro.e.mi.nen.te *adj.2gên.* Alto; eminente; saliente.
pro.ê.mio *s.m.* Prefácio.
pro.e.za *s.f.* Façanha; escândalo.
pro.fa.na.ção *s.f.* Ação ou resultado de profanar; sacrilégio.
pro.fa.nar *v.t.d.* Tratar com irreverência.
pro.fa.no *adj.* Que não pertence à religião; leigo; secular.
pro.fe.ci.a *s.f.* Predição do futuro.
pro.fe.rir *v.t.d.* Pronunciar em voz alta e clara; dizer.
pro.fes.sar *v.t.d.* Confessar; ensinar; *v.intr.* jurar.
pro.fes.sor *s.m.* Aquele que professa ou ensina uma ciência, uma arte; mestre.
pro.fe.ta *s.m.* Aquele que prediz o futuro.
pro.fé.ti.co *adj.* Que diz respeito a profeta ou a profecia.
pro.fe.ti.zar *v.t.d.* Predizer; *v.intr.* dizer profecias.
pro.fi.ci.en.te *adj.2gên.* Competente; perito; hábil.
pro.fí.cuo *adj.* Vantajoso; proveitoso; útil.
pro.fi.la.xi.a *s.f.* Parte da Medicina que tem por objeto as medidas preventivas contra as enfermidades.
pro.fis.são *s.f.* Qualquer das atividades especializadas; emprego.
pro.fis.si.o.nal *adj.2gên.* Relativo a certa profissão; *s.2gên.* pessoa que faz uma coisa por ofício.
pro.fli.gar *v.t.d.* Derrotar; arruinar.
pró.fu.go *adj.* Desertor; fugitivo.
pro.fun.das *s.f.pl.* Profundidade.
pro.fun.de.za *s.f.* Profundidade.
pro.fun.di.da.de *s.f.* Altura desde a superfície ao fundo.
pro.fun.do *adj.* Extremamente fundo; que emana do íntimo.
pro.fu.são *s.f.* Exuberância; excesso; abundância.
pro.gê.nie *s.f.* Geração; prole; origem.
pro.ge.ni.tor *s.m.* Pai; antepassado.

prog.nós.ti.co *s.m.* Parecer médico acerca da evolução de uma enfermidade, previsão.
pro.gra.ma *s.m.* Escrito com pormenores sobre uma cerimônia, espetáculo etc.; desígnio; projeto.
pro.gra.ma.ção *s.f.* Ação ou resultado de programar.
pro.gra.ma.dor *s.m.* Aquele que é organizador de programas.
pro.gra.mar *v.t.d.* Planejar; projetar.
pro.gre.dir *v.intr.* Avançar; desenvolver-se; *v.t.i.* avantajar-se.
pro.gres.são *s.f.* Desenvolvimento por graus, continuação.
pro.gres.si.vo *adj.* Gradual.
pro.gres.so *s.m.* Marcha em uma direção definida; transformação gradativa.
pro.i.bi.ção *s.f.* Ação ou efeito de proibir.
pro.i.bi.do *adj.* Defeso; cujo uso não é permitido pela lei.
pro.i.bir *v.t.d.* Vedar; não consentir. (Antôn.: *consentir*.)
pro.i.bi.ti.vo *adj.* Que proíbe ou é próprio para proibir.
pro.je.ção *s.f.* Ato ou efeito de projetar.
pro.je.tar *v.t.d.* Atirar longe; fazer projeto ou projeção de; *v.pron.* delinear-se.
pro.jé.til ou **pro.je.til** *adj.* Que se pode arremessar; *s.m.* corpo arremessado por boca de fogo.
pro.je.tis.ta *s.2gên.* Pessoa que faz muitos planos ou projetos.
pro.je.to *s.m.* Plano; empreendimento; iniciativa.
pro.je.tor *s.m.* Aparelho destinado a projetar feixes luminosos.
prol *s.m.* Lucro; vantagem.
pro.la.ção *s.f.* Ação e efeito de proferir ou pronunciar.
pro.la.tar *v.t.d.* Promulgar.
pro.le *s.f.* Descendência.
pro.le.ta.ri.a.do *s.m.* A classe dos trabalhadores.
pro.le.tá.rio *s.m.* Operário.
pro.li.fe.rar *v.intr.* Ter prole; multiplicar-se.
pro.lí.fi.co *adj.* Que tem a faculdade de gerar organicamente; fértil.
pro.li.xo *adj.* Excessivamente longo; fastidioso.
pró.lo.go *s.m.* O mesmo que *prefácio*.
pro.lon.gar *v.t.d.* Tornar mais longo; aumentar a extensão ou duração de.
pro.ló.quio *s.m.* Provérbio.
pro.ma.nar *v.t.i.* Derivar; proceder.
pro.mes.sa *s.f.* Compromisso; voto.
pro.me.ter *v.t.d.* Obrigar-se.
pro.mis.cui.da.de *s.f.* Qualificativo do que é promíscuo; mistura indistinta.
pro.mís.cuo *adj.* Misturado; que tem muitos parceiros sexuais.
pro.mis.sor *adj.* Que está cheio de promessa feliz.

pro.mis.só.ria *s.f.* Título de reconhecimento de quantia depositada.
pro.mo.ção *s.f.* Ascensão a um cargo superior; venda de artigos por preços baixos.
pro.mo.tor *adj.* e *s.m.* Funcionário que promove andamento de papéis judiciais.
pro.mo.to.ri.a *s.f.* Cargo, escritório ou repartição do promotor.
pro.mo.ver *v.t.d.* Dar impulso a; avançar; causar; elevar a (cargo ou categoria superior).
pro.mul.gar *v.t.d.* Tornar público; decretar; legar.
pro.no.me *s.m. Gram.* Palavra que designa os seres por suas relações com a pessoa gramatical.
pron.ti.dão *s.f.* Desembaraço; vigia.
pron.ti.fi.car *v.t.d.* Aprontar; oferecer.
pron.to *adj.* Rápido; ágil; concluído.
pron.tu.á.rio *s.m.* Ficha que apresenta dados pertinentes e informações úteis.
pro.nún.cia *s.f.* Ação ou maneira de pronunciar; despacho do juiz sobre inquirição.
pro.nun.ci.ar *v.t.d.* Proferir; exprimir com a emissão da voz; *v.pron.* fazer pronunciamento.
pro.pa.ga.ção *s.f.* Divulgação; difusão.
pro.pa.gan.da *s.f.* Ação de propagar princípios ou teorias; divulgação; vulgarização.
pro.pa.gar *v.t.d.* Multiplicar, reproduzindo; divulgar.
pro.pa.lar *v.t.d.* Tornar público; divulgar; espalhar.
pro.pe.dêu.ti.co *adj.* Que serve de introdução, preliminar.
pro.pe.lir *v.t.d.* Empurrar; arremessar.
pro.pen.der *v.t.i.* Pender; inclinar-se.
pro.pen.são *s.f.* Inclinação; tendência.
pro.pen.so *adj.* Inclinado; naturalmente favorável.
pro.pi.ci.ar *v.t.d.* Tornar favorável.
pro.pí.cio *adj.* Oportuno; apropriado.
pro.pi.na *s.f.* Gratificação; gorjeta.
pro.por *v.t.d.* Prometer; apresentar como; *v.t.i.* fazer propósito; *v.pron.* dispor-se.
pro.por.ção *s.f.* Relação entre coisas, comparação; dimensão.
pro.por.ci.o.nar *v.t.d.* Tornar proporcional; oferecer; apresentar.
pro.po.si.ção *s.f.* Ato ou efeito de propor, proposta.
pro.po.si.tal *adj.2gên.* Intencional.
pro.pó.si.to *s.m.* Deliberação; intenção; prudência.
pro.pos.ta *s.f.* Proposição; oferta.
pro.pos.to *s.m.* O que se propôs.
pro.pri.e.da.de *s.f.* Qualidade do que é próprio; caráter; herdade.
pro.pri.e.tá.rio *adj.* e *s.m.* Que, ou aquele que tem a propriedade de alguma coisa, que é senhor de bens.
pró.prio *adj.* Que pertence de forma exclusiva a um indivíduo; peculiar; pessoal.

pro.pug.nar *v.t.d.* Lutar.
pro.pul.são *s.f.* Ato ou efeito de impelir para frente.
pro.pul.si.o.nar *v.t.d.* Impelir para a frente.
pro.pul.sor *adj.* Que propulsa; *s.m.* o que causa propulsão.
pror.ro.gar *v.t.d.* Adiar.
pror.rom.per *v.t.i.* Sair impetuosamente.
pro.sa *s.f.* Maneira de escrever ou falar sem observância de medida ou acentuação certa. *Fig.* Lábia.
pro.sai.co *adj.* Referente a prosa; vulgar.
pro.sá.pia *s.f.* Linhagem; orgulho; vaidade.
pros.cri.to *s.m.* Exilado; emigrado.
pro.se.ar *v.intr. Bras.* Conversar sem proveito; namorar.
pro.se.li.tis.mo *s.m.* Atividade para conquistar prosélitos.
pro.sé.li.to *s.m.* Indivíduo que abraçou uma religião, doutrina ou partido.
pro.só.dia *s.f. Gram.* Pronúncia correta dos vocábulos, com a devida acentuação; ortoépia.
pro.so.po.pei.a *s.f.* Figura que consiste em dar vida a seres inanimados.
pros.pec.ção *s.f.* Pesquisa, sondagem de terreno para localizar e avaliar jazidas minerais.
pros.pec.to *s.m.* Folheto que versa sobre as características ou qualidades de um produto etc.
pros.pe.rar *v.t.d.* Enriquecer; desenvolver-se; *v.t.i.* promover; *v.pron.* progredir.
prós.pe.ro *adj.* Propício; feliz.
pros.se.guir *v.t.d.* Fazer seguir; *v.intr.* ir por diante; *v.t.i.* continuar a falar.
prós.ta.ta *s.f.* Glândula do sexo masculino.
pros.ter.nar *v.t.d.* Prostrar, deitar por terra.
pros.tí.bu.lo *s.m.* Bordel.
pros.ti.tu.i.ção *s.f.* Ato ou efeito de prostituir.
pros.ti.tu.ir *v.t.d.* Iniciar na vida de prostituta.
pros.ti.tu.ta *s.f.* Meretriz.
pros.tra.ção *s.f.* Ato ou efeito de prostrar.
pros.trar *v.t.d.* Lançar no chão, de bruços; abater.
pro.ta.go.nis.ta *s.2gên.* Personagem principal de um drama ou acontecimento.
pro.te.ção *s.f.* Amparo; abrigo.
pro.te.ci.o.nis.ta *adj.2gên.* Relativo ao protecionismo; *s.2gên.* pessoa partidária do protecionismo.
pro.te.ger *v.t.d.* Apoiar; socorrer.
pro.te.í.na *s.f.* Substância complexa contendo nitrogênio, carbono, hidrogênio; oxigênio, elementos fundamentais da célula; substância albuminoide.
pro.te.lar *v.t.d.* Adiar; prorrogar.
pro.tér.via *s.f.* Imprudência.
pró.te.se *s.f.* Substituição de um órgão ou de parte do corpo perdida (braço, dente etc.) por sucedâneo artificial.

pro.tes.tan.te *adj.2gên.* Relativo ao protestantismo; *s.2gên.* pessoa que protesta; *adj.* e *s.2gên.* partidário da Reforma (luteranos, etc.).
pro.tes.tan.tis.mo *s.m.* A religião protestante.
pro.tes.tar *v.t.d.* Testemunhar; fazer o protesto de; *v.t.i.* insurgir-se.
pro.tes.to *s.m.* Protestação; declaração pública.
pro.te.tor *s.m.* Que protege.
pro.te.to.ra.do *s.m.* Estado sujeito à proteção de outro.
pro.to.co.lar *adj.2gên.* Que diz respeito ao protocolo; de acordo com o protocolo.
pro.to.co.lo *s.m.* Formulário regulamentador de atos públicos; convenção internacional.
pró.ton *s.m.* Partícula que é parte constituinte do átomo e de toda matéria que apresenta carga de eletricidade positiva.
pro.tó.ti.po *s.m.* Modelo.
pro.to.zo.á.rio *s.m.* Ser unicelular.
pro.tu.be.rân.cia *s.f.* Saliência.
pro.va *s.f.* Testemunho; documento justificativo; exame.
pro.va.ção *s.f.* Ato ou resultado de provar; situação angustiante.
pro.var *v.t.d.* Demonstrar; testemunhar; justificar; experimentar.
pro.vá.vel *adj.2gên.* Suscetível de se provar; verossímil.
pro.vec.to *adj.* De idade avançada; adiantado.
pro.ve.dor *s.m.* O que provê; diretor de estabelecimento de caridade.
pro.vei.to *s.m.* Vantagem; utilidade.
pro.ve.ni.ên.cia *s.f.* Origem.
pro.ve.ni.en.te *adj.2gên.* Procedente.
pro.ven.to *s.m.* Lucro; rendimento.
pro.ver *v.t.d.* Regular; dispor; *v.t.i.* acudir; providenciar; *v.pron.* munir-se.
pro.ver.bi.al *adj.2gên.* Relativo a provérbio.
pro.vér.bio *s.m.* Dito.
pro.ve.ta *s.f.* Vaso de vidro usado em laboratório.
pro.vi.dên.cia *s.f.* Disposição tendente a regularizar certos serviços; acontecimento feliz.
pro.vi.den.ci.al *adj.2gên.* Relativo à providência.
pro.vi.den.ci.ar *v.t.d.* Prover; *v.intr.* e *v.t.i.* dar ou tomar providências.
pro.vi.den.te *adj.2gên.* Que provê ou providencia de antemão.
pro.vi.men.to *s.m.* Ação ou efeito de prover.
pro.vín.cia *s.f.* Divisão territorial e administrativa de um país; distrito.
pro.vin.ci.al *adj.2gên.* Da província. *s.m.* o superior de um certo número de casas religiosas.
pro.vin.ci.a.no *adj.* Da província; *s.m.* indivíduo da província.
pro.vin.do *adj.* Que provém ou proveio; oriundo.
pro.vir *v.t.i.* Proceder; derivar; resultar.

pro.vi.são *s.f.* Ato ou efeito de prover, fornecimento; abundância de coisas necessárias.

pro.vi.só.rio *adj.* Realizado por provisão; transitório.

pro.vo.can.te *adj.2gên.* Que provoca; estimulante; sedutor.

pro.vo.car *v.t.d. e i.* Incitar; excitar; desafiar; insultar.

pro.xe.ne.ta *adj.2gên. e s.2gên.* Indivíduo que explora a prostituição.

pro.xi.mi.da.de *s.f.* Pequena distância.

pró.xi.mo *adj.* Vizinho; imediato; *s.m.* os nossos semelhantes; *adv.* perto.

pru.dên.cia *s.f.* Cautela; juízo.

pru.den.te *adj.* Discreto; comedido.

pru.mo *s.m.* Instrumento que serve para determinar a direção vertical; escora.

pseu.dô.ni.mo *s.m.* Nome falso ou suposto.

pseu.dó.po.de *s.m.* Cada projeção originada no citoplasma, por movimento dele.

psi.ca.ná.li.se *s.f.* Tratamento que consiste em interpretar os processos psicológicos conscientes e inconscientes.

psi.ca.na.lis.ta *adj.2gên. e s.2gên.* Referente à pessoa que se dedica a ou exerce psicanálise.

psi.co.dé.li.co *adj.* Relativo a um estado psíquico de quem está sob efeito de um alucinógeno.

psi.co.gra.far *v.t.d.* Escrever (um médium) conforme a vontade de um espírito.

psi.co.lo.gi.a *s.f.* Ciência que estuda os fenômenos da vida mental e suas leis.

psi.co.ló.gi.co *adj.* Que diz respeito à Psicologia.

psi.co.lo.gis.ta *s.2gên.* Pessoa que sabe ou estuda Psicologia.

psi.có.lo.go *s.m.* O mesmo que *psicologista*.

psi.co.pa.ta *adj.2gên. e s.2gên.* Aquele que padece de enfermidade mental.

psi.co.se *s.f.* O mesmo que *psicopatia*; nome genérico das doenças mentais.

psi.co.te.ra.pi.a *s.f. Med.* Método terapêutico por meios psicológicos.

psi.que *s.f.* O mesmo que *alma*; o espírito; a mente.

psi.qui.a.tra *s.2gên.* Pessoa que se ocupa da Psiquiatria.

psi.qui.a.tri.a *s.f. Med.* Parte da Medicina que trata das doenças mentais.

psí.qui.co *adj.* Que diz respeito ao espírito ou às faculdades intelectuais e morais.

psiu *interj.* Empregada para mandar calar ou para chamar.

pu.a *s.f.* Ponta aguçada; broca.

pu.ber.da.de *s.f.* Adolescência.

pú.be.re *adj.* Que começa a ter pelos finos, anunciadores da adolescência.

pu.bi.a.no *adj.* O mesmo que *púbis*; diz-se também *púbico*.

pú.bis *s.m. Anat.* Parte inferior do osso ilíaco.

pu.bli.ca.ção *s.f.* Ação ou resultado de publicar; aquilo que se publica; folheto; livro.

pu.bli.car *v.t.d.* Tornar público; editar; anunciar.

pu.bli.ci.da.de *s.f.* Qualidade do que é público; propaganda por meio de anúncios, entrevistas etc.

pú.bli.co *adj.* Concernente ao povo; popular; comum; *s.m.* o povo.

pu.den.do *adj.* Envergonhado; vergonhoso.

pu.den.te *adj.2gên.* Que tem pudor; pudico.

pu.di.bun.do *adj.* Que tem pudor; pudico.

pu.di.co *adj.* Que tem pudor; casto; envergonhado.

pu.dim *s.m.* Iguaria constituída por massa de farinha, ovos e açúcar, cozida ao forno.

pu.dor *s.m.* Sentimento de vergonha ou timidez.

pu.e.rí.cia *s.f.* Infância.

pu.e.ril *adj.* Infantil; simples.

pu.ér.pe.ra *s.f.* Parturiente.

puf *interj.* Designativa de cansaço, enfado etc.

pu.gi.la.to *s.m.* Luta a socos.

pu.gi.lis.ta *s.2gên.* Jogador de boxe.

pu.gi.lo *s.m.* Porção.

pug.nar *v.t.d.* Pelejar; discutir; defender.

pug.naz *adj.2gên.* Valente; lutador.

pu.ir *v.t.d.* Alisar; gastar roçando.

pu.jan.ça *s.f.* Grande força; poderio; brio; grandeza.

pu.lar *v.intr.* Dar pulos; saltar; pulsar.

pul.cro *adj. Poét.* Formoso.

pul.ga *s.f.* Gênero de insetos dípteros que abrange muitas espécies; inseto parasitário que transmite peste.

pul.gão *s.m.* Gênero de insetos da ordem dos hemípteros e hemópteros que vivem como parasitos nos vegetais.

pul.guen.to *adj.* Coberto de pulgas.

pu.lha *s.f.* Gracejo; mentira; *adj.2gên.* canalha.

pul.mão *s.m.* Cada um dos dois principais órgãos da respiração situados no interior do tórax e envolvidos pela pleura; bofe.

pul.mo.nar *adj.* Referente a pulmão.

pu.lo *s.m.* Salto; pulsação violenta.

pu.lô.ver *s.m.* Espécie de colete de malha de lã, usado comumente como agasalho.

púl.pi.to *s.m.* Tribuna de onde pregam os padres.

pul.sar *v.t.d.* Impelir; abalar; *v.intr.* palpitar; *v.t.i.* repercutir-se, batendo.

pul.sei.ra *s.f.* Ornato circular para os pulsos.

pul.so *s.m.* Parte do antebraço, junto à mão; pulsação arterial.

pu.lu.lar *v.intr.* Lançar rebentos; ferver; agitar.

pul.ve.ri.zar *v.t.d.* Reduzir a pó.

pum *interj.* Designativa de estrondo ou detonação.

pu.ma *s.m.* Onça parda.

pun.ção *s.f.* Ato ou efeito de pungir ou puncionar; *s.m.* instrumento pontiagudo para furar ou gravar.
pun.do.nor *s.m.* Sentimento de dignidade, de honra.
pun.ga *adj.2gên.* Ruim; imprestável.
pun.gên.cia *s.f.* Próprio de pungente.
pun.gen.te *adj.* O mesmo que *doloroso*.
pun.gir *v.t.d.* Picar, ferir com objeto pontiagudo.
pu.nha.do *s.m.* Porção contida de uma só vez na mão fechada.
pu.nhal *s.m.* Arma curta de ponta.
pu.nho *s.m.* A mão fechada; pulso; peça de vestuário que se adapta ao extremo das mangas.
pu.ni.ção *s.f.* Castigo; pena.
pu.nir *v.t.d.* Aplicar uma pena a; castigar; *v.t.i.* tomar vingança.
pu.ni.ti.vo *adj.* Que pune.
pu.pi.lo *s.m.* Órfão a cargo do tutor; discípulo.
pu.rê *s.m.* Caldo engrossado; iguaria de legumes ou apenas de batatas formando massa pastosa.
pu.re.za *s.f.* Qualidade de puro; ingenuidade.
pur.gan.te *s.m.* Laxante; *adj.2gên.* que faz purgar.
pur.gar *v.t.d.* Tornar puro; limpar; expiar; *v.intr.* expelir pus ou maus humores; *v.pron.* justificar-se.
pu.ri.da.de *s.f.* O mesmo que *pureza*.
pu.ri.fi.ca.ção *s.f.* Ação ou resultado de purificar.
pu.ri.fi.car *v.t.d.* Tornar puro; limpar. (Antôn.: *sujar*.)

pu.ris.mo *s.m.* Excessiva preocupação com a pureza; apuro excessivo da linguagem.
pu.ris.ta *s.2gên.* Aquele que exige a pureza da linguagem.
pu.ri.ta.no *s.m.* O que alardeia austeridade de princípios.
pu.ro *adj.* Sem mistura; genuíno; natural; inocente.
púr.pu.ra *s.f.* Substância vermelho-escura que se extrai da cochonilha.
pur.pu.ri.na *s.f.* Metais reduzidos a pó.
pu.ru.len.to *adj.* Cheio de pus.
pus *s.m.* Líquido mórbido de uma inflamação.
pu.si.lâ.ni.me *adj.* e *s.2gên.* Que tem fraqueza de ânimo; covarde.
pús.tu.la *s.f. Med.* Tumor que termina por supuração.
pu.ta.ti.vo *adj.* Suposto.
pu.to *s.m.* Tostão, dinheiro nenhum.
pu.tre.fa.ção *s.f.* Apoderecimento; corrupção.
pu.tre.fa.zer *v.t.i.* Corromper; *v.intr.* deteriorar-se.
pú.tri.do *adj.* Podre; corrupto.
pu.xa *interj.* Exprime espanto, impaciência.
pu.xa.dor *s.m.* Peça de madeira ou metal, por onde se puxa, ao abrir as gavetas, portinholas etc.
pu.xão *s.m.* Ato ou efeito de puxar com força.
pu.xar *v.t.d.* Atrair a si com força; arrancar; *v.intr.* exercer qualquer tração.
pu.xa-sa.co *s.m. Chul.* Bajulador do mais baixo estofo.

q Q

q *s.m.* A décima sétima letra do alfabeto português. *Fís.* Símb. da quantidade de calor em um sistema. *Mat.* Símb. do conjunto dos números racionais.

qua.dra *s.f.* Coisa quadrada; série de quatro; distância de uma esquina na outra do mesmo lado da rua.

qua.dra.do *adj.* De formato quadrangular; *s.m.* sólido quadrilátero cujos lados são todos iguais entre si e cujos ângulos são todos retos; raiz de índice dois de um número; indivíduo rude.

qua.dra.ge.ná.rio *adj. e s.m.* Aquilo que se compõe de quarenta unidades.

qua.dra.gé.si.mo *adj.* O último de uma série de quarenta.

qua.dran.gu.lar *adj.2gên.* Provido de quatro ângulos.

qua.dran.te *s.m.* A quarta parte da circunferência; mostrador de relógio.

qua.dri.cu.la.do *adj.* Disposto ou dividido em quadrados; quadricular.

qua.dri.ê.nio *s.m.* Período de quatro anos.

qua.dri.ga *s.f.* Carro antigo tirado por quatro cavalos.

qua.dril *s.m.* Região lateral do corpo humano, entre a cintura e a articulação superior da coxa; anca.

qua.dri.lá.te.ro *s.m.* Polígono que apresenta quatro lados; *adj.* de quatros lados.

qua.dri.lha *s.f.* Companhia de ladrões; corja; espécie de dança e música própria para ela.

qua.dri.mes.tre *s.m.* Período de quatro meses.

qua.dri.mo.tor *s.m.* Avião provido de quatro motores.

qua.dri.nhos *s.m.pl.* Narração de uma história por meio de desenhos e legendas dispostos numa série de quadros.

qua.dro *s.m.* Quadrado; painel com pintura.

qua.drú.pe.de *adj.2gên.* Que tem quatro pés; mamífero que anda em quatro pés.

qua.dru.pli.car *v.t.d.* Multiplicar por quatro.

qual *pron.* Que coisa ou que pessoa; quem; semelhante; *conj.* tal como.

qua.li.da.de *s.f.* Determinação de traços e características inerentes ao objeto; aptidão.

qua.li.fi.ca.ção *s.f.* Ato ou efeito de qualificar.

qua.li.fi.car *v.t.d.* Classificar; avaliar; julgar.

qua.li.fi.ca.ti.vo *adj.* Que classifica os seres segundo seus atributos próprios.

qua.li.ta.ti.vo *adj.* Relativo a qualidade; que qualifica.

qual.quer *adj. e pron.* Algum ou alguma coisa; alguém.

quan.do *adv. e conj.* Na ocasião em que; posto que.

quan.ti.a *s.f.* Soma, porção (de dinheiro); quantidade.

quan.ti.da.de *s.f.* Grandeza expressa em números; grande número que torna a unidade divisível em partes.

quan.ti.ta.ti.vo *adj.* Relativo a quantidade.

quan.to *adv.* Quão grandemente?; que número? segundo; conforme; *v.pron. e adj.* que número ou que quantidade de; que preço.

quão *adv.* Quanto; como.

qua.rar *v.t.d.* Branquear, expondo ao sol (roupas).

qua.ren.tão *adj. e s.m.* Que, ou aquele que já tem quarenta anos ou deles se aproxima.

qua.ren.te.na *s.f.* Período correspondente a quarenta dias.

qua.res.ma *s.f.* Espaço de quarenta dias compreendido entre a quarta-feira de cinzas e a Páscoa.

quar.ta *s.f.* Uma das quatro partes iguais em que se pode dividir qualquer unidade.

quar.ta-fei.ra *s.f.* O quarto dia da semana a partir do domingo.

quar.tei.rão *s.m.* Quarta parte de um cento; série de casas contínuas.

quar.tel *s.m.* A quarta parte de alguma coisa; edifício em que se alojam tropas.

quar.te.to *s.m.* Conjunto de quatro vozes ou instrumentos.

quar.to *num.* O último de uma série de quatro; *s.m.* a quarta parte de um todo; dormitório.

quart.zo *s.m.* Nome da sílica pura, também conhecida por *cristal de rocha*.

qua.se *adv.* Próximo; iminente; por pouco.

qua.ter.ná.rio *adj.* Que compreende quatro elementos.

qua.ti *s.m. Bras.* Carnívoro da família dos procionídeos.

qua.tor.ze *num.* Dez mais quatro; escreve-se também *catorze*.

qua.tro num. Cardinal que se segue ao três; o algarismo 4.

que pron.rel. O qual; os quais; as quais; este; esse; essa; esta; essa; ele; ela; aquele; aquela; no qual; na qual; v.pron. inter. quanto?; adj. deter. interrog. qual?; adv. quão; prep. exceto; menos; conj. e; para que; porque; desde que; embora; s.m. alguma coisa; algo; dificuldade.

que.bra s.f. Ação ou resultado de quebrar; rompimento; falência.

que.bra.da s.f. Depressão nas serras ou montanhas.

que.bra.di.ço adj. Que se quebra com facilidade; frágil.

que.bra.do s.m. Fração; quebra; adj. partido. Fig. Falido.

que.bra-luz s.m. Abajur.

que.bran.ta.do adj. Debilitado; abatido.

que.bran.tar v.t.d. Quebrar; abater; prostrar.

que.bra-quei.xo s.m. Bras. Puxa-puxa; cigarro ou charuto vulgar.

que.brar v.t.d. Reduzir a pedaços; destruir; v.intr. falir.

que.brei.ra s.f. Pop. Cansaço; abatimento moral.

que.da s.f. Ato ou efeito de cair. Fig. Decadência; ruína.

que.dar v.intr. Parar.

que.do adj. Quieto; sem movimento.

quei.ja.di.nha s.f. Doce brasileiro feito com coco.

quei.jo s.m. Alimento que se obtém pela fermentação da caseína, depois de coalhado o leite.

quei.ma s.f. Ato ou efeito de queimar.

quei.ma.da s.f. Queima de mato.

quei.ma.du.ra s.f. Queima; ferimento ou lesão produzida pela ação do fogo.

quei.mar v.t.d. Destruir pelo fogo; incendiar.

quei.mor s.m. Grande calor; ardume.

quei.xa s.f. Ato ou efeito de se queixar; ofensa.

quei.xa.da s.f. O mesmo que maxilar; porco-do-mato.

quei.xar-se v.pron. Lamentar-se.

quei.xo s.m. Qualquer das maxilas dos animais vertebrados; mandíbula.

quei.xo.so adj. e s.m. Triste; sentido; ofendido.

quei.xu.me s.m. Queixas frequentes; lamúria.

que.lô.nios s.m.pl. Nome científico da família das tartarugas.

quem pron. A pessoa que ou pessoas que; que pessoa?; alguém que.

quen.tão s.m. Bras. Bebida preparada com aguardente de cana aquecida e gengibre.

que.pe s.m. Boné militar usado em vários países.

quer conj. Tal como; ou; ao menos.

que.re.la s.f. Acusação criminal apresentada em juízo; pendência.

que.ren.ça s.f. Vontade.

que.rer v.t.d. Procurar adquirir; desejar.

quer.mes.se s.f. Feira paroquial celebrada com grandes folguedos populares.

que.ru.bim s.m. Anjo de primeira categoria, segundo a Teologia.

que.si.to s.m. Ponto sobre que se pede opinião de outrem; o mesmo que requisito.

ques.tão s.f. Pergunta; controvérsia.

ques.ti.o.nar v.t.d. Discutir; controverter.

ques.ti.o.ná.rio s.m. Interrogatório.

qui.a.bo s.m. Fruto do quiabeiro comum.

qui.be s.m. Tipo de bolinho originário da Síria, feito de carne, misturado com trigo e temperado com hortelã-pimenta.

qui.çá adv. Talvez.

qui.car v.intr. Pop. Saltar; pular; tocar (bolinhas de gude).

quí.cio s.m. Gonzo de porta.

qui.e.tar v.t.d. Tranquilizar.

qui.e.to adj. Tranquilo, imóvel.

qui.e.tu.de s.f. Qualidade do que é quieto; tranquilidade; sossego.

qui.la.te s.m. Unidade de medida de massa de diamantes.

qui.lha s.f. Peça de madeira desde a popa até a proa do navio.

qui.li.a.re s.m. Medida agrária de mil ares.

qui.lo s.m. Quilograma; o bolo alimentar na última fase da digestão.

qui.lo.gra.ma s.m. Unidade de massa que equivale a mil gramas.

qui.lom.bo s.m. Bras. Lugar onde se ocultavam os escravos fugidos.

qui.lo.mé.tri.co adj. Referente a quilômetro; excessivamente extenso.

qui.lô.me.tro s.m. Unidade de medida de extensão, que equivale a mil metros.

qui.me.ra s.f. Absurdo; fantasia; ilusão.

quí.mi.ca s.f. Ciência que trata do estudo das propriedades dos corpos simples e compostos, bem como das leis que regem suas combinações e decomposições.

quí.mi.co adj. Que diz respeito ou que pertence à Química.

qui.mo s.m. O alimento, parcialmente digerido que passa do estômago para o intestino delgado.

qui.mo.no s.m. Tipo de roupão japonês, usado por homens e mulheres.

qui.na s.f. Carta, dado ou pedra de dominó com cinco pontos; esquina.

qui.nau s.f. Correção.

quin.dim s.m. Bras. Doce de gema, coco e açúcar.

qui.nhão s.m. Porção.

qui.nhen.tos num. Diz-se do número cardinal equivalente a cinco centenas.

qui.no s.m. Loto.

quin.qua.gé.si.mo *num.* Último numa determinada série de cinquenta; *s.m.* quinquagésima parte.
quin.quê.nio *s.m.* Espaço de cinco anos; lustro.
quin.quí.dio *s.m.* Espaço de cinco dias.
quin.qui.lha.ri.a *s.f.* Miudezas de pouco valor.
quin.ta¹ *s.f.* Fazenda; sítio.
quin.ta² *s.f.* Forma abreviada de quinta-feira.
quin.ta-es.sên.cia *s.f.* Requinte; a parte mais pura. Var.: *quintessência*.
quin.tal *s.m.* Pequeno terreno com horta, na parte posterior da casa.
quin.te.to *s.m.* Composição musical para cinco vozes ou instrumentos.
quin.ze *s.m.* Dez mais cinco; décimo quinto.
quin.ze.na *s.f.* Espaço de quinze dias.
quin.ze.nal *adj.2gên.* Que aparece, se faz ou se publica de quinze em quinze dias.
qui.os.que *s.m.* Pavilhão em local público, para venda de artigos diversos.
qui.pro.quó *s.m.* Equívoco.
qui.re.la *s.f.* Milho quebrado que se dá a pintos e pássaros.
qui.ro.man.ci.a *s.f.* Pretensa arte de adivinhar pela interpretação das linhas da mão; diz-se também *quiroscopia*.
quis.to *s.m. Pat.* Tumor em forma de saco, que contém secreção.
qui.tan.da *s.f.* Lojinha de negócios, ninharias; local onde são vendidos legumes, frutas, aves etc.
qui.tan.dei.ro *s.m.* Proprietário de quitanda; o que vende pelas ruas frutas, legumes etc.
qui.tar *v.t.d.* e *i.* Tornar-se quite; desobrigar; *v.pron.* libertar-se.
qui.te *part. pres.* do verbo quitar; que saldou suas obrigações.
qui.tu.te *s.m.* Guloseima.
qui.xo.tes.co *adj.* Ridículo.
qui.zi.la *s.f.* Antipatia; aversão.
quo.ci.en.te *s.m.* Número indicador de vezes que o dividendo contém o divisor.
quó.rum *s.m.* A mínima presença dos membros de uma assembleia para que se iniciem os trabalhos.
quo.ta *s.f.* Porção fixa e determinada; cota.
quo.ti.di.a.no *adj.* Que acontece diariamente.

r R

r *s.m.* A décima oitava letra do alfabeto português. *Fís.* Símb. da quantidade de calor em um sistema. *Mat.* Símb. do conjunto dos números racionais.

rã *s.f.* Batráquio sem cauda que vive na água ou nos lugares pantanosos.

ra.ba.na.da *s.f.* Doce feito com fatias de pão embebidas em ovos e fritas.

ra.ba.ne.te (ê) *s.m. Bot.* Variedade de rábano cuja raiz é curta, napiforme e carnosa.

ra.be.ca *s.f.* Espécie de violino de som fanhoso.

ra.be.cão *s.m.* Contrabaixo.

ra.bei.ra *s.f.* Rastro.

ra.bi.ça *s.f.* Parte do arado empunhada pelo lavrador ao lavrar.

ra.bi.cho *s.m.* Trança de cabelo pendente da parte posterior da cabeça. *Fig.* namoro.

ra.bi.có *adj.* De rabo curto ou sem rabo.

rá.bi.do *adj.* Raivoso.

ra.bi.no *s.m.* Ministro do culto judaico; *adj.* inquieto.

ra.bis.car *v.t.d.* Escrever apressadamente; escrevinhar.

ra.bis.co *s.m.* Riscos com lápis, pena etc.

ra.bo *s.m.* Protuberância no vértice da coluna vertebral de alguns animais; cauda.

ra.bu.gen.to *adj.* Impertinente.

rá.bu.la *s.m.* Advogado não diplomado ou de pouca cultura.

ra.ça *s.f.* Conjunto de indivíduos que se distingue de outros conjuntos por seus caracteres hereditários; ascendentes e descendentes de família ou povo.

ra.ção *s.f.* Porção de alimento preciso para refeição.

ra.cha.du.ra *s.f.* Ação ou efeito de rachar.

ra.char *v.t.d.* Fender; abrir rachas; *v.t.d.* e *i.* dividir de forma proporcional. *intr.* e *pron.* lascar-se.

ra.ci.al *adj.2gên.* Concernente ao característico da raça.

ra.ci.o.ci.nar *v.intr.* Fazer raciocínios; usar da razão para julgar ou conhecer; calcular.

ra.ci.o.cí.nio *s.m.* Operação mental que consiste em se fazer conclusão de premissas.

ra.ci.o.nal *adj.* Que utiliza a razão; que raciocina; *s.m.* aquilo que é da razão.

ra.ci.o.na.lis.mo *s.m.* Doutrina segundo a qual os conhecimentos têm origem na razão e não na experiência.

ra.ci.o.na.li.zar *v.t.d.* Tornar racional; fazer raciocinar; aperfeiçoar.

ra.ci.o.nar *v.t.d.* Distribuir em rações.

ra.cis.mo *s.m.* Doutrina daqueles que acreditam na superioridade de certas raças humanas.

ra.cis.ta *adj.2gên.* Referente ao racismo; *s.m.* pessoa que adota o racismo.

ra.dar *s.m.* Instrumento que por meio de reflexão de ondas hertzianas ultracurtas faculta a percepção de objetos que se acham afastados.

ra.di.a.ção *s.f.* Emissão de raios de luz, de calor.

ra.di.a.dor *s.m.* Instrumento para aumentar a superfície de radiação.

ra.di.al *adj. Anat.* Relativo ao osso do antebraço, chamado rádio; que emite raios; *s.f.* via que parte do centro e o liga à periferia urbana.

ra.di.an.te *adj.2gên.* Que lança raios de luz.

ra.di.ar *v.intr.* Emitir raios de luz.

ra.di.cal *adj.* Referente a raiz; fundamental. *Gram.* elemento invariável do vocábulo.

ra.di.ca.lis.mo *s.m.* Regime político que pretende reformas absolutas na estrutura social.

ra.di.car *v.t.d.* Firmar pela raiz; arraigar.

rá.dio *s.m. Anat.* Osso externo que com o cúbito forma o antebraço; mineral com radiativo descoberto em 1899; emissor ou receptor de telefonia sem fio.

ra.di.o.a.ti.vi.da.de *s.f.* Propriedade de certos corpos de emitir raios capazes de produzir efeitos físicos ou fisiológicos.

ra.di.o.gra.fi.a *s.f.* Fotografia feita com os raios X; estudo dos raios luminosos.

ra.di.os.co.pi.a *s.f.* Exame de corpos ou órgãos pelos raios X.

ra.di.o.so *adj.* Diz-se do que emite raios luminosos.

ra.di.o.te.ra.pi.a *s.f.* Tratamento clínico por intermédio dos raios X, ou pelo rádio.

rai.a *s.f.* O mesmo que *arraia*; limite.

rai.a.do *adj.* Provido de raias ou riscas.

rai.ar *v.intr.* Surgir; brilhar; *v.t.d.* traçar raias ou riscas em.

ra.i.nha *s.f.* Soberana de um reino; mulher de rei; a primeira entre outras; abelha-mestra.

rai.o *s.m.* Traços provindos de um foco de luz; descarga elétrica produzida na atmosfera entre a nuvem e o solo.

RAIVA — RASPANÇA

rai.va *s.f.* Doença infecciosa que ataca o cão e outros animais e é transmissível ao homem; fúria.

rai.vo.so *adj.* Furioso.

ra.iz *s.f.* A parte da planta que geralmente se fixa no solo, de onde retira os elementos minerais necessários ao desenvolvimento vegetal; origem.

rai.za.ma *s.f.* Conjunto de raízes de uma planta.

ra.já *s.m.* Príncipe de um dos Estados indianos.

ra.ja.da *s.f.* Vento súbito e muito forte. *Fig.* impulso.

ra.ja.do *adj.* Estriado; que apresenta manchas escuras (animal).

ra.jar *v.t.d.* Encher de riscos, de listas.

ra.la.dor *adj.* Que rala; *s.m.* instrumento de uso doméstico para ralar, reduzir a pequenos fragmentos certas substâncias.

ra.lar *v.t.d.* Passar pelo ralo; *v.pron.* atormentar-se.

ra.lé *s.f.* A parte mais baixa da sociedade; escória.

ra.lhar *v.intr.* Gritar repreendendo.

ra.lo¹ *s.m.* Ralador; instrumento com lâminas cheias de orifícios para ralar queijo etc.

ra.lo² *adj.* Pouco espesso; não denso; *s.m.* sítio coberto de vegetação não cerrada.

ra.ma.da *s.f.* Ramos entrelaçados que produzem sombra.

ra.ma.gem *s.f.* Ramada; ramaria.

ra.mal *s.m.* Ramificação interna de uma rede telefônica.

ra.ma.lhe.te *s.m.* Ramo pequeno; diz-se também *ramilhete*.

ra.ma.lho *s.m.* Grande ramo cortado de árvore.

ra.mei.ra *s.f.* Prostituta.

ra.mer.rão *s.m.* Rotina.

ra.mi.fi.ca.ção *s.f.* Ato ou efeito de ramificar cada um dos ramos do caule; propagação.

ra.mi.fi.car *v.t.d.* Subdividir; dividir em ramos.

ra.mo *s.m.* Divisão de um caule; descendência; galho.

ram.pa *s.f.* Ladeira.

ran.chei.ro *s.m.* Aquele que prepara comida para soldados; *adj.* expressão sulina designativa do animal que tem o hábito de deter-se em lugares conhecidos.

ran.cho *s.m.* Comida para soldados; bando; casa rústica no campo.

ran.ço *s.m.* Azedume.

ran.cor *s.m.* Ódio intenso; ressentimento.

ran.co.ro.so *adj.* Cheio de rancor.

ran.ger *v.intr.* Produzir ruído áspero roçando uns dentes contra outros; chiar; atritar.

ran.gi.do *s.m.* Ato ou efeito de ranger.

ra.nhe.ta *s.f. Pop.* Indivíduo rabugento, implicante.

ra.nho *s.m.* Muco das fossas nasais.

ra.nhu.ra *s.f.* Encaixe.

ra.ni *s.f.* Mulher de rajá.

ran.que.a.men.to *s.m.* Colocar no *ranking*, na cotação internacional de uma modalidade esportiva.

ran.que.ar *v.t.d.* Colocar alguém ou alguma coisa em uma classificação no *ranking*, dar a posição no *ranking*.

ran.zin.za *adj.* Teimoso; mal-humorado.

ra.pa.ce *adj.2gên.* Que rouba; rapina.

ra.pa.du.ra *s.f.* Ato de rapar; açúcar mascavo, em forma de pequenos tijolos.

ra.pa.pé *s.m.* Cumprimento espalhafatoso; bajulação.

ra.par *v.t.d.* Raspar; cortar rente (cabelo ou barba).

ra.pa.ri.ga *s.f.* Mulher entre a infância e a adolescência.

ra.paz *s.m.* Homem no início da adolescência; moço.

ra.pa.zi.a.da *s.f.* Reunião de rapazes; ato próprio de rapaz.

ra.pa.zo.la *s.m.* Jovem já crescido.

ra.pé *s.m.* Tabaco reduzido a pó muito tênue, para aspirar; amostrinha.

ra.pi.dez *s.f.* Propriedade do que é rápido; ligeireza.

rá.pi.do *adj.* Ligeiro; veloz; instantâneo; *s.m.* declive.

ra.pi.na *s.f.* Ato ou efeito de rapinar.

ra.po.sa *s.f.* Carnívoro tornado proverbial por sua astúcia.

rap.só.dia *s.f.* Composição musical de diversos trechos escolhidos de temas populares.

rap.ta.dor *adj.* e *s.m.* Que ou quem rapta.

rap.to *s.m.* Roubo violento de uma pessoa; roubo; extorsão. *Fig.* enlevo.

ra.que.te *s.f.* Espécie de pá de madeira usada em jogos de tênis.

ra.qui.tis.mo *s.m. Med.* Definhamento; estiolamento.

ra.re.ar *v.t.d.* Tornar raro; tornar pouco denso; reduzir a pequeno número.

ra.re.fa.zer *v.t.d.* Tornar pouco denso; diluir.

ra.re.fei.to *adj.* Que se rarefez; menos denso.

ra.ri.da.de *s.f.* Qualidade do que é raro.

ra.ro *adj.* Pouco vulgar; extraordinário; *adv.* poucas vezes.

ra.sa *s.f.* Antiga medida de capacidade; preço baixo.

ra.san.te *adj.* Tornar raso; passar rente a.

ra.sar *v.t.d.* Medir com a rasa; nivelar.

ras.cu.nho *s.m.* Esboço.

ras.gar *v.t.d.* Fazer rasgões em; romper.

ras.go *s.m.* O mesmo que *razão*; gesto exemplar; determinação.

ra.so *adj.* Plano; rasteiro; rente; pouco profundo; *s.m.* planície.

ras.pa.gem *s.f.* Ato ou efeito de raspar.

ras.pan.ça *s.f.* Repreensão; descompostura.

ras.par v.t.d. Apagar com a raspadeira; destruir; arranhar.
ras.te.ar v.intr. Seguir o rasto de; perseguir.
ras.tei.ra s.f. O mesmo que *cambapé*; deslealdade.
ras.tei.ro adj. Que se arrasta pelo chão; vil.
ras.te.jan.te adj.2gên. Que rasteja; rastejador.
ras.te.jar v.intr. Andar de rastos; v.t.d. investigar.
ras.te.lo s.m. Instrumento de ferro, com dentes para aplainar terra lavrada ou espalhar o café no terreiro.
ras.to s.m. Sinal; vestígio; pegada; pista.
ras.tre.a.men.to s.m. Ação ou efeito de rastrear.
ras.tre.ar v.intr. Rastear; limpar (a terra) com rastrilho.
ras.tri.lho s.m. Grade ou ancinho para limpar a terra.
ras.tro s.m. Rasto.
ra.su.ra s.f. Ato ou efeito de raspar caracteres de uma escrita; emenda.
ra.su.rar v.t.d. Efetuar rasuras em; raspar; emendar.
ra.ta.za.na s.f. Rato grande de qualquer sexo; rata. *Pop.* mulher velha, feia e pretensiosa.
ra.te.ar v.intr. Falhar (um motor); v.t.d. fazer rateio de.
ra.tei.ro adj. e s.m. Diz-se do, ou o cão ou gato que apanha ratos.
ra.ti.fi.car v.t.d. Confirmar; validar; autenticar.
ra.to s.m. Pequeno mamífero da ordem dos roedores.
ra.to.ei.ra s.f. Armadilha para prender ratos.
ra.vi.na s.f. Barranco aberto por enxurrada.
ra.zão s.f. Faculdade de raciocinar discursivamente; percentagem.
ra.zo.á.vel adj.2gên. Que está conforme a razão; aceitável.
ré s.f. Mulher criminosa; a parte de trás; s.m. segunda nota musical na escala de dó.
re.a.bas.te.cer v.t.d. e i. Abastecer de novo.
re.a.bi.li.tar v.t.d. Regenerar; restituir aos direitos e prerrogativas anteriores.
re.a.ção s.f. Ação oposta, provocada como resposta a uma ação recebida; resistência.
re.a.cen.der v.t.d. Acender de novo; ativar.
re.a.ci.o.ná.rio adj. Que é contrário à liberdade; s.m. adepto da reação política ou social.
re.a.gen.te adj. Que reage.
re.a.gir v.t.d. Ação que se opõe à que lhe é contrária.
re.a.jus.tar v.t.d. Tornar proporcionais; readaptar.
re.al adj. O que existe de fato; verdadeiro; referente a rei ou a realeza; s.m. unidade monetária usada no Brasil.
re.al.çar v.t.d. Pôr em evidência; dar mais força ou brilho; acentuar.
re.al.ce s.m. Relevo; evidência.

re.a.le.jo s.m. Espécie de antigo órgão portátil movido a manivela.
re.a.le.za s.f. Dignidade de rei. *Fig.* grandeza; realidade.
re.a.li.da.de s.f. Caráter do que é real; objetividade concreta.
re.a.li.da.de vir.tu.al Expressão que designa uma aplicação da tecnologia da informática que possibilita ao usuário como que "entrar" e "agir" em cenários mostrados numa tela.
re.a.lis.mo s.m. Doutrina segundo a qual o ser é independente da nossa representação atual.
re.a.lis.ta s.2gên. Que adota atitude objetiva em filosofia, letras e artes.
re.a.li.za.ção s.f. Ação ou resultado de realizar.
re.a.li.zar v.t.d. Tornar real o que era possível anteriormente; pôr em prática.
re.a.ni.mar v.t.d. Insuflar ânimo novo a; retornar à vida.
re.a.pa.re.cer v.intr. Aparecer novamente.
re.as.su.mir v.t.d. Assumir novamente; recuperar.
re.a.tar v.t.d. Tornar a atar; restabelecer.
re.a.ti.vo adj. Que reage.
ré.a.to s.m. Estado ou condição de réu.
re.a.ver v.t.d. Haver novamente; recobrar; readquirir.
re.a.vi.var v.t.d. Tornar viva a memória de algo; avivar bem.
re.bai.xa.do adj. *Fig.* Degradado; desacreditado.
re.bai.xar v.t.d. Tornar mais baixo; degradar.
re.ba.nho s.m. Animais guardados por pastor; conjunto de animais. *Fig.* fiéis cristãos.
re.bar.ba s.f. Aresta.
re.bar.ba.ti.vo adj. Antipático; irritante.
re.ba.ter v.t.d. Bater novamente; retrucar; contestar.
re.be.lar v.t.d. Revoltar.
re.bel.de adj. Que se revolta; s.m. revolucionário.
re.bel.di.a s.f. O mesmo que *rebelião*. *Fig.* oposição intransigente.
re.be.li.ão s.f. O mesmo que *insurreição*; revolta.
re.ben.que s.m. Pequeno chicote.
re.ben.tar v.t.d. Partir com estrondo; v.intr. explodir; desabrochar.
re.ben.to s.m. Botão dos vegetais. *Fig.* produto.
re.bi.te s.m. Prego grande provido de duas cabeças para unir fortemente chapas de metal.
re.bo.ar v.intr. Ressoar fortemente.
re.bo.car¹ v.t.d. Cobrir com reboco.
re.bo.car² v.t.d. Levar a reboque; dar reboque a.
re.bo.co s.m. Argamassa para revestimento de paredes.
re.bo.jo s.m. Movimento circular das águas de rio.
re.bo.la.do s.m. Modo de andar movendo os quadris; remelexo.

re.bo.lar *v.t.d.* Rolar; gingar; *v.intr.* e *pron.* mover-se em redor de um centro; bambolear-se.
re.bol.car *v.t.d.* e *i.* Atirar; revolver.
re.bo.li.ço *adj.* Que tem forma de rebolo.
re.bo.lo *s.m.* Pedra de afiar em forma de disco que gira num eixo.
re.bo.o *s.m.* Estrondo.
re.bo.que *s.m.* Ação ou efeito de rebocar; guincho; reboco.
re.bor.do *s.m.* Borda revirada.
re.bor.do.sa *s.f.* Censura; situação desagradável.
re.bo.te *s.m.* Salto secundário dado pela bola.
re.bu.ça.do *adj.* Encoberto; dissimulado.
re.bu.ço *s.m.* Parte do vestuário que cobre o rosto; disfarce.
re.bu.li.ço *s.m.* Agitação; desordem.
re.bus.ca.do *adj.* Requintado; muito apurado.
re.bus.car *v.t.d.* Tornar a buscar; requintar.
re.ca.do *s.m.* Mensagem, aviso (oral ou escrito).
re.ca.í.da *s.f.* Ação ou resultado de recair.
re.ca.ir *v.intr.* Tornar a cair; voltar a estado anterior.
re.cal.ca.do *adj.* Concentrado; *s.m.* aquele que sopita suas tendências ideoafetivas.
re.cal.ci.tran.te *adj.* Obstinado; teimoso; que desobedece.
re.cal.que *s.m.* Expressão psicanalítica designativa de ideias, sentimentos e desejos que o indivíduo procura extirpar da consciência, mas que continuam a fazer parte de sua vida psíquica, gerando distúrbios nocivos à vida mental e física.
re.ca.mar *v.t.d.* Fazer recamo; revestir.
re.cam.bi.ar *v.t.d.* Devolver, fazer voltar ao lugar.
re.ca.mo *s.m.* Bordado ou ornato em relevo; enfeite.
re.can.to *s.m.* Canto escuro e oculto; sítio retirado.
re.ca.pa.ci.tar *v.t.i.* Capacitar, persuadir novamente.
re.ca.par *v.t.d.* Recauchutar.
re.ca.pe.ar *v.t.d.* Recobrir (estrada, rua) de nova camada de asfalto.
re.ca.pi.tu.lar *v.t.d.* Repetir resumidamente; sintetizar.
re.ca.ta.do *adj.* Que tem modéstia ou recato; sensato ou prudente.
re.ca.to *s.m.* Honestidade; resguardo; cautela.
re.ce.be.dor *adj.* e *s.m.* Que, ou o que recebe.
re.ce.ber *v.t.d.* Tomar; aceitar; cobrar; acolher; hospedar; obter.
re.cei.o *s.m.* Incerteza acompanhada de temor; apreensão de dano ou prejuízo.
re.cei.ta *s.f.* Rendimento. *Fig.* fórmula de medicamento.
re.cei.tar *v.t.d.* Prescrever como médico; aconselhar; *v.intr.* formular receita.
re.cei.tu.á.rio *s.m.* O mesmo que *formulário*.
re.cém-nas.ci.do *s.m.* Nascido há pouco.

re.cen.der *v.t.d.* Exalar.
re.cen.se.ar *v.t.d.* Proceder ao recenseamento de; enumerar.
re.cen.te *adj.2gên.* Acontecido há pouco tempo; novo.
re.ce.o.so *adj.* Cheio de receio; temeroso; tímido.
re.cep.ção *s.f.* Ato ou efeito de receber; recebimento.
re.cep.ci.o.nar *v.intr.* Dar recepção a; atender com cortesia.
re.cep.tá.cu.lo *s.m.* Recipiente; abrigo.
re.cep.ta.dor *adj.* e *s.m.* Que, ou aquele que lhe recolhe objeto.
re.cep.tar *v.t.d.* Receber ou esconder (objetos furtados por outrem).
re.cep.ti.vi.da.de *s.f.* O mesmo que *receptibilidade*, capacidade de receber passivamente os conhecidos.
re.cep.ti.vo *adj.* Susceptível de receber impressões; boa disposição, compreensível, afável.
re.cep.tor *adj.* e *s.m.* O que recebe; aparelho que recebe sinais.
re.ces.são *s.f.* Ação de retirar-se; supressão ou restrição de atividades.
re.ces.si.vo *adj. Biol.* Caráter que não se manifesta no híbrido em virtude de estar oculto pelo dominante.
re.ces.so *s.m.* Recanto; retiro; aconchego.
re.cha.çar *v.t.d.* Fazer retroceder pela força; repelir.
re.che.ar *v.t.d.* Encher muito; pôr recheio.
re.chei.o *s.m.* Ação de rechear; miolo.
re.ci.bo *s.m.* Declaração por escrito de se ter recebido alguma coisa; quitação.
re.ci.cla.gem *s.f.* Atualização; reaproveitamento de material usado.
re.ci.di.vo *adj.* Que reincide; que torna a cair em erro.
re.ci.fe *s.m.* Um ou mais rochedos no mar, à flor de água ou perto da costa; obstáculo.
re.cin.to *s.m.* Área circunscrita; espaço murado.
re.ci.pi.en.te *s.m.* Receptáculo; *adj.* que recebe.
re.ci.pro.co *adj.* Mútuo.
re.ci.ta *s.f.* Representação teatral.
re.ci.tal *s.m.* Concerto de solista; espetáculo de declamação.
re.ci.tar *v.t.d.* Ler em voz alta e clara; narrar.
re.cla.ma.ção *s.f.* Ato ou efeito de reclamar.
re.cla.mar *v.t.i.* Fazer impugnação ou protesto; *v.t.d.* fazer reclamações; reivindicar.
re.cla.me *s.m.* Anúncio; propaganda.
re.cla.mo *s.m.* Reclamação; queixa; protesto.
re.cli.nar *v.t.d.* Recurvar; deitar; recostar.
re.clu.í.do *adj.* Enclausurado.
re.clu.são *s.f.* Ato ou efeito de encarar; clausura; prisão.

re.clu.so *adj.* O mesmo que *encerrado*; preso; enclausurado.
re.co.brar *v.t.d.* Voltar à posse de; recuperar.
re.co.brir *v.t.d.* e *pron.* Cobrir de novo; cobrir totalmente.
re.co.lher *v.t.d.* Fazer a colheita; arrecadar; reunir.
re.co.lhi.do *adj.* Recluso; estreito; introvertido.
re.co.me.ço *s.m.* Ação de recomeçar; reinício.
re.co.men.da.ção *s.f.* Ato ou efeito de recomendar; conselho.
re.co.men.dar *v.t.d.* Aconselhar; *v.t.d.* e *i.* confirmar aos cuidados de alguém; pedir com instância.
re.co.men.dá.vel *adj.2gên.* Que merece ser recomendado; merecedor de elogios e de respeito; estimável.
re.com.pen.sa *s.f.* Prêmio; galardão; remuneração.
re.com.pen.sar *v.t.d.* Retribuir; premiar.
re.com.por *v.t.d.* Voltar a compor; reorganizar; restabelecer; harmonizar.
re.côn.ca.vo *s.m.* Cavidade funda; gruta.
re.con.ci.li.ar *v.t.d.* Restabelecer a paz entre.
re.côn.di.to *adj.* Oculto; encoberto; *s.m.* esconso.
re.con.du.zir *v.t.d.* Fazer, voltar, reencaminhar.
re.con.for.tar *v.t.d.* Confortar muito; revigorar.
re.co.nhe.cer *v.t.d.* Conhecer novamente; identificar; admitir como certo. (Antôn.: *desconhecer*.)
re.co.nhe.ci.men.to *s.m.* Ato ou efeito de reconhecer; gratidão.
re.con.si.de.rar *v.t.d.* Ponderar de novo; refletir; pensar melhor.
re.cons.ti.tu.ir *v.t.d.* Construir novamente; recompor; restabelecer.
re.cons.tru.ir *v.t.d.* Construir de novo; reformar.
re.con.tro *s.m.* Embate; conflito.
re.con.ver.são *s.f.* Adaptação a uma nova situação.
re.cor.da.ção *s.f.* Ato ou efeito de recordar; lembrança.
re.cor.dar *v.t.d.* Lembrar; trazer à memória; relembrar; *v.pron.* parecer-se com.
re.co-re.co *s.m.* Instrumento cilíndrico de percussão arranhado por vareta.
re.cor.rer *v.t.d.* Voltar a percorrer; investigar; *v.t.i.* pedir proteção; impetrar recurso judicial.
re.cor.tar *v.t.d.* Cortar formando certas figuras.
re.cor.te *s.m.* Ato ou efeito de recortar; desenho que se obtém recortando.
re.cos.tar *v.t.d.* Encostar.
re.cos.to *s.m.* Lugar próprio para alguém se recostar.
re.cre.a.ção *s.f.* O mesmo que *recreio*; divertimento.
re.cre.ar *v.t.d.* Divertir; alegrar; brincar.
re.crei.o *s.m.* Divertimento; prazer; lugar onde alguém se recreia.

re.cri.mi.nar *v.t.d.* Acusar, censurar.
re.cru.des.cer *v.t.d.* Piorar; tornar-se mais intenso.
re.cru.ta *s.m.* Soldado recém-iniciado na vida militar.
re.cru.tar *v.t.d.* Aliciar para o serviço militar. *Fig.* angariar adeptos.
ré.cua *s.f.* Conjunto de animais de carga.
re.cu.ar *v.intr.* Mover-se para trás; hesitar; desistir de um intento; *v.t.i.* ter ideias que se opõem ao progresso.
re.cu.o *s.m.* Ação ou resultado de recuar.
re.cu.pe.rar *v.t.d.* Adquirir novamente; recobrar.
re.cur.so *s.m.* Ato ou efeito de recorrer; apelação judicial; auxílio.
re.cur.var *v.t.d.* Inclinar de novo; curvar muito.
re.cur.vo *adj.* Torcida; dobrado sobre si.
re.cu.sa *s.f.* Negativa; ato de recusar.
re.cu.sar *v.t.d.* Rejeitar; não aceitar.
re.da.ção *s.f.* Ato ou efeito de redigir; conjunto de redatores.
re.dar.guir *v.t.d.* Responder; replicar.
re.da.tor *s.m.* Aquele que redige; pessoa que escreve para jornais.
re.de *s.f.* Tecido de malhas para apanhar peixes etc.; conjunto de estradas, de caminhos de ferro etc. que se encontram uns nos outros; cilada.
ré.dea *s.f.* Correia que serve para guiar as cavalgaduras.
re.de.mo.i.nho *s.m.* O mesmo que *remoinho* (giro em espirais).
re.den.ção *s.f.* Ato ou efeito de remir ou redimir; auxílio; salvação.
re.den.tor *s.m.* Aquele que redime; Jesus Cristo; *adj.* que redime.
re.di.gir *v.t.d.* Exprimir sintaticamente, por escrito; escrever para a imprensa periódica.
re.dil *s.m.* Curral; aprisco.
re.di.mir *v.t.d.* Remir.
ré.di.to *s.m.* Volta; lucro.
re.di.vi.vo *adj.* Ressuscitado.
re.do.ma *s.f.* Peça de vidro em forma de campânula.
re.don.de.za *s.f.* Propriedade de redondo.
re.don.do *adj.* Cujo formato é esférico ou circular.
re.dor *s.m.* Contorno; circuito; volta.
re.du.ção *s.f.* Ato ou efeito de reduzir; diminuição.
re.dun.dân.ci.a *s.f.* Superabundância; excesso; pleonasmo.
re.dun.dar *v.intr.* Sobejar; transbordar; *v.t.i.* resultar; reverter.
re.du.pli.car *v.t.d.* Redobrar; aumentar.
re.du.tí.vel *adj.2gên.* Que se pode reduzir.
re.du.to *s.m.* Obra de fortificação dentro de outra maior; recinto, lugar, espaço fechado.
re.du.zir *v.t.d.* Fazer voltar ao estado primitivo; diminuir; submeter.

re.e.di.tar v.t.d. Editar novamente; publicar outra vez; reproduzir.

re.e.lei.ção s.f. Ação de reeleger.

re.em.bol.sar v.t.d. Embolsar de novo; indenizar; v.pron. estar de posse do que se emprestou.

re.e.men.dar v.t.d. Emendar de novo.

re.en.car.na.ção s.f. Ato ou efeito de reencarnar (em que o espírito readquire a forma material).

re.en.trân.cia s.f. Qualidade de reentrante; ângulo ou curva para dentro.

re.er.guer v.t.d. Voltar a erguer.

re.fa.zer v.t.d. Fazer de novo; consertar; reconstruir; v.pron. recobrar as forças.

re.fei.ção s.f. Alimento, comida tomada em certas horas do dia.

re.fei.tó.rio s.m. Sala de jantar (nos colégios, conventos etc.).

re.fém s.2.gên. Aquele que fica em poder do inimigo para caucionar uma questão.

re.fe.rên.cia s.f. Alusão.

re.fe.ren.dar v.t.d. Firmar como responsável; dar validade por assinatura a um documento para publicação ou execução.

re.fe.ren.do s.m. Solicitação de instruções diplomáticas.

re.fe.ren.te adj.2.gên. Relativo; concernente.

re.fe.rir v.t.d. Contar; narrar; atribuir.

re.fer.to adj. Cheio.

re.fes.te.lar v.pron. Estirar-se, recostar-se comodamente.

re.fil s.m. Produto que substitui o que foi gasto.

re.fi.lar v.t.d. Tornar a filar; reagir.

re.fi.na.ção s.m. Operação de refinar.

re.fi.na.men.to s.m. O mesmo que *refinação*. Fig. requinte.

re.fi.nar v.t.d. Fazer mais fino; purificar; aperfeiçoar.

re.fi.na.ri.a s.f. Estabelecimento de refinação.

re.fle s.m. Espingarda, espécie de bacamarte.

re.fle.tir v.t.d. Fazer retroceder; repercutir; espelhar; v.t.i. transmitir; raciocinar.

re.fle.tor adj. Que reflete; s.m. aparelho destinado a refletir a luz.

re.fle.xão s.f. Meditação; prudência.

re.fle.xo adj. O que se caracteriza pela reflexão consciente e deliberada; s.m. movimento pelo qual o influxo nervoso retorna automaticamente pela célula nervosa.

re.flo.res.cer v.intr. Tornar a florescer. Fig. rejuvenescer.

re.flo.res.tar v.t.d. Plantar árvores para formar florestas (em lugares onde foi derrubada a floresta virgem).

re.flu.ir v.intr. Correr para trás, para o lugar donde veio.

re.flu.xo s.m. Ação ou efeito de refluir.

re.fo.ci.lar v.t.d. Recuperar; revigorar.

re.fo.ga.do adj. Repassado em gordura com temperos; s.m. o que guisa, refogando.

re.fo.gar v.t.d. Passar em azeite ou gordura a ferver.

re.for.ça.do adj. Aumento em espessura; fortificado; que recebeu reforço.

re.for.çar v.t.d. Fazer mais forte, mais firme; revigorar; v.t.i. e pron. robustecer. (Antôn.: *enfraquecer*.)

re.for.ço s.m. Auxílio.

re.for.ma s.f. Forma nova; modificação; protestantismo.

re.for.mar v.t.d. Dar outra forma a; melhorar; aposentar; v.pron. adquirir novas forças.

re.for.ma.tó.rio adj. Que reforma; s.m. estabelecimento correcional para onde são levados os menores delinquentes.

re.for.mu.lar v.t.d. Voltar a formular.

re.fra.ção s.f. Modificação da luz ao passar de um meio a outro.

re.fran.ger v.t.d. e pron. Refratar.

re.frão s.m. Provérbio; estribilho.

re.fra.tar v.t.d. Desviar a direção da luz; refranger.

re.fra.tá.rio adj. Que resiste a certas influências; rebelde; intransigente.

re.fre.ar v.t.d. Conter; dominar.

re.fre.ga s.f. Planeja; combate.

re.fres.car v.t.d. Tornar mais fresco; refrigerar.

re.fres.co s.m. Aquilo que refresca; auxílio.

re.fri.ge.ra.dor adj. Refrigerante; s.m. aparelho para refrigerar; geladeira.

re.fri.ge.ran.te adj.2.gên. Refrigerativo; s.m. bebida para refrescar; refresco.

re.fri.ge.rar v.t.d. Refrescar; consolar.

re.fri.gé.rio s.m. Bem estar produzido pela frescura.

re.frin.gen.te adj. O mesmo que *refrativo*; que desvia os raios de luz.

re.fu.gar v.t.d. Desprezar.

re.fu.gi.a.do s.m. Aquele que se refugiou.

re.fu.gi.ar v.pron. Procurar abrigo, proteção.

re.fú.gio s.m. Abrigo.

re.fu.go s.m. Resto; escória.

re.ful.gir v.intr. Brilhar intensamente.

re.fu.tar v.t.d. Contradizer; desmentir; rebater.

re.ga.dor adj. Que rega; s.m. aquele que rega.

re.ga.li.a s.f. Privilégio de rei; vantagem.

re.ga.lo s.m. Prazer; satisfação; presente.

re.gar v.t.d. Banhar; molhar.

re.ga.te.ar v.t.d. Discutir preço de compra visando abatimento; depreciar.

re.ga.to s.m. Curso de água de pouco volume.

re.ge.lar v.t.d. Gelar muito; congelar.

re.gên.cia *s.f.* Grupo incumbido do governo provisório de um estado. *Gram.* Relação existente entre as palavras de uma sentença ou entre as proposições de um período.

re.ge.ne.rar *v.t.d.* Voltar a gerar; restaurar; emendar.

re.ger *v.t.d.* Governar; dirigir.

re.gi.ão *s.f.* Grande extensão de terreno; parte do corpo entre certos limites.

re.gi.me *s.m.* Ato ou sistema de reger.

re.gi.men.to *s.m.* Ação ou efeito de reger; disciplina.

re.gi.na *s.f.* Instrumento cirúrgico usado para proceder à raspagem dos ossos.

ré.gio *adj.* Relativo a ou próprio de rei.

re.gi.o.nal *s.f.* Que diz respeito ou que pertence a uma região; local.

re.gi.o.na.lis.mo *s.m.* Cultivo dos usos e costumes de uma região.

re.gis.trar *v.t.d.* Escrever em livro; assinar.

re.gis.tro *s.m.* Ação de se inscrever ou de lançar em um livro especial; chave de torneira; timbre.

re.go *s.m.* Sulco natural ou artificial que conduz água.

re.go.zi.jo *s.m.* Grande alegria.

re.gra *s.f.* Norma; tudo que é determinado pelo uso ou imposto por lei.

re.grar *v.t.d.* Traçar linhas sobre; regular.

re.gre.dir *v.intr.* Tornar atrás; retroceder.

re.gres.são *s.f.* O mesmo que *regresso*; retrocesso; retorno.

re.gres.sar *v.t.d.* Voltar; tornar ao sítio de onde saiu.

re.gres.so *s.m.* Ato de regressar; recurso contra alguém.

ré.gua *s.f.* Peça direita, ordinariamente de madeira, para traçar linhas retas.

re.gu.la.men.tar *v.t.d.* O mesmo que *regular*; submeter a regulamento.

re.gu.la.men.to *s.m.* Disposição; regra; preceito.

re.gu.lar *v.t.d.* Submeter a regras para; regularizar; moderar; *adj.* natural.

re.gu.la.ri.zar *v.t.d.* Fazer regular; normalizar; *v.pron.* entrar na forma regular.

re.gur.gi.tar *v.t.d.* Vomitar.

rei *s.m.* Soberano de um reino; monarca.

rei.na.do *s.m.* Tempo que um rei governa.

rei.nar *v.intr.* Governar um estado como rei; dominar.

re.in.ci.den.te *adj.* Que torna a incidir num mesmo ato ou crime.

re.in.cor.po.rar *v.t.d.* Voltar a incorporar.

rei.no *s.m.* Estado governado por um rei; cada uma das grandes divisões em que estão agrupados todos os seres da natureza.

re.in.te.grar *v.t.d.* e *i.* Tornar a integrar; reestabelecer na posse do.

réis *s.m.pl.* Plural de *real* (moeda antiga).

rei.te.rar *v.t.d.* Renovar; repetir; insistir.

rei.tor *s.m.* O mesmo que *regente*; diretor de estabelecimento de ensino secundário.

re.i.u.no *adj.* Do Estado; sem dono; ruim.

rei.vin.di.car *v.t.d.* Rever como consequência de demanda judicial; reclamar.

re.jei.ção *s.f.* Ação ou resultado de rejeitar.

re.jei.tar *v.t.d.* Atirar; lançar fora; recusar.

re.ju.bi.lar *v.t.d.* Causar muita alegria a; *v.pron.* alegrar-se.

re.jun.tar *v.t.d.* Fechar as juntas de.

re.ju.ve.nes.cer *v.t.d.* Ficar mais jovem.

re.la.ção *s.f.* Ato de referir; analogia; ligação.

re.la.ci.o.nar *v.t.d.* Referir; narrar; estabelecer analogia.

re.lâm.pa.go *s.m.* Clarão intenso provocado por descarga elétrica entre duas nuvens de cargas diferentes.

re.lan.ce.ar *v.t.d.* e *i.* Dirigir rapidamente (os olhos, a vista).

re.lap.so *adj.* e *s.m.* O que reincide; negligente.

re.lar *v.t.d.* Tocar de leve (em alguma coisa); ralar.

re.la.ti.vi.da.de *s.f.* Qualidade ou estado do que é relativo; teoria física devida a Einstein, segundo a qual tempo e espaço são grandezas inter-relativas.

re.la.ti.vo *adj.* Referente; proporcional.

re.la.to *s.m.* Ato ou efeito de referir; descrição.

re.la.tor *s.m.* Aquele que redige um relatório; narrador.

re.la.tó.rio *s.m.* Exposição escrita com minúcias.

re.la.xa.do *adj.* Frouxo. *Fig.* Descuidado.

re.la.xar *v.t.d.* Afrouxar; enfraquecer; negligenciar.

re.le.gar *v.t.d.* Desterrar; rejeitar.

re.len.to *s.m.* Umidade do ar da noite.

re.les *adj.2gên.* e *2n.* Desprezível; muito fraco; ruim.

re.le.van.te *adj.* Saliente; importante.

re.le.var *v.t.d.* Tornar saliente; perdoar.

re.le.vo *s.m.* Ato ou efeito de revelar; saliência.

re.lha *s.f.* Ferro do arado, que sulca a terra.

re.li.cá.rio *s.m.* Caixa de relíquias ou relíquias.

re.li.gi.ão *s.f.* Culto prestado a uma divindade.

re.li.gi.o.so *adj.* Que diz respeito, que pertence ou segundo a religião, que cumpre com os preceitos religiosos; devoto.

re.lin.char *v.intr.* O mesmo que *rinchar*.

re.lin.cho *s.m.* O mesmo que *rincho* (som produzido pelo ruído do cavalo).

re.lí.quia *s.f.* Pertence de algum santo; coisa de valor.

re.ló.gio *s.m.* Maquinismo que serve para marcar as horas.

re.lu.tân.cia *s.f.* Qualidade do que é relutante; resistência.
re.lu.tar *v.intr.* Opor-se a; resistir; recalcitrar.
re.lu.zir *v.intr.* Resplandecer.
rel.va *s.f.* Erva rasteira e fina.
re.ma.ne.jar *v.t.d.* Tornar a manejar.
re.ma.nes.cen.te *s.m.* Aquilo que resta de algo; *adj.* que remanesce.
re.man.so *s.m.* Sossego; retiro.
re.mar *v.t.d.* Impelir com o auxílio dos remos; nadar; lutar.
re.mar.car *v.t.d.* Tornar a marcar.
re.ma.tar *v.t.d.* Dar remate a; concluir; findar.
re.me.dar *v.t.d.* Arremedar.
re.me.di.ar *v.t.d.* Emendar; dar remédio a.
re.mé.dio *s.m.* Medicamento usado para curar enfermidades.
re.me.la *s.f.* Matéria purulenta amarelada que se forma nas bordas das pálpebras.
re.me.le.xo *s.m.* Requebro, meneio de corpo.
re.me.mo.rar *v.t.d.* Relembrar; recordar.
re.men.dar *v.t.d.* Deitar remendos a; consertar com remendos.
re.men.do *s.m.* Conserto feito com qualquer matéria; correção.
re.mes.sa *s.f.* Ação ou efeito de remeter; coisa remetida.
re.me.ter *v.t.d. e i.* Enviar; expedir; sujeitar.
re.me.xer *v.t.d.* Mexer repetidas vezes; agitar.
re.mi.nis.cên.cia *s.f.* Memória; recordação; lembrança.
re.mir *v.t.d.* Isentar; resgatar.
re.mis.são *s.f.* Ação ou efeito de remitir; indulgência.
re.mis.sí.vel *adj.2gên.* Que se pode remitir ou remeter.
re.mis.si.vo *adj.* Que remete para outro lugar.
re.mis.so *adj.* Tardo; negligente.
re.mo *s.m.* Instrumento que serve para fazer avançar pequenas embarcações.
re.mo.de.lar *v.t.d.* Modelar novamente.
re.mo.er *v.t.d.* Moer novamente; ruminar; *v.pron.* incomodar-se.
re.mon.tar *v.t.d.* Erguer; levantar; consertar; *v.t.i.* voltar ao passado.
re.mo.que *s.m.* Zombaria.
re.mor.so *s.m.* Autoacusação por culpa ou crimes cometidos.
re.mo.to *adj.* Distante; longínquo.
re.mo.ver *v.t.d.* Mover de novo; transferir.
re.mu.ne.ra.ção *s.f.* Salário; recompensa.
re.mu.ne.rar *v.t.d.* Satisfazer; gratificar.
re.nal *adj.2gên.* Relativo aos rins.
re.nas.cer *v.intr.* Nascer novamente; revigorar-se.
re.nas.ci.men.to *s.m.* Ato ou efeito de renascer; renovação das artes.

ren.da *s.f.* Tecido feito com fio de linho, algodão ou seda; rendimento.
ren.der *v.t.d.* Submeter; dominar.
ren.di.ção *s.f.* Ação ou resultado de render-se; remissão.
ren.di.lha *s.f.* Renda estreita e delicada de babados.
ren.di.men.to *s.m.* Ação ou resultado de render; produção; renda.
ren.do.so *adj.* Que rende muito; lucrativo.
re.ne.ga.do *s.m.* Aquele que abandona partido ou religião para filiar-se a outro partido ou religião; execrado; odiado.
re.ne.gar *v.t.d.* Desprezar.
re.nhir *v.t.d.* Disputar; pretender em porfia; discutir.
re.ni.ten.te *adj.2gên.* Teimoso; recalcitrante.
re.no.me *s.m.* Fama; nomeada a; celebridade.
re.no.var *v.t.d.* Modificar para melhor; reformar; substituir.
ren.que *s.m.* Fileira; alinhamento; ala.
ren.tá.vel *adj.2gên.* Que rende; lucrativo.
ren.te *adj.2gên.* Próximo; pronto.
ren.te.ar *v.t.d.* Cortar cerce; passar rente.
re.nún.cia *s.f.* Ato ou efeito de renunciar.
re.nun.ci.ar *v.t.d.* Rejeitar; recusar.
re.pa.ra.ção *s.f.* Ação ou resultado de reparar; conserto; indenização.
re.pa.rar *v.t.d.* Renovar; consertar; retocar.
re.pa.ro *s.m.* Resguardo; conserto; observação.
re.par.ti.ção *s.f.* Ação ou efeito de partir; seção; parte.
re.par.ti.men.to *s.m.* Comportamento; lugar separado dos outros.
re.par.tir *v.t.d.* Dividir em partes; distribuir; *v.t.d. e i.* dispor (em vários lugares); *v.pron.* disseminar-se.
re.pas.sar *v.t.d.* Tornar a passar; examinar de novo.
re.pas.to *s.m.* Refeição.
re.pa.tri.ar *v.t.d.* Fazer regressar à pátria; remigrar.
re.pe.lão *s.m.* Encontrão.
re.pe.len.te *adj.* Que repele; *s.m.* qualquer substância usada para afastar insetos.
re.pe.lir *v.t.d.* Impelir para longe; expulsar; rejeitar.
re.pen.sar *v.intr.* Reconsiderar.
re.pen.te *s.m.* Ato ou dito repentino; ímpeto.
re.pen.ti.no *adj.* Inopinado; de repente.
re.per.cu.tir *v.t.d.* Refletir; reproduzir (sons).
re.per.tó.rio *s.m.* Conjunto de notícias; coleção.
re.pe.ten.te *adj.2gên.* Que repete; *s.2gên.* estudante de uma classe que já a tinha cursado.
re.pe.tir *v.t.d.* Reprisar; restituir; devolver.
re.pi.car *v.t.d.* Tornar a picar.
re.pim.par *v.t.d.* Abarrotar; fartar.
re.pi.que *s.m.* Ato ou resultado de repicar; sinal de alerta.
re.ple.tar *v.t.d.* Encher completamente.

re.ple.to *adj.* Muito cheio; abarrotado.
ré.pli.ca *s.f.* Ato ou efeito de replicar; exemplar de um trabalho de arte que não é o original.
re.po.lho *s.m.* Variedade de couve rasteira, de folhas enoveladas em formato de globo.
re.pon.tar *v.intr.* Começar a surgir; raiar.
re.por *v.t.d.* e *i.* Voltar a pôr; devolver; restabelecer; refazer; *v.pron.* tornar a colocar.
re.por.ta.gem *s.f.* Ato de dar notícias para os jornais.
re.por.tar *v.t.d.* e *i.* Virar para trás; referir.
re.pór.ter *s.m.* Jornalista que faz reportagens.
re.po.si.ção *s.f.* Ato ou efeito de repor; restituição.
re.po.si.tó.rio *s.m.* Lugar onde se deposita alguma coisa.
re.pou.sar *v.t.d.* Descansar; *v.t.i.* estar sepultado.
re.pou.so *s.m.* Ato ou efeito de repousar.
re.pre.en.der *v.t.d.* Censurar; advertir.
re.pre.sa *s.f.* Ato ou efeito de represar; açude.
re.pre.sá.lia *s.f.* Desforra; vingança.
re.pre.sar *v.t.d.* Deter o curso de (águas); conter.
re.pre.sen.ta.ção *s.f.* Ato ou efeito de representar; exibição; denúncia.
re.pre.sen.tar *v.t.d.* Tornar presente; reproduzir; *v.intr.* desempenhar papel em cena; *v.t.d.* e *i.* expor verbalmente ou por escrito.
re.pres.são *s.f.* Ato ou efeito de reprimir; combate.
re.pres.si.vo *adj.* Que se pode reprimir.
re.pri.men.da *s.f.* Admoestação; censura.
re.pri.mir *v.t.d.* Conter; oprimir.
ré.pro.bo *adj.* e *s.m.* Condenado; renegado.
re.pro.char *v.t.d.* Repreender.
re.pro.du.ção *s.f.* Ação de reproduzir; produzir de novo; cópia.
re.pro.du.tor *adj.* Que reproduz; *s.m.* animal destinado à reprodução.
re.pro.du.zir *v.t.d.* Produzir novamente; multiplicar; copiar.
re.pro.va.ção *s.f.* Ato ou efeito de reprovar; censura.
re.pro.var[1] *v.t.d.* Não aprovar; rejeitar; julgar incapacitado (em exame).
re.pro.var[2] *v.t.d.* Voltar a provar.
rép.til *adj.* Que se arrasta; *s.m.* animal que anda de rastos.
rep.to *s.m.* Desafio; provocação.
re.pú.bli.ca *s.f.* Coisa pública; forma de governo em que o poder político é exercido por pessoa eleita pelo voto; estudantes que convivem na mesma casa.
re.pu.bli.ca.no *adj.* Referente à república; *s.m.* partidário do governo republicano.
re.pu.di.ar *v.t.d.* Rejeitar; repelir.
re.pú.dio *s.m.* Ato ou efeito de repudiar.
re.pug.nan.te *adj.2gên.* Nojento; que indigna.
re.pug.nar *v.t.d.* Não aceitar; repelir.

re.pul.sa *s.f.* Repugnância; oposição.
re.pul.si.vo *adj.* O mesmo que *repelente*; desagradável.
re.pu.ta.ção *s.f.* Conceito; consideração; renome.
re.pu.tar *v.t.d.* Considerar; julgar.
re.pu.xar *v.t.d.* Puxar com força; *v.intr.* borbotar a água.
re.que.brar *v.t.d.* Mover com requebro; menear; *v.pron.* rebolar-se.
re.quei.jão *s.m.* Tipo de queijo feito da flor do soro de leite coalhado.
re.quen.ta.do *adj.* Aquentado de novo.
re.quen.tar *v.t.d.* Tornar a aquecer.
re.que.rer *v.t.d.* Pedir em juízo; reivindicar; *v.t.i.* solicitar; *v.intr.* dirigir ou encaminhar petições a alguém.
re.que.ri.men.to *s.m.* Ação ou efeito de requerer.
ré.qui.em *s.m.* Prece pelos mortos.
re.quin.tar *v.t.d.* Aprimorar; apurar muito.
re.quin.te *s.m.* Apuro extremo.
re.qui.si.tar *v.t.d.* Pedir; requerer, exigir.
re.qui.si.to *s.m.* Condição exigida para determinado fim.
rés *adj.2gên.* Raso; rente.
rês *s.f.* Qualquer quadrúpede destinado à alimentação humana.
res.cal.do *s.m.* Calor refletido de fogão, fornalha.
res.cin.dir *v.t.d.* Quebrar; anular.
res.ci.só.rio *adj.* Relativo a, ou que envolve ou causa rescisão.
re.se.nha *s.f.* Descrição com minúcias; enumeração.
re.ser.va *s.f.* Discrição; segredo.
re.ser.va.do *adj.* Que se reservou; discreto.
re.ser.var *v.t.d.* Fazer reserva de; guardar; fazer segredo de; *v.t.d.* e *i.* deixar; *v.pron.* conservar-se.
re.ser.va.tó.rio *adj.* Que serve para reservar; *s.m.* local onde se reservam coisas; depósito de água.
res.fo.le.gar *v.intr.* Tomar fôlego, respirar ruidosamente.
res.fri.a.do *adj.* Que esfriou; indisposição em geral causada pela baixa de temperatura do corpo.
res.fri.ar *v.t.d.* Esfriar de novo; *v.pron.* conspirar-se. (Antôn.: *aquecer*.)
res.ga.tar *adj.2gên.* Suscetível de se resgatar.
res.guar.dar *v.t.d.* Guardar com cuidado; defender.
res.guar.do *s.m.* Ação ou efeito de resguardar; precaução; dieta.
re.si.dên.cia *s.f.* Domicílio; habitação.
re.si.dir *v.t.i.* Morar.
re.sí.duo *s.m.* O que resta de qualquer substância; sedimento.
re.sig.na.ção *s.f.* Paciência; renúncia.
re.sig.nar *v.t.d.* Renunciar, *v.pron.* resignação.
re.sig.nar *v.t.d.* Renunciar, *v.pron.* conformar-se.

re.si.lir *v.t.d. Jur.* Desfazer (contrato) por mútuo acordo; rescindir.
re.si.na *s.f.* Substância de cicatrização segregada pelos vegetais, especialmente pelos pinheiros.
re.si.pis.cên.cia *s.f.* Arrependimento de pecado com propósito de se corrigir.
re.sis.tên.cia *s.f.* Ato ou efeito de resistir; oposição.
re.sis.tir *v.t.d.* Oferecer resistência; opor-se.
res.ma *s.f.* Conjunto de quinhentas folhas de papel.
res.mun.gar *v.intr.* Falar baixo e com mau humor.
res.mun.go *s.m. Bras.* Ato ou efeito de resmungar.
re.so.lu.ção *s.f.* Decisão da vontade; deliberação.
re.so.lu.to *adj.* Ânimo firme, decidido; desembaraçado.
re.sol.ver *v.t.d.* O mesmo que *dissolver*; achar a solução de.
re.sol.vi.do *adj.* Decidido; pronto.
res.pal.dar *v.t.d.* Tornar plano; dar respaldo a.
res.pal.do *s.m.* Encosto; banqueta do altar.
res.pec.ti.vo *adj.* Referente a cada um em particular; concernente.
res.pei.tar *v.t.d.* Tratar com reverência; acatar.
res.pei.tá.vel *adj.* Venerável.
res.pei.to *s.m.* Acatamento; reverência; importância.
res.pin.gar *v.intr.* Soltar pingos.
res.pi.ra.ção *s.f.* Ação ou efeito de respirar.
res.pi.rar *v.intr.* Absorver o oxigênio do ar e expulsar o gás carbônico resultante das queimas orgânicas; viver.
res.plan.de.cer *v.intr.* Brilhar muito; *v.t.d.* refletir o brilho ou o esplendor de.
res.plen.der *v.intr.* Resplandecer.
res.plen.dor *s.m.* Claridade fulgurante.
res.pon.dão *adj.* e *s.m.* Que, ou o que responde com más palavras.
res.pon.der *v.t.d.* Dizer ou escrever em resposta; replicar.
res.pon.sa.bi.li.da.de *s.f.* Caráter de uma pessoa que deve responder pelos atos deliberados.
res.pon.sa.bi.li.zar *v.t.d.* Atribuir ou imputar responsabilidade a alguém.
res.pon.sá.vel *adj.* Que responde por seus atos; que tem compromissos.
res.pos.ta *s.f.* Ação ou resultado de responder; contestação; solução.
res.quí.cio *s.m.* O mesmo que *resíduo*; vestígio.
res.sa.bi.ar *v.intr.* Ficar amedrontado; ofender.
res.sa.ca *s.f.* Movimento de fluxo e refluxo das ondas. *Fig.* mal-estar que ocorre após uma bebedeira.
res.sai.bo *s.m.* Sabor desagradável; mágoa.
res.sal.tar *v.t.d.* Destacar.
res.sal.va *s.f.* Cláusula; errata.
res.sar.cir *v.t.d.* Indenizar; refazer.
res.se.car *v.t.d.* Sujeitar à evaporação; secar demasiadamente.
res.sen.ti.men.to *s.m.* Ação ou resultado de ressentir.
res.sen.tir *v.t.d.* Magoar-se profundamente com.
res.so.ar *v.t.d.* Repercutir.
res.so.nân.cia *s.f.* Vibração de um corpo sonoro quando tocado por vibrações provocadas por ondas sonoras num obstáculo.
res.so.nar *v.intr.* Respirar fortemente, quando dormindo; *v.t.d.* fazer soar.
res.su.dar *v.intr.* Expelir suor pelos poros; transpirar.
res.sur.gir *v.intr.* Ressuscitar; surgir de novo.
res.sur.rei.ção *s.f.* Ato de ressurgir; vida nova.
res.sus.ci.tar *v.t.d.* Fazer ressurgir; chamar outra vez à vida; restaurar.
res.ta.be.le.cer *v.t.d.* Restaurar; reformar; *v.pron.* readquirir a saúde.
res.tan.te *adj.2gên.* Que resta; *s.m.* o que resta; sobra.
res.tar *v.intr.* Sobrar.
res.tau.ran.te *s.m.* Estabelecimento onde se preparam e se servem refeições.
res.tau.rar *v.t.d.* Readquirir; recobrar; renovar; pagar; *v.pron.* restabelecer-se.
rés.tia *s.f.* Corda entrançada; feixe luminoso.
res.tin.ga *s.f.* Língua de areia em mar aberto terreno litorâneo salino com vegetação característica.
res.ti.tu.i.ção *s.f.* Ação ou resultado de restituir; devolução.
res.ti.tu.ir *v.t.d.* Retornar; restabelecer.
res.to *s.m.* Aquilo que fica ou que sobeja; resíduo.
res.tri.ção *s.f.* Ato ou efeito de restringir; estreitamento.
res.trin.gir *v.t.d.* Diminuir; limitar.
res.tri.to *adj.* Limitado; confinado.
re.sul.ta.do *s.m.* Ato ou efeito de resultar consequência; efeito.
re.sul.tar *v.intr.* Ter consequências ou efeito.
re.su.mir *v.t.d.* Abreviar; fazer resumo de.
re.su.mo *s.m.* Ato ou efeito de resumir; sinopse.
res.va.la.di.ço *adj.* Escorregadio; liso.
res.va.lar *v.intr.* Escorregar; deslizar.
re.tá.bu.lo *s.m.* Quadro, painel que enfeita um altar.
re.ta.co *adj.* Que é (pessoa ou animal) baixo e reforçado; atarracado.
re.ta.guar.da *s.f.* Parte posterior.
re.ta.lhar *v.t.d.* Despedaçar; cortar em porções; dividir.
re.ta.lho *s.m.* Pedaço ou porção de coisa retalhada.
re.ta.li.ar *v.t.d.* Desforrar, revidando.
re.tan.gu.lar *adj.2gên.* Cuja forma é de retângulo; cuja base é um retângulo.

re.tân.gu.lo *adj.* Referente ao triângulo com ângulo reto e ao trapézio; *s.m.* quadrilátero com todos os ângulos retos.
re.tar.da.do *adj.* Que se retardou; demorado.
re.tar.dar *v.t.d.* Diferir; adiar; demorar; *v.intr.* e *pron.* chegar tarde.
re.tar.da.tá.rio *adj.* Que chega tarde ou que está atrasado.
re.tem.pe.rar *v.t.d.* Dar nova têmpera a; fortificar.
re.ten.ção *s.f.* Demora; detenção.
re.ten.ti.va *s.f.* Faculdade de conservar na memória as impressões recebidas.
re.ter *v.t.d.* Segurar com firmeza; deter; guardar.
re.te.sar *v.t.d.* Tornar teso.
re.ti.cên.cia *s.f.* Esquecimento propositado de algo que se podia realizar.
re.ti.fi.car *v.t.d.* Tornar reto; corrigir.
re.ti.na *s.f.* Membrana interna do olho, sensível à luz.
re.ti.nir *v.intr.* Tinir muito ou por longo tempo.
re.ti.ra.da *s.f.* Ato ou efeito de retirar.
re.ti.ran.te *s.2gên. Bras.* Nordestino fugitivo da seca, em busca de regiões mais amenas.
re.ti.rar *v.t.d.* Tirar de onde estava; recolher.
re.ti.ro *s.m.* Lugar solitário; solidão.
re.to *adj.* Direito; íntegro; *s.m.* parte terminal do intestino grosso.
re.to.car *v.t.d.* Tocar novamente; dar os últimos retoques a.
re.to.mar *v.t.d.* Tomar outra vez; reaver.
re.to.que *s.m.* Ato ou efeito de retocar (emendar).
re.tor.cer *v.t.d.* Torcer novamente; *v.pron.* contorcer-se.
re.tó.ri.ca *s.f.* Arte de discursar; eloquência; oratória.
re.tor.nar *v.intr.* Voltar ao ponto de partida; restituir.
re.tor.no *s.m.* Ação de retornar; volta, regresso.
re.tor.quir *s.m.* Responder contestando; replicar.
re.tra.ção *s.f.* Ação ou resultado de retrair.
re.traí.do *adj.* Puxado para trás. *Fig.* reservado; tímido.
re.tra.ir *v.t.d.* Trazer; reprimir.
re.tra.tar *v.t.d.* Representar com exatidão; mostrar; tratar de novo qualquer assunto.
re.trá.til *adj.2gên.* Que se pode retrair.
re.tra.to *s.m.* Imagem; representação de uma pessoa pela pintura ou pela fotografia; descrição.
re.tre.ta *s.f.* Concerto de banda em praça pública.
re.tre.te *s.f.* Latrina; privada.
re.tri.bu.i.ção *s.f.* Remuneração; compensação.
re.tri.buir *v.t.d.* Recompensar; corresponder; gratificar.
re.tro.a.gir *v.intr.* Ter efeito sobre o passado.
re.tro.a.ti.vo *adj.* Relativo ao passado.
re.tro.ce.der *v.intr.* voltar para trás; recuar; distribuir.
re.tro.ces.so *s.m.* Ato ou efeito de retroceder; retirada. (Antôn.: *avanço, progresso*.)
re.tró.gra.do *adj.* Que se opõe ao progresso; atrasado.
re.tros.pec.ção *s.f.* Retrospecto.
re.tros.pec.ti.vo *adj.* Que se volta para o passado; referente aos fatos passados.
re.tros.pec.to *s.m.* Vista ou análise do que fica para trás; retrospectivo.
re.tru.car *v.t.d.* Redarguir; replicar.
re.tum.ban.te *adj.2gên.* Que retumba; que ribomba.
re.tum.bar *v.intr.* Estrondear; ecoar.
réu *s.m.* Culpado; criminoso; acusado; *adj.* malvado.
reu.ma.tis.mo *s.m.* Artrite.
re.u.ni.ão *s.f.* Ato ou efeito de reunir; agrupamento.
re.u.nir *v.t.d.* Tornar a unir; unir; agrupar; conciliar.
re.van.che *s.f.* Desforra.
re.vel *adj.2gên.* Rebelde.
re.ve.la.ção *s.f.* Ato ou efeito de revelar; coisa revelada por inspiração divina; declaração.
re.ve.lar *v.t.d.* Descobrir; manifestar.
re.ve.li.a *s.f.* Condição do que é revel.
re.ver *v.t.d.* Tornar a ver; corrigir; *v.pron.* mirar-se.
re.ver.be.rar *v.t.d.* Refletir (luz, calor etc.); *v.intr.* brilhar.
re.ve.rên.cia *s.f.* Respeito; veneração.
re.ve.ren.ci.ar *v.t.d.* Acatar; venerar; honrar; cultuar a.
re.ve.ren.do *adj.* Que é digno de reverência; *s.m.* prelado.
re.ver.so *adj.* O mesmo que *revirado*; parte posterior.
re.ver.ter *v.t.i.* Voltar; converter-se. *Fig.* voltear.
re.vés *s.m.* O lado oposto ao normal, o avesso; infortúnio.
re.ves.so *adj.* Revirado.
re.ves.tir *v.t.d.* Tornar a vestir; cobrir; aparentar.
re.ve.zar *v.t.d.* Substituir alternadamente.
re.vi.dar *v.t.d.* Retrucar; redarguir.
re.vi.go.rar *v.t.d.* Dar novo vigor a.
re.vi.rar *v.t.d.* Tornar a virar; revolver; remexer.
re.vi.ra.vol.ta *s.f.* Ação ou efeito de desfazer uma volta.
re.vi.são *s.f.* Ação ou efeito de rever; reconsideração.
re.vis.ta *s.f.* Inspeção minunciosa; publicação periódica em que se divulgam variados assuntos.
re.vi.ver *v.intr.* Tornar à vida; revigorar; recordar.
re.vo.car *v.t.d.* Chamar; evocar.
re.vo.gar *v.t.d.* Tornar nulo, sem efeito.
re.vol.ta *s.f.* Ação ou efeito de revoltar(-se).

re.vol.to *adj.* Muito agitado (mar); remexido.
re.vol.ver *v.t.d.* Agitar; remexer.
re.zar *v.t.d.* Fazer preces, orações.
re.zin.gar *v.intr.* Disputar.
ri.a.cho *s.m.* Rio pequeno.
ri.ba *s.f.* Margem elevada do rio.
ri.ban.cei.ra *s.f.* Despenhadeiro junto a um rio; penhasco.
ri.bei.rão *s.m.* Terreno próprio para a lavra de minas de diamantes; ribeiro um tanto largo.
ri.bei.ri.nho *adj.* Que vive nas margens de rio.
ri.bei.ro *s.m.* Pequeno riacho; ribeirão regato.
ri.ca.ço *adj.* e *s.m.* Referente ao homem cuja fortuna é vultosa.
ri.co *adj.* Que tem riqueza; feliz; bom; *s.m.* pessoa opulenta.
ri.ço *adj.* Encrespado, encaracolado (cabelo).
ri.co.che.te *s.m.* Retrocesso. (Aport. do francês *ricochet*.)
ri.co.che.te.ar *v.t.i.* Saltar em ricochete; dar; *v.intr.* fazer ricochete.
ric.to *s.m.* Contração que descobre os dentes, dando à boca ar de riso.
ri.di.cu.la.ri.zar *v.t.d.* Meter a ridículo; *v.pron.* tornar-se ridículo.
ri.dí.cu.lo *adj.* Que provoca escárnio ou riso; insignificante.
ri.fa *s.f.* Loteria.
ri.fão *s.m.* Provérbio; adágio.
ri.far *v.t.d.* Pôr em rifa; sortear vendendo bilhetes numerados.
ri.fle *s.m.* Espingarda de repetição, carabina de cano longo.
ri.gi.dez *s.f.* Propriedade do que é rígido. *Fig.* rudeza.
ri.gi.do *adj.* Rijo; rigoroso.
ri.gor *s.m.* Severidade; rigidez; dureza; pontualidade.
ri.go.ro.so *adj.* Que usa rigor, severo; exato.
ri.jo *adj.* Duro; severo; vigoroso.
ri.lhar *v.t.d.* Ranger (os dentes); resmungar.
rim *s.m.* Víscera dupla que segrega a urina.
ri.ma *s.f.* Consonância de sons finais de dois ou mais versos.
ri.mar *v.t.d.* Pôr em versos rimados; *v.intr.* versejar; *v.t.i.* concordar.
rin.cão *s.m.* Recanto.
rin.char *v.intr.* Relinchar; ranger.
rin.gue *s.m.* Tablado alto e cercado de cordas, onde se travam lutas de boxe etc.
ri.no.ce.ron.te *s.m.* Quadrúpede selvagem de grande porte, do grupo dos ungulados e que apresenta um ou dois chifres no focinho.
rio *s.m.* Curso d'água que se lança em outro ou no mar; torrente.
ri.pa *s.f.* Sarrafo.

ri.plei *s.m.* Repetição. (Aport. do inglês *replay*.)
ri.que.za *s.f.* Propriedade do que é rico; fartura.
rir *v.t.d.* e *intr.* Mostrar ou emitir riso; mostrar-se alegre; *v.t.i.* caçoar; *v.pron.* sorrir. (Antôn.: *chorar*.)
ri.sa.da *s.f.* Riso.
ris.ca *s.f.* Ato ou efeito de riscar; traço.
ris.car *v.t.d.* Fazer traço em; apagar com traços.
ris.co *s.m.* Risca; traçado; perigo.
ri.sí.vel *adj.2gên.* Digno de riso ou escárnio; ridículo.
ri.so *s.m.* Ato ou efeito de rir; alegria.
ri.so.nho *adj.* Que sorri; alegre; agradável.
ri.so.ta *s.f.* Riso de troça, de pouco caso.
ris.pi.do *adj.* Áspero; severo.
rit.mo *s.m.* Proporção entre as partes de todo; cadência poética ou musical.
ri.to *s.m.* Cerimônia própria de qualquer culto.
ri.tu.al *adj.* Referente a ritos; *s.m.* cerimonial.
ri.val *adj.* Competidor; concorrente.
ri.va.li.da.de *s.f.* Propriedade de quem é rival.
ri.va.li.zar *v.t.i.* Ser rival; opor-se.
ri.xa *s.f.* Briga; discórdia.
ri.zo.ma *s.m.* Haste subterrânea que dá raízes; espécie de tintura de arnica.
ri.zo.tô.ni.co *adj. Gram.* Diz-se das formas verbais cujo acento cai na raiz do vocábulo.
ro.az *adj.2gên.* Que rói.
ro.bô *s.m.* Autômato capaz de executar tarefas antigamente exclusivas do homem.
ro.bo.rar *v.t.d.* Dar força a; confirmar.
ro.bus.tez *s.f.* Qualidade de robusto vigor.
ro.bus.to *adj.* Que tem força; vigoroso; firme.
ro.ca *s.f.* Cana ou vara de fiar.
ro.ça *s.f.* Terreno onde de roça mato; sementeira entre o mato ou no terreno onde ele foi roçado.
ro.cam.bo.le *s.m.* Espécie de doce.
ro.cam.bo.les.co *adj.* Cujo enredo é fantástico.
ro.çar *v.t.d.* Cortar; derribar; esfregar.
ro.cei.ro *s.m.* Homem que roça; pequeno lavrador.
ro.cha *s.f.* Grande massa compacta, de pedra muito dura.
ro.che.do *s.m.* Rocha íngreme nas costas marítimas; penhasco.
ró.cio *s.m.* Orgulho.
ro.co.có *adj.* Excessivamente enfeitado; fora de moda.
ro.da *s.f.* Peça circular que se move em torno de um eixo; círculo; espaço em volta.
ro.da.do *adj.* Que apresenta roda; transcorrido.
ro.da.pé *s.m.* Barra ou faixa de tijolo ou de madeira que ocorre ao longo da parte inferior das paredes das salas, quartos etc.; parte inferior da página ou jornal.
ro.dar *v.t.d.* Mover-se em roda; rodear; *v.pron.* cercar-se.

ro.de.ar v.t.d. Andar em roda de; circundar.
ro.dei.o s.m. Perífrase; circunlóquio; subterfúgio; evasiva.
ro.dí.zio s.m. Revezamento.
ro.do s.m. Espécie de enxada de madeira para mexer trigo, café etc.; utensílio análogo provido de uma lâmina de borracha com que se puxa a água dos pavimentos.
ro.do.pi.ar v.intr. Andar num rodopio; girar incessantemente.
ro.do.vi.a s.f. Estrada de rodagem.
ro.do.vi.á.rio adj. Referente a rodovia.
ro.e.dor adj. Que rói; destruidor; s.m. indivíduo dos Roedores, ordem de mamíferos à qual pertencem os ratos, castores etc.
ro.er v.t.d. Cortar com os dentes; moer; v.t.d. morder.
ro.gal adj. Referente a pira (para cremação de cadáveres ou sacrifícios).
ro.gar v.t.d. Suplicar.
ro.jar v.t.d. Lançar; arremessar; arrojar; rastejar.
rol s.m. Lista.
ro.la s.f. Nome comum a todos os pequenos columbiformes.
ro.la.men.to s.m. Ato de rolar; peça de aros metálicos com esferas de aço, para facilitar o movimento dos eixos giratórios.
ro.lar v.t.d. Girar; v.intr. exprimir arrulhando como as rolas e as pombas.
rol.da.na s.f. Engenho provido de uma roda grande, por cuja circunferência cavada passa uma corda ou corrente.
rol.dão s.f. Confusão; precipitação.
ro.le.ta s.f. Tipo de jogo de azar; conjunto de objetos usados nesse jogo.
ro.lha s.f. Peça de formato cilíndrico, comumente de cortiça, que serve para tapar garrafas, frascos etc.
ro.li.ço adj. Redondo.
ro.lo s.m. Peça longa e redonda; cilindro; fio encaracolado. Fig. desordem.
ro.mã s.f. Fruto da romãzeira.
ro.man.ce s.m. Dialeto derivado do latim; narração, em prosa, de aventuras imaginárias; conto; novela.
ro.man.ce.ar v.t.d. Narrar ou descrever em romance; dar aspecto agradável a; v.intr. escrever romances.
ro.man.cis.ta s.2gên. Pessoa que escreve romances; novelista.
ro.mâ.ni.co adj. Referente às línguas que se originaram do latim.
ro.ma.no adj. De Roma, capital da Itália.
ro.mân.ti.co adj. Diz-se do estilo em voga no século XIX, com predominância dos elementos sensíveis e imaginativos sobre a razão e pelo lirismo; referente a romance.
ro.ma.ri.a s.f. Peregrinação religiosa.
rôm.bi.co adj. Que tem forma de rombo.
rom.bo s.m. Abertura; desfalque; s.m. losango.
rom.bu.do adj. Muito rombo. Fig. estufado.
ro.mei.ro adj. e s.m. Homem que vai em romaria; peregrino.
rom.pan.te s.2gên. Que tem arrogância; orgulhoso.
rom.per v.t.d. Partir; rasgar; derrotar.
rom.pi.men.to s.m. Ação ou resultado de romper; derrota.
ron.car v.intr. Emitir ruído especial ao respirar dormindo; v.t.i. proferir em tom provocante.
ron.cei.ro adj. Vagaroso; preguiçoso.
ron.co s.m. Ato de regougar; respiração cava.
ron.da s.f. Grupo de soldados que vela pela manutenção da ordem; exame ou inspeção para conservar em boa ordem alguma coisa.
ron.dar v.t.d. Andar vigiando; vigiar.
ron.quei.ra s.f. Roncadura ou série de roncos.
ro.que.te s.m. Sobrepeliz estreita com mangas e rendas, usado pelos sacerdotes.
ror s.m. Grande quantidade; série numerosa de.
ro.sa s.f. A flor da roseira; o tom rosado das faces; mulher formosa.
ro.sa.do adj. Que tem a cor da rosa; preparado em que a essência de rosa é um dos componentes.
ro.sá.rio s.m. Série de contas que corresponde a quinze dezenas de ave-marias e a quinze padre-nossos.
ros.bi.fe s.m. Carne de vaca assada levemente. (Aport. do inglês *roast beef*.)
ros.ca s.f. Espiral de parafuso; bolo de massa em formato de argola; s.2gên. indivíduo cheio de manha.
ro.sei.ra s.f. Arbusto da família das rosáceas, que produz as rosas.
ros.nar v.t.d. Dizer por entre dentes, murmurar; v.intr. resmungar; s.m. voz surda do cão.
ros.si.o s.m. Praça espaçosa.
ros.to s.m. Parte anterior da cabeça; cara; fisionomia.
ros.tro s.m. O bico das aves.
ro.ta s.f. Derrota; rumo.
ro.ta.ção s.f. Ato ou efeito de rotar; movimento giratório.
ro.ta.ti.va s.f. Máquina de impressão constituída de vários dispositivos cilíndricos, em torno dos quais se desenrola o papel enrolado em bobinas.
ro.ta.ti.vo adj. Que imprime movimento giratório.
ro.tei.ro s.m. Itinerário; regulamento.

ro.ti.na *s.f.* Caminho já conhecido. *Fig.* uso generalizado.

ro.ti.nei.ro *adj.* Que diz respeito a rotina; *adj.* e *s.m.* que ou quem não sai da rotina.

ro.to *adj.* Rasgado; esfarrapado.

ró.tu.la *s.f.* Grade de madeira que guarnece as janelas venezianas; osso chato e circular de face anterior do joelho.

ro.tu.la.gem *s.f.* Ato ou efeito de *rotular*.

ro.tu.lar *v.t.d.* Pôr rótulo em.

ró.tu.lo *s.m.* Dístico; etiqueta.

ro.tun.da *s.f.* Construção em forma circular, terminada em cúpula.

rou.ba.lhei.ra *s.f.* Roubo dissimulado.

rou.bar *v.t.d.* Furtar; tirar dinheiro ou objetos valiosos de outrem; apropriar-se de maneira indébita; *v.t.d.* e *i.* libertar; *v.intr.* praticar roubos.

rou.co *adj.* Que tem rouquidão.

rou.pa *s.f.* Todas as peças de vestuário ou de estofo para cobertura ou agasalho.

rou.pa.gem *s.f.* Conjunto de roupas; vestimenta.

rou.pão *s.m.* Peça de vestuário comprida e larga para uso doméstico.

rou.que.nho *adj.* Um pouco rouco.

ro.xo *adj.* Que tem cor entre rubro e violáceo; *s.m.* a cor roxa.

ru.a *s.f.* Caminho orlado de casas ou muros numa povoação; *interj.* vá-se!

ru.béo.la *s.f. Med.* Acesso eruptivo semelhante ao sarampo.

ru.bi *s.m.* Pedra preciosa de cor vermelha.

ru.bi.cun.do *adj.* Vermelho; corado.

rú.bi.do *adj.* Rubro.

ru.bi.gi.no.so *adj.* Enferrujado; oxidado.

ru.bor *s.m.* Propriedade do que é rubro; a cor vermelha. *Fig.* pudor.

ru.bo.ri.zar *v.pron.* Corar; *v.t.d.* causar rubro.

ru.bri.ca *s.f.* Assinatura abreviada; nota.

ru.bri.car *v.t.d.* Pôr rubrica em; firmar; marcar.

ru.bro *adj.* Vermelho forte; muito vermelho; afogueado.

ru.ço *adj.* Desbotado peo uso.

ru.de *adj.* Áspero. *Fig.* grosseiro.

ru.di.men.tar *adj.2gên.* Que tem caráter de rudimentos; primário.

ru.di.men.to *s.m.* Começo.

ru.fi.ão *s.m.* Explorador de prostitutas.

ru.ga *s.f.* Vinco no pele; carquilha.

ru.gi.do *s.m.* Voz de leão.

ru.gir *v.intr.* Soltar rugidos; bramir; *v.t.d.* bradar; *s.m.* rugido.

ru.í.do *s.m.* Rumor produzido pela queda de um corpo; qualquer estrondo.

ru.i.do.so *adj.* Que faz ruído; pomposo.

ru.im *adj.* Mau; perverso; deteriorado.

ru.í.na *s.f.* Ato ou efeito de ruir; destruição.

ru.ir *v.intr.* Cair com ímpeto e depressa; desmoronar-se.

rui.vo *adj.* Que tem a cor entre amarelo e vermelho; *s.m.* planta das gramíneas.

ru.ma *s.f.* Quantidade de coisas iguais; pilha.

ru.mi.nan.te *s.m.pl.* Mamíferos que possuem o estômago dividido em quatro partes: pança ou rume, barrete, folhoso ou saltério e coagulador.

ru.mi.nar *v.t.d.* Tornar a mastigar. *Fig.* meditar demoradamente.

ru.mo *s.m.* Cada uma das trinta e duas divisões ou linhas da rosa-dos-ventos. *Fig.* direção.

ru.mor *s.m.* Ruído surdo; som confuso.

ru.pes.tre *adj.* Gravado ou traçado na rocha; construído em rochedo.

ru.pí.co.la *adj.2gên.* Que vive nos rochedos.

rup.tu.ra *s.f.* Ação ou resultado de romper; interrupção.

ru.ral *adj.* Relativo ao campo; o mesmo que *agrícola*.

ru.rí.co.la *adj.2gên.* Que vive no campo; camponês.

rus.ga *s.f.* Barulho; desordem.

rus.so *adj.* Referente à Rússia ou aos seus habitantes; *s.m.* língua russa.

rús.ti.co *adj.* Relativo ao campo; rural; agreste; *s.m.* camponês.

ru.ti.lan.te *adj.* De luz muito intensa; resplandecente.

ru.ti.lar *s.f.* Emitir luz muito intensa.

rú.ti.lo *adj.* Brilhante.

s S

s *s.m.* Décima nona letra do alfabeto português; abreviatura de sul, santo e sua (antecedendo o tratamento.) *Quím.* Símbolo do enxofre.
sá.ba.do *adj.* O sétimo dia da semana.
sa.bi.chão *adj.* e *s.m. Fam.* Que, ou aquele que sabe ou alardeia sabedoria.
sa.bi.do *adj.* Sabedor; astuto; conhecido.
sa.bi.no *adj.* De pelo branco misturado com preto e vermelho (cavalo).
sá.bio *adj.* e *s.m.* Aquele que sabe muito; prudente.
sa.bo.ne.te *s.m.* Sabão fino, comumente aromatizado, para o corpo.
sa.bor *s.m.* Impressão que as substâncias deixam no paladar.
sa.bo.re.ar *v.t.d.* Apreciar o sabor; *v.pron.* deliciar-se.
sa.bo.ro.so *adj.* Que tem sabor; delicioso.
sa.bo.tar *v.t.d.* Danificar deliberadamente.
sa.bre *s.m.* Espada curta.
sa.bu.go *s.m.* Parte do dedo em que se incrusta a unha; espiga de milho sem o grão.
sa.bu.jo *s.m.* Cão de caça.
sa.ca.da *s.f.* Ato ou efeito de sacar; balcão de janela, que ressai da parede.
sa.ca.na *adj.* Indivíduo destituído de caráter, patife.
sa.car *v.t.d.* Puxar; fazer sair; *v.t.d.* e *i.* ação de emitir título cambial.
sa.ca.ri.na *s.f.* Substância cristalina, branca, muito doce, usada como substituto da sacarose.
sa.ca-ro.lhas *s.m.2n.* Utensílio com que se tira a rolha das garrafas.
sa.ca.ro.se *s.f.* O açúcar de cana; açúcar de beterraba.
sa.cer.dó.cio *s.m.* Função de sacerdócio; qualidade do que é nobre.
sa.cer.do.te *s.m.* Presbítero; religioso.
sa.cho *s.m.* Espécie de enxada.
sa.ci *s.m. Bras.* Entidade, fruto da crendice popular, de uma perna só, que persegue os viajantes.
sa.ci.ar *v.t.d.* Matar (a fome, sede); satisfazer.
sa.co *s.m.* Receptáculo de pano ou couro, com uma só abertura.
sa.co.la *s.f.* Alforje. *Fig.* Algibeira.
sa.co.le.jar *v.t.d.* Sacudir; agitar.
sa.cra.li.zar *v.t.d.* Tornar sagrado.
sa.cra.men.to *s.m.* Juramento; ato religioso.
sa.crá.rio *s.m.* Lugar alto onde se guardam coisas sagradas.
sa.cri.fi.car *v.t.d.* Imolar em sacrifício; *v.pron.* sujeitar-se.
sa.cri.fí.cio *s.m.* Oferenda ritual a uma divindade; abnegação.
sa.cri.lé.gio *s.m.* Profanação; ultraje.
sa.cri.pan.ta *adj.2gên.* e *s.2gên.* Pessoa canalha; ordinária.
sa.cris.tão *s.m.* Homem incumbido de zelar pela sacristia.
sa.cris.ti.a *s.f.* Cômodo onde se vestem os sacerdotes e se guardam os objetos da igreja.
sacro *adj.* O mesmo que *sagrado*; *s.m. Anat.* Osso da coluna vertebral.
sa.cu.di.da *s.f.* O mesmo que *sacudidura*.
sa.cu.dir *v.t.d.* Abalar; agitar violenta e repetidamente; saracotear-se.
sá.di.co *adj.* e *s.m.* Sadista.
sa.di.o *adj.* Que goza de boa saúde.
sa.dis.mo *s.m.* Gozo com o padecimento de outrem.
sa.fa.de.za *s.f. Bras.* Vileza; imoralidade; diz-se também *safadice*.
sa.fa.do *adj.* Gasto pelo uso; desvergonhado.
sa.fa.não *s.m.* Empurrão ou puxão.
sa.far *v.t.d.* Extrair; escapulir.
sá.fa.ro *adj.* Inculto; agreste.
sa.fis.mo *s.m.* Aquele que é esperto, desembaraçado, livre, mesmo que lesbianismo.
sa.fo *adj.* Que se safou; livre.
sa.fra *s.f.* Colheita.
sa.ga *s.f.* Narrativa heroica cheia de peripécias.
sa.gaz *adj.2gên.* Perspicaz; veloz.
sa.grado *adj.* O que tem valor absoluto; o que pertence ao culto religioso.
sa.grar *v.t.d.* Consagrar; venerar.
sa.gu *s.m.* Fécula amilácea do sagueiro de que se faz farinha.

sa.guão *s.m.* Pátio descoberto na parte interna de um edifício.

sa.gui *s.m.* Macaco pequeno do Brasil da família dos Calitriquidas.

sai.a *s.f.* Parte do vestuário feminino que, justa na cintura pende sobre as pernas.

sai.bro *s.m.* Argila mesclada com areia e pedras.

sa.í.da *s.f.* Ação de sair.

sai.men.to *s.m.* Cortejo fúnebre.

sai.o.te *s.m.* Saia curta, comumente de pano grosso.

sa.ir *v.t.i.* e *intr.* Ir fora ou para fora; afastar-se; ausentar-se. (Antôn.: *entrar*.)

sal *s.m.* Cloreto de ácido.

sa.la *s.f.* Peça interior e principal de uma casa.

sa.la.da *s.f.* Hortaliça crua temperada com azeite, vinagre e sal.

sa.la.frá.rio *s.m.* Sujeito ordinário, safado.

sa.la.man.dra *s.f.* Anfíbio semelhante ao lagarto.

sa.la.me *s.m.* Tipo de paio que se come cru.

sa.lão¹ *s.m.* Sala ampla onde se dão recepções, bailes etc.

sa.lão² *s.m.* O mesmo que *solão*; barro grosso.

sa.lá.rio *s.m.* Retribuição de serviço; paga.

sa.laz *adj.2gên.* Libertino.

sal.dar *v.t.d.* Tornar saliente; enfatizar.

sal.do *s.m.* Diferença entre o débito e o crédito; resto.

sa.lei.ro *s.m.* Aquele que fabrica ou vende sal; vasilha para sal; *adj.* relativo a sal.

sa.le.ta *s.f.* Pequena sala.

sal.ga.di.nhos *s.m.pl.* Iguarias mais ou menos salgadas, que se servem como aperitivo.

sal.ga.do *adj.* Que levou sal.

sal.gar *v.t.d.* Ato de salgar.

sa.li.ên.cia *s.f.* Proeminência.

sa.li.en.tar *v.t.d.* Tornar saliente; enfatizar.

sa.li.en.te *adj.* Ressaltado. *Fig.* Notável.

sa.li.na *s.f.* Marinha de sal; coisa muito salgada.

sa.li.no *adj.* Que contém ou que é da natureza do sal.

sa.li.tre *s.m.* Nitrato de potássio.

sa.li.va *s.f.* Líquido segregado pelas glândulas salivares.

sa.li.var *v.t.d.* Expelir a saliva; cuspir.

sal.mão *s.m.* Peixe salmonídeo de carne saborosíssima; a cor avermelhada do salmão.

sal.mo *s.m.* Canto de louvor a Deus; cada um dos cânticos atribuídos a Davi.

sal.mou.ra *s.f.* Água saturada de sal marinho para conservação de substâncias orgânicas.

sa.lo.bro *adj.* Ligeiramente salgado.

sal.pi.car *v.t.d.* Salgar; espalhar gotas; polvilhar.

sal.sa *s.f.* Salsa usada para temperar alimentos.

sal.sei.ro *s.m.* Pancada grossa de água. *Bras.* Arruaça.

sal.si.cha *s.f.* Linguiça; chouriço.

sal.si.cha.ri.a *s.f.* Fábrica ou estabelecimento onde se vendem salsichas.

sal.ta.do *adj.* Passado de salto; omitido; saliente.

sal.tar *v.intr.* Dar saltos; assaltar; *v.t.i.* descer de um salto; *v.t.d.* omitir.

sal.te.a.do *adj.* Interrompido; entremeado.

sal.te.a.dor *adj.* Que salteia; *s.m.* ladrão de estradas.

sal.te.ar *v.t.d.* Atacar de súbito para roubar.

sal.tim.ban.co *s.m.* Artista de circo, charlatão.

sal.ti.tar *v.intr.* Pular de um ponto para outro; divagar de um assunto a outro.

sal.to *s.m.* Pulo; cachoeira.

sa.lu.bre *adj.2gên.* Saudável.

sa.lu.bri.da.de *s.f.* Conjunto das várias condições favoráveis à saúde.

sa.lu.tar *adj.* Bom para a saúde; moralizador.

sal.va *s.f.* Descarga de artilharia, em sinal de regozijo; bandeja.

sal.va.ção *s.f.* Ação ou resultado de salvar ou salvar-se; último recurso.

sal.va.dor *adj.* Que salva; *s.m.* aquele que salva; redentor.

sal.va.do.rá.ce.as *s.f.pl.* Família de plantas Dicotiledôneas.

sal.va.guar.da *s.f.* Coisa ou pessoa que protege, defende.

sal.va.men.to *s.m.* Ação de salvar, salvação; segurança.

sal.var *v.t.d.* e *i.* Livrar do perigo; preservar; *v.pron.* escapar-se.

sal.va-vi.das *s.m.2n.* Aparelho para salvar os náufragos ou para impedir que se afoguem; indivíduo que nas praias zela pela segurança dos banhistas.

sal.ve *interj.* Voz indicativa de saudação; cumprimento, que equivale a Deus te salve.

sal.vo *adj.* Livre de perigo.

sa.ma.ri.ta.no *adj.* Da Samaria; *s.m.* homem caridoso.

sam.ba *s.m.* Dança popular brasileira, de origem africana, com acompanhamento sincopado.

sam.ba.qui *s.m. Bras.* Depósito pré-histórico de utensílios e esqueletos de indígenas brasileiros.

sam.bar *v.intr.* Dançar o samba; dançar.

sam.bis.ta *adj.* e *s.2gên.* Dançador de samba; *s.2gên.* compositor de sambas.

sa.mu.rai *s.m.* Antigo membro da casta militar no Japão.

sa.nar *v.t.d.* Curar, remediar.

sa.na.tó.rio *s.m.* Estabelecimento destinado a convalescença de enfermos.

san.ção *s.f.* Pena estabelecida por lei para impedir as infrações da lei; confirmação.

san.cio.nar *v.t.d.* Aprovar; confirmar; ratificar.

san.dá.lia s.f. Calçado com tiras que se prendem ao pé.
san.deu adj. e s.m. Idiota.
san.di.ce s.f. Parvoíce; insensatez.
san.du.í.che s.m. Conjunto de duas fatias de pão, com presunto ou queijo, carne ou vegetais intercalados.
sa.ne.a.men.to s.m. Ato ou efeito de sanear.
sa.ne.ar v.t.d. Tornar higiênico; limpar; conciliar.
san.fo.na s.f. Instrumento musical. Fig. Acordeão.
san.grar v.t.d. Ferir ou picar para extrair sangue; fazer sangria; esgotar; v.intr. verter sangue; v.pron. enfraquecer.
san.gren.to adj. Em que existe derramamento de sangue; sanguinolento; cruento.
san.gri.a s.f. Ato ou efeito de sangrar.
san.gue s.m. Líquido que circula nas artérias e nas veias.
san.gues.su.ga s.f. Anelídeo habitante de águas estagnadas.
san.gui.ná.rio adj. Que gosta de ver sangue; cruel.
san.gui.no.len.to adj. Coberto de sangue; sanguinário.
sa.nha s.f. Ira; raiva; fúria.
sa.ni.da.de s.f. Higiene; salubridade.
sâ.nie s.f. Matéria purulenta; pus.
sa.ni.tá.rio adj. Referente à higiene; s.m. mictório.
sa.ni.ta.ris.ta s.m. O mesmo que *higienista*.
san.sei adj.2gên. e s.2gên. Pessoa neta de japoneses, nascida em outro país.
san.ta s.f. Mulher que foi canonizada; figura ou imagem de santa. Fig. Mulher extremamente bondosa, casta e pura.
san.tan.tô.nio s.m. Bras. Posição anterior da sela.
san.ti.da.de s.f. Propriedade ou condições do que é santo.
san.ti.fi.car v.t.d. Tornar santo; glorificar.
san.tis.ta adj. Natural da cidade de Santos, Estado de São Paulo.
san.to adj. O mesmo que *sagrado*.
san.tu.á.rio s.m. Lugar sagrado; templo; igreja.
são adj. Que tem saúde; curado; s.m. forma de tratamento para santo.
sa.pa.ta s.f. A parte larga dos alicerces que apoia sobre a fundação.
sa.pa.tei.ro s.m. Indivíduo que faz conserto ou vende sapatos.
sa.pa.ti.lha s.f. A sapata da chave dos instrumentos de música; calçado leve de pano com ponta apropriada para dançar balé.
sa.pa.to s.m. Calçado que cobre o pé ou somente parte dele.
sa.pé s.m. Capim resistente muito usado para cobrir casebres.
sa.pe.ca s.2gên. e adj.2gên. Passoa espevitadeira; namoradeira.
sa.pe.car v.t.d. Chamuscar; crestar; divertir-se.
sá.pi.do adj. Saboroso.
sa.pi.ên.cia s.f. Sabedoria.
sa.pi.en.te adj. O mesmo que *sábio*.
sa.po s.m. Nome comum dos anuros de pele mais ou menos verrucosa.
sa.po.ná.ceo s.m. Da natureza do sabão.
sa.que s.m. Ato ou efeito de sacar ou de saquear.
sa.que.a.dor adj. e s.m. Quem saqueia.
sa.que.ar v.t.d. Roubar; devastar.
sa.ra.ban.da s.f. Repreensão; descompostura.
sa.ra.co.te.ar v.t.d. Movimentar com graça de desenvoltura o corpo e os quadris; v.intr. vaguear.
sa.ra.do adj. O mesmo que *curado*.
sa.rai.va.da s.f. Chuva de granizo. Fig. Descarga.
sa.ram.po s.m. Med. Enfermidade caracterizada por manchas na pele, acompanhada de outras manifestações secundárias.
sa.ra.pan.tar v.t.d. e pron. Espantar; aturdir.
sa.ra.pa.tel s.m. Prato preparado com miúdos de boi ou porco.
sa.ra.pin.tar v.t.d. Fazer pintas de várias cores em.
sa.rar v.t.d. Restituir saúde a (quem está doente); curar.
sa.ra.rá adj.2gên. e s.2gên. Albino; mulato arruivado.
sa.rau s.m. Festa artístico-literária noturna; conserto musical, de noite.
sar.ça s.f. Matagal.
sar.cas.mo s.m. Escárnio.
sar.cás.ti.co adj. Que envolve sarcasmo; escarnecedor.
sar.có.fa.go s.m. Túmulo dos antigos, reservado aos corpos que se não deviam queimar; adj. diz-se do que corrói as carnes.
sar.co.ma s.m. Med. Tumor de caráter maligno oriundo do tecido conjuntivo.
sar.da s.f. Pequena mancha que aparece na pele.
sar.den.to adj. Cheio de sardas.
sar.di.nha s.f. Nome de peixes clupeídeos.
sar.dô.ni.co adj. Irônico.
sar.ga.ço s.m. Espécie de alga flutuante.
sar.gen.to s.m. Patente militar entre o cabo e o subtenente.
sa.ri.guê s.m. Gambá.
sa.ri.lho s.m. Maquinismo de levantar pesos.
sar.ja s.f. Tecido entretecido de seda ou lã.
sar.je.ta s.f. Valeta; estado de indigência.
sar.men.to s.m. Rebentos novos da videira.
sar.na s.f. Enfermidade cutânea infecciosa, que produz intensa coceira, provocada por um ácaro.
sar.nen.to adj. Que tem sarna.
sar.ra.fo s.m. Ripa.
sar.ri.do s.m. Respiração difícil e ofegante.

sar.ro *s.m.* Resíduos deixados pelo vinho ou qualquer outro líquido no fundo das vasilhas; crosta de imundície nos dentes não limpos.
sa.tã *s.m.* Diabo; *satanás*.
sa.tâ.ni.co *adj.* Demoníaco.
sa.té.li.te *s.m.* Planeta secundário que gira em volta de outro planeta principal.
sá.ti.ra *s.f.* Composição literária de cunho jocoso e ridicularizador.
sa.tí.ri.co *adj.* Que encerra sátira.
sa.tis.fa.ção *s.f.* Ação ou resultado de satisfazer; contentamento; prazer.
sa.tis.fa.tó.rio *adj.* Que satisfaz; suficiente.
sa.tis.fa.zer *v.t.d.* Pagar; saciar; *v.intr.* contentar.
sa.tis.fei.to *adj.* Contente; saciado.
sa.tu.ra.do *adj.* Embebido no mais alto grau. *Fig.* Farto.
sa.tu.rar *v.t.d.* Levar ao máximo grau a condensação de um líquido; encher totalmente; saciar.
sau.da.ção *s.f.* Ação ou resultado de saudar.
sau.da.de *s.f.* Recordação de pessoas ou coisas distantes ou extintas; nostalgia.
sau.dar[1] *v.t.d.* Cumprimentar; felicitar.
sau.dar[2] *s.m.* O mesmo que *saudação*.
sau.dá.vel *adj.* Benéfico à saúde; higiênico; útil.
sa.ú.de *s.m.* Estado são do corpo animado; vigor; brinde.
sau.do.sis.mo *s.m.* Apego ao passado.
sau.do.so *adj.* Quem tem saudade.
sáu.rio *s.m.* Espécime dos Sáurios, ordem de répteis que tem por tipo o lagarto.
sa.ú.va *s.f.* Formiga devoradora.
sa.va.na *s.f.* Terreno formado de vegetação herbácea e arbustos, quase que exclusivamente.
sa.vei.ro *s.m.* Barco estreito e longo próprio para atravessar lagos e rios.
sa.xão *adj.* Referente ao saxão; *s.m.* indivíduo nascido na Saxônia.
sa.xo.fo.ne *s.m.* Instrumento musical de sopro.
sa.zão *s.f.* Estação do ano; ensejo.
sa.zo.nar *v.t.d.* Tornar maduro; agradável.
sé *s.f.* Sede episcopal.
se.a.ra *s.f.* Campo de cereais; messe.
se.bá.ceo *adj.* Que é da natureza do sebo; gorduroso; sujo.
se.be *s.f.* Cerca de arbustos, ramos ou troncos secos.
se.ben.to *adj.* Que é da natureza do sebo; imundo.
se.bo *s.m.* Substância gorda que se extrai da região abdominal de certos animais; livrarias em que se vendem livros usados.
se.bor.rei.a *s.f.* Secreção exagerada das glândulas sebáceas.
se.ca *s.f.* Estiagem.
se.ca.dor *adj.* Que seca; *s.m.* o que seca.
se.ção *s.f.* Parte de um todo; divisão de partição pública.

se.car *v.t.d.* Enxugar; esgotar; murchar; *v.pron.* (Antôn.: *molhar*.)
se.ces.são *s.f.* Ação ou efeito de se separar daquilo a que se estava unido.
se.ci.o.nar *v.t.d.* Dividir em seções; cortar.
se.co *adj.* Enxuto; rude.
se.cre.ção *s.f. Fisiol.* Ação de segregar; líquido lançado pelas glândulas.
se.cre.tar *v.t.d.* Segregar.
se.cre.ta.ri.a *s.f.* Repartição onde é feito o expediente relativo a determinados serviços públicos, a uma corporação.
se.cre.tá.ria *s.f.* Mulher que exerce as funções de secretário.
se.cre.ta.ri.a.do *s.m.* Cargo ou dignidade de secretário.
se.cre.tá.rio *s.m.* Oficial de um tribunal; ministro de Estado.
se.cre.to *adj.* O que está em segredo; oculto; íntimo.
sec.tá.rio *adj.* Referente a seita; *s.m.* membro de seita. *Fig.* Partidário ardoroso.
se.cu.lar *adj.* Que vai de século a século; antiquíssimo; *s.m.* leigo.
sé.cu.lo *s.m.* Espaço de cem anos; o tempo presente.
se.cun.dar *v.t.d.* Ajudar; reforçar.
se.cun.dá.rio *adj.* Que vem em segundo lugar.
se.cu.ra *s.f.* Qualidade do que é seco; falta de umidade; frieza.
se.cu.ri.tá.rio *adj.* Relativo a seguro.
se.da *s.f.* Substância filarrentosa segregada pela larva do bicho-da-ceda; tecido feito com essa substância.
se.dar *v.t.d.* Drogar com sedativo; fazer macio como seda.
se.de[1] *s.f.* Ponto central de tribunal, governo ou administração.
se.de[2] *s.f.* Sensação da necessidade de beber.
se.den.tá.rio *adj.* Que vive a maior parte do tempo sentado; inativo.
se.den.to *adj.* Sequioso; que tem sede.
se.di.ar *v.t.d.* Fixar a sede de.
se.di.ção *s.f.* Revolta; motim.
se.di.men.tar *v.intr.* Formar depósito; *adj.* que tem caráter de sedimento.
se.di.men.to *s.m.* Depósito oriundo de precipitação de substâncias dissolvidas num líquido; fezes.
se.do.so *adj.* Cuja natureza é de seda; macio.
se.du.ção *s.f.* Ato ou efeito de seduzir ou ser seduzido; atração.
se.du.tor *adj. e s.m.* Atraente; encantador.
se.du.zir *v.t.d.* Enganar; desonrar.
se.ga *s.f.* O mesmo que *ceifa*.
se.gar *v.t.d.* Ceifar; cortar.

SEGMENTO — SENDA

seg.men.to *s.m.* Parte de um todo; seção.
se.gre.do *s.m.* Aquilo que se oculta; mistério.
se.gre.gar *v.t.d.* Separar; expelir.
se.gui.da *s.f.* Ato ou efeito de seguir; **em –** (*loc. adv.*): logo; seguidamente.
se.gui.men.to *s.m.* Continuação; andamento.
se.guin.te *adj.2gên.* Que segue ou se segue; subsequente.
se.guir *v.t.d.* Caminhar após; ir atrás de; percorrer; perseguir; vir depois; continuar.
se.gun.da-fei.ra *s.f.* O segundo dia da semana.
se.gun.do[1] *adj.* Que vem logo depois do primeiro; subsequente; secundário; *s.m.* a sexagésima parte de um minuto.
se.gun.do[2] *prep.* Conforme; de acordo com; *conj.* como; tal qual; à medida que; *adv.* em segundo lugar.
se.gu.ran.ça *s.f.* Condição do que está seguro; garantia; confiança.
se.gu.rar *v.t.d.* Tornar seguro; garantir; prender.
se.gu.ro *adj.* Garantido; firme.
sei.o *s.m.* Curvatura; parte do corpo em que se situam as glândulas mamárias; intimidade.
seis.cen.tos *num.* Designativo do número cardinal equivalente a seis centenas; sexcentésimo.
sei.ta *s.f.* Sistema ou doutrina que erige princípios próprios, diferentes da opinião geral.
sei.va *s.f.* Suco nutriente que circula nos tecidos das plantas. *Fig.* O sangue; vigor.
sei.xo *s.m.* Pedra miúda arredondada.
se.ja *conj.* Partícula disjuntiva, largamente empregada, equivalente a ou... ou.., quer.. quer; *interj.* voz indicativa de assentimento.
se.la *s.f.* Assento de matéria ou forma diversa onde vai montado o cavaleiro.
se.la.da *s.f.* Parte onde se quebra a lombada de um monte.
se.lar *v.t.d.* Pôr sela em; fechar; concluir; carimbar.
se.le.ção *s.f.* Escolha orientada.
se.le.cio.nar *v.t.d.* Proceder à seleção de; escolher.
se.lê.ni.co *adj.* Relativo à Lua ou ao selênio.
se.le.ta *s.f.* Coletânea de fragmentos literários escolhidos.
se.le.ti.vo *adj.* Que seleciona ou é próprio para selecionar.
se.le.to *adj.* Escolhido; distinto; especial.
se.lim *s.m.* Sela pequena e rasa; assento de bicicleta.
se.lo *s.m.* Peça geralmente metálica destinada a validar documentos.
sel.va *s.f.* Bosque; região densa de árvores emaranhadas.
sel.va.gem *adj.* Habitante das selvas; bravio; rude; *s.2gên.* pessoa grosseira.
sel.vá.ti.co *adj.* Selvagem.
sem *prep.* Indica falta, exclusão, ausência.

se.má.fo.ro *s.m.* Sinal luminoso de trânsito.
se.ma.na *s.f.* Espaço de sete dias desde o domingo ao sábado.
se.ma.nal *adj.2gên.* Que acontece de semana em semana.
se.mân.ti.ca *s.f. Filol.* Estudo do sentido das palavras e das mudanças de significação que estas sofrem no decurso do tempo.
sem.blan.te *s.m.* Rosto; aspecto.
se.me.a.du.ra *s.f.* Sementes de cereais que se atiram ao solo, para que germinem.
se.me.ar *v.t.d.* Espalhar sementes no solo para que germinem. *Fig.* Espalhar; disseminar.
se.me.lhan.te *adj.2gên.* Parecido com outro; igual; *s.m.* o próximo.
se.me.lhar *v.pred.* Ser parecido a. (Antôn.: *diferir*.)
sê.men *s.m.* O mesmo que *semente*; esperma.
se.men.te *s.f.* Grão que se semeia, para que germine; esperma. *Fig.* Origem.
se.mes.tral *adj.2gên.* Que diz respeito a semestre; que sucede ou se realiza de seis em seis meses.
se.mes.tre *s.m.* Espaço equivalente a seis meses; *adj.2gên.* semestral.
se.mi.deus *s.m. Mitol.* Homem de natureza superior à dos homens e inferior à dos deuses; herói divinizado.
se.mi-in.ter.na.to *s.m.* Estabelecimento de ensino, cujos alunos estão em regime de permanência apenas diária.
se.mi.nal *adj.* Referente ao sêmen ou semente.
se.mi.ná.rio *s.m.* Estabelecimento que prepara o aluno para a carreira eclesiástica.
se.mi.nu *adj.* Quase nu.
se.mi.ta *s.m.pl.* Família etnográfica e linguística que abrange os hebreus, os assírios, os aramaicos, os fenícios e os árabes.
se.mí.ti.co *adj.* Que diz respeito ou que pertence aos semitas.
se.mi.trans.pa.ren.te *adj.2gên.* Meio transparente.
se.mi.vo.gal *s.f.* Vogal cujo valor fonético se assemelha ao de uma consoante; a segunda vogal de um ditongo decrescente.
sem-nú.me.ro *s.m.* Inúmerável.
se.mo.li.na *s.f.* O mesmo que *sêmola*.
sem.pre *adv.* Constante; em todo o tempo.
sem-ter.ra *s.m.2n.* Homem dado à parte da população rural que não possui terra.
se.na *s.f.* Dado ou carta com seis pintas.
se.na.do *s.m.* Câmara alta em países com duas assembleias legislativas.
se.na.dor *s.m.* Membro do senado.
se.não *conj.* Aliás; de outro modo; *prep.* exceto; *s.m.* mancha.
se.ná.rio *adj.* Que tem seis unidades.
sen.da *s.f.* Caminho estreito; atalho.

SENECTUDE — SERINGAL

se.nec.tu.de *s.f.* Velhice.
se.nha *s.f.* Sinal; bilhete de admissão em casa de espetáculos ou assembleias.
se.nhor *s.m.* Dono; proprietário; tratamento respeitoso dado ao homem adulto ou àquele que é influente e digno; Deus.
se.nho.ra *s.f.* Ama ou dona de casa; tratamento que se dá por cortesia às damas; a esposa em relação ao marido.
se.nho.ri.a *s.f.* Propriedade de senhor ou de senhora; senhorio; tratamento cortês dado a pessoas que ocupam alta posição social.
se.nho.ri.al *adj.2gên.* Digno de senhor rico, poderoso.
se.nho.ri.o *s.m.* Direito de senhor; poder; autoridade; domínio.
se.nil *adj.2gên.* Próprio de velho ou da velhice.
se.ni.li.da.de *s.f.* Debilidade intelectual causada pela velhice.
sê.nior *adj.* O mesmo que *mais velho*; *s.m.* esportista detentor de alguns prêmios.
sen.sa.ção *s.f.* Reflexo na consciência das propriedades dos objetos e dos fenômenos do mundo material.
sen.sa.cio.nal *adj.2gên.* Que causa grande sensação; espetacular.
sen.sa.cio.na.lis.mo *s.m.* Exploração de notícias ou fatos sensacionais.
sen.sa.tez *s.f.* O mesmo que *bom senso*; prudência.
sen.sato *adj.* Ajuizado; prudente.
sen.si.bi.li.da.de *s.f.* Faculdade pela qual o ser experimenta inclinações, emoções e paixões; delicadeza de sentimentos.
sen.si.bi.li.zar *v.t.d.* Tornar sensível; comover.
sen.sí.vel *adj.* Que sente; perceptível.
sen.so *s.m.* Juízo; raciocínio; siso.
sen.so.ri.al *adj.2gên.* Relativo aos sentidos.
sen.só.rio *adj.* Relativo à sensibilidade; *s.m.* cérebro ou parte dele, considerado centro das sensações.
sen.su.al *adj.* Que se prende aos sentidos.
sen.su.a.li.da.de *s.f.* Lascívia; luxúria.
sen.tar *v.t.d.* Assentar; *v.pron.* assentar-se. (Antôn.: *levantar*.)
sen.ten.ça *s.f.* Provérbio; decisão judicial; resolução final.
sen.ten.ci.ar *v.t.d.* Decidir por sentença causa judicial; julgar; *v.intr.* emitir a sua opinião.
sen.ti.do *adj.* Triste; magoado; *s.m.* cada um dos órgãos que captam as impressões do mundo exterior; direção.
sen.ti.men.tal *adj.* Diz-se do que pertence aos sentimentos; terno.
sen.ti.men.to *s.m.* Estado afetivo agradável ou penoso, provocado por um estado de consciência.
sen.ti.na *s.f.* Latrina. *Fig.* Lugar imundo.

sen.ti.ne.la *s.f.* Soldado de vigia.
sen.tir *v.t.d.* Ato de perceber por intermédio de um órgão de sentido; sofrer.
sen.za.la *s.f.* Alojamento de escravos ao tempo da escravidão no Brasil.
se.pa.ra.ção *s.f.* Desunião; divisão; afastamento.
se.pa.rar *v.t.d.* Apartar; dividir; divorciar. (Antôn.: *juntar, reunir*.)
se.pa.ra.tis.mo *s.m.* Tendência política que prega a separação de parte de um território do Estado de que faz parte, para erigir-se em Estado autônomo.
sep.to *s.m. Anat.* Cartilagem divisória de cavidades, tecidos ou órgãos.
sep.tu.a.ge.ná.rio *adj.* e *s.m.* Que está entre setenta e oitenta avos de idade.
se.pul.cro *s.m.* Túmulo.
se.pul.tar *v.t.d.* Enterrar.
se.pul.tu.ra *s.f.* Cova funerária; sepulcro.
se.quaz *adj.2gên.* e *s.2gên.* Pessoa que segue alguém; sectário.
se.que.la *s.f.* Sequência ou consequência.
se.quên.cia *s.f.* Continuação.
se.quer *adv.* Ao menos; pelo menos.
se.ques.trar *v.t.d.* Tomar pela força; praticar sequestro.
se.ques.tro *s.m.* Crime que consiste em reter alguém; apreensão judicial de bens.
se.qui.dão *s.f.* Secura; desinteresse.
se.qui.o.so *adj.* Que tem grande desejo de beber; muito seco.
sé.qui.to *s.m.* Cortejo.
ser *v.pred.* Estabelecer ligação entre o atributo e o sujeito; é auxiliar na voz passiva; estar; ficar; *s.m.* tudo o que não é nada.
se.ra.fim *s.f.* Anjo da primeira hierarquia.
se.rão *s.m.* Trabalho feito no período noturno.
se.rei.a *s.f.* Entidade mitológica metade mulher metade peixe; mulher atraente.
se.re.le.pe *s.m.* O mesmo que *caxinguelê*; *adj.* diz-se da pessoa viva e buliçosa.
se.re.na.ta *s.f.* Composição musical maviosa; concerto musical noturno ao ar livre; diz-se também *seresta*.
se.re.ni.da.de *s.f.* Tranquilidade; paz.
se.re.no *adj.* Calmo; sossegado; *s.m.* vapor atmosférico.
se.ri.a.do *adj.* Ordenado por séries; *adj.* e *s.m.* referente aos filmes cinematográficos que são exibidos por séries de episódios.
sé.rie *s.f.* Seguimento; sequência sem interrupção.
se.ri.e.da.de *s.f.* Inteireza de caráter; ar grave e compenetrado.
se.rin.ga *s.f.* Designativo da goma elástica extraída da seringueira; bomba para injeções.
se.rin.gal *s.m.* Mata de seringueira; bomba para injeções.

se.rin.guei.ra *s.f.* Árvore euforbiácea do Brasil, que produz a borracha.
se.rin.guei.ro *s.m.* Apanhador de látex da seringueira.
sé.rio *adj.* Grave; sensato.
ser.mão *s.m.* Discurso religioso; repreenda com intenção de moralizar.
se.rô.dio *adj.* Que vem depois do tempo oportuno; tardio.
se.ro.si.da.de *s.f.* Propriedade do que é seroso; líquido semelhante ao soro sanguíneo.
se.ro.so *adj.* Que diz respeito ou que é da natureza do soro.
ser.pe *s.f.* Serpente.
ser.pen.tá.rio *s.m.* Ave rapace que se nutre de serpentes; criadouro de cobras para estudos científicos.
ser.pen.te *s.f.* Designação comum dos ofídios; cobra.
ser.pen.ti.na *s.f.* Castiçal de ramos sinuosos, com velas nos extremos; fita estreita de papel colorido, enrolada sobre si mesma.
ser.ra *s.f.* Instrumento cortante, cuja peça principal é uma lâmina denteada, de aço; conjunto de montanhas.
ser.ra.ção *s.f.* Ato ou efeito de serrar.
ser.ra.gem *s.f.* Serração; pó de madeira serrada.
ser.ra.lhei.ro *s.m.* Aquele que tem o ofício de fazer fechaduras e diversos trabalhos de ferro.
ser.ra.no *adj.* Relativo a serras.
ser.rar *v.t.d.* Cortar; dividir com serra; separar.
ser.re.ar *v.t.d.* Dentear.
ser.ri.lha *s.f.* Serra com pequenos dentes.
ser.ri.lhar *v.t.d.* Abrir ou lavrar serrilha; *v.intr.* puxar pelas rédeas desencontradamente ao cavalo, quando este toma o freio nos dentes.
ser.ro *s.m.* Monte alto; espinhaço.
ser.ro.te *s.m.* Serra manual portátil.
ser.ta.ne.jo *adj.* Que habita o sertão; rude.
ser.ta.nis.ta *s.2gên.* Pessoa que conhece bem ou frequenta o sertão; bandeirante.
ser.tão *s.f.* Floresta no interior; zona do interior brasileiro, seca, mais árida do que a caatinga.
ser.ven.te *adj.2gên.* Que serve; *s.2gên.* pessoa que serve; criado.
ser.ven.ti.a *s.f.* Utilidade.
ser.vi.çal *adj.2gên.* Prestativo; *s.2gên.* empregado ou empregada.
ser.vi.ço *s.m.* Ação ou resultado de servir; tarefa; emprego; estado militar.
ser.vi.dão *s.f.* Condição de escravo, submissão.
ser.vi.dor *s.m.* Serviçal; servente. *Inf.* Computador que compartilha recursos e serviços para uma rede.
ser.vil *adj.* Referente a servo; submisso.
ser.vo *s.m.* Criado; escravo.

ses.são *s.f.* Tempo que dura cada junta ou congresso para resolver qualquer questão; cada um dos espetáculos, que se repetem várias vezes ao dia nos teatros e cinemas.
ses.sen.ta *num.* Seis vezes dez; sexagésimo.
sés.sil *adj.2gên. Bot.* Que não tem pedúnculo.
ses.ta *s.f.* Hora de repouso, após o almoço.
ses.tro *s.m.* Mau hábito; vício.
se.ta *s.f.* Tipo de flecha de atirar com arco.
se.te *num.* Cardinal que se segue ao seis; o algarismo 7; sétimo; *s.m.* carta de baralho com sete pontos.
se.tê.nio *s.m.* Período de sete anos.
se.ten.tri.ão *s.m.* Norte; vento norte.
se.ten.tri.o.nal *adj.2gên.* Do ou situado ao norte; boreal.
sé.ti.mo *num.* Designativo do número ordinal e fracionário correspondente a sete; *s.m.* a sétima parte.
se.tor *s.m.* Parte de um todo; ramo de atividade.
se.tua.ge.ná.rio *adj.* Que tem setenta anos.
seu *pron.pos.* Dele; dela; da pessoa com quem se fala, tratada na terceira pessoa; forma red. de senhor usada pelo povo: seu Paulo.
se.var *v.t.d.* Ralar (a mandioca) a fim de transformá-la em farinha.
se.ve.ro *adj.* Rígido; inflexível.
se.ví.cia *s.f.* Mau trato.
se.vi.ci.ar *v.t.d.* Maltratar; ferir; bater.
se.vo *adj.* Cruel; desumano.
se.xa.gé.si.ma *s.f.* Cada uma das sessenta partes iguais em que se pode dividir um todo.
se.xo *s.m.* Diferença constituída entre macho e fêmea; órgãos genitais masculinos ou femininos.
sex.ta *s.f.* Forma abreviada de sexta-feira.
sex.tan.te *s.m.* Instrumento que serve para medir ângulos; sexta parte da circunferência (60 graus).
sex.ta.var *v.t.d.* Dar seis faces ou ângulos a.
sex.ti.lha *s.f.* Estrofe de seis versos.
sex.to *num.* Designativo do numero original e fracionário correspondente a seis; *s.m.* a sexta parte.
se.xu.al *adj.* Referente ao sexo.
se.xu.a.li.da.de *s.f.* Qualidade do que é sexual; sensualidade.
si *pron.* Forma flexionada de se; *s.m.* sétima nota da escala musical.
si.bi.lar *v.intr.* Emitir som fino e prolongado; assobiar.
si.cá.rio *s.m.* Bandido; assassino pago.
si.ci.li.a.no *adj.* Referente à Sicília (Itália); *s.m.* nascido na Sicília.
si.cra.no *s.m.* Pessoa indeterminada.
si.cu.pi.ra *s.f.* Árvore leguminosa do Brasil de duas variedades.
si.de.ral *adj.* Que se refere aos astros; celeste.

si.de.rur.gi.a *s.f.* Arte de trabalhar ou fabricar o ferro.

si.dra *s.f.* Vinho feito de maçãs; escreve-se também *cidra*.

si.fão *s.m.* Tubo recurvado que serve para extravasar líquido sem inclinar os vasos que os contêm.

si.fi.lis *s.f.2n Med.* Enfermidade contagiosa provocada por uma bactéria.

si.gi.lo *s.m.* Segredo.

si.gla *s.f.* Letra inicial que serve para expressar uma palavra ou grupo de palavras.

sig.na.tá.rio *s.m.* Aquele que assina um documento.

sig.ni.fi.ca.do *s.m.* Sentido; importância.

sig.ni.fi.car *v.t.d.* Exprimir; denotar; traduzir.

sig.ni.fi.ca.ti.vo *adj.* Que exprime com clareza; indicativo.

sig.no *s.m.* Marca; sinais abreviativos astronômicos para representar os planetas e os principais elementos do sistema solar.

sí.la.ba *s.f.* Fonema ou grupo de fonemas pronunciado em uma única emissão de voz para enunciar um vocábulo.

si.lá.bi.co *adj.* Referente às sílabas.

si.len.ci.a.dor *adj.* Que silencia; *s.m.* dispositivo próprio para silenciar o som.

si.len.ci.ar *v.t.d.* e *i.* Calar-se; *v.t.d.* ficar calado. (Antôn.: *falar.*)

si.lên.cio *s.m.* Estado de alguém que se abstém de falar; paz.

si.len.ci.o.so *adj.* Que fica calado; que não faz ruído; *s.m.* silenciador.

si.lhu.e.ta *s.f.* Desenho feito de perfil em que se seguem os contornos da sombra projetada pelo rosto.

si.li.ca.to *s.m. Quím.* Sal oriundo da combinação do ácido salicílico com uma base.

si.lí.cio *s.m.* Elemento químico, metaloide.

si.lo *s.m.* Construção elevada para guarda de cereais.

si.lo.gis.mo *s.m.* Forma de raciocínio em que, de duas premissas, se infere uma conclusão.

sil.var *v.intr.* Sibilar; *v.t.d.* aspirar, produzindo ruído.

sil.ves.tre *adj.2gên.* Selvagem; nativo.

sil.ví.co.la *adj.* e *s.2gên.* Que vive ou nasce nas selvas.

sil.vo *s.m.* Assobio.

sim *adv.* Indica afirmação, aprovação; *s.m.* consentimento.

sim.bi.o.se *s.f. Biol.* Interação entre duas espécies que vivem juntas.

sim.bó.li.co *adj.* Que diz respeito a símbolo; alegórico.

sim.bo.li.zar *v.t.d.* Representar por símbolos; *v.intr.* falar ou escrever empregando símbolos; *v.t.d.* e *i.* sintetizar.

sím.bo.lo *s.m.* Sinal, figura ou objeto físico que adquire expressão convencional.

si.me.tri.a *s.f.* Disposição harmônica de partes semelhantes; harmonia resultante de certas combinações e proporções regulares.

si.mi.es.co *adj.* Diz-se do que é semelhante ou referente ao macaco.

sí.mil *adj.2gên.* Semelhante.

si.mi.lar *adj.* Que é da mesma natureza.

sí.mi.le *s.m.* Comparação com coisa semelhante; parábola.

si.mi.li.tu.de *s.f.* Semelhança.

sí.mio *s.m.* Macaco; *adj.* simiesco.

si.mo.ni.a *s.f.* Negociação, comércio de coisas sagradas.

sim.pa.ti.a *s.f.* Inclinação instintiva que atrai uma pessoa para outra; pessoa que inspira simpatia.

sim.pá.ti.co *adj.* Que diz respeito a simpatia ou que a inspira.

sim.pa.ti.zar *v.t.d.* Ter simpatia.

sim.ples *adj.2gên.* e *2n.* Que não é composto; singelo; sem mistura. *Fig.* Facilmente compreensível; natural.

sim.pli.ci.da.de *s.f.* Singeleza; naturalidade; sinceridade.

sim.pli.fi.car *v.t.d.* Tornar mais fácil. (Antôn.: *complicar.*)

sim.plis.mo *s.m.* Emprego de meios simples.

sim.pló.rio *adj.* Muito ingênuo; tolo.

sim.pó.sio *s.m.* Reunião de técnicos ou cientistas para discussão de assuntos de interesse.

si.mu.la.cro *s.m.* Imitação; aparência; fingimento.

si.mu.lar *v.t.d.* Aparentar o que não é; dissimular.

si.mul.tâ.neo *adj.* Que se processa concomitantemente a outra coisa.

si.na *s.f.* Destino.

si.na.go.ga *s.f.* Templo dos israelitas.

si.nal *s.m.* Indício; marca; gesto; dinheiro ou objeto dado como penhor para garantia de contrato.

si.na.lei.ro *s.m.* Indivíduo encarregado de dar sinais a bordo, ou em estações de estrada de ferro.

si.na.li.zar *v.intr.* Exercer funções de sinaleiro; *v.t.d.* pôr sinais em.

sin.ce.ri.da.de *s.f.* Singeleza; lealdade.

sin.ce.ro *adj.* Verdadeiro; franco.

sín.co.pe *s.f. Med.* Perda subitânea e transitória da consciência, correspondendo a uma parada brusca, real ou aparente, da respiração e da circulação. *Gram.* Suspensão de letra ou sílaba no interior do vocábulo.

sin.cro.ni.zar *v.t.d.* Ajustar com precisão rigorosa (o som ao movimento); coordenar.

sín.cro.no *adj.* Diz-se dos movimentos que se efetuam ao mesmo tempo.

sin.di.cal *adj.* Que diz respeito ao sindicato.

sin.di.ca.lis.mo *s.m.* Ação reivindicatória ou política dos sindicatos.

sin.di.ca.lis.ta *adj.2gên.* Que diz respeito a sindicato; *s.2gên.* adepto do Sindicalismo.

sin.di.cân.cia *s.f.* Informação judicial; inquérito; investigação.

sin.di.ca.to *s.m.* Associação de interessados de uma mesma categoria de interesses profissionais.

sín.di.co *s.m.* Administrador que cuida dos interesses de uma empresa ou associação.

sín.dro.me *s.m. Med.* Conjunto de sinais e sintomas oriundos de causas diversas mas provocado por um mesmo agente.

si.ne.cu.ra *s.f.* Emprego rendoso que dá pouco ou nenhum trabalho.

si.né.do.que *s.f. Ret.* Figura de retórica, pela qual se torna a parte pelo todo, o todo pela parte, a espécie pelo gênero etc.

si.ner.gia *s.f.* Ato simultâneo de vários órgãos na realização de uma função fisiológica.

si.ne.ta *s.f.* Pequeno sino.

si.ne.te *s.m.* Utensílio com assinatura gravada, que serve para imprimir no papel, lacre, etc.; chancela.

sin.fo.ni.a *s.f.* Composição orquestral em forma de sonata.

sin.ge.lo *adj.* Simples; sincero.

sin.grar *v.intr.* O mesmo que *velejar*.

sin.gu.lar *adj.2gên.* Individual; extraordinário.

si.nhá *s.f. Bras.* Tratamento dos escravos à dona da casa.

si.nhô *s.m.* Tratamento dos escravos ao seu senhor.

si.nis.tra *s.f.* Mão esquerda; canhota.

si.nis.tro *adj.* Esquerdo; funesto; *s.m.* desastre.

si.no *s.m.* Instrumento de metal sonoro que se tange com badalo.

si.no.ní.mia *s.f.* Qualidade do que é sinônimo; uso de sinônimos.

si.nô.ni.mo *s.m.* Vocábulo que tem quase a significação de outro.

si.nop.se *s.f.* Síntese; resumo.

sin.tá.ti.co *adj.* Pertencente ou relativo à sintaxe.

sin.ta.xe (ss) *s.f.* Parte da Gramática que estuda a estruturação das palavras no discurso.

sín.te.se *s.f.* Resumo; generalização.

sin.té.ti.co *adj.* Resumido; artificial.

sin.to.ma *s.m.* Fenômeno que indica existência de lesão ou disfunção de um órgão. *Fig.* Indício.

sin.to.ni.zar *v.t.d.* Ajustar um aparelho de rádio ao comprimento da onda da estação emissora.

si.nu.o.so *adj.* Ondulado; tortuoso.

si.nu.si.te *s.f.* Inflamação de um dos seios nasais.

si.re.ne *s.f.* Aparelho usado para dar avisos.

si.ri *s.m.* Nome de diversos crustáceos decápodes do Brasil.

si.ri.gai.ta *s.f.* Mulher que saracoteia muito.

si.ri.ri *s.m.* Nome de um marisco do Brasil, também chamado sururu.

sir.tes *s.f.pl.* Recife, bancos de areia.

si.sa *s.f.* Imposto de transmissão de bens imóveis.

si.sal *s.m.* Planta de fibras têxteis usado no fabrico de cordas, esteiras e tapetes.

sís.mi.co *adj.* Relativo a tremores de terra.

sis.mo *s.m.* Movimento do interior da terra.

sis.mó.gra.fo *s.m.* Aparelho que registra e mede terremotos.

si.so *s.m.* Juízo; último dos dentes molares.

sis.te.ma *s.m.* Combinação de partes reunidas para chegar a um resultado ou a formar um conjunto; modo de governo; método.

sis.te.má.ti.co *adj.* Referente a um sistema; metódico; ordenado.

sis.te.ma.ti.zar *v.t.d.* Reduzir a sistema.

si.su.dez *s.f.* Seriedade; prudência.

si.su.do *adj.* Que tem siso; prudente; sério.

si.ti.a.do *adj.* Cercado por tropas inimigas; *s.m.* o que sofre cerco ou sítio.

si.ti.an.te *s.2gên.* Dono ou quem mora na roça ou no sítio.

sí.tio *s.m.* Local; chácara; fazenda; ato ou efeito de sitiar.

si.to *adj.* O mesmo que *situado*; *s.m.* bolor.

si.tu.a.ção *s.f.* Posição; estado de pessoa ou estabelecimento.

si.tu.ar *v.t.d.* Colocar ou estabelecer; pôr; dispor geograficamente; *v.pron.* colocar-se.

smo.king *s.m.* (*Ingl.*) Traje masculino preto de gala, constituído de calça, paletó com lapelas de cetim e faixa igualmente de seda.

só *adj.2gên.* Não acompanhado; único; solitário; simples; *s.m.* aquele que vive só; *adv.* somente.

so.a.brir *v.t.d.* e *pron.* Abrir um pouco.

so.a.lhei.ra *s.f.* A hora em que, ao Sol, o calor é mais intenso.

so.ar *v.intr.* Emitir ou produzir som; divulgar-se; *v.t.d.* tocar; celebrar.

sob *prep.* Debaixo de; no tempo de.

so.be.jo *adj.* Excessivo; *s.m.* sobra; resto.

so.be.ra.na *s.f.* Qualquer entidade feminina que entre outras ocupa o primeiro lugar.

so.be.ra.no *s.m.* Homem que exerce o poder supremo no governo de um país monárquico; rei; *adj.* absoluto; magnífico.

so.ber.ba *s.f.* Orgulho; sobrançaria; presunção.

so.ber.bo *adj.* Orgulhoso; vaidoso; presunçoso.

só.bo.le *s.m.* Broto; rebento; descendência.

so.bra.do *s.m.* Casa de dois andares.

so.bran.cei.ro *adj.* Que esta no alto, acima de; arrogante.

so.bran.ce.lha *s.f.* Reunião de pelos acima de cada olho.

so.brar *v.intr.* Sobejar; *v.t.i.* exceder. (Antôn.: *faltar*.)

so.bre.a.vi.so *s.m.* Precaução; cautela.

so.bre.ca.pa *s.f.* Cobertura de papel da capa de um livro.

so.bre.car.ga *s.f.* Carga demasiada.

so.bre.car.re.gar *v.t.d.* Impor esforço excessivo.

so.bre.ce.nho *s.m.* Semblante carrancudo.

so.bre.co.mum *adj.2gên.* Qualificativo do substantivo que não apresenta duas flexões para os dois gêneros.

so.bre.cos.tu.ra *s.f.* Nova costura sobre peças já cosidas.

so.bre-ex.ce.der *v.t.d.* Exceder excessivamente.

so.bre-hu.ma.no *adj.* O que é superior às forças humanas. *Fig.* Sublime.

so.brei.ro *s.m.* Árvore que dá a cortiça.

so.bre.ja.cen.te *adj.2gên.* Que faz ou está por acima.

so.bre.le.var *v.t.d.* Passar por cima de; dominar; vencer suportar.

so.bre.lo.ja *s.f.* Pavimentação de um prédio entre a loja e o primeiro andar.

so.bre.ma.nei.ra *adv.* Extraordinariamente; demasiadamente.

so.bre.me.sa *s.f.* Fruta, doce ou outra iguaria leve ou delicada, com que se termina uma refeição.

so.bre.na.tu.ral *adj.* Que está além do natural; o que transcende às forças da natureza.

so.bre.no.me *s.m.* Nome que se segue ao de batismo; apelido.

so.bre.por *v.t.d.* Pôr em cima; ter em mais alta conta; *v.pron.* sobrevir.

so.bre.pos.to *adj.* Posto em cima.

so.bre.pu.jar *v.t.d.* Sobrelevar; superar; ultrapassar; vencer.

so.bres.cre.ver *v.t.d.* Escrever sobre.

so.bres.cri.to *s.m.* Capa; envoltório de carta ou ofício em que se escreve; envelope.

so.bres.sa.ir *v.intr.* Ressaltar.

so.bres.sa.len.te *adj.2gên.* Excedente.

so.bres.sal.to *s.m.* Acontecimento imprevisto; inquietação.

so.bres.tar *v.intr.* Deter-se; *v.t.d.* pustar.

so.bre.ta.xa *s.f.* Taxa adicional.

so.bre.tu.do *s.m.* Casacão próprio para se vestir sobre outro; *adv.* principalmente.

so.bre.vir *v.t.i.* Acontecer depois de outra coisa.

so.bre.vi.ven.te *adj.2gên.* Que sobrevive; *s.2gên.* pessoa que sobrevive.

so.bre.vi.ver *v.intr.* Continuar a viver (após perda etc.); *v.t.i.* escapar.

so.bre.vo.o *s.m.* Voo por cima.

so.bri.nho *s.m.* Indivíduo em relação aos irmãos de seus pais.

só.brio *adj.* Moderado no beber; simples.

so.cal.co *s.m.* Degrau de terreno, numa encosta.

so.ca.pa *s.f.* Disfarce.

so.car *v.t.d.* Dar socos; esmurrar; moer; *v.pron.* recolher-se.

so.ca.var *v.t.d.* Escavar por baixo.

so.ci.a.bi.li.da.de *s.f.* Qualidade do que é sociável.

so.ci.al *adj.* Que concerne à sociedade; referente a uma entidade comercial.

so.ci.a.lis.mo *s.m.* Regime social e político, baseado sobre a propriedade coletiva dos meios de produção, compreendida a suspensão da exploração de uma classe por outra, o qual deverá substituir a sociedade capitalista.

so.ci.a.lis.ta *adj.2gên.* Que diz respeito ao Socialismo; *adj.2gên.* e *s.2gên.* adepto do Socialismo.

so.ci.á.vel *adj.* Que se pode associar; cortês; educado.

so.ci.e.da.de *s.f.* Conjunto de indivíduos que tendem para o mesmo fim por meios comuns e vivem sob leis comuns; estado social; associação.

só.cio *s.m.* Membro de uma sociedade; *adj.* associado.

so.cio.e.co.nô.mi.co *adj.* Relativo à sociedade e à economia.

so.cio.lo.gi.a *s.f.* Estudo e conhecimento objetivo de realidade e dos fenômenos sociais.

so.ci.ó.lo.go *s.m.* Aquele que se dedica ao estado da Sociologia.

so.co *s.m.* Murro.

so.ço.brar *v.intr.* Afundar-se; naufragar; arrumar.

so.cor.rer *v.t.d.* Defender; auxiliar; proteger.

so.cor.ro *s.m.* Auxílio; *interj.* para pedir auxílio ou defesa.

so.da *s.f.* Óxido de sódio; água com gás carbônico, em refrigerantes.

so.da.lí.cio *s.m.* Sociedade; agremiação.

so.do.mi.a *s.f.* Coito anal.

so.er *v.intr.* Costumar.

so.er.guer *v.t.d.* Levantar-se um pouco; *pron.* erguer-se a custo.

so.ez *adj.2gên.* Vulgar; de pouco valor.

so.fá *s.m.* Tipo de móvel estofado com braços.

so.fis.ma *s.f. Filos.* Argumento aparentemente válido, mas na verdade formulado para induzir em erro.

so.fis.ti.ca.ção *s.f.* Ação ou resultado de sofisticar.

so.fis.ti.ca.do *adj.* Fascinado; que apresenta a sutileza sofisticada.

so.fis.ti.car *v.t.d.* Alterar; tornar requintado.

so.fís.ti.co *adj.* Relativo a ou que encerra sofisma.

sô.fre.go *adj.* Que come ou bebe com avidez; ansioso.

so.fre.gui.dão *s.f.* Impaciência; ambição; avidez.

so.frer v.t.d. Sentir dor física ou moral; suportar; v.intr. experimentar prejuízos; v.pron. reprimir-se.
so.fri.do adj. Que sofre com paciência.
so.fri.men.to s.m. Padecimento; amargura; dor.
so.fri.vel adj.2gên. Razoável; tolerável.
so.ga s.f. Corda grossa.
so.gro s.m. O pai de um dos cônjuges com respeito ao outro.
so.ja s.f. Planta leguminosa de uso industrial.
so.ji.gar v.t.d. Dominar; conter.
sol s.m. Astro central de nosso sistema planetário; o calor e a luz do Sol; luz. *Mús.* Quinta nota da escala tonal.
so.la s.f. Couro de boi curtido e preparado para fazer a parte do calçado que assenta no chão. *Fig.* A planta do pé.
so.la.par v.t.d. Escavar por baixo; arruinar; disfarçar; v.pron. esconder em cova. *Fig.* Encobrir-se.
so.lar¹ adj.2gên. Que pertence ou que diz respeito ao Sol.
so.lar² v.t.d. Cobrir com solas; pôr solas.
so.lar³ v.intr. Tocar sozinho um trecho de música.
so.la.van.co s.m. Salto; abalo.
sol.da s.f. Matéria para ligar metais; ação de soldar.
sol.da.da s.f. Salário.
sol.da.do adj. Que foi unido com solda; s.m. militar sem graduação no Brasil, também conhecido por *pega*.
sol.da.gem s.f. Ação de soldar.
sol.dar v.t.d. Ligar por meio de solda; colar; v.t.d. e pron. unir-se.
sol.do s.m. Paga em dinheiro dos militares; retribuição dos serviços dos militares.
so.le.cis.mo s.m. Falha de sintaxe.
so.lei.ra s.f. Hora de muito calor; limiar da porta.
so.le.ne adj. Majestoso; enfático.
so.le.ni.da.de s.f. Cerimônia solene.
so.ler.te adj.2gên. Astuto; esperto.
so.le.trar v.t.d. Nomear as letras uma a uma depois juntá-las; decifrar; entender.
sol.fe.ri.no s.m. A cor entre o encarnado e o roxo.
so.li.ci.ta.ção s.f. Pedido.
so.li.ci.tar v.t.d. Pedir; requerer; procurar.
so.lí.ci.to adj. Diligente; ativo; obsequiador.
so.li.dão s.f. Estado de quem está só.
so.li.da.ri.e.da.de s.f. Sentido moral de vínculo e ajuda mútua.
so.li.dá.rio adj. Em que há responsabilidade ou interesse comum.
so.li.déu s.m. Pequeno barrete com que os bispos e padres cobrem a cabeça.
so.li.dez s.f. Qualidade do que é sólido; segurança; resistência.
so.li.di.fi.car v.t.d. Tornar sólido, firme; v.pron. tornar-se estável.

so.li.do adj. Diz-se de tudo aquilo que tem consistência; maciço; íntegro; duro; firme.
so.li.ló.quio s.m. Monólogo.
só.lio s.m. Trono; cadeira real.
so.li.tá.ria s.f. Verme intestinal, também conhecido por *tênia*; cela penitenciária reservada aos sentenciados, perigosos ou turbulentos.
so.li.tá.rio adj. Que vive só, fugindo de toda convivência; joia em que há uma só pedra engastada.
so.li.tu.de s.f. Solidão.
so.lo s.m. Terreno; chão; trecho musical para execução por uma só pessoa.
sols.tí.cio s.m. Período em que o Sol está mais afastado do Equador, antes de voltar a aproximar-se outra vez do Equador.
sol.tar v.t.d. Libertar; desprender; tornar livre.
sol.tei.ro adj. Que não é casado.
sol.to adj. Que está livre; sem rima (verso).
so.lu.bi.li.zar v.t.d. Tornar solúvel.
so.lu.ção s.f. Ato ou efeito de solver; explicação.
so.lu.çar v.intr. Dar soluços.
so.lu.ço s.m. *Fisiol.* Contratação espasmódica do diafragma, seguida de emissão brusca de ar contínuo no peito.
so.lu.to adj. Solto; dissolvido.
so.lú.vel adj. Que se pode dissolver.
sol.vá.vel adj.2gên. Que se pode pagar.
sol.ven.te adj.2gên. Que solve ou que é capaz de solver.
sol.ver v.t.d. Resolver; dissolver.
som s.m. Ruído provocado no ouvido pela vibração dos corpos sonoros; emissão de voz; ruído.
so.ma s.m. Operação e resultado da adição; totalidade.
so.mar v.t.d. Fazer a soma de; adicionar; v.t.d. e i. acrescentar; v.pron. resumir-se. (Antôn.: *subtrair*.)
so.má.ti.co adj. Relativo ao corpo humano.
som.bra s.f. Obscuridade provocada por um corpo opaco; fantasma; escuridão.
som.bre.a.do adj. Em que há sombra; s.m. gradação do escuro num quadro ou desenho.
som.bri.nha s.f. Pequeno guarda-sol de senhora.
som.bri.o adj. Que produz sombra; escuro; triste.
som.bro.so adj. Que produz ou em que há sombra.
so.me.nos adj.2gên.2n. Inferior em qualidade ou valor.
so.men.te adv. Unicamente.
so.mí.ti.co adj. e s.m. Avarento; mesquinho.
so.nâm.bu.lo adj. e s.m. Aquele que anda, fala etc. dormindo.
so.nan.te adj.2gên. Que soa.
so.na.ta s.f. Música instrumental, com divisões definidas, sobretudo na música clássica.

son.da *s.f.* Prumo ou objeto com que se determina ou observa a profundidade das águas etc. *Fig.* Investigação.

son.dar *v.t.d.* Examinar com a sonda; fazer a sondagem de; avaliar; investigar.

so.ne.ca *s.f.* Sonolência; curto espaço de tempo que se passa dormindo.

so.ne.gar *v.t.d.* Omitir ou não pagar, burlando a lei; ocultar.

so.ne.to *s.m.* Composição poética de catorze versos, dispostos em duas quadras e dois tercetos.

so.nha.dor *adj. e s.m.* Que ou quem sonha.

so.nhar *v.intr.* Associação incoerente de ideias que se formam durante o sono; entregar-se a fantasias e devaneios; *v.t.d.* imaginar.

so.nho *s.m.* Ideias e imagens que se apresentam à consciência no período do sono; fantasia; desejo intenso; bolo feito de trigo e ovos, frito e depois polvilhado com açúcar.

sô.ni.co *adj.* Que diz respeito ao som; fonético.

so.ni.do *s.m.* Som; ruído.

so.ní.fe.ro *s.m.* Substância soporífera; *adj.* que causa sono.

so.no *s.m.* Repouso provocado pelo adormecimento dos sentidos.

so.no.lên.cia *s.f.* Disposição para dormir.

so.no.len.to *adj.* Que diz respeito à sonolência; lento.

so.no.plas.ti.a *s.f.* Técnica de produzir certos efeitos com os sons.

so.no.ri.da.de *s.f.* Qualidade de sonoro.

so.no.ro *adj.* Que produz som; que emite som; suave; harmonioso.

son.so *adj.* Bobo; tonto.

so.pa *s.f.* Caldo com alguma substância sólida; *adj.* fácil de ser feito.

so.pé *s.m.* Base de uma montanha.

so.pe.sar *v.t.d.* Avaliar o peso de alguma coisa tomando-a na mão; ponderar.

so.pi.tar *v.t.d.* Fazer adormecer; acalmar; reprimir.

so.po.rí.fe.ro *adj.* Que provoca sono ou sopor. *Fig.* Maçante.

so.pra.no *s.2gên.* A mais aguda das vozes.

so.prar *v.t.d.* Dirigir o sopro sobre ou para; avivar ou apagar com o sopro; sugerir; estimular ocultamente.

so.pro *s.m.* Vento que se faz impelindo o ar com a boca; hálito; vento; brisa; exalação.

sor.di.dez *s.f.* Propriedade ou condição do que é sórdido; imundície; baixeza; falta de dignidade.

sór.di.do *adj.* O mesmo que *sujo*; repugnante; obsceno; mesquinho; indecente.

sor.na *s.f.* Indolência; soneca; aborrecimento.

so.ro *s.m.* Parte aquosa que permanece após coagulação do sangue ou do leite.

so.ro.po.si.ti.vo *s.m.* Que no exame para detecção do vírus HIV tem resultado positivo.

sor.ra.tei.ro *adj.* Que age maliciosamente.

sor.rel.fa *s.f.* Disfarce para enganar.

sor.rir *v.intr.* e *pron.* Rir de leve; *v.t.i.* mostrar-se alegre; *v.t.d.* e *i.* exprimir amigavelmente. (Antôn.: *chorar*.)

sor.ri.so *s.m.* Ato de sorrir.

sor.te *s.f.* Destino; fortuna; modo; felicidade.

sor.te.ar *v.t.d.* Escolher por sorte; rifar.

sor.tei.o *s.m.* Ato ou efeito de sortear.

sor.ti.lé.gio *s.m.* Ato ou efeito de bruxaria; feitiçaria.

sor.ti.men.to *s.m.* Ato ou efeito de sortir; mistura de coisas diversas.

sor.tir *v.t.d.* Abastecer.

so.rum.bá.ti.co *adj.* Triste; melancólico.

sor.ver *v.t.d.* Beber, aspirando; absorver; atrair para baixo; subverter.

sor.ve.te *s.m.* Iguaria doce, gelada, firme e cremosa à base de leite.

sor.ve.te.ri.a *s.f.* Loja onde se vendem sorvetes.

sor.vo *s.m.* Gole.

sos.lai.o *s.m.* Obliquidade.

sos.se.ga.do *adj.* Calmo; tranquilo.

sos.se.gar *v.t.d.* Pôr em sossego; aquietar; *v.intr.* e *pron.* tornar-se quieto; descansar; acalmar-se. (Antôn.: *inquietar*.)

sos.se.go *s.m.* Tranquilidade; calma; descanso.

só.tão *s.m.* Compartimento situado entre o teto do último andar de uma casa e o telhado.

so.ta.que *s.m.* Pronúncia; tom peculiar de voz.

so.ter.rar *v.t.d.* Enterrar.

so.to.por *v.t.d.* e *i.* Pôr debaixo; preterir.

so.tur.no *adj.* Sombrio; melancólico.

sou.to *s.m.* Bosque denso.

so.va.co *s.m.* Axila.

so.var *v.t.d.* Amassar ou amaciar batendo; surrar.

so.ver.ter *v.t.d.* Fazer desaparecer sob a água ou sob a terra.

so.vi.na *s.f.* Instrumento perfurante semelhante a uma lima; *adj.* e *s.2gên.* pessoa avarenta.

sr. Abreviatura de senhor.

sra. Abreviatura de senhora.

su.a *adj.* e *pron.* Forma feminina de seu.

su.a.do *adj.* Que está coberto de suor. *Fig.* Que custou enorme trabalho.

su.a.dou.ro *s.m.* Ato ou efeito de suar.

su.ar *v.t.d.* e *intr.* Exprimir suor pelos poros; transpirar; *v.t.i.* afadigar-se; *v.t.d.* conseguir com grande trabalho ou com muito esforço.

su.a.si.vo *adj.* Que persuade ou é próprio para persuadir.

su.a.só.ria *s.f.* Palestra, discurso ou palavras convincentes.

su.ás.ti.ca *s.f.* Cruz usada como símbolo nazista.

SUAVE — SUBSTITUIR

su.a.ve *adj.* Brando; macio; delicado.
su.a.vi.da.de *s.f.* Propriedade de suave; brandura; macieza; doçura.
su.a.vi.zar *v.t.d.* Tornar suave; abrandar.
sub *pref.* Indicativo de substituição, proximidade; inferioridade.
su.ba.li.men.ta.ção *s.f.* Alimentação deficiente; subnutrição.
su.bal.ter.no *adj.* Que está sob as ordens de outro; subordinado.
su.ba.quá.ti.co *adj.* Que está debaixo de água.
sub.che.fe *s.m.* Funcionário imediato ao chefe ou que o substitui.
sub.cons.ci.en.te *s.m.* Fato inconsciente; aquilo que é sentido de maneira obscura.
sub.cu.tâ.neo *adj.* Que fica por baixo da pele.
sub.de.le.ga.do *s.m.* Imediato ou substituto do delegado.
sub.de.sen.vol.vi.men.to *s.m.* Desenvolvimento abaixo do normal.
sub.di.vi.dir *v.t.d.* Dividir de novo; *v.pron.* separar-se em várias divisões.
sub.em.pre.go *s.m.* Emprego não qualificado.
su.ben.ten.der *v.t.d.* Entender (o que não está expresso); supor.
su.bes.ti.mar *v.t.d.* Menosprezar.
sub.gru.po *s.m.* Cada uma das divisões de um grupo.
su.bi.da *s.f.* Ação ou resultado de subir; ladeira.
su.bir *v.t.d.* e *intr.* Andar para cima; trepar; aumentar; *v.pron.* elevar-se. (Antôn.: *descer*.)
sú.bi.to *adj.* Inesperado.
sub.ja.cen.te *adj.2gên.* Que está ou jaz por baixo.
sub.je.ti.vi.da.de *s.f.* Qualidade de subjetivo.
sub.je.ti.vo *adj.* O que é individual; o que pertence exclusivamente ao pensamento, sem relação com o mundo físico.
sub.ju.gar *v.t.d.* Pôr sob o jugo; dominar pela força; sujeitar; conquistar. (Antôn.: *liberar*.)
sub.jun.ti.vo *adj.* O mesmo que *subordinado*; *s.m.* o modo verbal que indica a ação como dependente de outra.
sub.le.var *v.t.d.* Revoltar; levantar de baixo para cima.
su.bli.ma.ção *s.f.* O mesmo que *purificação*.
su.bli.mar *v.t.d.* Exaltar; engrandecer; elevar; purificar.
su.bli.me *adj.* Excelso; elevado; magnífico; grandioso.
sub.li.mi.nar *adj.* Diz-se do que não vai além do limiar da confiança; subconsciente.
sub.li.nhar *v.t.d.* Passar um traço por baixo de; destacar.
sub.lo.car *v.t.d.* Subarrendar.
sub.ma.ri.no *adj.* Imergido no mar; *s.m.* navio de guerra que pode navegar imergido.

sub.mer.gir *v.t.d.* Afundar; cobrir de água; inundar; *v.intr.* e *pron.* ir ao fundo.
sub.mer.so *adj.* Coberto de água.
sub.me.ter *v.t.d.* Reduzir à obediência, à dependência; subordinar.
sub.mi.nis.trar *v.t.d.* e *i.* Prover do necessário; fornecer.
sub.mis.são *s.f.* Ato ou efeito de submeter; humildade.
sub.mun.do *s.m.* O conjunto dos marginais vistos como em grupo social organizado.
sub.nu.tri.ção *s.f.* Alimentação má ou fraca.
sub.or.dem *s.f.* Divisão de uma ordem no domínio das classificações.
su.bor.di.na.ção *s.f.* Dependência; obediência. *Gram.* Dependência entre palavras e orações.
su.bor.di.nar *v.t.d.* Sujeitar; pôr sob a dependência de.
su.bor.na.ção *s.f.* Suborno.
su.bor.nar *v.t.d.* Aliciar para fins inconfessáveis; comprar; corromper.
su.bor.no *s.m.* Ato ou efeito de subornar.
sub.pro.du.to *s.m.* Produto que deriva de um outro superior.
sub.ro.gar *v.t.d.* e *i.* Pôr em lugar de outrem; substituir.
subs.cre.ver *v.t.d.* Escrever por baixo de; assinar; aprovar; *v.t.i.* aceder.
subs.cri.ção *s.f.* Ação ou efeito ou subscrever.
subs.cri.tar *v.t.d.* Subscrever; assinar.
sub.se.quên.cia *s.f.* O mesmo que *seguimento*.
sub.se.quen.te *adj.2gên.* Imediato; seguinte.
sub.ser.vi.ên.cia *s.f.* Servilismo; adulação.
sub.si.di.á.ria *s.f.* Empresa controlada por outra que detém a maioria de suas ações.
sub.sí.dio *s.m.* Auxílio financeiro; socorro; benefício.
sub.sis.tên.cia *s.f.* Conjunto do que é necessário para sustentar a vida.
sub.sis.tir *v.intr.* O mesmo que *existir*; permanecer; continuar a ser.
sub.so.lo *s.m.* Camada do solo que fica por baixo da visível.
subs.ta.be.le.cer *v.t.d.* Nomear como substituto.
subs.tân.cia *s.f.* Natureza de uma coisa; aquilo que subsiste por si; essência; matéria.
subs.tan.ci.al *adj.* Referente à substância; nutritivo; fundamental.
subs.tan.ci.o.so *adj.* Nutritivo; em que há muita substância.
subs.tan.ti.vo *adj.* Que pode subsistir por si. *Gram.* Palavra com que se nomeiam os seres ou coisas.
subs.ti.tu.i.ção *s.f.* Ato ou efeito de subsistir.
subs.ti.tu.ir *v.t.d.* Colocar (pessoa ou coisa) em lugar de.

subs.ti.tu.to *adj.* Que substitui; *s.m.* indivíduo que substitui outro ou faz as vezes dele.
subs.tra.to *s.m.* O essencial.
sub.ter.fú.gio *s.m.* Recurso com que se procura fugir de responsabilidades; evasiva.
sub.ter.râ.ne.o *adj.* Que fica ou se realiza debaixo da terra.
sub.tra.ção *s.f.* Ato ou efeito de subtrair; diminuição.
sub.tra.ir *v.t.d.* Furtar; retirar; diminuir; *v.pron.* escapar. (Antôn.: *adicionar, somar*.)
su.bur.ba.no *adj.* Relativo a subúrbio; que fica próximo da cidade.
su.búr.bio *s.m.* Periferia.
sub.ven.ção *s.f.* Subsídio dado pelo governo.
sub.ver.são *s.f.* Revolta; insubordinação.
sub.ver.si.vo *adj.* Revolucionário.
sub.ver.ter *v.t.d.* Derrubar; confundir; perverter.
su.ca.ta *s.f.* Ferro considerado inútil.
su.ca.te.ar. *v.t.d.* Tornar velho, em desuso.
suc.ção *s.f.* Ação ou efeito de sugar.
su.ce.der *v.intr.* Acontecer; realizar-se; *v.t.i.* ter substituto; *v.t.d.* herdar por sucessão.
su.ces.são *s.f.* Ato ou efeito de suceder; herança. *Fig.* Descendência; geração.
su.ces.so *s.m.* Bom resultado; bom êxito.
su.ces.sor *adj. e s.m.* Que, ou aquele que sucede a outrem; *s.m.* herdeiro.
sú.cia *s.f.* Conjunto de pessoas de má fama.
su.cin.to *adj.* Resumido.
su.co *s.m.* Sumo; seiva.
su.çu.a.ra.na *s.f.* Animal carnívoro do Brasil, também chamado onça parda, da família dos felídeos.
su.cu.len.to *adj.* Que tem suco; gordo; substancial.
su.cum.bir *v.intr.* Cair sob o peso de; abater; não resistir; *v.intr.* morrer.
su.cu.ri *s.f.* Cobra sem veneno com até 10 m.
su.cur.sal *adj.2gên.* Dependente de outro (estabelecimento); *s.f.* filial.
su.dá.rio *s.m.* Pano com que antigamente se enxugava o suor. *Fig.* Relato de coisas condenáveis.
sú.di.to *s.m.* Vassalo; *adj.* que está sujeito à vontade de outrem.
su.do.rí.fe.ro ou **su.do.rí.fi.co** *adj.* Que faz suar; *s.m.* aquilo que faz suar.
su.e.to *s.m.* Feriado; folga.
su.fi.ci.en.te *adj.2gên.* Que satisfaz.
su.fi.xo *s.m. Gram.* Sílabas ou letras que se colocam depois das raízes dos vocábulos primitivos, para torná-los derivados; desinência.
su.fo.can.te *adj.2gên.* Que sufoca; asfixiante.
su.fo.car *v.t.d.* Impedir ou reprimir a respiração de; afogar; *intr.* perder a respiração; *v.pron.* reprimir-se.
su.fra.gar *v.t.d.* Eleger.

su.frá.gio *s.m.* O mesmo que *voto, votação*; eleição.
su.gar *v.t.d.* Chupar; extrair; extorquir.
su.ge.rir *v.t.d.* Indicar; proporcionar; ocasionar; insinuar.
su.ges.tão *s.f.* Ato ou efeito de sugerir; instigação; estímulo.
su.ges.tio.nar *v.t.d.* Influenciar pelo inconsciente.
su.ges.ti.vo *adj.* Que sugere; atraente.
sui ge.ne.ris *(Lat.) loc.adj.* Singular.
su.í.ças *s.f.pl.* Porção de barba que se deixa crescer nas partes laterais da face.
su.i.ci.da *s.2gên.* Pessoa que matou a si mesma.
su.i.ci.dar-se *v.pron.* Dar a morte a si próprio.
su.i.cí.dio *s.m.* Ato ou efeito de suicidar-se.
su.í.ço *adj.* Da Suíça *s.m.* o natural da Suíça (Europa).
su.í.no *adj.* Relativo a porco; *s.m.* porco.
su.í.te *s.f.* Composições instrumentais em forma de dança ou de canção.
su.jei.tar *v.t.d.* Reduzir à sujeição; submeter.
su.jei.to *adj.* O mesmo que *escravizado*; dependente; *s.m.* pessoa indeterminada ou cujo nome é omisso.
su.ji.da.de *s.f.* Sujeira; imundície.
su.jo *adj.* Emporcalhado. *Fig.* Desonesto.
sul *s.m.* Ponto cardeal oposto ao Norte; polo austral.
sul.car *v.t.d.* Fazer sulcos em; navegar por; atravessar.
sul.co *s.m.* Rego aberto pelo arado ou charrua; ruga.
sul.fa.to *s.m. Quím.* Sal do ácido sulfúrico resultante de sua combinação com uma base.
sul.fú.ri.co *adj.* Relativo ao enxofre.
sul.fu.ro.so *adj.* Que contém enxofre.
su.lis.ta *adj.2gên.* Do Sul do país; sulino.
sul.tão *s.m.* Antigo imperador turco; homem que tem muitas amantes.
su.ma *s.f.* Soma; resumo; substância.
su.ma.ren.to *adj.* Que tem muito sumo.
su.má.rio *adj.* Resumido; breve; *s.m.* síntese; recapitulação.
su.me.tu.me *s.m.* Saída de galeria subterrânea.
su.mi.ção *s.f.* ou **su.mi.ço** *s.m.* Desaparecimento.
su.mi.da.de *s.f.* Qualidade do que é eminente; o ponto mais elevado; pessoa de grande talento.
su.mi.dou.ro *s.m.* Lugar onde as águas de um rio somem.
su.mir *v.t.d.* Perder; apagar; eliminar.
su.mo *s.m.* O mesmo que *suco*.
sú.mu.la *s.f.* Pequena suma; resumo.
sun.ga *s.f.* Calção para banho de mar.
sun.tu.á.rio *adj.* Relativo a despesas, gastos ou a luxo.
sun.tu.o.so *adj.* Com que se fez grandes despesas; aparatoso.

su.or *s.m.* Humor aquoso que vem à superfície da pele, por efeito do calor; ato de suar.

su.pe.dâ.neo *s.m.* Estrado de madeira junto ao altar ou ao trono escabelo.

su.pe.di.tar *v.t.d.* e *i.* Ministrar; oferecer.

su.pe.ra.li.men.ta.ção *s.f.* Dieta farta, de alto valor nutritivo.

su.pe.rar *v.t.d.* Vencer; exceder.

su.pe.rá.vit *s.m.* Saldo a favor.

su.per.cí.lio *s.m.* O mesmo que *sobrancelha*.

su.pe.res.ti.mar *v.t.d.* Estimar excessivamente.

su.per.fi.ci.al *adj.* Pouco profundo; leviano.

su.per.fí.cie *s.f.* A parte de cima dos corpos.

su.pér.fluo *adj.* Desnecessário; inútil; *s.m.* o que é demais.

su.per-ho.mem *s.m.* O que se considera acima do bem e do mal; homem de qualidades extraordinárias.

su.pe.rin.ten.den.te *adj.* e *s.m.* Pessoa que fiscaliza, vigia.

su.pe.ri.or *adj.* Elevado; excelente; *s.m.* aquele que tem autoridade sobre outro.

su.pe.ri.o.ri.da.de *s.f.* Propriedade do superior; autoridade.

su.per.la.ti.vo *adj.* Que exprime qualidade no mais alto grau; *s.m.* o adjetivo no grau superior.

su.per.lo.tar *v.t.d.* Exceder a lotação de.

su.per.po.pu.la.ção *s.f.* Excesso de população.

su.per.por *v.t.d.* e *i.* Sobrepor.

su.per.sen.sí.vel *adj.2gên.* Muito sensível.

su.per.sô.ni.co *adj.* Referente ao que passa com velocidade superior à do som.

su.pers.ti.ção *s.f.* Crendice; fanatismo.

su.pers.ti.ci.o.so *adj.* Que tem ou em que há superstição.

su.pérs.ti.te *adj.2gên.* Sobrevivente.

su.per.ve.ni.en.te *adj.2gên.* Que sobrevém.

su.per.vi.são *s.f.* Fiscalização; ato de inspecionar.

su.per.vi.sar *v.t.d.* Dirigir; inspecionar.

su.per.vi.sor *s.m.* Que supervisiona.

su.pim.pa *adj. Fam.* Ótimo; excelente.

su.pi.no *adj.* Alto; excessivo.

su.plan.tar *v.t.d.* Pôr sob os pés; derrubar; vencer; exceder.

su.ple.men.tar *adj.2gên.* Adicional.

su.ple.men.to *s.m.* Obra ou parte; páginas com matéria especial que se acrescentam a certos números de jornais.

su.plen.te *s.m.* Substituto.

su.ple.ti.vo *adj.* Que supre ou é próprio para suprir; *s.m.* ensino supletivo.

sú.pli.ca *s.f.* Ato ou efeito de suplicar.

su.pli.car *v.t.d.* Pedir com humildade e com insistência.

sú.pli.ce *adj.2gên.* Que suplica; suplicante.

su.plí.cio *s.m.* Grande punição corporal; pena de morte.

su.por *v.t.d.* Presumir; imaginar.

su.por.tar *v.t.d.* Sustentar; sofrer; aguentar.

su.por.te *s.m.* Aquilo que suporta ou sustenta alguma coisa.

su.po.si.ção *s.f.* O mesmo que *hipótese*.

su.po.si.tó.rio *s.m.* Medicamento de forma cilíndrica que se introduz no ânus ou na vagina para aí liberar o medicamento contido.

su.pos.to *adj.* Hipotético; fictício.

su.pra.ci.ta.do *adj.* Citado acima ou antes.

su.pra.par.ti.dá.rio *adj.* Que está acima da competência de um partido político.

su.pras.su.mo *s.m.* Máximo; auge.

su.pre.ma.ci.a *s.f.* Superioridade; poder supremo.

su.pre.mo *adj.* Que está acima de tudo; relativo a Deus; derradeiro; superior.

su.pres.são *s.f.* Ato ou efeito de suprimir.

su.pres.si.vo *adj.* Que suprime ou é próprio para suprimir.

su.pri.mir *v.t.d.* Impedir a vulgarização de; omitir; anular; invalidar.

su.prir *v.t.d.* Completar; preencher; *v.t.i.* acudir; remediar.

su.pu.rar *v.intr.* Formar ou expelir pus.

sur.dez *s.f.* Falta completa ou grande da audição.

sur.di.na *s.f.* Peça com que se enfraquecem os sons nos instrumentos de corda.

sur.dir *v.intr.* Emergir; irromper; sair.

sur.do *adj.* Que não ouve ou que ouve pouco; pouco sonoro.

sur.gir *v.intr.* Erguer-se; despontar; nascer; vir; chegar; passar; *v.t.i.* lembrar.

su.ro *adj.* Sem cauda ou de rabo curto; rabicó.

sur.pre.en.den.te *adj.2gên.* Que surpreende; magnífico; maravilhoso.

sur.pre.en.der *v.t.d.* Apanhar de improviso; causar surpresa a; *v.pron.* espantar-se.

sur.pre.sa *s.f.* Ato ou efeito de surpreender; aquilo que surpreende; sobressalto.

sur.pre.so *adj.* Surpreendido; admirado.

sur.ra *s.f.* Ação de surrar, de espancar.

sur.ra.do *adj.* Curtido; espancado; gasto pelo uso; sujo.

sur.rar *v.t.d.* Curtir; bater; *v.pron.* gastar-se pelo uso (vestuário).

sur.ru.pi.ar *v.t.d.* Tirar às escondidas; furtar.

sur.ti.da *s.f.* Investida.

sur.tir *v.t.d.* Originar; produzir; *v.t.i.* ter consequência boa ou má.

sur.to *adj.* O mesmo que *ancorado*; *s.m.* ambição; impulso.

su.ru.cu.cu *s.f.* Cobra do Brasil extremamente venenosa, também conhecida por surucutinga.

su.ru.ru *s.m. Bras.* Sinônimo de motim; briga.

sus.ce.ti.bi.li.zar *v.t.d.* Melindrar; ofender.
sus.ce.tí.vel ou **sus.cep.ti.vel** *adj.2gên.* Capaz; que pode receber impressões, modificações ou qualidades.
sus.ci.tar *v.t.d.* Provocar; originar; sugerir.
sus.pei.ção *s.f.* Suspeita.
sus.pei.tar *v.t.d.* e *intr.* Ter suspeita de; supor; desconfiar de.
sus.pei.to *adj.* Que infunde suspeitas; duvidoso; que inspira desconfiança.
sus.pen.der *v.t.d.* Fixar; pendurar; interromper temporariamente; *v.pron.* pendurar-se.
sus.pen.são *s.f.* Ato ou efeito de suspender.
sus.pen.se *s.m.* Incerteza, expectativa ansiosa do que está por acontecer.
sus.pen.so *adj.* Pendurado; interrompido.
sus.pen.só.rio *adj.* Que suspende; *s.m.pl.* fitas que, passando por cima dos ombros, seguram as calças.
sus.pi.caz *adj.2gên.* Desconfiado.
sus.pi.rar *v.t.d.* Ter saudades de; *v.intr.* dar suspiros; *v.t.i.* desejar ardentemente.
sus.pi.ro *s.m.* Ânsia; gemido amoroso; doce feito de clara de ovo e açúcar.

sus.sur.rar *v.intr.* Causar sussurro; *v.t.d.* dizer em voz baixa.
sus.sur.ro *s.m.* Som confuso; murmúrio.
sus.tar *v.t.d.* Interromper; suspender.
sus.te.ni.do *s.m.* Notação musical indicativa de elevação de um semitom.
sus.ten.ta.ção *s.f.* Ato ou efeito de sustentar; alimento; conservação; confirmação.
sus.ten.tá.cu.lo *s.m.* Aquilo que sustenta ou sustém; suporte.
sus.ten.tar *v.t.d.* Suportar; alimentar; amparar; *v.pron.* defender-se; manter-se.
sus.ten.to *s.m.* Aquilo que serve de alimentação; ato ou efeito de sustentar.
sus.ter *v.t.d.* Segurar por baixo para que não caia; refrear; reprimir; conservar.
sus.to *s.m.* Medo repentino; sobressalto.
su.til *adj.2gên.* Tênue, fino, penetrante.
sú.til *adj.2gên.* Cosido.
su.ti.le.za *s.f.* Qualidade do que é sutil; minúcia; argumento capcioso.
su.tu.ra *s.f.* Costura.
su.tu.rar *v.t.d.* Fazer a sutura de.

t T

t *s.m.* Vigésima letra do alfabeto português.
tá *interj.* Alto lá; basta!
ta.ba *s.f.* Aldeia de índios.
ta.ba.ca.ri.a *s.f.* Estabelecimento onde se vendem cigarros etc.
ta.ba.co *s.m.* Gênero de plantas solanáceas, cujas folhas, depois de preparadas, servem para fumar, cheirar ou mastigar.
ta.ba.gis.mo *s.m.* Abuso do tabaco.
ta.ba.que *s.m.* Tipo de tambor indígena.
ta.ba.réu *s.m.* Homem da roça.
ta.ba.tin.ga *s.f.* Argila mole.
ta.be.fe *s.m.* Soco; bofetada.
ta.be.la *s.f.* Pauta de nomes ou outras indicações; lista.
ta.be.lar *adj.2gên.* Referente a tabela; *v.t.d.* impor uma tabela de preços.
ta.be.li.ão *s.m.* Notário público, que reconhece assinaturas, faz escrituras e outros documentos.
ta.ber.na *s.f.* Botequim; bar.
ta.ber.ná.cu.lo *s.m.* Templo portátil que foi santuário do deus dos hebreus, durante a peregrinação destes no deseto.
ta.ber.nei.ro *s.m.* Dono da taberna.
tá.bi.do *adj.* Padre.
ta.bi.que *s.m.* Parede de madeira para dividir sala ou quarto em compartilhamentos.
ta.bla.do *s.m.* Estrado; palco.
ta.ble.te *s.m.* Alimento ou medicamento em forma de placa.
ta.bloi.de *s.m.* Publicação periódica com a metade do tamanho dos jornais.
ta.bo.ca *s.f.* Bambu.
ta.bu *s.m.* Instituição religiosa que atribui a uma pessoa ou objeto caráter sagrado; *adj.* que é proibido.
tá.bua *s.f.* Peça lisa de madeira.
ta.bu.a.da *s.f.* Tabela que contém combinações de algarismos.
ta.bu.a.do *s.m.* Armação de tábua; tablado.
ta.bu.la.dor *s.m.* Dispositivo de máquina de escrever que, pela simples pressão de uma tecla, traz o carro ao alinhamento determinado.
ta.bu.lei.ro *s.m.* Bandeja.
ta.bu.le.ta *s.f.* Tábua de madeira ou de outra substância, com letreiro; aviso.

ta.ça *s.f.* Copo.
ta.ca.da *s.f.* Pancada com taco; golpe imprevisto.
ta.ca.nho *adj.* Mesquinho; estúpido.
ta.ção *s.m.* Salto do calçado.
ta.ca.pe *s.m.* Espécie de clava de índios.
ta.car *v.t.d.* Atirar.
ta.cha *s.f.* Preguinho de cabeça chata.
ta.char *v.t.d.* Notar defeito em; censurar.
ta.cho *s.m.* Vaso de metal ou de barro, largo e pouco fundo.
tá.ci.to *adj.* Silencioso; subentendido.
ta.ci.tur.no *adj.* Triste; silencioso.
ta.co *s.m.* Pau roliço e comprido com que se impelem as bolas do bilhar; pedaço de tábua para revestimento de pisos.
ta.fe.tá *s.m.* Tecido brilhante de seda.
ta.ful *adj.2gên.* e *s.m.* Indivíduo galante.
ta.ga.re.la *adj.* Loquaz; *s.2gên.* pessoa muito faladora.
ta.ga.re.lar *v.intr.* Falar muito.
tá.gi.de *s.f. Mit.* Ninfa do Tejo (rio português).
tai.fei.ro *adj.* e *s.m.* Criado de bordo.
tai.pa *s.f.* Parede feita de barro socado entre tábuas de ripas; tabique.
tal *adj.2gên.* Semelhante ou igual; *pron.* esse; aquele; isso; aquilo.
ta.la *s.f.* Peça plana de madeira para apertar.
ta.la.gar.ça *s.f.* Pano de fios ralos, sobre o qual se borda.
tá.la.mo *s.m.* Leito nupcial.
ta.lan.te *s.m.* Desejo; vontade; arbítrio.
ta.lão *s.m.* Parte de um recibo ou outro documento que serve de contraprova.
ta.lar *adj.2gên.* Relativo a talão; *v.t.* abrir fendas ou sulcos em.
ta.lás.si.co *adj.* De, relativo a ou que tem a cor do mar.
ta.las.so.fo.bi.a *s.f.* Medo mórbido do mar.
tal.co *s.m.* Mineral ortorrômbico ou monoclínico que se apresenta em agregados lamelares; falso brilho.
ta.len.to *s.m.* Aptidão natural ou habilidade adquirida.
ta.len.to.so *adj.* Que tem talento; hábil.
ta.lha *s.f.* Corte; pote; ação de talhar; entalhe.
ta.lha.do *adj.* Cortado; predisposto.

ta.lhar *v.t.d.* Golpear; gravar; *v.intr.* coagular-se (o leite) quando é fervido.
ta.lhe *s.m.* Conformação, feito do corpo ou de um objeto.
ta.lho *s.m.* Ato de talhar; poda.
ta.li.ão *s.m.* Pena.
ta.lis.ca *s.f.* Fenda na rocha; pequena lasca.
ta.lis.mã *s.m.* Amuleto.
tal.mu.de *s.m.* Livro que contém a lei e as tradições judaicas.
ta.lo *s.m.* Caule.
ta.lu.de *s.m.* Terreno inclinado; rampa.
ta.lu.do *adj.* Que tem talo rijo.
ta.man.co *s.m.* Calçado grosseiro com base de madeira; soco.
ta.man.du.á *s.m.* Mamífero que se alimenta de formigas.
ta.ma.nho *adj.* Grande; *s.m.* comprimento; altura.
tâ.ma.ra *s.f.* Fruto da tamareira e de outras palmeiras.
ta.ma.rin.do *s.m.* Árvore leguminosa; o fruto dessa árvore.
tam.bém *adv.* Da mesma forma; realmente.
tam.bor *s.m.* Caixa cilíndrica, com as bases de pele tensas, numa das quais se toca com baquetas.
tam.bo.re.te *s.m.* Banco sem encosto nem braços, semelhante a um tambor.
tam.bo.ril *s.m.* Pequeno tambor.
tam.bo.ri.lar *v.intr.* Tocar com os dedos ou com outro objeto em qualquer superfície, imitando o rufar do tambor.
tam.bo.rim *s.m.* O mesmo que *tamboril*.
ta.mis *s.m.* Peneira de seda.
ta.moi.os *s.m.pl.* Tribo tupi que habitava a região do estado do Rio de Janeiro.
tam.pa *s.f.* Peça movediça com que se tapa vaso ou caixa.
tam.pão *s.m.* Tampa grande; tampo.
tam.par *v.t.d.* Pôr tampa ou tampo em.
tam.pi.nha *s.f.* Jogo de caráter popular brasileiro; *s.2gên.* pessoa de pequena estatura.
tam.pou.co *adv.* Também não.
ta.na.a.ri.a *s.f.* Fêmea da saúva; iça.
ta.na.lo.gi.a *s.f.* Teoria, do estudo ou tratado sobre a morte.
tan.ga *s.f.* Pedaço de pano usado para cobrir o sexo; calcinha muito cavada.
tan.gen.te *adj.2gên.* Que tange; *s.f.* linha que toca outra linha ou superfície num só ponto.
tan.ger *v.t.d.* Tocar (instrumentos); *v.intr.* soar; *v.t.d.* pertencer; referir-se; tocar.
tan.gí.vel *adj.2gên.* Em que se pode tocar.
tan.go *s.m.* Música de dança argentina.
ta.no.a.ri.a *s.f.* Ofício ou oficina de tanoeiro.
ta.no.ei.ro *adj. e s.m.* O que fabrica ou conserta tonéis, barris etc.

tan.que *s.m.* Chafariz; reservatório para água, azeite, etc.
tan.tã *adj.2gên.* Desequilibrado; *s.m.* espécie de tambor.
tan.ta.li.zar *v.t.d.* Provocar desejos irrealizáveis em.
tan.to *adj.* Tão numerosa; tão grande; *s.m.* porção indeterminada; *adv.* de tal modo.
tão *adv.* Tanto.
ta.pa *s.m.* Bofetada.
ta.pa.da *s.f.* Terreno murado; cercado.
ta.pa.do *adj.* Tampado. *Fig.* Estúpido.
ta.pa.jós *s.m.pl.* Grande tribo de índios brasileiros das margens do rio do mesmo nome.
ta.pa-o.lho *s.m.* Bofetada nos olhos; venda.
ta.par *v.t.d.* Tampar; fechar; *v.pron.* abafar-se.
ta.pe.ar *v.t.d.* Dar tapa em. *Pop.* Enganar.
ta.pe.çar *v.t.d.* Forrar com tapetes.
ta.pe.ça.ri.a *s.f.* Estofo tecido com que se forram móveis, soalhos ou paredes.
ta.pe.ra *s.f.* Aldeia indígena abandonada.
ta.pi.o.ca *s.f.* Fécula da raiz da mandioca; peixe do mar similar da sardinha.
ta.pir *s.m.* Anta.
ta.pu.me *s.m.* Sebe; tapagem.
ta.qui.car.di.a *s.f.* Pulsação acelerada ou excessiva do coração.
ta.ra *s.f.* Falha, quebra; defeito físico ou moral.
ta.ra.do *adj.* Que tem marcado o peso da tara. *Fig.* Desequilibrado moral.
ta.ra.me.lar *v.intr.* Tagarelar.
ta.ran.te.la *s.f.* Dança napolitana ligeira e alegre.
ta.rân.tu.la *s.f.* Espécie de aranha venenosa.
tar.dar *v.t.d.* Retardar; *v.intr.* demorar-se.
tar.de *adv.* Depois de passar o tempo ajustado; *s.f.* tempo, entre o meio-dia e a noite.
tar.dí.gra.do *adj. Poét.* Que anda vagarosamente.
tar.di.nha *s.f.* O final da tarde.
tar.di.o *adj.* Tardo.
tar.do *adj.* Que anda ou age lentamente; moroso.
ta.re.co *s.m.* Objeto ou utensílio velho, já sem uso; traste.
ta.re.fa *s.f.* Trabalho, por obrigação ou castigo.
ta.re.fei.ro *adj. e s.m.* Que(m) aceita ou toma obra por tarefa.
ta.ri.fa *s.f.* Pauta de direitos alfandegários; lista de preços.
ta.ri.far *v.t.d.* Submeter à tarifa.
ta.rim.ba *s.f.* Cama simples; experiência.
tar.ja *s.f.* Contorno; guarnição.
tar.ra.fa *s.f.* Rede de pesca; capa rasgada.
tar.ra.xa *s.f.* Parafuso; rosca.
tar.ro *s.m.* Vaso para onde se ordenha o leite.
tar.so *s.m.* Parte posterior do pé.
tar.ta.mu.de.ar *v.t.d.* Gaguejar; falar com tremura na voz, por susto ou medo.

tár.ta.ro *s.m.* Inferno; incrustração que se forma nos dentes.
tar.ta.ru.ga *s.f.* Designação genérica de todos os répteis quelônios aquáticos; *s.2gên.* pessoa feia e velha.
tar.tu.fo *s.m.* Indivíduo hipócrita.
ta.ru.go *s.m.* Torno, pino para prender duas peças de madeira.
tas.ca *s.f.* Taberna.
tas.car *v.t.d.* Ato de espadelar o linho. *Fig.* Morder.
ta.ta.ra.ne.to *s.m.* O mesmo que *tetraneto*.
ta.ta.ra.vô *s.m.* O mesmo que *tetravô*.
ta.te.ar *v.t.d.* Conhecer pelo tato.
ta.ti.bi.ta.te *adj.2gên.* e *s.2gên.* Que articula mal as palavras, trocando certas consoantes.
tá.ti.ca *s.f.* Arte de combater; experiência.
tá.ti.co *adj.* Relativo a tática; *s.m.* indivíduo perito em tática.
tá.til *adj.2gên.* Relativo ao tato; que se pode tatear.
ta.to *s.m.* Conhecimento pelo contato das qualidades de um objeto. Var.: *tacto*.
ta.tu *s.m.* Mamífero desdentado cujo corpo é coberto por placas que formam uma couraça.
ta.tu.a.gem *s.f.* Processo de introduzir sob a epiderme substâncias corantes, para apresentar na pele desenhos e pinturas; marca.
ta.tu.ra.na *s.f.* Lagarta-de-fogo.
tau.ma.tur.go *adj.* e *s.m.* Indivíduo que faz milagres.
tau.ri.no *adj.* Referente ao touro.
tau.to.lo.gi.a *s.f.* Repetição das mesmas ideias em formas diferentes.
tau.xi.a *s.f.* Embutido de ouro, prata etc.
ta.ver.na *s.f.* O mesmo que *taberna*.
ta.xa *s.f.* Imposto.
ta.xa.ção *s.f.* Ato ou efeito de taxar.
ta.xar *v.t.d.* Estabelecer ou regular a taxa do preço de; regular; *v.intr.* fixar a quantidade de.
ta.xa.ti.vo *adj.* Próprio para taxar ou limitar.
tá.xi *s.m.* Automóvel de praça provido de taxímetro.
ta.xi.der.mi.a *s.f.* Técnica de empalhar animais.
ta.xi.no.mi.a *s.f.* Classificação científica.
tche.co *adj.* Da República Tcheca ou da Eslováquia; *s.m.* o natural desses países; idioma falado nesses países.
te.ar *s.m.* Aparelho para tecer; mecanismo de um relógio.
te.a.tral *adj.2gên.* Relativo a teatro; espetacular.
te.a.tro *s.m.* Edifício onde se representam obras dramáticas etc.; a arte de representar.
te.a.tró.lo.go *s.m.* Indivíduo que compõe ou escreve peças teatrais.
te.ce.du.ra *adj.* Ação de tecer.
te.ce.la.gem *s.f.* Trabalho ou indústria de tecelão.
te.ce.lão *s.m.* O que tece ou trabalha em teares.

te.cer *v.t.d.* Entrelaçar regularmente os fios de; tramar.
te.ci.do *s.m.* Pano preparado no tear; trama; *adj.* que se teceu.
te.cla *s.f.* Peça de marfim ou de outra substância que pressionada faz soar o piano ou outro instrumento.
te.cla.do *s.m.* Conjunto de teclas de um instrumento.
te.clar *v.intr. Inf.* Pressionar tecla(s) manualmente ou digitar, operando o teclado.
téc.ni.ca *s.f.* A parte material ou o conjunto de processos de uma arte; prática.
tec.ni.cis.mo *s.m.* Abuso da ou apego excessivo à técnica.
téc.ni.co *adj.* Próprio de uma arte ou ciência; *s.m.* o que é perito numa arte ou ciência.
tec.no.lo.gi.a *s.f.* Tratado das artes e ofícios em geral.
tec.tô.ni.ca *s.f.* Arte da construção de edifícios; tetônica.
té.dio *s.m.* Fastio; aborrecimento.
te.di.o.so *adj.* Que tem tédio; enfadonho.
tég.men *s.m. Bot.* Envoltório interno da semente.
te.gu.men.to *s.m.* Tudo o que reveste.
tei.a *s.f.* Tecido de linho, lã, seda etc. *Fig.* Intriga.
tei.mar *v.t.i.* Insistir; *v.intr.* ser teimoso.
tei.mo.si.a *s.f.* Qualidade do que é teimoso; teima exagerada.
te.ís.mo *s.m.* Doutrina religiosa baseada na crença da existência de Deus.
te.ja.di.lho *s.m.* Telo de veículo.
te.la *s.f.* Tecido (pano ou metal) de pontos grossos; pano sobre o qual são projetados os filmes cinematográficos; quadro.
te.lão *s.m.* Sistema de projeção de imagens em tela grande.
te.le.con.fe.rên.cia *s.f.* Conferência à qual assistem (e da qual participam, podendo intervir) pessoas presentes em diversos locais, com auxílio de aparelhos de TV que transmitem a conferência para vários locais.
te.le.fé.ri.co *adj.* Que transporta a distância; *s.m.* espécie de ascensor suspenso por cabos, que transporta pessoas de um ponto a outro, comumente nos montes.
te.le.fo.na.da *s.f.* Telefonema.
te.le.fo.ne *s.m.* Aparelho para transmitir a palavra a distância.
te.le.fo.ne.ma *s.m.* Telefonada.
te.le.fo.ni.a *s.f.* Arte de fazer chegar os sons a grande distância.
te.le.fô.ni.co *adj.* Relativo à telefonia ou a telefone.
te.le.fo.nis.ta *s.2gên.* Pessoa empregada em estação telefônica.

TELEGRAFAR — TEÓLOGO

te.le.gra.far *v.t.d.* Comunicar pelo telégrafo; *v.intr.* mandar telegrama.

te.lé.gra.fo *s.m.* Aparelho transmissor de comunicações a distância; casa ou lugar onde funciona esse aparelho.

te.le.gra.ma *s.m.* Comunicação por meio de telégrafo.

te.le.gui.a.do *adj.* Diz-se dos aparelhos guiados a distância pelas ondas hertzianas.

te.le.pa.ti.a *s.f.* Transmissão de pensamento.

te.les.có.pio *s.m.* Instrumento de astronomia para observação dos astros.

te.les.pec.ta.dor *adj. e s.m.* Que ou o que assiste a programas de televisão.

te.le.te.a.tro *s.m.* Peça de teatro transmitida pela televisão.

te.le.vi.são *s.f.* Transmissão a distância da imagem de um objeto.

te.le.vi.sor *s.m.* Aparelho de televisão.

te.le.vi.so.ra *s.f.* Estação de televisão.

te.lex *s.m.* Comunicação telegráfica bilateral.

te.lha *s.f.* Peça geralmente de barro cozido que serve para a cobertura de edifícios.

te.lha.do *s.m.* Parte externa da cobertura de uma construção.

te.lhei.ro *adj. e s.m.* Fabricante ou vendedor de telhas.

te.lú.ri.co *adj.* Relativo à terra.

te.ma *s.m.* Assunto; proposição que vai ser tratada ou demonstrada.

te.má.rio *s.m.* Conjunto de temas (assuntos).

te.má.ti.co *adj.* Referente a tema.

te.mer *v.t.d.* Ter medo de; recear. (Antôn.: *afrontar*.)

te.me.rá.rio *adj.* Imprudente; arriscado.

te.me.ro.so *adj.* Que infunde temor; terrível; medroso.

te.mi.do *adj.* Que causa medo; *s.m. Fig.* Valente; *adj.* tímido.

te.mí.vel *adj.2gên.* Que causa temor; que se deve recear.

te.mor *s.m.* Ato ou efeito de temer; susto.

têm.pe.ra *s.f.* Ação ou efeito de temperar; índole.

tem.pe.ra.do *adj.* O que se adicionou temperos; amenizado.

tem.pe.ra.men.tal *adj.2gên.* De caráter emotivo, instável.

tem.pe.ra.men.to *s.m.* Têmpera; índole; caráter.

tem.pe.ran.ça *s.f.* Moderação; sobriedade.

tem.pe.rar *v.t.d.* Adubar; harmonizar.

tem.pe.ra.tu.ra *s.f.* Estado de frio ou calor, que impressiona os nossos órgãos.

tem.pe.ro *s.m.* Condimento.

tem.pes.ta.de *s.f.* Temporal. *Fig.* Agitação moral.

tem.pes.ti.vo *adj.* Oportuno.

tem.pes.tu.o.so *adj.* Sujeito a tempestades. *Fig.* Violento.

tem.plo *s.m.* Igreja.

tem.po *s.m.* Duração das coisas; época; estado atmosférico.

tem.po.ra.da *s.f.* Grande ou determinado espaço de tempo.

tem.po.ral *adj.2gên.* Profano, relativo às fontes da cabeça; *s.m.* tempestade.

tem.po.rá.rio *adj.* Provisório; respeitante a tempo.

têm.po.ras *s.f.pl.* Partes dos lados da cabeça, entre a fonte e a face.

tem.po.ri.zar *v.t.d.* Adiar; retardar.

te.na.ci.da.de *s.f.* Qualidade de tenaz.

tê.nar *s.m.* Massa muscular da palma da mão.

te.naz *adj.2gên.* Pertinaz; obstinado; constante.

ten.ção *s.f.* Intenção; tento.

ten.cio.nar *v.t.d.* Fazer tenção de; intentar.

ten.da *s.f.* Barraca; cabana.

ten.dão *s.m.* Feixe fibroso, de ligação entre os músculos e os ossos.

ten.dên.cia *s.f.* Inclinação; vocação.

ten.den.ci.o.so *adj.* Em que há alguma tentação secreta.

ten.der *v.t.d.* Estender; inclinar-se.

ten.di.ni.te *s.m.* Inflamação dos tendões.

te.ne.bro.so *adj.* Cheio ou coberto de trevas escuro. *Fig.* Terrível.

te.nen.te *s.m.* Posto militar imediatamente inferior ao do capitão.

tê.nia *s.f.* Solitária (verme).

tê.nis *s.m.2n.* Jogo de bola, com raquetas, em campo dividido por uma rede.

te.nis.ta *s.2gên.* Jogador de tênis.

te.nor *s.m.* Voz masculina mais aguda.

ten.ro *adj.* Mole; pouco crescido; delicado.

ten.são *s.f.* Qualidade ou estado do que é tenso.

ten.so *adj.* Estendido com força; esticado. (Antôn.: *bambo, lasso*.)

ten.sor *adj.* Que estende, estica.

ten.ta *s.f.* Aparelho de cirurgia para sondar feridas.

ten.ta.ção *s.f.* Ato ou efeito de tentar.

ten.tá.cu.lo *s.m.* Apêndice móvel, de alguns animais, que serve para o tato ou para agarrar.

ten.ta.me *s.m.* Tentativa.

ten.tar *v.t.d.* Empregar meio para conseguir (o que se deseja ou empreende); arriscar; experimentar.

ten.ta.ti.va *s.f.* Experiência; ensaio.

ten.te.ar *v.t.d.* Sondar; examinar; experimentar.

ten.to *s.m.* Atenção; cuidado.

tê.nue *adj.2gên.* Fino; delgado; frágil.

te.o.fo.bi.a *s.f.* Aversão a Deus ou a coisas divinas.

te.o.go.ni.a *s.f.* Genealogia dos deuses.

te.o.lo.gi.a *s.f.* Doutrina da religião cristã; doutrina.

te.ó.lo.go *s.m.* Aquele que é versado em Teologia.

te.or *s.m.* Texto ou conteúdo de uma escrita.
te.o.re.ma *s.m.* Proposição que, para se admitir ou tornar evidente, precisa de demonstração.
te.o.ré.ti.co *adj.* Teórico.
te.o.ri.a *s.f.* Conjunto de princípios fundamentais de uma arte ou ciência.
te.ó.ri.co *adj.* Relativo a ou próprio de teoria.
te.o.ri.zar *v.t.d.* Metodizar; *v.intr.* tratar ricamente qualquer assunto.
té.pi.do *adj.* Morno.
ter *v.t.d.* Possuir; alcançar; haver; gozar; sentir; conter; *v.pron.* manter-se.
te.ra.peu.ta *s.2gên.* Tratadista de terapêutica.
te.ra.pêu.ti.ca *s.f.* Parte da Medicina que estuda os métodos de tratamento das doenças.
te.ra.pêu.ti.co *adj.* Que diz respeito à terapêutica.
te.ra.pi.a *s.f.* O mesmo que *terapêutica*.
ter.çã *adj.* e *s.f.* (Febre) que se repete de três em três dias.
ter.ça *num.* Terceira.
ter.çar *v.t.d.* Misturar; dividir em três; lutar.
ter.cei.ri.za.ção *s.f.* Processo de repasse de serviços a terceiros.
ter.cei.ro *num.* Designativo do número ordinal e fracionário correspondente a três.
ter.ci.á.rio *adj.* Que está ou vem em terceiro lugar ou ordem.
ter.ço *s.m.* A terça parte de qualquer coisa.
ter.çol *s.m.* Pequeno tumor no bordo das pálpebras.
te.re.sa *s.f.* Diz-se da corda improvisada pelos presos com lençóis ou cobertores para fugirem da prisão.
ter.gal *adj.2gên.* Relativo ao dorso.
ter.mal *adj.2gên.* Designativo das águas medicinais cuja temperatura habitual excede à das fontes comuns.
ter.mas *s.f.pl.* Estabelecimento onde se tomam banhos medicinais quentes; águas termais.
tér.mi.co *adj.* Relativo às termas ou ao calor.
ter.mi.na.ção *s.f.* Extremidade; conclusão.
ter.mi.nal *adj.2gên.* Final.
ter.mi.nan.te *adj.2gên.* Que termina ou põe fim; categórico.
ter.mi.nar *v.t.d.* Findar; concluir; *v.intr.* chegar ao seu termo.
tér.mi.no *s.m.* Fim; limite.
ter.mi.no.lo.gi.a *s.f.* Nomenclatura.
tér.mi.ta *s.f.* Cupim.
ter.mo *s.m.* Limite, em relação ao espaço e ao tempo; fim; maneira; vocábulo.
ter.mo.di.nâ.mi.ca *s.f.* Estudo das relações existentes entre os fenômenos caloríficos e os mecânicos.
ter.mô.me.tro *s.m.* Instrumento destinado a medir a temperatura dos corpos.
ter.mos.ta.to *s.m.* Dispositivo automático com que se mantém constante a temperatura de um recinto.
ter.ná.rio *adj.* Composto de três unidades.
ter.nei.ro *s.m.* Cria da vaca até um ano de idade; bezerro.
ter.no *s.m.* Grupo de três coisas ou pessoas; vestuário masculino; *adj.* meigo.
ter.nu.ra *s.f.* Meiguice; carinho.
ter.ra *s.f.* O planeta que habitamos; solo; parte sólida da superfície do globo; poeira; povoação; pátria; local; régio; território.
ter.ra.ço *s.m.* Cobertura plana de um edifício feita de pedra ou argamassa.
ter.ra.co.ta *s.f.* Argila cozida, própria para escultura.
ter.rá.queo *adj.* Relativo ao globo terrestre.
ter.rei.ro *s.m.* Espaço de terra plano e largo; largo ao ar livre onde há folguedos e cantos ao desafio.
ter.re.mo.to *s.m.* Tremor de terra.
ter.re.no *adj.* Terrestre; *s.m.* espaço de terra.
tér.reo *adj.* Relativo à terra; terrestre.
ter.res.tre *adj.2gên.* Que diz respeito à Terra; mundano.
ter.ri.fi.car *v.t.d.* Aterrorizar.
ter.ri.na *s.f.* Vaso com tampa em que se leva sopa ou caldo à mesa.
ter.ri.tó.rio *s.m.* Área de um país; grande extensão de terra.
ter.rí.vel *adj.2gên.* Que infunde ou causa terror; que produz resultados funestos; extraordinário; enorme.
ter.ror *s.m.* Pavor.
ter.ro.ris.mo *s.m.* Sistema de governar pelo terror ou por meio de revoluções violentas.
ter.ro.ris.ta *adj.* e *s.2gên.* Que ou pessoa que é partidária do terrorismo.
ter.so *adj.* Limpo; correto.
ter.tú.lia *s.f.* Reunião familiar ou de amigos; assembleia.
te.são *s.m.* Força de corpo; excitação sexual.
te.sar *v.t.d.* Entesar.
te.se *s.f.* Proposição apresentada para controvérsia.
te.so *adj.* Estendido; duro; imóvel.
te.sou.ra *s.f.* Instrumento cortante, formado de duas lâminas reunidas por um eixo, sobre que se movem.
te.sou.ra.ri.a *s.f.* Cargo ou repartição do tesoureiro.
te.sou.ro *s.m.* Grande porção de dinheiro ou de objetos preciosos; riqueza.
tes.si.tu.ra *s.f.* Contextura; organismo.
tes.ta *s.f.* Fronte. *Fig.* Frente.
tes.ta.dor *adj.* e *s.m.* Que(m) submete a teste, experimenta.

tes.ta.men.tá.rio *adj.* Relativo a testamento; *s.m.* herdeiro.

tes.ta.men.tei.ro *s.m.* Aquele a quem o estado incumbe de cumprir as disposições da sua última vontade.

tes.ta.men.to *s.m.* Disposição autêntica da última vontade de um morto.

tes.tar *v.t.d.* Deixar em testamento; legar; *v.intr.* dar testemunho; pôr à prova; experimentar.

tes.te *s.m.* Medida objetiva de inteligência.

tes.te.mu.nha *s.f.* Pessoa chamada a assistir a certos atos solenes.

tes.te.mu.nhar *v.t.d.* Dar testemunho de; presenciar.

tes.te.mu.nho *s.m.* Depoimento; prova.

tes.tí.cu.lo *s.m.* A glândula sexual masculina.

tes.ti.fi.car *v.t.d.* Testemunhar.

tes.to *s.m.* Tampa de vasilha.

te.ta *s.f.* Glândula mamária.

té.ta.no *s.m.* Doença caracterizada por rigidez dos músculos.

te.tei.a *s.f.* Bibelô; enfeite.

te.to *s.m.* Cobertura superior das casas. *Fig.* Habitação. Var.: *tecto*.

te.tra.e.dro *adj.* e *s.m.* Poliedro de quatro faces.

te.tra.ne.to *s.m.* Filho do trineto ou trineta.

te.tra.vô *s.m.* Pai do trisavô ou da trisavó.

té.tri.co *adj.* Muito triste; medonho; rígido.

te.tro *adj.* Escuro; sombrio; horrível.

teu *pron.pos.* De ti; próprio de ti; que te pertence.

têx.til *adj.2gên.* Que se pode tecer; próprio para ser tecido.

tex.to *s.m.* As próprias palavras de um autor, livro ou escrito.

tex.tu.al *adj.2gên.* Relativo ao texto; fielmente reproduzido.

tex.tu.ra *s.f.* Ato ou efeito de tecer; trama.

tez *s.f.* Pele.

ti *pron.pes.* Forma do pronome tu, quando precedido de preposição.

ti.a *s.f.* Irmã dos pais em relação aos filhos destes.

ti.a.ra *s.f.* Adorno de cabeça em forma de semicírculo.

tí.bia *s.f.* O mais grosso e mais interno dos dois ossos da perna.

tí.bio *adj.* Morno; indolente.

ti.ção *s.m.* Pedaço de lenha acesa ou meio queimada. *Fig.* Negro.

ti.co *s.m.* Pedacinho de qualquer coisa; taco.

ti.co-ti.co *s.m.* Passarinho da família dos Fringilídeos.

ti.do *adj.* Possuído; julgado.

ti.e.te *adj.2gên.* Fã ardiloso de artista.

ti.fo *s.m.* Doença infecciosa contagiosa e epidêmica.

ti.ge.la *s.f.* Vaso de barro mais ou menos tosco.

ti.gre *s.m.* Mamífero feroz, da família dos felídios. *Fig.* Homem cruel.

tí.gue.ra *s.f.* Milharal ou roça depois de efetuada a colheita.

ti.jo.lo *s.m.* Peça de barro cozido, geralmente em forma de paralelepípedo e destinada a construções.

ti.ju.co *s.m.* Pântano.

til *s.m.* Sinal gráfico que serve para nasalar a vogal a que se sobrepõe.

ti.lin.tar *v.t.d.* e *intr.* Soar como campainha, sino ou dinheiro; *v.t.d.* fazer tilintar.

ti.mão *s.m.* Peça comprida do arado.

tim.brar *v.t.d.* Pôr timbre em; qualificar.

tim.bre *s.m.* Marca; sinal; qualidade distintiva de sons.

ti.mi.dez *s.f.* Qualidade de tímido; acanhamento.

tí.mi.do *adj.* Que tem temor; acanhado.

ti.mo.nei.ro *s.m.* Aquele que governa o timão das embarcações. *Fig.* Aquele que dirige alguma coisa.

ti.mo.ra.to *adj.* Que tem medo de errar; tímido.

tím.pa.no *s.m.* Cavidade irregular na base do rochedo auditivo.

ti.na *s.f.* Espécie de cuba; banheira.

tin.gir *v.t.d.* Colorir; *v.pron.* tomar certa cor.

ti.nha *s.f.* Micose contagiosa do couro cabeludo.

ti.nho.so *adj.* Que tem tinha.

ti.nir *v.intr.* Soar aguda ou vibrantemente (vidro ou metal); zunir (os ouvidos).

ti.no *s.m.* Juízo; siso; prudência.

tin.ta *s.f.* Líquido de qualquer cor, para escrever, tingir ou imprimir.

tin.tei.ro *s.m.* Pequeno vaso, para conter tinta de escrever.

tin.tu.ra *s.f.* Ato de tingir; tinta.

tin.tu.ra.ri.a *s.f.* Ofício ou arte de tintureiro.

ti.o *s.m.* Irmão do pai ou da mãe.

tí.pi.co *adj.* Característico.

ti.ple *adj.2gên.* e *s.2gên.* Soprano.

ti.po *s.m.* Cunho ou caráter tipográfico; símbolo.

ti.po.gra.fi.a *s.f.* Arte de imprimir; estabelecimento tipográfico.

ti.poi.a *s.f.* Tira de pano presa ao pescoço para sustentar o braço ou mão doente.

ti.po.lo.gi.a *s.f.* Conjunto dos caracteres tipográficos usados num projeto gráfico.

ti.que *s.m.* Afecção espasmódica dos músculos faciais; cacoete.

ti.ra *s.f.* Pedaço de pano, papel etc. mais comprido que largo. *s.m. Gír.* Agente de polícia.

ti.ra.da *s.f.* Ação ou efeito de tirar; dito espirituoso.

ti.ra.gem *s.f.* Impressão tipográfica.

ti.ra.ni.a *s.f.* Ação desumana.

ti.ra.no *s.m.* Soberano injusto, cruel ou opressor.

ti.ran.te *adj.* Que se aproxima de.

ti.rar *v.t.d.* Puxar; arrancar; excluir; roubar; *v.pron.* escapar-se.

ti.re.oi.de *s.f.* Glândula de secreção interna, situada na frente da laringe.

ti.ri.ri.ca *s.f.* Certa cria daninha. *Fam.* Irritado.

ti.ri.tar *v.intr.* Tremer de frio.

ti.ro *s.m.* Ato ou efeito de atirar; o disparar de uma arma de fogo.

ti.ro.tei.o *s.m.* Tiros sucessivos.

ti.sa.na *s.f.* Infusão medicamentosa que o doente bebe à vontade.

tí.si.ca *s.f.* Tuberculose pulmonar.

tis.nar *v.t.d.* Enegrecer com carvão; manchar.

tis.ne *s.m.* Cor que o fogo ou a fumaça produzem na pele.

ti.tã *s.m.* Pessoa que tem caráter de grandeza gigantesca, física, intelectual ou moral.

tí.te.re *adj.2gên.* e *s.m.* Fantoche.

ti.ti.a *s.f.* Tratamento carinhoso dado à tia.

ti.ti.lar *v.t.d.* Fazer cócegas a; afagar.

ti.ti.o *s.m.* Tratamento carinhoso dado ao tio.

ti.tu.be.ar *v.intr.* Falar hesitante; *v.t.i.* vacilar.

ti.tu.lar *adj.2gên.* Que tem título honorífico; *s.2gên.* pessoa nobre; *v.t.d.* registrar.

tí.tu.lo *s.m.* Designação que se põe no princípio de um livro ou capítulo; denominação honorífica.

to.a *s.f.* Reboque; corda com que uma embarcação reboca outra.

to.a.da *s.f.* Ação ou efeito de toar; cantiga.

to.ar *v.intr.* Dar som forte; soar.

to.ca *s.f.* Buraco onde se abrigam animais.

to.cai.a *s.f.* Emboscada.

to.cai.o *s.m.* Xará.

to.can.te *adj.2gên.* Que toca, diz respeito; comovente.

to.car *v.t.d.* Pôr a mão em; fazer soar; sensibilizar; atingir; conduzir (gado); *v.t.i.* caber em partilha; incumbir; *v.pron.* impressionar-se.

to.cha *s.f.* Grande vela de cera; facho; brilho.

to.co *s.m.* Parte da planta cortada que fica presa ao chão; coto.

to.da.vi.a *conj.* Contudo; porém.

to.do *adj.* Completo; qualquer; *s.m.* conjunto.

to.do-po.de.ro.so *adj.* Que pode tudo, onipotente; *s.m.* Deus.

to.ga *s.f.* Vestuário de magistrado; beca.

toi.ci.nho *s.m.* Gordura dos porcos subjacente à pele, com o respectivo couro.

tol.dar *v.t.d.* Cobrir; turvar.

tol.do *s.m.* Coberta ou peça de lona, etc. para abrigar do sol e da chuva.

to.le.rân.cia *s.f.* Qualidade de tolerante.

to.le.rar *v.t.d.* Ser indulgente para com; suportar; permitir.

to.lher *v.t.d.* Embaraçar; opor-se; *v.pron.* ficar imóvel. (Antôn.: *permitir, tolerar*.)

to.li.ce *s.f.* Qualidade de tolo; vaidade.

to.lo *adj.* Que não faz sentido; vaidoso; *s.m.* aquele que não tem juízo.

tom *s.m.* Tensão; grau de intensidade da voz; cor predominante num quadro.

to.ma.da *s.f.* Ato ou efeito de tomar; conquista.

to.mar *v.t.d.* Pegar em; apoderar-se de; invadir; ocupar; beber. (Antôn.: *dar, entregar*.)

to.ma.te *s.m.* Fruto do tomateiro.

tom.ba.di.lho *s.m.* A parte mais alta de um navio entre a popa e o mastro de ré.

tom.ba.men.to *s.m.* Tombo; arquivamento.

tom.bar *v.t.d.* Deitar ao chão; registrar; *v.intr.* cair; *v.pron.* virar-se. (Antôn.: *levantar*.)

tom.bo *s.m.* Ato ou efeito de tombar; queda; arquivo.

to.men.to *s.f.* Estopa grossa; parte áspera do linho.

to.mo *s.m.* O volume de obra impressa ou manuscrita; divisão.

to.na *s.f.* Casca fina; película.

to.na.li.da.de *s.f.* Propriedade característica de um tom.

to.nan.te *adj.2gên.* Que troveja; forte.

to.nel *s.m.* Grande vasilha para líquidos.

to.ne.la.da *s.f.* Tonel cheio; medida de peso equivalente a mil quilogramas.

to.ne.la.gem *s.f.* Capacidade ou parte do navio, trem etc.

tô.ni.co *adj.* Relativo a tom; que tonifica; predominante; *s.m.* remédio que tonifica.

to.ni.fi.car *v.t.d.* Dar tom, ou vigor a; *v.pron.* robustecer-se.

to.ni.tru.an.te *adj.2gên.* Trovejante.

ton.si.la *s.f.* Amígdala.

ton.to *adj.* Atônito; que tem tonturas; tolo.

ton.tu.ra *s.f.* Perturbação cerebral; vertigem.

to.par *v.t.d.* Encontrar; aceitar (a parada); *v.t.i.* chegar; bater; *v.pron.* encontrar-se.

to.pe *s.m.* Choque de dois objetos; topo.

to.pe.tar *v.t.d.* Tocar com a cabeça; chegar ou atingir o ponto mais alto.

to.pe.te *s.m.* O cabelo na frente da cabeça.

tó.pi.co *adj.* Relativo a lugar; *s.m.* ponto principal; tema.

to.po *s.m.* Cume; extremidade.

to.po.gra.fi.a *s.f.* Descrição minuciosa de uma localidade.

to.po.ní.mia *s.f.* Estudo ou conjunto dos topônimos.

to.pô.ni.mo *s.m.* Nome próprio de lugar.

to.que *s.m.* Ato ou efeito de tocar; contato; som; esmero artístico.

to.ra *s.f.* Grande tronco de madeira.

tó.rax *s.m.* Peito; cavidade do peito.

tor.çal *s.m.* Cordão de fios de retrós.

tor.ce.dor *adj.* Que torce; *s.m.* instrumento para torcer; aquele que torce em competições esportivas.

tor.cer *v.t.d.* Entortar; perventer; *v.t.i.* inclinar-se; *v.intr.* gritar e gesticular (o espectador de uma partida esportiva); *v.pron.* dobrar-se.

tor.ci.co.lo *s.m.* Inclinação involuntária e dolorosa da cabeça.

tor.ci.da *s.f.* O grupo dos torcedores.

tor.men.ta *s.f.* Temporal violento. *Fig.* Desordem.

tor.men.to *s.m.* Tortura; desgraça.

tor.na.do *s.m.* Furação; ciclone.

tor.nar *v.t.d.* e *intr.* Voltar; reviver; restituir; traduzir; *v.pron.* regressar; recorrer; fazer-se; transformar-se.

tor.ne.ar *v.t.d.* Fabricar ao torno; arredondar.

tor.nei.o *s.m.* Competição esportiva.

tor.nei.ra *s.f.* Tubo que se adapta a qualquer vasilha para soltar o líquido que contiver.

tor.ni.que.te *s.m.* Torno; instrumento cirúrgico para comprimir as artérias. *Fig.* Lida.

tor.no *s.m.* Aparelho em que se faz girar uma peça de madeira, etc., que se quer lavrar ou arredondar; volta.

tor.no.ze.lo *s.m.* Saliência óssea na articulação do pé com a perna; artelho.

to.ro *s.m.* Tronco de árvore abatida.

tor.pe *adj.* Indigno; sórdido.

tor.pe.do *s.m.* Projétil submarino, que explode pelo choque contra o navio.

tor.por *s.m.* Entorpecimento.

tor.quês *s.f.* Espécie de tenaz para arrancar pregos etc.

tor.ra.da *s.f.* Fatia de pão torrado.

tor.rão *s.m.* Pedaço de terra endurecida.

tor.rar *v.t.d.* Ressequir por meio do calor do fogo; secar muito; queimar.

tor.re *s.f.* Fortaleza, construção redonda ou prismática, geralmente estreita e alta; peça do jogo de xadrez.

tor.re.fa.zer *v.t.d.* Fazer torrar.

tor.ren.ci.al *adj.2gên.* Relativo a torrente; abundante.

tor.ren.te *s.f.* Curso de água muito rápido e impetuoso; multidão.

tor.res.mo *s.m.* Toucinho frito em pequenos pedaços.

tór.ri.do *adj.* Muito quente.

tor.ri.fi.car *v.t.d.* Fazer torrar; tostar.

tor.so *s.m.* Busto de pessoa ou de estátua.

tor.ta *s.f.* Espécie de pastelão; bagaço da prensagem das sementes oleaginosas.

tor.tu.o.so *adj.* Torto; sinuoso.

tor.tu.ra *s.f.* Tormento; tortuosidade.

tor.tu.rar *v.t.d.* Submeter à tortura; atormentar; *v.pron.* afligir-se.

tor.ve.li.nho *s.m.* Redemoinho.

tor.vo *adj.* Pavoroso.

to.sa *s.f.* Operação de tosar a lã ou aparar-lhe a felpa; pancadaria.

to.sar *v.t.d.* Tosquiar.

tos.co *adj.* Tal como veio da natureza; informe; rude.

tos.qui.ar *v.t.d.* Cortar rente (pelo, lã ou cabelo); despojar.

tos.se *s.f.* Expiração súbita e mais ou menos frequente, pela qual o ar, atravessando os brônquios e a traqueia, produz ruído especial.

tos.sir *v.intr.* Ter tosse; *v.t.d.* expelir da garganta.

tos.ta.do *adj.* Levemente queimado; escuro.

tos.tão *s.m.* Antiga moeda.

tos.tar *v.t.d.* Queimar superficialmente; torrar; dar cor escura a.

to.tal *adj.2gên.* Que forma ou abrange um todo; *s.m.* soma.

to.ta.li.da.de *s.f.* Conjunto dos constituintes de um todo; soma.

to.ta.li.tá.rio *adj.* Referente à forma de governo em que todos os poderes administrativos se centralizam num certo grupo.

to.ta.li.zar *v.t.d.* Calcular o total de.

to.tem *s.m. Sociol.* Objeto da natureza, geralmente animal, tido por sagrado e protetor de algumas tribos selvagens.

tou.ca *s.f.* Adorno de fazenda que as mulheres, crianças e freiras usam na cabeça.

tou.ca.dor *s.m.* Móvel com espelho e utensílios para quem se touca ou penteia.

tou.pei.ra *s.f.* Mamífero insetívoro, que vive debaixo da terra. *Fam.* Pessoa estúpida.

tou.ra.da *s.f.* Manada de touros; corrida de touros, em circos.

tou.ro *s.m.* Boi para castrar; boi bravo.

tou.ti.ço *s.m.* Nuca.

tó.xi.co *adj.* Que envenena.

to.xi.co.ma.ni.a *s.f.* Mania de intoxicar-se com entorpecentes.

to.xi.na *s.f.* Substância venenosa.

tra.ba.lhar *v.t.d.* Dar trabalho a; laborar; *v.intr.* exercer o seu ofício; funcionar (certos maquinismos); *v.t.i.* esforçar-se.

tra.ba.lho *s.m.* Aplicação da atividade física ou intelectual; serviço; esforço.

tra.ba.lho.so *adj.* Custoso; difícil.

tra.be.lho *s.m.* Peia; cada uma das peças do jogo de xadrez; peça de madeira para retesar a corda da serra.

tra.bu.car *v.intr.* Trabalhar muito; labutar.

tra.bu.co *s.m.* Bacamarte.

tra.ça.do *adj.* Representado por meio de traços etc.; *s.m.* risco.

TRAÇÃO — TRANSLÚCIDO

tra.ção *s.f.* Ação de uma força que desloca um objeto móvel.
tra.çar *v.t.d.* Descrever; riscar; projetar.
tra.ce.jar *v.intr.* Formar com pequenos traços, uns seguidos dos outros.
tra.ço *s.m.* Risco; feição.
tra.co.ma *s.f.* Doença contagiosa dos olhos.
tra.di.ção *s.f.* Herança cultural passada oralmente por meio das gerações.
tra.di.cio.nal *adj.2gên.* Relativo à tradição; conservado na tradição.
tra.du.ção *s.f.* Ato de traduzir; obra traduzida.
tra.du.tor *adj.* e *s.m.* Que, ou aquele que traduz.
tra.du.zir *v.t.d.* Transpor de uma língua para outra; interpretar; representar.
tra.fe.gar *v.intr.* Andar no tráfego; *v.t.i.* transitar; *v.t.d.* andar apressadamente.
trá.fe.go *s.m.* Tráfico; transporte de mercadorias em linhas férreas.
tra.fi.can.te *adj.* Tratante; diz-se daquele que pratica ações fraudulentas.
trá.fi.co *s.m.* Comércio; negociação. *Fam.* Negócio indecoroso.
tra.gar *v.t.d.* Devorar; beber; engolir de um trago; absorver; *v.intr.* engolir a fumaça do tabaco.
tra.gé.dia *s.f.* Peça teatral com desfecho trágico; acontecimento que desperta piedade ou terror.
trá.gi.co *adj.* Relativo a tragédia; sinistro; *s.m.* aquele que escreve ou representa tragédias.
tra.go *s.m.* Gole; dose de bebida alcoólica.
trai.ção *s.f.* Ato ou efeito de trair; deslealdade.
trai.dor *adj.* e *s.m.* Que, ou aquele que atraiçoa.
tra.ir *v.t.d.* Atraiçoar; ser infiel a; não; *v.pron.* manifestar-se.
tra.jar *v.t.d.* Vestir, *v.t.i.* vestir-se (de certo modo).
tra.je *s.m.* Vestuário.
tra.je.to *s.m.* Espaço que alguém ou alguma coisa tem de percorrer, para ir de um lugar para outro.
tra.je.tó.ria *s.f.* Trajeto.
tra.lha *s.f.* Rede de pescados; quinquilharias.
tra.ma *s.f.* Fio que se conduz com a lançadeira através da urdidura da teia; *Fig.* Intriga.
tra.mar *v.t.d.* Tecer; maquinar; enredar; *v.t.i.* conspirar.
tram.bo.lho *s.m.* Embaraço; empecilho; molho grande.
tra.mi.tar *v.intr.* Seguir (processo) os trâmites.
trâ.mi.te *s.m.* Caminho ou atalho determinado. *Fig.* Direção; meios apropriados.
tra.moi.a *s.f.* Intriga; trama.
tra.mon.tar *v.intr.* Desaparecer (o Sol) atrás dos montes.
tram.po.lim *s.m.* Prancha de onde os acrobatas tomam impulso para os saltos.
tran.ça *s.f.* Conjunto de fios ou de cabelos entrelaçados; madeixa.

tran.ca.do *adj.* Fechado com tranca.
tran.car *v.t.d.* Segurar ou fechar com tranca a; *v.pron.* fechar-se em lugar seguro.
tran.co *s.m.* Salto que dá o cavalo; solavanco.
tran.quei.ra *s.f.* Obstáculo; empecilho.
tran.qui.li.da.de *s.f.* Paz; sossego.
tran.qui.li.zar *v.t.d.* Tornar tranquilo; sossegar; *v.pron.* acalmar-se.
tran.qui.lo *adj.* Sem agitação; sossegado.
tran.sa.ção *s.f.* Ato ou efeito de transigir; operação comercial.
tran.sa.tlân.ti.co *adj.* Que fica além do Atlântico; que atravessa o Atlântico; *s.m.* navio que faz a carreira da Europa para a América.
tran.sa.to *adj.* Passado; pretérito.
trans.bor.dar *v.t.d.* e *intr.* Derramar.
trans.bor.do *s.m.* Passagem (de viajantes ou mercadorias) de um veículo para outro.
trans.cen.den.tal *adj.2gên.* Transcendente.
trans.cen.den.te *adj.2gên.* Que excede o normal; sublime.
trans.cen.der *v.t.d.* Ser superior a; *v.t.i.* exceder.
trans.con.ti.nen.tal *adj.2gên.* Que atravessa continentes.
trans.cor.rer *v.intr.* Acontecer; passar.
trans.cre.ver *v.t.d.* Copiar textualmente; fazer transcrição.
trans.cri.ção *s.f.* Cópia.
tran.se *s.m.* Momento aflitivo; crise de angústia; lance.
tran.se.un.te *adj.2gên.* Transitório; *s.2gên.* viandante.
trans.fe.rên.cia *s.f.* Ato ou efeito de transferir.
trans.fe.rir *v.t.d.* Deslocar; *v.pron.* mudar-se.
trans.fi.gu.rar *v.t.d.* Mudar a figura de; *v.pron.* transformar-se.
trans.fi.xar *v.t.d.* Atravessar de lado a lado; perfurar.
trans.for.ma.ção *s.f.* Ato ou efeito de transformar.
trans.for.mar *v.t.d.* Dar nova forma; modificar, *v.t.d.* e *i.* transfigurar, *v.pron.* converter-se.
trâns.fu.ga *s.2gên.* Desertor; fugitivo.
trans.fun.dir *v.t.d.* Espalhar.
trans.fu.são *s.f.* Inoculação na veia; difusão.
trans.gre.dir *v.t.d.* Atravessar; violar (a lei); desobedecer; deixar de cumprir.
trans.gres.são *s.f.* Infração.
tran.si.ção *s.f.* Ato ou efeito de transitar; trajeto.
tran.si.gir *v.intr.* Chegar a acordo; tolerar.
tran.si.tar *v.t.i.* Caminhar; andar; *v.t.d.* percorrer.
trân.si.to *s.m.* Ato ou efeito de caminhar; trajeto.
tran.si.tó.rio *adj.* Passageiro.
trans.la.ção *s.f.* Mudança.
trans.la.to *adj. Gram.* Figurado, metafórico (sentido).
trans.lú.ci.do *adj.* Transparente.

trans.lu.zir *v.t.i.* Luzir através de algum corpo.
trans.mis.são *s.f.* Comunicação; transferência.
trans.mi.tir *v.t.d.* Transportar; fazer passar por sucessão; *v.pron.* propagar-se.
trans.mon.tar *v.t.d.* Passar por cima de, transpor.
trans.mu.tar *v.t.d.* Transformar; alterar.
trans.pa.re.cer *v.t.i.* Revelar-se.
trans.pa.rên.cia *s.f.* Qualidade do que é transparente; diafaneidade.
trans.pa.ren.te *adj.2gên.* Que deixa atravessar-se pela luz. *Fig.* Evidente.
trans.pi.ra.ção *s.f.* Ato ou efeito de transpirar.
trans.pi.rar *v.t.d.* Fazer sair pelos poros; respirar; *v.intr.* exalar suor; *v.t.i.* constar.
trans.plan.tar *v.t.d.* Arrancar (planta, árvore) de um lugar e plantar em outro. *Cir.* Substituir um órgão (do corpo humano) por outro.
trans.por *v.t.d.* Pôr (alguma coisa) em algum diferente daquele em que estava; ultrapassar; *v.pron.* desaparecer.
trans.por.tar *v.t.d.* Conduzir de um lugar a outro; *v.pron.* ficar enlevado.
trans.por.te *s.m.* Condução; ato ou efeito de transportar.
trans.se.xu.al *s.2gên.* Indivíduo que muda de sexo por meio de cirurgia.
trans.tor.no *s.m.* Contrariedade; decepção.
tran.sun.to *s.m.* Cópia; imagem.
trans.va.sar *v.t.d.* Passar (líquido) de um vaso para outro.
trans.ver.sal *adj.2gên.* Que está disposto de través, obliquamente.
trans.ver.so *adj.* Situado de través; oblíquo.
trans.vi.ar *v.t.d.* Desviar do bom caminho, do dever.
tra.pa.ça *s.f.* Contrato fraudulento; burla.
tra.pa.ce.ar *v.intr.* Fazer trapaças.
tra.pa.lha.da *s.f.* Confusão; enredo.
tra.pa.lhão *s.m.* Trapo grande; indivíduo esfarrapado; trapaceiro.
tra.pé.zio *s.m.* Aparelho onde os atletas se exibem em ginásios e circos.
tra.po *s.m.* Pedaço de pano; farrapo.
tra.quei.a *s.f.* Canal que comunica a laringe e os brônquios.
tra.que.jar *v.t.d.* Exercitar; tornar apto.
tra.que.jo *s.m.* Prática; experiência.
tra.qui.nas *adj.2gên.* e *2n.* Travesso; *s.2gên.* e *2n.* Criança ou pessoa travessa.
trás *prep.* e *adv.* Atrás; após.
tras.bor.da.men.to *s.m.* Ato ou efeito de transbordar.
tras.bor.dar *v.t.d.* Derramar; entornar; *v.intr.* extravasar.
tra.sei.ra *s.f.* Parte posterior; retaguarda.
tra.sei.ro *adj.* Que fica na parte posterior.

tras.la.dar *v.t.d.* Mudar de um lugar para outro; transportar; traduzir; copiar.
tras.pas.sar *v.t.d.* Passar através, além de; penetrar.
tras.te *s.m.* Móvel caseiro; pessoa de caráter baixo.
tra.ta.do *s.m.* Contrato internacional; convênio.
tra.ta.men.to *s.m.* Trato; processo de curar; modo de tratar; passadio.
tra.tan.te *adj.* e *s.2gên.* Que, ou pessoa que procede com velhacaria.
tra.tar *v.t.d.* Manusear; cuidar; medicar; discorrer; *v.pron.* cuidar-se.
tra.ta.ti.va *s.f.* Tratado; ajuste; pacto.
tra.tá.vel *adj.2gên.* Acessível; sociável.
tra.to *s.m.* Contrato.
tra.tor *s.m.* Máquina para tração de aparelhos agrícolas ou industriais.
trau.ma.tis.mo *s.m.* Conjunto das perturbações causadas por ferimento grave.
tra.van.ca *s.f.* Obstáculo; empecilho; embaraço.
tra.var *v.t.d.* Prender; *v.t.i.* causar desgosto; segurar; *v.pron.* unir-se.
tra.ve *s.f.* Viga; trava.
tra.vés *s.m.* Posição oblíqua; esguelha; soslaio.
tra.ves.sa *s.f.* Tábua atravessada sobre outras; viga; trave.
tra.ves.são *s.m.* Traço (–) usado na escrita para separar frases, substituir parênteses, etc.
tra.ves.sei.ro *s.m.* Almofada que se coloca no leito para apoio da cabeça.
tra.ves.si.a *s.f.* Ato de atravessar uma região, um oceano etc.
tra.ves.so *adj.* Irrequieto; traquinas; engraçado; malicioso.
tra.ves.su.ra *s.f.* Ação de pessoa travessa.
tra.ves.ti *s.m.* Disfarce no trajar. *Fig.* Efeminado.
tra.vo *s.m.* Sabor amargo, adstringente, de alimentos.
tra.zer *v.t.d.* Transportar para cá; ter consigo; atrair; herdar.
tre.cho *s.m.* Espaço de tempo ou lugar; intervalo.
trê.fe.go *adj.* Travesso.
tré.gua *s.f.* Suspensão temporária de hostilidades; férias; descanso.
trei.na.dor *s.m.* Profissional que treina.
trei.nar *v.t.d.* Dar cevo a (aves); habituar; adestrar; *v.pron.* exercitar-se.
trei.no *s.m.* Ato de se treinarem ou adestrarem pessoas ou animais para torneios ou festas esportivas.
tre.jei.to *s.m.* Gesto; careta; prestidigitação.
tre.la *s.f.* Tira de couro com que se prende o cão de caça. *Pop.* Conversa.
tre.ler *v.intr.* Falar; ser intrometido.
trem *s.m.* Conjunto de objetos que constituem a bagagem de um viajante; comboio de via férrea.

tre.ma *s.m.* Sinal ortográfico (¨), indica que uma vogal não forma ditongo com a que está próxima; usado apenas em palavras derivadas de nomes próprios estrangeiros.

tre.me.dal *s.m.* Pântano; lameiro; brejo.

tre.me.li.car *v.intr.* Tremer repetidamente.

tre.men.do *adj.* Que causa temor; terrível; extraordinário.

tre.mer *v.t.d.* Ter medo de; *v.intr.* estremecer.

tre.mor *s.m.* Ato ou efeito de tremer; agitação convulsiva.

tre.mu.lar *v.t.d.* Mover com tremor; desfraldar; *v.intr.* vacilar.

trê.mu.lo *adj.* Que treme; hesitante.

tre.na *s.f.* Fita métrica empregada na medição de terrenos.

tre.nó *s.m.* Veículo com patins em vez de rodas, próprio para deslizar sobre gelo ou neve.

tre.pa.da *s.f. Bras.* Ladeira muito íngreme; designativo chulo do ato sexual.

tre.pa.dei.ra *adj.* Que trepa (planta); *s.f.* planta que trepa.

tre.par *v.t.d.* Subir a; *v.t.i.* alçar-se.

tre.pi.dar *v.t.i.* Vacilar; tremer com medo ou susto.

tré.pli.ca *s.f.* Resposta a uma réplica.

tres.ca.lar *v.t.* Exalar cheiro forte.

tres.lou.ca.do *adj.* e *s.m.* Desvairado.

tres.ma.lhar *v.intr.* Afastar do rebanho ou bando; desgarrar.

tres.noi.tar *v.intr.* Passar a noite ou a maior parte dela em claro, sem dormir.

tres.pas.sar *v.t.d.* Fazer trespasse de; traspassar.

tre.ta *s.f.* Astúcia; palavreado para enganar.

tre.vas *s.f.pl.* Escuridão. *Fig.* Ignorância.

tre.vo *s.m.* Nome dado a diversas plantas da família das leguminosas.

tre.ze.na *s.f.* Conjunto de treze unidades; espaço de treze dias.

trí.a.de *s.f.* Conjunto de três pessoas ou coisas.

tri.a.gem *s.f.* Escolha; seleção.

tri.ân.gu.lo *s.m.* Polígono de três ângulos e três lados; constelação boreal.

tri.a.tlo *s.m.* Modalidade esportiva que compreende maratonismo, ciclismo e natação.

tri.bo *s.f.* Conjunto de famílias ou comunidades, de descendência comum.

tri.bu.la.ção *s.f.* Sofrimento; provocação moral.

tri.bu.na *s.f.* Púlpito; lugar elevado de onde falam os oradores.

tri.bu.nal *s.m.* Cadeira de juiz ou magistrado; jurisdição de um juiz.

tri.bu.tar *v.t.d.* Impor tributos a; dedicar.

tri.bu.to *s.m.* Imposto; contribuição; homenagem.

tri.ca *s.f.* Intriga; enredo.

tri.ci.clo *s.m.* Velocípede de três rodas.

tri.cô *s.m.* Tecido de malhas entrelaçadas.

tri.di.men.si.o.nal *adj.2gên.* Referente às três dimensões: comprimento, largura e altura.

tri.gê.meo *s.m.* Cada um dos três indivíduos que nasceram do mesmo parto.

tri.go *s.m.* Planta da família das Gramíneas; semente dessas plantas.

tri.go.no.me.tri.a *s.f.* Parte da Matemática que tem por objeto a resolução dos triângulos.

tri.lha *s.f.* Ato de trilhar; vestígio.

tri.lhão *num.* Mil bilhões.

tri.lhar *v.t.d.* Debulhar (cereais) com o trilho; moer; seguir (certa direção).

tri.lho *s.m.* Utensílio de lavoura, próprio para debulhar cereais; caminho; carril de ferro, sobre o qual andam os trens e outros veículos.

tri.lo *s.m.* Gorjeio.

tri.lo.gi.a *s.f.* Obra científica, cinematográfica ou literária dividida em três partes.

tri.mes.tre *s.m.* Período de três meses; *adj.* trimestral.

tri.nar *v.t.d.* Exprimir ou cantar com trinos.

trin.ca *s.f.* Conjunto de três coisas, semelhantes; fenda.

trin.car *v.t.d.* Cortar; comer; mastigar.

trin.cha *s.f.* Pincel largo; ferramenta para arrancar pregos.

trin.char *v.t.d.* Cortar em pedaços (carnes, frangos, etc.).

trin.chei.ra *s.f.* Escavação no terreno para que sirva de parapeito aos combatentes.

trin.co *s.m.* Tranca pequena.

tri.no *adj.* Que consta de três membros.

trin.tão *adj.* e *s.m.* Que ou o que já fez trinta anos ou que está prestes a fazê-los.

tri.o *s.m.* Trecho musical para três vozes ou instrumentos.

tri.par.tir *v.t.d.* Dividir em três partes.

tri.pé *s.m.* Suporte portátil, com três pés (de máquina fotográfica, telescópio etc.).

tri.pli.car *v.t.d.* Tresdobrar; *v.intr.* e *pron.* tornar-se triplo.

tri.pli.ca.ta *s.f.* Terceira cópia.

tri.plo *num.* Que contém três vezes uma quantidade.

tri.pu.di.ar *v.t.d.* Sapatear; viver no vício; *v.intr.* executar tripudiando (danças); *v.t.i.* atolar-se.

tri.pu.la.ção *s.f.* Pessoal de bordo.

tri.pu.lar *v.t.d.* Prover do pessoal necessário para as manobras e mais serviços de (um navio).

tri.sa.vô *s.m.* Pai do bisavô ou da bisavó.

tris.te *adj.2gên.* Que tem mágoa; sem alegria; infeliz.

tris.te.za *s.f.* Qualidade ou estado de triste; melancolia.

tris.to.nho *adj.* Que mostra tristeza.

tri.ton.go *s.m.* Grupo de três vogais que se proferem numa só emissão de voz.

tri.tu.rar *v.t.d.* Reduzir a pequenos fragmentos; reduzir a pó; bater.

tri.un.fal *adj.2gên.* Relativo a triunfo.

tri.un.far *v.intr.* Conseguir triunfo; *v.t.i.* sair vencedor; *v.t.d.* encher de triunfos; *v.pron.* fazer-se triunfante.

tri.un.fo *s.m.* Grande vitória; êxito.

tri.vi.al *adj.2gên.* Sabido de todos; comum; vulgar; *s.m.* pratos diários das refeições de uma família.

triz *s.m.* Empregado na loc. **por um –:** milagrosamente.

tro.ar *v.intr.* Trovejar.

tro.ça *s.f.* Brincadeira; zombaria.

tro.ca.di.lho *s.m.* Gracejo resultante de um jogo de palavras cujo sentido é trocado.

tro.car *v.t.d.* Confundir; substituir; *v.pron.* transformar-se.

tro.çar *v.t.d.* Zombar de; *v.t.i.* escarnecer.

tro.co *s.m.* Dinheiro que o vendedor recebeu em excesso e devolve ao comprador.

tro.ço *s.m.* Pedaço de madeira; coisa sem valor.

tro.féu *s.m.* Prêmio de uma vitória.

tro.glo.di.ta *adj.2gên.e s.2gên.* Diz-se de ou homem das cavernas.

trom.ba *s.f.* Órgão do olfato e aparelho de apreensão do elefante e do tapir; coluna d'água.

trom.ba.da *s.f.* Golpe com a tromba ou com o focinho; choque de veículos.

trom.be.ta *s.f.* Instrumento de sopro.

trom.bi.car *v.intr.* Ter relações sexuais.

trom.pa *s.f.* Instrumento de sopro de forma espiralada e pavilhão largo.

tron.cho *adj.* Privado de membro ou ramo; mutilado.

tron.co *s.m.* Caule das árvores; parte do corpo humano, excluída a cabeça e os membros.

tro.no *s.m.* Sólio que os soberanos ocupam nas ocasiões solenes.

tro.pa *s.f.* Multidão de pessoas reunidas; exército.

tro.pe.çar *v.t.d.* Dar com o pé involuntariamente; cair; *v.intr.* dar tropeções.

trô.pe.go *adj.* Que anda com dificuldade.

tro.pei.ro *s.m.* Condutor de tropa de animais.

tro.pel *s.m.* Ruído de pessoas ou animais que se movem em desordem; tumulto.

tro.pi.cal *adj.2gên.* Relativo às regiões da zona tórrida; relativo ao clima das mesmas regiões.

tro.pi.car *v.intr.* Tropeçar muitas vezes.

tró.pi.co *s.m.* Cada um dos dois círculos do globo terrestre paralelos ao Equador.

tro.po *s.m. Gram.* Emprego de palavra ou expressão em sentido figurado.

tro.tar *v.intr.* Andar a trote (o cavalo). *Fig.* Caçoar de.

tro.te *s.m.* Andamento natural das cavalgaduras; zombaria dos veteranos das escolas para com os calouros.

trou.xa *s.f.* Fardo de roupa; *s.2gên.* pessoa que se deixa enganar facilmente.

tro.va *s.f.* Quadra popular; improviso cantado em desafio.

tro.va.dor *s.m.* Poeta (que faz trovas).

tro.vão *s.m.* Grande estrondo.

tro.ve.jar *v.intr.* Ribombar o trovão; *v.t.i.* bradar; *v.t.d.* pronunciar ou emitir com grande ruído.

tro.vo.a.da *s.f.* Tempestade com trovões.

tru.ão *s.m.* Palhaço.

tru.ci.dar *v.t.d.* Matar de modo cruel.

tru.cu.lên.cia *s.f.* Ferocidade.

tru.cu.len.to *adj.* Barbaramente cruel; brutal.

tru.ís.mo *s.m.* Verdade banal, evidente.

trum.bi.car *v.pron. Gír.* Dar-se ou sair-se mal.

trun.ca.do *adj.* Incompleto; mutilado.

trun.car *v.t.d.* Separar do tronco; omitir parte importante de (uma obra literária).

trun.fo *s.m.* Naipe, no jogo de cartas, que vale mais que os outros.

tru.que *s.m.* Espécie de jogo de cartas. *Fam.* Ardil.

trus.te *s.m.* Fusão monopolizante de várias firmas numa só.

tru.ta *s.f.* Peixe salmonídeo, de que há várias espécies.

tu *pron.pes.* Da segunda pessoa do singular.

tu.a *pron.pos.* Feminino de *teu*.

tu.ba.rão *s.m.* Nome dado aos seláquios de grande porte, na maioria carnívoros e ferozes.

tu.bér.cu.lo *s.m.* Massa feculenta na parte situada no interior do solo, de certas plantas; tumor no pulmão ou na pele.

tu.ber.cu.lo.se *s.f.* Doença contagiosa causada por bacilo, a qual ataca os pulmões.

tu.bo *s.m.* Canudo; cano; canal.

tu.bu.la.ção *s.f.* Colocação de tubos.

tu.bu.lar *adj.2gên.* Em forma de tubo.

tu.ca.no *s.m.* Nome comum às aves da família dos Ranfastídeos, caracterizadas pelo bico enorme.

tu.do *pron.* A totalidade do que existe; qualquer coisa.

tu.fão *s.m.* Vento muito forte e tempestuoso.

tu.far *v.t.d.* Inchar; entufar.

tu.gir *v.intr.* Falar muito baixo.

tu.gú.rio *s.m.* Habitação paupérrima.

tum.ba *s.f.* Sepultura.

tu.me.fa.zer *v.t.d. e pron.* Tornar túmido.

tú.mi.do *adj.* Inchado; *Fig.* Vaidoso.

tu.mor *s.m.* Qualquer aumento de volume desenvolvido em uma parte qualquer do corpo.

tú.mu.lo *s.m.* Sepulcro.

tu.mul.to *s.m.* Movimento desordenado.

tun.da *s.f.* Surra; sova.

tú.nel s.m. Caminho subterrâneo.
tun.gar v.intr. Agredir; enganar.
tú.ni.ca s.f. Vestuário antigo e ajustado ao corpo.
tu.pã s.m. Designativo que os índios brasileiros (tupis) aplicavam ao trovão.
tu.pi s.m. Língua geral falada até o século XIX no litoral do Brasil e ainda hoje no Amazonas; uma das quatro principais famílias linguísticas do Brasil.
tu.pi.ni.quins s.m.pl. Tribo aborígine habitante da região litorânea de Porto Seguro (Bahia).
tur.ba s.f. Multidão em desordem; o povo.
tur.ban.te s.m. Cobertura ou ornato para a cabeça, usado pelos povos do Oriente.
tur.bar v.t.d. Tornar turvo; inquietar.
túr.bi.do adj. Escuro; perturbado.
tur.bi.lhão s.m. Redemoinho de vento; voragem.
tur.bi.na s.f. Roda hidráulica, de eixo vertical, que gira debaixo da água.
tur.bu.lên.cia s.f. Qualidade de turbulento; motim.
tur.bu.len.to adj. Que tem disposição para a desordem ou nela se compraz.
tur.co adj. Da Turquia; s.m. o habitante da Turquia; a língua falada pelos turcos.
tur.fa s.f. Carvão de pedra leve e esponjos.

tu.ris.mo s.m. Gosto de viagens; viagens de recreio.
tu.ris.ta s.2gên. Pessoa que viaja para se recrear.
tur.ma s.f. Cada um dos grupos de pessoas que se revezam em certos atos; classe de alunos.
tur.no s.m. Período de disputa de campeonato esportivo; cada uma das divisões do horário diário de trabalho.
tur.rão adj. e s.m. Pop. Teimoso; pertinaz.
tur.var v.t.d. Tornar opaco; transtornar; embriagar; v.intr. e pron. tornar-se carrancudo.
tur.vo adj. Opaco; agitado; s.m. turvação.
tu.ta.no s.m. Substância mole e gordurosa do interior dos ossos; medula.
tu.te.la s.f. Encargo ou autoridade legal para velar pela pessoa e bens de um menor ou de um interdito.
tu.te.lar adj.2gên. Relativo a tutela; v.t.d. exercer tutela sobre; proteger.
tu.tor s.m. Protetor.
tu.tu s.m. Papão com que se põe medo às crianças; feijão que depois de cozido é engrossado com a farinha de mandioca.

u U

u *s.m.* Vigésima primeira letra do alfabeto português
uai *interj.* Exprime surpresa ou espanto.
u.ber.da.de *s.f.* Fertilidade; abundância.
ú.be.re *adj.2gên.* Fértil; abundante; *s.m.* teta de vaca ou de outra fêmea de animal.
u.fa.nar *v.t.d.* Tornar ufano; causar vaidade em; *v.pron.* vangloriar-se.
u.fa.no *adj.* Orgulhoso.
ui *interj.* Designativa de dor, surpresa.
ui.ra.pu.ru *s.m.* Pássaro típico da Amazônia que traz sorte a quem lhe ouve o canto.
u.ís.que *s.m.* Nome dado à aguardente de cevada e de outros cereais.
ui.var *v.intr.* Dar uivos; *v.t.d.* vociferar; gritar.
ui.vo *s.m.* Voz lamentosa do cão e do lobo.
úl.ce.ra *s.f.* Ulceração crônica; alteração do tecido lenhoso das árvores.
ul.ce.ra.ção *s.f.* Perda de substância da pele ou da mucosa.
u.li.te *s.f.* Inflamação das gengivas.
ul.te.ri.or *adj.2gên.* Situado além.
ul.ti.mar *v.t.d.* Concluir.
úl.ti.mas *s.f.pl.* Ponto extremo; hora decisiva.
ul.ti.ma.to *s.m.* Decisão final e irrevogável.
úl.ti.mo *adj.* Final; *s.m.* o pior de todos.
ultra.jar *v.t.d.* Insultar; afrontar.
ul.tra.je *s.m.* Afronta; ofensa.
ul.tra.mar *s.m.* Além-mar.
ul.tra.pas.sar *v.t.d.* Passar além de.
ul.tras.som *s.m.* Onda sonora de alta frequência.
u.lu.car *v.intr.* Vivar; ganir.
u.ma *adj.art., pron.indef.* e *pron.fem.* de um.
um.ban.da *s.f.* O culto banto praticado no Brasil; ritual de macumba.
um.be.ca *s.f.* Sombrinha.
um.bi.go *s.m.* Cicatriz no meio do ventre resultante do corte do cordão umbilical.
um.bi.li.cal *adj.2gên.* Relativo ao umbigo.
um.bral *s.m.* Ombreira de porta; liminar.
um.bro.so *adj.* Que tem ou produz sombra.
u.mec.tar *v.t.d.* Umedecer.
u.me.de.cer *v.t.d.* Tornar úmido; *v.pron.* molhar-se levemente.
ú.me.ro *s.m.* Osso do braço.
u.mi.da.de *s.f.* Qualidade do que é úmido; relento da noite.
ú.mi.do *adj.* Impregnado de água.
u.nâ.ni.me *adj.2gên.* Que tem o mesmo sentimento ou a mesma opinião que outrem.
u.na.ni.mi.da.de *s.f.* Conformidade de voto ou de opinião.
un.ção *s.f.* Ação ou efeito de ungir ou untar.
un.gir *v.t.d.* Untar com óleo; conferir poder a.
un.gue.al *adj.2gên.* Relativo à unha.
un.guen.to *s.m.* Medicamento gorduroso de uso externo.
u.nha *s.f.* Lâmina córnea semitransparente e que reveste a extremidade dorsal dos dedos; garra.
u.nha.ca *s.2gên. Pop.* Avarento.
u.ni.ão *s.f.* Aliança; casamento.
ú.ni.co *adj.* Que é só um; exclusivo.
u.ni.da.de *s.f.* Princípio da numeração; qualidade daquilo que é um ou único.
u.ni.do *adj.* Ligado; amigo.
u.ni.fi.car *v.t.d.* Tornar uno.
u.ni.for.me *adj.2gên.* Que só tem uma forma; idêntico; *s.m.* farda ou vestuário para uma corporação ou classe.
u.ni.gê.ni.to *adj.* e *s.m.* Filho único.
u.ni.la.te.ral *adj.2gên.* Situado de um único lado; que vem de um só lado.
u.ni.pa.ro *adj.* Que pare um filho de cada vez.
u.nir *v.t.d.* Unificar; ligar; conciliar.
u.nis.sex *adj.2gên.2n.* Que serve para os dois sexos.
u.nis.se.xu.al *adj.2gên.* Que tem só um sexo; unissexuado.
u.nís.so.no *adj.* Que tem o mesmo som.
u.ni.tá.rio *adj.* Da unidade; *s.m.* sectário de um sistema teológico que só reconhece pessoa em Deus.
u.ni.ti.vo *adj.* Que une ou é próprio para unir.
u.ni.ver.sal *adj.2gên.* Que abrange tudo.
u.ni.ver.si.da.de *s.f.* Universalidade; instituição educacional que abrange um conjunto de escolas superiores.
u.ni.ver.si.tá.rio *adj.* Relativo a universidade; *s.m.* aluno de uma universidade.
u.ni.ver.so *s.m.* Conjunto de todos os astros com tudo o que neles existe; o mundo.
u.ní.vo.co *adj.* Que só admite uma interpretação.
u.no *adj.* Um; único; singular.
un.tar *v.t.d.* Besuntar; engordurar.

un.to *s.m.* Banha.

u.pa *s.f.* Salto brusco; *interj.* própria para incitar um animal ou uma pessoa a levantar-se ou subir.

u.ra.nis.mo *s.m.* Inversão sexual.

ur.ba.nis.mo *s.m.* Ciência e arte de construção, reforma e embelezamento das cidades.

ur.ba.ni.ta *adj.2gên.* e *s.2gên.* Que(m) reside em cidade.

ur.ba.ni.zar *v.t.d.* Tornar urbano; polir.

ur.ba.no *adj.* Relativo a cidade. *Fig.* Civilizado.

ur.be *s.f.* Cidade.

ur.dir *v.t.d.* Dispor, tramar (fios de tila, tecido etc.). *Fig.* Intrigar.

u.rei.a *s.f.* Substância nitrogenada que compõe a maior parte da matéria orgânica da urina em estado normal.

u.ren.te *adj.2gên.* Que queima; ardente.

u.ré.ter *s.m.* Cada um dos dois canais que conduzem a urina dos rins para a bexiga.

u.re.tra *s.f.* Canal excretor da urina.

ur.gên.cia *s.f.* Pressa.

ur.gen.te *adj.2gên.* Que urge; iminente.

ur.gir *v.intr.* Exigir que seja feito imediatamente.

u.ri.na *s.f.* Líquido excrementício segregado pelos rins, de onde corre para a bexiga.

u.ri.nar *v.intr.* Expelir urina pela via natural.

u.ri.nol *s.m.* Penico.

ur.na *s.f.* Vaso ou objeto análogo em que se recolhem os votos nas eleições etc.

u.ro.lo.gi.a *s.f.* Ramo da Medicina que se ocupa do aparelho urinário.

ur.rar *v.intr.* Dar urros; bramir.

ur.ro *s.m.* Rugido de algumas feras; berro.

ur.so *s.m.* Gênero de mamíferos carnívoros.

ur.ti.cá.ria *s.f.* Espécie de erupção cutânea, com prurido urticante.

ur.ti.ga *s.f.* Planta cuja haste e folhas produzem prurido e ardor na pele.

u.ru.bu *s.m.* Gênero de abutres que só se alimentam de carniça.

u.ru.cu.ba.ca *s.f.* Azar.

u.sa.do *adj.* Que se usou; gasto.

u.sar *v.t.d.* Praticar; empregar; fazer uso de; servir-se de; *v.pron.* gastar-se.

u.si.na *s.f.* Grande estabelecimento de fabricação industrial.

u.si.nei.ro *s.m.* Dono de usina de açúcar.

u.so *s.m.* Ato ou efeito de usar; aplicação; emprego de qualquer coisa prática; moda.

u.su.al *adj.2gên.* Que usa geralmente; habitual.

u.su.á.rio *adj.2s.m.* Que ou quem possui ou usufrui de alguma coisa por direito proveniente do uso; *adj.* próprio para o nosso uso.

u.su.ca.pi.ão *s.m.* Modo de aquisição de propriedade, pela posse pacífica durante certo tempo.

u.su.ca.pir *v.t.d.* Adquirir por usucapião.

u.su.fru.ir *v.t.d.* Gozar de.

u.su.ra *s.f.* Juro de capital; lucro exagerado.

u.su.rá.rio *adj.2s.m.* Que(m) empresta a juros exorbitantes; agiota.

u.sur.par *v.t.d.* Adquirir com fraude; alcançar sem direito.

u.ten.si.lio *s.m.* Qualquer instrumento de trabalho, de que se sirva artista ou industrial.

u.te.ri.no *adj.* Relativo ao útero.

ú.te.ro *s.m.* Órgão em que se gera o feto dos mamíferos.

ú.til *adj.2gên.* Que pode ter algum uso.

u.ti.li.da.de *s.f.* Serventia; vantagem.

u.ti.li.tá.rio *adj.* Relativo à utilidade; útil.

u.ti.li.zar *v.t.d.* Tornar útil; fazer uso de; *v.pron.* servir.

u.to.pi.a *s.f.* Projeto irrealizável; fantasia.

u.va *s.f.* Designação da baga que é o fruto da videira.

ú.vu.la *s.f.* Saliência cônica na parte posterior do véu palatino e que também se chama campainha.

u.xo.ri.cí.dio *s.m.* Crime de assassinato da própria esposa.

u.xó.rio *adj.* Relativo à esposa.

v V

v *s.m.* Vigésima segunda letra do alfabeto português.
va.ca *s.f.* Fêmea do touro.
va.cân.cia *s.f.* Estado do que está vago.
va.can.te *adj.2gên.* Que está vago, não preenchido.
va.ci.la.ção *s.f.* Ato ou efeito de vacilar; oscilação.
va.ci.lar *v.intr.* Não estar firme; enfraquecer; hesitar.
va.ci.na *s.f.* Vírus especial que se inocula em pessoa ou animal, para preservá-los de determinada doença.
va.ci.na.ção *s.f.* Ação de vacinar; vacina.
va.ci.nar *v.t.d.* Inocular vacina em.
va.cui.da.de *s.f.* Estado de vazio. *Fig.* Vaidade.
va.cum *adj.2gên.* Diz-se de gado constituído de vacas, bois, novilhos.
vá.cuo *adj.* Que não contém nada; vazio; *s.m.* espaço vazio.
va.de.mé.cum *s.m.* Livro prático, que se consulta frequentemente.
va.di.a.gem *s.f.* Vadiação; vida de vadio.
va.di.ar *v.intr.* Andar ociosamente.
va.di.o *adj.* e *s.m.* Que, ou aquele que não tem ocupação *s.m.* vagabundo.
va.ga *s.f.* Onda grande; lugar desocupado.
va.ga.bun.do *adj.* Que vagabundeia; errante; *s.m.* vadio.
va.ga-lu.me *s.m.* Pirilampo; besouro que emite luz.
va.gão *s.m.* Carro de estrada de ferro.
va.gar *v.intr.* Andar sem destino; *v.t.i.* sobrar; faltar; *s.m.* tempo desocupado; lentidão.
va.ga.re.za *s.f.* Lentidão.
va.gem *s.f.* Fruto pertencente à família das leguminosas; feijão verde.
va.gi.do *s.m.* Choro de recém-nascido.
va.gi.na *s.f.* Canal entre a vulva e o útero.
va.go *adj.* Indeterminado; não preenchido.
va.guear *v.intr.* Andar ao acaso; errar; vagar.
vai.a *s.f.* Zombaria. (Antôn.: *aplauso*, *aclamação*.)
vai.ar *v.t.d.* Dar vaias em; zombar de; *v.intr.* fazer assuada. (Antôn.: *aplaudir*.)
vai.da.de *s.f.* Ostentação; presunção.
vai.vém *s.m.* Movimento de pessoa ou objeto que vai e vem.
va.la *s.f.* Escavação longa e mais ou menos larga.
val.de.vi.nos *s.m.2n.* Vagabundo; boêmio.
va.le *s.m.* Depressão entre montes.
va.len.tão *adj.* e *s.m.* Que ou quem é muito valente; fanfarrão.
va.len.te *adj.2gên.* Que tem valor; que tem força; resistente *s.m.* homem ou corajoso.
va.len.ti.a *s.f.* Qualidade de valente; força.
va.ler *v.t.d.* Ter o valor de; custar; ser digno de; proteger; auxiliar; significar.
va.le.ta *s.f.* Pequena vala.
va.le.tu.di.ná.rio *adj.* Adoentado.
va.lha.cou.to *s.m.* Abrigo; asilo.
va.li.dar *v.t.d.* Dar validade a; tornar válido.
vá.li.do *adj.* Que tem valor; são; legal; eficaz.
va.li.men.to *s.m.* Ação ou efeito de valer; influência.
va.li.o.so *adj.* Que tem valor.
va.li.se *s.f.* Pequena mala de mão.
va.lo *s.m.* Fosso; valado.
va.lor *s.m.* Valentia; esforço; mérito; preço.
va.lo.rar *s.m.* Emitir juízo de valor.
va.lo.ri.zar *v.t.d.* Dar valor a; aumentar o valor ou o préstimo de.
va.lo.ro.so *adj.* Que tem valor; ativo; forte.
val.sa *s.f.* Dança a dois ou a três tempos; música apropriada a essa dança.
vál.vu.la *s.f.* Espécie de tampa que fecha por si e hermeticamente um tubo.
vam.pi.ro *s.m.* Entidade imaginária que sai das sepulturas para sugar o sangue dos vivos.
van.da.lis.mo *s.m.* Ato próprio de vândalo.
vân.da.lo *s.m.* Inimigo das artes e das ciências; desordeiro que destrói bens alheios.
van.glo.ri.ar *v.t.d.* Inspirar vanglória a; *v.pron.* ufanar-se sem razão.
van.guar.do *s.f.* Dianteira; que vem na frente.
van.ta.gem *s.f.* Qualidade do que está diante ou superiormente; lucro; proveito.
van.ta.jo.so *adj.* Lucrativo.
vão *adj.* Vazio; fútil; ineficaz; *s.m.* espaço desocupado.
va.por *s.m.* Estado gasoso de uma substância.
va.po.ri.zar *v.t.d.* Converter em vapor.
va.po.ro.so *adj.* Em que há ou que exala vapores; leve.
va.quei.ro *s.m.* Guarda ou condutor de vacas, de gado vacum.

VAQUEJADA — VELUDO

va.que.ja.da *s.f.* Rodeio de gado; procura de gado extraviado.

va.ra *s.f.* Ramo delgado de árvores ou arbusto; cajado; jurisdição.

va.ral *s.m.* Corda ou arame esticado para secar roupa.

va.ran.da *s.f.* Terraço.

va.rão *s.m.* Indivíduo do sexo masculino; homem respeitável.

va.rar *v.t.d.* Bater com vara; atravessar.

va.re.jar *v.t.d.* Açoitar com vara; atirar fora.

va.re.jei.ra *s.f.* A mosca também chamada vareja.

va.re.jo *s.m.* Venda por miúdo, a retalho.

va.re.ta *s.f.* Pequena vara.

var.gem *s.f.* Várzea.

va.ri.a.ção *s.f.* Ato ou efeito de variar; mudança.

va.ri.an.te *adj.2gên.* Que varia; diferença; *s.f.* variação.

va.ri.ar *v.t.d.* Tornar vário ou diverso; alterar; delirar.

va.ri.co.so *adj.* Que tem ou é predisposto a ter varizes.

va.ri.e.da.de *s.f.* Diversidade; inconstância.

va.ri.e.gar *v.t.d.* Dar cores diferentes a; alternar.

vá.rio *adj.* Diferente; inconstante.

va.rí.o.la *s.f.* Doença infecciosa, contagiosa e epidêmica.

va.riz *s.f.* Dilatação permanente e patológica de uma veia.

va.ro.nil *adj.2gên.* Relativo a varão; enérgico.

var.rão *s.m.* Cachaça (reprodutor).

var.re.du.ra *s.f.* Ato ou efeito de varrer; lixo que se junta varrendo, rastreamento.

var.rer *v.t.d.* Limpar com vassoura; rastrear.

vár.zea *s.f.* Terreno baixo e plano que margeia os rios e ribeirões; vargem.

va.sa *s.f.* Lado; lama.

vas.ca *s.f.* Conclusão extrema; estertor.

vas.cu.lar *adj.2gên.* Relativo aos vasos sanguíneos; formado de vasos.

vas.cu.lhar *v.t.d.* Pesquisar; esquadrinhar.

va.si.lha *s.f.* Vaso para líquidos; barril.

va.si.lha.me *s.m.* Conjunto ou quantidade de vasilhas.

va.so *s.m.* Objeto próprio para conter líquidos ou sólidos; veia.

vas.sa.lo *s.m.* Indivíduo dependente; subordinado ou seguidor submisso.

vas.sou.ra *s.f.* Utensílio destinado a varrer o lixo.

vas.ti.dão *s.f.* Grande extensão; amplidão.

vas.to *adj.* Muito extenso; amplo.

va.ta.pá *s.m.* Papa de farinha de mandioca, temperada com azeite-de-dendê e pimenta, misturada com peixe ou carne.

va.te *s.m.* Poeta; profeta.

va.ti.ci.nar *v.t.d.* Predizer o futuro.

vau *s.m.* Lugar raso de um curso de água.

va.zan.te *adj.2gên.* Que vaza; *s.f.* maré baixa.

va.zão *s.f.* Ação ou efeito de vazar; escoamento.

va.zar *v.t.d.* Tornar vazio; entornar; esgotar.

va.zi.o *adj.* Despejado; desocupado; *s.m.* vácuo.

ve.a.do *s.m.* Mamífero ruminante, muito veloz e tímido.

ve.da.ção *s.f.* Ato ou efeito de vedar; tapume.

ve.dar *v.t.d.* Impedir; proibir; tapar.

ve.de.ta *s.f.* Guarita; sentinela.

ve.de.te *s.f.* Artista; pessoa de destaque.

ve.e.mên.ci.a *s.f.* Grande energia; intensidade.

ve.e.men.te *adj.2gên.* Impetuoso; animado; enérgico.

ve.ge.ta.ção *s.f.* Ato ou efeito de vegetar; os vegetais de certo lugar.

ve.ge.tal *adj.2gên.* Relativo às plantas; proveniente de plantas.

ve.ge.tar *v.intr.* Viver e desenvolver-se (planta); viver na inércia e na inatividade.

ve.ge.ta.ri.a.no *adj. e s.m.* Que, ou aquele que é partidário da alimentação exclusivamente vegetal.

ve.ge.ta.ti.vo *adj.* Que faz vegetar; relativo a geração.

vei.a *s.f.* Canal que conduz o sangue ao coração; via de comunicação.

ve.i.cu.lar *adj.2gên.* Relativo a veículos; *v.t.d.* transportar; transmitir.

ve.í.cu.lo *s.m.* Qualquer meio de transporte.

vei.ga *s.f.* Planície cultivada; campo fértil.

ve.la *s.f.* Pano forte para impelir navios, barcos ou moinhos; peça de cera com pavio para iluminar.

ve.la.me *s.m.* Conjunto de velas de um navio; véu; disfarce.

ve.lar *v.t.d.* Cobrir com véu; encobrir; tornar secreto; *v.intr.* passar a noite sem dormir; *v.t.i.* interessar-se; *v.pron.* vigiar-se.

ve.lei.da.de *s.f.* Desejo efêmero; fantasia.

ve.lei.ro *s.m.* Barco a vela.

ve.le.jar *v.intr.* Navegar à vela.

ve.lha *s.f.* Mulher idosa.

ve.lha.co *adj. e s.m.* Patife; brejeiro.

ve.lhi.ce *s.f.* Idade avançada.

ve.lho *adj.* Muito idoso; antigo; *s.m.* homem idoso.

ve.lo *s.m.* Lã de carneiro, ovelha ou cordeiro.

ve.lo.ci.da.de *s.f.* Movimento ligeiro.

ve.lo.cí.me.tro *s.m.* Aparelho com que se mede a velocidade.

ve.lo.cí.pe.de *s.m.* Nome genérico de bicicletas e triciclos.

ve.ló.rio *s.m.* Ato de velar um morto.

ve.lo.so *adj.* Felpudo.

ve.loz *adj.2gên.* Ligeiro.

ve.lu.do *s.m.* Tecido de seda ou de algodão; veloso e macio.

VENÁBULO — VERNÁCULO

ve.ná.bu.lo *s.m.* Certa lança para caçar feras.
ve.na.do *adj.* Que tem vias; venal; venoso.
ve.nal *adj.2gên.* Venoso; que se pode vender.
ven.ce.dor *adj. e s.m.* Que, ou aquele que vence ou venceu; vitorioso.
ven.cer *v.t.d.* Trunfar; receber como ordenado; ganhar; terminar; *v.intr.* ficar vencedor; *v.pron.* reprimir-se.
ven.ci.do *adj.* Que sofreu derrota; atingido ou expirado (prazo).
ven.ci.men.to *s.m.* Ato ou efeito de vencer; rendimento.
ven.da *s.f.* Ato ou efeito de vender; taberna.
ven.dar *v.t.d.* Cobrir com venda; tapar os olhos de.
ven.da.val *s.m.* Vento tempestuoso.
ven.de.dor *adj. e s.m.* Que ou aquele que vende.
ven.der *v.t.d.* Alienar ou ceder por certo preço; *v.pron.* deixar-se peitar.
ven.di.lhão *s.m.* Vendedor ambulante.
ve.né.fi.co *adj.* Que tem veneno; venenoso.
ve.ne.no *s.m.* Substância que perturba ou destrói as funções vitais.
ve.ne.no.so *adj.* Que contém veneno; nocivo.
ve.ne.ra *s.f.* Insígnia de ordem militar; condecoração.
ve.ne.ra.ção *s.f.* Ato ou efeito de venerar; reverência.
ve.ne.rar *v.t.d.* Tributar grande respeito a; reverencia.
ve.né.reo *adj.* Relativo a Vênus; erótico.
ve.ne.ta *s.f.* Acesso de raiva.
ve.ne.zi.a.na *s.f.* Janela de fasquias de madeira, que deixa penetrar o ar.
vê.nia *s.f.* Reverência com a cabeça; licença; perdão.
ve.ni.al *adj.2gên.* Que se pode facilmente perdoar.
ve.no.so *adj.* Que tem veias; que corre pelas veias.
ven.ta *s.f.* Narina.
ven.ta.ni.a *s.f.* Vento impetuoso e continuo.
ven.tar *v.intr.* Soprar o vento com força; *v.t.i.* ser propício.
ven.ti.la.ção *s.f.* Ato ou efeito de ventilar.
ven.ti.lar *v.t.d.* Renovar o ar de; arejar; agitar.
ven.to *s.m.* Ar atmosférico que se desloca; ar; atmosfera.
ven.to.i.nha *s.f.* Cata-vento.
ven.to.sa *s.f.* Vaso cônico que, aplicado sobre a pele, depois de nele se ter rarefeito o ar, produz efeito revulsivo e local.
vento.si.da.de *s.f.* Acúmulo de gases; flatulência.
ven.tre *s.m.* Cavidade abdominal; barriga.
ven.trí.cu.lo *s.m.* Cada uma das duas cavidades inferiores do coração.
ven.trí.lo.quo *adj. e s.m.* Que, ou pessoa que tem a arte de falar como se a voz viesse do ventre.
ven.tu.ra *s.f.* Fortuna (boa ou má); destino; acaso.

ven.tu.ro.so *adj.* Feliz.
ve.nus.to *adj.* Muito belo.
ver *v.t.d.* Conhecer ou perceber pelo sentido da vista; enxergar; avistar; assistir a.
ve.ra.nei.o *s.m.* Ato de veranear.
ve.rão *s.m.* Estação do ano entre a primavera e o outono.
ve.raz *adj.2gên.* Que diz ou contém a verdade; sincero.
ver.ba *s.f.* Comentário; quantia.
ver.bal *adj.2gên.* Relativo ao verbo; oral.
ver.ba.li.zar *v.t.d.* açoitar; censurar.
ver.be.te *s.m.* Nota; conjunto dos vários significados e exemplos concernentes a um vocábulo.
ver.bo *s.m.* Palavra; classe de palavras que designam ação, estado ou fenômeno da natureza.
ver.bo.so *adj.* Falador.
ver.da.de *s.f.* Conformidade com a realidade; sinceridade; coisa verdadeira.
ver.da.dei.ro *adj.* Real; autêntico; sincero.
ver.de *adj.2gên.* Da cor das ervas. *Fig.* Tenro; *s.m.* a cor verde.
ver.de.jar *v.intr.* Apresentar a cor verde; ser verde.
ver.du.go *s.m.* Carrasco.
ver.du.ra *s.f.* Verdor; o verde das plantas. *Fig.* Os vegetais.
ve.re.a.dor *s.m.* Membro de Câmara Municipal.
ve.re.da *s.f.* Caminho estreito; direção.
ve.re.di.to *s.m.* Decisão acerca de causa cível ou criminal.
ver.ga *s.f.* Vara flexível e fina.
ver.ga.lho *s.m.* Chicote; azorrague.
ver.gão *s.m.* Vinco na pele, produzido por pancada ou por outra causa.
ver.gar *v.t.d.* Curvar; dobrar; sujeitar; *v.intr.* humilhar-se; *v.t.i.* submeter-se.
ver.gas.ta *s.f.* Pequena verga; chicote; açoite.
ver.gel *s.m.* Jardim; pomar.
ver.go.nha *s.f.* Pudor; desonra; timidez.
ver.go.nho.so *adj.* Que tem vergonha; tímido; indigno.
ve.ri.di.co *adj.* Que diz a verdade; exato.
ve.ri.fi.ca.ção *s.f.* Ato ou efeito de verificar; prova.
ve.ri.fi.car *v.t.d.* Provar a verdade de; averiguar; confirmar.
ver.me *s.m.* Minhoca terrestre; animal intestinal; larva.
ver.me.lhi.dão *s.f.* Qualidade do que é vermelho; rubor.
ver.me.lho *adj.* Muito encarnado; rubro; escarlate.
ver.mi.fu.go *adj. e s.m.* Que, ou aquilo que afugenta os vermes ou os destrói; *s.m.* vermicida.
ver.mi.no.se *s.f.* Doença devida à incrustação por vermes.
ver.ná.cu.lo *adj.* Nacional; próprio da região em que está; *s.m.* idioma próprio de um país.

VERNAL — VIDRAÇA

ver.nal *adj.2gên.* Primaveril.
ver.niz *s.m.* Composição com que se dá brilho à superfície dos corpos.
ve.ro *adj.* Verdadeiro; veraz.
ve.ros.sí.mil *adj.2gên.* Semelhante à verdade; verossimilhante.
ver.ri.na *s.f.* Discurso veemente de censura ou crítica.
ver.ru.ga *s.f.* Pequena saliência na pele.
ver.sa.do *adj.* Experiente; entendido; perito.
ver.são *s.f.* Tradução literal de um texto; cada uma das diferentes interpretações do mesmo ponto.
ver.sar *v.t.d.* Compulsar; *v.t.i.* constar; ter por objeto.
ver.sá.til *adj.2gên.* Inconstante; vário; volúvel.
ver.si.co.lor *adj.2gên.* De muitas cores; multicolor.
ver.sí.cu.lo *s.m.* Divisão de artigos ou parágrafos.
ver.so *s.m.* Cada uma das linhas que formam uma estrofe; página oposta à da frente.
vér.te.bra *s.f.* Cada um dos ossos que formam a espinha dorsal.
ver.te.bra.do *adj.* Que tem vértebras; *s.m.* divisão do reino animal.
ver.ten.te *adj.2gên.* Que verte; *s.f.* declive de montanha por onde correm águas.
ver.ter *v.t.d.* Fazer correr ou espalhar (líquido).
ver.ti.cal *adj.2gên.* Perpendicular que segue a direção do fio do prumo; *s.f.* linha vertical.
vér.ti.ce *s.m.* Cume; ápice.
ver.ti.gem *s.f.* Tontura; desmaio.
ver.ti.gi.no.so *adj.* Que tem ou provoca vertigem.
ver.ve *s.f.* Calor de imaginação que anima o artista, o orador etc.
ve.sâ.nia *s.f.* Loucura.
ves.go *adj.* Estrábico; zarolho.
ve.sí.cu.la *s.f.* Pequena bexiga ou cavidade.
ves.pa *s.f.* Inseto semelhante à abelha e munido de ferrão como esta.
ves.pei.ro *s.m.* Reunião de vespas; lugar onde elas se ajuntam.
vés.pe.ra *s.f.* A tarde; dia imediatamente anterior.
ves.pe.ral *adj.2gên.* Relativo à tarde; vespertino.
ves.per.ti.no *adj.* Relativo à tarde.
vés.tia *s.f.* Casaco curto e solto.
ves.ti.á.rio *s.m.* Compartimento num edifício onde se deixam peças de vestuário.
ves.ti.bu.lar *adj.2gên.* Relativo ao vestíbulo; exame –: o de admissão a qualquer escola.
ves.tí.bu.lo *s.m.* Átrio; pátio.
ves.ti.do *s.m.* Peça de vestuário.
ves.ti.du.ra *s.f.* Traje.
ves.tí.gio *s.m.* Sinal dos pés; pegada. *Fig.* Indício.
ves.tir *v.t.d.* Cobrir com roupa ou veste; usar roupas; *v.pron.* impregnar-se.
ves.tu.á.rio *s.m.* Traje.
ve.tar *v.t.d.* Opor o veto a (uma lei); sustar; proibir.

ve.te.ra.no *adj.* Envelhecido em qualquer serviço.
ve.te.ri.ná.rio *adj.* Relativo à veterinária ou aos animais irracionais; *s.m.* aquele que professa a veterinária.
ve.to *s.m.* Proibição; suspensão.
ve.tus.to *adj.* Muito velho; antigo.
véu *s.m.* Tecido transparente com que as senhoras cobrem o rosto.
ve.xa.me *s.m.* Vexação; vergonha; afronta.
ve.xar *v.t.d.* Envergonhar; humilhar.
ve.xi.lo *s.m.* Bandeira.
vez *s.f.* Ensejo; ocasião alternativa.
ve.zei.ro *adj.* Habituado; reincidente.
ve.zo *s.m.* Hábito; costume.
vi.a *s.f.* Caminho; direção; canal.
vi.a.ção *s.f.* Meio de percorrer caminhos ou ruas; conjunto de estradas ou serviços de veículos de carreira, para uso público.
vi.a.du.to *s.m.* Ponte que liga as duas vertentes que formam um vale.
vi.a.gem *s.f.* Ato de ir de um a outro lugar.
vi.a.jan.te *adj. e s.2gên.* Que, ou pessoa que viaja.
vi.a.jar *v.t.d.* Percorrer; *v.intr.* fazer viagem.
vi.an.dan.te *adj.2gên.* Que viaja a pé.
vi.á.rio *adj.* Relativo a viação em geral.
vi.a.tu.ra *s.f.* Designação geral de qualquer veículo.
vi.á.vel *adj.* Que pode ser percorrido; que não oferece obstáculo.
ví.bo.ra *s.f.* Gênero de répteis ofídios venenosos.
vi.bra.ção *s.f.* Oscilação; balanço.
vi.brar *v.t.d.* Agitar; brandir; fazer soar; *v.intr.* pulsar.
vi.brá.til *adj.2gên.* Suscetível de vibração.
vi.bris.sas *s.f.pl.* Pelos das fossas nasais.
vi.cá.rio *adj.* Que substitui outro.
vi.ce- *el. pref.* Substituto; em lugar de.
vi.ce.jar *v.intr.* Ter viço; vegetar opulentamente.
vi.ce-pre.si.den.te *s.2gên.* Pessoa que faz as vezes do presidente, no impedimento ou ausência deste.
vi.ce-ver.sa *adv.* Reciprocamente.
vi.ci.a.do *adj.* Que tem vício ou defeito; falsificado.
vi.ci.ar *v.t.d.* Adquirir vício; corromper-se; falsificar.
vi.ci.nal *adj.2gên.* Que está próximo.
ví.cio *s.m.* Defeito; hábito prejudicial.
vi.ci.o.so *adj.* Que tem ou em que há vício; defeituoso; adulterado.
vi.ço *s.m.* Vigor de vegetação nas plantas; vigor.
vi.da *s.f.* Existência; tempo decorrido entre o nascimento e a morte; modo de viver.
vi.de *s.f.* Vara de videira.
vi.dei.ra *s.f.* Arbusto sarmentoso da família das Vitáceas.
vi.den.te *adj. e s.2gên.* Que, ou pessoa que tem a faculdade de visão sobrenatural; *s.2gên.* pessoa que profetiza.
vi.dra.ça *s.f.* Lâmina de vidro.

vi.dra.cei.ro *s.m.* Fabricante ou vendedor de vidros.

vi.drar *v.t.d.* Vitrificar. *Fig.* Fascinar.

vi.dro *s.m.* Substância sólida, transparente, dura e quebradiça, obtida pela fusão e consequente solidificação de uma mistura de quartzo, carbonato de cálcio e carbonato de sódio.

vi.e.la *s.f.* Rua estreirinha; ruela.

vi.és *s.m.* Direção oblíqua.

vi.ga *s.f.* Trave.

vi.gá.rio *s.m.* Aquele que faz as vezes de outro; título de pároco de algumas freguesias.

vi.ga.ris.ta *s.2gên.* Aquele que rouba, passando o conto-do-vigário.

vi.gên.cia *s.f.* Tempo durante o qual uma coisa vigora.

vi.gen.te *adj.2gên.* Que vigora ou vige.

vi.ger *v.intr.* Vigorar; valer.

vi.gi.a *s.f.* Ato ou efeito de vigiar; sentinela.

vi.gi.ar *v.t.d.* Observar atentamente; velar por; *v.intr.* estar acordado ou atento; *v.t.i.* tomar cuidado; *v.pron.* acautelar-se.

ví.gil *adj.2gên.* Que vigia.

vi.gi.lân.cia *s.f.* Ato ou efeito de vigilar; precaução.

vi.gí.lia *s.f.* Insônia; véspera de festa.

vi.gor *s.m.* Força; eficácia; atividade.

vi.go.rar *v.t.d.* Dar vigor a; fortalecer.

vi.go.ro.so *adj.* Que tem vigor; forte; enérgico.

vil *adj.2gên.* Que é de pouco valor; ordinário; mesquinho; desprezível.

vi.la *s.f.* Povoação de categoria entre a aldeia e a cidade, conjunto de casas localizado geralmente em uma rua que apresenta apenas uma saída para a rua principal.

vi.la.ni.a *s.f.* Qualidade de vilão.

vi.lão *adj.* Que habita numa vila; *s.m.* habitante de vila; homem desprezível e miserável.

vi.le.gi.a.tu.ra *s.f.* Férias.

vi.li.pên.dio *s.m.* Desprezo.

vi.me *s.m.* Vara tenra e flexível de vimeiro.

vi.na.gre *s.m.* Produto da fermentação acética do álcool contido em certas bebidas.

vin.cen.do *adj.* Que está por vencer.

vin.co *s.m.* Aresta ou sinal deixado por uma dobra; sulco ou vestígio.

vin.cu.lar *adj.2gên.* Relativo a vínculo; *v.t.d.* ligar; sujeitar; obrigar; *v.pron.* ligar-se moralmente.

vín.cu.lo *s.m.* Tudo o que ata, liga ou aperta; nó.

vin.di.car *v.t.d.* Exigir legalmente; reclamar; vingar.

vin.di.mar *v.t.d.* Colher. *Fig.* Matar.

vin.di.ta *s.f.* Vingança.

vin.do *adj.* Que veio; que chegou.

vin.dou.ro *adj.* Futuro.

vin.gan.ça *s.f.* Ato ou efeito de vingar; castigo.

vin.gar *v.t.d.* Tirar desforra de, causar a punição de; *v.intr.* prosperar; *v.pron.* dar-se por contente.

vin.ga.ti.vo *adj.* Que se vinga.

vi.nha *s.f.* Terreno onde crescem videiras.

vi.nhe.do *s.m.* Grande plantação de vinhas.

vi.nhe.ta *s.f.* Pequena ilustração em livro; trecho musical para manter início ou término de um programa.

vi.nho *s.m.* Bebida alcoólica, resultante da fermentação do mosto das uvas ou de outros frutos.

vi.ni.cul.tu.ra *s.f.* Fabrico de vinho.

vin.te.na *s.f.* Grupo de vinte; vigésima parte.

vi.o.la *s.f.* Instrumento musical de cordas, semelhante ao violão.

vi.o.la.ção *s.f.* Ato ou efeito de violar; estupro.

vi.o.lão *s.m.* Instrumento com seis cordas dedilhadas.

vi.o.lar *v.t.d.* Forçar; poluir; estuprar.

vi.o.lên.cia *s.f.* Qualidade de violento; ato de violentar.

vi.o.len.tar *v.t.d.* Exercer violência sobre; forçar.

vi.o.len.to *adj.* Que procede com ímpeto; que se exerce com força.

vi.o.le.ta *s.f.* Planta da família das Violáceas; a flor dessa planta.

vi.o.li.no *s.m.* Instrumento musical de quatro cordas que se tocam com um arco.

vi.o.lon.ce.lo *s.m.* Instrumento musical com a forma de violino, mas muito maior.

vi.pe.ri.no *adj.* Relativo ou semelhante à víbora.

vir *v.t.i.* Regressar; chegar; proceder; descender; *v.intr.* surgir; *v.pred.* aparecer; *v.pron.* transportar-se para cá. (Antôn.: *ir.*)

vi.ra.ção *s.f.* Brisa; aragem.

vi.ra-ca.sa.ca *s.m.* Indivíduo que muda de partido ou ideias.

vi.rar *v.t.d.* Volver; voltar; pôr do avesso; despejar; *v.t.i.* mudar de direção; *v.pron.* voltar-se.

vi.ra.vol.ta *s.f.* Volta completa; cambalhota.

vir.gem *s.f.* Donzela; *adj.* puro; casto.

vir.gin.da.da.de *s.f.* Estado ou qualidade de pessoa virgem.

vír.gu.la *s.f.* Sinal de pontuação.

vi.ril *adj.2gên.* Relativo a, ou próprio de homem; enérgico.

vi.ri.lha *s.f.* Ponto de junção da coxa com o ventre.

vi.ro.se *s.f.* Enfermidade causada por vírus.

vir.tu.al *adj.2gên.* Existente como faculdade, mas sem exercício ou efeito atual.

vir.tu.de *s.f.* A prática do bem; boa qualidade moral.

vir.tu.o.so *adj.* Que tem virtudes; eficaz.

vi.ru.len.to *adj.* Que tem vírus ou veneno.

ví.rus *s.m.2n.* Agente transmissor de doença; programa que danifica arquivos no computador.

vi.são *s.f.* Sentido da vista; aspecto; fantasia.

vi.sar *v.t.d.* Dirigir o olhar para; pôr o sinal de visto em; *v.t.i.* mirar; ter em mira (um fim).

vís.ce.ra *s.f.* Órgão das cavidades vitais torácica e abdominal; entranhas.

vis.co *s.m.* Suco pegajoso.

vis.co.so *adj.* Pegajoso como o visco.

vi.sei.ra *s.f.* Parte anterior do capacete ou boné que protege a vista.

vis.guen.to *adj.* Grudento.

vi.si.o.ná.rio *adj. e s.m.* Que(m) tem ideias extravagantes; sonhador.

vi.si.ta *s.f.* Ato ou efeito de visitar; pessoa que visita.

vi.si.tar *v.t.d.* Ir ver (alguém) em casa, por cortesia, dever ou caridade; inspecionar; *v.pron.* conviver.

vi.sí.vel *adj.2gên.* Que se vê ou que pode ser visto; claro; perceptível.

vis.lum.bre *s.m.* Pequeno clarão; ideia indistinta.

vi.so *s.m.* Fisionomia.

vís.po.ra *s.2gên.* O jogo do loto.

vis.ta *s.f.* Sentido da visão; ato ou efeito de ver; os olhos; panorama.

vis.to *s.m.* Declaração de uma autoridade ou funcionário num documento.

vis.to.ri.a *s.f.* Inspeção judicial em lugar, prédio etc.

vis.to.so *adj.* Que dá na vista; ostentoso.

vi.su.al *adj.2gên.* Relativo à vista ou à visão.

vi.su.a.li.zar *v.t.d.* Tornar (conceito abstrato) em imagem real ou mentalmente visível.

vi.tal *adj.2gên.* Relativo à vida; essencial.

vi.ta.lí.cio *adj.* Que dura a vida toda.

vi.ta.li.da.de *s.f.* Força vital.

vi.ta.li.zar *v.t.d.* Dar vida a; revigorar.

vi.ta.mi.na *s.f.* Nome de várias substâncias que desempenham importante papel na nutrição, favorecendo a assimilação dos alimentos.

vi.te.li.no *adj.* Relativo a gema do ovo.

vi.te.lo *s.m.* Novilho.

ví.ti.ma *s.f.* Tudo o que sofre qualquer dano.

vi.ti.mar *v.t.d.* Tornar vítima; *v.pron.* sacrificar-se.

vi.tó.ria *s.f.* Triunfo; bom êxito.

vi.to.ri.o.so *adj.* Que alcançou vitória; triunfante.

vi.tral *s.m.* Vidraça de cores ou com pinturas sobre o vidro.

ví.treo *adj.* Relativo a ou feito de vidro.

vi.tri.fi.car *v.t.d.* Converter em vidro.

vi.tri.na *s.f.* Vidraça atrás da qual se põe objetos destinados à venda.

vi.tu.a.lhas *s.f.pl.* Mantimentos.

vi.ú.va *s.m.* Mulher cujo marido morreu e que ainda não tornou a casar.

vi.ú.vo *s.m.* Homem cuja esposa faleceu e que ainda não voltou a contrair matrimônio.

vi.va *interj.* Designativa de aplauso, entusiasmo.

vi.vaz *adj.2gên.* Vivo; ativo; brilhante.

vi.ve.dou.ro *adj.* Que vive ou pode viver muito.

vi.vei.ro *s.m.* Recinto onde se criam, peixes, animais, ou se semeiam vegetais.

vi.vên.cia *s.f.* Existência; experiência de vida.

vi.ven.da *s.f.* Morada; comportamento.

vi.ven.te *adj. e s.2gên.* Que, ou aquele que vive; *s.2gên.* criatura viva; o homem.

vi.ver *v.intr.* Ter vida; existir; *v.t.i.* habitar; dedicar-se.

ví.ve.res *s.m.pl.* Alimentos.

ví.vi.do *adj.* Ardente; brilhante.

vi.vi.fi.car *v.t.d.* Dar vida a; avivar; alentar.

vi.ví.pa.ro *adj.* Diz-se do animal cujo desenvolvimento dos filhotes é intrauterino.

vi.vo *adj.* Que vive; animado; ativo; rápido.

vi.zi.nhan.ça *s.f.* Cercanias.

vi.zi.nho *adj.* Que está perto; *s.m.* aquele que mora perto de nós.

vo.a.dor *adj. e s.m.* Que, ou o que voa. *Fig.* Veloz.

vo.ar *v.intr.* Sustentar-se ou mover-se no ar por meio de asas (aves) ou de aviões (gente); correr velozmente; *v.t.d.* explodir.

vo.ca.bu.lá.rio *s.m.* Dicionário; conjunto de vocábulos próprios de uma ciência ou arte.

vo.cá.bu.lo *s.m.* Palavra que faz parte de uma língua; termo.

vo.ca.ção *s.f.* Predestinação; inclinação.

vo.cal *adj.2gên.* Relativo à voz.

vo.cá.li.co *adj.* De ou relativo a vogal ou vogais.

vo.ca.ti.vo *s.m.* Termo que expressa, num discurso direto, aquele com o qual se está falando.

vo.cê *pron.pes.* Empregado como tratamento vulgar.

vo.ci.fe.rar *v.t.d.* Gritar.

vo.e.jar *v.intr.* Esvoaçar.

vo.ga *s.f.* Uso atual; moda.

vo.gal *s.f.* Letra que por si mesma, produz som.

vo.gar *v.intr.* Navegar; flutuar; difundir-se.

vo.lan.te *adj.2gên.* Que voa ou pode voar; flutuante; *s.m.* condutor de automóvel.

vo.lá.til *adj.2gên.* Que pode voar; substância que se evapora facilmente.

vo.li.ção *s.f.* Vontade.

vol.ta *s.f.* Ato ou efeito de voltar; regresso; réplica.

vol.ta.gem *s.f.* Número de volts que funcionam num aparelho elétrico.

vol.tar *v.t.i.* Regressar (ao ponto de partida); vir; tornar, *v.intr.* reproduzir-se; girar; *v.t.d.* volver.

vol.te.ar *v.intr.* Dar volta; girar.

vo.lu.me *s.m.* Espaço ocupado por um corpo; intensidade (de som).

vo.lu.mo.so *adj.* Que tem grande volume; intenso.

vo.lun.tá.rio *adj.* Espontâneo.

vo.lú.pia *s.f.* Grande prazer dos sentidos; grande prazer sexual.

vo.lup.tu.o.so *adj.* Em que há prazer; sensual.

vo.lú.vel *adj.2gên.* Que gira; inconstante.

vol.ver *v.t.d.* Voltar; replicar; *v.intr.* decorrer; *v.pron.* voltar-se.

vo.mi.tar v.t.d. Expelir pela boca (substâncias que já estavam no estômago).
vô.mi.to s.m. Ato ou efeito de vomitar.
von.ta.de s.f. Desejo.
vo.o s.m. Movimento no ar sem contato com o solo, próprio das aves, insetos etc.
vo.ra.gem s.f. Aquilo que devora.
vo.raz adj.2gên. Que devora; que come com avidez.
vos pron.pes. Forma de vós, empregada como objeto direto ou indireto.
vós pron.pes. Indicativo de várias pessoas às quais se fala; tratamento de cerimônia.
vos.se.me.cê v.pron. e contração de vossa mercê; tratamento dirigido ordinariamente a pessoas de mediana condição.
vos.so pron.pes. Que vos pertence; relativo a vós.
vo.ta.ção pron.pes. Ato ou efeito de votar; conjunto de votos de uma assembleia.
vo.tar v.t.d. Aprovar por meio de votos; v.pron. consagrar-se.
vo.to s.m. Promessa feita à Divindade; juramento; sufrágio.
voz s.f. Som produzido na laringe; palavra.
vo.zei.rão s.m. Voz muito forte.
vul.câ.ni.co adj. Relativo a vulcão.
vul.cão s.m. Abertura na crosta terrestre pela qual podem sair vapores, lavas etc.
vul.ga.cho s.m. Plebe.
vul.gar adj.2gên. Relativo ao vulgo; comum.
vul.ga.ri.da.de s.f. Qualidade do que é vulgar.
vul.ga.ri.zar v.t.d. Tornar vulgar ou notório; divulgar.
vul.go s.m. O povo.
vul.ne.rar v.t.d. Ferir.
vul.ne.rá.vel adj.2gên. Designativo do lado fraco de um assunto ou questão.
vul.to s.m. Rosto; aspecto; imagem.
vul.to.so adj. De grande vulto; volumoso.
vul.tu.o.so adj. Atacado de vultuosidade.
vul.va s.m. Parte exterior do aparelho genital da mulher.

W

w *s.m.* Vigésima terceira letra do alfabeto português; símbolo geográfico de Oeste.
wa.fer (Ing.) *s.m.* Biscoito fino e quebradiço, em forma de tubinho.
wal.kie-tal.kie (Ing.) *s.m.* Aparelho transmissor-receptor portátil.
walk.man (Ing.) *s.m.* Aparelho com rádio e toca-fitas portátil.

watt *s.m.* Unidade de potência mecânica.
w.c. (Ing.) *s.m.* Abrev. de *water closet*; sanitário.
wes.tern (Ing.) *s.m.* Bangue-bangue; faroeste.
w.o. (Ing.) *s.m.* Abrev. de *walk-over*; vitória por desistência ou falta de adversário(s).

x X

x *s.m.* Vigésima quarta letra do alfabeto português; o número 10, em numeração romana; incógnita (em Matemática).

xá.ca.ra *s.f.* Narrativa popular em verso.

xa.drez *s.m.* Jogo, sobre um tabuleiro de 64 casas; tabuleiro desse jogo; gênero de tecidos; cadeia.

xa.dre.zis.ta *s.2gên.* Enxadrista; jogador de xadrez.

xa.le *s.m.* Peça de vestuário que as mulheres usam como adorno e agasalho dos ombros e do tronco.

xam.pu *s.m.* Sabão ou substância saponácea própria para limpeza dos cabelos.

xa.rá *s.2gên.* Pessoa que tem o mesmo nome de batismo que outra.

xa.réu *s.m. Bras. Norte* Capa de couro com que os vaqueiros cobrem arancos do cavalo.

xa.ro.pa.da *s.f.* Porção de xarope que se pode tomar de uma vez; coisa enfadonha.

xa.ro.pe *s.m.* Medicamento líquido e viscoso.

xa.ro.po.so *adj.* Que tem a consistência do xarope; perigoso.

xa.van.tes *s.m.pl.* Nome de várias tribos indígenas de São Paulo, Goiás e Mato Grosso.

xa.ve.co *s.m.* Barco pequeno e mal construído. *Pop.* Mulher velha e feia.

xa.xim *s.m. Bras.* Espécie de planta cujo tronco, serrado e escavado, serve de vaso para outras plantas.

xe.no.fi.li.a *s.f.* Amor a coisas ou pessoas estrangeiras.

xe.no.fo.bi.a *s.f.* Aversão a coisas ou pessoas estrangeiras.

xe.pa (è) *s.f.* Designativo, no Brasil, de comida caseira, segundo a gíria de quartel.

xe.que.ma.te *s.m.* Lance conclusivo do xadrez, em que se encurrala o rei adversário sem lhe deixar escapatória.

xe.re.ta *s.2gên.* Pessoa bisbilhoteira, importuna.

xer.ga *s.f.* Tecido grosseiro.

xe.ri.fe *s.m.* Funcionário que, na Inglaterra e nos Estados Unidos, tem a incumbência de executar as leis etc.

xe.ro.car *v.t.d.* Reproduzir por xerox.

xe.ro.gra.fi.a *s.f.* Parte da geografia que estuda as partes da Terra.

xe.rox ou **xé.rox** *s.m. ou f.* Processo de cópia por meio da xerografia; máquina utilizada nesse processo.

xi.fó.pa.gos *s.m.pl.* Gêmeos ligados pelo tórax.

xi.ló.gra.vu.ra *s.f.* Gravura em madeira.

xim.bé *adj.2gên.* Que (animal, pessoa) tem focinho ou nariz achatado.

xim.bi.ca *s.f. Bras. São Paulo Pop.* – Certo jogo carteado, semelhante à manilha.

xin.gar *v.t.d.* e *intr.* Dizer insultos ou palavras afrontosas a. (Antôn.: *adular*.)

xin.to.ís.mo *s.m.* Religião nacional do Japão, anterior ao budismo.

xi.que.xi.que *s.m.* Cactáceo das regiões do Nordeste.

xis.to *s.m.* Designação genérica das rochas de textura folheada, como a ardósia.

xi.xi *s.m. Infant.* Ato de urinar; urina.

xo.dó *s.m.* Namoro; namorado; amor.

xu.cro *adj.* Diz-se do animal de sela ainda não domesticado. (Var.: *chucro*.)

y Y

y *s.m.* Vigésima quinta do alfabeto português; símbolo químico do ítrio; segunda quantidade incógnita, em Matemática.

yin-yang *s.m.* Na filosofia oriental, as duas forças de equilíbrio que se complementam e abrangem todos os fenômenos e aspectos da vida.

zo.o.tec.ni.a s.f. Técnica de criar e aperfeiçoar animais domésticos.
zor.ra s.f. Raposa velha.
zu.í.do s.m. Zumbido.
zum.bai.a s.f. Mesura; cortesia exagerada.
zum.bi s.m. *Bras.* Nome do chefe do quilombo dos palmares (século XVII); fantasma que vagueia dentro das casas.
zum.bi.do s.m. Ruído especial que se sente nos ouvidos, em virtude de qualquer indisposição etc.; ruído de abelha ou semelhante.
zum.bir v.intr. Fazer ruído ao esvoaçar (insetos); sentirem (os ouvidos) ruído especial.
zu.ni.do s.m. Zumbido.
zu.re.ta (ê) s.m. e f. *Bras. Minas Gerais. Pop.* Amalucado.
zur.rar v.intr. Emitir zurros.
zur.ro s.m. Voz do burro.
zur.zir v.t.d. Açoitar; maltratar; afligir.

z Z

z *s.m.* Vigésima sexta letra do alfabeto português; terceira incógnita em Matemática.
za.bum.ba *s.m.* e *f.* Nome de conhecido tambor popular e de um conjunto instrumental muito típico do Nordeste.
za.ga *s.f.* Árvore de que se fazem azagaias; no futebol, nome dado à posição de dois jogadores da defesa.
za.gal *s.m.* Pastor.
za.guei.ro *s.m.* Jogador da defesa, no futebol.
zai.no *adj.* Que (animal) tem o pelo negro e fosco.
zam.bo *adj.* Indivíduo que tem os pés tortos.
zan.ga *s.f.* Aversão; aborrecimento.
zan.ga.do *adj.* Irritado; que se zanga facilmente.
zan.gão *s.m.* O macho da abelha.
zan.gar *v.t.d.* Causar zanga a; causar mau humor a; *v.pron.* irritar-se.
zan.zar *v.intr.* Andar à toa.
za.ra.ba.ta.na *s.f.* Tubo comprido pelo qual se impelem com o sopro setas e bolinhas.
za.ra.ga.ta *s.f.* Desordem; tumulto.
zar.cão *s.m.* Designação vulgar do mínio: cor de laranja ou de tijolo muito viva.
za.ro.lho *adj.* Indivíduo estrábico, vesgo.
zar.par *v.t.d.* e *v.i.* Sarpar; fugir; partir. (Antôn.: *apartar*.)
zás *interj.* Imitativa de pancada ou designativa de procedimento rápido e com decisão.
zé *s.m. Pop.* Homem do povo.
ze.bra *s.f.* Equídeo africano.
ze.bra.do *adj.* Listrado como as zebras.
ze.bru.no *adj.* Diz-se de cavalo baio.
ze.bu *s.m.* Espécie de boi da Índia, com giba.
ze.fi.ro *s.m.* Vento suave e fresco; aragem.
ze.la.dor *adj.* Que zela; *s.m.* homem encarregado pelo proprietário, de tomar conta de um prédio.
ze.lar *v.t.d.* Administrar diligentemente; vigiar com o máximo cuidado e interesse; *v.intr.* ter zelos ou ciúmes; *v.t.i.* cuidar.
ze.lo *s.m.* Afeição íntima; cuidado.
ze.lo.te *adj.2gên.* Que simula ter zelos.
zê.ni.te *s.m.* Ponto da esfera celeste cortado pela vertical de um lugar. *Fig.* Auge.
ze.ó.fa.go *adj.* e *s.m.* Animal que se alimenta de milho.
ze.pe.lim *s.m.* Grande aeronave dirigível do tipo inventado pelo conde Zeppelin.
zé-po.vi.nho *s.m.* Plebe.
ze.ro *s.m.* Cifra; algarismo ângulos salientes e reentrantes.
zeug.ma *s.f.* Figura pela qual se subentendem em uma oração palavras de outra, com ela ligada.
zi.go.ma *s.m.* Osso de maçã do rosto ou malar.
zi.go.to *s.m.* Célula resultante da reunião de dois gametas (masculino e feminino).
zi.gue.za.gue *s.m.* Linha quebrada, que forma alternadamente ângulos salientes e reentrantes.
zim.bó.rio *s.m.* Parte externa convexa, da cúpula.
zin.co *s.m.* Elemento químico, metal.
zín.ga.ro *s.m.* Cigano músico.
zi.nho *s.m. Bras.* Expressão de gíria designativa de indivíduo.
zi.nir *v.intr.* Zunir.
zo.a.da *s.f.* Ato ou efeito de zoar; zumbido.
zo.ar *v.intr.* Emitir som forte e confuso; zunir.
zo.dí.a.co *s.m.* Zona da esfera celeste, cortada ao meio pela eclíptica, e que contém as doze constelações que o Sol parece percorrer durante um ano.
zo.ei.ra *s.f.* Barulho nos ouvidos.
zom.bar *v.t.d.* e *intr.* Escarnecer; fazer zombaria. (Antôn.: *enaltecer*.)
zom.ba.ri.a *s.f.* Ato ou efeito de zombar; escárnio.
zo.na *s.f.* Cinta; faixa; cada uma das cinco grandes divisões da esfera terrestre ou celeste, determinada pelos círculos paralelos ao equador; região.
zon.zo *adj.* Tonto.
zo.o *s.m.* Abreviatura de *jardim zoológico*.
zo.o.fi.li.a *s.f.* Qualidade de quem gosta de animais.
zo.o.fo.bi.a *s.f.* Aversão ou medo mórbido aos animais.
zo.o.la.tri.a *s.f.* Adoração de animais.
zo.o.lo.gi.a *s.f.* Ramo da história natural que trata dos animais.
zo.o.ló.gi.co *adj.* Referente à Zoologia; *s.m.* jardim zoológico.
zo.o.no.se *s.f.* Designação genérica das doenças dos animais.